U0630086

BLUE BOOK

智库成果出版与传播平台

人权蓝皮书

BLUE BOOK OF CHINA'S HUMAN RIGHTS

中国人权事业发展报告 *No.12*（2022）

ANNUAL REPORT ON CHINA'S HUMAN RIGHTS No. 12(2022)

中国人权研究会 / 编

主　编 / 李君如

副主编 / 常　健

社会科学文献出版社

SOCIAL SCIENCES ACADEMIC PRESS（CHINA）

图书在版编目（CIP）数据

中国人权事业发展报告 . NO.12，2022 ／ 中国人权
研究会编；李君如主编 . --北京：社会科学文献出版
社，2023.1
　（人权蓝皮书）
　ISBN 978-7-5228-0795-9

　Ⅰ.①中… 　Ⅱ.①中… ②李… 　Ⅲ.①人权-研究报
告-中国-2022 　Ⅳ.①D621.5

中国版本图书馆 CIP 数据核字（2022）第 179292 号

人权蓝皮书

中国人权事业发展报告 No.12（2022）

编　　者 ／ 中国人权研究会
主　　编 ／ 李君如
副 主 编 ／ 常　健

出 版 人 ／ 王利民
组稿编辑 ／ 刘骁军
责任编辑 ／ 易　卉
文稿编辑 ／ 郭锡超
责任印制 ／ 王京美

出　　版 ／ 社会科学文献出版社·集刊分社（010）59367161
　　　　　地址：北京市北三环中路甲 29 号院华龙大厦　邮编：100029
　　　　　网址：www.ssap.com.cn
发　　行 ／ 社会科学文献出版社（010）59367028
印　　装 ／ 三河市东方印刷有限公司

规　　格 ／ 开本：787mm×1092mm　1/16
　　　　　印张：33.5　字数：505 千字
版　　次 ／ 2023 年 1 月第 1 版　2023 年 1 月第 1 次印刷
书　　号 ／ ISBN 978-7-5228-0795-9
定　　价 ／ 258.00 元

读者服务电话：4008918866

编　委　会

主　　编　李君如

副 主 编　常　健

专家组成员（按姓名拼音排序）

班文战　常　健　李君如　李云龙　陆海娜

罗艳华　齐延平　钱锦宇　唐颖侠　张万洪

张晓玲　张永和

人权蓝皮书工作室：南开大学人权研究中心

主要编撰者简介

李君如　男，研究员，博士生导师，中国人权研究会副会长，原中共中央党校副校长，第十届全国政协委员、第十一届全国政协常委，国务院政府特殊津贴享受者。曾发表《中国在人权事业上的历史性进步》《人权实现及其评估方法研究》《社会建设与人权事业》《"十二五"规划与中国人权事业发展》《中国的文化变革与人权事业的进步》《中国梦，中国人民的人权梦》《在全面推进法治中全面保障人权》等学术论文，曾获联合国艾滋病规划署颁发的"艾滋病防治特殊贡献奖"。

常　健　男，博士，南开大学周恩来政府管理学院教授、博士生导师，中国人权研究会常务理事，南开大学人权研究中心（国家人权教育与培训基地）主任，国务院政府特殊津贴享受者。曾出版《人权的理想·悖论·现实》《当代中国权利规范的转型》《效率、公平、稳定与政府责任》《中国公共冲突化解的机制、策略和方法》《社会治理创新与诚信社会建设》《中国人权保障政策研究》《公共领域冲突管理体制研究》等学术专著，主编《当代中国人权保障》《人权知识公民读本》。在专业学术期刊发表学术论文150余篇，在《人民日报》《光明日报》发表学术和评论文章20余篇。

摘　要

这是有关中国人权事业发展的第 12 本蓝皮书，重点分析 2021 年中国人权事业的最新进展。

总报告分析总结了中国共产党在尊重和保障人权中发展壮大的百年历史，指出中国共产党为争取中国人民普遍人权而诞生，在争取中国人民普遍人权中成熟，在探索社会主义制度下保障人民普遍人权中发展，在尊重和保障人民人权中兴盛壮大，在普遍提升中国人民人权保障水平中更加强大。

在"生存权与发展权"栏目中，《脱贫攻坚创造了彪炳史册的人权奇迹》对中国脱贫攻坚的历史过程和取得的成就进行了总结，分析其对提升人权保障水平的意义，并对脱贫攻坚之后的挑战及其应对方式进行了研究。《浙江"共同富裕示范区"建设促进平等发展权实现》总结了浙江"共同富裕示范区"建设的举措和成效，分析了其对平等发展权的促进作用以及面临的挑战，并提出了对策建议。

在"经济、社会和文化权利"栏目中，《〈基本医疗卫生与健康促进法〉与公共卫生权利保障的新进展》总结了新时代公共卫生权利体系化成就，分析了《基本医疗卫生与健康促进法》的重要意义以及公共卫生权利保障的新进展和未来发展趋势。《农村养老保障的新进展》分析了中国农村养老保障的进展和面临的问题，并提出了优化的建议。

在"公民权利和政治权利"栏目中，《2021 年县乡人大换届选举中的民主权利保障》对县乡两级人大换届中保障民主权利的具体措施进行了总结，分析了此轮换届选举过程中存在的问题，并提出了改进的建议。《民间河湖

长制保障公众环境参与权——以武汉市为例》对武汉市民间河湖长制的发展、运行机制和实施成效进行了总结，并对其借鉴意义进行了分析。《〈民法典〉颁行以来我国公民财产权保护的新进展》从财产权的平等保护、财产权范围和内容的充实、财产权行使与实现形式的多样化等方面分析了《民法典》颁布以来财产权保护的新进展。《新时代平安中国建设与安全权保障》对"平安中国"建设的目标和具体措施进行了总结，分析了面临的挑战，并提出了应对的建议。《〈反家暴法〉实施五周年回顾：成就与挑战》分析了该法的实施取得的成绩和面临的问题，并提出了改进的建议。

在"特定群体权利"栏目中，《未成年人保护处分制度的新进展——以山东省为例》对未成年人保护处分制度的构建进行了总结，分析了存在的不足，提出了优化的建议。《事实无人抚养儿童的权利保障》对事实无人抚养儿童的现状及保障难点进行了分析，并提出了完善的建议。《老年宜居环境与老年人权利保障》对中国老年宜居环境建设的进展进行了分析和总结，并对未来发展趋势进行了展望。《残疾人权利司法保护的新路径——以实现无障碍为视角》重点研究了残疾人权利司法保护中的无障碍制度框架，分析了法院、检察机关和公共法律服务中促进残疾人权利司法保护的实践。

在"大数据与人权保障"栏目中，《公民信息安全保障的进展与成果》对中国公民信息保障的进展情况进行了总结，分析了公民信息安全面临的挑战，并提出了应对建议。《"数字鸿沟"下的老年人信息权利保障》对2021年中国消除老年人"数字鸿沟"取得的成就进行了总结，分析了面临的挑战，并提出了应对的建议。

在"人权立法与国际合作"栏目中，《2021年国家人权立法分析报告》分析了中国2021年人权立法的基本情况，并对《反有组织犯罪法》《法律援助法》《行政处罚法》的制定或修订进行了具体的分析。《2021年中国的国际人权合作与交流》对中国政府和社会组织开展和参与国际人权交流与合作的情况进行了总结，分析了面临的问题并提出了应对措施。《中国开展新冠疫苗国际合作及其对构建人类卫生健康共同体的贡献》总结了中国开展新冠疫苗国际合作的实践和成就，分析了其对构建人类卫生健康共同体的贡献。

在调研报告和个案研究部分,《从稳定脱贫到持续增收——新疆阿克陶县塔尔乡农牧民生计调查》分析了脱贫攻坚对农牧民生计的保障,发展旅游对农牧民持续增收的带动作用,并对"互嵌发展型"乡域民生建设实践进行了总结。《发展中的中国企业人权政策与声明》对中国企业人权政策的发展现状和动因进行了分析,并提出了改进的政策建议。《中国负责任矿产供应链实践进展——对中国五矿化工进出口商会人权尽责管理的调研报告》对中国矿产供应链企业人权尽责管理进行了具体分析,对未来发展趋势进行了展望并提出了建议。

两篇附录分别是 2021 年中国人权大事记以及 2021 年制定、修订、修正或废止的与人权直接相关的法律法规。

上述报告对 2021 年中国人权事业的进步作出了具体的概括,同时也分析了存在的问题,并提出了改进的建议。

目 录 ⤵

Ⅰ 总报告

Ⅱ 专题报告

Ⅲ　调研报告和个案研究

Ⅳ　附　录

皮书数据库阅读**使用指南**

总 报 告

General Report

B.1

为中国人民普遍人权而
奋斗的中国共产党

李君如 常 健*

摘 要： 百年历史证明，中国共产党是为中国人民普遍人权而奋斗的政
党。中国共产党为争取中国人民的普遍人权而诞生，在争取中国
人民的普遍人权中成熟，在探索社会主义制度下保障人民普遍人
权中发展，在尊重和保障人民人权中兴盛壮大，在普遍提升中国
人民人权保障水平中更加强大。中国共产党在百年人权奋斗中对
人权的思想认识、理论构建、道路探索和国际交流作出了历史性
贡献。

关键词： 中国共产党 人权 人权理念 人权发展道路 中国人权事业
发展

---

* 李君如，中国人权研究会副会长，原中共中央党校副校长，研究员，博士生导师；常健，中
国人权研究会常务理事，南开大学人权研究中心主任，南开大学周恩来政府管理学院教授、
博士生导师。

2021 年，是中国共产党百年华诞，举国上下一片欢腾，以各种方式开展庆祝和纪念活动。2 月 20 日，党中央召开党史学习教育动员大会。7 月 1 日，党中央在北京天安门广场隆重举行庆祝中国共产党成立 100 周年大会，中共中央总书记、国家主席、中央军委主席习近平发表重要讲话。11 月 11 日，党的十九届六中全会审议通过了《中共中央关于党的百年奋斗重大成就和历史经验的决议》，系统总结了中国共产党百年奋斗历史及其历史意义和历史经验，深刻阐述了新时代中国共产党的历史任务。在这样的时代背景下，总结中国共产党是怎样在为中国人民的人权而奋斗的过程中发展壮大的，成为 2021 年中国人权工作的主题主线。

引言：站在新的历史起点总结领导人权事业的中国 共产党百年奋斗的重大成就和历史经验

中国的人权工作者和人权学者，和全国各行各业一样，在庆祝中国共产党百年华诞之际，全面总结了为保障中国人民人权而奋斗的中国共产党所取得的重大成就和历史经验，并站在新的历史起点上推进中国人权理论和实践的发展，取得了新的进展。

4 月 8 日，"中国共产党与中国人权事业发展进步"国际研讨会在吉林长春召开。来自美国、英国、法国、德国、荷兰、奥地利、埃及等 20 多个国家和国际组织的专家学者、机构负责人、媒体人士、在华留学生和中国有关部门、研究机构、社会组织的代表 100 余人，以线上线下相结合的方式参加会议。中国人权研究会会长向巴平措发表讲话指出，中国共产党的百年奋斗史，是一部争取人民解放、保障人民权利、致力于人的全面发展的光辉历史。中宣部副部长蒋建国发表演讲指出，中国共产党的一百年，是尊重和保障人权伟大实践的一百年，是创造中华民族史上人权发展奇迹的一百年，也是为世界人权事业发展作出巨大贡献的一百年。①

---

① 宗巍：《"中国共产党与中国人权事业发展进步"国际研讨会召开》，2021 年 4 月 12 日，中国人权网，http：//www.humanrights.cn/html/zt2021/2/2/2021/0412/58191.html。

6月24日，国务院新闻办公室发表了《中国共产党尊重和保障人权的伟大实践》白皮书，系统梳理了中国共产党尊重和保障人权的百年历史。中国共产党百年历史证明，中国共产党是为中国人民普遍人权而奋斗的政党。中国共产党人权理念的突出特点是人民性，这是由党的性质和历史使命决定的。其表现形式和包含内容与党在不同时期的历史任务相联系，经历了一个发展变化的过程，从最初为被压迫阶级争取人权，到保障统一战线各阶层人民的人权，再扩展到保障全体人民的人权。虽然历经发展变化，但其维护最广大人民群众基本人权的初心和基点始终如一。①

11月11日，党的十九届六中全会通过了《中共中央关于党的百年奋斗重大成就和历史经验的决议》。在回顾中国共产党百年奋斗的历史时，它深刻指出党领导中国人民在四个历史时期实现或推进了"四次伟大飞跃"。第一次，实现了中国从几千年封建专制政治向人民民主的伟大飞跃；第二次，实现了一穷二白、人口众多的东方大国大步迈进社会主义社会的伟大飞跃；第三次，推进了中华民族从站起来到富起来的伟大飞跃；第四次，中华民族迎来了从站起来、富起来到强起来的伟大飞跃。显而易见，这四次伟大飞跃，就是中国人民争取和实现人权、保障和发展中国人权事业的四次伟大飞跃。尤其是，党的十九届六中全会把"坚持人民至上"作为党的历史经验写进了历史决议。"人民至上"是中国共产党的执政理念，也是中国共产党的人权原则。正如决议指出的："党的根基在人民、血脉在人民、力量在人民，人民是党执政兴国的最大底气。民心是最大的政治，正义是最强的力量。党的最大政治优势是密切联系群众，党执政后的最大危险是脱离群众。党代表中国最广大人民根本利益，没有任何自己特殊的利益，从来不代表任何利益集团、任何权势团体、任何特权阶层的利益，这是党立于不败之地的根本所在。"②

---

① 参见中华人民共和国国务院新闻办公室《中国共产党尊重和保障人权的伟大实践》，2021年6月，国务院新闻办公室网站，http://www.scio.gov.cn/zfbps/ndhf/44691/Document/1707316/1707316.htm。

② 《中共中央关于党的百年奋斗重大成就和历史经验的决议》，《人民日报》2021年11月17日，第1版。

一 党为争取中国人民普遍人权而诞生

回顾中国共产党百年奋斗历史，人们不难发现，中国共产党是为争取和实现中国人民的人权而诞生的。

1840 年鸦片战争以后，中国逐步沦为半殖民地半封建社会。国家蒙辱、人民蒙难、文明蒙尘，中华民族遭受了前所未有的劫难。为了拯救民族危亡，中国人民奋起反抗。1915 年，陈独秀作为中国新文化运动的领袖，在《敬告青年》中指出："国人而欲脱蒙昧时代，羞为浅化之民也，则急起直追，当以科学与人权并重。"在中国人民和中华民族的伟大觉醒中，在马克思列宁主义同中国工人运动的紧密结合中，中国共产党应运而生。① 中国共产党诞生之初，就把为中国人民争取普遍人权作为自己的初心使命。

中国共产党在成立之初就明确，要在中国进行社会主义革命，必须先进行民主主义革命，将推翻帝国主义和封建主义的压迫、解放被压迫的劳苦大众作为自己的奋斗目标。1922 年《中国共产党第二次全国代表大会宣言》指出："各种事实证明，加给中国人民（无论是资产阶级、工人或农人）最大的痛苦的是资本帝国主义和军阀官僚的封建势力，因此反对那两种势力的民主主义的革命运动是极有意义的：即因民主主义革命成功，便可得到独立和比较的自由。"②《中国共产党第三次全国代表大会宣言》指出："我们的使命是以国民革命来解放被压迫的中国民族，更进而谋世界革命，解放全世界的被压迫的民族和被压迫的阶级。"③

依据这样的政治目标和工作任务，中国共产党明确要为受剥削受压迫的工农劳苦大众争取人权，强调保障工人阶级和无地农民的生存权、自由权、

---

① 习近平：《在庆祝中国共产党成立 100 周年大会上的讲话》，《人民日报》2021 年 7 月 2 日，第 2 版。
② 《中国共产党第二次全国代表大会宣言》（一九二二年七月），中国共产党新闻网，http：//cpc. people. com. cn/GB/64162/64168/64554/4428164. html，2021 年 3 月 13 日访问。
③ 《中国共产党第三次全国代表大会宣言》（一九二三年六月），中国共产党新闻网，http：//cpc. people. com. cn/GB/64162/64168/64555/4428211. html，2021 年 3 月 13 日访问。

政治反抗权利。《中国共产党第五次全国代表大会宣言》指出："无产阶级是民权同盟的先锋。只有在保护他们自己阶级利益之下，才能完成他们的使命。生活程度的提高可以增加他们的战斗力。在领导农民进攻封建势力，保障小资产阶级利益之下，无产阶级不能削弱了自己对资本主义的斗争，如增加工资、缩短工作时间、改良待遇等。"①

在保障工人权利方面，《中国共产党第二次全国代表大会宣言》指出："改良工人待遇：（甲）废除包工制；（乙）八小时工作制；（丙）工厂设立工人医院及其他卫生设备；（丁）工厂保险；（戊）保护女工和童工；（己）保护失业工人等。"② 1923年的《中国共产党党纲草案》指出："工人利益的特别要求：A. 废除包工制，承认工会的团体契约制（工会议定雇用条件）。B. 实行八小时工作制；禁止做日工者续做夜工。C. 每星期应有三十六小时以上的继续休息。D. 女工与男工之工资待遇一律平等；生产期前后六星期之休息，不扣工资。E. 禁止雇佣十四岁以下的童工；十四岁至十八岁者每日工作不得过六小时。F. 工厂卫生及劳动条件以法律规定，由国家设立监查机关监督执行，但工人有权参与之。G. 制定强迫的劳工保险法（灾病死伤的抚恤等），工人有参与办理保险事项之权。H. 救济失业之工人。"③

在保障农民权利方面，1923年的《中国共产党党纲草案》分五点详细指出了农民利益的特别要求："A. 划一并减轻田赋，革除陋规。B. 规定限制田租的法律；承认佃农协会有议租权。C. 改良水利。D. 改良种籽地质；贫农由国家给发种籽及农具。E. 规定重要农产品价格的最小限度。"④

---

① 《中国共产党第五次全国代表大会宣言》（一九二七年五月），中国共产党新闻网，http://cpc. people. com. cn/GB/64162/64168/64557/4428294. html，2021年3月14日访问。

② 《中国共产党第二次全国代表大会宣言》（一九二二年七月），中国共产党新闻网，http://cpc. people. com. cn/GB/64162/64168/64554/4428164. html，2021年3月13日访问。

③ 《中国共产党党纲草案》（一九二三年六月），中国共产党新闻网，http://cpc. people. com. cn/GB/64162/64168/64555/4428212. html，2021年3月13日访问。

④ 《中国共产党党纲草案》（一九二三年六月），中国共产党新闻网，http://cpc. people. com. cn/GB/64162/64168/64555/4428212. html，2021年3月13日访问。

中国共产党虽然将为工农劳苦大众争取人权作为奋斗目标的重点，但同时也将为全中国人民争取普遍人权作为自己的重要任务。在受教育权方面，1923年的《中国共产党党纲草案》指出："实行义务教育，教育与宗教绝对分离。全国教育经费应严重保证。教员应享受年功加俸；到相当年龄应享受养老年金。"① 在住房权方面，1923年的《中国共产党党纲草案》指出："供给并改良都市贫民之住宅；规定限制房租的法律。"② 在妇女权利方面，《中国共产党第二次全国代表大会宣言》指出，"废除一切束缚女子的法律，女子在政治上、经济上、社会上、教育上一律享受平等权利"。③ 1923年的《中国共产党党纲草案》指出："公私法上男女一律平权。"④ 在自由权利和政治权利方面，《中国共产党第二次全国代表大会宣言》指出："工人和农民，无论男女，在各级议会市议会有无限制的选举权，言论、出版、集会、结社、罢工绝对自由。"⑤ 1923年的《中国共产党党纲草案》指出："实行无限制的普遍选举，选举期当在休假日。""保障人民集会、结社、言论、出版之自由权，废止治安警察条例及压迫罢工的刑律。""平民须有建议权、罢官权、撤回代表权及废止法律权；中央、地方重要的国家职员须民选。"在人身权利和公正审判权方面，1923年的《中国共产党党纲草案》指出："改良司法，废止肉刑及死刑，免除一切诉讼手续费。"⑥

① 《中国共产党党纲草案》（一九二三年六月），中国共产党新闻网，http：//cpc. people. com. cn/GB/64162/64168/64555/4428212. html，2021年3月13日访问。
② 《中国共产党党纲草案》（一九二三年六月），中国共产党新闻网，http：//cpc. people. com. cn/GB/64162/64168/64555/4428212. html，2021年3月13日访问。
③ 《中国共产党第二次全国代表大会宣言》（一九二二年七月），中国共产党新闻网，http：// cpc. people. com. cn/GB/64162/64168/64554/4428164. html，2021年3月13日访问。
④ 《中国共产党党纲草案》（一九二三年六月），中国共产党新闻网，http：//cpc. people. com. cn/GB/64162/64168/64555/4428212. html，2021年3月13日访问。
⑤ 《中国共产党第二次全国代表大会宣言》（一九二二年七月），中国共产党新闻网，http：// cpc. people. com. cn/GB/64162/64168/64554/4428164. html，2021年3月13日访问。
⑥ 《中国共产党党纲草案》（一九二三年六月），中国共产党新闻网，http：//cpc. people. com. cn/GB/64162/64168/64555/4428212. html，2021年3月13日访问。

二 党在争取中国人民普遍人权中成熟

在新民主主义革命时期，中国社会主要矛盾是帝国主义和中华民族的矛盾、封建主义和人民大众的矛盾，而中国共产党的主要任务是推翻帝国主义、封建主义、官僚资本主义三座大山，争取民族独立和人民解放。[①] 中国共产党在反帝反封建斗争中争取中国人民的人权，在争取中国人民的普遍人权中从幼年时期逐步走向成熟。

在领导人民争取自由解放、实现当家作主的新民主主义革命伟大斗争中，中国共产党始终将保障中国人民普遍人权作为己任。在 1927~1937 年土地革命战争时期，中国共产党领导中华苏维埃政府颁布并实施了土地法，不仅让农民在政治上翻身，而且在经济上分到田地，获得基本生存权利。[②]《中国共产党第五次全国代表大会宣言》指出："大地主的田地必须没收。民团、团防必须解除武装，绅士的政权必须消除，乡村自治政府，必须以乡村民权势力为基础而建立起来。"[③] 中国共产党第六次全国代表大会发布的《告全体同志书》指出："消灭封建势力的主要口号是土地革命，没收地主阶级的土地归农民。打倒帝国主义的主要口号是取消帝国主义一切特权，没收外国资本在华的企业和银行。"[④] 在革命斗争实践中，党还逐渐意识到，要想取得革命的胜利，就要建立统一战线，联合更多受压迫阶级一起实现革命的目标。《中国共产党第五次全国代表大会宣言》指出："无产阶级保障了小资产阶级的利益，小资产阶级赞助无产阶级反抗资本主义。唯有在这个互助的关系之上，农、工、小资产阶级的政治同盟才能建

---

① 《中共中央关于党的百年奋斗重大成就和历史经验的决议》，《人民日报》2021 年 11 月 17 日，第 1 版。

② 中华人民共和国国务院新闻办公室：《中国共产党尊重和保障人权的伟大实践》，人民出版社，2021，第 6 页。

③ 《中国共产党第五次全国代表大会宣言》（一九二七年五月），中国共产党新闻网，http://cpc. people. com. cn/GB/64162/64168/64557/4428294. html，2021 年 3 月 14 日访问。

④ 《告全体同志书》（一九二八年十一月十一日），中国共产党新闻网，http://cpc. people. com. cn/GB/64162/64168/64558/4428380. html，2021 年 3 月 14 日访问。

立起来。"①

随着日本帝国主义的对华侵略和中国抗日战争的展开，中国共产党工作任务的重心也出现了相应的变化。毛泽东在中国共产党第七次全国代表大会开幕式上的讲话中指出："我们的任务不是别的，就是放手发动群众，壮大人民力量，团结全国一切可能团结的力量，在我们党领导之下，为着打败日本侵略者，建设一个光明的新中国，建设一个独立的、自由的、民主的、统一的、富强的新中国而奋斗。"② 要完成反对帝国主义和封建主义的历史任务，不仅需要团结工人、农民和小资产阶级，而且需要团结知识界和一切反帝反封建人们以及国内各少数民族，形成更广泛的统一战线。中国共产党第七次全国代表大会通过的《中国共产党党章》指出："中国共产党在目前阶段的任务是：对内，组织与团结中国的工人、农民、小资产阶级、知识界和一切反帝反封建人们以及国内各少数民族同自己一道，对外，联合全世界无产阶级、被压迫人民及一切以平等待我之民族，为解除外国帝国主义对于中国民族的侵略，为肃清本国封建主义对于中国人民大众的压迫，为建立独立、自由、民主、统一与富强的各革命阶级联盟与各民族自由联合的新民主主义联邦共和国而奋斗，为实现世界的和平与进步而奋斗。"③

广泛统一战线的建立，使得党对人权保障主体表述也包括了更多的社会阶层。毛泽东在中国共产党第七次全国代表大会上的政治报告指出："我们的这种主张，是和孙中山先生的革命主张完全一致的。孙先生在其所著《中国国民党第一次全国代表大会宣言》里说：'近世各国所谓民权制度，往往为资产阶级所专有，适成为压迫平民之工具。若国民党之民权主义，则为一般平民所共有，非少数人所得而私也。'这是孙先生的伟大

① 《中国共产党第五次全国代表大会宣言》（一九二七年五月），中国共产党新闻网，http://cpc.people.com.cn/GB/64162/64168/64557/4428294.html，2021年3月14日访问。

② 毛泽东：《两个中国之命运》，中国共产党新闻网，http://cpc.people.com.cn/GB/64162/64168/64559/4442096.html，2021年3月14日访问。

③ 《中国共产党党章》（中国共产党第七次全国代表大会一九四五年六月十一日通过），中国共产党新闻网，http://cpc.people.com.cn/GB/64162/64168/64559/4442095.html，2021年3月14日访问。

的政治指示。中国人民，中国共产党及其他一切民主分子，必须尊重这个指示而坚决地实行之，并同一切违背和反对这个指示的任何人们和任何集团作坚决的斗争，借以保护和发扬这个完全正确的新民主主义的政治原则。"①

在人权保障内容方面，中国共产党在为人民争取基本生存权的基础上，更加强调为人民争取民主权利、自由权利、文化教育权利，为少数民族、妇女、儿童等特定群体争取平等权利。

在为人民争取生存权方面，毛泽东在《论联合政府》中指出："要求救济难民和救济灾荒；要求设立大量的救济基金，在国土收复后，广泛地救济沦陷区的受难人民；要求取消苛捐杂税，实行统一的累进税；要求实行农村改革，减租减息，适当地保证佃权，对贫苦农民给予低利贷款，……要求改善工人生活，救济失业工人……"② 在抗日战争时期，中国共产党领导陕甘宁边区实行"减租减息"政策。在解放战争时期，中国共产党提出保障人权、解救民生，领导制定《中国土地法大纲》等文件，在拥有 1 亿多人口的解放区开展土地改革，实行耕者有其田，消灭了封建生产关系。中国共产党还积极组织生产运动，确保自给自足，鼓励发展私营工商业，出台社会优抚等政策措施，努力保障民生。③

争取人民当家作主是新民主主义革命人权保障的主要任务。毛泽东在《论联合政府》中指出，"要求废止国民党一党专政，建立民主的联合政府和联合统帅部"，"要求取消一切镇压人民的反动的特务机关和特务活动，取消集中营；要求取消一切镇压人民的言论、出版、集会、结社、思想、信仰和身体等项自由的反动法令，使人民获得充分的自由权利；要求承认一切民主党派的合法地位；要求释放一切爱国政治犯；……要求给予中国人民以

---

① 毛泽东：《论联合政府》，中国共产党新闻网，http://cpc.people.com.cn/GB/64162/64168/64559/4526988.html，2021 年 3 月 14 日访问。

② 毛泽东：《论联合政府》，中国共产党新闻网，http://cpc.people.com.cn/GB/64162/64168/64559/4526988.html，2021 年 3 月 14 日访问。

③ 中华人民共和国国务院新闻办公室：《中国共产党尊重和保障人权的伟大实践》，人民出版社，2021，第 6 页。

民主的权利；要求取消压迫人民的保甲制度"。① 在中国共产党领导的中央苏区、陕甘宁边区实行普选制度，给长期受到压迫的人民以参政议政的权利。抗战时期，抗日根据地实行"三三制"，建立抗日民主政权，其中共产党员、党外进步人士和中间派各占1/3。这些政策和制度，大大提高了人民群众参与革命、参与政权管理的热情。②

在为人民争取自由权方面，毛泽东在《论联合政府》中指出："国民党区域剥夺人民的一切自由。中国解放区则给予人民以充分的自由。""目前中国人民争自由的目标，首先地和主要地是向着日本侵略者。但是国民党政府剥夺人民的自由，捆起人民的手足，使他们不能反对日本侵略者。不解决这个问题，就不能在全国范围内动员和统一一切抗日的力量。……自由是人民争来的，不是什么人恩赐的。中国解放区的人民已经争得了自由，其他地方的人民也可能和应该争得这种自由。中国人民争得的自由越多，有组织的民主力量越大，一个统一的临时的联合政府便越有成立的可能。这种联合政府一经成立，它将转过来给予人民以充分的自由，巩固联合政府的基础。然后才有可能，在日本侵略者被打倒之后，在全部国土上进行自由的无拘束的选举，产生民主的国民大会，成立统一的正式的联合政府。没有人民的自由，就没有真正民选的国民大会，就没有真正民选的政府。难道还不清楚吗？人民的言论、出版、集会、结社、思想、信仰和身体这几项自由，是最重要的自由。在中国境内，只有解放区是彻底地实现了。"③

在保障人身权利方面，毛泽东在《论联合政府》中指出："对于敌方投诚的、反正的、或在放下武器后愿意参加反对共同敌人的人，一概表示欢

---

① 毛泽东：《论联合政府》，中国共产党新闻网，http：//cpc.people.com.cn/GB/64162/64168/64559/4526988.html，2021年3月14日访问。
② 中华人民共和国国务院新闻办公室：《中国共产党尊重和保障人权的伟大实践》，人民出版社，2021，第7页。
③ 毛泽东：《论联合政府》，中国共产党新闻网，http：//cpc.people.com.cn/GB/64162/64168/64559/4526988.html，2021年3月14日访问。

迎，并给予适当的教育。对于一切俘虏，不许杀害、虐待和侮辱。"①

在保障健康权方面，中华苏维埃共和国成立中央防疫委员会，省、县、区三级设立卫生部（科），大力建设工农医院、贫民诊所和公共卫生所，培养医务人员，组织群众性防疫卫生运动，明显改善了人民医疗卫生状况。②

在为人民争取受教育权利和文化权利方面，中国共产党在其领导的地区积极发展文教卫生事业。毛泽东在《论联合政府》中指出，"要求取消国民党的党化教育，发展民族的科学的大众的文化教育；要求保障教职员生活和学术自由"。③中央苏区颁布了《中华苏维埃共和国宪法大纲》，明确劳苦大众享有平等的受教育权，并兴建学校，组织各类讲习班，着力提高人民群众文化水平。在陕甘宁边区，政府采取夜校、读报组等方式扫除文盲，并因陋就简开设中小学校，创办鲁迅艺术学院、延安自然科学院等高校与研究机构，努力发展文化科学事业。④

在为妇女、儿童和少数民族争取平等权利方面，毛泽东在《论联合政府》中指出，"要求保护青年、妇女、儿童的利益，救济失学青年，并使青年、妇女组织起来，以平等地位参加有益于抗日战争和社会进步的各项工作，实现婚姻自由，男女平等，使青年和儿童得到有益的学习；要求改善国内少数民族的待遇，允许各少数民族有民族自治的权利；要求保护华侨利益，扶助回国的华侨；要求保护因被日本侵略者压迫而逃来中国的外国人民，并扶助其反对日本侵略者的斗争"。⑤中共中央制定了有关妇女解放和改革婚姻家庭问题的政策纲领，各边区政府特别是中央工农民主政府先后制

---

① 毛泽东：《论联合政府》，中国共产党新闻网，http://cpc.people.com.cn/GB/64162/64168/64559/4526988.html，2021 年 3 月 14 日访问。
② 中华人民共和国国务院新闻办公室：《中国共产党尊重和保障人权的伟大实践》，人民出版社，2021，第 7~8 页。
③ 毛泽东：《论联合政府》，中国共产党新闻网，http://cpc.people.com.cn/GB/64162/64168/64559/4526988.html，2021 年 3 月 14 日访问。
④ 中华人民共和国国务院新闻办公室：《中国共产党尊重和保障人权的伟大实践》，人民出版社，2021，第 7~8 页。
⑤ 毛泽东：《论联合政府》，中国共产党新闻网，http://cpc.people.com.cn/GB/64162/64168/64559/4526988.html，2021 年 3 月 14 日访问。

定适用于全苏区的婚姻法和婚姻条例，废除封建包办买卖婚姻，禁止蓄婢纳妾，确立一夫一妻的婚姻制度，实行婚姻自由，婚后所得财产为夫妻共同财产，第一次使广大妇女在人身上、经济上获得了解放，提高了广大妇女的社会地位。①

中国共产党团结带领中国人民，浴血奋战、百折不挠，创造了新民主主义革命的伟大成就，自身也随之发展壮大起来。中共党员数从一大时期的53名，发展到1949年的448.8万名，② 增加了84678倍。经过北伐战争、土地革命战争、抗日战争、解放战争，中国共产党领导中国人民推翻了帝国主义、封建主义、官僚资本主义三座大山，建立了人民当家作主的中华人民共和国，实现了民族独立、人民解放。新民主主义革命的胜利，彻底结束了旧中国半殖民地半封建社会的历史，彻底结束了旧中国一盘散沙的局面，彻底废除了列强强加给中国的不平等条约和帝国主义在中国的一切特权。③ 这为普遍实现中国人民的各项人权奠定了政治基础。

三 党在探索社会主义制度下保障人民普遍人权中发展

在社会主义革命和建设时期，中国共产党的主要任务是实现从新民主主义到社会主义的转变。④ 中国共产党团结带领中国人民进行社会主义革命，消灭在中国延续几千年的封建剥削压迫制度，确立社会主义基本制度，推进社会主义建设，战胜帝国主义、霸权主义的颠覆破坏和武装挑衅，实现了中

---

① 中华人民共和国国务院新闻办公室：《中国共产党尊重和保障人权的伟大实践》，人民出版社，2021，第7页。
② 孙应帅：《中国共产党党员数量与结构变化及发展趋势》，《北京行政学院学报》2009年第5期。
③ 习近平：《在庆祝中国共产党成立100周年大会上的讲话》，《人民日报》2021年7月2日，第2版。
④ 《中共中央关于党的百年奋斗重大成就和历史经验的决议》，《人民日报》2021年11月17日，第1版。

华民族有史以来最为广泛而深刻的社会变革，实现了一穷二白、人口众多的东方大国大步迈进社会主义社会的伟大飞跃，为实现中华民族伟大复兴奠定了根本政治前提和制度基础。① 中国共产党也在探索社会主义制度下人权保障的伟大实践中不断发展。

在探索社会主义制度下保障中国人民人权的过程中，中国制定了第一部社会主义类型的宪法，为中国人权事业发展奠定了根本政治前提和制度基础。在政治建设方面，建立和巩固了人民民主的政治制度，确立了人民民主原则和社会主义原则，确立了人民代表大会制度，从制度上保障了国家一切权力属于人民。在经济建设方面，在完成了土地改革的基础上，对农业、手工业和资本主义工商业进行了社会主义改造，建立起社会主义的基本经济制度，保证了人民平等参与经济发展和分享劳动成果。在社会建设方面，颁布实施婚姻法，实行男女婚姻自由、一夫一妻、男女权利平等、保护妇女和子女合法利益的婚姻制度；促进教育、医疗卫生事业发展，建立起省、市、县和县、乡、村三级医疗预防保健网，建立了劳动保险和社会救济制度。在民族政策方面，反对和否定民族压迫和歧视，坚持民族平等，实行民族区域自治制度。在法制建设方面，依据《中华人民共和国宪法》，制定并实施其他重要法律，保障公民基本权利。②

在社会主义基本制度建立后，中国共产党就自觉地以苏联为鉴，探索符合中国国情的社会主义建设道路。在 1957 年发表的《关于正确处理人民内部矛盾的问题》的讲话中，毛泽东强调："人民这个概念在不同的国家和各个国家的不同的历史时期，有着不同的内容。拿我国的情况来说，在抗日战争时期，一切抗日的阶级、阶层和社会集团都属于人民的范围，日本帝国主义、汉奸、亲日派都是人民的敌人。在解放战争时期，美帝国主义和它的走狗即官僚资产阶级、地主阶级以及代表这些阶级的国民党反动派，都是人民

---

① 习近平：《在庆祝中国共产党成立 100 周年大会上的讲话》，《人民日报》2021 年 7 月 2 日，第 2 版。

② 中华人民共和国国务院新闻办公室：《中国共产党尊重和保障人权的伟大实践》，人民出版社，2021，第 8~9 页。

的敌人；一切反对这些敌人的阶级、阶层和社会集团，都属于人民的范围。在现阶段，在建设社会主义的时期，一切赞成、拥护和参加社会主义建设事业的阶级、阶层和社会集团，都属于人民的范围；一切反抗社会主义革命和敌视、破坏社会主义建设的社会势力和社会集团，都是人民的敌人。"① 在这样广泛的"人民"理念下，中国共产党强调要严格区分和正确处理敌我矛盾和人民内部矛盾，在共产党与民主党派的关系上实行"长期共存、互相监督"的方针，在科学文化工作中实行"百花齐放、百家争鸣"的方针，同时开展整党整风，反对官僚主义、命令主义和贪污浪费，密切党和人民群众的关系。中国共产党也在制定这些保障人权的重大方针和重大举措中进一步得到发展。

遗憾的是，"文化大革命"使中国人权事业发展经历了惨痛的教训。正如《关于建国以来党的若干历史问题的决议》所指出的："'文化大革命'名义上是直接依靠群众，实际上既脱离了党的组织，又脱离了广大群众。""历史已经判明，'文化大革命'是一场由领导者错误发动，被反革命集团利用，给党、国家和各族人民带来严重灾难的内乱。"②

四 党在尊重和保障人民人权中兴盛壮大

十一届三中全会之后，中国共产党团结带领中国人民，解放思想、锐意进取，创造了改革开放和社会主义现代化建设的伟大成就，实现了新中国成立以来党的历史上具有深远意义的伟大转折。③ 党确立了社会主义初级阶段的基本路线，坚定不移推进改革开放，实现了从高度集中的计划经济体制到充满活力的社会主义市场经济体制的历史性转变，实现了人民生活从温饱不

---

① 毛泽东：《关于正确处理人民内部矛盾的问题》，《毛泽东文集》第七卷，人民出版社，1999，第205页。

② 《中国共产党中央委员会关于建国以来党的若干历史问题的决议》，央视网，http://www.cctv.com/special/733/-1/47008.html，2021年4月5日访问。

③ 习近平：《在庆祝中国共产党成立100周年大会上的讲话》，《人民日报》2021年7月2日，第2版。

足到总体小康、奔向全面小康的历史性跨越。

改革开放以来，中国共产党领导中国人民努力探索适合中国国情的人权发展道路，将保障人民的生存权、发展权置于首要地位，将尊重和保障人权写入宪法作为治国理政的一条重要原则，建立和完善各项人权保障制度，初步形成了中国特色人权保障体系。① 人权保障的主体、促进方式、保障内容、保障方式都发生了显著的变化。

（一）拨乱反正与人民和人权主体外延的不断扩大

随着党将工作重心从阶级斗争转向经济建设，并逐步建立社会主义市场经济体制，人民和人权的主体逐步扩大到包括全体劳动者和爱国者在内的广大社会成员。

一方面，党拨乱反正，在全国复查和平反了大量的冤假错案，改正了错划右派分子的案件；宣布原工商业者已改造成为劳动者；把原为劳动者的小商小贩、手工业者从原资产阶级工商业者中区别出来；为已改造成为劳动者的绝大多数原地主、富农分子改订了成分。②

另一方面，党对国内的阶级状况进行了重新评估，确定"我国的社会阶级状况发生了根本的变化"。在全国政协五届二次会议上，邓小平指出："我国工人阶级的地位已经大大加强，我国农民已经是有二十多年历史的集体农民。工农联盟将在社会主义现代化建设的新的基础上更加巩固和发展。我国广大的知识分子，包括从旧社会过来的老知识分子的绝大多数，已经成为工人阶级的一部分，正在努力自觉地为社会主义事业服务。""我国的资本家阶级原来占有的生产资料早已转到国家手中，定息也已停止十三年之久。他们中有劳动能力的绝大多数人已经改造成为社会主义社会中的自食其

---

① 中华人民共和国国务院新闻办公室：《中国共产党尊重和保障人权的伟大实践》，人民出版社，2021，第9~10页。
② 《关于建国以来党的若干历史问题的决议》（中国共产党第十一届中央委员会第六次全体会议1981年6月通过），中国共产党新闻网，http://cpc.people.com.cn/GB/64162/64168/64563/65374/4526448.html，2022年6月18日访问。

力的劳动者。"根据上述变化,邓小平认为我国的统一战线已经成为"工人阶级领导的、工农联盟为基础的社会主义劳动者和拥护社会主义的爱国者的广泛联盟"。① 中共十二大通过的《中国共产党章程》进一步规定:"中国共产党同全国各民族工人、农民、知识分子团结在一起,同各民主党派、无党派民主人士、各民族的爱国力量团结在一起,进一步发展和壮大由全体社会主义劳动者、拥护社会主义的爱国者、拥护祖国统一的爱国者组成的最广泛的爱国统一战线。"②

中共十六大将"三个代表"重要思想作为党的指导思想写进《中国共产党章程》,明确提出,"中国共产党是中国工人阶级的先锋队,同时是中国人民和中华民族的先锋队",要"代表中国最广大人民的根本利益"。③ 中共十六大报告在进一步强调要"巩固和发展最广泛的爱国统一战线"④ 的同时,根据社会主义市场经济建立后出现的新情况,将"中国特色社会主义建设者"作为统一战线的重要组成部分,指出:"随着改革开放的深入和经济文化的发展,我国工人阶级队伍不断壮大,素质不断提高。包括知识分子在内的工人阶级,广大农民,始终是推动我国先进生产力发展和社会全面进步的根本力量。在社会变革中出现的民营科技企业的创业人员和技术人员、受聘于外资企业的管理技术人员、个体户、私营企业主、中介组织的从业人员、自由职业人员等社会阶层,都是中国特色社会主义事业的建设者。"⑤

---

① 《新时期的统一战线和人民政协的任务》,《邓小平文选》第二卷,人民出版社,1994,第185~187页。

② 《中国共产党章程》(中国共产党第十二次全国代表大会一九八二年九月六日通过),中国共产党新闻网,http://cpc.people.com.cn/GB/64162/64168/64565/65448/6415129.html,2022年6月18日访问。

③ 《中国共产党章程》(中国共产党第十六次全国代表大会部分修改,2002年11月14日通过),中国共产党新闻网,http://cpc.people.com.cn/GB/64162/64168/64569/65444/4429114.html,2022年6月18日访问。

④ 江泽民:《全面建设小康社会,开创中国特色社会主义事业新局面》,《江泽民文选》第三卷,人民出版社,2006,第535页。

⑤ 江泽民:《全面建设小康社会,开创中国特色社会主义事业新局面》,《江泽民文选》第三卷,人民出版社,2006,第539~540页。

中共十七大报告将人权主体表述为"全体社会成员",要求"尊重和保障人权,依法保证全体社会成员平等参与、平等发展的权利"。①

(二)以发展促人权为确立生存权和发展权是首要的基本人权奠定坚实基础

十一届三中全会确立了中国共产党以"一个中心、两个基本点"为主要内容的政治路线,果断地停止使用"以阶级斗争为纲"这个不适用于社会主义社会的口号,否定了中共十一大沿袭的"文化大革命"中的所谓"无产阶级专政下继续革命",以及"'文化大革命'今后还要进行多次"等"左"倾错误观点。② 全会要求"把全党工作的着重点和全国人民的注意力转移到社会主义现代化建设上来"。③ 十一届六中全会通过的《关于建国以来党的若干历史问题的决议》指出:"在社会主义改造基本完成以后,我国所要解决的主要矛盾,是人民日益增长的物质文化需要同落后的社会生产之间的矛盾。党和国家工作的重点必须转移到以经济建设为中心的社会主义现代化建设上来,大大发展社会生产力,并在这个基础上逐步改善人民的物质文化生活。"④ 实践证明,这一工作重点的转移,从根本上改变了中国人民的物质生活和精神生活的条件,人权也由此得到广泛的尊重。就是在这样的实践基础上,中国共产党形成和提出了生存权和发展权是首要的基本人权的思想,并把这一思想写进了第一部中国人权白皮书。

为了促进生产力的发展,党开始探索建立社会主义市场经济体制,逐步

---

① 《胡锦涛在党的十七大上的报告》,全国人大网,http://www.npc.gov.cn/zgrdw/npc/zggcddsbcqgdbdh/2012-11/06/content_1742192.htm,2022年6月18日访问。

② 《中国共产党十一届三中全会简介》,中国共产党新闻网,http://cpc.people.com.cn/GB/64162/64168/64563/65371/4441896.html,2022年6月18日访问。

③ 《中国共产党第十一届中央委员会第三次全体会议公报》(一九七八年十二月二十二日通过),中国共产党新闻网,http://cpc.people.com.cn/GB/64162/64168/64563/65371/4441902.html,2022年6月18日访问。

④ 《关于建国以来党的若干历史问题的决议》(中国共产党第十一届中央委员会第六次全体会议1981年6月通过),中国共产党新闻网,http://cpc.people.com.cn/GB/64162/64168/64563/65374/4526448.html,2022年6月18日访问。

实现从计划经济向社会主义市场经济的转型。《关于建国以来党的若干历史问题的决议》指出，"社会主义生产关系的变革和完善必须适应于生产力的状况，有利于生产的发展"，要"发挥市场调节的辅助作用"，"大力发展社会主义的商品生产和商品交换"。① 中共十二大报告提出，"正确贯彻计划经济为主、市场调节为辅的原则，是经济体制改革中的一个根本性问题"。② 十二届三中全会通过的《中共中央关于经济体制改革的决定》提出"发展商品经济"，认为"商品经济的充分发展，是社会经济发展的不可逾越的阶段，是实现我国经济现代化的必要条件"。③ 中共十四大明确提出建立社会主义市场经济体制，十四届三中全会通过了《中共中央关于建立社会主义市场经济体制若干问题的决定》，要求建立现代企业制度，培育和发展市场体系，转变政府职能，加强法律制度建设。

社会主义市场经济体制的建立和不断完善，极大地促进了社会生产力的发展，为人权保障水平的提升提供了坚实的经济基础。中国人民的生活水平得到了大幅提高，实现了从贫困到温饱和从温饱到小康的两次历史性跨越。从 1978 年到 2008 年，城乡居民恩格尔系数分别下降 20.3 个和 24.6 个百分点，贫困人口减少了 2.3 亿以上，人均预期寿命提高了 5 岁，达到中等发达国家水平。④

（三）将尊重和保障人权明确为治国理政的基本原则

在全面推进改革开放和社会主义现代化建设过程中，党和政府突破将人

---

① 《关于建国以来党的若干历史问题的决议》（中国共产党第十一届中央委员会第六次全体会议 1981 年 6 月通过），中国共产党新闻网，http：//cpc. people. com. cn/GB/64162/64168/64563/65374/4526448. html，2022 年 6 月 18 日访问。

② 《全面开创社会主义现代化建设的新局面——胡耀邦在中国共产党第十二次全国代表大会上的报告》（一九八二年九月一日），中国共产党新闻网，http：//cpc. people. com. cn/GB/64162/64168/64565/65448/4526430. html，2022 年 6 月 18 日访问。

③ 《中共中央关于经济体制改革的决定》（中国共产党第十二届中央委员会第三次全体会议一九八四年十月二十日通过），中国共产党新闻网，http：//cpc. people. com. cn/GB/64162/64168/64565/65378/4429522. html，2022 年 6 月 18 日访问。

④ 王晨：《中国改革开放与人权发展 30 年》，《人权》2009 年第 1 期，第 3~4 页。

权问题视为禁区的"左"的思想束缚，将尊重和保障人权提升为治国理政的重要原则，极大地推进了人权事业的发展。① 党的十一届三中全会公报指出："宪法规定的公民权利，必须坚决保障，任何人不得侵犯。""要保证人民在自己的法律面前人人平等，不允许任何人有超于法律之上的特权。"②1991 年 11 月 1 日，国务院新闻办公室发表《中国的人权状况》白皮书，首次以政府文件的形式肯定人权在中国社会主义政治发展中的地位；明确指出实现充分人权是"长期以来人类追求的理想"，也是中国社会主义建设所要实现的"崇高目标"，"是中国人民和政府的一项长期的历史任务"。③

中共十五大将"尊重和保障人权"写入党的全国代表大会政治报告，将其确立为中国共产党执政和国家民主法制建设的一项重要内容。指出："共产党执政就是领导和支持人民掌握管理国家的权力，实行民主选举、民主决策、民主管理和民主监督，保证人民依法享有广泛的权利和自由，尊重和保障人权。"④ 江泽民在 1998 年 12 月 10 日对中国人权研究会举办的"《世界人权宣言》发表 50 周年纪念会"所致贺信中指出："我们要继续加强民主法制建设，依法治国，建设社会主义法治国家，进一步推进我国人权事业，充分保障人民依法享受人权和民主自由权利。"⑤

中共十六大报告重申了"尊重和保障人权"的基本原则，并将"人民的政治、经济和文化权益得到切实尊重和保障""促进人的全面发展"等内容纳入全面建设小康社会的目标之中。十六届三中全会通过了《中共中央关于修改宪法部分内容的建议》，建议在宪法中增加"国家尊重和保障人

---

① 王晨：《中国人权事业实现历史性发展的 60 年》，《求是》2009 年第 21 期。

② 《中国共产党第十一届中央委员会第三次全体会议公报》（一九七八年十二月二十二日通过），中国共产党新闻网，http://cpc.people.com.cn/GB/64162/64168/64563/65371/4441902.html，2022 年 6 月 18 日访问。

③ 中华人民共和国国务院新闻办公室：《中国的人权状况》（1991 年 11 月），国务院新闻办公室网站，http://www.scio.gov.cn/zfbps/ndhf/1991/Document/308017/308017.htm，2022 年 6 月 18 日访问。

④ 江泽民：《高举邓小平理论伟大旗帜，把建设有中国特色社会主义事业全面推向二十一世纪》，《江泽民文选》第二卷，人民出版社，2006，第 29 页。

⑤ 张祝基：《〈世界人权宣言〉发表 50 周年纪念会在京举行 江泽民主席致信祝贺》，《人民日报》1998 年 12 月 11 日，第 1 版。

权""公民的合法的私有财产不受侵犯""国家建立健全同经济发展水平相适应的社会保障制度"等条款。

2007年10月21日,中共十七大通过关于《中国共产党章程(修正案)》的决议,将"尊重和保障人权"写入党章,并在大会报告中强调要"依法保证全体社会成员平等参与、平等发展的权利"。2008年12月《世界人权宣言》发表60周年之际,胡锦涛在致中国人权研究会信中指出,"改革开放30年来,党和政府把尊重和保障人权作为治国理政的重要原则,庄严载入中国共产党章程和中华人民共和国宪法,并采取切实有效的措施促进人权事业发展,使广大人民群众物质文化生活水平得到显著提高,政治、经济、文化、社会权益得到切实保障,谱写了中国人权事业发展的新篇章"。[1]

为表明中国共产党和中国政府尊重和保障人权的政治意愿,中国政府从1991年起不定期发表有关人权问题的政府白皮书。截至2021年,共发表综合性人权白皮书14部,专题性人权白皮书68部,平均每年发表2.6部。专题性人权白皮书分别涉及了扶贫开发、工作权利、社会保障、减灾行动、粮食问题、食品药品安全、知识产权保护、环境保护和气候变化、互联网建设、宗教信仰自由、反腐败、法治建设、民主政治、和平发展、少数民族权利、妇女权利、儿童权利、老年人权利、在押罪犯权利等广泛的人权专题。[2]

在促进中国人权事业发展的过程中,中国共产党不断探索适合中国国情的发展道路。1991年发表的《中国的人权状况》白皮书提出了"人权首先是人民的生存权",并提出"发展权应优先受到重视"。[3] 1995年发表的《中国人权事业的进展》白皮书进一步提出"将人民的生存权、发展权摆在

① 《胡锦涛致信中国人权研究会》,《新华每日电讯》2008年12月12日,第1版。
② 参见常健、付丽媛《中国人权白皮书的功能及其实现效果分析》,《人权研究》2021年第4期,第2~5页。
③ 中华人民共和国国务院新闻办公室:《中国的人权状况》(1991年11月),国务院新闻办公室网站,http://www.scio.gov.cn/zfbps/ndhf/1991/Document/308017/308017.htm,2022年6月18日访问。

首位，在改革、发展、稳定的条件下全面改进人权状况"。① 2000 年发表的
《中国人权发展 50 年》白皮书将"真正符合中国国情的促进和发展人权的
道路"概括为："在发展人权的基本方向上，坚持发展生产力和共同富裕的
原则，立足于改善全国人民的生活和促进全国人民人权的发展；在促进人权
的轻重缓急上，强调生存权、发展权的首要地位，同时兼顾公民的政治、经
济、社会、文化权利和个人、集体权利的全面发展；在促进和保障人权的方
式方法上，强调稳定是前提，发展是关键，改革是动力，法治是保障。"②

2009 年 4 月，中国政府制定发布首份《国家人权行动计划》，对 2009～
2010 年中国人权事业的发展作出全面规划。

（四）人权保障方式从政策主导向法治化转变

社会主义市场经济体制的建立和完善，要求对社会成员的人权保障法治
化。随着法治国家建设的不断深入，党和国家对人权的保障也从政策主导转
向法治主导。

1982 年通过的宪法将"公民的基本权利和义务"由第三章前移到第二
章，不仅恢复了 1954 年宪法关于公民各项基本权利的规定，而且增加了有
关公民在法律面前一律平等、人格尊严不受侵犯、人身自由不受侵犯、宗教
信仰自由、通信自由和通信秘密受法律保护等内容。2004 年第十届全国人
大根据中共十六届三中全会关于修改宪法部分内容的建议，通过宪法修改案
将"国家尊重和保障人权"写入宪法第 33 条，使得国家尊重和保障人权成
为一条重要的宪法原则。

党的十六届六中全会通过的《中共中央关于构建社会主义和谐社会若
干重大问题的决定》提出："必须加紧建设对保障社会公平正义具有重大作

---

① 中华人民共和国国务院新闻办公室：《中国人权事业的进展》（1995 年 12 月），国务院新闻办
公室网站，http://www.scio.gov.cn/zfbps/ndhf/1995/Document/307995/307995.htm，2022 年
6 月 18 日访问。

② 中华人民共和国国务院新闻办公室：《中国人权发展 50 年》（2000 年 2 月），国务院新闻办
公室网站，http://www.scio.gov.cn/zfbps/ndhf/2000/Document/307946/307946.htm，2022
年 6 月 18 日访问。

用的制度，保障人民在政治、经济、文化、社会等方面的权利和利益，引导公民依法行使权利、履行义务。""坚持公民在法律面前一律平等，尊重和保障人权，依法保证公民权利和自由。"①

自1978年到2011年，中国在人权保障方面共制定了近160部法律法规，其中近60部涉及经济、社会和文化权利，近30部涉及公民权利和政治权利，十几部涉及妇女、儿童、老年人、残疾人权利保障，十几部涉及环境权利保障，近50部涉及对人权的司法保障。其中，《中华人民共和国全国人民代表大会组织法》经历了4次修订，《中华人民共和国全国人民代表大会和地方各级人民代表大会选举法》经历了5次修改，《中华人民共和国刑法》经历了8次修订。②

1980年至2009年，中国加入了23项国际人权公约，于1984年承认了国民党政府于1930年至1947年批准的14项国际劳工公约，还于1990年批准了2项国际劳工组织的公约。③

五　党在普遍提升中国人民人权保障水平中更加强大

中共十八大以来，中国特色社会主义建设进入新时代。④ 在以习近平同志为核心的党中央坚强领导下，中国共产党坚持以人民为中心的发展思想，实现了第一个百年奋斗目标，全面建成小康社会，历史性地解决了绝对贫困问题，努力在更高水平上保障中国人民的各项人权。习近平总书记2021年12月8日在向"2021·南南人权论坛"致贺信中强调："中国共产党始终是

---

① 《中共中央关于构建社会主义和谐社会若干重大问题的决定》（中国共产党第十六届中央委员会第六次全体会议二○○六年十月十一日通过），中国共产党新闻网，http://cpc. people. com. cn/GB/64162/64168/64569/72347/6347991. html，2022年6月18日访问。
② 李君如主编《中国人权事业发展报告（2011）》，社会科学文献出版社，2011，第34页。
③ 李君如主编《中国人权事业发展报告（2011）》，社会科学文献出版社，2011，第34~36页。
④ 《中共中央关于党的百年奋斗重大成就和历史经验的决议》，《人民日报》2021年11月17日，第1版。

尊重和保障人权的政党。中国坚持以人民为中心，把人民利益放在首位，以发展促进人权，推进全过程人民民主，促进人的自由全面发展，成功走出一条符合时代潮流的人权发展道路，推动中国人权事业取得了显著成就，14亿多中国人民在人权保障上的获得感、幸福感、安全感不断增强。"①

（一）奉行"以人民为中心"的人权理念

以习近平同志为核心的党中央总结促进和保障人权的历史经验，立足中国人权事业发展新的历史时期，提出了"以人民为中心"的人权理念，为中国人权事业发展指明了方向。习近平总书记在 2018 年"纪念《世界人权宣言》发表 70 周年座谈会"的贺信中指出，要"奉行以人民为中心的人权理念，把生存权、发展权作为首要的基本人权，协调增进全体人民的经济、政治、社会、文化、环境权利，努力维护社会公平正义，促进人的全面发展"。② 国务院新闻办公室 2019 年发表的《为人民谋幸福：新中国人权事业发展 70 年》白皮书对"以人民为中心"的人权理念作了进一步的概括，其内容包括：人权是历史的、发展的；生存权、发展权是首要的基本人权；人权是个人人权与集体人权的有机统一；整体推进各项权利是人权实现的重要原则；人民的获得感、幸福感、安全感是检验人权实现的重要标准；公正合理包容是国际人权治理的基本原则；促进人的自由全面发展是人权的最高价值追求。③

（二）将对人民各项权利的保障贯穿于法治建设的各个环节

中共十八大以来，尊重和保障人权被置于社会主义法治国家建设更加突出的位置。习近平强调，要"加强人权法治保障"，④ 把维护人民权益"落

---

① 《习近平向2021·南南人权论坛致贺信》，《人民日报》2021 年 12 月 9 日，第 1 版。
② 习近平：《走符合国情的人权发展道路》，《习近平谈治国理政》第三卷，外文出版社，2020，第 288 页。
③ 中华人民共和国国务院新闻办公室：《为人民谋幸福：新中国人权事业发展 70 年》，人民出版社，2019，第 10~13 页。
④ 中华人民共和国国务院新闻办公室：《为人民谋幸福：新中国人权事业发展 70 年》，人民出版社，2019，第 4 页。

实到依法治国全过程"，①"依法保障全体公民享有广泛的权利，保障公民的人身权、财产权、基本政治权利等各项权利不受侵犯，保证公民的经济、文化、社会等各方面权利得到落实"。② 中国共产党将依法治国和人权保障有机结合，将人权保障贯穿于社会主义法治建设全过程，通过科学立法为保障人权提供了坚实的法律体系，通过严格执法为保障人权提供了良好的法治政府环境，通过公正司法为保障人权提供了有力的司法救济途径。与此同时，建立了以党章为本、以若干配套党内法规为支撑的党内法规制度体系，确保执政党成为维护人民人权的先锋队。

（三）协调保障人民的各项权利

中共十八大以来，党在推进人权发展战略上特别强调各项人权的协调保障。习近平在 2018 年"纪念《世界人权宣言》发表 70 周年座谈会"的贺信中指出，要"把生存权、发展权作为首要的基本人权，协调增进全体人民的经济、政治、社会、文化、环境权利"。③《国家人权行动计划（2016—2020 年）》提出了人权的"协调推进"原则，要"使各项权利全面协调发展"。④ 一方面，继续将生存权和发展权作为首要人权，努力提升生存权和发展权的保障水平；另一方面，更加重视各项其他权利的协调保障。例如，通过《中华人民共和国民法典》《中华人民共和国个人信息保护法》等法律文件的制定，进一步保障了人民的人格权、财产权、信息权。通过生态环境保护立法，对环境权利予以了全方位的保障。《国家人权行动计划（2021—2025 年）》将"环境权利"单列一章，要求"完善生态环境法律法规制度体系，加快推动绿色

---

① 中华人民共和国国务院新闻办公室：《为人民谋幸福：新中国人权事业发展 70 年》，人民出版社，2019，第 144 页。
② 中华人民共和国国务院新闻办公室：《为人民谋幸福：新中国人权事业发展 70 年》，人民出版社，2019，第 136 页。
③ 习近平：《走符合国情的人权发展道路》，《习近平谈治国理政》第三卷，外文出版社，2020，第 288 页。
④ 中华人民共和国国务院新闻办公室：《国家人权行动计划（2016—2020 年）》，人民出版社，2016，第 3 页。

低碳发展，改善生态环境质量，不断满足人民群众日益增长的优美生态环境需要，促进人与自然和谐共生"。①

（四）平等推进全体人民的人权保障

中共十八大以来，中央特别强调人权的平等保障。第三期和第四期国家人权行动计划都明确了"平等推进"人权的原则，要求"保障每个人都能平等享有各项人权"，"充分保障所有社会成员平等参与、平等发展的权利"。②

平等推进人权事业体现在多个方面。一是权利的平等保障。习近平强调，要"保证公民在法律面前一律平等"，③"通过制度安排，依法保障人民权益，让全体人民依法平等享有权利和履行义务"，④ 要"努力克服人为因素造成的有违公平正义的现象，保证人民平等参与、平等发展权利"。⑤ 二是领导全国人民全力开展脱贫攻坚，使现行标准下农村贫困人口全面实现了脱贫，贫困人群的生存权和发展权获得了充分的保障。三是对特定群体的特殊保护。习近平特别强调对少数民族、妇女、儿童、老年人、残疾人和农村居民的特殊保护，指出："目前，我国农村贫困人口、城市困难群众、进城务工人员、农村留守妇女、儿童、老年人、残疾人，加起来有几亿人。这些都是特别需要关爱的群体。"⑥ 四是努力实现共同富裕。习近平指出，"在全面建设社会主义现代化国家新征程中，我们必须把促进全体人民共同富裕摆

① 中华人民共和国国务院新闻办公室：《国家人权行动计划（2021—2025 年）》，人民出版社，2021，第 32 页。
② 中华人民共和国国务院新闻办公室：《国家人权行动计划（2021—2025 年）》，人民出版社，2021，第 3 页。
③ 中共中央党史和文献研究院编《习近平关于尊重和保障人权论述摘编》，中央文献出版社，2021，第 136 页。
④ 中共中央党史和文献研究院编《习近平关于尊重和保障人权论述摘编》，中央文献出版社，2021，第 138 页。
⑤ 中共中央党史和文献研究院编《习近平关于尊重和保障人权论述摘编》，中央文献出版社，2021，第 32~33 页。
⑥ 中共中央党史和文献研究院编《习近平关于尊重和保障人权论述摘编》，中央文献出版社，2021，第 119 页。

在更加重要的位置"。① 中共十九大报告明确要求,"必须坚持以人民为中心的发展思想,不断促进人的全面发展、全体人民共同富裕"。② 在《中共中央关于制定国民经济和社会发展第十四个五年规划和二〇三五年远景目标的建议》中,要求"全体人民共同富裕取得更为明显的实质性进展"。③《国家人权行动计划(2021—2025 年)》要求"将促进人的全面发展、全体人民共同富裕作为人权事业发展的出发点和落脚点"。④

(五)发展全过程人民民主保障人民民主权利

中共十八大以来,中国共产党坚持推进协商民主,发展全过程人民民主,保障人民真正享有民主参与的权利。习近平指出:"人民当家作主是社会主义民主政治的本质和核心。人民民主是社会主义的生命。没有民主就没有社会主义,就没有社会主义的现代化,就没有中华民族伟大复兴。我们必须坚持国家一切权力属于人民,坚持人民主体地位,支持和保证人民通过人民代表大会行使国家权力。要扩大人民民主,健全民主制度,丰富民主形式,拓宽民主渠道,从各层次各领域扩大公民有序政治参与,发展更加广泛、更加充分、更加健全的人民民主。"⑤

首先,中国共产党将协商民主作为民主建设的重要突破口。在中共十八届三中全会上对《中共中央关于全面深化改革若干重大问题的决定》的说明中,习近平指出:"推进协商民主,有利于完善人民有序政治参与、密切

---

① 中共中央党史和文献研究院编《习近平关于尊重和保障人权论述摘编》,中央文献出版社,2021,第 65 页。
② 习近平:《决胜全面建成小康社会,夺取新时代中国特色社会主义伟大胜利》,《习近平谈治国理政》第三卷,外文出版社,2020,第 15 页。
③ 《中共中央关于制定国民经济和社会发展第十四个五年规划和二〇三五年远景目标的建议》,2020 年 11 月 3 日,中国政府网,http://www.gov.cn/zhengce/2020-11/03/content_5556991.htm。
④ 中华人民共和国国务院新闻办公室:《国家人权行动计划(2021—2025 年)》,人民出版社,2021,第 2 页。
⑤ 中共中央党史和文献研究院编《习近平关于尊重和保障人权论述摘编》,中央文献出版社,2021,第 13 页。

党同人民群众的血肉联系、促进决策科学化民主化。全会决定把推进协商民主广泛多层制度化发展作为政治体制改革的重要内容，强调在党的领导下，以经济社会发展重大问题和涉及群众切身利益的实际问题为内容，在全社会开展广泛协商，坚持协商于决策之前和决策实施之中。"①

随着民主实践的发展和深入，中国共产党进一步提出了"全过程人民民主"的理念。习近平指出："我国全过程人民民主实现了过程民主和成果民主、程序民主和实质民主、直接民主和间接民主、人民民主和国家意志相统一，是全链条、全方位、全覆盖的民主，是最广泛、最真实、最管用的社会主义民主。"② 全过程人民民主把选举民主与协商民主结合起来，把民主选举、民主协商、民主决策、民主管理、民主监督贯通起来，涵盖经济、政治、文化、社会、生态文明等各个方面，使国家政治生活和社会生活各环节、各方面都体现人民意愿、听到人民声音。③

（六）强力反腐确保人民人权不受侵犯

改革开放以后，一度出现管党不力、治党不严问题，有些党员、干部政治信仰出现严重危机，一些地方和部门选人用人风气不正，形式主义、官僚主义、享乐主义和奢靡之风盛行，特权思想和特权现象以及触目惊心的贪腐行为侵犯了人民的权利。以习近平同志为核心的党中央领导全党强力反腐，制定和落实中央八项规定，从中央政治局做起、从领导干部抓起，反对特权思想和特权现象，狠刹公款送礼、公款吃喝、公款旅游、奢侈浪费等不正之风，解决群众反映强烈、损害群众利益的突出问题，刹住了一些过去被认为不可能刹住的歪风，纠治了一些多年未除的顽瘴痼疾，确保党和人民赋予的权力始终用来为人民谋幸福。与此同时，不断完善党和国家监督体系，推动设立国家监察委员会和地

---

① 习近平：《关于〈中共中央关于全面深化改革若干重大问题的决定〉的说明》，《习近平谈治国理政》，外文出版社，2016，第82页。
② 中共中央党史和文献研究院编《习近平关于尊重和保障人权论述摘编》，中央文献出版社，2021，第27页。
③ 中华人民共和国国务院新闻办公室：《中国的民主》，《人民日报》2021年12月5日，第5版。

方各级监察委员会，构建巡视巡察上下联动格局，构建以党内监督为主导、各类监督贯通协调的机制，加强对权力运行的制约和监督。①

（七）构建人类命运共同体推动全球人权健康发展

针对一些国家在国际社会大搞霸权主义和强权政治，动辄使用武力或以武力威胁处理国际争端，打着所谓"民主""自由""人权"等幌子肆意干涉别国内政，中国共产党提出了"构建人类命运共同体"的理念，推动全球人权治理朝着公正合理包容的方向发展。习近平指出："我们要秉持人类命运共同体理念，同国际社会携手应对日益严峻的全球性挑战。"②"面对日益复杂化、综合化的安全威胁，单打独斗不行，迷信武力更不行。我们应该坚持共同、综合、合作、可持续的新安全观，营造公平正义、共建共享的安全格局，共同消除引发战争的根源，共同解救被枪炮驱赶的民众，共同保护被战火烧灼的妇女儿童，让和平的阳光普照大地，让人人享有安宁祥和。"③

在普遍提升中国人民人权保障水平的过程中，中国共产党自身也在不断强大。根据中组部发布的数据，截至2021年6月5日，中国共产党党员总数为9514.8万名，比1949年新中国成立时的448.8万名增长约20倍。中国共产党基层组织486.4万个，其中基层党委27.3万个，总支部31.4万个，支部427.7万个。④

六　中国共产党百年人权奋斗的历史性贡献

中国共产党百年人权奋斗，为人权事业发展作出了历史性贡献。它突出体现在对人权的思想认识、理论建构、道路探索和国际斗争四个方面。

---

① 《中共中央关于党的百年奋斗重大成就和历史经验的决议》，《人民日报》2021年11月17日，第1版。
② 中共中央党史和文献研究院编《习近平关于尊重和保障人权论述摘编》，中央文献出版社，2021，第184页。
③ 《习近平在中国共产党与世界政党高层对话会上的主旨讲话》，2017年12月1日，新华网，http://news.xinhuanet.com/world/2017-12/01/c_1122045658.htm。
④ 《中组部：中国共产党党员总数为9514.8万名》，2021年6月30日，央视新闻网，https://news.cctv.com/2021/06/30/ARTIcz8kyfiITLeYewFWncGL210630.shtml。

（一）从提出人权是"人类追求的理想"到把"尊重和保障人权"写进宪法和党章

人权理论的突破，取决于人权思想认识的突破；人权思想认识的突破，又取决于人权实践的突破。中国共产党在国人争取人权、民主和科学的历史潮流中诞生后，为中国人民享有人权进行了艰苦卓绝的新民主主义革命，在新中国成立后进一步创造了一个又一个给人民带来福祉和自由、平等的人权奇迹。但是在"左"的错误思想形成和发展的一段时间里，人权曾经成为理论研究和思想舆论的禁区。拨乱反正和改革开放开始后，从平反冤假错案到不断完善发展民主法治，从集中力量发展经济到迈向共同富裕的脱贫攻坚战，中国共产党团结带领人民在改革开放中一步一步迎来了人权的春天。

在人权实践不断取得突破的同时，人权的思想认识"禁区"也一步一步被突破。

第一步，邓小平在 1985 年提出，人权有"少数人的人权"和"多数人的人权"之别，我们讲的是多数人的人权，是全国人民的人权，和西方世界的所谓"人权"在本质上是两回事。邓小平多次强调指出，搞强权政治的国家根本就没有资格讲人权，他们拿人权做幌子实际上是要损害我们的国权。

第二步，1991 年为贯彻江泽民批示起草发布了中国第一部"人权白皮书"，提出人权是"人类追求的理想"。1990 年底，美国肯尼迪人权中心致信中国科学院院长周光召，指责中国人权状况。江泽民对周光召呈交的这封信作了一个很长的批示，指出"建议对人权作一番研究，回避不了"。为落实这一重要批示，中宣部立即组织专家开展研讨。刚于 1991 年 1 月组建的国务院新闻办公室，随即组织队伍研究和起草了以《中国的人权状况》为题的白皮书，并于 11 月 1 日以多种文字在世界发表。这部人权白皮书历史性地宣布："享有充分的人权，是长期以来人类追求的理想。"国内外对此反响强烈。

第三步，1997 年 9 月召开的党的十五大，第一次把"尊重和保障人权"写进党代会报告。党的十五大报告明确指出："共产党执政就是领导和支持人民掌握管理国家的权力，实行民主选举、民主决策、民主管理和民主监

督，保证人民依法享有广泛的权利和自由，尊重和保障人权。"这意味着，"尊重和保障人权"成为矢志不渝坚持"为中国人民谋幸福、为中华民族谋复兴"这一初心使命的中国共产党的执政理念。

第四步，中国政府分别在1997年10月和1998年10月，先后签署了联合国《经济、社会及文化权利国际公约》和《公民权利和政治权利国际公约》。其意义，正如中国政府签署这些人权公约后中国常驻联合国代表指出的，中国签署这一国际公约是经过认真研究后采取的重要行动。它再次表明了中国愿意与世界各国一道在平等和相互尊重的基础上就人权开展对话和合作，为促进人权事业的发展而不断努力。半个世纪以来，特别是经过改革开放以来的发展，中国不仅极大地促进了经济、社会和文化权利的实现，也同样重视公民权利和政治权利，反对一切侵犯公民合法权利的行为。中国作为联合国会员国一贯积极参与联合国在促进和保护人权方面的工作，中国愿意与世界各国一道在平等和相互尊重的基础上就人权开展对话和合作，为促进人权事业的发展而不断努力。

第五步，2004年3月举行的第十届全国人大第二次会议和2007年10月召开的党的十七大，第一次把"尊重和保障人权"写进《中华人民共和国宪法》和《中国共产党章程》。这意味着，在中国，"尊重和保障人权"在国内有宪法保障，在党内有党章保障。与此同时，也告诉我们，"尊重和保障人权"有三个层次，执政党、政府和公民都要把"尊重和保障人权"意识在思想上牢固地确立起来。

从提出"享有充分的人权，是长期以来人类追求的理想"，到把"尊重和保障人权"写进党代会报告，写进宪法和党章，中国共产党对人权的思想认识取得了历史性的进步。这为我们深化人权理论研究和话语体系建设提供了强有力的思想政治保障。

（二）从提出"生存权是中国人民的首要人权"到逐步形成中国特色人权理论及其话语体系

中国共产党是一个用辩证唯物主义和历史唯物主义世界观方法论武装起

来的马克思主义政党，坚持并善于把人权的普遍性原则和中国实际包括中国历史文化特点结合起来，推进中国的人权理论研究和话语体系建设。

1991 年 11 月发布的中国第一部人权白皮书是中国人权理论创新的起始点；白皮书提出的"生存权是中国人民长期争取的首要人权"是中国人权理论研究及其话语体系建设中的第一个重要观点。这部人权白皮书明确指出，中国人民从自己的历史和国情出发，根据长时期实践的经验，对人权问题形成了自己的观点，并制定了相应的法律和政策。同时，它明确指出中国的人权具有三个显著的特点。一是广泛性。享受人权的主体不是少数人，也不是某些阶级和阶层的一部分人，而是全体中国公民。中国公民享受的人权范围是广泛的，不仅包括生存权、人身权和政治权利，而且包括经济、文化、社会等各方面的权利。国家不仅十分注重保障个人人权，而且注重维护集体人权。二是公平性。中国实行社会主义制度，消灭了剥削制度和剥削阶级，各项公民权利不受金钱和财产状况以及民族、种族、性别、职业、家庭、出身、宗教信仰、教育程度、居住期限的限制，为全社会的公民平等地享有。三是真实性。国家为人权的实现从制度上、法律上、物质上给予保障。就是在这部人权白皮书中，首次提出了"生存权是中国人民长期争取的首要人权"这一重大理论观点。把"生存权"确定为"首要人权"，是我们在人权理论研究及其话语体系建设中的重大创新，也是我们对世界人权理论的重大贡献。

自那时以来，特别是伴随着中国特色社会主义进入新时代，我们在人权理论研究及其话语体系建设上，以中国人民创造性的人权实践为基础，获得了一个又一个人权理论研究及其话语体系建设的重要成果，逐步形成了中国特色人权理论及其话语体系。尤其是党的十八大以来，习近平总书记给"2015·北京人权论坛"、"纪念《发展权利宣言》通过 30 周年国际研讨会"、首届"南南人权论坛"、"纪念《世界人权宣言》发表 70 周年座谈会"发来的贺信，以及他在国内外众多场合发表的关于推进中国人权事业发展的一系列重要论述，集中反映了中国共产党关于中国人权事业的深邃思想，反映了中国特色人权理论及其话语体系的基本观点和核心要义。

重要成果之一，提出了"以人民为中心"的发展思想和人权理念。人权作为人之为人的权利，不是抽象的人的权利，而是现实的人的权利。因此，人权不是少数人的权利，而是全体人民的权利，是能够让全体人民普遍享受到幸福的权利。在防控疫情斗争中，习近平总书记提出的"把人民生命安全和身体健康放在第一位"的"人民至上"的防控疫情思想，最好地诠释了"以人民为中心"的发展思想和人权理念。

重要成果之二，提出了"首要的基本人权"这一科学概念，提出了"生存权和发展权是首要的基本人权"这一重大人权理论观点。这是在对各个方面人权进行科学分析，以及已经提出的"首要人权"这一概念基础上提炼总结出来的人权理论新观点。中国共产党践行这一人权理论观点，取得了明显的成效。自 2020 年以来，中国在人权保障上又取得了两大成就：一是有效控制了新冠肺炎疫情的肆虐，保障了 14 亿多中国人民的生命权和健康权；二是打赢了脱贫攻坚战，9899 万农村绝对贫困人口全部脱贫，保障了中国人民的生存权和发展权。这两大成就是对中国人权理论的最好诠释。与此同时，在国际人权斗争中，中国也公开打出了"生存权和发展权是首要的基本人权"这一人权旗帜，并在地区和国际人权舞台上反复强调这一重大人权理论观点。中国政府在 2008 年向联合国人权理事会提交的国家报告中，提出要"把实现人民的生存权和发展权放在首位"，以后又多次在联合国和其他场合重申和阐发这一观点。我们注意到，在国际社会特别是在广大发展中国家，这一人权观点已经获得广泛赞同。

重要成果之三，提出了"集体人权与个人人权，经济、社会、文化权利与公民、政治权利紧密结合和协调发展"的人权理念。需要指出的是，中国的人权理论是全面发展的人权理论。强调"生存权和发展权是首要的基本人权"，不是只保障个人人权，而是要同时保障集体人权；不仅要保障公民权利和政治权利，而且要首先保障经济、社会、文化权利。个人人权与集体人权是不可分割的，个人人权只有和集体人权统一起来，才能实现人权的最大化。经济、社会、文化权利与公民权利、政治权利也是不可分割的，协调推进这两方面人权，才能让人民享受全面的人权。在中国特色社会主义进入新时代后，中国共产党更是明确意识到，在解决"人民日益增长的美好生活需要和不平衡不充分的发展之间的矛盾"这一社会主要矛盾时，要清醒地看到"人民美好生活需要日益广泛，不仅对物质文化生活提出了更高要求，而且在民主、法治、公平、正义、安全、环境等方面的要求日益增长"。习近平总书记在致"2015·北京人权论坛"的贺信中，就已经明确提出要"努力促进经济、社会、文化权利和公民、政治权利全面协调发展"。与此同时，中国在2013年向联合国人权理事会提交的国家报告中也强调指出，要"以促进和保护生存权、发展权为先导，协调推动公民权利、政治权利、社会权利、文化权利和特殊群体权利的保障"。中国共产党是这样说的，也是这样做的。

重要成果之四，提出了"人民幸福生活是最大的人权"这一全新人权理念。中国共产党是以全心全意为人民服务为根本宗旨的马克思主义政党，中国共产党的执政理念是习近平总书记强调的"人民对美好生活的向往，就是我们的奋斗目标"。与此相联系，在致"纪念《世界人权宣言》发表70周年座谈会"的贺信中，习近平总书记明确指出："人民幸福生活是最大的人权。""最大人权"和"基本人权"相联系，又高于"基本人权"。这一论断，在世界人权思想发展史上具有开创性的意义。中国共产党正是根据这样的人权思想，着眼于中国人民的幸福生活，领导人民进行革命、建设、改革，推进中国人权事业务实发展，造福于全体中国人民；在全面建成小康社会后，中国共产党领导中国人民开启全面建设社会主义现代化国家的新征程，中国人权事业也由此进入满足人民日益增长的美好生活需要的新阶段。

重要成果之五，提出了保护"特定群体人权"的人权理念。在中国人权理论研究及其话语体系建设过程中，十分注意把人权原则贯彻始终，而不以人权保障为名伤害特定群体的人权。比如毛泽东说过"妇女能顶半边天"，但国际社会历来把妇女和未成年人、残疾人、老年人等称为"弱势群体"。我们认为"弱势群体"这一提法本身就带有歧视性，因此把这一群体改称为"特定群体"。这一人权新概念新理念已经写进了中国人权白皮书和蓝皮书。

重要成果之六，提出了"人权保障没有最好，只有更好"这一深刻思想。唯物辩证法认为，事物是不断发展的，实践是不断深入的，人们对规律

的认识也是不断深化的。在人权问题上，不管人们愿意不愿意，人权事业是不断发展的，人们对人权的认识也是不断深化的。从法国大革命时期颁布的《人权宣言》到第二次世界大战后联合国通过的《世界人权宣言》，以及一个又一个人权文件的诞生，一部世界人权发展史有力地证明了习近平总书记揭示的"人权保障没有最好，只有更好"这一规律性的认识。这一认识具有普遍的意义，同时也是中国特色人权理论在实践中形成并在实践中不断发展的重要思想依据。

正是在这些重要人权理论成果的基础上，中国在人权理论研究过程中逐步形成了中国特色人权理论及其话语体系。可以这样说，中国特色人权理论是马克思主义中国化的重要成果，是中国特色社会主义理论体系的重要组成部分，是推进中国人权事业发展的行动指南。

（三）从强调人权普遍性原则要和中国国情相结合到走出一条中国特色人权发展道路

道路决定命运。中国共产党的一个成功经验，就是无论在领导革命、建设，还是在领导改革开放的伟大实践中，所有的思想解放和理论求索，都致力于寻找和开辟一条适合中国国情的正确道路。在人权理论研究和人权事业发展问题上，也是如此。

将人权的普遍性原则和中国的具体国情包括中华优秀传统文化结合起来，是中国在推进人权理论研究和话语体系建设时长期遵循的基本原则。早在 1998 年 12 月 10 日，江泽民在"《世界人权宣言》发表 50 周年纪念会"召开致中国人权研究会的贺信中就已经指出："中华人民共和国成立以来，特别是改革开放以来，中国政府和人民将人权的普遍性原则和中国的具体国情结合起来，在促进和保护人权方面作出了巨大的努力，取得了举世瞩目的成就。"[1] 这是因为，中国共产党不仅懂得人权是人类社会必须共同遵循的普

---

① 张祝基：《〈世界人权宣言〉发表 50 周年纪念会在京举行　江泽民主席致信祝贺》，《人民日报》1998 年 12 月 11 日，第 1 版。

遍性原则，也懂得各个国家在推进人权事业发展时要正视自身的国情包括历史文化传统。在中国，重视人的尊严和价值从来就是中华民族的传统美德，中国作为一个拥有众多人口的发展中国家，要让十几亿人民享受人权是一个历史性的伟大事业，我们更重视从中国实际和历史文化传统出发推进人权事业的发展。正如习近平总书记说过的，一方面，"实现人民充分享有人权是人类社会的共同奋斗目标"；另一方面，"人权事业必须也只能按照各国国情和人民需求加以推进"。中国必须始终坚持"走符合国情的人权发展道路"。这是中国的基本经验，也是探索中国特色人权发展道路的基本原则。

可以引以为豪的是，经过中国共产党百年艰辛奋斗，尤其是经过 40 多年改革开放，在中国共产党坚强领导下，我们在创造性的人权实践和人权理论研究中，已经走出了一条中国特色人权发展道路。在致"2015·北京人权论坛"的贺信中，习近平总书记就宣布："长期以来，中国坚持把人权的普遍性原则同中国实际相结合，不断推动经济社会发展，增进人民福祉，促进社会公平正义，加强人权法治保障，努力促进经济、社会、文化权利和公民、政治权利全面协调发展，显著提高了人民生存权、发展权的保障水平，走出了一条适合中国国情的人权发展道路。"① 在致"纪念《发展权利宣言》通过 30 周年国际研讨会"的贺信中，他再一次强调指出："多年来，中国坚持以人民为中心的发展思想，把增进人民福祉、保障人民当家作主、促进人的全面发展作为发展的出发点和落脚点，有效保障了人民发展权益，走出了一条中国特色人权发展道路。"②

需要指出的是，在习近平总书记的重要论述中，这条道路的全称是"中国特色人权发展道路"。从丰富的中国人权实践和思想理论成果中提炼出这一科学概念，本身就是中国人权理论研究和理论创新的一大成果。在习近平总书记关于这条人权道路的大量论述中，不仅提出了这一科学概念，

---

① 中共中央党史和文献研究院编《习近平关于尊重和保障人权论述摘编》，中央文献出版社，2021，第 4 页。

② 中共中央党史和文献研究院编《习近平关于尊重和保障人权论述摘编》，中央文献出版社，2021，第 21 页。

而且深刻精辟地揭示了这条道路的科学内涵。在他致"纪念《世界人权宣言》发表 70 周年座谈会"的贺信中，对这条道路的科学内涵及其核心要义作了集中概括。这就是："中国坚持把人权的普遍性原则和当代实际相结合，走符合国情的人权发展道路，奉行以人民为中心的人权理念，把生存权、发展权作为首要的基本人权，协调增进全体人民的经济、政治、社会、文化、环境权利，努力维护社会公平正义，促进人的全面发展。"①

习近平总书记阐述的这一中国特色人权发展道路是中国特色社会主义道路的重要组成部分，我们必须坚定不移地坚持这条道路，在这条道路上推进中国人权事业大发展。

（四）从"失语挨骂"到逐步争取国际人权话语主动权

在中国第一部人权白皮书发布前，西方敌对势力霸占国际人权舆论场，对中国进行丑化、诋毁、攻击和谩骂。正如习近平总书记所说的那样，"失语就要挨骂"。30 多年前人权白皮书发布的一个重大贡献，就是让我们的声音进入了国际人权舆论场。

经验告诉我们，要掌握国际人权话语主动权，人权理论研究就一定要和人权话语体系建设同步推进，打造具有吸引力、感染力的中国特色人权话语体系。在意识形态领域，理论、话语和舆论相互联系、不可分割。30 多年来，由于中国的人权白皮书不仅有事实支撑，还有理论支撑，不仅有吸引人们眼球的中国特色人权理论，还有一听就懂并具有浓厚感染力的中国特色人权话语体系，诸如"生存权和发展权是首要的基本人权""以合作促发展，以发展促人权，共同构建人类命运共同体""人权保障没有最好，只有更好"等话语，特别能够赢得人心、赢得人权话语主动权，因此，这几年，我们的声音能够在国际社会特别是在联合国人权理事会产生强烈的反响。

随着全面建成小康社会各项任务的顺利完成，中国继续开启了全面建设

---

① 中共中央党史和文献研究院编《习近平关于尊重和保障人权论述摘编》，中央文献出版社，2021，第 22 页。

社会主义现代化国家的新征程。建设社会主义现代化国家，要求进一步强化人民的主体地位，在巩固和提升生存权、发展权保障水平的基础上，更全面地保障人民的各项权利，特别是保障人民平等参与、平等发展的权利。可以预见，随着全面建设社会主义现代化国家进程的不断深入，人民的各项人权将会得到更全面、更高水平的保障，以保障最广大人民人权为己任的中国共产党也将会进一步发展壮大。

参考文献

[1] 习近平：《在庆祝中国共产党成立 100 周年大会上的讲话》，《人民日报》2021年 7 月 2 日，第 2 版。

[2] 中共中央党史和文献研究院编《习近平关于尊重和保障人权论述摘编》，中央文献出版社，2021。

[3] 中华人民共和国国务院新闻办公室：《中国共产党尊重和保障人权的伟大实践》，人民出版社，2021。

[4] 《中共中央关于党的百年奋斗重大成就和历史经验的决议》，《人民日报》2021年 11 月 17 日，第 1 版。

[5] 李君如：《历史性的进步——中国人权事业 70 年迈出三大步》，《人权》2019年第 3 期。

[6] 李君如：《新时代中国共产党人权思想的集中体现——学习习近平总书记关于人权的贺信》，《人权》2019 年第 1 期。

[7] 李君如：《中国人权理论研究和话语体系建设的成就——在人权白皮书发表 30周年座谈会上的发言》，2021 年 10 月 15 日。

[8] 张晓玲：《中国共产党百年人权理论与实践》，《人权研究》2021 年第 2 期。

[9] 常健：《中国共产党人权理念发展中的政治性维度与社会性维度的文献解读》，《人权研究》2021 年第 2 期。

[10] 常健：《人权事业发展的理论探索——学习习近平关于尊重和保障人权论述的体会》，《人权研究》2022 年第 1 期。

[11] 常健：《中国共产党人权理念的人民性及其历史发展》，《理论动态》2021 年第 36 期。

专 题 报 告

Special Reports

·（一）生存权与发展权·

B.2
脱贫攻坚创造了彪炳史册的人权奇迹

李云龙*

摘　要： 脱贫攻坚是党中央做出的重大政治决定。脱贫攻坚极大地推动了贫困地区基础设施建设，促进了贫困地区产业发展，改善了贫困地区生产生活条件，解决了近一亿农村贫困人口的贫困问题，消除了区域性整体贫困。脱贫攻坚有效改善了贫困人口生存状况，大幅提高了贫困人口生活水平，全面促进了我国人权保障，推动中国人权事业进入新的历史阶段。

关键词： 脱贫攻坚　人权保障　农村扶贫

新中国成立以来，中国共产党和中国政府一直致力于解决历史上长期存在的贫困问题。改革开放以来，中国开展了规模空前的农村扶贫开发工作，

---

* 李云龙，中共中央党校（国家行政学院）教授，博士生导师，主要研究方向为人权和国际关系。

大大减少了贫困人口。党的十八大以来，党和政府领导全国人民开展脱贫攻坚工作，彻底解决了长期困扰中国人民的绝对贫困问题。消除绝对贫困有效提升了中国人权保障水平。

一 脱贫攻坚消除了绝对贫困

20世纪80年代进行的农村扶贫开发有效缓解了中国的极端贫困问题。在经济快速发展的背景下，中国政府实施《国家八七扶贫攻坚计划》和《中国农村扶贫开发纲要》，大幅减少了农村贫困人口，明显改善了贫困群众的生产生活条件。到2012年底，农村贫困人口下降到9899万人。[①]

在农村扶贫取得显著成效的情况下，中国政府决定投入更大的力量，全面消除农村贫困。2015年11月，中共中央、国务院制定《关于打赢脱贫攻坚战的决定》，要求"到2020年，稳定实现农村贫困人口不愁吃、不愁穿，义务教育、基本医疗和住房安全有保障"。[②] 2018年6月，中共中央、国务院制定《关于打赢脱贫攻坚战三年行动的指导意见》，进一步明确了脱贫攻坚的具体目标。除了"两不愁三保障"外，这个目标还新增了贫困村人居环境干净整洁、饮水安全、通硬化路和动力电，以及贫困人口享有最低生活保障、基本养老保险、基本医疗保险和大病保险等内容。[③] 为了实现这些目标，中国政府提出了精准扶贫方略，要求在扶持对象、项目安排、资金使用、措施到户、因村派人、脱贫成效等方面实现精准，建立精准扶贫台账，定期核查贫困村、贫困户和贫困人口，对其实行动态管理，有进有出，同时根据致贫原因及不同的脱贫需求，分类扶持贫困人口。[④]

---

① 《2012年国民经济和社会发展统计公报》，2013年2月22日，国家统计局网站，http://www.stats.gov.cn/tjsj/tjgb/ndtjgb/qgndtjgb/201302/t20130221_30027.html。
② 《中共中央 国务院关于打赢脱贫攻坚战的决定》，2015年12月7日，新华网，http://www.xinhuanet.com/politics/2015-12/07/c_1117383987.htm。
③ 《中共中央 国务院关于打赢脱贫攻坚战三年行动的指导意见》，2018年8月19日，中国政府网，http://www.gov.cn/zhengce/2018-08/19/content_5314959.htm。
④ 《中共中央 国务院关于打赢脱贫攻坚战的决定》，2015年12月7日，新华网，http://www.xinhuanet.com/politics/2015-12/07/c_1117383987.htm。

（一）脱贫攻坚的工作机制、投入机制和工作焦点

为了打赢脱贫攻坚战，中国政府建立了全新的工作机制。根据这个机制，中共中央、国务院负责统筹脱贫攻坚大政方针，制定脱贫攻坚重大政策和规划重大工程项目。① 省级党委和政府全面负责本地区的脱贫攻坚工作，省级党政主要负责人向中央负责，签署脱贫责任书，逐年向中央报告脱贫攻坚进展情况。市级党委和政府的任务是协调域内跨县扶贫项目，监督项目实施、资金使用和脱贫目标任务完成等工作。县级党委和政府对脱贫攻坚承担主体责任，其具体任务是制定脱贫攻坚实施规划，组织落实各项政策措施，对各类资源要素进行优化配置；县级党政主要负责人是本地区脱贫攻坚第一责任人。② 脱贫攻坚责任制要求各级党政主要领导亲自挂帅，切实负起责任，层层督促和落实。脱贫攻坚责任制最终要求落实到每个贫困村和每个贫困户。中西部 22 个省区党政主要负责人向中央签署责任书，保证完成脱贫攻坚任务。脱贫攻坚期间，各地共派出 25.5 万个驻村工作队参加扶贫工作，共有 300 多万名干部到贫困村担任第一书记和驻村干部。③

中国政府建立了强大的脱贫攻坚战资金投入机制。中央明确规定，"十三五"时期，要根据脱贫攻坚需要投入足够的财政资金，并继续增加对贫困地区的转移支付，大幅增加中央财政专项扶贫资金，中央预算内投资和各类涉民生专项转移支付资金进一步向贫困地区和贫困人口倾斜。④ 2012 ~ 2020 年，全国投入脱贫攻坚的资金累计超过 13.7 万亿元，其中包括近 1.6 万亿元各级财政专项扶贫资金，4400 多亿元土地增减挂指标流转资金，

① 《中共中央　国务院关于打赢脱贫攻坚战的决定》，2015 年 12 月 7 日，新华网，http：//www.xinhuanet.com/politics/2015-12/07/c_1117383987.htm。
② 《脱贫攻坚责任制实施办法》，2016 年 10 月 17 日，中国政府网，http://www.gov.cn/xinwen/2016-10/17/content_5120354.htm。
③ 习近平：《在全国脱贫攻坚总结表彰大会上的讲话》，2021 年 2 月 25 日，新华网，http://www.xinhuanet.com/politics/leaders/2021-02/25/c_1127140240.htm。
④ 中华人民共和国国务院新闻办公室：《中国的减贫行动与人权进步》，人民出版社，2016，第 36 页。

7100 多亿元扶贫小额信贷，6688 亿元扶贫再贷款，9.2 万亿元金融精准扶贫贷款，1005 亿多元的东部 9 省市扶贫协作帮扶资金，1 万多亿元的东部企业扶贫协作投资。[①]

把深度贫困地区作为脱贫攻坚的焦点。2017 年 9 月，中共中央办公厅和国务院办公厅制定《关于支持深度贫困地区脱贫攻坚的实施意见》，提出要把新增脱贫攻坚资金及项目主要用于"三区三州"等深度贫困地区。中央各部门制定了 49 个专项政策文件，涵盖交通、水利、产业、土地、财政、金融、教育、医疗、生态等领域。2018~2020 年，中央财政把新增脱贫攻坚资金的 60.2% 投入深度贫困地区，总计 722 亿元。中央在土地政策上给予深度贫困地区倾斜支持。2018 年以来，国家向深度贫困地区所在省累计下达土地增减跨省交易节余指标 61.8 万亩，筹集资金约 1900 亿元。[②]

（二）脱贫攻坚极大地改善了贫困地区的基础设施条件

脱贫攻坚以来，交通运输部印发《"十三五"交通扶贫规划》和《交通运输脱贫攻坚三年行动计划（2018—2020 年）》等文件，加大贫困地区交通建设力度。2012 年至 2020 年，中央大幅增加对贫困地区交通建设的投资补助，支持贫困地区公路建设的车购税资金达 1.47 万亿元以上，带动社会投资 6 万亿元以上。

国家大幅提高乡镇、建制村通硬化路平均补助标准，达工程造价的 70% 以上。巨额投入带来贫困地区交通面貌的巨大改变。2012 年至 2019 年，贫困地区新改建 5.9 万公里旅游路、资源路、产业路。2016 年至 2020 年，在国家支持下，贫困地区改造建设 1.7 万公里国家高速公路、5.3 万公里普通国道，新改建 3100 余公里内河航道。贫困县中有 93.1% 实现了二级以上公路覆盖。到 2020 年 9 月，所有具备条件的乡镇和建制

---

① 习近平：《在全国脱贫攻坚总结表彰大会上的讲话》，2021 年 2 月 25 日，新华网，http://www.xinhuanet.com/politics/leaders/2021-02/25/c_1127140240.htm。

② 中华人民共和国国务院新闻办公室：《人类减贫的中国实践》，2021 年 4 月 6 日，新华网，http://www.xinhuanet.com/2021-04/06/c_1127295868.htm。

村均实现了 100% 通硬化路和 100% 通客车目标。① 在国家贫困县，有 99.6% 的行政村实现通硬化路。② 截至 2020 年底，全国贫困地区新增铁路里程 3.5 万公里。③

国家能源局制定实施《十三五脱贫攻坚指导意见》《进一步支持贫困地区能源发展助推脱贫攻坚行动方案（2018—2020 年）》《光伏扶贫电站管理办法》等文件，推动能源扶贫。2012 年以来，在贫困地区实施的重大能源项目投资总额超过 2.7 万亿元，开工建设的大型水电站达到 31 座，发电 6478 万千瓦，新建 39 处现代化煤矿，年生产能力达 1.6 亿吨，生产 7000 万千瓦以上清洁高效煤电，有力促进贫困地区经济发展，增加贫困地区财政收入。全面完成无电地区电力建设工程，解决了 4000 万无电人口的用电问题，实现了人人有电用。提前完成新一轮农网改造升级工程，农村机井通电 160 万口，涉及农田 1.5 亿亩。2016~2019 年，整个农网累计新增改造了 110 千伏的变压站 3000 余座，35 千伏的变电站 1000 多座，10 千伏的变压器 110 余万台，各电压等级线路有 230 万公里。提前完成"三区三州"和抵边村寨农网改造升级计划，显著改善 210 多个深度贫困县和 1900 多万群众的用电条件。3.3 万个自然村通动力电，惠及农村居民 800 万人。99.3% 的行政村通动力电。目前在大电网覆盖范围之内的行政村全部通动力电。④

贫困地区全面普及互联网设施。工业和信息化部制定实施《关于推进网络扶贫的实施方案（2018—2020 年）》，要求在 98% 以上的建档立卡贫困村联通宽带网络，并为贫困人口提供高速、低成本的网络服务，保障贫困

---

① 《交通，为脱贫攻坚夯实基础（中国交通可持续发展）》，《人民日报》2021 年 10 月 8 日，第 7 版。

② 中华人民共和国国务院新闻办公室：《人类减贫的中国实践》，2021 年 4 月 6 日，新华网，http://www.xinhuanet.com/2021-04/06/c_1127295868.htm。

③ 中华人民共和国国务院新闻办公室：《人类减贫的中国实践》，2021 年 4 月 6 日，新华网，http://www.xinhuanet.com/2021-04/06/c_1127295868.htm。

④ 《国新办举行能源行业决战决胜脱贫攻坚有关情况发布会》，2020 年 10 月 19 日，国务院新闻办公室网站，http://www.scio.gov.cn/xwfbh/xwbfbh/wqfbh/42311/43981/wz43983/Document/1689870/1689870.htm。

人口的电商、远程教育、远程医疗等需要。① 2015 年以来，中央财政和基础电信企业累计投入 600 多亿元，支持 4.3 万个贫困村光纤网络建设和 9200 余个贫困村 4G 基站建设。② 到 2020 年底，全国 99.6% 的行政村通宽带互联网，99.9% 的行政村实现通信信号和广播电视信号覆盖，62.7% 的行政村有电子商务配送站点。③

（三）脱贫攻坚推动贫困地区产业发展

发展生产是最有效的脱贫方法。长期以来，中国实行开发式扶贫，强调通过促进贫困地区经济发展来解决贫困问题。在脱贫攻坚中，中国政府把产业扶贫当作首要脱贫方式，努力通过产业开发帮助贫困人口摆脱贫困。中国政府支持贫困地区发展特色产业，通过东西部扶贫协作机制向贫困地区转移食品加工和服装制造等劳动密集型产业，开展电商扶贫、光伏扶贫、旅游扶贫。到 2020 年底，贫困地区累计建成 30 万个以上各类产业基地，培育 1.2 万个特色农产品品牌，发展 1.44 万家市级以上龙头企业、71.9 万家农民合作社，98.9% 的贫困户享受产业帮扶政策。④

光伏扶贫具有收益稳定和见效较快的特点，是一个很好的扶贫项目，直接带动脱贫作用明显。2014 年，国家能源局、国务院扶贫办发布《关于实施光伏扶贫工程工作方案》，提出要用 6 年时间来组织和实施光伏扶贫工程。⑤ 2016 年，国家发展改革委等部门提出《关于实施光伏发电扶贫工作的

---

① 《关于推进网络扶贫的实施方案（2018—2020 年）》，2018 年 6 月 6 日，工业和信息化部网站，https：//www. miit. gov. cn/ztzl/rdzt/fpgzztbd/xxgk/zcwj/art/2020/art_ 423687ccc25446f59e8f47e32a9e0384. html。

② 工业和信息化部党组：《为夺取脱贫攻坚全面胜利贡献工信力量》，《学习时报》2020 年 10 月 2 日。

③ 国家统计局、国务院扶贫办公室：《国家脱贫攻坚普查公报（第四号）——国家贫困县基础设施和基本公共服务情况》，2021 年 2 月 25 日，新华网，http：//m. xinhuanet. com/2021-02/25/c_ 1127140315. htm。

④ 中华人民共和国国务院新闻办公室：《人类减贫的中国实践》，2021 年 4 月 6 日，新华网，http：//www. xinhuanet. com/2021-04-06/c_ 1127295868. htm。

⑤ 《关于实施光伏扶贫工程工作方案》，2014 年 10 月 18 日，中国政府网，http：//www. gov. cn/xinwen/2014-10/18/content_ 2767377. htm。

意见》，要求在 2020 年之前，在符合条件的 3.5 万个贫困村建设光伏电站，为 200 万贫困户每年每户增加 3000 元以上收入。[①] 到 2020 年，全国共建成 2636 万千瓦光伏扶贫电站，帮扶 415 万贫困户和近 6 万个贫困村，每年可产生发电收益约 180 亿元，安置公益岗位 125 万个。[②]

乡村旅游和电商促进脱贫。文化和旅游部会同国家发展改革委、扶贫办先后印发了乡村旅游扶贫行动计划、行动方案等多个政策文件，推出全国 300 条各具特色的望得见山、看得见水、记得住乡愁的乡村旅游精品路线，把 225 个贫困村纳入乡村旅游重点村，同时积极开展全国旅游规划公益行动，组织编制 765 个旅游扶贫规划。国家发展改革委安排中央预算内投资 65 亿元，支持 656 个"三区三州"旅游基础设施项目。中国农业银行等金融机构发放贷款近 700 亿元，支持贫困地区发展乡村旅游。有关部门在全国设立 5 个旅游扶贫培训基地，举办 38 期培训班，培训 8000 多位乡村旅游带头人，并在 2020 年开设乡村旅游直播课堂，累计在线学习超过 65 万人次。[③] 中国政府积极推进电商扶贫工程。电商扶贫成为贫困人口最有效的脱贫途径之一。2016 年，国务院扶贫办等 16 部门提出《关于促进电商精准扶贫的指导意见》，决定实施电商扶贫工程，要求把有条件的贫困县全部纳入电子商务进农村综合示范项目，实现第三方电商平台电商扶贫全覆盖；对有条件的贫困村全部进行电商扶贫。到 2020 年底，累计投入 249.17 亿元资金开展电商扶贫，贫困县网商增加到 311.23 万家。[④] 电商扶贫累计带动 771 万农民创业就业，带动

① 《关于实施光伏发电扶贫工作的意见》，2016 年 4 月 2 日，中国政府网，http://www. gov.cn/xinwen/2016-04/02/content_ 5060857. htm。

② 《国新办举行能源行业决战决胜脱贫攻坚有关情况发布会》，2020 年 10 月 19 日，国务院新闻办公室网站，http://www. scio. gov. cn/xwfbh/xwbfbh/wqfbh/42311/43981/wz43983/Document/ 1689870/1689870. htm。

③ 《国新办举行文化和旅游助力脱贫攻坚新闻发布会》，2020 年 12 月 23 日，国务院新闻办公室网站，http://www. scio. gov. cn/xwfbh/xwbfbh/wqfbh/42311/44591/wz44594/Document/1695404/ 1695404. htm。

④ 中华人民共和国国务院新闻办公室：《人类减贫的中国实践》，2021 年 4 月 6 日，新华网，http://www. xinhuanet. com/2021-04/06/c_ 1127295868. htm。

618.8 万贫困人口增收。[①]

脱贫攻坚取得了重大历史性成就。经过 8 年努力，到 2020 年底，脱贫攻坚目标任务如期完成，832 个国家级贫困县全部摘帽，9899 万农村贫困人口全部脱贫，12.8 万个贫困村全部出列，区域性整体贫困得到全面解决。绝对贫困被彻底消除。

二 脱贫攻坚大幅提升人权保障水平

脱贫攻坚有效改善了贫困人口生存状况，大幅提高了贫困人口生活水平，全面促进了贫困人口人权保障，有力推动了中国人权发展。

（一）贫困群众不愁吃不愁穿，生存权发展权得到保障

脱贫攻坚大幅提高了贫困人口的收入和福利水平，使贫困群众的生活发生了天翻地覆的改变。建档立卡贫困户全面解决吃饭问题，平常能够吃饱，而且能适当吃好。在国家级贫困县，随时都能吃肉蛋奶或豆制品的建档立卡贫困户达 98.94%。在非国家贫困县，这个比例为 99.03%。建档立卡贫困户全面实现不愁穿，一年四季都有御寒被褥和应季的换洗衣物。[②] 脱贫攻坚期间，贫困地区农村居民人均可支配收入由 2013 年的 6079 元增加到 2020 年的 12588 元（见图 1），增长 1.07 倍。贫困人口收入呈现更加快速的增长态势。2015 年，建档立卡贫困人口人均纯收入仅为 2982 元，短短 5 年之后就提高到 10740 元，年均增幅高出全国农民人均纯收入水平 20 个百分点，生活质量明显提高。[③]

---

① 《国新办举行积极贡献商务力量 奋力助推全面小康发布会》，2021 年 8 月 23 日，国务院新闻办公室网站，http://www.scio.gov.cn/xwfbh/xwbfbh/wqfbh/44687/46624/wz46626/Document/1710966/1710966.htm。

② 《国家脱贫攻坚普查公报（第二号）》，2021 年 2 月 25 日，国家统计局网站，http://www.stats.gov.cn/ztjc/zthd/lhfw/2021/lh_tpgj/202102/t20210226_1814108.html。

③ 中共国家乡村振兴局党组：《人类减贫史上的伟大奇迹》，《求是》2021 年第 4 期。

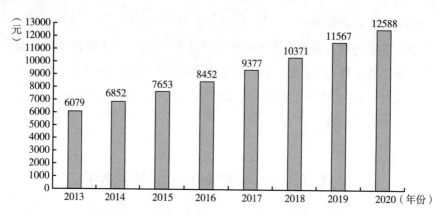

图1 脱贫攻坚期间贫困地区农村居民人均可支配收入

资料来源：中华人民共和国国务院新闻办公室：《人类减贫的中国实践》，2021年4月，国务院新闻办公室网站，http：//www.scio.gov.cn/zfbps/ndhf/44691/Document/1701664/1701664.htm。

（二）教育扶贫深入开展，贫困群众教育权得到有效保障

脱贫攻坚以来，中国政府制定了一系列教育扶贫政策，促进贫困人口实现教育权。教育部印发《深度贫困地区教育脱贫攻坚实施方案（2018—2020年）》《关于打赢脱贫攻坚战进一步做好农村义务教育有关工作的通知》等文件，确保贫困家庭儿童和少年接受义务教育，让他们有学上、上得起学，不失学辍学。建档立卡贫困户中享受学生资助政策的有807.1万户，享受学前教育幼儿资助的有273.6万户，享受生活补助（包括义务教育阶段经济困难学生生活补助和营养膳食补助）的有621.2万户，享受普通高中免学杂费的有191.1万户，享受中等职业学校免学费的有103.9万户，享受国家助学金的有275万户，享受国家助学贷款的有85.8万户，享受雨露计划的有160.7万户。[①]

建档立卡贫困户子女义务教育得到充分保障。在国家级贫困县中，98.83%的建档立卡户适龄少年儿童在校就学，0.26%送教上门。在其他地

---

① 《国家脱贫攻坚普查公报（第三号）》，2021年2月25日，国家统计局网站，http：//www.stats.gov.cn/ztjc/zthd/lhfw/2021/lh_tpgj/202102/t20210226_1814107.html。

区，这个数字分别是 99.06% 和 0.57%。① 脱贫攻坚期间，教育部开展"控辍保学"专项行动，建档立卡贫困家庭子女义务教育阶段辍学问题全面解决，实现动态清零。

2011 年以来，农村义务教育营养改善计划首先在国家贫困县实施，显著提升贫困学生身体素质。71 个脱贫县 227 万名学生身高监测数据显示，10 年间，学生体质健康合格率提升 16.4 个百分点，营养不良率下降 8.5 个百分点，消瘦率下降 3.9 个百分点。贫困学生身高有较大增长。2012~2020 年，15 岁男生的身高由 155.8 厘米增长到 166.1 厘米，增长了 10.3 厘米；男生身材偏矮的比例从 44.7% 下降至 16.9%，身材矮小的比例从 11.7% 降到 4.7%。②

（三）健康扶贫工程全面开展，贫困人口健康权得到维护

2016 年，国家卫计委会同其他部门制定《关于实施健康扶贫工程的指导意见》，提出要使贫困地区人人都享有基本医疗卫生服务，确保及时有效救治农村贫困人口大病，解决因病致贫和因病返贫问题。③ 2017 年，国家卫计委等 6 部门制定《健康扶贫工程"三个一批"行动计划》，要求分类分批救治患有大病和长期慢性病的农村贫困人口，对大病患者进行集中救治，对重病患者实行兜底保障，对慢性病患者进行签约服务管理，将所有农村贫困人口都纳入医疗救助范围。④ 2017 年，国家卫计委办公厅等印发《农村贫困人口大病专项救治工作方案》，对农村贫困人口中的大病患者进行集中救治，降低患者实际自付费用。⑤

---

① 《国家脱贫攻坚普查公报（第二号）》，2021 年 2 月 25 日，国家统计局网站，http://www.stats.gov.cn/ztjc/zthd/lhfw/2021/lh_ tpgj/202102/t20210226_ 1814108.html。
② 《农村学生营养改善计划实施十年：男生平均身高增长 10 厘米》，2021 年 12 月 18 日，澎湃网，https://m.thepaper.cn/newsDetail_ forward_ 15902736。
③ 《关于实施健康扶贫工程的指导意见》，2016 年 6 月 21 日，国家卫计委网站，http://www.nhfpc.gov.cn/caiwusi/s7785/201606/d16de85e75644074843142dbc207f65d.shtml。
④ 《健康扶贫工程"三个一批"行动计划》，2017 年 4 月 20 日，国家卫计委网站，http://www.nhfpc.gov.cn/caiwusi/s3577c/201704/4eed42903abd44f99380969824a07923.shtml。
⑤ 《农村贫困人口大病专项救治工作方案》，2017 年 2 月 23 日，国家卫计委网站，http://www.nhfpc.gov.cn/yzygj/s3593/201702/a7acc08691414eb3877dbd968505be04.shtml。

到 2020 年，健康扶贫工程的目标全面实现。国家贫困县完善了县、乡、村三级医疗卫生服务体系，99.8% 的县有一所以上县级公立医院，98% 的县至少有一所二级及以上医院。对于建档立卡贫困人口，各县普遍实行县域内住院先诊疗后付费、县域内"一站式"结算，同时开展大病专项救治工作。99.8% 的行政村在本乡镇有卫生院，96.3% 的行政村有卫生室或联合设置卫生室，95.3% 的行政村卫生室服务能力达标，所有行政村都有乡村医生或执业（助理）医师。① 2014 年以来，共有 1476.6 万建档立卡贫困户享受过健康帮扶政策，占全部建档立卡贫困户的 99.6%。享受过医保扶贫参保缴费补贴的有 1456.4 万户，享受过县域内住院"一站式"结算服务的有 938.1 万户，享受过糖尿病、肺结核、高血压、严重精神障碍这四类慢性病家庭医生签约服务的有 513.8 万户。②

建档立卡贫困人口基本医疗有保障的目标全面实现。2018~2020 年，中央财政共投入 120 亿元，解决深度贫困地区贫困人口医疗保障问题。政府通过定额资助和全额资助方式推动贫困人口参加基本医疗保险，帮助他们缴纳个人应付费用。③ 目前贫困人口已全部纳入基本医疗保险、医疗救助、大病保险的保障范围。参加城乡居民基本医疗保险的比例达到 99.85%。其他地区的建档立卡贫困人口参加城乡居民基本医疗保险的比例达到 99.74%。④ 2018~2020 年，国家资助了 2.3 亿贫困人口加入城乡居民基本医疗保险，支付医疗救助资金 367 亿元。贫困人口的医保参保率达到 99.9% 以上。贫困人口的医保报销比例比其他人高 10% 左右，住院费用的报销比率达到 80%。贫困人口医疗费负担明显减轻。2018 年以来，医保扶贫政策共资助 4.8 亿

① 《国家脱贫攻坚普查公报（第四号）》，2021 年 2 月 25 日，国家统计局网站，http://www.stats.gov.cn/ztjc/zthd/lhfw/2021/lh_tpgj/202102/t20210226_1814106.html。
② 《国家脱贫攻坚普查公报（第三号）》，2021 年 2 月 25 日，国家统计局网站，http://www.stats.gov.cn/ztjc/zthd/lhfw/2021/lh_tpgj/202102/t20210226_1814107.html。
③ 《推进健康扶贫和医保扶贫　确保贫困人口基本医疗有保障发布会》，2020 年 11 月 20 日，国务院新闻办公室网站，http://www.scio.gov.cn/xwfbh/xwbfbh/wqfbh/42311/44282/wz44284/Document/1692738/1692738.htm。
④ 《国家脱贫攻坚普查公报（第三号）》，2021 年 2 月 25 日，国家统计局网站，http://www.stats.gov.cn/ztjc/zthd/lhfw/2021/lh_tpgj/202102/t20210226_1814107.html。

人次，支付贫困人口医疗费用近 3300 亿元，帮助近千万因病致贫家庭摆脱贫困。[①]

（四）农村危房改造全面完成，贫困家庭住房安全有保障

保障贫困人口住房安全是脱贫攻坚的重要目标之一。脱贫攻坚以来，住房和城乡建设部组织各地对建档立卡贫困户的住房逐一进行安全性评定，筛选出存在安全隐患的房屋，全部纳入改造范围，逐户建立改造台账，逐步提高危房改造补助标准，并对"三区三州"等地区危房改造倾斜支持。2018 年，住房和城乡建设部联合财政部印发《农村危房改造脱贫攻坚三年行动方案》，提出 2020 年前完成现有 200 万贫困户的危房改造，基本实现贫困户住房安全有保障。[②] 2019 年 8 月，住房和城乡建设部等部门印发通知，要求进一步做好包括建档立卡贫困户在内的 4 类重点人群的危房改造工作。2019 年，全国共有这 4 类重点人群危房 135.2 万户，其中有 64.3 万建档立卡贫困户。[③]

住房和城乡建设部门与各地政府聚焦贫困人口，全面推进脱贫攻坚农村危房改造，编制了可操作性强的农村危房鉴定、改造、竣工验收等技术标准和导则，严格执行质量管理，强化补助资金使用监管，改造一户，销号一户，确保改造目标实现。各地以 2020 年 6 月 30 日为时限，倒排工期，逐村逐户推进改造，按时完成了脱贫攻坚农村危房改造工程任务。根据国家统计局的资料，建档立卡以来共计有 626.2 万贫困户享受过危房改造政策，其中有 186.6 万户进行了危房改造维修加固，有 360.9 万户危房得到改造拆除重

[①] 《推进健康扶贫和医保扶贫　确保贫困人口基本医疗有保障发布会》，2020 年 11 月 20 日，国务院新闻办公室网站，http：//www.scio.gov.cn/xwfbh/xwbfbh/wqfbh/42311/44282/wz44284/Document/1692738/1692738.htm。

[②] 《住房城乡建设部　财政部印发农村危房改造脱贫攻坚三年行动方案》，2018 年 12 月 19 日，中国政府网，http：//www.gov.cn/xinwen/2018-12/19/content_5350198.htm。

[③] 《住房和城乡建设部　财政部　国务院扶贫办关于决战决胜脱贫攻坚　进一步做好农村危房改造工作的通知》，2019 年 8 月 5 日，住房和城乡建设部网站，http：//www.mohurd.gov.cn/wjfb/201908/t20190805_241339.html。

建，有 78.7 万户享受了幸福大院、集体公租房等其他危房改造政策。①

2020 年，住房和城乡建设部会同国务院扶贫办开展建档立卡贫困户住房安全有保障核验工作，对全国 2340 多万户建档立卡贫困户住房安全情况逐户进行核验。核验结果显示，1184 万户建档立卡贫困户原住房基本安全，1157 万户建档立卡贫困户通过实施农村危房改造、易地扶贫搬迁、农村集体公租房等多种形式保障了住房安全。② 目前，全国建档立卡贫困户都已经实现了住房安全有保障。在国家级贫困县的贫困户中，现住房安全的占 43.74%，通过危房改造政策达到住房安全的占 42.25%，通过易地扶贫搬迁达到住房安全的占 14.01%。在其他地区的建档立卡贫困户中，现住房安全的占 58.26%，通过危房改造政策达到住房安全的占 34.70%，通过易地扶贫搬迁达到住房安全的占 7.04%。③

（五）水利扶贫行动全面实施，贫困人口获得清洁饮水权

脱贫攻坚期间，水利部制定《关于坚决打赢农村饮水安全脱贫攻坚战的通知》和《水利扶贫行动三年（2018—2020 年）实施方案》等 20 多个水利扶贫政策文件，召开 20 多次水利扶贫工作部署推进会，选派 200 多名水利专家和水利干部到一线挂职，全力保障贫困人口饮水安全。④ 到 2020年，贫困人口饮水安全问题已经全面解决。2015~2020 年，贫困地区自来水普及率从 70% 提高到 83%。⑤ 在国家贫困县中，65.5% 的行政村全部实现集

---

① 《国家脱贫攻坚普查公报（第三号）》，2021 年 2 月 25 日，国家统计局网站，http://www.stats.gov.cn/ztjc/zthd/lhfw/2021/lh_ tpgj/202102/t20210226_ 1814107.html。
② 《国新办举行脱贫攻坚住房安全有保障新闻发布会》，2020 年 9 月 23 日，国务院新闻办公室网站，http://www.scio.gov.cn/xwfbh/xwbfbh/wqfbh/42311/43790/wz43792/Document/1688273/1688273.htm。
③ 《国家脱贫攻坚普查公报（第二号）》，2021 年 2 月 25 日，国家统计局网站，http://www.stats.gov.cn/ztjc/zthd/lhfw/2021/lh_ tpgj/202102/t20210226_ 1814108.html。
④ 《国新办举行农村饮水安全脱贫攻坚新闻发布会》，2020 年 8 月 21 日，国务院新闻办公室网站，http://www.scio.gov.cn/xwfbh/xwbfbh/wqfbh/42311/43491/wz43493/Document/1685748/1685748.htm。
⑤ 中华人民共和国国务院新闻办公室：《人类减贫的中国实践》，2021 年 4 月 6 日，新华网，http://www.xinhuanet.com/2021-04/06/c_ 1127295868.htm。

中供水，31.9%的行政村部分实现集中供水。① 建档立卡贫困户饮水安全有保障，全部达到当地饮水安全标准。在国家贫困县中，建档立卡贫困户的生活饮用水水量和水质均已达标，93.67% 供水入户，6.33% 取水方便，99.86% 不缺水。在其他地区建档立卡贫困户中，84.25% 供水入户，15.75% 达到取水方便；供水保证率达到 99.95%。② 农村饮水安全和巩固提升工程实施以来，共有 2889 万贫困人口的饮水安全问题得到解决，3.82 亿农村人口受益。③

（六）社会保障制度日益完善，贫困人口社会保障权不断实现

在全国建立健全各种现代社会保障制度的背景下，脱贫攻坚帮助所有贫困人口加入社会保障体系。如前所述，通过帮助贫困人口缴纳个人应付费用，中国政府把农村贫困人口全部纳入医疗保障体系之中，使他们享受基本医疗保险、大病保险和医疗救助。除此之外，中国政府还努力将贫困人口全部纳入基本养老保险、最低生活保障和社会救助体系之中。2017 年人社部等 3 部门印发《关于切实做好社会保险扶贫工作的意见》，要求各级财政为建档立卡未标注脱贫的贫困人员、低保对象和特困人员等困难群体代缴城乡居民基本养老保险保费。④ 2018 年 11 月，人社部办公厅发出《关于加快实现贫困人员城乡居民基本养老保险应保尽保工作的通知》，要求限期将年满60 周岁的贫困人员纳入城乡居民基本养老保险制度，按月发放。⑤ 2017 年至 2020 年 9 月底，各地财政累计为 11774 万人次贫困人口代缴养老保险费

---

① 《国家脱贫攻坚普查公报（第四号）》，2021 年 2 月 25 日，国家统计局网站，http://www.stats.gov.cn/ztjc/zthd/lhfw/2021/lh_ tpgj/202102/t20210226_ 1814106.html。
② 《国家脱贫攻坚普查公报（第二号）》，2021 年 2 月 25 日，国家统计局网站，http://www.stats.gov.cn/ztjc/zthd/lhfw/2021/lh_ tpgj/202102/t20210226_ 1814108.html。
③ 中华人民共和国国务院新闻办公室：《人类减贫的中国实践》，2021 年 4 月 6 日，新华网，http://www.xinhuanet.com/2021-04/06/c_ 1127295868.htm。
④ 《关于切实做好社会保险扶贫工作的意见》，2017 年 8 月 10 日，中国政府网，http://www.gov.cn/xinwen/2017-08/10/content_ 5217089.htm。
⑤ 《人社部：全国基本实现建档立卡贫困人员应保尽保》，《法治日报》2020 年 10 月 10 日。

126.7 亿元。①

建档立卡贫困人员基本实现养老保险应保尽保。截至 2020 年底，全国参加基本养老保险的建档立卡贫困人口达到 6098 万，参保率提升到99.99%。② 全国超过 2935 万贫困老年人按月领取养老金。③

贫困人口最低生活保障实现应保尽保。2018 年，民政部等 3 部门印发《关于在脱贫攻坚三年行动中切实做好社会救助兜底保障工作的实施意见》，要求把所有家庭收入比当地农村低保标准低的贫困户纳入农村低保，把符合特困人员标准的建档立卡贫困人口全部纳入特困人员救助供养范围。④ 为了使扶贫政策与农村低保制度有效衔接起来，有关部门不断提高农村低保标准。2017 年底全国所有县（市、区）农村低保标准都达到扶贫标准。2020 年，农村低保标准提高到每人每年 5962 元，比 2012 年提高了188.3%。⑤ 截至2020 年 9 月底，全国共有 1109 万建档立卡贫困人口纳入最低生活保障范围，73.9 万人纳入农村特困人员救助供养范围。⑥ 全国共有 1153 万人接受困难残疾人生活补贴，1433 万人接受重度残疾人护理补贴。⑦

---

① 《人社部扶贫办有关负责同志介绍人社部门扶贫工作进展成效》，2020 年 12 月 31 日，人力资源和社会保障部网站，http：//www.mohrss.gov.cn/SYrlzyhshbzb/dongtaixinwen/buneiyaowen/rsxw/202012/t20201231_406971.html。
② 《国新办举行就业和社会保障情况新闻发布会》，2021 年 2 月 26 日，国务院新闻办公室网站，http：//www.scio.gov.cn/xwfbh/xwbfbh/wqfbh/44687/44967/wz44969/Document/1699196/1699196.htm。
③ 《近 6000 万贫困人员参保 社保扶贫兜牢民生底线》，2020 年 10 月 12 日，新华网，http：//www.xinhuanet.com/politics/2020-10/12/c_1126595986.htm。
④ 《关于在脱贫攻坚三年行动中切实做好社会救助兜底保障工作的实施意见》，2020 年 1 月 21 日，民政部网站，http：//zyzx.mca.gov.cn/article/zyzx/shjz/202001/20200100023292.shtml。
⑤ 中华人民共和国国务院新闻办公室：《人类减贫的中国实践》，2021 年 4 月 6 日，新华网，http：//www.xinhuanet.com/2021-04-06/c_1127295868.htm。
⑥ 《国家脱贫攻坚普查公报（第三号）》，2021 年 2 月 25 日，国家统计局网站，http：//www.stats.gov.cn/ztjc/zthd/lhfw/2021/lh_tpgj/202102/t20210226_1814107.html。
⑦ 《近 6000 万贫困人员参保 社保扶贫兜牢民生底线》，2020 年 10 月 12 日，新华网，http：//www.xinhuanet.com/politics/2020-10/12/c_1126595986.htm。

（七）易地扶贫搬迁圆满完成，贫困群众基本人权得到更好保障

恶劣的生存条件和脆弱的生态环境是贫困产生的两个原因。为了彻底解决贫困问题，脱贫攻坚一开始，中央就决定把部分贫困人口迁移到自然条件较好的地区，并把易地扶贫搬迁列为主要脱贫措施之一。[①] 2016 年，国家发展改革委制定了《全国"十三五"易地扶贫搬迁规划》，计划在"十三五"期间投入 9463 亿元资金实施易地扶贫搬迁（其中用于建档立卡贫困人口的搬迁费用为 5922 亿元），共计搬迁 1628 万人（其中建档立卡贫困人口 981 万人，同步搬迁人口 647 万人）。[②]

易地扶贫搬迁是一项庞大的社会重构工程，除了为搬迁贫困人口建造住房外，还要解决他们的就业、生活、医疗、教育等问题。2019 年 5 月，人力资源和社会保障部等部门印发《关于做好易地扶贫搬迁就业帮扶工作的通知》，开展大型安置点就业帮扶专项行动，帮助搬迁贫困人口实现就业。2019 年 7 月，国家发展改革委等部门印发《关于进一步加大易地扶贫搬迁后续扶持工作力度的指导意见》等文件，要求在易地扶贫搬迁大型集中安置点建设一批扶贫车间，帮助搬迁群众就业。

"十三五"期间，全国累计投入 6000 亿元左右的各类资金，建成约 3.5 万个集中安置区，266 万余套安置住房，6100 多所配套新建或改扩建中小学和幼儿园，1.2 万多所医院和社区卫生服务中心，3400 余个养老服务设施，4 万余个文化活动场所。960 多万贫困群众乔迁新居，其中安置在城镇的有 500 多万人，安置在农村的约有 460 万人。[③]

易地扶贫搬迁任务完成后，政府仍然进行后续扶持，首先是提供就业帮

---

① 《中共中央　国务院关于打赢脱贫攻坚战的决定》，2015 年 12 月 7 日，新华网，http：// www. xinhuanet. com/politics/2015-12/07/c_ 1117383987. htm。

② 《全国"十三五"易地扶贫搬迁规划》，2017 年 5 月 16 日，国家发展改革委网站，http：// ghs. ndrc. gov. cn/ghwb/gjjgh/201705/t20170516_ 847589. html。

③ 《国新办举行易地扶贫搬迁工作新闻发布会》，2020 年 12 月 3 日，国务院新闻办公室网站，http：//www. scio. gov. cn/xwfbh/xwbfbh/wqfbh/42311/44410/wz44412/Document/1693839/ 1693839. htm。

扶。2019 年 7 月，国家发展改革委等 10 部门联合印发文件，要求通过在农村搬迁安置区发展产业来解决搬迁群众的就业问题。[①] 人力资源和社会保障部等部门制定了一系列政策措施，促进易地扶贫搬迁困难群众的职业技能培训和就业创业。[②] 2020 年，国家发展改革委等 12 个部门提出 25 条具体措施，进一步细化了易地扶贫搬迁的后续扶持政策。[③] 2020 年底，在易地扶贫搬迁贫困人口中，73.7%的劳动力实现了就业，94.1%的搬迁贫困家庭有人就业。[④]

三 脱贫攻坚之后的挑战及其应对

脱贫攻坚任务圆满完成，并不是帮扶工作的终点。全面脱贫以后，脱贫人口和脱贫地区还需要面对新的挑战。尽管全国如期实现脱贫攻坚目标，贫困人口全部脱贫，贫困村和贫困县全部摘帽，但一些贫困人口收入勉强超过贫困线，随时有返贫可能。另外，由于疾病、灾害、事故、伤残等原因，也可能产生新的贫困。如何保持脱贫攻坚成果，防止返贫和防止发生新的贫困现象，成为关注的焦点。中国政府继续实施乡村振兴战略，进一步推进共同富裕，必将有力提升中国的人权保障水平。

（一）巩固拓展脱贫攻坚成果

2021 年，中央农村工作领导小组印发文件，要求动态监测边缘易致贫户、脱贫不稳定户和其他严重困难家庭的收入支出状况，"两不愁三保障"

---

① 《对易地扶贫搬迁贫困人口 后续扶持力度将加大》，《经济日报》2019 年 7 月 12 日。

② 《人力资源社会保障部 国家发展改革委 财政部 国务院扶贫办关于做好易地扶贫搬迁就业帮扶工作的通知》，2019 年 6 月 2 日，中国政府网，http://www.gov.cn/guowuyuan/2019-06/02/content_ 5396800. htm。

③ 《发改委：易地扶贫搬迁后续扶持政策体系已初步建立》，2020 年 10 月 15 日，人民网，http://finance. people. com. cn/n1/2020/1015/c1004-31893211. html。

④ 中华人民共和国国务院新闻办公室：《人类减贫的中国实践》，2021 年 4 月 6 日，新华网，http://www. xinhuanet. com/2021-04/06/c_ 1127295868. htm。

及饮水安全状况等，按照预防性措施和事后帮扶相结合的方针，对所有监测对象开展精准帮扶。① 各地普遍建立了防止返贫动态监测和帮扶机制，发现和识别出 500 多万存在返贫致贫风险的脱贫人员，并把他们录入全国扶贫开发信息系统，进行精准帮扶、动态清零，坚决守住不发生规模性返贫的底线。

为了巩固脱贫攻坚成果，中央决定对已经摘帽的贫困县设立五年过渡期。在这个过渡期内，政府将稳定现有的主要帮扶政策，并对其不断完善。脱贫攻坚政策保持连续性，在基本延续的基础上，不断优化、调整和完善。中央各部门已经确定了 30 多项巩固拓展脱贫攻坚的配套政策，将陆续出台。② 中国政府聚焦国家乡村振兴局公布的 160 个国家乡村振兴重点帮扶县，制定倾斜支持政策，实施"补短板、促发展"项目，重点发展能带动就业的特色优势产业，促进就地就近就业，确保 3000 万左右脱贫劳动力外出务工；大力支持易地扶贫搬迁安置区建设，完善安置区基础设施和公共服务，确保搬迁人口稳得住、能融入、能致富。③

（二）实现同乡村振兴的有效衔接

脱贫攻坚消除了绝对贫困，这是中国经济社会发展的重大成就。但是，这不是终点。在消除绝对贫困的过程中，中国还开始着力解决农村居民的相对贫困问题。近年来，为了缩小城乡差距，促进农村发展，增加农民收入，中国启动实施乡村振兴战略。在《关于实施乡村振兴战略的意见》中，中共中央和国务院提出，到 2035 年，基本实现农业农村现代化，显著提高农

---

① 《中央农村工作领导小组关于健全防止返贫动态监测和帮扶机制的指导意见》，2021 年 5 月 14 日，国家乡村振兴局网站，http：//nrra. gov. cn/art/2021/8/4/art_ 46_ 191281. html。

② 《国新办举行〈中国的全面小康〉白皮书新闻发布会》，2021 年 9 月 28 日，国务院新闻办公室网站，http：//www. scio. gov. cn/xwfbh/xwbfbh/wqfbh/44687/47046/wz47048/Document/1713811/1713811. htm。

③ 《确保农业稳产增产、农民稳步增收、农村稳定安宁——访中央农办主任、农业农村部部长唐仁健》，2021 年 12 月 26 日，新华网，http：//www. xinhuanet. com/2021 - 12/26/c_1128202745. htm。

民就业质量,进一步缓解相对贫困;到 2050 年,乡村全面振兴,实现农业强、农村美、农民富。① 脱贫攻坚任务完成后,脱贫地区在巩固拓展脱贫攻坚成果的同时,要融入全国乡村振兴洪流,同全国农村一起走向农业现代化,实现共同富裕。在 2020 年 12 月印发的《关于实现巩固拓展脱贫攻坚成果同乡村振兴有效衔接的意见》中,中共中央和国务院要求以巩固拓展脱贫攻坚成果为基础,进一步促进脱贫地区发展,改善脱贫群众生活。在巩固拓展脱贫攻坚成果的五年过渡期内,脱贫地区的主要任务从确保贫困人口"两不愁三保障"转向实现乡村生活富裕、生态宜居、产业兴旺、治理有效、乡风文明,全面推进乡村振兴。②

(三)走向共同富裕

在消除绝对贫困和实现乡村振兴的基础上,中国政府提出了扎实推动共同富裕的目标。只有走共同富裕之路,才能最终消除贫困。把扶贫脱贫做到极致,必然走向共同富裕。

党的十九大报告提出要"让改革发展成果更多更公平惠及全体人民,朝着实现全体人民共同富裕不断迈进"。③ 随着脱贫攻坚任务的完成和乡村振兴战略的顺利实施,中国政府把扎实推动共同富裕作为第二个一百年奋斗目标的重要内容,共同富裕开始从愿景变成行动。中共中央《关于制定国民经济和社会发展第十四个五年规划和二〇三五年远景目标的建议》明确规定,要"扎实推动共同富裕,不断增强人民群众获得感、幸福感、安全感,促进人的全面发展和社会全面进步"。④ 2021 年 5 月,中共中央、国务

① 《中共中央　国务院关于实施乡村振兴战略的意见》,2018 年 2 月 4 日,中国政府网,http://www.gov.cn/zhengce/2018-02/04/content_5263807.htm。
② 《中共中央　国务院关于实现巩固拓展脱贫攻坚成果同乡村振兴有效衔接的意见》,2021 年 3 月 22 日,中国政府网,http://www.gov.cn/zhengce/2021-03/22/content_5594969.htm。
③ 《中国共产党第十九次全国代表大会文件汇编》,人民出版社,2017,第 36 页。
④ 《中共中央关于制定国民经济和社会发展第十四个五年规划和二〇三五年远景目标的建议》,2020 年 11 月 3 日,中国政府网,http://www.gov.cn/zhengce/2020-11/03/content_5556991.htm。

院印发《关于支持浙江高质量发展建设共同富裕示范区的意见》，提出实现共同富裕，主要任务是解决地区差距、城乡差距、收入差距，工作重点是欠发达地区和困难群众，基本路径是完善收入分配制度，构建推动共同富裕的体制机制。[①] 2021 年 6 月，中共浙江省委、浙江省人民政府发布《浙江高质量发展建设共同富裕示范区实施方案（2021—2025 年）》，规划了浙江实现共同富裕的路线图。"十四五"时期，浙江将实施中等收入群体规模倍增计划和居民收入十年倍增计划，基本形成以中等收入群体为主体的橄榄型社会结构。[②] 以浙江共同富裕示范区建设为起点，中国开启了共同富裕之路。随着共同富裕的不断实现，脱贫地区终将同全国人民一起过上富裕安康的生活。

参考文献

［1］习近平：《在全国脱贫攻坚总结表彰大会上的讲话》，2021 年 2 月 25 日。
［2］中共国家乡村振兴局党组：《人类减贫史上的伟大奇迹》，《求是》2021 年第 4 期。
［3］中共中央、国务院：《关于打赢脱贫攻坚战的决定》，2015 年 11 月 29 日。
［4］中华人民共和国国务院新闻办公室：《人类减贫的中国实践》，2021 年 4 月 6 日。
［5］《中共中央　国务院关于实现巩固拓展脱贫攻坚成果同乡村振兴有效衔接的意见》，2021 年 3 月 22 日。

---

① 《中共中央　国务院关于支持浙江高质量发展建设共同富裕示范区的意见》，2021 年 6 月 10 日，中国政府网，http://www.gov.cn/zhengce/2021-06/10/content_ 5616833. htm。
② 《浙江高质量发展建设共同富裕示范区实施方案（2021—2025 年）》，《浙江日报》2021 年 7 月 20 日。

B.3
浙江"共同富裕示范区"建设
促进平等发展权实现

何 苗*

摘 要: 共同富裕理念是马克思主义的中国化创新,彰显了社会主义制度的优越性。共同富裕示范区建设的主体、内容、要求和实现方式都与平等发展权相契合。浙江共同富裕示范区建设多措并举促进平等发展权的实现。实践中,依然面临一些发展障碍,有必要进一步推进科技创新激发内生动力,坚持以人民为中心的思想激发多方参与,崇尚法治防范和化解各类风险。对内形成可复制推广的省级经验,对外彰显中国平等发展权保障的样本和智慧。

关键词: 共同富裕示范区 平等发展权 比例平等

党的十八大以来,中央非常关注人民群众实现共同富裕,习近平总书记强调:"促进共同富裕与促进人的全面发展是高度统一的。"[①] "共同富裕具有鲜明的时代特征和中国特色,是全体人民通过辛勤劳动和相互帮助,……实现人的全面发展和社会全面进步,共享改革发展成果和幸福美好生活。"[②]

---

* 何苗,华中科技大学法学院副教授、博士生导师,华中科技大学人权法律研究院研究人员,比利时根特大学法学博士,主要研究方向为人权法学。

① 习近平:《扎实推动共同富裕》,《求是》2021年第20期,第4~8页。
② 《中共中央 国务院关于支持浙江高质量发展建设共同富裕示范区的意见》,2021年5月20日,新华网,http://www.xinhuanet.com/politics/2021-06/10/c_1127551386.htm? ivk_sa=1024320u。

共同富裕，是中国共产党始终如一的价值追求，也是人民群众的共同期盼，更是新时代中国特色社会主义制度优越性的集中体现。目前，我国区域发展仍然不平衡，城乡差距较大，为了通过实践丰富共同富裕的思想内涵，进一步在实践中促进对平等发展权的保护，2021年5月，《关于支持浙江高质量发展建设共同富裕示范区的意见》出台，以习近平新时代中国特色社会主义思想为指导，促进共同富裕的政策体系与体制机制的构建，谋划并部署浙江共同富裕示范区建设。

一 共同富裕与平等发展权保障

《关于支持浙江高质量发展建设共同富裕示范区的意见》（以下简称《意见》）指出建设浙江共同富裕示范区的四个重要战略定位：第一，高质量发展高品质生活先行区；第二，城乡区域协调发展引领区；第三，收入分配制度改革试验区；第四，文明和谐美丽家园展示区。共同富裕理念从萌发到正式确立的历程凸显了中国从一般性的发展权的保障转变为对平等发展权的保障的侧重。浙江共同富裕示范区建设生动地阐释了中国对平等发展权保障的深入践行。

（一）共同富裕必须以生存权和发展权为首要人权

共同富裕是社会主义的本质要求，是中国式现代化的重要特征。中国共产党从立党之日起就肩负起为人民谋幸福的重任，1953年，中国共产党中央委员会通过《中共中央关于发展农业生产合作社的决议》，该决议是毛主席主持起草的，其中指出："使农民能够逐步完全摆脱贫困的状况而取得共同富裕和普遍繁荣的生活。"①

---

① 中共中央文献研究室编《建国以来重要文献选编》（第4册），中央文献出版社，1993，第661~662页。"为进一步地提高农业生产力，党在农村中工作的最根本的任务，就是要善于用明白易懂而为农民所能够接受的道理和办法去教育和促进农民群众逐步联合组织起来，逐步实行农业的社会主义改造，使农业能够由落后的小规模生产的个体经济变为先进的大规模生产的合作经济，以便逐步克服工业和农业这两个经济部门发展不相适应的矛盾，并使农民能够逐步完全摆脱贫困的状况而取得共同富裕和普遍繁荣的生活。"

在社会主义初级阶段，作为人口众多、人均资源有限的发展中国家，发展是第一要务，中国的基本国情和人民的生活需求都决定了在这一阶段把人民的生存权、发展权作为首要人权。邓小平同志在1992年指出："社会主义的本质，是解放生产力，发展生产力，消灭剥削，消除两极分化，最终达到共同富裕。"① 邓小平同志强调贫穷不是社会主义，发展才是硬道理，要先富带动后富，最终达到共同富裕。要实现共同富裕，关键在于如何处理公平与效率的关系。

2013年，习近平总书记在湘西考察时首次提出"精准扶贫"，为全面建成小康社会奠定基础。2016年7月20日，习近平总书记在银川主持召开东西部扶贫协作座谈会并发表讲话，他指出，要想实现共同富裕，重大举措在于对口支援、东部与西部协作扶贫。② 十八届五中全会通过《中共中央关于制定国民经济和社会发展第十三个五年规划的建议》，该建议提出了五大发展理念，在五大理念中，共享发展就是要更多人参与中国现代化进程，分享改革开放的成果。此时，关注的重点仍然是最广大人民群众的生存权和发展权的保障，特别关注特定人群的生存权与发展权的尊重与保护，这些特定人群包括但不限于未成年人、女性、老年人和残疾人，强调精准扶贫、全面脱贫。

（二）共同富裕在发展权逐步向平等发展权转变中实现

党的十九大报告提出了2035年目标与2050年目标，这两项目标都明确提出提升人民生活水平、促进共同富裕的实现的要求。2021年8月，习近平总书记召开中央财经委员会第十次会议，重点研究推进共同富裕问题。习近平总书记指出："实现共同富裕不仅是经济问题，而且是关系党的执政基础的重大政治问题。"③ 发展要以人民为中心，在发展中促进共同富裕

---

① 《邓小平文选》（第3卷），人民出版社，1993，第373页。
② 中共宁夏回族自治区委党校、宁夏回族自治区行政学院理论学习中心组：《推动共同发展实现共同富裕的重大战略举措——深入学习习近平总书记关于东西部扶贫协作的重要论述》，《光明日报》2017年7月28日。
③ 习近平：《把握新发展阶段 贯彻新发展理念 构建新发展格局》，《求是》2021年第9期，第4~18页。

的实现，在实现共同富裕的进程中发展，发展依靠人民，发展结果由人民共享，共同富裕的主体是最广泛的人民群众，共同富裕的内容是物质与精神生活的共同富裕，共同富裕并不可能一蹴而就，需要认清现实，分阶段、因地制宜、因时制宜地有效推进。①

民之所望为政之所向。② 实现共同富裕是中国特色社会主义现代化建设的目标，中国在减贫方面取得了令世人瞩目的成绩，就全球而言，减贫贡献率超70%。③《中共中央关于党的百年奋斗重大成就和历史经验的决议》把"逐步实现全体人民共同富裕"作为中国特色社会主义新时代的重要特征之一和中国特色社会主义现代化建设的重要目标。

此时，在全面脱贫的基础上，关注的重点从最广大人民群众的生存权和发展权的保障逐步过渡到最广大人民群众的平等发展权的落实。平等发展权界定为人的个体和集合体享有避免陷入发展困境，通过获得均等的发展机会，共同参与、促进发展进程，并公平分享发展成果的一项人权。④

（三）共同富裕理念与平等发展权相契合

1. 共同富裕理念的主体与平等发展权的主体相一致

习近平总书记强调："我们追求的发展是造福人民的发展，我们追求的富裕是全体人民共同富裕。"⑤ 共同富裕所面向的是全中国人民，在共同富裕路上，一个也不能掉队。共同富裕主要解决三大差距（地区差距、城乡差距、收入差距）的问题。平等发展权除了涉及每一个个体或全体人民的

---

① 《中央明确：这件事不能整齐划一》，中央广电总台中国之声，2021年8月18日。
② 李克强：《政府工作报告——2014年3月5日在第十二届全国人民代表大会第二次会议上》，2014年3月5日，新华社，http：//www.gov.cn/guowuyuan/2014－03/14/content_2638989.htm？from＝androidqq，2022年6月13日访问。
③ 易佳乐：《马克思主义平等观视域下的共同富裕》，《扬州大学学报》（人文社会科学版）2022年第1期，第41~49页。
④ 汪习根：《发展权法理探析》，《法学研究》1999年第4期。平等发展权的法学界定依然从发展权出发，参见汪习根主编《平等发展权法律保障制度研究》，人民出版社，2018，第6页。
⑤ 中共中央宣传部：《习近平新时代中国特色社会主义思想学习纲要》，学习出版社、人民出版社，2019，第45页。

一般主体之外，还应重点包括特殊主体。① 而且，不应停留在对一般主体的泛泛而谈上，而应务实性地聚焦于处于不发达、不对称地位的弱势一方主体即特殊主体。② 因而，共同富裕理念的主体与平等发展权的主体是一致的。

2. 共同富裕理念的内容与平等发展权的内容相吻合

共同富裕是物质文明、政治文明、精神文明、社会文明、生态文明全面提升，"促进人的全面发展，使全体人民朝着共同富裕目标扎实迈进"。③ 共同富裕在于实现"七更""七有""三感"。④ 共同富裕理念生动且具体地体现在人们的衣、食、住、行、育、得、医、养等全方位多层面。平等发展权所关注的利益是一个综合的利益体系，包括政治利益⑤、经济利益⑥、社会利益⑦、文化利益⑧和生态利益⑨。其内容与共同富裕完全吻合。

3. 共同富裕理念的要求与平等发展权的内核相匹配

《意见》中明确指出，要缩小城乡区域发展差距、城乡居民收入和生活

---

① 汪习根主编《平等发展权法律保障制度研究》，人民出版社，2018，第41页。
② 汪习根主编《平等发展权法律保障制度研究》，人民出版社，2018，第32页。
③ 习近平：《扎实推进共同富裕》，《求是》2021年第20期，第7页。
④ "七更"指的是更好的教育、更稳定的工作、更满意的收入、更可靠的社会保障、更高水平的医疗卫生服务、更舒适的居住条件、更优美的环境。"七有"指的是幼有所育、学有所教、劳有所得、病有所医、老有所养、住有所居、弱有所扶。"三感"指的是获得感、幸福感、安全感。
⑤ 平等发展权所蕴含的政治利益是落实到每一个具体公民的利益，强调公民个人的主体性，使公民在地位平等、人格独立、意志自由和责任清晰的宪法和法律框架内，获得更广泛和更深刻的政治能动性。参见汪习根主编《平等发展权法律保障制度研究》，人民出版社，2018，第37页。
⑥ 经济利益是指主体获得发展所必需的物质手段，并运用这种物质手段去创造物质资料的利益。参见汪习根主编《平等发展权法律保障制度研究》，人民出版社，2018，第35页。
⑦ 社会利益要求社会集体把社会事业和福利事业作为任何社会进步所必须承担的职责，积极为个人和团体服务，使之可以最好地发展而有所成就。参见汪习根主编《平等发展权法律保障制度研究》，人民出版社，2018，第39页。
⑧ 文化利益侧重文化领域的发展过程中获得收益，而且这类的文化不仅包括知识传播，还涉及艺术创作、体育锻炼、休闲娱乐等相关内容。参见汪习根主编《平等发展权法律保障制度研究》，人民出版社，2018，第37~38页。
⑨ 生态利益主要是通过资源节约、环境保护和生态建设政策的制定和实施，平等发展权的主体所获得的环境质量改善、生态活力提高以及经济发展与生态环境趋于协调的利益。参见汪习根主编《平等发展权法律保障制度研究》，人民出版社，2018，第40页。

水平差距。个人的发展是由其资质与能力决定的，而不应受其出身影响。[①]
我们不可能奢望每个人都能够成为富人，但至少要让每个人都拥有平等的资源和条件去努力。因而，共同富裕意味着机会均等、权利平等、规则公平和结果公平，这与平等发展权的内核相匹配。机会均等是平等发展权实现的前提，权利平等是平等发展权实现的基础，规则公平是平等发展权实现的保证，结果公平是平等发展权实现的衡量标准。

4. 共同富裕理念的实现方式体现平等发展权的本质

从共同富裕的实现方式来看，共同富裕是共建共富，体现平等发展权的本质。共同富裕鼓励勤劳创新致富，坚持在发展中保障和改善民生，为人民提高受教育程度、增强发展能力创造更加普惠公平的条件。[②] 发展的目的是使人民共享发展成果，使人们能够享有更好的收入、工作、社会保障、医疗服务、教育等。[③] 平等发展权倡导一种公平发展的价值观，体现为"人际公平、群际公平、区际公平和国际公平"。[④]

（四）共同富裕理念的实践样本：浙江示范区

浙江省历史悠久，文化灿烂，但自然条件并非全国最好，有"七山一水二分田"之称，全省约有6500万人口，人多田少，山多水少。但是，浙江省自新中国成立以来，特别是改革开放以来，大力发展多种所有制经济，拓展对外开放渠道，经济快速发展，人民富裕程度较高，人口基础均衡合理，发展迅速、改革创新意识浓厚、发展潜力较大，在有效解决发展不均衡方面取得显著进展，拥有建设共同富裕示范的优势和条件。浙江省以改革的方式促进浙江构建起

---

① 〔美〕约翰·罗尔斯：《正义论》，何怀宏、何包钢、廖申白译，中国社会科学出版社，1988，第69页。

② 《习近平主持召开中央财经委员会第十次会议强调 在高质量发展中促进共同富裕 统筹做好重大金融风险防范化解工作》，《人民日报》2021年8月18日，第1版。

③ 杨建军：《国家治理、生存权发展权改进与人类命运共同体的构建》，《法学论坛》2018年第1期，第14~22页。

④ 汪习根、唐勇：《论中国特色社会主义法律理论的基本要求》，朝阳法律评论编辑委员会编《朝阳法律评论》（第三辑），中国华侨出版社，2010，第56页。

共同富裕的政策体系、工作体系、目标体系及评价体系等,并为共同富裕思想提供最优化的样本、为全国其他区域探索共同富裕实现路径提供参考。

1. 富裕基础好

浙江拥有较好的经济基础,这对建设共同富裕示范区至关重要。历经多年的有效探索,"浙江生产总值从 2002 年的 8000 亿元跃升至去年的 64613 亿元,人均地区生产总值超过 10 万元,高于全国 60%;整体富裕程度较高,城乡居民收入倍差为 1.96,最高最低地市居民收入倍差为 1.67"。①

2011 年至 2021 年,浙江生产总值增长迅速(见图 1)。2020 年,受新冠肺炎疫情严重冲击,浙江 GDP 增长速度较慢,但主要经济指标完成情况好于预期,生产总值按可比价格计算,比 2019 年增长 3.6%。2021 年第一季度、第二季度、第三季度的生产总值比 2020 年同期分别增长 19.5%、13.4%、10.6%。2012 年至 2020 年,浙江财政总收入由 6408.49 亿元增长到 12421.49 亿元,在全国的位次升至第 3 位,2021 年 1~9 月财政总收入12627 亿元,超过 2020 年全年财政总收入。

图 1 2011~2021 年浙江省生产总值及增长速度

资料来源:浙江省统计局、国家统计局浙江调查总队:《2021 年浙江省国民经济和社会发展统计公报》,2022 年 2 月 24 日,浙江省统计局网站,http://tjj.zj.gov.cn/art/2022/2/24/art_ 1229129205_ 4883213.html,2022 年 4 月 16 日访问。

---

① 《事关全局的探路示范——浙江高质量发展建设共同富裕示范区调研记》,《人民日报》2021 年 8 月 1 日,第 1 版。

2. 人口均衡、居民收入高

浙江是全国唯一所有设区的市居民收入都超过全国平均水平的省份，浙江省既有城市人口也有农村人口，根据户籍来看，农村人口占一半，具有建设共同富裕示范区的代表性。[①]

2020 年，浙江全体居民收入和农村居民收入第一次分别达到"5 万元"和"3 万元"，连续第 20 年和第 36 年城乡居民收入荣膺全国各省（区）第 1 位。省内居民收入差距缩小，有 68.4% 的家庭属于中等收入。[②] 这些都为浙江人民实现共同富裕奠定了坚实基础。

3. 发展迅速、成效显著

长期以来，浙江省的各项发展指标位居全国前列。尤其是党的十八大以来，浙江坚持以"八八战略"为总纲，以供给侧结构性改革为主线和总抓手，通过"腾笼换鸟""凤凰涅槃"，深入实施数字经济"一号工程"，打破了传统"低、小、散、乱"路径锁定的困境，呈现出经济较快增长、结构持续优化、质量效益显著提高、新旧动能加速转换的高质量发展新趋势，主要质量效益指标好于预期、高于全国、领跑东部。[③] 在对口帮扶方面，浙江对口帮扶多个贫困地区，其中，"十三五"期间浙江对口帮扶的 4 省 80 个贫困县全部实现脱贫摘帽，[④] 逐步实现了高水平的全面小康。

浙江省有 4355 万人购买基本养老保险，5557 万人购买基本医疗保险，1688 万人购买失业保险，2547 万人购买工伤保险，2067 万人购买生育保险；企业职工基本养老保险退休人员人均养老金水平年均 33240 元，高于全国居民人均可支配收入。2020 年，浙江省公园绿地面积人均 13.9 平方米，

---

① 《事关全局的探路示范——浙江高质量发展建设共同富裕示范区调研记》，《人民日报》2021 年 8 月 1 日，第 1 版。
② 李胜定：《发挥价格机制作用　助力共同富裕建设——浙江省探索建设共同富裕示范区的经验及其启示》，《价格理论与实践》2021 年第 9 期，第 56~58 页。
③ 王祖强：《富起来强起来：浙江探索与成就》，《浙江经济》2021 年第 7 期，第 28 页。
④ 郭占恒：《扎实推动共同富裕的关键环节和浙江的基础优势》，《浙江经济》2021 年第 8 期，第 8 页。

生活垃圾 100% 无害化分类处理，加快推进智慧交通、智慧医疗和未来社区建设，有 11290 个农村达标新时代美丽乡村，被评为最具安全感的省份之一。①

4. 创新促改革、发展潜力大

浙江各地具有较强的改革与创新意识和较好的理念，创造了若干改革先进经验，创造性转化了"枫桥经验"，在诸如良法善治、市场经济、富民惠民等重要领域取得显著成效。

从发展潜力而言，浙江在经济结构优化、区域协调体制机制构建、城乡融合完善等若干方面依旧有较大的提升与探索空间。② 有一些特别需要积极探索的重点问题，例如有效处理好技术进步与扩大就业的关系，发展需求与资源有限的矛盾，短期增收与长期增收增效的关系，防止资本无序扩张、反垄断等。这些是形成可复制可推广的省级经验的关键因素。

二 浙江共同富裕示范区建设的举措与成效

为了贯彻和落实建设浙江示范区各项政策，《意见》提出四方面保障措施：一是坚持和加强党的全面领导，二是强化政策保障和改革授权，三是建立评价体系和示范推广机制，四是完善实施机制。在《意见》的指导下，国家发展改革委中的"长三角一体化发展领导小组"对示范区进行指导。③

按照《意见》提出的"时间表"：2025 年，示范区实现高质量发展，示范区建设取得明显实质性进展；2035 年，示范区取得更高质量发展、更

---

① 《砥砺奋进百年路 矢志不渝共富梦——中国共产党成立 100 周年浙江经济社会发展系列报告》，2021 年 6 月 11 日，浙江统计局网站，http://tjj.zj.gov.cn/art/2021/6/11/art_1229129214_4663061.html，2022 年 4 月 15 日访问。

② 《国家发展改革委有关负责同志就〈中共中央国务院关于支持浙江高质量发展建设共同富裕示范区的意见〉答记者问》，《政策瞭望》2021 年第 6 期，第 23~26 页。

③ 胡献政：《浙江高质量发展建设共同富裕示范区的主要做法及启示》，《发展研究》2021 年增刊，第 14~18 页。

高水平成就，基本实现共同富裕。针对共同富裕，浙江省已构建具体的目标与指标体系，明确了具体实施步骤，构建了"四大机制"，即年度工作机制、清单式推进机制、通达民情机制和改革试点探索机制。根据相应的目标与指标体系，以五年为单位，编制"四张清单"，即重大改革诉求清单、最佳实践清单、重点任务清单、突破性抓手清单，并对这些清单实行年度闭环管理，打造一系列可体验、可感知的场景系统。

（一）坚持党的领导：为平等发展权保障提供政治引领

"高质量发展建设共同富裕示范区领导小组"在浙江成立，组长和第一副组长分别由省委书记和省长担任，日常工作由下设的办公室处理，下设的办公室由省委政研室、省委改革办、省发展改革委组成。《浙江高质量发展建设共同富裕示范区实施方案（2021—2025年）》出台，并由领导小组定期召开推进例会，督促检查该实施方案落实情况。[①]

建设示范区须坚持"五大工作原则"，即坚持党的全面领导、以人民为中心、共建共享、改革创新、系统观念。[②] 为了落实目标任务，浙江省按照每年都有新进展、五年有大突破、十五年基本建成示范区的安排进行推进。《浙江高质量发展建设共同富裕示范区实施方案（2021—2025年）》指出共同富裕示范区的"第一程"为"十四五"，并制定详细的任务书和路线图，主要完成"四率先三美"和"七个方面先行示范"的任务，到2025年能够取得共同富裕示范区的实质性进展。[③]

为了打造示范区"改革高地"，浙江省先后梳理若干进阶版本的重大改革清单，其中有45项已完成或已取得实质性进展。例如，在教育部支持下，

---

① 胡献政：《浙江高质量发展建设共同富裕示范区的主要做法及启示》，《发展研究》2021年增刊，第14~18页。
② 《中共浙江省委关于忠实践行"八八战略"奋力打造"重要窗口" 扎实推动高质量发展建设共同富裕示范区的决议》，《浙江日报》2021年7月22日，第1版。
③ 胡献政：《浙江高质量发展建设共同富裕示范区的主要做法及启示》，《发展研究》2021年增刊，第14~18页。

示范区把技工教育招生归入高职院校学籍注册序列中。① 各级党委充分发挥政治引领和政治保障作用，促进平等发展权的落实。

（二）遵循法治：为平等发展权保障提供法治支撑

2021年6月，浙江省人大常委会党组召开扩大会议指出，各级人大要以人大履职促进示范区高质量发展，为共同富裕体制机制构建与创新释放法律空间与制度空间。②《意见》为示范区提出了明确的发展目标和主要措施。在此之后，人力资源和社会保障部、农业农村部、文化和旅游部、财政部等均发布具体文件，针对不同领域提出建设共同富裕示范区的具体内容。

值得注意的是，浙江省十三届人大常委会第三十次会议通过《关于促进和保障高质量发展建设共同富裕示范区的决定》（以下简称《决定》）指出，省人大常委会、设区的市人大及其常委会应坚持立法决策与改革决策衔接、与示范区建设适应，统筹推进地方法律法规的立、改、废、解释等环节及规范性配套文件的完善，加快人的全生命周期公共服务、建设现代化基本单元、构建橄榄型社会等方面的创制性立法。中共中央、国务院及省部级以上部门出台的共同富裕示范区建设的规范性文件如表1所示。

表1　共同富裕示范区建设的规范性文件（中共中央、国务院及省部级以上部门）

发布时间	发布机关	规范性文件	基本内容
2021年5月20日	中共中央、国务院	《中共中央、国务院关于支持浙江高质量发展建设共同富裕示范区的意见》	指出示范区建设的指导思想、工作原则、战略定位、发展目标和主要措施
2021年7月16日	人力资源和社会保障部、浙江省人民政府	《共同推进浙江高质量发展建设共同富裕示范区合作协议》	以数字化改革为牵引，促进就业更高质量实现，社会保障更可持续更公平、劳动关系更稳定和谐

---

① 《国家发展改革委新闻发布会介绍支持浙江省高质量发展建设共同富裕示范区推进情况》，2022年2月17日，国家发展改革委网站，http://www.gov.cn/xinwen/2022-02/17/content_5674393.htm，2022年4月15日访问。

② 蒋欣如：《以人大履职助力高质量发展建设共同富裕示范区》，《浙江日报》2021年6月13日，第1版。

续表

发布时间	发布机关	规范性文件	基本内容
2021年7月16日	浙江省人力资源和社会保障厅	《浙江省人社领域推进高质量发展建设共同富裕示范区实施方案（2021—2025年）》	充分发挥人社事业在高质量发展建设共同富裕示范区中的支撑和兜底作用，促进更加充分更高质量就业、加大人才引育力度、深化人社数字化改革、完善覆盖全民的社会保障体系、优化收入分配格局、构建和谐劳动关系、防范化解人社领域风险
2021年7月19日	浙江省人民政府	《浙江高质量发展建设共同富裕示范区实施方案（2021—2025年）》	推动共同富裕的政策框架与体制机制建立，促进构建更富活力、创新力、竞争力的高质量发展模式，促进以中等收入群体为主体的橄榄型社会结构加快形成，加快实现人的全生命周期公共服务优质共享，努力成为共建共享品质生活的省域范例
2021年7月30日	浙江省人民代表大会常务委员会	《关于促进和保障高质量发展建设共同富裕示范区的决定》	省人大常委会、设区的市人大及其常委会应坚持立法决策与改革决策衔接、与示范区建设适应，统筹推进地方性法律法规的立、改、废、解释等环节，促进规范性配套文件的完善
2021年8月6日	中共浙江省委统一战线工作部	《浙江省统一战线助力高质量发展建设共同富裕示范区实施方案（2021—2025年）》	实施凝心聚力专项行动、促进民营经济高质量发展专项行动、助力山区26县跨越式高质量发展专项行动、民族乡村振兴专项行动、新乡贤助力乡村振兴专项行动、同根海联共建共享专项行动
2021年8月17日	农业农村部、浙江省人民政府	《高质量创建乡村振兴示范省推进共同富裕示范区建设行动方案（2021—2025年）》	通过延伸乡村产业链条推动共同富裕、拓展农业多种功能带动共同富裕、发展绿色生态农业促动共同富裕、强化农业科技创新驱动共同富裕、建设美丽宜居乡村联动共同富裕、深化农村改革拉动共同富裕
2021年11月3日	文化和旅游部、浙江省人民政府	《关于高质量打造新时代文化高地推进共同富裕示范建设行动方案（2021—2025年）》	大力弘扬社会主义核心价值观、推进文艺精品创作演出演播、赋能乡村振兴、深化协同协作、提升城乡居民文化和旅游参与度、加强对外文化交流和旅游推广、深化体制机制改革创新、强化共同富裕制度保障

发布时间	发布机关	规范性文件	基本内容
2021 年 11 月 24 日	财政部	《支持浙江省探索创新打造财政推动共同富裕省域范例的实施方案》	支持浙江省探索有利于推动共同富裕的财政管理体制、探索率先实现基本公共服务均等化的有效路径、探索践行绿水青山就是金山银山理念的财政政策、探索形成助推经济高质量发展的财政政策、探索建立现代预算管理制度先行示范

资料来源：中国政府网、浙江省人民政府网。

（三）多措并举：促进经济平等发展权实现

1. 夯实以公有制为主体的混合所有制经济

第一，国有企业在为实现中华民族伟大复兴提供坚实物质基础方面具有不可替代的重要作用，[①] 要夯实公有制占主体地位的混合所有制经济，高水平推动浙江杭州区域性国资国企综合改革试验，从提高自身效率入手做大做强国有企业，增加公共财富比重，充分发挥国有经济战略支撑作用。

第二，进一步鼓励、支持和引导民营经济发展壮大，引导民营经济人士完整准确理解"两个毫不动摇"，让竞争中性原则落到实处，深化"放管服"改革，实现经济包容性发展。[②] 民营市场主体量增质升，2021 年全年民营经济增加值占全省生产总值的比重约为 67%，规模以上工业民营企业增加值比 2020 年增长 13.3%，比重提高 0.7 个百分点；新设民营企业 53.1 万户，增长 11.4%；民营经济创造的税收占全省税收收入的 73.4%。[③]

---

① 国务院国资委党委理论学习中心组：《为实现中华民族伟大复兴提供坚实物质基础》，《人民日报》2021 年 10 月 26 日，第 11 版。
② 田国强：《共同富裕：政府、市场与社会的不同角色》，《社会科学报》2021 年 9 月 30 日，第 1 版。
③ 浙江省统计局、国家统计局浙江调查总队：《2021 年浙江省国民经济和社会发展统计公报》，2022 年 2 月 24 日，浙江省统计局网站，http://tjj.zj.gov.cn/art/2022/2/24/art_1229129205_4883213.html，2022 年 4 月 16 日访问。

第三，加速构建具有国际影响力和竞争力的产业体系，培育"415"制造业集群，即数字安防、汽车制造、绿色石化、纺织这4个世界级制造业集群和15个优势制造业集群。[①] 2021年，共同示范区规模以上工业增加值20248亿元，同比增长12.9%；第一季度和前三季度同比分别增长34.1%和16.6%。[②]

2. 数字经济激发内驱力、创造新就业

早在2003年"数字浙江"建设就已启动，2021年"数字浙江"建设进入数字化改革的新阶段。[③] 要积极激发科技创新、打造世界领域的数字变革高地，加快建设创新策源地与新材料、生命健康和"互联网"三大科创高地，推动质量、动力和效率变革，重构政府、社会、企业与个人之间的关系。[④] 浙江省统计局《"十三五"时期浙江数字经济发展报告》所提供的数据表明，数字经济已成为全省经济发展的一大亮点。

共同富裕示范区建设以来，浙江省数字经济核心产业制造业加速发展。2021年高新技术制造业投资同比增长24.8%。[⑤] 数字经济核心产业增加值8348亿元，同比增长20.0%；若干关键领域增值显著，例如高技术产业增加值增长17.1%，战略性新兴产业增加值增长17.0%，人工智能产业增加值增长16.8%，分别拉动规模以上工业增加值增长2.7个、5.5个和0.7个百分点；在战略性新兴产业中，新一代信息技术、新能源、生物、节能环保产业增加值分别增长18.7%、20.4%、14.4%

---

① 胡献政：《浙江高质量发展建设共同富裕示范区的主要做法及启示》，《发展研究》2021年增刊，第14~18页。

② 浙江省统计局、国家统计局浙江调查总队：《2021年浙江经济高质量发展再上新台阶 共同富裕示范区建设扎实开局》，2022年1月18日，浙江省统计局网站，http://tjj.zj.gov.cn/art/2022/1/18/art_ 1229129214_ 4862189. html，2022年4月15日访问。

③ 本报评论员：《数字经济看"浙"里》，《信息化建设》2021年第8期，第1页。

④ 《中共浙江省委关于忠实践行"八八战略"奋力打造"重要窗口" 扎实推动高质量发展建设共同富裕示范区的决议》，《浙江日报》2021年7月22日，第1版。

⑤ 浙江省统计局、国家统计局浙江调查总队：《2021年浙江经济高质量发展再上新台阶 共同富裕示范区建设扎实开局》，2022年1月18日，浙江省统计局网站，http://tjj.zj.gov.cn/art/2022/1/18/art_ 1229129214_ 4862189. html，2022年4月15日访问。

和13.7%。[1] 浙江城镇在 2021 年新增就业人数超 122 万人,同比增长 9.4%。[2]

3. 引育人才、凝聚创新力

"十四五"时期是示范区建设的"第一程",实施"六大引培行动",即引培青年科学家、乡村振兴科技人才、科创人才、产业技术研发人才、关键核心技术攻关人才、基础科学研究人才。[3] 浙江省大力引进高校毕业生。落户杭州的条件是本科以上学历,其他地区全面放开专科以上学历毕业生的落户限制,如专科以上高校毕业生到浙江省工作,可得到生活补贴或购房租房补贴 2 万元至 40 万元不等;如大学生有创业意向,可得到 10 万元至 50 万元的贷款,若创业失败,10 万元以下贷款由政府代偿,10 万元以上的部分,80%由政府代为偿还;如有大学生有意向从事养老、家政和现代农业类别的创业,可得到政府给予的 10 万元补贴;如大学毕业生到浙江实习,各地区根据实际情况给予毕业生生活补贴;对家庭困难的大学毕业生,政府给予求职创业补贴,标准为每人 3000 元。[4]

(四)缩小差距:促进社会平等发展权落实

根据浙江省人大常委会通过的《关于促进和保障高质量发展建设共同富裕示范区的决定》,共同富裕示范区建设要以解决地区差距、城乡差距、收入差距问题为主攻方向。

---

[1] 浙江省统计局、国家统计局浙江调查总队:《2021 年浙江省国民经济和社会发展统计公报》,2022 年 2 月 24 日,浙江省统计局网站,http://tjj.zj.gov.cn/art/2022/2/24/art_1229129205_4883213.html,2022 年 4 月 16 日访问。

[2] 浙江省统计局、国家统计局浙江调查总队:《2021 年浙江经济高质量发展再上新台阶 共同富裕示范区建设扎实开局》,2022 年 1 月 18 日,浙江省统计局网站,http://tjj.zj.gov.cn/art/2022/1/18/art_1229129214_4862189.html,2022 年 4 月 15 日访问。

[3] 胡献政:《浙江高质量发展建设共同富裕示范区的主要做法及启示》,《发展研究》2021 年增刊,第 14~18 页。

[4] 《国家发展改革委新闻发布会介绍支持浙江省高质量发展建设共同富裕示范区推进情况》,2022 年 2 月 17 日,国家发展改革委网站,http://www.gov.cn/xinwen/2022-02/17/content_5674393.htm,2022 年 4 月 15 日访问。

1. 缩小地区和城乡差距

为加快缩小地区发展差距，浙江省出台了一系列举措，包括"山海协作+飞地经济"体制，重点关注浙江山区 26 县。浙江省建立起经济强县与山区县的帮扶机制，50 个强县支持 26 个山区县到浙江省发达地区建设产业、科创、消薄（消除集体经济薄弱村）三类"飞地"。浙江省因地制宜，针对不同县区制定不同发展方案和扶持政策，促进山区县发展特色生态产业，给山区重大项目以特别政策支持，例如对纳入省发改委立项的民生项目、基础设施项目、优质文旅项目多给 40% 的建设用地指标。采取派出人才、专家团队的方式给予山区县优质人力支持，人才、专家团队包括领导干部团、教育专家团、三甲医院医生团等。此外，浙江多措并举支持山区县的发展进程，例如保障建筑石料采矿权指标、农村国有土地与集体经营性建设用地同价同权入市。[1]

采取多种方式缩小城市与乡村发展的差距，构建以人为核心的城镇化，推进乡村振兴战略，实施强村惠民行动，推进乡村集成改革，重构城乡格局。[2] 2021 年前三季度，浙江山区 26 个县全体居民人均可支配收入为 30792 元，增速比全省高 1.1 个百分点。[3]

2. 缩小收入差距

坚持效率，体现公平，优化分配，缩小差距。[4] 2021 年 7 月《浙江省"扩中""提低"行动方案》出台，核心内容是针对九类重点群体[5]采取八

---

[1] 胡献政：《浙江高质量发展建设共同富裕示范区的主要做法及启示》，《发展研究》2021 年增刊，第 14~18 页。

[2] 《中共浙江省委关于忠实践行"八八战略"奋力打造"重要窗口" 扎实推动高质量发展建设共同富裕示范区的决议》，《浙江日报》2021 年 7 月 22 日，第 1 版。

[3] 浙江省统计局、国家统计局浙江调查总队：《2021 年浙江经济高质量发展再上新台阶 共同富裕示范区建设扎实开局》，2022 年 1 月 18 日，浙江省统计局网站，http://tjj.zj.gov.cn/art/2022/1/18/art_ 1229129214_ 4862189.html，2022 年 4 月 15 日访问。

[4] 《中共浙江省委关于忠实践行"八八战略"奋力打造"重要窗口" 扎实推动高质量发展建设共同富裕示范区的决议》，《浙江日报》2021 年 7 月 22 日，第 1 版。

[5] 九类重点人群分别是技术工人、科研人员、中小企业主和个体工商户、高校毕业生、高素质农民、新就业形态从业人员、进城农民工、低收入农户、困难群体。

大方式①"扩中""提低",并推出一系列因群体制宜的收入分配激励措施,缩小收入差距。②

浙江共同富裕示范区连续 9 年城乡收入差距不断缩小,2021 年城乡收入比为 1.94,相当于农村居民收入同比增加 300 元左右;低收入农户人均可支配收入持续增加,2021 年人均可支配收入为 16491 元,前三季度增速显著,同比增长 14.6%。③ 全省居民人均可支配收入中位数④为 51746 元,同比增长 12.2%。⑤

3. 关爱特殊群体

在示范区内外务工人员与示范区内户籍的劳动者享有一样的创业就业服务与政策。针对贫困人口,专门安排不需要过多技能与学历的岗位,确保他们每月获得 4500 元以上薪酬,示范区内 2021 年有 225 万人脱贫。⑥

在保障新就业形态人群的权益方面,出台专门的实施办法,例如可不受户籍限制,参加企业职工养老保险、基本医疗保险、工伤保险等;要求新就业形态企业主合理安排该类人群的工作休息时间。⑦

建设育儿友好型社会,进一步完善并落实生育、养育、托育配套服务和

---

① 八大方式分别为促就业、激活力、拓渠道、优分配、强能力、重帮扶、减负担、扬新风。
② 《国家发展改革委新闻发布会介绍支持浙江省高质量发展建设共同富裕示范区推进情况》,2022 年 2 月 17 日,国家发展改革委网站,http://www.gov.cn/xinwen/2022-02-17/content_5674393.htm,2022 年 4 月 15 日访问。
③ 浙江省统计局、国家统计局浙江调查总队:《2021 年浙江经济高质量发展再上新台阶 共同富裕示范区建设扎实开局》,2022 年 1 月 18 日,浙江省统计局网站,http://tjj.zj.gov.cn/art/2022/1/18/art_1229129214_4862189.html,2022 年 4 月 15 日访问。
④ 人均可支配收入中位数是指将所有调查户按人均可支配收入水平从低到高顺序排列,处于最中间位置的调查户的人均可支配收入。
⑤ 浙江省统计局、国家统计局浙江调查总队:《2021 年浙江省国民经济和社会发展统计公报》,2022 年 2 月 24 日,浙江省统计局网站,http://tjj.zj.gov.cn/art/2022/2/24/art_1229129205_4883213.html,2022 年 4 月 16 日访问。
⑥ 《国家发展改革委新闻发布会介绍支持浙江省高质量发展建设共同富裕示范区推进情况》,2022 年 2 月 17 日,国家发展改革委网站,http://www.gov.cn/xinwen/2022-02-17/content_5674393.htm,2022 年 4 月 15 日访问。
⑦ 《国家发展改革委新闻发布会介绍支持浙江省高质量发展建设共同富裕示范区推进情况》,2022 年 2 月 17 日,国家发展改革委网站,http://www.gov.cn/xinwen/2022-02-17/content_5674393.htm,2022 年 4 月 15 日访问。

政策。建设老年友好型社会，全面构建基本养老服务制度，让每位老人都能享受有质量且有保障的老年生活。构建全过程全民健康服务体系，促进公立医院试点高质量发展，对城乡居民免费健康体检实行同质量同标准。[①] 破解教育内卷困境，打造"浙里优学"名片；实施新时代浙江工匠培育工程、"金蓝领"职业技能提升行动和技工教育提质增量计划，打造若干高质量且真正惠民的名片，如"浙派工匠""健康大脑+智慧医疗""浙里健康"；健全住房市场和保障体系，打造"浙里安居"名片；构建智慧大救助模式，推进分层分类精准救助，形成"浙有众扶"的良好氛围。[②]

（五）因地制宜：促进文化平等发展权实现

1. 丰富精神文化

共同富裕要实现物质生活富裕和精神生活富裕同频共振、相得益彰。[③]《关于高质量打造新时代文化高地推进共同富裕示范区建设行动方案（2021—2025年）》明确提出，到2025年，支持浙江省基本建成文化强省。加强社会主义精神文明建设，推进道德建设，培育"浙江有礼"省域品牌，[④] 聘任助人为乐的时代楷模、勇攀高峰的行业翘楚、无私奉献的平凡英雄为文明使者，聚焦"全民有礼、全城有爱"，推动公民思想素质显著提高；推进志愿服务建设，志愿服务为贫困和弱势群体在熟人圈子以外寻求资源和帮助提供了渠道。[⑤]

---

① 《国家发展改革委新闻发布会介绍支持浙江省高质量发展建设共同富裕示范区推进情况》，2022年2月17日，国家发展改革委网站，http://www.gov.cn/xinwen/2022-02/17/content_5674393.htm，2022年4月15日访问。

② 《中共浙江省委关于忠实践行"八八战略"奋力打造"重要窗口" 扎实推动高质量发展建设共同富裕示范区的决议》，《浙江日报》2021年7月22日，第1版。

③ 张胜、王斯敏：《自信自强 走向精神生活共同富裕》，《光明日报》2021年11月18日，第7版。

④ 王璐怡、钱关键、赵璐洁：《有礼文化，如何成为城市大IP》，《浙江日报》2021年10月27日，第6版。

⑤ 江亚洲、郁建兴：《第三次分配推动共同富裕的作用与机制》，《浙江社会科学》2021年第9期，第80页。

2.挖掘浙江文化优势

充分挖掘和宣介浙江文化，推进一系列文化公园建设，例如大运河文化带和文化公园，① 健全非物质文化遗产保护传承体系。实施重大文化设施建设工程，坚定文化自信，让人民共享文化发展成果，切实保障人民文化权益。加大文艺精品有效供给，是实现全体人民精神生活共同富裕的有效保障。② 深入推进新时代文化浙江工作建设，构建高品质高质量的精神文化服务体系，促进示范区现代基本单元建设、未来社区城镇建设、乡村新社区建设，着力推进共同富裕在宏观和微观层面的全覆盖。③

（六）多方参与：促进生态平等发展权落实

实现共同富裕要全面推进生产生活方式绿色转型。在创建美丽中国先行示范区的目标下，浙江重新审视当地资源优势，协同推进生态经济化和经济生态化，从生态经济上谋出路，寻找突破口和发力点，逐步打通"绿水青山"向"金山银山"的转化机制，拓宽其实现路径。以良好政治生态为高质量发展护航，关停污染企业，坚决淘汰落后产能，以生态环保强势倒逼产业转型升级。④ 坚持人与自然和谐共生，协同推进人民富裕、国家强盛、中国美丽。浙江加速构建绿色低碳循环发展经济体系，推动末端治理向源头控制转变，甚至走向前端控制，加快推进产业园区、集聚区的生态化改造，进一步改善环境、提升竞争力，实现点源治理向集中治理转变。制定实施浙江省碳排放达峰行动方案，从排放端、固碳端、政策端入手，通过减污降碳创造体量和质量双可观的绿色资产。⑤ 出台《浙江省碳普惠实施意见》，明确

① 《中共中央　国务院关于支持浙江高质量发展建设共同富裕示范区的意见》，《中华人民共和国国务院公报》2021年第18期，第9页。
② 康伟：《精神富裕需要文艺精品》，《学习时报》2021年11月12日，第6版。
③ 《中共浙江省委关于忠实践行"八八战略"奋力打造"重要窗口"　扎实推动高质量发展建设共同富裕示范区的决议》，《浙江日报》2021年7月22日，第1版。
④ 王祖强：《富起来强起来：浙江探索与成就》，《浙江经济》2021年第7期，第30页。
⑤ 罗锦程、杨寓馨等：《碳中和愿景下实现共同富裕的路径探究》，《中华环境》2021年第10期，第50页。

建设思路和主要目标，建构自上而下的碳普惠管理机制。出台《浙江省碳普惠管理办法》，明确浙江省碳普惠机制运行规则和流程，界定参与主体的权利、责任和义务。①

依法稳步推进不同渠道生态保护补偿资金统筹使用，聚焦重要生态环境要素，完善分类补偿制度，激发全社会参与生态保护的积极性。探索更多横向生态保护补偿方式，开展跨区域联防联治，通过对口协作、人才培训等方式，构建生态保护地区与受益地区的高效良性互动机制。② 2020 年 6 月，浙江省政府办公厅印发的《浙江省生态海岸带建设方案》提出：打造绿色生态、景观优美廊道，率先建设一条约 1800 公里长的"生态海岸线"，实现交通主干贯通、支脉成网。③ 从建设"海岸线"到打造"海岸带"，如今的生态海岸带建设重在形成一个生态、生产、生活融合的新空间。④

持续深化"千万工程"，生活垃圾分类处理行政村覆盖率达 96%，完成农村生活污水处理设施标准化运维 1.9 万个；创建美丽乡村示范县 11 个、美丽乡村示范乡镇 110 个、特色精品村 315 个；新时代美丽乡村达标村 5512 个；饮用水达标人口覆盖率超 95%，供水工程水质达标率超 92%，基本实现城乡同质饮水；行政村 4G 和光纤全覆盖，重点乡镇 5G 全覆盖。全年完成造林更新面积 47.5 万亩，其中迹地更新 2.8 万亩。建设战略储备林和美丽生态廊道 59.2 万亩，其中战略储备林 42.2 万亩，美丽生态廊道 17.1 万亩。根据 2021 年浙江省森林资源年度监测结果，全省森林覆盖率为 61.17%（含灌木林）。完成水土流失治理面积 429.0 平方公里。⑤

---

① 张艳梅、罗雯等：《基于"共同富裕示范区"视角的浙江省"碳普惠"机制建设》，《再生资源和循环经济》2021 年第 10 期，第 15 页。

② 柴新：《支持浙江打造财政推动共同富裕省域范例》，《中国财经报》2021 年 12 月 2 日，第 1 版。

③ 《浙江省人民政府办公厅关于印发浙江省生态海岸带建设方案的通知》，《浙江省人民政府公报》2021 年第 16 期，第 10 页。

④ 沈晶晶：《通往未来的黄金海岸》，《浙江日报》2021 年 8 月 24 日，第 3 版。

⑤ 浙江省统计局、国家统计局浙江调查总队：《2021 年浙江省国民经济和社会发展统计公报》，2022 年 2 月 24 日，浙江省统计局网站，http://tjj.zj.gov.cn/art/2022/2/24/art_ 1229129205_ 4883213.html，2022 年 4 月 16 日访问。

三 浙江共同富裕示范区所面临的
挑战与对策性建议

（一）共同富裕示范区建设的挑战

浙江共同富裕示范区坚持党的领导、遵循法治、多措并举、缩小差距、因地制宜、多方参与促进平等发展权各项内容的落实，取得了令人瞩目的成效，但在实践中，依然存在一些挑战，如何将挑战转化为可能性的机遇，积极为平等发展权的实现提供各项必要支撑，值得深入研究。

1. 如何进一步激发核心动力

科创高地建设和数字化改革是示范区建设的核心动力。如何进一步激发核心动力是示范区建设及经验推广普及的关键。有必要顺应互联网时代的发展，通过数字变革和科技创新激发核心动力，革新生产力与生产关系，重塑制度规则，重塑政府—社会—企业—个人之间的关系，以数字化为背景构建诸如教育、医疗、帮扶、社会协调治理的共同体，有效推动共同富裕。

有必要以数字改革激发体制机制创新，促进有为政府与有效市场相结合，消除限制高效、高速、高质量发展的障碍，构建能够体现公平合理的财富分配与收入机制，促进省域一体化发展和优质公共服务共享机制，形成一批可供其他省份参照学习的经验。

2. 如何激发广大群众的积极性

14 亿人口的共同富裕，绝不能允许出现"养懒汉""等靠要"的现象。正如《意见》中强调要坚持共建共享，浙江共同富裕示范区建设亦依靠省内人民在各级党委的领导下，勤劳守法致富，挖掘低收入人群内生发展动力，特别鼓励合法经营、勤劳果敢的带头人创新创业致富增收，提高全要素和劳动生产率，在人人参与、人人尽力的基础上实现人人享有。

提升自主创新能力、塑造产业竞争、提升经济循环效率、建设美丽浙江等若干措施都依赖于社会主体积极作为。在党的领导下，积极构建和完善四治（法治、德治、智治和自治）融合的基层治理体系，也依赖于社会主体的积极推进，如何激发最广泛主体的积极性、创造性和参与性，是真正形成人人有责、人人尽责、人人享有的富裕共同体的核心挑战。

3. 如何兼顾效率与公平

在效率与公平问题上，最为核心、最为集中的问题是经济增长和收入分配的关系。在经济上"公平"主要表现在收入分配方面，而"效率"则主要表现在经济增长方面。新中国成立 70 多年来，在效率与公平问题上，大体上经历了"兼顾效率与公平"、"效率优先、兼顾公平"、"更注重社会公平"和"更有效率、更加公平"四个发展阶段。① 党的十八大再次明确强调："调整国民收入分配格局，加大再分配调节力度，着力解决收入分配差距较大问题。"现在再次提出共同富裕的问题，表明中国将从效率优先、兼顾公平走向效率与公平均衡发展阶段。

如何评价共同富裕则是考量效率与公平的核心。要加快构建推动共同富裕的综合评价体系，建立评估机制。评价"共同"的指标主要包括人群差异、城乡差异、地区差异、普惠性群体、特殊困难群体，评价"富裕"的指标主要包括收入消费、经济发展、文化建设、法治建设、公共服务普惠性、基础设施完善、生态环境良好。政府应当按照"可示范、可推广，高质量、走前列，有突破、有创新"的要求，建立健全推动示范区建设的体制机制和指标体系。

4. 如何有效防范和化解金融风险

如何有效化解金融风险是浙江共同富裕示范区建设稳步推进的关键。金融是现代经济的血脉，金融稳则经济稳，经济稳则示范区建设有强有力的物质保障。近年来，我国金融防范和化解攻坚战取得阶段性成果；但是，金融风险具有不确定性、相关性、隐蔽性、可控性等属性。当前，受传统体制的

---

① 郎友兴：《全球不平等下共同富裕的浙江探索及其四个议题》，《浙江经济》2021 年第 9 期，第 8~13 页。

影响，加之监管不足、金融机构内部管理不善、市场不规范等，若干违法违规现象发生，扰乱了正常秩序。我国金融安全稳定面临多种挑战，有关法律机制不健全，相关条款过于分散。

防范和化解金融风险，保障金融安全，有必要加强金融监管，将金融活动纳入规范化、法治化轨道。及时总结工作和成熟做法，并将其上升为法律层面的长效机制，坚持运用市场化、法治化、制度化方式加强风险预警、化解风险隐患。

（二）对策性建议

1. 科技创新：激发内生动力

习近平总书记曾提出"大力发挥公有制经济在促进共同富裕中的重要作用"[①] 的要求，"在高质量发展中促进共同富裕"[②]。从高速增长转变为高质量发展的关键核心是创新，以科技创新促经济发展，以科技创新转变传统的经济发展方式，形成以科技和人才为主要支撑的高质量、高效益的经济发展方式。

具体而言，要注重如下几点。第一，加快科学技术创新研究，实施好关键核心技术攻关工程，加大对新技术、新能源、新材料等研发的支持与投入力度，为率先实现共同富裕提供强劲内生动力。第二，针对经济发展中的重难点问题和关键工程，激励科研人才、技术人才和能工巧匠进行研究探索、发明创造，优化产业结构，升级转型企业，更新换代满足市场需求的产品。[③] 第三，激发创新要素向企业汇集，拓宽共享式技术渠道，规范高新技术交易平台，组建企业创新共同体。第四，保护各类群体的数字权益，发挥数字强省的技术支撑作用，有效消除数字鸿沟。第五，以数字化改革提升治理效能。促进

---

① 习近平：《扎实推动共同富裕》，《求是》2021年第20期，第4~8页。
② 习近平：《在高质量发展中促进共同富裕 统筹做好重大金融风险防范化解工作》，《新华每日电讯》2021年8月18日，第1版。
③ 谭劲松、边春慧：《共同富裕示范区建设要把握好四重关系》，《观察与思考》2022年第1期，第90~97页。

新时代"枫桥经验"数字化提升和社会治理数字化，通过数字化让社会治理领域的工作人员能力更强大、手段更多样，推动社会治理领域的深层次改革，提高前瞻性，不仅要通过数字化的手段有效解决问题，更要提前预感问题，甚至是避免问题的发生。[①]

2. 以人民为中心：激发多方参与缩小差距

习近平总书记指出，促进共同富裕，总的思路是"坚持以人民为中心的发展思想，在高质量发展中促进共同富裕，正确处理效率和公平的关系，构建初次分配、再分配、三次分配协调配套的基础性制度安排"。[②]

以人民为中心的发展思想是激发最广泛主体的积极性、主动性、参与性与创造性的根基。实现共同富裕的目的在于不断满足人民群众对美好生活的向往，社会经济发展最终要惠及人民群众，社会经济发展也完全依靠人民群众。具体而言，第一，有必要鼓励建立科学的公共政策体系，实现城乡居民公平获得基本公共服务，逐步提升医、养、育、托等重点领域的服务水平和标准，促进城市与乡村的基础设施同规同网。第二，推动更充分更高质量就业，推动更多低收入人群迈入中等收入行列，加大对贫困人群的帮扶力度，构建和完善针对低收入人群的精准识别机制。第三，调节和规范高收入，探索数据、科技等要素价值的实现转换形式，构建和完善创新要素参与分配的体制和机制，"加强公益慈善事业规范管理，完善税收优惠政策"。[③] 第四，形成人人参与、共建共治共享的生态环境治理体系，激发公众参与生态环境治理的热情和潜力。要分步骤、分阶段、因时制宜、因地制宜探索适合各地区实现共同富裕的有效路径，[④] 不断总结经验，在探索中总结，在总结中高效探索。

---

① 杨益波：《数字化赋能"枫桥经验"对创新基层治理现代化有重要意义》，《中国经济时报》2021年4月21日，第4版。

② 习近平：《扎实推动共同富裕》，《求是》2021年第20期，第4~8页。

③ 习近平：《扎实推动共同富裕》，《求是》2021年第20期，第4~8页。

④ 《习近平主持召开中央财经委员会第十次会议强调　在高质量发展中促进共同富裕　统筹做好重大金融风险防范化解工作》，《人民日报》2021年8月18日，第1版。

3.崇尚法治：防范和化解各类风险

共同富裕示范区建设的主要内容涉及政治平等发展权、经济平等发展权、社会平等发展权、文化平等发展权和生态平等发展权的落实。权利的实现依赖于法治保障和有效的救济渠道。第一，科学立法，针对共同富裕示范区内关键议题、重点领域、新兴领域和特殊群体的权益保障，构建符合地方需要、科学合理、凸显特色的地方法规体系。第二，严格执法，深化推广"综合查一次""非接触式执法"等行政法模式，重点区域重点关注、特殊群体特殊关爱，在保障法律法规权威的同时，体现人性温度和温情，积极促进平等发展权内容的全覆盖落实。第三，公正司法，提高司法质量、司法效率和司法公信力，完善人民调解、行政调解、司法调解联动工作体系。努力构建亲清政商关系。第四，全民守法，做好示范区内普法教育工作，抓好领导干部、学生、企业家等重点群体学法用法工作，为弱势群体提供必要的法律援助。第五，注重法治思维、崇尚法治贯穿于共同富裕的全过程，用法治方法破解社会治理难题、化解重大金融风险，构建并健全重大风险的化解和防范的体制与机制。

综上所述，中国浙江共同富裕示范区建设坚持以马克思主义理论为指导，积极回应和满足人民对美好生活的向往，正在探索一条具有中国特色的平等发展权保障的原创性及引领式的创新之路，探索一条切实可行的共同富裕之路，是彰显中国平等发展权保障的生动样本，为世界各国解决类似问题提供了中国方案和中国智慧。

参考文献

[1]《马克思恩格斯选集》（第3卷），人民出版社，2012。

[2] 习近平：《扎实推动共同富裕》，《求是》2021年第20期。

[3] 汪习根主编《平等发展权法律保障制度研究》，人民出版社，2018。

[4] 汪习根：《发展权法理探析》，《法学研究》1999年第4期。

[5] 〔英〕A.J.M.米尔恩：《人的权利与人的多样性——人权哲学》，夏勇等译，中国大百科全书出版社，1995。

B.4

《基本医疗卫生与健康促进法》
与公共卫生权利保障的新进展*

赵树坤　庞新燕**

摘　要：　《中华人民共和国基本医疗卫生与健康促进法》的颁布和实施，为公共卫生权利保障提供了基本法律遵循和依据。在实践层面，政府对公共卫生经费投入不断增加，在重大突发性公共卫生事件防治措施上效果显著。完善纵横交织的公共卫生法治体系，健全突发性公共卫生事件应急机制和预警机制，将健康理念融入各项政策之中，将是新的努力方向。

关键词：　《基本医疗卫生与健康促进法》　法治体系　应急机制　健康理念

公共卫生通常是指以健康保障和健康促进为导向的公共事业，其本意为保障公众健康，其内涵已成为健康国家的理论基础。① 公共卫生权利的演进顺承公共卫生的发展。2019 年，《中华人民共和国基本医疗卫生与健康促进法》（以下简称《基本医疗卫生与健康促进法》）通过，促进了卫生健康领

---

* 基金项目：西南政法大学校级学生科研项目"《基本医疗卫生与健康促进法》与健康权保障新进展"（2021XZXSZC）。

** 赵树坤，法学博士，西南政法大学人权研究院教授、博士生导师，研究方向为人权法学；庞新燕，西南政法大学人权研究院博士研究生，研究方向为人权法学。

① 参见蔡伟芹、李程跃、马安宁等《基于继承与发展的公共卫生概念界定研究》，《中国公共卫生》2020 年第 2 期。

域的新发展。本报告力图分析《基本医疗卫生与健康促进法》的颁布和实施对保障公共卫生权利的价值，以及其在助力健康中国建设中所发挥的作用。

一 新时代公共卫生权利体系化及其成就

公共卫生权利是基于良好的社会环境、有组织的制度来保障人们享有的健康利益，是建设健康中国的基础。党的十八大以来，中国卫生法律体系已见规模，公共卫生权利得到全面保障。截至 2022 年 3 月 11 日，在北大法宝上以"公共卫生"为关键词进行全文检索，可检索到包含"公共卫生"字眼的法律 179部、行政法规 363 部、部门规章 4983 部、司法解释 53 个，在一些党内法规制度、团体规定、行业规定中也涉及公共卫生、公共卫生权利保障。其中，2017年颁布、修改法律法规、部门规章、司法解释等 188 件。例如，《中华人民共和国红十字会法》在 2017 年的修改中更加注重突发性公共卫生事件的人道主义救助。在 2017 年 8 月国务院发布的《志愿服务条例》中志愿服务事项就包括公共卫生事件。2017 年发布的《国务院办公厅关于深化医教协同进一步推进医学教育改革与发展的意见》中，6 次提及培养专业的公共卫生人才。2018 年新修订出台有关公共卫生的法律法规、部门规章 172 件。2019 年《基本医疗卫生与健康促进法》通过，它填补了卫生领域基本法缺失的空白，明确规定了公民享有健康权、公共卫生权利。2020 年，有关公共卫生立法工作的文件增至390 件，这与《基本医疗卫生与健康促进法》的出台有着密切关系。2020 年 4月，国家发布《全国人民代表大会常务委员会法制工作委员会关于强化公共卫生法治保障立法修法工作有关情况和工作计划的报告》，强调要完善和强化公共卫生法治保障体系，促进公共卫生权利的实现。2021 年 4 月，在国家发布的《中华人民共和国乡村振兴促进法》中规定了强化农村公共卫生体系建设，以全面保障公民的公共卫生权利。2021 年 8 月通过的《中华人民共和国医师法》8 次提及与公共卫生相关的内容，从公共卫生从业人员入手，提升公共卫生权利保障。随着公共卫生立法的不断健全，公共卫生权利的保障范围不断扩大、内容不断丰富，形成了一个纵横交织的公共卫生法律体系（见图 1）。

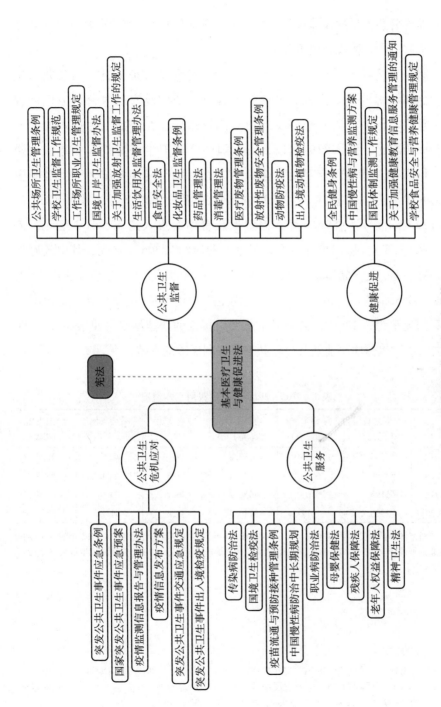

图 1 我国公共卫生立法现状

随着公共卫生法律体系的不断完善，我国公共卫生权利保障实践也更加全面丰富，主要体现在以下几个方面。

第一，公共卫生投入持续增加。公共卫生投入是衡量一国公共卫生权利保障状况的重要指标。虽然新中国成立初期政府就对公共卫生治理相当重视，但由于当时经济发展相对比较落后，在公共卫生投入方面心有余而力不足。进入新时代以来，我国的公共卫生经费投入更是快速增长，特别是《基本医疗卫生与健康促进法》的制定和实施为卫生健康事业指明了新方向，公共卫生经费投入持续增长。2017 年，我国 GDP 达 827122 亿元，人均 59660 元，而卫生总费用的投入达 52598.2 亿元，人均达 3783.8 元。[①] 2020 年，全国卫生总费用约 72306.4 亿元，其中政府支出 21998.3 亿元（占 30.4%），社会支出 30252.8 亿元（占 41.8%），个人支出 20055.3 亿元（占 27.7%），人均卫生费用 5146.4 元，卫生总费用占 GDP 的比重为 7.12%。[②] 公共卫生总费用投入的快速增长（见表 1），反映了国家对卫生健康事业及公民公共卫生权利保障的支持力度。

表 1　2017~2020 年卫生费用基本情况

年份	卫生总费用（亿元）	占 GDP 的比重(%)	人均卫生费用（元）	政府支出（%）	社会支出（%）	个人支出（%）
2017	52598.2	6.36	3783.8	28.9	42.3	28.8
2018	57998.3	6.4	4148.1	28.3	43.0	28.7
2019	65195.9	6.6	4656.7	26.7	44.9	28.4
2020	72306.4	7.12	5146.4	30.4	41.8	27.7

资料来源：国家卫健委发布的《2017 年我国卫生健康事业发展统计公报》《2018 年我国卫生健康事业发展统计公报》《2019 年我国卫生健康事业发展统计公报》《2020 年我国卫生健康事业发展统计公报》。

---

① 参见杨维中《中国公共卫生 70 年成就》，《现代预防医学》2019 年第 16 期。
② 《2020 年我国卫生健康事业发展统计公报》，中国政府网，http://www.gov.cn/guoqing/ 2021-07/22/content_ 5626526.htm，2021 年 10 月 30 日访问。

第二，卫生资源投入不断加大。党的十八大以来，国家经济发展平稳快速，为进一步保障公共卫生权利，国家在卫生资源方面投入不断加大（见表2）。截至2020年12月，全国医疗卫生机构总数达到1022922个，医疗卫生人员达1347.5万人，能承受住院床位数910.1万张。正是国家不断加大对卫生资源的投入力度，公民的健康权利、公共卫生权利才在资源配置、供给方面得以保障。

表2 2017~2020年卫生资源投入

年份	医疗卫生机构（个）	床位数（张）	卫生人员总数（万人）
2017	986649	7940000	1174.9
2018	997434	8404078	1230.0
2019	1007545	8806956	1292.8
2020	1022922	9101000	1347.5

资料来源：依据国家卫健委发布的《2017年我国卫生健康事业发展统计公报》《2018年我国卫生健康事业发展统计公报》《2019年我国卫生健康事业发展统计公报》《2020年我国卫生健康事业发展统计公报》整理而成。

第三，妇幼卫生保障投入逐年提高，孕产妇死亡率不断下降。在医疗卫生资源匮乏的年代，生孩子是一件危及生命的事，生下来养不活的现象也普遍存在。1990年，全国孕产妇死亡率为88.8/10万，相对较高。随着国家经济的发展，孕产妇生命健康权保障不断加强，诸如孕期一些项目的免费检查、生产报销、孕妇产假等方面的规定逐渐规范。特别是进入新时代，孕产妇生命权得到切实保障。2017年孕产妇死亡率为19.6/10万，2020年为16.9/10万，相较于1990年下降了81%，数据的重大突破离不开国家的支持，孕妇生命健康权的保障水平大幅提升（见表3）。

第四，慢性病补助政策不断优化。近年来，由于不健康的生活模式，慢性病患者不仅越来越多，其年轻化的趋势也不断加强。慢性病导致的死亡已占总死亡率的85%，慢性病导致疾病负担的占比达到70%。据统计，我国脂肪肝患者大约1.2亿人，糖尿病、高血压、心脑血管疾病患者更是增加过快，

表3　2017~2020年孕产妇死亡率

年份	孕产妇死亡率(1/10万)		
	合计	城市	农村
2017	19.6	16.6	21.1
2018	18.3	15.5	19.9
2019	17.8	16.5	18.6
2020	16.9	14.1	18.5

资料来源：依据国家卫健委发布的《2017年我国卫生健康事业发展统计公报》《2018年我国卫生健康事业发展统计公报》《2019年我国卫生健康事业发展统计公报》《2020年我国卫生健康事业发展统计公报》整理而成。

平均10秒钟就会有一个糖尿病患者，每30秒钟至少有1人死于心脑血管疾病。为保障公民的公共卫生权利，国家出台了诸多政策（见图2）以缓解慢性病的高发问题，特别是在2019年，国家正式将高血压、糖尿病等慢性病门诊用药纳入医保并报销50%。慢性病政策的不断优化助推了公共卫生权利的进一步保障，也为健康中国建设添砖加瓦。

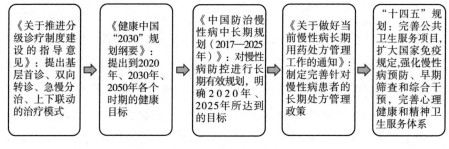

图2　慢性病管理政策演变

二　颁布和实施《基本医疗卫生与健康促进法》的重要意义

首先，该法的颁布开启了公共卫生治理法治化的新进程。该法作为我国公共卫生领域第一部系统性的公民公共卫生权利保障基本法，为进一步保障公共卫生权利提供了良好的制度基础，填补了医疗卫生法律体系中基本法缺失的空白。它明确规定了公民健康权，汇总了散在各个法律、法规中有关公民健康权保障的规定，奠定了公民健康权保障法律体系的基础，同时，该法中大量条文涉及公民公共卫生权利保障，开启了公共卫生权利保障体系化进程。

其次，该法的颁布有助于完善健康权保障法律体系。健康不仅是个人和家庭幸福生活的前提，也是国家发展、民族复兴的根基。特别是在我国历经多次突发性公共卫生事件之后，国家、人民对生命健康权的保障更为重视。而"权利是目标，权利是基础，权利处于基本的主导的地位"，[①] 权利的实现是法律制定的目标。《基本医疗卫生与健康促进法》从权利保障角度出发，明确规定了公民享有健康权，在它之前，我国有关公民（患者）健康权保障的条款多分散在《宪法》《执业医师法》《红十字会法》《献血法》《医疗事故处理条例》《医疗机构管理条例》《医疗机构管理条例实施细则》《传染病防治法》《职业病防治法》《母婴保健法》《未成年人保护法》等法律、法规中（见表4），该法的出台结束了之前健康条款的散落状态，将健康权保障凝聚在基本医疗卫生和健康促进中，为我国健康权保障法律体系的构建奠定了基础。

表4 法律、法规关于公民健康保障的规定

《中华人民共和国宪法》	第21条第1款:国家发展医疗卫生事业,发展现代医药和我国传统医药,鼓励和支持农村集体经济组织、国家企业事业组织和街道组织举办各种医疗卫生设施,开展群众性的卫生活动,保护人民健康
	第36条第3款:国家保护正常的宗教活动。任何人不得利用宗教进行破坏社会秩序、损害公民身体健康、妨碍国家教育制度的活动
《中华人民共和国母婴保健法》	第1条:为了保障母亲和婴儿健康,提高出生人口素质,根据宪法,制定本法
	第28条:各级人民政府应当采取措施,加强母婴保健工作,提高医疗保健服务水平,积极防治由环境因素所致严重危害母亲和婴儿健康的地方性高发性疾病,促进母婴保健事业的发展

---

① 史探径主编《社会保障法研究》，法律出版社，2000，第59~60页。

续表

《中华人民共和国医师法》	第1条:为了保障医师合法权益,规范医师执业行为,加强医师队伍建设,保护人民健康,推进健康中国建设,制定本法
	第23条:医师在执业活动中履行下列义务:(一)树立敬业精神,恪守职业道德,履行医师职责,尽职尽责救治患者,执行疫情防控等公共卫生措施;(二)遵循临床诊疗指南,遵守临床技术操作规范和医学伦理规范等;(三)尊重、关心、爱护患者,依法保护患者隐私和个人信息;……(五)宣传推广与岗位相适应的健康科普知识,对患者及公众进行健康教育和健康指导;……
《中华人民共和国传染病防治法》	第1条:为了预防、控制和消除传染病的发生与流行,保障人体健康和公共卫生,制定本法
	第10条第1、2款:国家开展预防传染病的健康教育。新闻媒体应当无偿开展传染病防治和公共卫生教育的公益宣传。各级各类学校应当对学生进行健康知识和传染病预防知识的教育
《中华人民共和国职业病防治法》	第1条:为了预防、控制和消除职业病危害,防治职业病,保护劳动者健康及其相关权益,促进经济社会发展,根据宪法,制定本法
《中华人民共和国药品管理法》	第1条:为了加强药品管理,保证药品质量,保障公众用药安全和合法权益,保护和促进公众健康,制定本法
《中华人民共和国国境卫生检疫法》	第1条:为了防止传染病由国外传入或者由国内传出,实施国境卫生检疫,保护人体健康,制定本法
《中华人民共和国红十字会法》	第1条:为了保护人的生命和健康,维护人的尊严,发扬人道主义精神,促进和平进步事业,保障和规范红十字会依法履行职责,制定本法
《中华人民共和国献血法》	第1条:为保证医疗临床用血需要和安全,保障献血者和用血者身体健康,发扬人道主义精神,促进社会主义物质文明和精神文明建设,制定本法
《中华人民共和国食品安全法》	第1条:为了保证食品安全,保障公众身体健康和生命安全,制定本法
《中华人民共和国基本医疗卫生与健康促进法》	第1条:为了发展医疗卫生与健康事业,保障公民享有基本医疗卫生服务,提高公民健康水平,推进健康中国建设,根据宪法,制定本法

最后,该法的颁布和实施将进一步促进公共卫生权利保障。《基本医疗卫生与健康促进法》第二章"基本医疗卫生服务",共计条文19条(从第15条到第33条),其中有11条(从第16条到第26条)规定的是基本公共卫生服务。我国自2009年7月印发《关于促进基本公共卫生服务逐步均等

化的意见》起至 2017 年，国家基本公共卫生服务项目由之前的 9 大类 41 项增加至 14 大类 55 项，基本公共卫生服务涉及全人群、全生命周期，重点涵盖老年人、儿童、孕产妇、慢性病患者、精神病患者、结核病患者等。① 该章紧密契合国家发展目标，完善了基本公共卫生服务内容。该法第六章"健康促进"，整个章节都是关于公共卫生权利、公共健康保障的规定。特别是该法第 19 条规定的突发事件卫生应急制度、第 20 条规定的传染病防控及主体义务、第 21 条规定的预防接种制度在防控新冠肺炎疫情蔓延、保障公民公共卫生权利方面功不可没。同时，在《基本医疗卫生与健康促进法》中有多个条款明确了政府在公共卫生权利保障方面的责任，如第 16 条、第 17 条、第 18 条、第 21 条、第 22 条等。《基本医疗卫生与健康促进法》的颁布不仅对建立健全健康权保障体系至关重要，对公民公共卫生权利保障体系的健全也同样重要，它不仅明确了基本公共卫生服务的范围，而且规定了义务主体的详细责任，从而提高了公共卫生权利保障的有效性、可及性和可实现性。

三 中国公共卫生权利保障实践的新进展

《基本医疗卫生与健康促进法》的颁布，使公民公共卫生权利保障更加全面、有效、可及，主要体现在以下几个方面。

第一，公共卫生资源投入更加丰富。截至 2021 年年末，全国医疗卫生机构总数达 104.4 万个，相较于 2020 年卫生机构总数增加了 12180 个。其中，医院 3.6 万个，公立医院 1.2 万个，基层医疗卫生机构 99.0 万个，专业公共卫生机构 1.4 万个，疾病预防控制中心 3410 个，卫生监督所（中心）2951 个（见表 5）。② 卫生技术人员达 1123 万人，总床位 957 万张。③

① 参见秦红梅《国家基本公共卫生服务项目新进展》，《中国公共卫生》2017 年第 9 期。
② 《2021 年 11 月底全国医疗卫生机构数》，国家卫健委官网，http://www.nhc.gov.cn/mohwsbwstjxxzx/s7967/202201/e043142f1df54175a3860d4776891b9e.shtml，2022 年 3 月 15 日访问。
③ 《中华人民共和国 2021 年国民经济和社会发展统计公报》，国家统计局网，http://www.stats.gov.cn/tjsj/zxfb/202202/t20220227_1827960.html，2022 年 3 月 15 日访问。

截至 2021 年 11 月，全国大部分地区的医疗卫生机构相较于 2020 年有所增加（见表6）。

表5 2020~2021 年全国医疗卫生机构数

单位：个

机构分类	2020 年 11 月底	2021 年 11 月底	增加数
医疗卫生机构合计	1031441	1043621	12180
医院	35112	36451	1339
三甲医院	2895	3178	283
二级医院	10121	10787	666
一级医院	11826	12591	765
基层医疗卫生机构	977508	989650	12142

资料来源：《2021 年 11 月底全国医疗卫生机构数》，国家卫健委官网，http：//www. nhc. gov. cn/mohwsbwstjxxzx/s7967/202201/e043142f1df54175a3860d4776891b9e. shtml，2022 年 3 月 15 日访问。

表6 2020~2021 年全国部分地区医疗卫生机构数

单位：个

地区	2020 年 11 月底	2021 年 11 月底	增加数
北京	10660	11170	510
天津	5993	6350	357
河北	87302	88822	1520
上海	5883	6334	451
江苏	35701	36707	1006
浙江	34740	35477	737
安徽	29138	29450	312
福建	28226	28948	722
山东	85375	86684	1309
河南	72854	78194	5340
湖北	35882	36402	520
广东	56182	58340	2158
重庆	20956	21662	1066
贵州	29070	29298	228
云南	26337	26967	630

资料来源：《2020 年 11 月底全国医疗卫生机构数》，国家卫健委官网，http：//www. nhc. gov. cn/mohwsbwstjxxzx/s7967/202102/0bbc0dabbb77d7921b16d69f. shtml；《2021 年 11 月底全国医疗卫生机构数》，国家卫健委官网，http：//www. nhc. gov. cn/mohwsbwstjxxzx/s7967/202201/e043142f1df54175a3860d4776891b9e. shtml。

表 5 和表 6 的数据直观反映了《基本医疗卫生与健康促进法》实施后我国公共卫生权利保障的新进展。医疗机构总数的大幅增加不仅使民众看病更加方便，而且能提供更完善的公共卫生服务，特别是在疫情常态化的情况下，公共卫生服务更急需。《基本医疗卫生与健康促进法》自实施以来充分发挥了作为卫生领域基本法的价值与作用，为保障公共卫生权利提供了坚实的法律基础。

第二，重大突发性公共卫生事件防治上有突出表现。新冠肺炎疫情对重大突发性公共卫生事件的防治体系提出重大挑战。《基本医疗卫生与健康促进法》为疫情防控提供了一个有序的法律环境。该法第二章规定了基本医疗卫生服务，第 19 条、第 20 条、第 21 条规定了突发性公共卫生事件的防治工作。第 19 条规定了突发性公共卫生事件的应急制度，相较之前的体系，此体系更加细致，执行力更强，包括了组织管理、队伍建设、预警、预案、物资储备、卫生学调查处置、医疗救治、心理救治、人才培养、科学研究等方面内容，① 明确了国家在突发性公共卫生事件中承担的责任。第 20 条规定了传染病的防控制度以及义务主体，明确了国家的法定义务，并强调疫情防控全民参与。第 21 条规定了传染病的预防接种制度，明确了公民有权免费接种疫苗。正是这种完备的重大突发性公共卫生事件法律防控制度，使得我国总体抗疫情势趋于平稳，并有序接种疫苗。截至 2022 年 3 月 14 日，我国 31 个省（自治区、直辖市）和新疆生产建设兵团累计报告接种新冠疫苗 319827.2 万次。② 疫苗屏障有力保障了人民生命健康权，是非常不容易的成绩。

四　公共卫生权利保障的未来展望

诚如上文所述，《基本医疗卫生与健康促进法》的出台不仅填补了卫生

---

① 参见申卫星《〈中华人民共和国基本医疗卫生与健康促进法〉理解与适用》，中国政法大学出版社，2020，第 70 页。

② 《新冠疫苗接种情况》，健康中国微信公众号，https://mp.weixin.qq.com/s/PECAnJrNu9NasbQgwtvXFA，2022 年 3 月 11 日访问。

领域基本法缺失的空白，也将公共卫生权利保障推至一个全新的阶段——全面保障阶段。虽然我国公共卫生权利保障法律体系已初见规模，但在法律体系内部协调方面，公共卫生立法仍有巨大的进步空间。特别是在新冠肺炎疫情防控中，我国公共卫生领域的薄弱环节也得以显露。[①] 因此，在公共卫生权利保障的下一阶段，不仅要进一步改革重大突发性公共卫生事件的应急机制，更需要加强公共卫生治理的法治体系建设，同时培养公众的健康意识，使其在公共卫生权利保障中积极发挥主观能动性。

（一）完善纵横交织的公共卫生法治体系

公共卫生法治是公众健康的立命之基。面对突发性公共卫生事件，法治虽然不能直接对抗疾病，但它通过常态化的、稳定的法律实施机制，为化解公共卫生危机提供坚实的制度性保障，能比单一的治疗发挥更广泛而深远的影响。[②] 而公共卫生法治建设的首要基础是法律框架的搭建。依照传统法律效力层级划分逻辑，公共卫生类立法通常包括：宪法中的公共卫生法、公共卫生基本法、专项性公共卫生法律规范。这是目前各国公共卫生立法的典型模式，我国的公共卫生立法也呈现出此种纵向的逻辑结构。《宪法》作为公共卫生法律体系的统帅，虽然其没有明确规定公共卫生权利，但通过体系解释，不难发现它构建了公共卫生权利保障的基本框架。这种自上而下的效力层级清晰地凸显出公共卫生法律之间的条理，亦能为立法者、执法者、司法者提供较为明晰的逻辑。然而，单纯的纵向逻辑仅能把公共卫生法律分为三层架构，无法有效衔接它们之间的内部逻辑。比如，在实践中，诸多专项法律法规彼此相互冲突矛盾。因此，需要在纵向逻辑进路中嵌入横向逻辑进路。横向逻辑的公共卫生法可以分为公共卫生服务、健康促进、公共卫生监

[①] 参见李玮《论我国公共卫生应急法治的完善——基于新冠疫情的思考》，《苏州大学学报》（法学版）2020 年第 3 期。

[②] 参见申卫星《公共卫生法治建设：意义、价值与机制》，《暨南学报》（哲学社会科学版）2022 年第 1 期。

督、公共卫生危机管理四大领域,[1] 这种横向的逻辑架构不仅具备外部周延性,能有效囊括各种细节,而且具备内部系统性,能有效衔接各个部分,合起来则构成了一个完整的公共卫生法律体系,划分开来各个模块又有自身的独立性,能最大限度解决庞杂的专项法律法规的相互抵触问题。因此,为更好保障公民的公共卫生权利,推进我国公共卫生治理水平现代化,有必要进一步完善公共卫生法治体系框架的搭建。如将上述两种模式相互交融,取其精华,以纵向逻辑为主干,横向逻辑为枝干,循环嵌套,能实现体系本身的科学化、合理化,使公共卫生法治体系更加健全、实际运行更加顺畅。

(二)完善突发性公共卫生事件应急机制和预警机制

新冠肺炎疫情将原本存在于突发性公共卫生事件应急体系中被长期忽略但又深刻的问题凸显出来,机制的不完善被放大。随着全球经济的发展、交通日益便捷,公共卫生安全面临更加艰巨的挑战,需进一步完善其应急机制。

1. 建立政府主导、多元主体协同的应急机制

我国目前的突发性公共卫生事件应急管理机制是基于全能型政府理念设计的,主要依赖于政府及相关部门的行动。[2] 政府不是万能的,引入其他参与主体不仅可有效减轻其过大压力,而且能焕活整个应急机制。《突发事件应对法》第11条第2款规定:"公民、法人和其他组织有义务参与突发事件应对工作。"由于突发性公共卫生事件爆发突然且危害性较大,因此一般由政府出面负责,这也是导致参与机制不畅的主要原因。以新冠肺炎疫情为例,除却国家/政府的积极应对以外,社会组织、社区、公民自身都发挥了重要的协同防治作用,特别是群防群治的创新机制在疫情防控中发挥了防止疫情扩散的重要作用。因此,在完善突发性公共卫生事件应急机制中,倡导

---

① 参见陈云良《促进公共卫生法律体系向公共卫生法治体系转化》,《法学》2021 年第 9 期。

② 参见孙菊《疫情推动公共卫生治理现代化改革》,《人民论坛》2020 年第 15 期。

政府主导、多元主体协同治理能更加高效地化解危机，保障公民的公共卫生权利。

2. 建立健全科学、专业、权责统一的风险评估和预警机制

由于重大突发性公共卫生事件具有极大的不确定性，而且它的发展一般始于某一个地区的某个地方，因此需要地方政府有极其敏锐的洞察力，在第一时间进行风险评估并发出预警。首先，这需要一支技术过硬的专家团队进行专业决策，以抓住应对突发性公共卫生事件的关键黄金期，在源头上进行防控。其次，需要完善法律法规，赋予地方政府明确的事件预警权限和职责。[①] 最后，有完备的容错、纠错机制，让主管部门敢为、能为、及时为。健全重大突发性公共卫生事件风险评估和预警机制能在源头上化解公共危机，保障公共卫生权利。

（三）落实健康理念融入所有政策，加强健康教育

《基本医疗卫生与健康促进法》第 6 条[②]规定健康理念应融入各项政策。"健康融入所有政策"（HIAP）是国际卫生事业不断推进的重要理念。[③] 1978 年《阿拉木图宣言》提出："人人享有初级卫生保健。"[④] 2010 年《阿德莱德声明》着重指出，若想更好地实现政府目标，提高人类健康水平，卫生部门与其他部门共同合作制定政策是其必要条件。2013 年 6 月，第八届世界健康促进大会通过了《实施"将健康融入所有政策"的国家行动框架》，呼吁各国重视健康的社会决定因素，采取将"健康融入所有政策"的

---

① 参见孙菊《疫情推动公共卫生治理现代化改革》，《人民论坛》2020 年第 15 期。
② 《基本医疗卫生与健康促进法》第 6 条第 1 款规定：各级人民政府应当把人民健康放在优先发展的战略地位，将健康理念融入各项政策，坚持预防为主，完善健康促进工作体系，组织实施健康促进的规划和行动，推进全民健身，建立健康影响评估制度，将公民主要健康指标改善情况纳入政府目标责任考核。
③ 参见申卫星《〈中华人民共和国基本医疗卫生与健康促进法〉理解与适用》，中国政法大学出版社，2020，第 36 页。
④ World Health Organization, The United Nations Children's Fund, "Primary Health Care: Report of the International Conference on Primary Health Care", 2022-03-10, http://apps.who.int/iris/handle/10665/39228.

策略。① 健康理念的不断拓展意味着越来越多的领域（经济、环境、科技等）与健康相关，反过来这些领域的政策也反作用于健康。因此，将健康政策融入其他领域的政策是促进健康水平提升的关键节点。落实健康融入所有政策的关键是普及健康理念。一些人对公共卫生往往会有狭隘理解，认为公共卫生工作是卫生部门的职责，与其他机构、组织以及公民自身无关，因此亟须加强健康教育。健康教育的对象不仅是各部门，更是公民自身。以新冠肺炎疫情为例，政府通过卫生宣传不仅提高了民众的防疫意识，而且有效阻断了疫情的传播。这种良好抗疫局面的形成很大程度上得益于健康宣传与健康教育。国家下一步可构建专门的健康教育体系，将应急管理关口前移。② 在此方面，政府需加大健康教育经费投入，健全健康教育机构体系，在各类学校开展健康教育课程，特别要针对中小学生，从小抓健康意识。近些年，随着疾病谱的变化，国家将卫生宣教的重点转移到慢性病和重大疾病上，忽视了人类早期经常遭受的重大传染病的危机。此次疫情再次发出警告，它从未消失，甚至因经济的发展、交通的便捷而传播速度更快，疫情逐渐全球化、常态化。对重大新发疫情的防治不能仅寄希望于疫苗，更重要的是加强健康教育、转变健康理念，从源头上提高民众的应急意识与防护素养。落实健康理念融入所有政策、培养公民健康意识是保障公共卫生权利的新路径，也是促进权利实现的必由之路。

参考文献

[1] 中华人民共和国国务院新闻办公室：《中国健康事业的发展与人权进步》白皮书，2017。

[2] 健康中国行动推进委员会：《健康中国行动（2019—2030年）》，2019。

[3] 杨金侠：《公共卫生服务均等化不能缺位》，《中国卫生》2017年第3期。

---

① 参见袁雁飞等《将健康融入所有政策理论与国际经验》，《中国健康教育》2015年第1期。

② 参见孙菊《疫情推动公共卫生治理现代化改革》，《人民论坛》2020年第15期。

［4］郑建、管仲军：《我国公共卫生服务均等化研究现状》，《中国卫生政策研究》2012 年第 8 期。

［5］李步云：《人权法学》，高等教育出版社，2005。

［6］江先锋：《习近平关于卫生健康重要论述的三重逻辑》，《理论导刊》2020 年第 9 期。

农村养老保障的新进展

孟庆涛　王董娜*

摘　要： 2021 年，中国将农村养老保障纳入乡村振兴战略重点工作范围，
农村养老现代化迈上新台阶，公共服务适老化水平明显提高。农
村养老保障在提高城乡居民基本养老保险待遇给付水平、建成多层
次养老服务体系、改善养老社会环境等多方面取得实质进展。中国
积极应对人口老龄化的难点在农村，需从落实养老保险待遇调整机
制、制度赋权增能、优化资源配置、数字产品适老化四个方面增强
养老保险兜底能力，化解女性养老危机，优化人居环境，加速数字
融入，实现农村老年人老有所依、老有所养、老有所乐、老有所享。

关键词： 农村养老保障　养老保险　养老服务　社会环境

　　农村养老保障在我国具有特别重要的意义。根据第七次全国人口普查的数
据，农村 60 周岁及以上、65 周岁及以上老年人口占农村总人口的比重分别为
23.81%、17.72%，比城镇分别高出 7.99 个和 6.61 个百分点。[①] 我国老龄化水
平城乡倒置现象[②]由来已久，如今农村的养老负担更是格外沉重。如何保障广

---

　*　孟庆涛，法学博士，西南政法大学教授、博士生导师，主要研究方向为人权法、人权公共
　　政策和人权话语理论；王董娜，西南政法大学 2020 级人权法学硕士研究生，主要研究方向
　　为人权公共政策。
　①　国家统计局编《中国统计年鉴（2021）》，中国统计出版社，2021。
　②　李辉、王瑛洁：《中国人口老龄化城乡倒置现象研究》，《吉林大学社会科学学报》2012 年
　　第 1 期；杜吉国、侯建明：《我国人口老龄化城乡倒置的影响及解决对策》，《理论探讨》
　　2012 年第 3 期；刘维奇：《中国人口老龄化城乡倒置现状及其与城市化的相互影响》，《农
　　业现代化研究》2014 年第 2 期。

大农村老龄人口的基本生活需求，成为检视中国政府践行国际人权公约、落实《中华人民共和国宪法》和《中华人民共和国老年人权益保障法》的重要标准。

一　我国农村养老保障稳步推进

2021 年是"十四五"规划的开局之年，中国将农村养老保障纳入"全面推进乡村振兴，加快农业农村现代化"的重点工作范围，将提升农村养老保障水平嵌入全面建设社会主义现代化国家的新征程，紧紧围绕养老保险待遇给付、养老服务、社会环境三个面向展开工作，打好"组合拳"，使得农村养老保障取得突破性进展。

（一）提升养老保险待遇给付水平

2021 年，通过上调省级基础养老金、充实个人账户养老金和扩充受惠群体等方式，我国农村养老保险待遇给付水平有效提升。

1. 上调省级基础养老金

基础养老金是城乡居民基本养老保险待遇的重要组成部分，也是农村老年群体最迫切、最厚重、最现实的利益期待。人力资源和社会保障部、财政部决定自 2020 年 7 月 1 日起将城乡居民基本养老保险全国基础养老金最低标准从 88 元调整至 93 元，完成基本养老保险城乡统筹以来国家层面的第三次上涨。此后，中国有 27 个省（自治区、直辖市）上调了基础养老金，平均增幅高达 5.93%（见表 1）。[1] 2021 年上调基础养老金的省（自治区、直辖市）有 16 个，共惠及 7209 万名老年人。[2] 截至 2021 年底，全国共有 17 个省（自治区、直辖

---

[1] 虽然贵州省、黑龙江省城乡居民基本养老保险基础养老金经过新一轮上调后仍不足 100 元/月，但政府为农村老年群体提供的资金补助远不止于此。以黑龙江省为例，农村养老保障政策性扶持还包括：为特困人员设置集中供养［10936 元/（人·年）］和分散供养［7667 元/（人·年）］制度，建立家庭老年人失能护理补贴制度，为符合条件的农村老年人提供高龄补贴、耕地补贴和独生子女补贴等。

[2] 人力资源和社会保障部在 2021 年 10 月召开的第三季度新闻发布会上提及 16 省（自治区、直辖市）基础养老金上涨，分别为上海、北京、西藏、浙江、江苏、广西、内蒙古、宁夏、新疆（含新疆生产建设兵团）、江西、甘肃、吉林、山东、湖北、安徽、海南。

市）针对 65 岁及以上的高龄老年人设置了加发基础养老金的政策倾斜，透射出追求实质平等的价值导向。其中，最大的受益者就是农村的高龄老年人。

表1　城乡居民基本养老保险全国基础养老金调整前后各地区情况总览

统筹区	调整前(60岁)(元)	调整后(60岁)(元)	增长幅度(%)	备注(例：北京调整后65~70岁，"+"表示850+10)(元)
北京	820	850	3.66	65~70+10;70及以上+20
上海	1100	1200	9.09	70~89+180;90~99+350;100及以上+600
天津	307	307	0	65及以上+5
重庆	115	125	8.70	65~70+5;70及以上+10
广东	180	180	0	
新疆	145	150	3.45	
江苏	160	173	8.13	
浙江	165	180	9.09	
福建	123	130	5.69	
辽宁	108	108	0	65~79+5;80及以上+10
湖北	108	115	6.48	
云南	103	103	0	65及以上+5
湖南	103	113	9.71	
安徽	110	115	4.55	
吉林	108	113	4.63	
河南	103	108	4.85	
江西	110	115	4.55	65~79+3;80及以上+6
广西	121	131	8.26	65及以上+5
甘肃	108	113	4.63	80~89+25;90~99+60;100及以上+100
山东	142	150	5.63	
四川	100	105	5	65~79+2;80及以上+5
陕西	108	112	3.70	
海南	160	176	10	

续表

统筹区	调整前(60岁)(元)	调整后(60岁)(元)	增长幅度(%)	备注(例:北京调整后65~70岁,"+"表示850+10)(元)
贵州	93	98	5.38	65及以上+2
山西	103	108	4.85	65及以上+5
宁夏	153	158	3.27	65~69+2;70~74+4;75~79+6;80及以上+8
黑龙江	90	93	3.33	65~79+5;80及以上+10
西藏	185	205	10.81	65~69+10;70及以上+20
青海	175	180	2.86	65~69+5;70及以上+10
内蒙古	133	140	5.26	
河北	108	113	4.63	65~74+1;75~84+2;85及以上+3

注:所示基础养老金为各省级单位（含新疆生产建设兵团）统筹标准,下辖行政区域可根据本地财政状况上调。

资料来源:根据各地区人民政府及人力资源和社会保障厅网站、工作人员提供信息整理。

2.充实个人账户养老金

个人账户养老金采纳的是实账积累模式,推动城乡居民基本养老保险的可持续发展是它的重要作用之一。自2018年《关于加快推进城乡居民基本养老保险基金委托投资工作的通知》发布以来,全国各省（自治区、直辖市）陆续将基金结余委托给全国社会保障基金理事会来开展市场化投资运营。截至2020年底,全国31个省（自治区、直辖市）和新疆生产建设兵团均已正式启动居民养老基金委托投资,总金额高达12400亿元。从2020年基本养老保险基金权益高达10.95%的投资回报率来看,基金投资运营并未受到突发性、持续性新冠肺炎疫情的影响。[1] 在党中央的集中统一领导下,全国社会保障基金理事会充分发挥风险管控能力和科学研判能力,对冲了不稳定外部环境带来的投资安全风险。根据人力资源和社会保障部公布的数据,2020年城乡居民基本养老保险基金收入为4853亿元,基金支出为

---

[1] 昝秀丽:《去年基本养老保险基金投资收益率达10.95%》,《中国证券报》2021年9月15日,第A01版。

3355 亿元，年末累计结存 9759 亿元。① 这也意味着 2021 年可用于维持、改善城乡居民基本养老保险待遇给付的资金高达 9000 多亿元。

3. 扩充受惠群体

城乡居民基本养老保险逐步从制度全覆盖走向人群全覆盖。2017 年，中共中央、国务院在《关于打赢脱贫攻坚战三年行动的指导意见》中提出了"基本养老保险和基本医疗保险、大病保险实现贫困人口全覆盖"的任务目标。各级政府为落实保险扶贫政策，有针对性地为困难群体代缴全部或部分最低缴费档次保险费，并将年满 60 周岁但未享受基本养老保险待遇的贫困老人纳入城乡居民养老保险体系。截至 2020 年底，全国 6098 万建档立卡贫困人口②参加基本养老保险，参保率达到 99.99%。③ 城乡居民基本养老保险参保人数、实际领取待遇人数分别升至 54244 万人和 16068 万人。④ 此外，2021 年 9 月底，23.1 万长江退捕渔民实现养老保险应保尽保，⑤ 以江苏省为例，41267 名符合条件的建档立卡退捕渔民全部加入城乡居民基本养老保险。

（二）建成多层次养老服务体系

农村养老保障不仅需要资金支持，还需要常态化的身心关怀。2020 年 11 月，时任民政部部长李纪恒在全国农村养老服务推进会议中强调，各级民政部门要增强农村养老服务建设的使命感、紧迫感。2021 年，全

---

① 参见国家统计局编《中国统计年鉴（2021）》，中国统计出版社，2021。
② 建档立卡贫困人口的识别标准是国家农村扶贫标准，即 2013 年农民人均纯收入 2736 元。它主要在农村贫困人口中筛选，因此精确来说"6098 万建档立卡贫困人口"参加的是城乡居民基本养老保险。
③ 数据来自人力资源和社会保障部 2020 年第四季度新闻发布会答问实录，人力资源和社会保障部网站，http://www.mohrss.gov.cn/xxgk2020/fdzdgknr/zcjd/xwfbh/lxxwfbh/202101/t20210128_408638.html。
④ 数据来自国家统计局编《中国统计年鉴（2021）》，中国统计出版社，2021。
⑤ 《2021 年三季度人力资源和社会保障工作主要进展情况及下一步工作安排》，人力资源和社会保障部网站，http://www.mohrss.gov.cn/xxgk2020/fdzdgknr/zcjd/xwfbh/lxxwfbh/202110/t20211029_426372.html。

国多省市陆续启动养老服务条例，构建制度框架，并在实践中探索出多元运作模式，建立起多层次养老服务体系，极大增强了老年人日常生活中的幸福感、安全感。

1. 养老服务制度框架供给

2021 年，全国正式实施养老服务条例的省市新增 3 省（含直辖市）7 市（见表 2），主要要求包括优化设施、医疗上门、定期寻访和精神关怀，推动农村养老服务渐趋体系化、规范化。

表 2　2021 年新增区域性养老服务立法涉农村情况总览

地区	条例名称	发布时间	生效时间	基本要求
鄂尔多斯	《鄂尔多斯市养老服务条例》	2020 年 10 月 20 日	2021 年 1 月 1 日	1. 提供居家养老服务：生活照料、卫生健康、精神慰藉、身心健康、安全保障 2. 为农村牧区失能老人上门护理 3. 给予互助养老幸福院资金扶持
深圳	《深圳经济特区养老服务条例》	2020 年 11 月 5 日	2021 年 3 月 1 日	1. 推进医养康养结合 2. 建立制度体系：养老服务专员制度、长期护理保险制度、高龄老年人补助制度、养老服务质量考核和评价制度
晋城	《晋城市养老服务条例》	2020 年 12 月 3 日	2021 年 5 月 1 日	1. 村委会运营日间照料中心 2. 健全对因病（自然灾害）致贫的农村特困老年人救助
上海	《上海市养老服务条例》	2020 年 12 月 30 日	2021 年 3 月 20 日	1. 定期寻访高龄、独居老人 2. 养老顾问提供服务清单 3. 政府为经济困难老人家庭适老化改造提供补贴
楚雄	《云南省楚雄彝族自治州养老服务条例》	2021 年 4 月 26 日	2021 年 5 月 1 日	1. 设立孝道文化墙，将敬老、养老、助老内容纳入村规民约 2. 支持养老服务设施、提供多样化服务 3. 支持将村集体收益用于养老服务
河北	《河北省养老服务条例》	2021 年 5 月 28 日	2021 年 7 月 1 日	1. 支持养老服务设施、提供多样化服务 2. 建立健康档案，完善家庭医生签约服务制度 3. 利用综合文化站，设立老年学习点

续表

地区	条例名称	发布时间	生效时间	基本要求
广州	《广州市养老服务条例》	2021年6月4日	2021年10月1日	1. 加强养老服务设施建设,推动均衡布局 2. 开展多形式互惠型、普惠型养老 3. 定期寻访农村留守老人 4. 支持互助性养老
扬州	《扬州市居家养老服务条例》	2021年6月8日	2021年9月1日	1. 村委会教育、引导村民依法履行扶养、赡养义务,纳入村规民约 2. 建立基本信息档案,定期寻访 3. 鼓励互助养老 4. 配置互助养老用房
贵州	《贵州省养老服务条例》	2021年7月29日	2021年10月1日	1. 建设养老服务设施,老年人便利化服务事项向农村延伸 2. 完善信息管理和定期寻访制度,设置养老护理员 3. 鼓励为农村居家失能(失智)老人提供上门护理服务
绍兴	《绍兴市居家养老服务条例》	2021年10月12日	2021年12月1日	1. 收集需求,定期寻访困难老人 2. 每个村至少配置一处居家养老服务用房

资料来源:北大法宝数据库。

2. 养老服务社会供给实践

我国农村地区当前的主流养老模式仍旧是家庭养老,但随着劳动力的外流,代际的养老服务供给功能正在淡化。近年来,我国以老年人实际需求为导向,开展探索、创新,多维度调整转向,汇集了丰富的社会实践资源,积极回应农村养老服务需求。

在物质生活层面,各地因地制宜,充分整合各级政府、村集体、乡贤、企业等资源,开展多元化、多样态工作,增进农村老年人的福祉。山东省农村地区共建养老院914处、幸福院9802处、助老食堂4726处,失能特困老年人集中供养率达到60%。浙江凤卧镇探索建立"医疗+养生+养老"模式,实现资源利用最大化,高质量养老成本有效降低。重庆市和区县两级财政投

入 1.9 亿元改造 409 家乡镇敬老院，优化养老设施配置。天津市武清区立足"我为群众办实事"活动，建设农村幸福大院，集医疗、娱乐、生活等多种服务于一体。湖南株洲市荷塘区大力推行互助养老点和"友邻帮"建设，打通农村养老服务的"最后一公里"。陕西西安市鄠邑区将农村幸福院交由社会力量运行，打造特色养老服务示范基地。浙江金秋年华在线健康服务有限公司在绍兴建设金秋家园，为村里 80 岁以上老人提供免费餐食。中国老龄事业发展基金会"乐龄陪伴工程"走进山东邹平、湖南长沙（部分区、县），进一步推进阶段性建设。

在精神生活层面，农村老年人主要以电视、广播为链接"远方"的媒介，以广场舞、棋牌等为修养"近身"的方式。2021 年，国家广电总局推出一批聚焦老年群体，弘扬孝老、敬老文化的"银发作品"，例如纪录片《春水悠悠》以及综艺节目《忘不了的餐厅》《屋檐之夏》等。民间团体打造百姓欢乐文化舞台，老人们通过登台表演获得展现自我的机会，成为达人和被欣赏的对象，变得更加开朗、自信。这种下沉底层的艺术文化风格对于他们来讲更真实、更接地气，更能实现个体发展，满足情感需求。湖南攸县还充分利用闲置的祠堂、民房、旧村部等既有资源，将其改造成小广场、小书屋、小讲堂供老年人健身、娱乐、学习。

在智慧生活层面，人工智能的广泛应用在生活服务、健康服务、安全管理上给农村老年群体带来了福音。河南省民政厅发布本省智慧养老地图，实时更新农村幸福院、敬老院的空余床位、联系电话等，打破信息不对称局面，实现资源有效对接。福建龙岩禾康生物科技有限公司利用智慧平台，瞄准农村高龄、困难、空巢老人，精准帮扶，助力闽西山区打造 15 分钟居家养老生活服务圈。湖南长沙县开展农村智慧医养试点结合工作，以果园镇为代表，形成"湘雅医院—市级医院—县级医院—乡镇卫生院"多级联动，覆盖"宣教—保健—诊疗—康复—照护"智慧医养全流程服务模式。[1] 江西

---

[1] 刘双双、曹璇绚：《长沙县试点智慧医养服务　解决农村医养"最后一公里"难题》，2021年 10 月 20 日，中国新闻网，http://www.hn.chinanews.com.cn/news/2021/1020/433300.html。

彭泽 150 家农村互助养老中心开启"互联网+养老"模式，以智慧监管代替上门跑腿，第一时间接收突发事件报警，有效防范安全风险。

（三）优化养老社会环境

2017 年 3 月，国务院提出要将支撑养老体系建设的社会环境建设得更加友好。① 党的十九大倡导积极应对人口老龄化，构建养老、孝老、敬老政策体系和社会环境。② 在社会背景和国家战略的双重驱动下，2021 年我国从农村老年群体与其所置身社会关系之间的互动出发，在社会交往、社会融入和社会参与方面持续发力，优化农村养老的社会环境。

1. 社会交往

农村老年群体的社会交往对象主要包括亲属和邻里，我国以此为着力点引导农村社会开展孝老尊亲、守望相助的交往活动，巩固农村思想文化阵地。2021 年 9 月，农业农村部评选出全国首批村级"乡风文明建设"优秀典型案例，涉及 25 省市，以点带面，发挥移风易俗、建设文明乡风的先锋模范作用。福建邵武市依托"三社联动"龙斗村试点项目举办"德孝节"，弘扬孝道文化，为闽北乡风文明建设探索新路子。广西东兰县持续推进"一约四会"制度建设，用制度引导村民转变观念，用舆论约束村民行为，形成尊老孝亲、文明健康的新风尚。北京延庆区建立 50 个"邻里互助点"，对接 500 余位老人，聚合低龄老年人、留守妇女的力量，就地选取志愿者，满足农村老年人居家养老的愿望。

2. 社会融入

智能技术应用是农村老年人融入现代社会的一大难点。2018 年，深圳大学和腾讯研究院以微信为支点展开对老年人科技使用状况的调查，结果显示使用微信的老年人比不使用的有更高的主观幸福感，微信好友人数与幸福

---

① 《"十三五"国家老龄事业发展和养老体系建设规划》，中国政府网，http：//www.gov.cn/zhengce/content/2017-03/06/content_ 5173930. htm。

② 张瑾、綦鲁明：《积极应对人口老龄化 加快养老服务体系建设》，《光明日报》2018 年 3 月 22 日，第 15 版。

感呈正相关。① 2020 年 11 月，国务院印发《关于切实解决老年人运用智能技术困难的实施方案》，积极回应老年人被智能"屏蔽"的社会现实。此后，河南尉氏县、浙江永康市、江苏南京市高淳区等地纷纷开办乡村公益课堂，手把手教老年人使用智能手机。广东广州市白云区推进政务服务适老化，提供 420 台含 140 多项民生服务的智慧政务自助终端，在农村放置超过八成，极大提升了农村老年群体的生活便携度。浙江慈溪市依托农村老年学校、文化礼堂和居家养老服务中心开展智能技术使用培训，仅 2021 年 4 月至 6 月就培训 14209 位老年人，致力于实现覆盖所有农村老年人的"数字扫盲"。

3. 社会参与

社会参与体现人的社会性本质。老年群体通过社会参与在公共事务中发挥主体价值作用，以实践融合社会期待和自身情感需求，实现再社会化。2021 年，新冠肺炎疫情持续蔓延，河北石家庄市、江苏响水县、山东烟台市等地农村老年人主动参与志愿服务，到村口站岗、排查，助力抗疫事业。重庆铜梁区建立 338 个村级互助养老点，覆盖辖区所有行政村，由低龄老年人担任管理员，为高龄老年人提供日间照料、休闲娱乐、精神慰藉，形成抱团养老的基本格局。江西余江县建成 121 个农村互助养老中心，组织有劳动能力的老人参与种菜烧饭、打扫卫生，推动互助养老的可持续运行。

二　当前农村养老保障面临的问题

中国积极应对人口老龄化的难点在农村、短板在农村，农村成为养老保障体系建设的薄弱环节。② 目前，中国农村养老保障面临以下几方面的问题。

---

① 腾讯研究院出品《吾老之域，老年人微信生活与家庭微信反哺》，浙江出版集团数字传媒有限公司，2018。

② 刘华：《需求理念下我国农村养老保障政府行为再思考》，《兰州大学学报》（社会科学版）2019 年第 6 期。

（一）省级基础养老金标准有待提高

目前城乡居民基本养老保险提供的待遇还不能给农村老年人带来充分的安全感，尚有较大的提升空间。按照农村地区每人每年 2300 元①的生活水平标准（贫困级别）来看，2021 年我国 28 个统筹区（含新疆生产建设兵团）设置的基础养老金最低标准尚低于贫困线（见图 1）。这意味着农村地区可能有 1 亿老年人②在没有其他收入来源的情况下面临不能保障最低生活水平的风险。

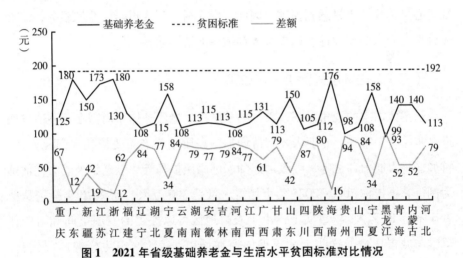

图 1　2021 年省级基础养老金与生活水平贫困标准对比情况

资料来源：各地区人民政府及人力资源和社会保障厅网站、中央扶贫开发工作会议数据。

（二）性别差异关注较少

目前，中国平均预期寿命达到 76.34 岁，其中女性高于男性 5.79 岁。③

---

① 2011 年 11 月 29 日，中央扶贫开发工作会议在北京召开，中央决定将农民人均纯收入 2300 元作为新的国家扶贫标准，即月均约 192 元。
② 第七次人口普查数据显示，中国乡村居民总人口为 509787562 人，60 岁及以上的老年人比例为 23.81%，据此推算，目前大约有 1.2 亿农村老年人。北京市、上海市、天津市、西藏自治区的老年人口总数约为 1300 万，除上述 4 个地区外的农村老年人大约有 1 亿。
③ 国家统计局编《中国统计年鉴（2021）》，中国统计出版社，2021。

基于此，女性相较于男性而言，更易面临高龄丧偶问题。在农村地区"男主外，女主内"的家庭性别分工秩序下，两性在责任划分、社会交往上存在显著差异。这种结构性因素尚未充分体现在当前养老保障的制度设计中。经济上，由于独特的生理构造以及生育引发的机能损伤，女性年老时多患有慢性疾病，对药物依赖性强，会产生额外的固定支出。与之矛盾的是，家庭分工属性决定了农村女性自我养老能力相对较弱。当伴侣去世后，她们较易陷入生活无着的窘境。精神上，农村女性的社交范围比男性小，精神支柱、情感寄托主要是家人。子女成家立业后，原生家庭往往被边缘化，她们相对缺乏心灵关怀，更易感到孤独。因此，向农村老年人供给资金和服务，需要充分考虑受众的差异性，以提升福利增量的边际效益。

（三）人居环境尚需进一步改善

从主体需求的视角考察，农村的多层次养老服务体系尚需在下述三方面进一步完善。第一，专业人才有待增加。高质量养老需要依托专门化人才，譬如老年人能力评估师、呼吸治疗师、健康照护师等。以老年人能力评估师为例，有报告称 2020~2025 年市场需求量是 300 万人，而 2020 年全国从业者还不足 10 万人。① 事实上，由于农村地区可以提供的发展空间和薪资待遇难与城市比肩，这些人才更偏向留在城市。第二，卫生资源需要优化。2020 年底，全国 50.9 万个行政村共设置 60.9 万个村卫生室，配备 144.2 万名工作人员，含执业（助理）医师 46.5 万人、注册护士 18.5 万人、乡村医生和卫生员 79.2 万人，平均每个村卫生室仅有 2.37 名工作人员。② 农村地区卫生资源在数量和质量上的欠缺，直接导致老年人需要跨级就医、异地就医，产生额外花销大、报销比例低、报销进度慢的难题。第三，供需适配度尚待升级。在需求侧，温暖、接地气、低成本的养老服务，如"三元一餐"

---

① 陈建强：《"养老服务"类专业缘何受青睐——天津职业大学老年服务与管理专业带来的启示》，《光明日报》2017 年 7 月 15 日，第 6 版。
② 《2020 年我国卫生健康事业发展统计公报》，国家卫健委网站，http：//www.nhc.gov.cn/guihuaxxs/s10743/202107/af8a9c98453c4d9593e07895ae0493c8.shtml。

的孝老食堂，更受农村老年人欢迎。在供给侧，政府、社会组织和个体未能精准把握农村老年人的消费偏好，习惯提供高端、昂贵的服务，造成供需错位和资源浪费。以江苏省为例，950 多家农村养老院里有 10 万多张床位，入住的大多是不需要自费的"五保"老人，实际入住率不高。

（四）数字鸿沟亟须消除

数字鸿沟是农村老年人再社会化进程中的一大障碍，加速智能产品适老化，促进数字融入成为当务之急。根据第 48 次《中国互联网络发展状况统计报告》中的数据推算，截至 2021 年 6 月，我国 10.11 亿网民中来自农村地区的 60 岁及以上老年人至多有 3600 万。有报道称，我国 60 岁及以上老年人会上网的比例低至 23%，农村的比例更低，农村地区老年人运用智能技术的困难更加突出。[①] 应重视农村老年人这一"数字弱势群体"，着力解决他们数字接入困难、数字技能生疏和数字素养薄弱的问题。

三 进一步优化农村养老保障的建议和展望

目前，农村人口老龄化正以从未企及的深度和速度影响着我们的生活。在农村养老保障领域，世界上并没有一种绝对的指向可供我们遵循。"银发潮"之下，不能让老年人在中途被迫"下车"。为此，提升养老保险兜底能力、化解女性养老危机、改善养老人居环境、促进数字融入已成为新时代推进我国农村养老保障的必然选择。

（一）落实待遇调整机制，提升养老保险兜底能力

目前，全国各地均已通过规范性文件构建起科学的基础养老金定期调整机制，未来的工作重点可放在以下两个方面。其一，让基础养老金的调整与物价变动情况、GDP 增长率、平均工资增长率和财政负担能力相契合，保

---

① 顾仲阳：《为农村老人运用智能技术搭桥铺路》，《人民日报》2020 年 12 月 4 日，第 18 版。

证经济发展成果更多、更广、更充分惠及农村老年群体。其二，加强中央统筹协调，加大对经济不发达、实际领取待遇人数多的省份的财政补贴力度，解决"一地一策"产生的"从富效应"和不公平问题。①

（二）制度赋权增能，化解女性养老危机

可从性别视角出发，精确剖析农村女性的养老现状，瞄准现实需求。其一，关注农村老年女性心理健康，注重通过沟通、交流的"伴老"模式减轻她们内心的孤独感，填补精神空虚。其二，增设关爱农村老年女性身体健康的专项资金，用于定期体检、护理疗养、慢性病管理和随访。其三，切实保障农村女性的财产权利，特别是土地权利和继承权利，并将之与养老相结合，提升她们的自我供养能力。其四，对丧偶、失独的农村老年女性予以特殊关照，增加计生、医疗、生活等各方面的补贴。

（三）优化资源配置，改善养老人居环境

优化医疗资源是改善农村养老人居环境的关键。提升乡村卫生工作人员的基础工资和福利，为乡村医生和卫生员购买保险，保证他们的收入不低于当地公务人员平均水平。加大对基础医疗设施的投入，及时更新卫生室的医疗设备，向高龄老年人免费发放血压计、家用药箱、口腔卫生健康用品等。以县为基本单位，定期对乡村卫生工作人员展开培训，提升业务能力。

人才是改善农村养老人居环境的智力依托。建议设立专项资金开设相关专业，培养一批既有专业技能，又能扎根基层，了解农村老年人心理波动和实际需求的复合型养老服务专业人才。组织营养、急救、心理等方面的专家定期下乡服务，向农村老年人传播正确的保养知识，提供心理咨询，改变老年人不健康的生活方式、饮食习惯以及"伪科学"观念。

高性价比养老服务是改善农村养老人居环境的核心。开发农村内部资源

---

① 海龙：《城乡居民基本养老保险财政补贴政策的缘起、发展与走向》，《中州学刊》2021年
第4期。

潜能,在乡村治理框架下,倡导通过熟人社会和内化于心的方式养老。[①] 例如,河北省荷花公益基金会在第四届中国农村养老高峰论坛上提出的"妇老乡亲"模式就是一种成熟的互助养老模式。推广这种以组织本地妇女和低龄老年人等内生力量为主,伴以整合其他外部资源的方式,可实现从外部输血到自身造血的转型,化解农村养老可持续性难题。

(四)加速产品适老化,促进数字融入

数字融入是一个生产与使用双向流通、共生发展的过程。一方面,生产端要主动承担社会责任,贯彻"产品适老化"意识。设计者、研发者以及生产厂商应在字体、图标、操作、外观等方面充分考虑老年群体的生理特性、审美取向。另一方面,要打通生产端与用户端之间的交流机制,做好用户体验监测。老年群体绝不仅是数字产品的被动接受者,相反,他们可以提供真实的性能反馈,是产品适老化升级的推动者。

参考文献

[1] 尹成远、仲伟东:《城乡居民基本养老保险制度效率省域差异及其影响因素》,《现代财经》(天津财经大学学报) 2021 年第 8 期。

[2] 刘华:《需求理念下我国农村养老保障政府行为再思考》,《兰州大学学报》(社会科学版) 2019 年第 6 期。

[3] 郑军、秦妍:《政府财政补贴与农村养老服务供给:作用渠道与差异效应》,《贵州财经大学学报》2021 年第 6 期。

[4] 陈芳、方长春:《家庭养老功能的弱化与出路:欠发达地区农村养老模式研究》,《人口与发展》2014 年第 1 期。

[5] 姚俊:《嵌入性视角下农村养老保障制度研究》,中国社会科学出版社,2019。

[6] 贺雪峰:《最后一公里村庄》,中信出版社,2017。

---

① 赵秀玲:《中国农村养老保障与乡村治理现代化》,《求是学刊》2021 年第 3 期。

B.6
2021年县乡人大换届选举中的民主权利保障

刘　明[*]

摘　要： 中国民主的本质和核心是人民当家作主。民主选举作为全过程人民民主的重要环节，是中国公民依法实现各项民主权利的重要途径，也是保障我国人民当家作主的重要方式。2021年至2022年上半年，是中国新一轮的县乡两级人大代表的换届选举期。各地有序推进县乡人大换届选举工作，在选民登记、公民知情权保障、流动人口选举权保障等方面积极部署，切实保障公民的选举权与被选举权等方面的民主权利。

关键词： 民主权利　全过程人民民主　县乡人大代表换届选举

中国于2021年至2022年上半年进行新一轮的县乡两级人大换届选举。在此轮换届选举中，我国的民主政治生态进一步优化，全过程人民民主的新理念成为指导人大换届选举的统领性理念，从中央到地方，相关部门积极准备、宣传和部署，广大民众积极参与，我国公民的选举权与被选举权等方面的民主权利在县乡两级人大代表的选举过程中得到了广泛而切实的保障。

---

[*] 刘明，南开大学人权研究中心研究员，副教授，研究方向为人权理论与人权实践。

一 我国公民民主权利保障的新理念与新举措

依据我国宪法，年满 18 周岁且未被依法剥夺政治权利的中国公民，均享有选举权与被选举权。在我国，县乡两级的人大代表由我国公民直接选举产生。在县乡两级人大代表的换届选举中，有 9 亿多选民参与。改革开放以来的历届县乡人大换届选举中，选民参选率均保持在 90% 左右，体现了我国民主选举的真实性和广泛性。

在上一轮人大换届选举结束至新一轮的人大换届选举期间，为进一步完善我国的民主政治和保障公民的民主权利，党和国家从顶层设计的层面进行了一系列的宏观布局和谋划。全过程人民民主理念的提出与发展，是其中最具代表性的创举。党的十八大以来，中国特色社会主义进入了新时代，以习近平同志为核心的党中央为积极回应人民对民主的新期望和新要求，提出和发展了全过程人民民主。2019 年 11 月 2 日，习近平总书记在上海考察时首提"人民民主是一种全过程的民主"。2021 年 7 月 1 日，在庆祝中国共产党成立 100 周年大会上，习近平总书记发表重要讲话时强调"发展全过程人民民主"。全过程人民民主的提出与发展，是中国共产党对中国民主道路进行的进一步阐释与探索，也是中国共产党在保障人民当家作主方面的积极承诺和实践创新。

2021 年 12 月 4 日，国务院新闻办公室发布《中国的民主》白皮书（以下简称"白皮书"），系统阐释了中国的民主理念与民主实践。"白皮书"强调，人民代表大会制度是"中国的根本政治制度，是中国人民当家作主的根本途径和最高实现形式，是实现全过程人民民主的重要制度载体"。[1]人大代表来自全国人民的选举，具有广泛的代表性，"截至 2020 年底，全国共有人大代表 262 万名，其中县乡两级人大代表占代表总数的 94.5%"。[2]

---

[1] 中华人民共和国国务院新闻办公室：《中国的民主》，人民出版社，2021。
[2] 中华人民共和国国务院新闻办公室：《中国的民主》，人民出版社，2021。

占绝大多数的县乡两级的人大代表由人民直接选举产生，体现了我国公民民主权利的广泛性和真实性。

"白皮书"指出，中国的全过程人民民主将选举民主与协商民主有机结合，全面推进民主选举、民主协商、民主决策、民主管理、民主监督各个民主环节，人民的政治参与不断扩大，公民的民主权利不断提升。其中，民主选举作为全过程人民民主的重要环节，"是中国民主的一种重要形式，是人民实现当家作主的重要体现"。"白皮书"对上一轮的县乡人大换届选举进行了总结，"9 亿多选民投下神圣的一票，参加了世界上规模最大的基层选举"①，充分体现了我国公民民主权利的广泛性。

此外，为切实保障公民的选举权与被选举权等方面的民主权利，从党的执政方针到国家立法等层面都进行了相应的顶层设计。党的十九届四中全会提出，"坚持和完善人民代表大会制度这一根本政治制度……适当增加基层人大代表数量"。2020 年 10 月 17 日第十三届全国人民代表大会常务委员会第二十二次会议决定对《中华人民共和国全国人民代表大会和地方各级人民代表大会选举法》（以下简称《选举法》）进行修改。新修改的《选举法》增加了县乡两级人大代表名额基数，将不设区的市、市辖区、县、自治县的代表名额基数由 120 名修改为 140 名，将乡、民族乡、镇的代表名额基数由 40 名修改为 45 名。新增的县乡人大代表名额将向基层群众、社区工作者等群体倾斜，我国公民的被选举权的范围不断扩大。新修改的《选举法》于 2020 年 10 月 18 日起施行，成为 2021~2022 年新一轮县乡人大换届选举的法律依据。

为切实保障民主选举过程中公民的选举权与被选举权，新修改的《选举法》还对国家工作人员破坏选举的行为规定了更为严厉的处分。对于国家工作人员的"贿选""威胁""打击报复"等破坏选举的行为，除了相应的法律处罚外，原先的《选举法》规定"国家工作人员有前款所列行为的，还应当依法给予行政处分"，新修改的《选举法》规定"国家工作人员有前

---

① 中华人民共和国国务院新闻办公室：《中国的民主》，人民出版社，2021。

款所列行为的，还应当由监察机关给予政务处分或者由所在机关、单位给予处分"。

为保障选举的公平公正，2021年1月，中共中央纪委机关、中共中央组织部、国家监察委员会联合印发了《关于严肃换届纪律加强换届风气监督的通知》（以下简称《通知》），要求各地在换届工作中认真执行。《通知》作出了"十严禁"的换届纪律规定：一是严禁结党营私；二是严禁拉票贿选；三是严禁买官卖官；四是严禁跑官要官；五是严禁个人说了算；六是严禁说情打招呼；七是严禁违规用人；八是严禁跑风漏气；九是严禁弄虚作假；十是严禁干扰换届。[①]

《通知》要求各级政府加强换届选举工作的纪律培训和宣传，并接受民众的监督。《通知》要求各地通过集中培训等途径，组织各级党员干部、领导班子和相关人员深入学习换届的纪律要求和政策法规，并通过新闻媒体和"12371"等信息化平台确保群众广泛知晓相关信息，接受人民群众的监督。《通知》还明确要求在"换届人选推荐提名""换届政策和制度规定执行情况"等选举的关键环节进行精准监督。对换届选举中的违规违纪违法问题，依规依纪依法严肃处理。

二 各地保障公民民主权利的具体措施

全过程人民民主包括民主选举、民主协商、民主决策、民主管理、民主监督五大环节，各个民主环节从不同方面保障了我国公民的民主权利。五年一次的县乡人大换届选举，是在全国范围切实保障公民选举权的重要举措，在这一过程中，公民的民主决策、民主监督等民主权利也得到了切实体现。

此轮的县乡人大代表换届选举自2021年上半年开始，于2022年上半年结束。其中，山西、河北、西藏、青海、新疆已于2021年9月下旬之前顺

---

① 中共中央纪委机关、中共中央组织部、国家监察委员会：《关于严肃换届纪律加强换届风气监督的通知》，2021年2月2日，中央纪委国家监委网，https：//www.ccdi.gov.cn/toutiaon/202102/t20210202_98824.html。

利完成了县乡两级人大换届选举工作，北京等 15 个省（区、市）于 2021 年年底前完成，内蒙古等 11 个省（区、市）将于 2022 年上半年完成。① 在 2021 年启动的新一轮县乡两级人大换届选举中，各地在保障选民知情权、组织选民登记、保障流动人口选举权等方面给出了政策支持和组织保障，切实保障公民民主权利的实现，具体体现如下。

第一，各地根据新修改的选举法重新划分代表名额，增加基层代表数量，优化代表结构，更好地保障公民的被选举权。依据新修改的《选举法》，县一级人大代表的基数从原先的 120 名提高到 140 名，乡镇人大代表基数从原先的 40 名提高到 45 名。各省（自治区、直辖市）依据修改的《选举法》对代表名额进行了重新划定，例如，在此次换届选举中，云南省"县级人大代表名额比上届增加 3191 名，乡级人大代表名额比上届增加 4440 名"。② 在增加基层代表数量、优化代表结构方面，云南省还创新性地提出了"三增四控一保证"的方针，"三增"即增加基层代表、妇女代表、新的社会阶层的代表数量；"四控"即适当控制党政领导干部、企业负责人、党外代表、连任代表的代表数量，使其保持基本稳定；"一保证"即保证少数民族代表和归侨代表的代表数量。

贵阳市第十四届人民代表大会常务委员会对贵阳市第十五届人民代表大会代表名额分配也进行了结构优化，提高工人、农民、专业技术人员等一线基层代表的比例；提升妇女代表的比例，使其不低于本级人大代表总数的 20%。③ 在新一轮的县乡人大换届选举中，基层群众和基层工作人员的代表比例得到明显提升，进一步增强了代表的广泛性。

第二，通过多种方式向选民宣传选举时间、选举规则、登记方式和投票

① 《人大代表架起沟通民意"连心桥"》，2021 年 9 月 24 日，中国人大网，http：//www. npc. gov. cn/npc/c30834/202109/8a565c1ec03a42e7989e6044556ac8a2. shtml。

② 《云南省县乡人大换届选举工作有序推进》，2021 年 12 月 11 日，人民网，http：// yn. people. com. cn/n2/2021/1211/c378439-35046191. html。

③ 《贵阳市人民代表大会常务委员会关于贵阳市第十五届人民代表大会代表名额分配和选举问题的决定》，2021 年 10 月 27 日，贵阳网，http：//www. gywb. cn/system/2021/10/27/031635530. shtml。

方式等，使选民提前知晓选举流程。如南京市鼓楼区选举办通过多种方式宣传选举规则，"印制并下发'致选民一封信'96094份、'选民须知'58421份，制作并张贴选举知识问答海报版、选民登记公告各2000份，在各小区宣传栏宣传选举工作常识3000余张，悬挂横幅1203条；在新模范马路主干道制作大幅宣传公益广告；投放宣传板块241块、展板477块，出动宣传车54次；省市媒体报道31篇，区人大网站和微博微信跟进发布选举信息90余条。各街道充分利用居民小组会议、社区微信群、小区宣传栏、户外电子屏等形式广泛宣传"。①

天津市各区通过印发致选民的公开信、播放专题视频、悬挂标语横幅、开设宣传栏等方式，向选民宣传和告知选举事项。河东区大王庄街道通过发放传单、知识问答等途径，向选民宣传人大换届选举的相关事项；河北区将宣传点位分布在全区十个街道及武装部，通过播放宣传录音、摆放展牌、设置咨询服务台等方式，现场解答选民提出的相关问题，并发放宣传资料5000余份；河西区1500余名专职网格员与1000余名兼职网格员参与人大换届选举的宣传，入户用老百姓听得懂的语言宣传人大换届选举工作。②

第三，提供便捷的选民登记方式，最大限度地确保选民登记率。在此次换届选举中，除传统的选民登记方式之外，多地还采用了线上登记等方式，方便选民登记。例如，在此轮换届选举中，上海市的山北社区将传统登记方式与新型登记方式相结合，为选民提供了五种登记方式。③ 其中，三种传统的登记方式是"在单位或学校登记""主动到选民登记站登记""打电话到选民登记站登记"；第四种登记方式是新增加的，主要针对老年人和行动不

① 《发展"全过程人民民主"的生动实践——南京市鼓楼区人大代表换届选举工作侧记》，2021年12月2日，中国人大网，http：//www.npc.gov.cn/npc/kgfb/202112/f2b0d5f124494827896 ba6f7c97dc6ea.shtml。

② 《一次全过程人民民主的生动实践——天津市区、乡镇人大代表换届选举综述》，2021年11月10日，中国人大网，http：//www.npc.gov.cn/npc/c30834/202111/accd950caa744a23998d 13f38920c694.shtml。

③ 《上海人大：创建"云平台"让选举全过程更加可触可感》，2021年9月23日，中国人大网，http：//www.npc.gov.cn/npc/kgfb/202109/877b5a54937e4b1e87fca2e9bc 979246.shtml。

便的选民群体，对于这类群体中已有信息记录但还未登记的选民，由登记工作人员主动上门登记；第五种登记方式是登录由上海人大为全市选民开发建设的"换届选举云平台"，"云平台"将选民登记环节纳入，并将功能延伸至选举全过程，"数字治理"的加入，使得选民登记更加便捷。

天津市选民在手机上打开"津心办""津治通"等微信小程序，点击"选民登记"图标即可登记信息、查看选举的相关节点。天津市人大常委会机关与市大数据管理中心共同研发建设了"天津市选民登记信息系统"，通过数据赋能，有效解决选民登记中的"错登、重登、漏登"问题，大幅提高了选民登记率和信息的准确率。天津市各区还通过单位核实、入户走访、电话联系等方式开展选民登记工作，特别关注人户分离、流动人口、新农村建设搬迁等复杂情况。①

第四，通过提供灵活的投票方式、合理安排投票时间等途径，切实保障公民的投票权。《选举法》规定了三种组织选民投票的方式：使用流动票箱，召开选举大会，设立投票站。各地灵活运用投票方式，最大限度地为选民投票提供便利。以浙江省的庆元县官塘乡为例，官塘乡是庆元县最偏远的乡，前往县城至少要两小时的山路车程。乡里有不少的村民在县城工作，无法回家投票。官塘乡通过增设投票点和委托投票等举措便捷民众进行投票。官塘乡一位人大联络员介绍，"投票前期，我们根据各村实际情况进行了分类处理。选区有一定数量选民在县城，就在村内投票点之外再增设县城投票点。如果选民在县外，那么就帮助协调，请家人或者朋友帮忙投票"。官塘乡党委书记介绍，"通过委托投票和增设投票点这两项举措，预计能为全乡选民节省误工费、交通费等50余万元"。② 另外，为了方便民众选举，官塘乡特意将投票日定在周末，最大限度地方便选民能够在不影响工作的情况下进行投票。

---

① 《践行全过程人民民主　交出换届选举高分答卷》，2021年12月15日，中国人大网，http：//www.npc.gov.cn/npc/c30834/202112/47f876769ea44499838c2d082d763df5.shtml。

② 《浙江省县乡人大代表换届选举选民投票全面启动》，2021年12月17日，中国人大网，http：//www.npc.gov.cn/npc/c30834/202112/44c462b63bb14a8297ef035046279ec6.shtml。

广东省东莞市沙田镇先锋村是一个典型的渔民村,村民 2200 多人,外出渔民超过 450 人。为确保渔民能够行使民主权利,沙田镇选举委员会专门设立了先锋村渔民流动票箱工作组。在 2021 年 11 月 22 日的投票日,选举工作人员乘船将流动票箱送到渔船上,确保无法亲自到中心票站投票的渔民投出手中选票。灵活和多样的投票方式方便了选民投票,确保了选民的投票率。在此次市镇两级人大代表换届选举中,沙田镇全镇参加投票选民人数 37633 人,参选率 99.41%。①

第五,各地通过多种途径确保选民及时了解候选人的相关信息,切实保障选民的知情权。例如,南京市鼓楼区的每个选区都组织召开候选人与选民见面会,截至 2021 年 11 月 30 日,"全区共召开代表候选人与选民见面会 170 场,552 名正式代表候选人中,除 3 名因病卧床提交书面发言材料外,其余 549 名全部与选民见面。因疫情原因和公务出差难以赶到现场的 6 名候选人,均通过视频连线方式同选民'云见面'"。②

疫情防控期间,云平台成为确保选民与候选人交流的重要途径。如福建省泉州市丰泽区的某人大代表正式候选人,因疫情防控无法现场参加正式代表候选人与选民的见面会,便通过平台视频连线的方式,与 30 多位选民"云"见面,回答选民问题,向选民作出承诺。③ 福建省南安市相关工作人员组织选民与县乡两级人大代表正式候选人见面,让广大选民充分而全面地了解代表候选人的真实情况,以便选出其满意的人大代表。截至 2021 年 11 月底,"南安市已召开选民见面会 723 场,2056 名代表正式候选人深入选区同选民见面"。④

---

① 《江上的四张选票》,2021 年 11 月 25 日,中国人大网,http://www.npc.gov.cn/npc/kgfb/202111/48fdf3daf3a9497191ad0c84bdcb607a.shtml。

② 《发展"全过程人民民主"的生动实践——南京市鼓楼区人大代表换届选举工作侧记》,2021 年 12 月 2 日,中国人大网,http://www.npc.gov.cn/npc/kgfb/202112/f2b0d5f124494827896ba6f7c97dc6ea.shtml。

③ 《泉州丰泽区在全省率先通过数字化赋能县乡人大代表换届选举》,2021 年 12 月 17 日,中国人大网,http://www.npc.gov.cn/npc/c30834/202112/913065aa5c4b436db4e3f1757effbff5.shtml。

④ 《人大换届选举 | 南安:零距离面对面的特殊"面试"》,2021 年 11 月 29 日,中国人大网,http://www.npc.gov.cn/npc/kgfb/202111/bb038e89a4e14e389c3e4b04c5cb6328.shtml。

第六，各地通过创新工作方式，保障流动人口的选举权。在历次换届选举中，流动人口、拆迁户等群体的登记和投票一直是难题，在此次换届选举中，各地广泛运用大数据和数字治理模式，为此类群体提供便利，有效确保了该类群体的民主权利。例如，为更好地应对旧城改造、人口流动、征地拆迁等原因给选民登记带来的困难，湖北省人大常委会用两个月的时间，建成并启用了"湖北省选民登记信息系统"，该信息系统可实现电脑、手机App、二维码、鄂汇办上的超链接等多种方式登记。截至 10 月 26 日，通过该系统，湖北全省"共登记选民 4772 万人，登记率达 93.9%"，① 有效避免了重登、漏登、错登等问题。

在此轮选举之前，云南省有 150 万贫困人口进行了扶贫搬迁，加之城市化进程中的流动人口增加等问题，使得此次换届选举的选民登记和投票工作难度加大。云南省依据流动人口、扶贫搬迁人口的分布情况和特点，科学合理划分选区，"通过以房找人、以人找人、比对找人、通知找人等方式，确保易地搬迁和流动人口能够就近就便进行登记、参加选举"。②

第七，通过增设流动投票箱等方式，保障老年人、残疾人等特定群体的选举权。老弱病残群体由于身体等方面的原因不方便外出投票，各地通过流动投票箱等方式确保这类群体的选举权。如贵州省凯里市为解决老弱病残等群体的投票难题，派工作人员携带流动票箱登门接受这类群体选民的投票。凯里市城郊马坡井寨子 102 岁的苗族金姓老人便通过这种方式投下了神圣的一票。2021 年 11 月 8 日，在听过工作人员介绍的候选人情况以及投票规则后，老人投下了手中的选票，并感慨道："在新中国以前的旧社会，没有人为我们穷苦人说话，有了困难不知道可以找谁。在今天，流动票箱送上门来，我们亲手投票，选出为群众利益着想

---

① 《湖北：五个镜头中的人大履职》，2021 年 12 月 1 日，中国人大网，http://www.npc.gov.cn/npc/kgfb/202112/d963871b4f0a4aa1add34e96ef456dde.shtml.

② 《云南省县乡两级人大换届选举工作进入关键阶段》，2021 年 12 月 15 日，中国人大网，http://www.npc.gov.cn/npc/c30834/202112/80d5364707984f919671212815443f70.shtml.

的人当人大代表。"①

12月16日是云南曲靖市沾益区区乡人大代表换届选举的日子。通过流动投票箱，盘江镇大兴村的残疾人王某也比较便捷地行使了选举权。由于多年前腿脚受伤，王某出行不便，无法到现场参加投票。工作人员拎着流动票箱来到王某家，在告知他选举办法和注意事项之后，辅助其完成了投票。王某说："虽然我走不了路，但流动票箱进家门，让我自主选举心中理想的人大代表。"②

第八，各地督促落实换届选举中的"十严禁"，对破坏选举的行为依法依规处理，预防或打击破坏选举公正的行为。厦门市纪委监委、市委组织部联合组建6支区委换届工作指导组，分赴全市6个区开展换届工作指导和换届风气督查。换届工作指导组通过实地查看、查阅资料、不定时拨打12380热线抽查等多种方式，及时掌握各区在换届中畅通信访举报渠道、开展换届风气测评等情况，跟踪督促严格落实"十严禁"要求，保证换届进程风清气正。③

各地纪检监察机关对破坏选举的人或行为进行打击，是确保选举公正的又一重要手段。截至2021年8月底，海南省纪检监察机关"共受理涉及换届相关信访举报218件，立案查处13起23人，给予党纪政务处分11人，通报曝光6批14人"。④西藏的昌都市"深入590个村（社区），监督检查209次，发现整改类问题40条、问题线索4件，受理信访举报15件"。⑤

———————

① 《"旧社会没人为穷苦人说话，新时代我们投票选代表！"——102岁苗族老人用选票见证两个时代》，2021年11月16日，中国人大网，http://www.npc.gov.cn/npc/kgfb/202111/85c230462ab744509d75550ee8077221.shtml。

② 《在家门口投出神圣的一票——云南县乡人大代表换届选举观察》，2021年12月21日，中国人大网，http://www.npc.gov.cn/npc/c30834/202112/96b76b09e71141a2b75c61ec845ee949.shtml。

③ 《厦门：督促落实"十严禁"监督执行换届纪律》，2021年10月23日，中央纪委国家监委网，https://www.ccdi.gov.cn/yaowenn/202110/t20211023_151630.html。

④ 《海南：上下联动严把换届关 立案查处13起23人》，2021年8月25日，中央纪委国家监委网，https://www.ccdi.gov.cn/yaowenn/202108/t20210825_145404.html。

⑤ 《西藏：挺纪在前 监督换届工作》，2021年3月14日，中央纪委国家监委网，https://www.ccdi.gov.cn/yaowenn/202103/t20210314_85458.html。

在此轮的县乡人大换届选举中，山西、河北等 20 个省（自治区、直辖市）于 2021 年底前完成换届，内蒙古等 11 个省（自治区、直辖市）将于 2022 年上半年完成。截至 2021 年 12 月下旬，各省（自治区、直辖市）在此轮换届选举中的基本情况可见表 1。

表 1 截至 2021 年 12 月下旬 31 个省、自治区、直辖市县乡换届选举基本概况

省（自治区、直辖市）	县乡换届选举基本概况	省（自治区、直辖市）	县乡换届选举基本概况
上海	"上海市 1270 多万选民在 2333 个区人大代表选区、4421 个乡镇人大代表选区进行登记，积极参加提名推荐和讨论协商代表候选人，并参加选举投票，认真行使民主选举权利。通过差额选举，产生新一届区人大代表 5000 多名，乡镇人大代表近 9000 名。"	天津	"天津市新一届区、乡镇两级人大代表选举工作于今年 7 月至 11 月进行。全市 16 个区依法选出区人大代表 4492 名，全市 128 个乡镇依法选出乡镇人大代表 8542 名。"
重庆	"重庆区县、乡镇人大换届选举覆盖全市 38 个区县、784 个乡镇，共 2300 多万选民参加了投票，依法选举产生新一届区县人大代表 12100 多名、乡镇人大代表 49800 多名。"	江苏	全省"直接选举产生大约 9.15 万名县乡两级人大代表，将通过召开 84 个县级人代会间接选举产生 5680 多名设区市人大代表"
广东	广东省的县乡人大换届选举在 2021 年 7 月 1 日至 12 月 31 日期间，全省选民直接选出 12 万多名县乡人大代表	浙江	浙江省从 2021 年 7 月 1 日至 2022 年 6 月 30 日，对全省县、乡两级人民代表大会代表进行换届选举。"全省将有 4000 多万选民参加本次县乡人大换届选举，直接选举产生 8 万多名县乡两级人大代表。"
新疆	"新疆维吾尔自治区新一届县乡两级人民代表大会代表的选举于 2021 年 7 月 15 日前完成；自治区直辖县级市的人民代表大会代表的选举于 2021 年 12 月 31 日前完成。"	北京	北京市于 2021 年 11 月底完成县乡两级人大代表换届选举，"16 个区共选出区人大代表 4898 名，各乡镇共选出乡镇人大代表 11137 名。选举区人大代表的选区共登记选民 948.75 万人，参加投票选民 914.57 万人，参选率为 96.40%；选举乡镇人大代表的选区共登记选民 326.85 万人，参加投票选民 314.20 万人，参选率为 96.13%"

续表

省(自治区、直辖市)	县乡换届选举基本概况	省(自治区、直辖市)	县乡换届选举基本概况
湖 南	全省在 2021 年 9 月完成县乡人大、政府换届选举工作。其中,长沙市"共划分县级人大代表选区 1300 个,乡镇级人大代表选区 2316 个,登记选民 559 万余人,实际参加投票的选民 531 万余人,参选率 94.95%,共召开选举大会 382 场,设立投票站 5359 个,设立流动票箱 16049 个,选出县级人大代表 2753 人,乡镇级人大代表 5685 人"	湖 北	全省县乡两级人民代表大会换届选举在 2021 年 12 月 31 日前完成
内蒙古	内蒙古自治区县乡两级人大代表换届选举于 2021 年下半年启动	西 藏	"西藏自治区县乡两级人民代表大会在 2021 年 5 月 31 日前进行换届选举。"
福 建	"全省县、乡两级人大代表在 2021 年 11 月至 12 月中旬进行换届选举,全省各设区的市人大代表在 2021 年 12 月至 2022 年 1 月上旬进行换届选举。"	海 南	"全省市县乡人大换届选举在 2021 年下半年至 2022 年 1 月进行。涉及全省 19 个市县、8 个市辖区,196 个乡镇,将直接选举产生不设区的市和县级人大代表 5000 余名、乡级人大代表 1.2 万余名,间接选举产生设区的市级人大代表 600 多名。需要登记的选民超过 700 万。"
黑龙江	黑龙江省县乡两级人大代表换届选举于 2021 年下半年启动	云 南	"云南省县乡两级人大换届选举工作于 2021 年 7 月 1 日开始,12 月 31 日前依法选举产生新一届县乡两级人大代表。据悉,全省将组织 3700 多万选民参加选举,直接选举产生近 10 万多名县乡两级人大代表。"
吉 林	吉林省县乡两级人大代表换届选举于 2021 年下半年启动	山 东	山东省县乡两级人大代表换届选举于 2021 年下半年启动
辽 宁	"全省县乡两级人民代表大会换届选举在 2021 年 7 月 1 日至 12 月 31 日期间进行。全省 14 个设区的市人民代表大会换届选举在 2022 年 1 月底前完成。"	安 徽	2021 年 10 月至 2022 年 3 月,"安徽省县乡两级人民代表大会按期进行换届,将依法直接选举产生新一届县乡两级人大代表。据统计,本次换届选举涉及 104 个县级和 1200 多个乡级政权,将直接选举产生近 12 万名县乡两级人大代表"

续表

省(自治区、直辖市)	县乡换届选举基本概况	省(自治区、直辖市)	县乡换届选举基本概况
河南	2021 年 12 月 1 日起到 2022 年 4 月 30 日,"河南省县乡两级人民代表大会将进行换届选举。选举产生 17 万多名县乡两级人大代表,涉及全省 157 个县(市、区),1784 个乡(镇)"	陕西	陕西省县乡两级人大代表换届选举于 2021 年下半年启动
河北	河北省于 2021 年 6 月底完成县乡两级人大代表的换届选举	山西	山西是此轮县乡两级人大换届选举启动较早的省份,于 2021 年 4 月完成县乡人大换届选举
贵州	"贵州省市县乡三级人大换届选举工作从 2021 年上半年启动。2021 年 11 月上旬前,选出县、乡两级人大代表;12 月底前,完成乡级人大的换届选举;2022 年 1 月底前,完成县级人大的换届选举。"	江西	江西省县乡两级人大代表换届选举于 2021 年下半年进行
广西	"111 个县、1118 个乡(镇)共划分县级人大代表选区 1.58 万多个,乡级人大代表选区 5.07 万多个。截至 10 月 22 日,全区依法选举产生新一届市级人大代表 5200 多名,县级人大代表 2.7 万多名,乡级人大代表 8.3 万多名。"	宁夏	"全区县、乡新一届人民代表大会代表于 2021 年 9 月 15 日前选出。宁夏有 500 多万选民参加,直接选举产生县乡两级人大代表 15000 多名,涉及县级政权 22 个、乡级政权 193 个。"
四川	"全省除成都市以外的 20 个市(州)人大换届选举在 2022 年 3 月 31 日前进行;全省县乡两级人民代表大会换届选举在 2021 年 6 月 1 日至 2022 年 1 月 31 日期间,按照县乡两级同步的原则进行。此次换届选举工作涉及除成都市以外的 20 个市(州)、183 个县(市、区)、2642 个乡镇。"	青海	全省县乡两级人民代表大会代表的换届选举在 2021 年 5 月至 7 月进行
甘肃	甘肃省县乡两级人民代表大会换届选举在 2021 年 7 月至 2021 年 10 月底进行		

资料来源:笔者根据国内各大网站和报纸公布的信息和数据制作。

三　此轮换届选举过程中仍存在的问题及相关建议

五年一次的县乡两级人大代表换届选举，是全过程人民民主中公民参与最直接、最广泛的民主环节，是中国民主的重要形式，也是中国人民实现当家作主的重要方式。在此轮的换届选举中，新修改的《选举法》扩大了基层人大代表的数量，加大了对破坏选举行为的惩戒力度，体现了我国民主选举的广度和深度。然而，由于我国流动人口众多、地区发展不均衡、地域广阔等，目前，我国选举过程中仍存在一些难题。

第一，在人大代表的选举过程中，选民的知情权尚需进一步保障。知情权是保障选民选举权的重要前提。《选举法》规定，"选举委员会根据选民的要求，应当组织代表候选人与选民见面，由代表候选人介绍本人的情况，回答选民的问题"。随着我国选举措施的不断完善，从中央到地方，相关部门在各级人大代表的选举过程中也越来越关注对选民知情权的保障，但某些地区的相关工作仍需进一步完善。表现如下：其一，在选举之前，相关部门的宣传力度和范围不够，选民对选举的程序、日程安排、投票方式等事宜不够了解；其二，在某些地区，选民缺乏与代表候选人见面的途径，导致对代表候选人不够了解。

针对以上情况，建议进一步做好以下几个方面的工作。其一，在选举之前，各地的选举委员会应及时且全面地公布选举程序、日程安排等相关选举事宜，并通过"云平台"、传单、宣传栏、广播、电话等多种方式将相关信息传递给每一位选民。其二，各地选举委员会应尽量组织选民与代表候选人见面，使代表候选人能够有机会回答选民提出的问题。见面会能够改变"见榜不见人"的情况，使选民更直观地了解代表候选人的情况。在疫情防控的背景下，可以组织线上的见面会。

第二，流动人口选举权的保障仍需进一步加强。根据国家统计局网站公布的数据，"第七次全国人口普查数据显示，2020年流动人口规模近3.8亿

人，比 2010 年大幅增加 1.5 亿人"。① 如此众多的流动人口散布在全国各地，为选民登记和选民投票增加了巨大困难。切实保障流动人口的选举权，是历届人大换届选举的重点和难题。流动人口参加人大代表换届选举的方式通常包括三种：在现居住地参加选举、书面委托投票、在户籍所在地参加选举。就回户籍所在地参加选举的情况而言，在外的选民可能会考虑到各种成本因素而放弃返乡投票；就在现居住地参加选举的情况而言，需要户籍所在地的居委会开具"选民关系转移证明"，一些选民会由于手续烦琐而主动放弃；就委托投票的情况而言，委托他人投票必须打印和邮寄"委托投票书"，一些流动人口会因书面委托费时费钱而选择放弃。

为了切实保障流动人口的选举权，建议各地选举委员会采取进一步的措施，改进委托投票、开具相关证明等各个环节，确保流动人口"流动不流失"。其一，为方便在外流动人口返乡参加投票，在选举日的安排上，尽量将投票日定在周末或春节等假期期间。其二，为方便流动人口在户籍所在地参加投票，建议户籍所在地或现居住地的选举委员会主动承担流动人口选民资格证明的相关工作。其三，对于委托他人投票的情况，建议增加电子邮件、微信、专门的选举"云平台"等更加便捷的委托方式。

第三，选举过程中人民的监督权有待进一步强化。"民主监督"是全过程人民民主的重要环节，对换届选举进行全方位、全过程的监督，是确保选举公平公正的重要途径，也是保障公民民主权利的应有之义。近年来，随着党和国家不断加大对拉票贿选等破坏选举行为的惩戒力度，选举过程中的不规范现象得到有效遏制。但是，由于我国的人大换届选举存在面广人多、区域差异大等客观因素，破坏选举公平的情况仍然难免发生。进一步增强人民的监督便显得尤为必要，这也是保障我国公民监督权的内在要求。

为强化人大换届选举中的民主监督，有效践行全过程人民民主，建议在纪检监督之外进一步强化以人民为主体的人民监督和社会监督。一是拓展选

---

① 《我国人口发展呈现新特点与新趋势》，2021 年 5 月 13 日，国家统计局网站，http：//www. stats. gov. cn/tjsj/sjjd/202105/t20210513_ 1817394. html。

民自行监督人大换届选举的途径和方式，各地相关部门应及时向选民公布举
报电话或监督平台，告知选民监督的方式和环节，使选民能够全过程地监督
选举。二是加强媒体、社会组织、无党派人士等社会力量的监督。

参考文献

［1］焦洪昌：《选举权的法律保障》，北京大学出版社，2005。

［2］桑玉成等：《全过程人民民主理论探析》，上海人民出版社，2021。

［3］中华人民共和国国务院新闻办公室：《中国的民主》，人民出版社，2021。

［4］中华人民共和国国务院新闻办公室：《中国共产党尊重和保障人权的伟大实
践》，人民出版社，2021。

［5］全国人大常委会办公厅：《中华人民共和国全国人民代表大会和地方各级人民
代表大会选举法》（最新修正本），中国民主法制出版社，2020。

B.7
民间河湖长制保障公众环境参与权
——以武汉市为例

徐锦晋*

摘　要：　环境权是一项重要人权，环境参与权是环境权的重要组成部分。民间河湖长制为公众参与湖泊保护提供了重要的平台，是保护河湖水资源的重要制度。武汉市作为"百湖之市"，积极探索建立民间河湖长制，已经构建了包含征集机制、培训机制、奖励机制、考核机制、沟通机制等五项机制的民间河湖长制度，形成了政府引导、社会组织主导、公众积极参与的良好湖泊治理格局。武汉市民间河湖长制通过增强公众湖泊保护的意识、提高公众湖泊保护的能力、引导公众开展巡河湖活动，切实让公众参与到湖泊保护中来，更充分地保障了公众环境参与权。

关键词：　民间河湖长制　公众参与　环境参与权

环境权是人权的重要内容。民间河湖长制作为与我国官方河湖长制相辅相成的一项制度，在保障公众的环境参与权中发挥了重要的作用，是我国保障公众环境参与权的一项具有典型意义的实践。

武汉市作为"百湖之市"，一直都十分重视湖泊保护工作，也是民间河湖长制发展的典型地区。多年来，武汉市立足本地实际，积极探索，已经形

---

* 徐锦晋，武汉大学法学院博士研究生、武汉大学人权研究院研究人员，主要研究方向为公众参与与社会治理。在此感谢武汉市水务局、武汉爱我百湖志愿者协会提供的材料支持，以及在访谈过程中给予的协助。

成了与官方河湖长制互补的民间河湖长制，为武汉市公众参与湖泊保护提供了有效的制度支撑。通过参与民间河湖长制，公众可以实现对湖泊保护的自我管理，充分保障了自身的环境参与权。

一 武汉市民间河湖长制发展概述

民间河湖长制是相对于官方河湖长制而存在的制度，其与官方河湖长制相互补充。官方河湖长制将党政机关的主要干部作为湖泊治理的主力军，而民间河湖长制则是依托公众力量保护湖泊。武汉市民间河湖长制的发展得益于政府、社会组织与公众三方面的合力推动。

（一）志愿活动凝聚公众力量，奠定民间河湖长制的社会基础

湖泊是武汉市最具特色的自然资源。早在河湖长制推行之前，武汉市就发起过多次湖泊保护的志愿行动，为民间河湖长制中的公众参与奠定了坚实的社会基础。

2009 年，第 13 届世界湖泊大会在武汉举办，《长江日报》同绿色江城环境文化发展中心联合发起了"行走江湖"护湖行动。该行动旨在组织环保志愿者，走访武汉市内重要湖泊和江河，观察水环境状况，传播环保、运动的理念。[1] 这次活动吸引了许多武汉市民前来参与。2010 年，武汉市文明办、武汉市水务局联合《长江日报》、武汉市环保局、团市委，在全市发起"爱我百湖"志愿行动。许多"行走江湖"护湖行动的团队都积极参与，成为"爱我百湖"志愿者，参与湖泊保护。2011 年，"爱我百湖"志愿者行动发起民间湖长的号召，并率领广大志愿者进行大胆探索，逐步确立了武汉市中心城区 40 个湖泊的民间湖长。[2]

---

[1] 《环保大使率"行走江湖"团队报名》，2010 年 6 月 29 日，网易新闻，https：//www. 163. com/news/article/6AAIFNEH00014AED. html。

[2] 《湖北省武汉"爱我百湖"志愿者协会》，2017 年 11 月 24 日，中国文明网，http：// www. wenming. cn/specials/zyfw/zhiyuanfuwu_ 2017sige100/2017xjdxmd/2017sige100_ zuimeizhi yuanfuwuzuzhi/201804/t20180410_ 4650266. shtml。

2012 年，"爱我百湖"公益行动已经吸纳志愿者 5000 余人，成立了 40 支护湖队，在全市 50 多个湖泊开展了百余场护湖行动。① 直至 2016 年，"爱我百湖"公益项目一直都是武汉市公众参与湖泊保护的重要平台，为武汉市民间河湖长制的发展奠定了坚实的基础。

（二）"爱我百湖"志愿者协会顺势而生，民间河湖长走向组织化

2016 年，"爱我百湖"从公益项目转变为合法的社会组织，武汉爱我百湖志愿者协会（以下简称"爱我百湖"）正式注册成立。2016 年底，中央出台专门性文件，目的是在全国范围内推行河湖长制。"爱我百湖"借此契机，联合《长江日报》在全市范围内征集民间河湖长。2017 年，在首批 55 名民间湖长的基础上，"爱我百湖"又开展了第二批"民间湖长"的征集活动。6 年以来，"爱我百湖"已经发展成为武汉市民间河湖长参与湖泊保护的重要平台。民间河湖长的征集、培训、宣传、巡河、巡湖等活动都依托"爱我百湖"来组织开展。武汉市民间河湖长通过"摸着石头过河"的尝试，从纯民间的非正规尝试发展到由"爱我百湖"进行全程推动和管理，逐步走上公开化、专业化和正规化的道路。

（三）政府规范引导，民间河湖长逐步制度化

随着民间河湖长的组织化，公众参与在湖泊保护中发挥的作用也愈来愈大。在武汉市"四水共治"② 的治水战略新思维的领导下，民间河湖长受到了武汉市政府的重视。武汉市政府随即出台多项措施，将民间河湖长纳入湖泊治理的体系中。一方面，武汉市水务局充分动用社会力量，通过服务外包的形式，将民间河湖长工作委托给"爱我百湖"。武汉市水务局每年同"爱我百湖"签订服务协议，服务期为一年，由"爱我百湖"制定一年的项目方案，交由水务局审核。协议签订后，民间河湖长相关活动的开展、相关工

---

① 《"爱我百湖"湖泊保护志愿者》，2012 年 6 月 7 日，中国文明网武汉站，http：//hbwh.wenming.cn/zhuanti/vrank/zyfwzz/201206/t20120607_245839.html。

② 武汉市"四水共治"指的是防洪水、排涝水、治污水、保供水。

作的组织均由"爱我百湖"负责。市水务局会提供资金支持，并定期检查工作情况。通过这种形式，武汉市水务局与"爱我百湖"形成了良好的协作和互补。另一方面，武汉市政府还出台了相关的规范性文件，为民间河湖长提供制度支撑。2018 年，武汉市委办公厅、市政府办公厅印发《武汉市深化河湖长制推进"三长联动"工作方案》，明确要求构建以民间河湖长为主体，社会组织和公众共同参与的全社会监督和参与体系。[1] 同年，武汉市河长制工作领导小组办公室印发了《武汉"民间河湖长"管理办法（试行）》，对民间河湖长的管理与规范作出了规定。此外，市河长制工作领导小组办公室还通过印发《关于聘请"民间河湖长"的通知》以及《市级民间河湖长工作情况的通报》等文件，对民间河湖长制度的运行予以支持。

经过多年的实践，武汉市民间河湖长制已经形成了政府引导、社会组织主导、公众积极参与的多元治理格局，在保障公众的环境参与权方面发挥了重要作用。

二 武汉市民间河湖长制的运行机制

良好的运行机制是一项制度得以存续，并发挥其功效的前提。武汉市民间河湖长制已经形成了完善的运行机制，包括征集机制、培训机制、奖励机制、考核机制、沟通机制。这些机制有力保障了公众参与环境保护的主体性、科学性、积极性、持续性和有效性。

（一）征集机制保障公众环境参与的主体性

从 2019 年开始[2]，"爱我百湖"每年都会通过省市主流媒体、新媒体面向社会公开征集市级民间河湖长。依据《"民间河湖长"管理办法（试行）》规定，民间河湖长可以由自然人承担，也可以由法人、团体承

---

[1] 《武汉市深化河湖长制推进"三长联动"》，2018 年 7 月 26 日，武汉文明网，http: // hbwh. wenming. cn/rdjj/201807/t20180726_ 5349051. html。

[2] 2017 年征集的民间河湖长任期为两年，从 2019 年开始，民间河湖长任期改为一年。

担，覆盖面十分广泛。武汉市市民和企业积极参与，每年的报名人数维持在 100 人左右。2019 年共有 96 人报名，2020 年报名人数达 130 人，2021 年报名人数达 106 人①。在报名结束后，"爱我百湖"会按照征集条件对所有报名民间河湖长的个人、团体、单位进行初步筛选，然后对初步筛选合格的个人、团体、单位进行当面洽谈和走访交流，以确定最终的名单。此外，"爱我百湖"还会同申请成功的民间河湖长签订协议，并建立民间河湖长基本信息库，为其颁发"武汉市民间河湖长"聘书及工作证等。

武汉市民间河湖长的征集过程十分注重公众的主体性，采用了竞选与连任等形式以确实保障公众的环境参与权。武汉市河湖众多，一些重点河湖会受到更多公众的关注，每年申请重点河湖河湖长的人数较多，存在溢出现象。为了保证公平性，也为了充分体现公众的主体性，针对热点湖泊，武汉市会面向社会，公开竞选民间河湖长。具体来说，竞选环节首先会邀请申请人就竞选原因、优势及工作设想等进行发言，然后根据专家评审、媒体评审和大众评审的综合评分，决定最终的湖长名单。② 2018 年，东湖民间湖长正是采用这种竞选方式予以确认的。公众主体性的另一体现就是民间河湖长的连任形式。针对民间河湖长的换届工作，"爱我百湖"都会结合民间河湖长任期内的工作表现，以及他们的个人意愿来决定是否连任。这种充分考虑到公众自身意愿的方式很好地保障了公众的环境参与权。

（二）培训机制提升公众环境参与的科学性

湖泊保护是一项涉及水资源相关专业知识和法律法规的专门性活动，要求管理者具有一定的知识储备，但是，由于民间河湖长主体的覆盖范围十分广泛，一般的公众并不具备相关的技能，因此，培训环节是武汉市民间河湖长制重要且必要的环节。《武汉"民间河湖长"管理办法（试行）》规定，

---

① 数据由武汉爱我百湖志愿者协会提供。
② 《两团体成为武汉东湖民间湖长》，2018 年 11 月 26 日，武汉文明网，http：//hbwh. wenming. cn/oldweb/dhshengtailvyou/201812/t20181210_ 5590902. html.

民间河湖长的主要工作内容包含四个方面：（1）巡查责任河湖，保护和监督河湖水生态环境健康；（2）宣传河湖保护理念和政策，带动群众保护河湖；（3）参与协调涉河湖社会行为，引导群众与职能部门良性互动；（4）及时、积极收集群众提出的河湖水生态环境意见、建议及看法，综合民意，反映民意。在该规定的指导下，武汉市民间河湖长制逐渐形成了包括河湖保护执行能力培训、河湖保护法律法规培训、河湖保护专业知识培训等在内的培训课程。每年，"爱我百湖"都会组织新上任的民间河湖长参与各项培训活动，从而保证其履职有力，提升公众参与湖泊保护的科学性。

（三）奖励机制激发公众环境参与的积极性

除了完善的征集和培训机制，武汉市民间河湖长制还建立了奖励机制。奖励机制通过给予民间河湖长正向反馈，提高民间河湖长的积极性，以鼓励更多公众参与到湖泊保护中来。每年，"爱我百湖"都会组织评选"十佳民间河湖长"，已经形成了一套完善的评选机制。

2021 年度武汉市"十佳民间河湖长"评选过程

"十佳民间河湖长"的评选由武汉爱我百湖志愿者协会负责。先由有意向的申请人提交申请材料。协会将对以上申报材料进行分类整理和书面审查，组织初选，综合考量工作实绩、业内外影响力等情况，确定符合申报条件和范围的 20 个初评对象。之后会通过两个环节的评选来确定最终人选。

第一个环节，网络投票。武汉水务、武汉爱我百湖志愿者协会公众号上会设立"征集武汉十佳民间河湖长"活动专题栏目，并将 20 名初步候选对象的主要事迹材料进行公布，发动社会各界人士通过公众号对初步候选对象进行投票。

第二个环节，委员会评审。评审委员会由相关部门负责同志、媒体

代表、专家学者等组成。评审过程中，首先由武汉爱我百湖志愿者协会向全体评委报告 20 名初评对象的基本情况、主要事迹等，然后由评委对初评对象进行匿名评价。

最后，根据网络评选 40%、委员会评审 60% 的分值比例，确定 10 名优秀民间河湖长。

"十佳民间河湖长"的评选充分考虑到社会各界的意见，政府、媒体、公众都会参与到评选过程中，保证了评选的公平性、客观性。同时，由于网络投票环节的存在，各位候选人会通过网络平台积极为自己拉票，这也可以让更多人了解到民间河湖长制，推动了民间河湖长制在社会中的传播，扩大了民间河湖长制的影响力。

（四）考核机制确保公众环境参与的持续性

为了保障民间河湖长制的稳定持续，武汉市还逐步建立了相应的考核机制，主要依托"水滴币"的形式开展。

2021 年武汉市民间河湖长水滴币积攒活动

"爱我百湖"依据民间河湖长的工作职责，将每项工作都量化为一定的水滴币。如巡一次河湖积攒水滴币；发现一个河湖问题反馈给"爱我百湖"，确认后按照问题大小来积攒水滴币；编辑巡河湖小帖子并被"爱我百湖"微信公众号选用积攒水滴币；市级民间河湖长与社区民间河湖长或者街道民间河湖长共同解决涉及河湖问题积攒水滴币；参加"爱我百湖"组织的民间河湖长培训积攒水滴币；参加与官方河湖长座谈会积攒水滴币；被市、区评为"最美江湖卫士""巾帼河湖卫士""青年河湖卫士""河湖小卫士"等积攒水滴币。

在此基础上，"爱我百湖"还会依据每位民间河湖长的水滴币积攒情况，每季度公开发布各民间河湖长水滴币排行榜，从而达到监督的目的。

水滴币的形式不仅是对民间河湖长工作进行量化考核的一种创新，还将所有与爱湖护湖相关的行动都统筹到民间河湖长的制度体系中。如被市、区评为"最美河湖卫士""巾帼河湖卫士""青年河湖卫士""河湖小卫士"等称号的也都可以积攒水滴币。这就将民间河湖长制以外的评价体系也纳入民间河湖长制中，从而促使各位民间河湖长在做好自己本职工作的基础上，积极响应市、区其他与湖泊保护相关的行动。这种考核形式不仅可以确保民间河湖长制的稳步运行，还可以进一步扩大民间河湖长制的影响力和作用。

（五）沟通机制保证公众环境参与的有效性

为了保证民间河湖长制的顺利进行，确保民间河湖长发挥实效，武汉市民间河湖长制还建立了沟通机制。

每年，"爱我百湖"都会利用民间河湖长网上交流平台（包括QQ、微信），选取能力突出的民间河湖长一同开展管理工作，一起对其他民间河湖长的工作实施监督，及时提醒少数忽视了爱水护湖工作的民间河湖长。同时，"爱我百湖"还要求民间河湖长及时报备巡河湖计划和进展，每年提交一份工作总结报告。此外，"爱我百湖"还会针对由企业、自然人、社会团体共同担任民间河湖长的河湖开展网络视频会议，商讨建立分工及合作机制。

通过以上具体措施，武汉市民间河湖长制逐渐形成了"民间河湖长发现问题、向协会反映问题、协会做出初步判断、协会现场调查判断、协会向主管部门反映问题并提出建议、协会将主管部门的回复或解决方

案向民间河湖长反馈、民间河湖长监督问题整改过程和效果"的沟通机制。

三 武汉市民间河湖长制的实施成效

自武汉市民间河湖长制实施以来，民间河湖长已经成为武汉市湖泊保护的中坚力量。2021年，武汉市民间河湖长制相关工作继续稳步推进，其通过成熟的运行机制，以及创新性举措，在提高公众参与湖泊保护的能力、推进公众参与湖泊保护宣传、助力武汉市湖泊保护工作方面发挥了重要作用，多方面保障了公众的环境参与权。

（一）稳步推进民间河湖长培训，提高公众参与湖泊保护的能力

民间河湖长制的培训课程是面向公众开放的，其辐射范围远远超过了该制度的目标群体，已经达到了全社会的层面。公众都可以依托民间河湖长的平台参加培训，提高自身湖泊保护的能力。

2021年，武汉市共组织民间河湖长系列培训活动8场（见表1），同时，还依托日常的巡河、巡湖、巡江工作，以及《长江日报》、武汉市水务局组织的各类涉水大讲堂、分享报告会等对民间河湖长开展相关培训。从表1可以看出，其培训内容不仅沿袭了传统，对巡湖、监督等基础事项进行了培训，同时，还增加了与水文化建设（"'长江之滨 百家论坛'水文化讲座"）、水环境治理（"学习革命历史，传承红色精神，做水环境保护的生力军"）、水资源保护（"汉口江滩'节水城市，携手共建'"）等方面紧密相关的培训内容，此外，民间河湖长培训还响应《中华人民共和国长江保护法》的要求，增加了巡江的培训内容。这些措施紧跟时事，不仅从静态上拓展了公众湖泊保护的知识，还从动态上促进了公众湖泊保护能力的持续提升，确保了公众湖泊保护的执行力，为公众参与湖泊保护注入了新的动力。

表1　2021年度武汉市民间河湖长系列培训活动清单

时间	主题
3月5日	2021年新聘任民间河湖长培训
3月28日	"长江之滨 百家论坛"水文化讲座
4月18日	学习革命历史,传承红色精神,做水环境保护的生力军
5月15日	汉口江滩"节水城市,携手共建"
7月21日	开展民间河湖长团体培训,共护碧水清流
9月4日	让我们一起快乐巡河——河湖保护执行能力培训
9月11日	河湖保护执行能力培训——带你直播巡江
10月22日	河湖保护技能培训(月湖直播活动)

资料来源:由武汉爱我百湖志愿者协会提供。

(二)大力宣传湖泊保护知识,保障公众参与环保宣传的权益

"积极宣传河湖长制政策和绿色发展理念"是武汉市民间河湖长的重要工作内容和工作职责。2021年,武汉市从三个方面推进民间河湖长的宣传工作,让公众从多路径参与到环保宣传中来。

第一,继续开展民间河湖长宣传进企业、进校园、进社区工作。"民间河湖长宣传进企业、进校园、进社区"是武汉市每年都会开展的活动,已经成为民间河湖长宣传工作的主战场。2021年,武汉市累计开展民间河湖长宣传教育活动12场(见表2)。

表2　2021年度武汉市民间河湖长制工作宣传教育活动清单

时间	主题
3月23日	聚力河湖长制宣传实践,志愿者们在行动
3月23日	青山区"世界水日""中国水周"宣传暨河湖长制宣传进社区
4月7日	硚口区河湖长制宣传进企业
5月29日	河湖长制宣传进校园,化作一堂生动环保课
6月4日	河湖长制 l 大手拉小手,保护水环境一起走
6月10日	河湖长制 l 探索水和土的秘密,传播爱水护水理念
7月1日	巡汉江宣传十年禁渔 庆祝党的百年华诞
9月15日	河湖长制 l 担当志愿者,开展全国科普日重点活动

时间	主题
10 月 13 日	青山区河湖长制宣传进农村
10 月 29 日	河湖长制|小小河湖长，大大正能量
11 月 18 日	青山区河湖长制宣传进企业活动
11 月 30 日	青山区河湖长制进机关——河湖知识培训

资料来源：由武汉爱我百湖志愿者协会提供。

第二，创建民间河湖长宣讲团。为了更好地做好宣传工作，2021 年，武汉市还积极探索培育民间河湖长宣讲团，并于 9 月 24 日面向市级民间河湖长正式启动河湖保护宣讲员征集活动。民间河湖长宣讲团由 10 位民间河湖长组成，通过自愿报名、严格筛选的方式产生。民间河湖长成功入选后还会得到宣讲团的聘书作为证明与鼓励。宣讲团主要承担对武汉市重点河湖保护的宣传任务，普及湖泊保护的相关知识。通过宣讲团的方式，不仅可以让民间河湖长更加深入了解湖泊保护的问题，保障自身的环境权，还可以通过这种实际的措施，让更多公众参与到湖泊保护中来。

第三，探索建立民间河湖长驿站。为了打造民间河湖长定期学习、分享、交流的场所，为民间河湖长的成长助力，2021 年，武汉市继续创新民间河湖长治湖举措，在长江、东湖、府澴河等河湖周边进行民间河湖长驿站试点。民间河湖长驿站拥有专门的场所，并配备有宣传资料、水环境保护法律法规、宣传栏等。驿站实行专人负责制，设驿站站长，负责驿站日常管理，定期开展巡湖护湖活动。同时，驿站还会招募志愿者兼职担任驿站"义务宣传员"，并主动邀请周边热心居民、街道干部、社会团体等作为兼职水环境保护"宣传志愿者"，共同组建驿站"宣传队伍"。2021 年，武汉市成功建立首个市级民间河湖长驿站——长江民间河湖长驿站和首个区级河湖长驿站——武汉经开区护湖分队（民间河湖长）驿站。①

---

① 《武汉"长江民间河湖长驿站"揭牌成立　106 位民间河湖长受聘上岗》，2021 年 3 月 25 日，新华网，http：//www.hb.xinhuanet.com/2021-03/25/c_1127250878.htm。

以上这些类型的宣传活动辐射范围广，参与人员涵盖企业职工、社会团体、河湖周边居民、高校大学生、爱水护湖志愿者等。由于民间河湖长来自群众，又服务于群众，因此，相较于官方河湖长，民间河湖长更能与公众打成一片，这大大加强了民间河湖长的宣传效果。一些参与活动的居民反映，通过这些宣讲活动，他们可以了解到湖泊治理的方方面面，比如湖泊保护的重要性、湖泊生态脆弱性的表现、一些中心城区湖泊治理的难点等，增强了他们对湖泊保护的认识。

（三）助力武汉市湖泊保护工作，保障公众参与环境决策与管理的权益

武汉市民间河湖长是湖泊保护工作开展的得力助手。2021 年，武汉市民间河湖长继续通过参与水务局的巡河湖工作和占湖许可听证工作，切实保障自身的环境参与权。

巡河湖工作是公众参与湖泊保护的主要形式，是保障公众参与环境管理的重要环节。武汉市民间河湖长通过巡河湖活动，收集和反馈湖泊保护中的问题，与官方河湖长制形成了良好的互补。据统计，2021 年，市级民间河湖长中团体巡河湖累计 1600 余人次，其中民间河湖长巡河湖 13 场（见表 3）、官民河湖长联动系列活动 7 场（见表 4），民间河湖长自发组织开展巡河湖活动 12 场（见表 5）。

表 3　2021 年度武汉市民间河湖长巡河湖活动清单

时间	主题
3 月 14 日	携手高校团体,共护碧水清流
3 月 24 日	参观水源地,节水大家行
5 月 22 日	企业青年志愿者巡湖护湖,守护家园碧水蓝天
5 月 29 日	珍爱河湖,保护生态
6 月 2 日	小小河湖长,保护大长江
6 月 19 日	保护湿地,志愿者先行
7 月 17 日	持续开展河湖清洁,营造水清岸绿景美环境
7 月 18 日	保护长江,从我做起

续表

时间	主题
9月17日	清洁家园,立"圾"行动
10月29日	清洁后官湖,普及河湖保护知识
11月14日	开展河湖保洁,扮靓张毕湖
11月21日	清理加拿大一枝黄花志愿服务活动
11月27日	武汉生态环境志愿观察活动走进张毕湖

资料来源:由武汉爱我百湖志愿者协会提供。

表4　2021年度武汉市官民河湖长联动系列活动清单

时间	主题
3月12日	官民河湖长齐发力,护航南湖水环境治理
5月10日	官民河湖长联动,共议水环境治理难题
6月2日	狮子山下华农情,南湖水上治理义
6月23日	官民河湖长联动,共护南湖水环境
9月30日	发动社区群众,官民河湖长共巡汤逊湖
9月30日	迎国庆,官民河湖长、高校社团、企业等联合开展共护碧水志愿服务活动
11月12日	开展南湖护湖洁湖行动,共建美丽家园

资料来源:由武汉爱我百湖志愿者协会提供。

表5　2021年度武汉市民间河湖长自发组织开展巡河湖活动清单

时间	主题
5月22日	民间河湖长|墨水湖边开展生物多样性调查
7月1日	巡汉江宣传十年禁捕——庆祝党的百年华诞
7月27日	民间河湖长|河湖保护,你我同行
8月27日	民间河湖长|"河"我一起,共护碧水
8月27日	民间河湖长|爱湖护湖,民间河湖长在行动
9月18日	世界清洁日·倒水河边,官民河湖长齐净滩
9月19日	世界清洁日·守护汉江美丽风景线
9月21日	"爱我百湖,清洁家园"系列活动之参观巡司河,共护绿色家园
9月24日	爱我百湖,美丽家园|开展河湖清洁,宣传河湖长制
9月25日	"爱我百湖,清洁家园"系列活动之共护南湖美丽家园
9月27日	"爱我百湖,清洁家园"系列活动之探秘西湖水生态修复系统
10月2日	一起"趣"净河,打鼓渡河民间河湖长在行动

资料来源:由武汉爱我百湖志愿者协会提供。

除了配合政府开展巡河湖工作，民间河湖长还会参与武汉市"占湖行政许可"的听证会。"占湖行政许可"是武汉市湖泊保护的一项特色。根据《武汉市湖泊保护条例》的规定，在湖泊水域范围内建设防洪、改善修复水环境、生态保护、道路交通等公共设施的，建设单位在申请建设用地规划许可证之前应当向武汉市水务局提出申请，经市水务局审查通过后，再报市人民政府批准。针对每一项审查，武汉市水务局都会组织听证。2021年，武汉市共通过19项占湖审批，[①] 每一项审批都通过听证会的方式征求了民间河湖长的意见，充分保障了公众参与环境决策的权益。

通过以上两种方式，公众已经成为武汉市湖泊保护的重要力量。2021年，武汉市民间河湖长累计通过 QQ 群、微信群反馈了 228 个典型河湖水环境问题，通过参与"占湖行政许可"听证会建言献策，为武汉市湖泊保护工作提供了相当大的助力。[②]

四　武汉市民间河湖长制发展的借鉴意义

经过多年发展，武汉市民间河湖长制日趋成熟，已经成为保障公众环境参与权的典型实践，对于如何保障公众环境参与权有着借鉴意义。

（一）发挥社会组织自主性，有序保障公众环境参与权

武汉市民间河湖长制的良好发展离不开社会组织的支持。在民间河湖长制形成之前，绿色江城环境文化发展中心是武汉市公众参与湖泊保护的重要依托，其组织开展的"行走江湖"等活动成功吸引了大批武汉市民积极保护自身的环境权。在河湖长制推行之后，武汉爱我百湖志愿者协会成为民间河湖长的主阵地。在武汉市民间河湖长制的运行过程中，"爱我百湖"始终扮演着组织者与主导者的角色，政府则充当协助者，提供必要的资金支持与政策支撑。

---

① 数据资料根据武汉市水务局"占用湖泊审批"版块统计而成，查询时间 2021 年 12 月 31 日，http://swj.wuhan.gov.cn/sgs/spgs/zyhpsp/index_ 1.html。

② 数据资料由武汉爱我百湖志愿者协会提供。

在这样的情况下，"爱我百湖"作为专门性的湖泊保护公益组织可以将自身的人力、物力、财力全部投入到民间河湖长制的运行中，其自主性与积极性都得到了极大的发挥，成为武汉市民间河湖长制良好发展的重要保障。因此，要充分发挥社会组织的自主性，使公众参与环境保护组织化、有序化。

（二）重视公众的主体地位，有力保障公众环境参与权

除了社会组织在武汉市民间河湖长制的发展中大放异彩之外，公众也是不可忽视的力量。民间河湖长的运行机制，处处体现着人文关怀，将公众作为制度的主角。在征募环节，民间河湖长无论是通过竞选还是连任的形式产生，公众的需求都是决定民间河湖长人选的第一考量因素。在培训环节，非民间河湖长的公众也可以参与培训课程，享受培训服务，了解湖泊保护的相关知识。此外，武汉市还会对表现优异的民间河湖长进行表彰，对于民间河湖长反馈的问题也会给予充分的重视，实时跟进解决。可见，将公众需求摆在第一位的理念贯穿了民间河湖长制运行的始终。因此，重视公众的主体地位才能有力保障公众环境参与权。

（三）因地制宜施政，有效保障公众环境参与权

因地制宜施政是武汉市民间河湖长制卓有成效的又一原因。武汉市湖泊众多，列入《武汉市湖泊保护条例》的湖泊共有 166 个。这些湖泊依据功能、区域划分为多种类型，不同类型的湖泊，管理也会有所不同。在分配河湖长时，武汉市会依据不同种类湖泊的管理需求安排不同数量的河湖长，而不是将民间河湖长等额分配。这样的方式很好地结合了武汉市湖泊治理的特点，可以防止出现一些河湖长因管理范围太大，管理起来有心无力的情形，让民间河湖长各得其所。其次，由于武汉市横跨长江，多数湖泊都属于长江流域，因此在民间河湖长的培训环节中，武汉市还增加了巡江环节和长江保护的相关内容等，而不是让民间河湖长就湖管湖。这些结合武汉市情况所实施的举措都为武汉市民间河湖长制的良好运行提供了保障，也是有效保障公众环境参与权的重要举措。

参考文献

[1] 何苗：《中国与欧洲公众环境参与权的比较研究》，《法学评论》2020 年第 1 期。

[2] 杨朝霞：《论环境权的性质》，《中国法学》2020 年第 2 期。

[3] 王迪：《环境事务公众参与权探赜》，《北京行政学院学报》2020 年第 5 期。

[4] 章楚加：《重大环境行政决策中的公众参与权利实现路径——基于权能分析视角》，《理论月刊》2021 年第 5 期。

[5] 李红勃：《环境权的兴起及其对传统人权观念的挑战》，《人权研究》2020 年第 1 期。

[6] 吕忠梅：《再论公民环境权》，《法学研究》2000 年第 6 期。

B.8
《民法典》颁行以来我国公民
财产权保护的新进展

潘 俊*

摘 要: 《民法典》确认了国家、集体和私人等多类不同性质主体的财产权平等保护,扩大了财产权的客体范围,丰富了农地经营权、居住权以及数据、虚拟财产等财产权利内容。《民法典》颁布以来,财产权实现形式更加多样,农村土地经营权可以出租、抵押等形式对外流转,业主维修基金、抵押物、自然资源等财产权利限制放宽,使用效益得以提升。各地积极推进产权登记制度,明晰财产权权属,限制公权力对财产权的干涉,加大对知识产权、民营企业财产等的保护力度,形成了全面有效的财产权保护机制。

关键词: 财产权 《民法典》 财产权的平等保护

孟子曰:"民之为道也,有恒产者有恒心,无恒产者无恒心。"财产权是人民获得美好幸福生活的物质基础与保障,不仅关系到公民的生存权,还影响到公民的人格尊严和自由,与生命权、自由权并称为公民的三大基本权利。保护财产权就是保障民生,就是保护人的自由与尊严。① 作为社会生活的百科全书,《民法典》在中国特色社会主义法律体系中占据重要地位,对财产权进行了全面的调整和规范,坚持落实了"主体平等、保护财产权利"

---

* 潘俊,法学博士,西南政法大学中国农村经济法制创新研究中心研究员,主要研究方向为私法与人权。

① 王利明:《平等保护原则:中国物权法的鲜明特色》,《法学家》2007年第1期。

这一重要中央精神。① 梳理《民法典》财产权规定及其实施状况，可以清晰呈现出我国公民财产权保护的发展脉络。

一 多类主体财产权的平等保护

（一）财产权主体多样化发展

公民的财产权可以是公民作为独立个体拥有的财产，也可以是通过加入组织形成不同市场经济主体而享有的相应财产份额。② 《民法典》"首次确立依法出资设立企业的权利……明确营利法人的财产所有权"。③ 在财产权主体范围上，公民个人、（民营）企业、农村集体、国家等多类主体都享有相应的财产权；在财产权主体性质上，公有制、非公有制经济多种经济形式主体共同发展。尤为重要的是，《民法典》构建了自然人、以公司为代表的法人以及以合伙为代表的其他组织的民事主体结构，并特别明确了农村集体经济组织属于特别法人。只要符合条件，农村集体经济组织便能取得法人资格，拥有自身独立的财产，一定程度上避免集体经济组织内部少数人侵占、非法处置集体资产现象的发生。全国各地纷纷组建了农村产权制度改革管理系统，对集体经济组织资产、集体经济组织成员身份进行管理和确认，以赋予农民更多财产性权利。截至 2021 年 9 月，"全国已建立乡村组三级集体经济组织近 90 万个，清查核实集体账面资产 7.7 万亿元，其中，经营性资产 3.5 万亿元"。④ 在《数字农业农村发展规划（2019—2025 年）》明确建设

---

① 习近平民法典"讲义"中提到"阐释好民法典关于坚持主体平等、保护财产权利……基本要求"。

② 《民法典》第 268 条："国家、集体和私人依法可以出资设立有限责任公司、股份有限公司或者其他企业。国家、集体和私人所有的不动产或者动产投到企业的，由出资人按照约定或者出资比例享有资产收益、重大决策以及选择经营管理者等权利并履行义务。"

③ 雷兴虎：《民法典推动经济高质量发展（新论）——共同学用好民法典》，《人民日报》2020 年 7 月 3 日，第 5 版。

④ 《农业农村部：确保如期完成农村集体产权制度改革阶段性任务》，光明网，https：//m. gmw. cn/baijia/2021-09/18/35174419. html，2021 年 12 月 10 日访问。

全国农村集体资产监督管理平台以推动农村集体资产财务管理制度化、规范化、信息化基础之上，2022 年 1 月 1 日开始施行的《农村集体经济组织财务制度》进一步强调管好农村集体资产财务，对推动乡村振兴、实现共同富裕有着重要意义。

为便于各类主体选择不同的形式进入市场，《市场主体登记管理条例》统一了不同市场主体的登记规则、标准和程序。截至 2021 年 8 月，我国登记在册的市场主体达 1.45 亿户，市场主体的活跃度持续稳定在 70% 左右。其中，2021 年上半年，全国新设市场主体 1394.5 万户，新设个体工商户945.9 万户，同比增长 28.1%，两年年均增速 10.8%。① 截至 2021 年 12 月17 日，我国市场主体总量已超 1.5 亿户，其中各类小微企业 4317.25 万户、个体工商户 1.02 亿户。② 各类市场主体蓬勃发展，既是其自身财产权益有效保护的彰显，也为其参与市场经济活动积极创造财富奠定了坚实基础。

（二）不同主体的财产权一律平等保护

物权是财产权在法律上最重要的内容和表现形式之一，我国《民法典》"物权编"规定了各类财产归属、流动而形成所有权、用益物权、担保物权等物权制度。《民法典》第 207 条重申物权平等保护原则，将原《物权法》第 4 条修改为"国家、集体、私人的物权和其他权利人的物权受法律平等保护，任何组织或者个人不得侵犯"。③ "社会生活中物权主体的类型具有多样性。不同类型的物权主体在权利享有和使用方面有所差异，但是对不同类型的物权主体进行物权保护不应有区别。"④ 财产权平等保护意味着对不同性质的主体拥有的财产权一视同仁。"在分别规定国家所有权、集体所有权

---

① 《我国市场主体达 1.45 亿户》，中国政府网，http://www.gov.cn/zhengce/2021-08/25/content_5633374.htm，2021 年 11 月 5 日访问。
② 《激发市场活力　支持市场主体发展》，《人民日报》2022 年 1 月 28 日，第 4 版。
③ 原《物权法》第 4 条规定，"国家、集体、私人的物权和其他权利人的物权受法律保护，任何单位和个人不得侵犯"。
④ 董彪：《社会主义核心价值观视角下的〈民法典〉物权编》，《民主与法制时报》2020 年 7月 24 日。

和私人所有权，承认我国多种所有制经济并存的基础上，（《民法典》）更加突出强调了对各类所有权一视同仁、受法律平等保护……"①　国有财产从神圣走向与私有财产平等的地位。这意味着，不论是国家、集体还是私人，其财产权都受到同等保护，不论是国家、集体、私人将拥有的动产、不动产投入到企业形成的公有制、私有制还是混合制企业，出资人都按照相应比例享有相应权益，不受主体性质的影响。我国先后通过《中共中央关于全面深化改革若干重大问题的决定》《优化营商环境条例》等规范性文件落实这一精神，强调"公有制经济财产权不可侵犯，非公有制经济财产权同样不可侵犯"，要求"国家依法保护市场主体的财产权……严禁违反法定权限、条件、程序对市场主体的财产和企业经营者个人财产实施查封、冻结和扣押等行政强制措施"。各地方政府为贯彻这一精神，纷纷推出各类政策为民营企业"加油赋能"。如深圳市委、深圳市人民政府发布《关于营造更好发展环境支持民营企业改革发展的行动方案（2021—2023 年）》，重点强调优化公平竞争的市场环境、健全平等保护的法治环境。

《民法典》将物权平等保护原则拓展到所有财产权内容保护之中，在第113 条规定"民事主体的财产权利受法律平等保护"。不论是所有权这一典型的财产权利还是继承权、股权等其他性质的财产权利，一律受到平等保护。平等保护，意味着各类不同主体享有相同财产权的权利内容应当相同，适用相同的交易规则，承担相应的义务与责任；意味着各类主体财产权受到侵害时，获得的救济途径相同，侵权人承担的责任也相同；意味着国家财产权不能凌驾于集体、私人财产权之上，同样，私人享有的财产权也不因集体、国家的财产权而有所退让。

二　财产权范围和内容不断充实

"广义上的产权即财产权，是一种包含民法中物权、债权、知识产权

① 尹飞：《民法典编纂是国家治理体系现代化的重要环节》，《中国人大》2020 年第 9 期。

等具有财产内容的权利;而狭义上的产权排除了具有相对属性的债权,主要是指物权、知识产权等绝对性财产权利。"① 人权语境下的财产权应当是广义上的财产权。在第 114 条确认物权这一传统财产权范畴基础之上,《民法典》通过第 118 条、第 123 条到第 127 条广泛确认了各类主体享有的知识产权、继承权、股权和其他投资性权利以及数据、网络等虚拟财产。

(一)关注公民个人利益,扩大私有财产的范围

在建筑物区分所有权中,《民法典》大幅度完善了业主的权利,并将物业服务合同作为新的合同类别予以明确规定。如确认业主共有部分产生的收入在扣除合理成本后归业主所有,保障业主积极性财产的增加;区分住宅和非住宅建设用地,规定住宅建设用地使用期限届满的自动续期,推动财产权保护长效机制的建立。②

关注农民财产性收益,《民法典》沿袭《农村土地承包法》的规定,将承包地"三权分置"政策进行了规范表达。第 339 条到第 341 条区分了土地承包经营权和土地经营权,规定以约定的方式取得、流转土地经营权,突破了土地承包经营权的主体身份限制,为土地承包经营权人增收提供了法律保障。取得土地经营权的主体,可以在合同期限内占有农村土地,自主开展农业生产经营并获取收益。因此,土地承包经营权人既可以自己开展农业生产经营获取财产性收益,也可以选择出租土地经营权、以土地经营权入股、将土地经营权设置抵押等方式实现财产性收益。

走进百姓生活,《民法典》在"婚姻家庭编"中对个人财产和夫妻共同财产的范围作出了更加周延的规定,明确相应主体的财产范围:一方因人身损害获得的赔偿和补偿、遗嘱或赠与合同中确定只归一方的财产为个人财

---

① 石佳友、高郦梅:《〈民法典〉对产权保护的完善与发展》,《武汉大学学报》(哲学社会科学版) 2021 年第 3 期。

② 王利明:《民法典为治理现代化提供有力的制度保障》,光明网,http://new.gsrdw. gov.cn/html/2020/zxdt_ 0722/3578.html,2021 年 11 月 12 日访问。

产；劳务报酬、投资收益、受赠财产等新增为夫妻共同财产。此外，《民法典》第 1088 条确立了家务补偿制度，承认了家务劳动的财产性价值。夫妻一方抚育子女、照料老人、协助另一方工作等，在离婚时可以请求给予相应补偿请求权。财产权的形式由此得以拓展。

（二）回应现实居住需求，增加居住权、优先承租权等居住财产性权益

《民法典》"物权编"第十四章单独规定了居住权，居住权人有权按照合同约定对他人住宅享有占有、使用的权利。居住权为用益物权，具有排他性，即使对房屋没有产权，居住权人也可以长期、稳定地居住。"这不仅有利于保护弱势群体的居住权益，还为租售同权、租购并举等提供了有力法律支撑。"① 同时，根据第 327 条的规定，居住权人在居住房屋被征收时，也有权获得相应的补偿。《民法典》施行后，截至 2022 年 1 月，在中国裁判文书网上检索到以"居住权合同"为民事案由的裁判文书共 167 篇。法院根据《民法典》居住权有关规定，依法判决，有效保证了离异老人老有所居、老人放心以房养老、离婚困难一方有房可住。②

为增强承租人权益保护，落实"租购同权"住房制度的要求，《民法典》第 734 条在吸收原《合同法》第 236 条的基础上，增加"租赁期限届满，房屋承租人享有以同等条件优先承租的权利"，确立了承租人的"优先承租权"。同时，完善承租人优先购买权的实现，如出租人应当通知承租人 15 日内决定是否明确表示购买，否则承租人可以请求出租人承担损害赔偿责任；此外，按份共有人行使优先购买权或者出租人将房屋出售给近亲属时，排除承租人的优先购买权。

① 《保护你我财产权利，这些案例与民法典有关》，新华网，http://www.xinhuanet.com/legal/2020-06/04/c_1126074935.htm，2021 年 11 月 20 日访问。
② 参见《人民法院贯彻实施民法典典型案例（第一批）》"邱某光与董某军居住权执行案"、《人民法院老年人权益保护十大典型案例》"唐某三人诉俞某某返还原物纠纷案"等。

（三）紧跟时代发展，确认数据、虚拟财产等新型财产权利

为适应大数据发展需求，《民法典》第 127 条[①]对数据、网络虚拟财产等互联网热点前沿问题进行了回应，肯定数据、网络虚拟财产作为财产权客体受到法律保护。"虽然本条只是一个引致条款而无实际规范内容，但却为后续具体法律规范的建构提供了一个兼容度极高的制度接口。"[②]当前，数据已经成为与土地、劳动力和资本并列的关键生产要素，其财产价值日益彰显。数据财产权是权利人对特定数据享有直接支配的排他性的权利，是一种无体财产权。[③] "数据相关的利益主体分为个人、企业、其它组织与国家，不同的利益主体对数据权益的享有范畴与属性又存在差异。网络用户除可以主张立法承认的隐私权之外，还可主张个人数据自决权〔包括个人数据访问权（知情权）、个人数据更正权、个人数据限制处理权、个人数据可携带权、个人数据删除权和被遗忘权等〕；企业则可以主张对其收集、整理的数据拥有财产权。"[④] 在不同的角度和层次上，数据为不同主体所有，为个人、企业等带来相应的财产价值和经济效益。

网络虚拟财产也是一种无形资产，常包括游戏账号和游戏装备、微信公众号、QQ 号、比特币等虚拟货币、虚拟账号及游戏角色等。截至 2021 年 9 月 28 日，仅广州互联网法院受理涉虚拟财产、个人信息保护、信息自决权、数据匿名化、数据定价等具有社会影响力的热点案件 624 件，其中虚拟财产类案件占比超过五成。司法实践中，法院倾向于认可虚拟财产的财产属性，在部分刑事案件中也肯定其财产价值，进而确认虚拟财产属于游戏者的私人财产，游戏者对其享有所有权。如在上海市黄浦区人民检察院诉孟某、何某

---

① 《民法典》第 127 条规定，"法律对数据、网络虚拟财产的保护有规定的，依照其规定"。
② 刘炼箴：《民法典"数据与网络虚拟财产"条款研究》，上海市法学会《上海法学研究》2020 年第 3 卷，上海人民出版社，2021。
③ 钱子瑜：《论数据财产权的构建》，《法学家》2021 年第 6 期。
④ 刘炼箴：《民法典"数据与网络虚拟财产"条款研究》，上海市法学会《上海法学研究》2020 年第 3 卷，上海人民出版社，2021。

某网络盗窃一案中，法院认为："茂立公司付出对价后得到的 Q 币和游戏点卡，不仅是网络环境中的虚拟财产，也代表着茂立公司在现实生活中实际享有的财产，应当受刑法保护……一旦失窃便意味着所有人丧失了对这些财产的占有、使用、收益和处分的全部财产权利。"① 此外，网络虚拟财产作为公民合法拥有的私人财产，可以依法继承。

三　财产权的行使与实现形式多样化

《民法典》不仅关注不同主体财产权的享有，也重视各类主体财产权的行使与实现，以充分发挥各类财产权的经济价值和效益。

（一）农村土地经营权采用多种形式进行流转

农村土地承包经营权分离为承包权、经营权后，与农村集体土地所有权形成三权分置的格局。根据《民法典》第 339 条、第 340 条的规定，土地承包经营权人可以选择通过出租、入股或其他方式流转土地经营权，且不受集体经济组织内部成员的限制，以充分实现承包经营权的财产机制。其他流转土地经营权方式，包括但不限于抵押、信托等。为了促进农村土地经营权流转，同时解决经营主体跑路而导致农民财产期待利益落空的问题，2021年 1 月《农村土地经营权流转管理办法》出台，鼓励各地构建多种形式的土地经营权流转风险防范和保障机制，如"鼓励流转双方在土地经营权流转市场或农村产权交易市场公开交易，签订规范的流转合同，明确双方的权利义务；鼓励保险机构为土地经营权流转提供流转履约保证保险等多种形式保险服务等"。② 目前，全国已有 1474 个县（市、区）、2.2 万个乡镇建立农村土地经营权流转市场或服务中心，全国家庭承包耕地土地经营权流转面

---

① 《上海市黄浦区人民检察院诉孟动、何立康网络盗窃案》，《中华人民共和国最高人民法院公报》2006 年第 11 期。

② 《农村土地经营权流转四问——解析〈农村土地经营权流转管理办法〉亮点》，中国政府网，http://www.gov.cn/zhengce/2021-02/05/content_5585098.htm，2021 年 11 月 13 日访问。

积超过 5.32 亿亩。截至 2020 年底，全国农村土地经营权入股面积 2926.6
万亩，其中入股合作社面积 1703.9 万亩。①

（二）建筑物维修资金、抵押财产等利用效率有所提高

《民法典》第 281 条降低了建筑物及其附属设施维修资金使用的表决门
槛，增加了紧急情况下维修资金使用的特别程序，由此业主可以更好地利用
维修资金这笔巨大的沉睡资金。② 第 406 条解除了抵押期间抵押财产转让的
限制。在不损害抵押权人利益的基础上，抵押人可以自由处分抵押财产，仅
需通知抵押权人，不再要求经过抵押人同意；抵押财产受让人直接取得抵押
财产所有权，同时也受到抵押权的约束。如此一来，抵押财产的流转和交易
效率大大提高，也缓解了抵押人的融资困难问题，充分发挥了抵押物的财产
效益。同时，第 399 条将不能抵押的"学校、幼儿园、医院等以公益为目
的的事业单位、社会团体的教育设施、医疗卫生设施和其他社会公益设施"
改为"学校、幼儿园、医疗机构等以公益为目的成立的非营利法人的教育
设施、医疗卫生设施和其他公益设施"，变相扩大了抵押财产的范围。

（三）自然资源的合理利用得以加强

《民法典》将环境保护和自然资源的合理利用纳入我国财产保护制度的
特殊构成之中，形成了生态环境性交易，加强自然资源资产使用权的流通，
促进全体人民公平分享公共资源收益。如通过招标、拍卖、挂牌、协议等方
式有偿使用矿产资源；建立全国统一水权交易制度、交易系统和风险控制系
统，推动跨流域、跨区域、跨行业以及不同用水户间的水权交易。目前，北

---

① 《对十三届全国人大四次会议第 3646 号建议的答复》，农业农村部网站，http：//www.
moa. gov. cn/govpublic/zcggs/202109/t20210923_ 6377456. htm，2021 年 11 月 13 日访问。

② 《民法典》第 281 条规定，"建筑物及其附属设施的维修资金，属于业主共有。经业主共同
决定，可以用于电梯、屋顶、外墙、无障碍设施等共有部分的维修、更新和改造。建筑物
及其附属设施的维修资金的筹集、使用情况应当定期公布。紧急情况下需要维修建筑物及
其附属设施的，业主大会或者业主委员会可以依法申请使用建筑物及其附属设施的维修
资金"。

京等地已建立起碳交易、排污权交易、水权交易、用能权交易等生态环境性权益交易平台，积极探索自然资源资产产权交易制度的建设和发展。2021年1月1日到12月31日为全国碳市场第一个履约周期。截至12月31日，共纳入发电行业重点排放单位2162家，年覆盖约45亿吨二氧化碳排放量。自2021年7月16日正式启动上线交易以来，全国碳市场累计运行114个交易日，碳排放配额累计成交量1.79亿吨，累计成交额76.61亿元。按履约量计，履约完成率为99.5%。①

四　财产权的保护全面推进

（一）加强确权登记，确保财产权属清晰

不动产登记确权，是保护公民财产权的基础。精简不动产登记审批，化解"堵点""痛点"，解决"不为""乱为"问题，是不动产登记确权工作中的重中之重。2021年以来，自然资源部开发完成了全国不动产登记网上"一窗办事"平台，并纳入全国一体化政务服务平台"跨省通办"服务专区，实现了统一身份互认互通。据统计，320多个地级以上城市已经接入自然资源部"一窗办事"平台，1919个县（市）实现了商品房预售与抵押涉及的不动产预告登记、不动产登记资料查询、不动产抵押登记3个事项的"跨省通办"。②

在全国一体化政务服务平台基础上，各地方政府也大力推进登记工作。截至2021年11月30日，广东省已实现不动产登记资料查询、不动产抵押权登记、预售商品房预告登记及其抵押权预告登记等事项省内通办和跨省通办，实现不动产查封登记、国有建设用地使用权及房屋所有权登记（包括

---

① 《碳排放配额累计成交量1.79亿吨》，中国政府网，http://www.gov.cn/xinwen/2022-01/04/content_5666282.htm，2022年3月23日访问。

② 《自然资源部"我为群众办实事"实践活动进行时》，《中国自然资源报》2021年11月5日。

转移、变更和注销登记）事项省内通办。① 截至 2021 年 5 月，通过"粤省事"小程序、"粤商通"App 向社会提供了不动产登记信息查询服务约 649 万次，一码通服务约 25 万次，办事进度查询服务约 22 万次，办事预约服务约 18 万次。山西省自然资源厅建成了山西省级不动产登记信息管理平台和全国首个省级不动产登记调度中心，形成标准统一、内容全面、覆盖全省、实时更新、互通共享的不动产登记信息管理平台体系，真正实现了国家、省、市、县四级联动和数据联通。② 江西省率先推行了"一照含证"改革，并大力推广"告知承诺制""一件事一次办""六多合一"集成审批等制度改革，取得了一系列显著成效。"企业开办压至 1.5 个工作日以内，不动产登记、抵押登记分别在 3 个、1 个工作日内办结，工程建设项目审批平均压缩至 79 个工作日；9 月，进口整体通关时间（扣除国内运输段）14.27 小时，出口 0.37 小时。"③

（二）强化公权力对财产权的限制与保护

《民法典》要求政府等公权力对民事主体财产权承担积极和消极的保护义务，严格划定政府合法限制或剥夺民事主体财产权的行为边界。如《民法典》第 3 条规定"任何组织或者个人不得侵犯"民事主体的合法民事权益，第 265 条第 1 款和第 267 条分别规定集体所有的财产和私人的合法财产受法律保护，对前者禁止任何组织或者个人"侵占、哄抢、私分、破坏"，对后者禁止任何组织或者个人"侵占、哄抢、破坏"。同时，政府对各类民事主体的财产权承担积极保护义务，如通过登记和发证行为积极履行保护义

---

① 《全程网办！广东高频不动产登记业务实现跨省通办省内通办》，深圳新闻网，http://www.sznews.com/news/content/2021-12/01/content_24783187.htm，2021 年 12 月 24 日访问。

② 《登记财产指标提质增效，各地有新"攻略"》，中国经济网，http://district.ce.cn/newarea/roll/202111/16/t20211116_37088041.shtml，2021 年 11 月 13 日访问。

③ 《中国日报：江西出"实招"打好"减负"组合拳——2021 年江西省企业减负综述》，江西省工业和信息化厅网站，http://www.jxciit.gov.cn/Item/75084.aspx，2021 年 11 月 22 日访问。

务、通过履行保管和发布公告等义务、通过担任管理人以保护相关债权人的财产权益。[1]

就公权力而言，财产权保护中最主要的不安全要素是国家的征收。[2]《民法典》严格限制征收、征用的范围以保护公共利益;[3] 征收集体土地，除既有的土地补偿费、安置补助费、地上附着物和青苗的补偿以及社会保障费用的补偿之外，第 243 条[4]新增了农村村民住宅的补偿。同时，该条在"足额"前加了"及时"一词，以解决征收拆迁过程中不及时支付补偿款、不及时落实安置房屋等问题。第 117 条在补偿公平的基础上，增加了"合理"二字，要求征收国有土地上的房屋，应当按照公平、合理补偿原则，依法对被征收人进行补偿安置。

（三）规范涉及财产权的执法司法行为

"司法保护是产权公平保护的最后屏障，也是实现社会公正的最有效手段。"[5] "通过公正司法依法有效保护各种所有制经济组织和公民财产权，增强人民群众财产财富安全感，也是优化营商环境的题中应有之义。"[6] 在知识产权保护方面，北京、上海、广州等地设立知识产权法院，通过审理重大典型案件，确立裁判规则，统一裁判标准，加大对知识产权侵权行为的惩治力度，着力解决侵权成本低、维权成本高等问题。最高人民检察院设立知识

---

[1] 黄先雄:《论〈民法典〉财产权规范中的政府行为边界》,《行政法学研究》2021 年第 3 期。

[2] 石佳友:《健全以公平为原则的产权保护论纲》,《中国政法大学学报》2021 年第 3 期。

[3] 《民法典》第 117 条规定,"为了公共利益的需要，依照法律规定的权限和程序征收、征用不动产或者动产的，应当给予公平、合理的补偿"。

[4] 《民法典》第 243 条规定,"为了公共利益的需要，依照法律规定的权限和程序可以征收集体所有的土地和组织、个人的房屋以及其他不动产。征收集体所有的土地，应当依法及时足额支付土地补偿费、安置补助费以及农村村民住宅、其他地上附着物和青苗等的补偿费用，并安排被征地农民的社会保障费用，保障被征地农民的生活，维护被征地农民的合法权益。征收组织、个人的房屋以及其他不动产，应当依法给予征收补偿，维护被征收人的合法权益;征收个人住宅的，还应当保障被征收人的居住条件。任何组织或者个人不得贪污、挪用、私分、截留、拖欠征收补偿费等费用"。

[5] 石佳友:《健全以公平为原则的产权保护论纲》,《中国政法大学学报》2021 年第 3 期。

[6] 《法治是最好的营商环境》,《人民日报》2020 年 10 月 16 日，第 5 版。

产权检察办公室，统一指导履行知识产权刑事、民事、行政检察职能，构建知识产权全方位综合性司法保护机制。[1] 我国累计建设 57 家知识产权保护中心和 30 家知识产权快速维权中心，设立国家海外知识产权纠纷应对指导中心及 22 家地方分中心。2021 年，国家知识产权局向地方通报 4 批次 81.5 万件非正常专利申请，前 3 批撤回率达 97%，打击恶意商标注册申请 48.2 万件。在"蓝天"专项行动中，对 9 家代理非正常专利申请的代理机构作出吊销资质、停止承接代理业务等重处罚；对 84 家人均代理量持续超过平均水平 5 倍的代理机构，组织有关省份知识产权管理部门实施重点检查；对 29 家情节特别严重的机构，挂牌督办地方给予行政处罚。[2]

在企业财产保护方面，"力防企业因案陷入困境，根据具体案件性质、情节和对社会的危害程度，持续落实对企业负责人涉经营类犯罪依法能不捕的不捕、能不诉的不诉、能不判实刑的提出适用缓刑建议等检察政策；涉企等单位犯罪不起诉率 38%，同比增加 5.9 个百分点。进一步抓实在辽宁、江苏、广东等 10 个省市检察机关开展的涉案企业合规改革试点：依法可不捕、不诉的，责成涉案企业作出合规承诺、切实整改……2019 年起会同公安部持续专项清理出（涉企案件长期'挂案'）9815 件……督促办结 8707 件，企业活力得以释放"。[3] 最高人民检察院首次围绕民营经济司法保护发布了第二十一批指导性案例，通过民事抗诉、检察建议等切实保护投资人权益，通过监督民事性活动，快速纠正执行违法行为，及时帮助民营企业挽回损失。2021 年《最高人民法院关于适用〈中华人民共和国刑事诉讼法〉的解释》首次将"涉案财物的调查举证"写入"法庭调查"程序，明确公诉机关对涉案财物是否属于违法所得、是否应当追缴负

---

① 中华人民共和国国务院新闻办公室：《全面建成小康社会：中国人权事业发展的光辉篇章》，国务院新闻办公室网站，http：//www.scio.gov.cn/ztk/dtzt/44689/46557/index.htm，2021 年 11 月 22 日访问。

② 《国新办举行 2021 年知识产权相关工作统计数据发布会》，国务院新闻办公室网站，http：//www.scio.gov.cn/xwfbh/xwbfbh/wqfbh/47673/47698/index.htm，2022 年 3 月 23 日访问。

③ 参见《最高人民检察院工作报告》，2022 年 3 月 8 日。

有举证责任，而不能"所有财产一刀切"，不能直接收缴、罚没个人或企业的财产。

参考文献

［1］刘欣：《民法典视域下自然资源资产产权制度理论分析》，《中国国土资源经济》2021 年第 8 期。

［2］石佳友：《健全以公平为原则的产权保护论纲》，《中国政法大学学报》2021 年第 3 期。

［3］梅夏英：《〈民法典〉对信息数据的保护及其解读》，《山西大学学报》（哲学社会科学版）2020 年第 6 期。

［4］李富民：《民法典背景下虚拟财产的规制路径》，《中州学刊》2021 年第 10 期。

［5］王涌：《财产权谱系、财产权法定主义与民法典〈财产法总则〉》，《政法论坛》2016 年第 1 期。

［6］吴汉东：《财产权的类型化、体系化与法典化——以〈民法典（草案）〉为研究对象》，《现代法学》2017 年第 3 期。

B.9
新时代平安中国建设与安全权保障[*]

化国宇　卞婉萍[**]

摘　要：　"平安建设"是从中国人的现实需要中生发出来的，为人权理论的丰富发展提供了中国实践的视角。"平安中国"建设近年来在法律制度体系建设、重大风险预防、打击违法犯罪、清朗网络空间和扫黑除恶等方面取得了显著成效。与此同时，国内外格局和形势的深刻调整变化，也使中国的"平安建设"面临一系列新挑战。中国共产党和中国政府必须坚持总体国家安全观，统筹处理好发展与安全的问题，积极适应人民群众的新期待，从而做到在更高起点、更高水平上建设平安中国，保障人民安全权。

关键词：　平安中国　安全权　总体国家安全观　发展与安全

中国人常说"出入平安""一路平安""平安是福"。平安作为一种价值，自古以来受到中国人的向往和珍视。平安代表着精神上的平静安定以及肉体上的安全，体现了中国传统文化中对人的生命权、健康权、财产权和安宁权等一系列权利的重视，在中国语境下，上述一系列的权利可以总体概括为安全权。习近平总书记指出："平安是老百姓解决温饱后的第一需求，是

---

[*]　本文为国家社会科学基金重点项目"坚持和发展新时代'枫桥经验'研究"（21AZD083）和四川警察执法研究中心项目"突发公共事件网络谣言治安防控研究"（2021JCZFYB01）的阶段性成果。

[**]　化国宇，中国人民公安大学法学院副教授，博士生导师，教务处副处长，研究方向为人权法学、警察法学；卞婉萍，中国人民公安大学法学院硕士研究生，研究方向为人权法学。

极重要的民生，也是最基本的发展环境。"① 这意味着安全权不仅仅是一项个体权利，同时还是一项集体权利，是全体中国人民享有和平稳定有序的社会环境的权利。因此，习近平总书记提出"把平安中国建设置于中国特色社会主义事业发展全局中来谋划"。② 人民安全权的享有，是实现其他一系列政治、经济、文化和社会权利的前提。

一 "平安中国"建设目标的提出

（一）从"平安浙江"到"平安中国"

"平安建设"这一社会实践现象，不是对某种既有人权理论的直接照搬照抄，而是从中国的现实需要中生发出来的，为人权理论的丰富发展提供了中国实践的视角。这种自下而上体现了处于特定发展时期的民众对社会状况不断优化的迫切而客观的要求，也是贯穿于平安建设实践过程中的核心要义。

2004 年 4 月，在时任浙江省委书记习近平的主持下，浙江省委召开建设"平安浙江"工作座谈会。同年 5 月，浙江省委出台《关于建设"平安浙江"促进社会和谐稳定的决定》，将"平安浙江"建设上升为重要战略决策。③ 2004 年底，平安建设首先在浙江迈出制度化的步伐，《浙江省平安市、县（市、区）考核办法》《全省平安乡镇（街道）考核评审办法》等相继出台。④ 党的十八大报告强调："深化平安建设，完善立体化社会治安防控体系，强化司法基本保障，依法防范和惩治违法犯罪活动，保障人民生命财产安全。"进入新时代以来，以习近平同志为核心的党中央面对国内外矛盾

---

① 中共中央文献研究室编《习近平关于社会主义社会建设论述摘编》，中央文献出版社，2017，第 148 页。

② 2013 年 5 月 31 日，习近平在深化平安中国建设工作会议上就建设平安中国作出重要指示。参见《把人民群众对平安中国建设的要求作为努力方向 确保人民安居乐业社会安定有序国家长治久安》，《人民日报》2013 年 6 月 1 日，第 1 版。

③ 浙江省中国特色社会主义理论体系研究中心：《从"平安浙江"到"平安中国"》，《浙江日报》2018 年 7 月 25 日，第 5 版。

④ 《社会和谐稳定大事记》，《浙江日报》2007 年 6 月 5 日，第 3 版。

风险挑战的新形势，顺应人民群众平安和谐的新期待，提出并部署了全面推进平安中国建设战略。2013 年 11 月，党的十八届三中全会审议通过《中共中央关于全面深化改革若干重大问题的决定》，提出"全面推进平安中国建设"。2020 年 10 月，十九届五中全会提出，要统筹发展和安全，建设更高水平的平安中国。《中华人民共和国国民经济和社会发展第十四个五年规划和 2035 年远景目标纲要》中，在总共 19 篇之中设置专篇（第 15 篇）阐明"统筹发展和安全　建设更高水平的平安中国"的党和国家行动纲领。

由此可见，从以"八八战略"①为总纲的"平安浙江"建设，到在"五位一体"总体布局和"四个全面"战略全局中谋划推进"平安中国"建设，② 反映了平安建设从地方经验到全国实践的演进路径，体现了党和国家在国家治理和人权保障方面始终坚持与时俱进、不断深化。

（二）"平安中国"是对广大人民安全权保障需求的回应

随着我国经济社会持续发展和人民生活水平不断提高，人民群众对民主、法治、公平、正义、安全、环境等方面的要求日益增长，迫切需要积极回应人民群众的新要求新期待。在经过"战争与和平""和平与发展"的时代之后，人们期盼的是"发展与安全"时代的来临。安全是享有其他权利的前提，一个人每天担心人身财产安全受到威胁而惶惶不可终日，终究难以享有任何人权。与此同时，安全不仅仅是一种环境，还是一项权利。安全感是人的一种心理体验，当人们拥有这种心理体验时，才能实现精神上的安宁，换言之，安全也是一种精神上的利益。这就为安全作为一种权利奠定了基础。正如《世界人权宣言》第 28 条中所指出的："人人有权要求一种社会的和国际的秩序，在这种秩序中，本宣言所载的权利和自由能获得充分实

---

① 2003 年，时任浙江省委书记习近平作出了"发挥八个方面的优势""推进八个方面的举措"的决策部署，简称"八八战略"。"八八战略"高度重视加强软环境建设，提出建设平安浙江、法治浙江，总结提炼"红船精神"和与时俱进的"浙江精神"，切实增强文化软实力，浙江由此被认为是全国最具安全感的省份之一。

② 参见褚国建《从平安浙江到平安中国——习近平关于平安建设重要论述的发展脉络与理论体系》，《公安学刊》（浙江警察学院学报）2020 年第 6 期。

现。""这种秩序"就包含了安全的环境。而这种秩序本身被写入《世界人权宣言》，成为人权的一部分。

然而，当今世界正经历百年未有之大变局，新冠肺炎疫情全球大流行成为变局演进中的不确定因素，逆经济全球化浪潮不断侵袭，保护主义、单边主义抬头，世界格局正在发生深刻调整，全球进入动荡变革期。① 在全球风险社会与中国社会加速转型的双重背景下，不确定性和不稳定性因素明显增加，无论是传统安全还是非传统安全领域，我国都正在和将要面临更多挑战。而当前，第二个一百年征程刚刚起步，我国面临的发展任务依然艰巨繁重，因此必须坚持"统筹发展与安全"的新发展理念，在谋划发展的同时必须高度重视安全建设，冷静应对新矛盾新挑战，提高居安思危的能力和意识，不仅要满足人民对生命财产安全的需求，更要满足人民对身心皆安的生活品质的高质量需求，从而以更高水平的平安建设促进更高质量发展。

党的十八大以来特别是平安中国建设协调小组成立以来，各地普遍建立平安建设领导（协调）小组和各专项组，有效整合各方资源力量，推动各项工作有效深入开展，平安建设的体制机制逐步完善，充分彰显了"中国之治"政治优势和制度优势，从更宽领域、更高层次谋划推进"平安中国"建设，努力创造让人民群众安业、安居、安康、安心的良好社会环境。如今，中国已成为世界上治安最好的国家之一，人民群众的安全感不断增强，人民群众的生命权、健康权、财产权以及生活安宁权都得到了有力保障，"平安中国"已经成为中国向世界展示的国家名片。

二 "平安中国"建设的具体措施与取得的成效

在"平安中国"建设进程中，党和国家始终坚持以人民为中心，服务大局，不断增强人民获得感、幸福感、安全感。国家统计局调查显示，近年来我国群众安全感逐年上升，2020 年达 98.4%，2021 年上半年达 98.56%。

---

① 参见邹松霖《习近平为"十四五"规划开门问策》，《中国经济周刊》2020 年第 18 期。

在全国居民对当前 15 个主要民生领域现状满意度调查中，对社会治安满意度位列第一。① 2021 年 12 月 15 日的平安中国建设表彰大会指出，我国治安案件、刑事立案、命案数量和生产安全事故死亡人数逐年下降，社会治安状况处于历史最好水平。②

（一）不断健全完善"平安中国"法律制度体系

在新冠肺炎疫情防控工作给国家安全立法提出诸多新课题的背景下，2020 年 2 月 14 日，习近平总书记强调把生物安全纳入国家安全体系，要尽快推动出台生物安全法，加快构建国家生物安全法律法规体系、制度保障体系。2020 年 10 月 17 日《中华人民共和国生物安全法》出台，对我国生物安全问题作了系统性规定。采用宪法以外的最高位阶立法形式来应对生物安全风险，表明我国对人民生命健康权高度重视，也是中国推动构建人类命运共同体诸多重要努力的一部分。

此外，维护国家网络安全是新时代国家治理体系和治理能力现代化发展的客观要求，已成为新时期"平安中国"建设的重点领域。2020 年 11 月 10 日召开的平安中国建设工作会议对推进网络社会综合治理提出要求。2021 年 12 月 15 日，平安中国建设表彰大会上提出要加快提升网络安全、数据安全、人工智能安全等领域治理能力。基于此，继 2016 年 11 月我国公布《网络安全法》之后，2021 年 9 月 1 日《数据安全法》开始实施。该法对开展数据活动的组织与个人的数据安全义务作出明确规范，并对保障政务数据安全与推动政务数据开放规定了专门的制度措施，成为数据领域的基础性法律，同时也是国家安全领域的一部重要法律，对规范我国数字产业发展具有重要意义。2021 年 8 月 20 日通过的《个人信息保护法》，熔"个人信息权益"的私权保护与"个人信息处理"的公法监管于一炉，统合私主体和公权力机关的义务与责任，兼顾个人信息保护与利用，奠定了我国网络社会和

① 邬春阳：《"八个方面"见证专项斗争成效》，《人民公安报》2021 年 3 月 31 日，第 2 版。
② 董凡超：《为建设更高水平的平安中国规划科学路径》，《法治日报》2021 年 12 月 18 日，第 1 版。

数字经济的法律之基。①

为确保社会更加安定，有效维护社会大局稳定，更好适应国际形势深刻复杂的变化以及党和国家事业快速发展的需要，国家安全和公共安全立法工作进入一个快速发展的新阶段，为进一步保障人民安全、推动"平安中国"建设提供了强有力的法律支撑。近年来制定或修改的有关保障国家和公共安全的法律和行政法规见表1。

表1　近年来制定或修改的有关保障国家和公共安全的法律和行政法规

公布时间	部门	法律名称
2018 年 10 月 26 日	全国人民代表大会常务委员会	《中华人民共和国农产品质量安全法》（修改）
2020 年 10 月 17 日	全国人民代表大会常务委员会	《中华人民共和国生物安全法》（制定）
2020 年 6 月 30 日	全国人民代表大会常务委员会	《中华人民共和国香港特别行政区维护国家安全法》（制定）
2021 年 4 月 29 日	全国人民代表大会常务委员会	《中华人民共和国食品安全法》（修改）
2021 年 4 月 29 日	全国人民代表大会常务委员会	《中华人民共和国道路交通安全法》（修改）
2021 年 4 月 29 日	全国人民代表大会常务委员会	《中华人民共和国海上交通安全法》（修改）
2021 年 6 月 10 日	全国人民代表大会常务委员会	《中华人民共和国数据安全法》（制定）
2021 年 6 月 10 日	全国人民代表大会常务委员会	《中华人民共和国安全生产法》（修改）
2021 年 8 月 20 日	全国人民代表大会常务委员会	《中华人民共和国个人信息保护法》（制定）
2019 年 2 月 17 日	国务院	《生产安全事故应急条例》（制定）
2019 年 3 月 2 日	国务院	《民用核安全设备监督管理条例》（制定）
2019 年 10 月 11 日	国务院	《中华人民共和国食品安全法实施条例》（制定）
2021 年 7 月 30 日	国务院	《关键信息基础设施安全保护条例》（制定）

资料来源：国家法律法规数据库。

（二）加强重大风险预防，着力排查社会矛盾纠纷

作为我国防范化解基层社会矛盾风险的现代治理模式，新时代"枫桥经验"具有重要政治内涵和科学方法论意义。其核心是在党的全面领导下，依

① 许可：《个人信息保护法的深远意义：中国与世界》，《中国人大》2021 年第 18 期。

靠群众力量就地化解社会矛盾，最大限度地增加和谐因素、减少不和谐因素，是实现基层社会治理良性循环的一把"金钥匙"。自 2019 年以来，新时代"枫桥经验"连续被写入党的十九届四中全会《中共中央关于坚持和完善中国特色社会主义制度、推进国家治理体系和治理能力现代化若干重大问题的决定》和十九届五中全会《中共中央关于制定国民经济和社会发展第十四个五年规划和二〇三五年远景目标的建议》。2021 年 11 月 11 日，《中共中央关于党的百年奋斗重大成就和历史经验的决议》在党的第十九届中央委员会第六次全体会议上正式通过。该决议再次强调"坚持和发展新时代'枫桥经验'"。"枫桥经验"成为党的百年奋斗重大成就和历史经验的重要组成部分。

2019 年，公安部在全国范围内部署开展"枫桥式公安派出所"创建活动，并命名首批 100 个"枫桥式公安派出所"。2021 年 12 月 22 日，公安部发布公告，对全国第二批拟命名"枫桥式公安派出所"和备选派出所名单予以公示。在"枫桥式公安派出所"的创建中，各地公安机关坚持和加强党的领导，以人民为中心，以改革创新为动力，以基层基础建设为保障，在一起起矛盾主动排查、一处处风险源头化解中做到了防范在先、处置在早，在一个个街角巷落的严密守护、一起起案件的公正执法中维护了一方稳定，保卫了一方平安。仅 2021 年上半年，全国公安派出所共化解矛盾纠纷 311 万起，清除安全隐患 174 万个，① 有力增强了人民群众的获得感、幸福感、安全感。

在"枫桥经验"的发源地浙江，创新探索推进县级社会矛盾纠纷调处化解中心（信访超市）建设，力争简化矛盾调处的程序环节，做到企业和群众有矛盾纠纷需要化解"最多跑一地"。浙江形成了矛盾纠纷化解"136"格局，即 10% 的矛盾纠纷化解在县社会矛盾纠纷调处化解中心、30% 化解在乡镇街道、60% 化解在村社，基本实现基层治理"微事不出格、小事不出村、大事不出乡镇、矛盾问题不上交"。②

---

① 李光明、蔡长春：《以基础实护百姓安 2021 年政法工作亮点回眸》，法治网，http：//www. legaldaily. com. cn/index/content/2021-12/27/content_ 8649086. htm，2022 年 1 月 7 日访问。

② 邵玩玩：《用忠诚书写平安"新答卷"》，《今日浙江》2021 年第 2 期。

2020 年，紧扣"六稳""六保"，全国组建 3300 个法律服务团，开展法律咨询 70 万人次，有效化解涉疫矛盾纠纷。据统计，2020 年全国深入开展矛盾纠纷排查化解，共排查 450 万次、调解纠纷 800 万件，把矛盾化解在萌芽状态，维护了社会安全和稳定，人民群众的法治获得感满意度进一步提升。①

以"朝阳群众""西城大妈"为代表的群防群治力量，在夯实基层基础、织牢防控体系、强化社会综合治理上大显身手。以"朝阳群众"为例。目前，朝阳区共有各类群防群治力量 19 万余人，包括治安志愿者、专职巡防队、安全稳定信息员、网格员、社会单位保安、保洁员等群体，这些人组成了"朝阳群众"的核心力量，是"朝阳群众"的代表。②《平安北京建设发展报告（2021）》的问卷调查显示，在社会治理方面，受访者在回答是否认可"西城大妈""东城守望者""海淀网友""朝阳群众"等治安志愿者组织的工作效果时，选择"认可"的调查对象均超过 75%，比 2020 年度有大幅度提升。其中对"西城大妈""朝阳群众"的认可度最高，超过了80%。③ 2021 年 11 月北京市委社会工委市民政局印发《北京市培育发展社区社会组织专项行动实施方案》，提出打造更多"西城大妈""朝阳群众"。

（三）维护治安、打击犯罪，保障人民人身财产安全

党的十八大以来，全国公安机关按照更高水平"平安中国"的总体要求，忠诚履行新时代使命任务，不断创新完善系统治理、依法治理、综合治理、源头治理，为深入推进"平安中国"建设作出巨大贡献。当前，我国每 10 万人中命案数为 0.56，是命案发案率最低的国家之一；每 10 万人中刑事案件数为 339，是刑事犯罪率最低的国家之一；持枪、爆炸案件数量连

① 张璁：《社会平安和谐　人民安居乐业》，《人民日报》2021 年 2 月 16 日，第 2 版。
② 《北京朝阳群众养成记：群众哪都有　为何他们这么耀眼》，《法治日报》2021 年 11 月 1 日，第 4 版。
③ 《平安北京建设发展报告："朝阳群众"获认可度超 80%》，中国新闻网，https://www.chinanews.com.cn/gn/2021/12-19/9633265.shtml，2021 年 12 月 30 日访问。

续多年下降，是枪爆犯罪最少的国家之一。①

至 2020 年，全国公安机关刑事案件立案总量已经连续 5 年下降（见图 1），同时查处殴打他人、盗窃、毒品违法活动的治安案件数量同比分别下降 9.26%、6.16%、28.7%（见图 2）。自深化打击整治枪爆违法犯罪专项行动开展以来，各地共破获枪爆案件 2.4 万起，打掉团伙 113 个，捣毁窝点314 个，抓获违法犯罪嫌疑人 2.4 万人，2020 年全国涉枪、涉爆案件同比分别下降 4.3%、36.1%，专项行动取得了明显阶段性成效。在机动车保有量由 2014 年的 2.64 亿辆增长到 2020 年的 3.72 亿辆、驾驶人数由 3.02 亿人增长到 4.56 亿人的情况下，道路交通事故总量稳中有降（见图 3）。

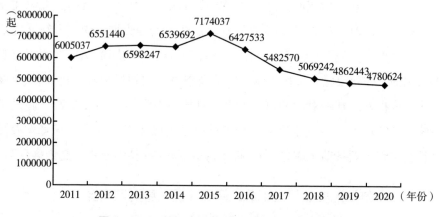

图 1　2011～2020 年公安机关刑事案件立案数量

资料来源：国家统计局 2011～2020 年中国统计年鉴。

2021 年，全国共建成街面警务站 1.6 万个，日均投入 50 万警力开展巡逻防控，有力震慑打击了街面现行违法犯罪行为。② 2021 年 1 月至 11 月，全国入室盗窃案件同比下降 9.8%。③ 在校园周边设立警务室及治安岗亭 25 万个、

① 李光明、蔡长春：《以基础实护百姓安　2021 年政法工作亮点回眸》，法治网，http://www.legaldaily.com.cn/index/content/2021-12/27/content_ 8649086.htm，2022 年 1 月 7 日访问。
② 董凡超：《熠熠警徽辉映万家灯火》，《法治日报》2022 年 1 月 10 日，第 7 版。
③ 《"公安 2021" 年终盘点报道　治安防控这一年：日均 50 万巡逻警力守护安全》，公安部网站，https://www.mps.gov.cn/n2254098/n4904352/c8302551/content.html，2022 年 1 月 7 日访问。

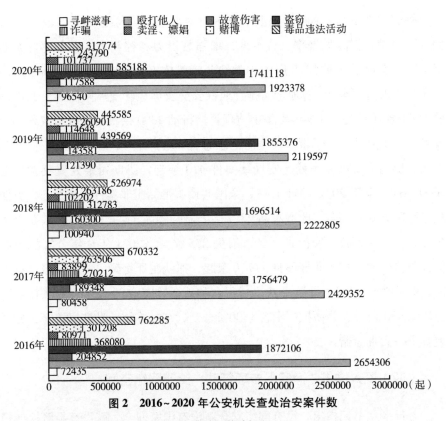

图2   2016~2020年公安机关查处治安案件数

资料来源：国家统计局2016~2020年中国统计年鉴。

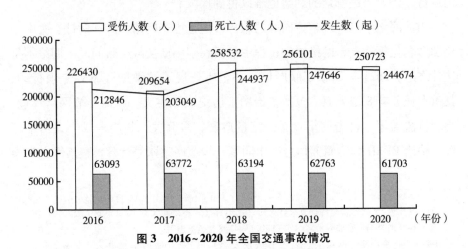

图3   2016~2020年全国交通事故情况

资料来源：国家统计局2016~2020年中国统计年鉴。

"护学岗" 17 万个，不断优化上下学重点时段、校园周边重要路段"高峰勤务"机制，提高见警率、管事率，增强震慑力和控制力。在各部门共同努力下，实现了全国 52 万所中小学幼儿园整体安全稳定，确保了全国 2.5 亿名学生人身安全。① 各地全面排查地铁公交及周边治安风险隐患，共出动警力 40 余万人次，开展各类集中清理整治行动 4000 余次，排查整改各类治安隐患 3.1 万处，发动群众安全防范志愿者 30 万人、专兼职乘务管理员 20 万人，协助公安机关查处治安刑事案件 410 余起，协助司乘处置突发情况 1600 余起。截至 2021 年 11 月底，全国共侦破毒品犯罪案件 4.8 万起，抓捕犯罪嫌疑人 6.7 万名，收缴毒品 23.7 吨、制毒物品 1144.1 吨。共破获经济犯罪案件 6.6 万起，挽回直接经济损失 255 亿元。2021 年全年公安机关共侦办跨境赌博及相关犯罪案件 1.7 万余起，抓获犯罪嫌疑人 8 万余名，打掉网络赌博平台 2200 余个、非法支付平台和地下钱庄 1600 余个、非法技术服务团队 930 余个、赌博推广平台 1500 余个，② 查扣冻结一批涉案资金，处罚教育了一大批参赌人员。

（四）深入推进"净网"专项行动，清朗网络空间

习近平总书记指出，没有网络安全就没有国家安全，就没有经济社会稳定运行，广大人民群众的利益也难以得到保障。③

当前网络生态呈现整体向好的态势，但是由于网络空间即时性、去中心化和匿名化等特点，网络治理过程中仍面临诸多新挑战、新问题。网络不是法外之地，2021 年国家互联网信息办公室开展了"清朗"系列专项行动，其重点任务有 8 个方面，包括整治网上历史虚无主义，整治春节网络环境，治理算法滥用，打击网络水军、流量造假、黑公关，整治未成年人网络环境，整治 PUSH 弹窗新闻信息突出问题，规范网站账号运营，整治网上文娱

---

① 董凡超：《熠熠警徽辉映万家灯火》，《法治日报》2022 年 1 月 10 日，第 7 版。
② 数据来源于公安部网站 " '公安 2021' 年终盘点报道"。
③ 《习近平：没有网络安全就没有国家安全》，国家互联网信息办公室网站，http：//www. cac. gov. cn/2018-12/27/c_ 1123907720. htm，2021 年 10 月 14 日访问。

及热点排行乱象。①

2021 年 11 月,全国各级网络举报部门受理举报 1375.4 万件,环比增长 5.3%、同比增长 14.5%(见图 4)。其中,中央网信办违法和不良信息举报中心受理举报 31.3 万件,环比增长 3.3%、同比增长 86.1%;各地网信办举报部门受理举报 104.8 万件,环比下降 0.8%、同比下降 7.6%;全国主要网站受理举报 1239.3 万件,环比增长 5.9%、同比增长 15.7%。②

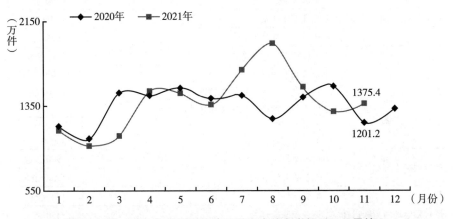

图 4 2020~2021 年全国网络违法和不良信息举报受理总量情况

资料来源:中央网信办官网。

在全国公安机关深入推进"净网 2021"专项行动中,共侦破案件 3.7万余件,抓获犯罪嫌疑人 8 万余名,行政处罚违法互联网企业、单位 2 万余家,有力地维护了网络空间安全、数据安全和社会公共安全,取得了阶段性显著成效(见表 2)。③

① 张璁:《治理网络乱象 净化网络空间》,《人民日报》2021 年 5 月 9 日,第 2 版。
② 《2021 年 11 月全国受理网络违法和不良信息举报 1375.4 万件》,国家互联网信息办公室网站,http://www.cac.gov.cn/2021-12/20/c_1641594936156728.htm,2022 年 1 月 7 日访问;《新政策·新动向》,《网信军民融合》2021 年第 12 期。
③ 《公安机关深入推进"净网 2021"专项行动取得阶段性显著成效》,公安部网站,https://www.mps.gov.cn/n2254314/n6409334/c8168042/content.html,2021 年 10 月 14 日访问。

表2　2021年1~10月"净网2021"专项行动成效

专项行动	取得的显著成效	
严打"侵犯公民个人信息"行动	侦破案件	3900余起
	抓获犯罪嫌疑人	4600余名
	抓获行业"内鬼"	500余名
打击电信网络诈骗和网络赌博犯罪"断源"行动	侦破为电信网络诈骗和赌博提供网络支撑犯罪案件	1.66万起
	抓获犯罪嫌疑人	4.9万余名
打击"网络水军"行动	侦破案件	190余起
	抓获涉案人员	1400余名
	依法关停非法网站	950余个
"护苗"行动	侦破危害青少年案件	60余起
	查处犯罪嫌疑人	300余名
	打掉涉未成年人淫秽色情网站	16个
	摧毁制作贩卖未成年人淫秽物品团伙	4个
	挽救未成年人	120余名
	挽救企图自杀的青少年	390余人次
严打网络黑客犯罪行动	侦破案件	900余起
	抓获犯罪嫌疑人	2100余名
严打网络涉考犯罪行动	侦破案件	70余起
	抓获犯罪嫌疑人	450余名
	收缴用于考试作弊的窃听窃照器材	1600余套
打击网络黑灰产"四断"行动	侦破案件	1.5万余起
	抓获"卡商""号商"等犯罪嫌疑人	2.3万余名
	查扣涉案手机黑卡	383万张
	查获恶意注册网络账号	864万个
	扣押"猫池""GOIP"等黑产设备	1万余台
网络黑灰产"四治"行动	摧毁非法第四方支付平台	250余个
	打掉洗钱、跑分团伙	490余个
	打掉非法App推广团伙	370余个
	打掉非法建站团伙	80余个
	打掉非法App签名团伙	11个
	打掉其他基础支撑团伙	230余个
网络治理"四管"行动	查处违法违规即时通信工具	60余个
	查处违法App封装或分发平台	30余个
	办理涉动态IP代理服务案件	80余起
	关停非法宽带账号	5000余个

资料来源：公安部网站。

（五）扫黑除恶专项斗争取得重大阶段性成果

2018 年开始的全国扫黑除恶专项斗争取得突出成效。至 2020 年，全国共打掉涉黑组织 3644 个，涉恶犯罪集团 11675 个；抓获犯罪嫌疑人 23.7 万名，缉拿目标在逃人员 5768 人，境内目标在逃人员全部缉拿归案，境外目标在逃人员到案率达 88.7%；43144 名涉黑涉恶违法犯罪人员投案自首。①

2021 年是常态化扫黑除恶第一年，已取得丰硕战果，向全社会释放了扫黑除恶始终在路上的强烈信号。其中，直接核查完结 114 条重点线索，引领带动打掉涉黑组织 164 个、涉恶犯罪集团 1018 个，抓获犯罪嫌疑人 1.4 万余人；将深挖彻查"保护伞"与政法队伍教育整顿"清除害群之马"统筹推进，共查处涉黑涉恶腐败及"保护伞"问题 9931 起，移送司法机关 1037 人；针对交通运输行业，严厉打击整治碰瓷、滋扰、敲诈货车司机等违法犯罪行为；针对工程建设行业，组织排查处置强揽工程、违章违建等突出线索 7800 余件；针对自然资源行业，严厉打击"沙霸""矿霸"等违法犯罪，2021 年共打掉涉自然资源领域黑恶团伙 121 个，抓获犯罪嫌疑人 2500 余人。② 通过专项斗争，实现了扫黑除恶过程人民参与、成效人民评价、成果人民共享，赢得广大人民群众真心拥护。

三 "平安中国"建设进程中面临的新挑战

当前，中华民族伟大复兴战略全局与世界未有之大变局同步交织、相互激荡、相互作用，"平安中国"建设与安全权保障面临的国际国内形势已发生深刻复杂变化。一方面，世界百年未有之大变局进入加速演变期，我国面

---

① 邬春阳：《"八个方面"见证专项斗争成效》，《人民公安报》2021 年 3 月 31 日，第 2 版。
② 陈一新：《常态化扫黑除恶第一年，"十件实事"取得丰硕战果》，《法治日报》2021 年 12 月 28 日，第 1 版。

临诸多矛盾叠加的复杂局面;① 另一方面,我国发展建设具有跨越性,西方发达国家在二三百年时间里分阶段出现的共性问题在我国三四十年时间里集中呈现,同时还将面临由我国基本国情和主要矛盾所决定的特殊挑战。

(一)非传统安全威胁在全球肆虐

党的十九届五中全会审议通过的《中共中央关于制定国民经济和社会发展第十四个五年规划和二〇三五年远景目标的建议》,首次明确强调要"统筹传统安全和非传统安全",这充分体现了当前国际国内环境所发生的深刻变化,是我国总体国家安全观的进一步升华。② 传统安全主要是指军事、政治、外交等方面的安全。非传统安全不仅包括经济金融安全、生态环境安全、信息网络安全、资源能源安全等,还包括来自跨国犯罪、非法移民、恐怖主义、食物短缺、疾病蔓延等方面的诸多挑战。③ 全球化趋势加上人口流动速度加快与规模不断扩大,非传统安全问题在全球扩散,已经成为各国实现人权目标的重大阻碍,任何国家都不可能独善其身。④ 从此次全球性新冠肺炎疫情来看,其不仅对世界各地人民的生命健康权造成重大威胁,还引发了严重的社会恐慌情绪,阻滞了全球经济发展和社会交流。

(二)新时代人民美好生活的需求对安全提出了更高要求

进入新时代,随着经济的发展和社会的进步,现实生活与虚拟生活相互融合,人民的安全需求日益多样化,已经从传统意义上的生命财产安全,扩展到安业、安居、安康、安心等各方面,内涵外延不断拓展,标准要求更新

---

① 刘子阳:《谱写平安新篇章——平安中国建设工作会议解读》,《法治日报》2020年11月13日,第2版。
② 刘跃进:《统筹传统安全和非传统安全》,《光明日报》2020年11月23日,第14版;翟福生、殷亚硕:《总体国家安全观视阈下东北亚安全问题论析》,《江南社会学院学报》2021年第4期。
③ 朱宁宁:《加强非传统安全领域立法保障国家安全》,《法治日报》2020年4月14日,第5版。
④ 化国宇:《新时代中国对国际人权事业的大国担当》,《学习时报》2018年1月1日,第3版。

更高,^①人民对安全的诉求呈现出全方位、多层次的特点。特别是新冠肺炎疫情发生以来,人民对生命健康安全的诉求空前提升,对人权保障中国家和政府的积极作为义务有了新的认识,平安成为党和政府必须提供的"公共产品"。"坚持人民至上、生命至上,把保护人民生命安全摆在首位,全面提高公共安全保障能力",^②以人民群众对"平安中国"建设的要求作为努力方向,是我们党对人民的郑重承诺。

（三）我国当前阶段处于各类矛盾和风险易发期

当代中国现代化正以前所未有的速度突飞猛进,中国特色社会主义道路和制度模式从未在世界历史上出现和被实践过,因此,我国在经济社会各领域里难免会面临各种各样的风险。风险社会背景下,风险的多样性、关联性、不确定性和难以预测性更加凸显。有学者指出,在极端条件下,一些重大风险可能演变成迟滞或中断中华民族伟大复兴进程的综合性风险、全局性风险。其中,社会风险因素极易在经济、金融、科技、国际政治等风险因素作用下放大,并向政治等领域传导。^③因此,必须统筹好发展与安全的关系,在经济社会发展中把防风险、保安全摆在突出位置。

四 回应人民期待建设更高水平的"平安中国"

在新的形势下,为了回应人民对平安生活的更高期待,有效应对各种安全挑战,需要采取更积极的措施,建设更高水平的"平安中国"。

---

① 郭声琨:《建设更高水平的平安中国》,《人民日报》2020年12月2日,第6版。
② 《中共中央关于制定国民经济和社会发展第十四个五年规划和二〇三五年远景目标的建议》,中国政府网,http://www.gov.cn/zhengce/2020-11/03/content_5556991.htm,2020年11月3日访问。
③ 龚维斌:《当代中国社会风险的特点——以新冠肺炎疫情及其抗击为例》,《社会学评论》2020年第2期。

（一）坚持总体国家安全观，统筹发展与安全

要坚持总体国家安全观，走出一条中国特色国家安全道路。自新中国成立以来，我国处于波澜壮阔的发展变化的进程中，世界局势也前所未有地激烈变动，在不同时期有不同的国内外威胁国家安全的因素和挑战，因而形成不同的国家安全观。① 中国改革开放以来长期稳定局面的形成，得益于我们在国家安全战略方面的成功经验。在总结新中国成立以来国家安全观和社会实践的基础上，习近平总书记创造性地提出了总体国家安全观，统筹国家发展和国家安全，坚持国家利益至上，以人民安全为宗旨，以政治安全为根本，统筹外部安全和内部安全、国土安全和国民安全、传统安全和非传统安全、自身安全和共同安全，② 力争把风险化解在源头，不让国际风险演化为国内风险。

（二）坚持底线思维，防范化解重大风险

重大风险一旦产生，将直接威胁人民生活和国家安全。对此，要完善风险防控制度体系，通过建立健全监督问责机制、民主协商机制，规范各级风险防控主体的治理行为，强化社会组织和个人在风险防控中的责任意识，调动各方主体参与风险防控与治理的积极性，实现风险防控效能的进一步提升。③ 要深入开展矛盾风险动态排查、防范化解，强化风险评估机制，将矛盾化解在基层，最大限度地预防和减少社会矛盾的发生。要积极推进新技术新业态风险防范化解，努力规避人为的风险、新兴的风险和非传统的风险。④ 特别是要防止各领域风险连锁联动，避免局部风险扩散为区域性乃至系统性风险；及时阻断风险的发展，或是改变

---

① 胡鞍钢、张巍：《我国新时代面临的重大挑战与主动应对》，《北京交通大学学报》（社会科学版）2018 年第 1 期。
② 习近平：《决胜全面建成小康社会　夺取新时代中国特色社会主义伟大胜利》，《人民日报》2017 年 10 月 28 日，第 1 版。
③ 陈成文：《论市域社会治理的风险防控能力》，《社会科学家》2020 年第 8 期。
④ 李雪峰：《防范化解社会领域重大风险的若干思考》，《行政管理改革》2019 年第 4 期。

风险的路径，不让小风险积聚为大风险，不让个别风险演化为综合风险。①

（三）坚持发扬新时代"枫桥经验"，提升群众的幸福感安全感

"枫桥经验"作为我国基层社会治理的一面旗帜，体现了中国特色的基层治理智慧。坚持和完善新时代"枫桥经验"，就要最大限度地尊重民意、汇集民智、凝聚民力，建设人人有责、人人尽责、人人享有的社会治理共同体，让人民群众成为最广参与者、最大受益者、最终评判者。② 新时代"枫桥经验"必然要深刻把握时代精神，立足我国国情、各地区情，又要注重借鉴国外经验，实现由经验判断向制度决策跨越、由个案解决向系统治理迈进、由情感治理为主向新时代"三治融合"模式转换、由传统人力动员向新时代科技赋能发展的重大变革。

（四）进一步总结经验规律，创新完善平安机制

建设"平安中国"没有完成时，只有进行时。与时俱进是中国共产党长期坚持的优良作风，"平安中国"建设将随着形势的发展变化，不断在实践中总结、在创新中提高。应不断创新完善建设更高水平"平安中国"的工作机制，完善群众参与平安建设的组织形式和制度化渠道，创新互联网时代群众工作机制，③ 搭建互动多样的群众参与网络平台，让人民群众在"微治理"中增强认同感、获得感。④ 针对现代社会矛盾日益多发和复杂化的趋势，推进基层组织建设，在已有的综合治理工作站基础上，根据不同级别地域的差异特性，通过一定数据参数进行智能化分析和风险评估监测，实现矛盾分流。深化"互联网+"的社会治理模式，以大数据分析发现机制进行有

---

① 教育部习近平新时代中国特色社会主义思想研究中心：《坚持底线思维 防范化解重大风险》，《光明日报》2019 年 2 月 21 日，第 5 版。

② 蒋文玲：《坚持和完善新时代"枫桥经验"》，《解放军报》2020 年 7 月 29 日，第 7 版。

③ 郭声琨：《建设更高水平的平安中国》，《人民日报》2020 年 12 月 2 日，第 6 版。

④ 汤瑜：《聚焦平安中国建设工作会议》，《民主与法制时报》2020 年 11 月 15 日，第 1 版。

针对性的预测预防预警。以预防性法律制度体系为依托，努力打造矛盾风险防控新模式，探索建立社会治理信息统一标准化分类体系。要不断挖掘和探索自治、法治与德治有机融合互嵌的方法、比例和机制。"三治"融合不是简单的模式相加和机械地套用某种做法，而是要在解决矛盾问题的过程中灵活运用多种手段，结合当地的治理资源，根据实际情况摸索出适合本地的方法，① 形成可测量、可评价、可追溯、可复制的机制样态。

参考文献

［1］中共中央文献研究室编《习近平关于社会主义社会建设论述摘编》，中央文献出版社，2017。

［2］《把人民群众对平安中国建设的要求作为努力方向　确保人民安居乐业社会安定有序国家长治久安》，《人民日报》2013年6月1日，第1版。

［3］陈一新：《常态化扫黑除恶第一年，"十件实事"取得丰硕战果》，《法治日报》2021年12月28日，第1版。

［4］浙江省中国特色社会主义理论体系研究中心：《从"平安浙江"到"平安中国"》，《浙江日报》2018年7月25日，第5版。

［5］褚国建：《从平安浙江到平安中国——习近平关于平安建设重要论述的发展脉络与理论体系》，《公安学刊》（浙江警察学院学报）2020年第6期。

［6］邬春阳：《"八个方面"见证专项斗争成效》，《人民公安报》2021年3月31日，第2版。

［7］化国宇：《新时代中国对国际人权事业的大国担当》，《学习时报》2018年1月1日，第3版。

［8］李雪峰：《防范化解社会领域重大风险的若干思考》，《行政管理改革》2019年第4期。

---

① 李若兰：《完善三治融合的治理模式》，《中国领导科学》2019年第6期。

B.10
《反家暴法》实施五周年回顾：成就与挑战

陆海娜　李　莹*

摘　要： 2016 年 3 月 1 日生效的《中华人民共和国反家庭暴力法》是我国第一部防治家庭暴力的人大立法，也是中国推动性别平等的历史性成就。法律实施五年以来，《反家暴法》被广泛学习与应用，提升了大众的反家暴意识，保护了受害人合法权益，制止和惩戒了多起家庭暴力案件。尤其是《反家暴法》设立的四项特色救济制度——强制报告、告诫书、庇护所以及人身安全保护令，在不同程度上对受害人进行不同方面的保障，形成了多机构、全方位、相互合作的法律救济体系。当然，《反家暴法》的有效实施还面临诸多挑战，反家暴的观念推进和《反家暴法》的执行仍有很多的完善空间，过去五年的法律实践也为未来更加有效地实施《反家暴法》提供了指导。

关键词： 家庭暴力　性别平等　妇女权利　救济制度

2016 年 3 月 1 日正式实施的《中华人民共和国反家庭暴力法》（以下简称《反家暴法》）是我国首部反家庭暴力法，是中国保障妇女人权、促进性别平等的历史性进展，标志着我国防治家庭暴力法律体系的形成，也是我

---

* 陆海娜，中国人民大学法学院副教授，博士生导师，中国人民大学人权研究中心（教育部国家人权教育与培训基地）执行主任，研究方向为国际人权法、性别与法律、社会法；李莹，北京市东城区源众家庭与社区发展服务中心主任，研究方向为反家暴法、反就业歧视法。

国社会文明进步的里程碑。

五年来,《反家暴法》不断被学习与应用,不论是统计数据还是司法实践,都证明该法起到了提升反家暴意识,保护受害人合法权益,制止和惩戒家庭暴力的作用。尤其是《反家暴法》设立的四项特色救济制度——强制报告、告诫书、庇护所以及人身安全保护令,在不同程度上对受害人进行不同方面的保障,形成了多机构、全方位、相互合作的事前和事后救助体系。当然,在已取得的成绩之外,《反家暴法》的实施还面临诸多挑战,特别是在全国范围内,反家暴的观念推进和《反家暴法》的执行还有待完善,过去五年的法律实践也为未来更加有效地实施《反家暴法》提供了指导。

一 《反家暴法》实施五周年取得的成绩

(一)反家暴理念深入人心,对家庭暴力的零容忍逐渐成为全社会的共识

自《反家暴法》实施以来,通过各层级政府相关部门和社会组织举办的实施《反家暴法》的各种形式的宣传和培训,以及立法本身的倡导效应,反家暴理念得到前所未有的推广。观念的改变对于《反家暴法》的实施效果至关重要。它不仅影响着社会大众以及相关部门对家暴议题的态度和处理方式,而且关系到《反家暴法》的实施效果。

《反家暴法》作为一项专门立法,是我国反家暴领域工作的法律依据和出发点,各单位各组织积极以《反家暴法》为中心开展工作,进行宣传和培训。例如,最高人民法院通过发布典型案例来以案释法,从基本案情出发,结合裁判结果来阐释《反家暴法》的作用与国家反对家庭暴力的决心。不同典型案例有着不同的代表性意义,它们涵盖多种家暴类型,意在全方面地激活《反家暴法》的应用,为更多公众普及反家暴知识,也为反家暴的典型案件的裁判规则提供指导。

相关社会组织也在积极为个案受害者提供法律、心理层面的支持。许多

社会组织开启了自己的服务与个案救助项目，以北京市东城区源众家庭与社区发展服务中心为例，仅 2020 年就接听家暴类热线电话 800 人次，向 37 人次的受暴妇女儿童提供紧急救助金援助，办理性别暴力案件和婚姻家事案件近 30 起。在《反家暴法》实施的大背景下，社会组织在进行综合性服务时更加便捷也更加顺畅。源众家庭与社区发展服务中心最初以法律援助为主，随着和家庭暴力受害人接触的增加，其逐渐发现受害人的需求和困境是多重的，服务内容从法律咨询和案件代理扩展到社会工作的心理支持、紧急生活救助，也包括医疗和庇护等内容，逐步提供以法律援助为中心的综合性支持服务，援助对象来源也从机构热线扩展到有 1/10 来自各机构的转介服务。[①]同时，来自民间的力量还注重发挥互联网和智能手机的潜力，广泛开展线上反家暴公众教育，利用不同的媒体平台发布反家暴信息，促进反家暴知识的普及。

作为《反家暴法》实施的结果，明显可以看到公众对家庭暴力的违法性和社会性的认识不断加深，态度从"清官难断家务事""劝和不劝分"的旁观者姿态转变为"家庭暴力应当零容忍"的呼吁。在家暴事件被媒体爆出后，人们更容易看到舆论对受害者的声援。过去的五年中，一些严重的恶性家庭暴力事件牵动了公众情绪，这些事件中受暴者的遭遇与境况促使更多人关注家庭暴力事件，从以前被认为"夫妻打架"或者"打老婆"是"家务事"转变为现在的"社会事件"。反家暴进入公共领域，公众一致谴责家庭暴力行为人，敦促国家机关积极履行职责，更好地维护受害人的权益。

（二）家暴投诉和诉讼量逐年减少，《反家暴法》对减少家暴起到了作用

根据全国妇联信访公布的统计数据，2018 年妇联系统总共收到家暴投

---

① 《〈中华人民共和国反家庭暴力法〉实施五周年系列监测报告——民间作用篇》，2021 年 12 月 8 日，为平网，http：//equality-beijing.org/newinfo.aspx? id=86。

诉 39371 件，比上一年减少 4700 多件，降低 11%；2019 年家暴投诉为 36002 件，比上一年减少了 3300 多件，降低 8.6%。①

家庭暴力在我国逐渐被重视，从社会呼吁到地方立法，再到全国性专门立法，公众对家庭暴力的认知也不断加深。逐年减少的家暴投诉，说明《反家暴法》立法本身便能够给予潜在施暴者一定程度的震慑，国家强制力的背书能够预防和减少家庭暴力的发生。

从法律实施的角度而言，《反家暴法》在相关法律案件裁判中的引用与适用也促进了法律界以及大众对《反家暴法》的了解。在中国裁判文书网输入关键词"家庭暴力"，可检索到 2016 年的裁判文书 83662 份，2017 年 13269 份，2018 年 9082 份，2019 年 7484 份，2020 年 6731 份，2021 年 4388 份。虽然中国裁判文书网上显示的数量不一定能完全代表全国的家庭暴力案件的确切总量，但是这些案件的选择和发表也具有一定的指导意义和代表性。数据表明，2016 年以来，中国裁判文书网收录的家暴案件数量有所下降。不过这一趋势能够在多大程度上代表全国的实际情况，还需考虑其他诸多因素，作出进一步研究。在中国裁判文书网上，如果同时输入关键词"家庭暴力"和"人身安全保护令"，那么可以检索到同一裁判文书中同时出现这两个关键词的数量为：2016 年 541 份，2017 年 609 份，2018 年 639 份，2019 年 803 份，2020 年 899 份，2021 年 668 份。由这些数据可知，在中国裁判文书网收录的家庭暴力案件中，与人身安全保护令相关的案件数量自 2016 年到 2020 年都逐年增长，但是到 2021 年有所下降。中国裁判文书网中显示的具体数量不一定能确切代表全国的实际情况，但是发布相关文书数量本身也体现了裁判文书领域对家庭暴力和人身安全保护令的应用和宣传的情况。具体数量的上升与下降背后可能蕴藏着诸多因素，但也可以反映出人身安全保护令在家暴案件适用中有所增加，而 2021 年数量下降可能与人们对反家暴的法律意识提升、家暴行为减少有关，也可能与法律专业人士对

---

① 《四周年！反家暴法实施情况怎样？专访全国妇联、最高人民法院、公安部相关部门负责人》，2020 年 3 月 1 日，搜狐网，https：//www.sohu.com/a/376996355_757917。

家庭暴力案件处理能力增强等有关。选择其中一份裁判文书可知，其内容涵盖了法院对家庭暴力案件的事实和法律适用的认定，详细阐明了《反家暴法》等相关法律规定。[①] 这些文书的内容也是普法的一部分，有助于降低家庭暴力案件的发生率。

（三）四项特色救济制度在不同程度上被广泛应用

《反家暴法》在制定之初，其规定的几项具有中国特色的救济制度便被寄予了厚望。强制报告制度以外部力量承担保护义务，是及时迅速发现、报告无民事行为能力人、限制民事行为能力人遭受家庭暴力的重要渠道。告诫书制度是充分运用治安行政指导手段，将教育、矫治和惩戒相结合的制度创新，丰富了中国公权力适度干预家暴的手段，发挥了教育、矫治在防治家庭暴力中的作用，探索出公安机关主动靠前干预家暴的有效制度。庇护所制度是由民政部门牵头，为受害人提供临时庇护，以帮助其从物理上与施暴人进行隔离。人身安全保护令制度是《反家暴法》中对受害人最重要、最有效的救济措施，是人民法院保护受害人的人身和财产安全，免受精神暴力的司法救济措施。

五年来，四项制度在不同程度上发挥了自身的作用。

首先，各地通过强制报告制度发现的家暴案件数量逐渐增多，这个制度在维护家暴受害人权益方面的作用已经日益显现。[②] 2019 年 8 月，民政部组织召开全国农村留守儿童关爱保护和困境儿童保障工作部际联席会议联络员会议，部署今后如何加强和改进农村留守儿童关爱保护和困境儿童保障工作，要求学校、幼儿园、村（居）委会、救助管理机构、福利机构等切实履行强制报告义务。一些地方公安机关联合妇联组织、基层组织强化家庭矛

---

① 《吴某等申请人身安全保护令民事裁定书》，2022 年 2 月 8 日，中国裁判文书网，https：//wenshu. court. gov. cn/website/wenshu/181107ANFZ0BXSK4/index. html？ docId＝7c0ab6440b02 4bd38478d8b27cf82e5a。

② 《反家暴四周年｜强制报告制度在实践中落实情况如何？》，《中国妇女报》2020 年 3 月 4 日。

盾纠纷排查,依托网格化管理,排查化解家庭矛盾纠纷,规定网格员、家事调解员发现报告职责。

其次,全国各地积极适用反家暴告诫书制度,《反家暴法》实施以来,全国派出所共参与调处化解家庭矛盾纠纷825万余起,有效预防、制止家庭暴力行为617万余起。① 其中,辽宁省公安机关出具家庭暴力告诫书862份,上海市出具792份,浙江省出具1399份。②

再次,各地建立了相当数量的家暴庇护所。根据全国妇联的统计数据,2016年全国有家暴庇护场所2000余家,而2015年全年为受害人提供庇护服务仅149人次。③

最后,作为《反家暴法》重要的制度创新以及亮点之一的人身安全保护令制度,在实施过程中也初见成效。据统计,全国每年颁发人身安全保护令的数量逐步增加,其中2016年687份,2017年1469份,2018年1589份,2019年2004份;截至2020年12月底,全国法院累计发出人身安全保护令6649份;截至2021年9月,全国针对家庭暴力签发的人身安全保护令已达9227份。④ 人民法院不断推行家事审判改革,妥善审理婚姻家庭案件,促进新时代家庭文明建设。2020年11月25日,最高人民法院发布《最高人民法院人身安全保护令典型案例》,其中申请人与被申请人关系涉及夫妻关系、前夫妻关系(案例三)、父女父子关系(案例四、案例五、案例六)、收养关系(案例七)以及同居关系(案例八、案例十),这些案例将《反家暴法》的适用范围由家庭关系扩展到同居、离异、监护关系等。比如,对于同居关系中发生的暴力行为,明确肯定了《反家暴法》预防和制止的行

---

① 张媛、赵博:《公安机关预防制止家庭暴力行为617万余起》,2021年3月15日,新华社百家号,https://baijiahao.baidu.com/s?id=1694284990300209276&wfr=spider&for=pc。
② 《反家暴法四周年 | 公安机关在贯彻落实方面做了哪些工作?》,2020年3月4日,重庆涪陵妇联百家号,https://baijiahao.baidu.com/s?id=1660169839209091903&wfr=spider&for=pc。
③ 《"强制报告制度"为妇女权益保护"补漏"》,2022年3月1日,新浪看点,http://k.sina.com.cn/article_1881124713_701faf69019011c6m.html。
④ 《最高法:针对家庭暴力签发人身安全保护令9227份》,2021年9月23日,央广网百家号,https://baijiahao.baidu.com/s?id=1711702382762836405&wfr=spider&for=pc。

为不仅限于家庭成员之间的暴力行为，还包括家庭成员以外共同生活的人之间实施的暴力行为。同居关系中暴力受害人的人身权利应当受到法律保护，同居关系的一方若遭受家庭暴力或者面临家庭暴力的现实危险，人民法院也可依当事人的申请签发人身安全保护令。将"家庭暴力"的关系主体范围扩大，满足了中国社会现实生活的正当需求，也体现了我国反家庭暴力理念的更新和与时俱进。

（四）各地方积极探索《反家暴法》实施条例，并取得了良好效果

随着《反家暴法》的实施，各地方开始探索地方性反家暴制度的建设，表现为地方法规的草拟、通过和实施。这些地方法规在表现形式、保护范围、处置措施上各有特色，显示出对《反家暴法》的规定进一步具体化、可操作化，推动了当地反家暴工作的开展。目前，根据《反家暴法》出台了"反家庭暴力条例"或"《反家暴法》实施办法"的地方包括 12 个省、自治区，即江苏省、云南省、陕西省、广东省、海南省、吉林省、贵州省、湖南省、湖北省、山东省、内蒙古自治区以及新疆维吾尔自治区（见表 1）。

表 1　出台"反家庭暴力条例"或"《反家暴法》实施办法"的省、自治区

编号	省、自治区	名称	实施/生效时间
1	江苏省	《江苏省反家庭暴力条例》	2022 年 3 月 1 日生效
2	云南省	《云南省反家庭暴力条例》	2021 年 3 月 1 日实施
3	陕西省	《陕西省实施〈中华人民共和国反家庭暴力法〉办法》	2020 年 12 月 1 日实施
4	广东省	《广东省实施〈中华人民共和国反家庭暴力法〉办法》	2020 年 10 月 1 日实施
5	海南省	《海南省实施〈中华人民共和国反家庭暴力法〉办法》	2020 年 8 月 1 日实施
6	吉林省	《吉林省反家庭暴力条例》	2020 年 8 月 1 日实施
7	内蒙古自治区	《内蒙古自治区反家庭暴力条例》	2020 年 5 月 1 日实施
8	新疆维吾尔自治区	《新疆维吾尔自治区实施〈中华人民共和国反家庭暴力法〉办法》	2020 年 6 月 1 日实施
9	贵州省	《贵州省反家庭暴力条例》	2020 年 3 月 1 日实施

续表

编号	省、自治区	名称	实施/生效时间
10	湖南省	《湖南省实施〈中华人民共和国反家庭暴力法〉办法》	2019 年 7 月 1 日实施
11	湖北省	《湖北省反家庭暴力条例》	2019 年 6 月 1 日实施
12	山东省	《山东省反家庭暴力条例》	2019 年 1 月 1 日实施

　　地方立法不是对上位法的简单重复和照搬,而是立足于现实问题,对《反家暴法》相关的规定或制度予以细化、创新、扩展或本地化,使地方法规更具可操作性、更具新意。因此,在这些地方立法中,有一些能够体现出细化上位法过程中的创新内容。比如,在暴力行为方面,山东省立法包括了"侮辱、诽谤、威胁、跟踪、骚扰等"精神暴力的具体表现形式;湖南省和广东省立法纳入了"宣扬隐私"的内容;贵州省立法加入了"暴力干涉婚姻自由""过度支配占有和剥夺家庭成员的财物"的行为。在施暴手段上,广东省立法关注到"利用新媒介或者其他手段"或"利用网络等手段"等较为新型的暴力方式。在适用人群上,广东省立法将家庭成员以外共同生活的人,以及目睹家庭暴力的未成年人,都纳入家庭暴力保护对象的范围;而内蒙古自治区立法除了"家庭成员以外,具有监护、扶养、寄养、同居等关系共同生活的人"之外,首次明确适用"曾有配偶、同居关系的人之间"的规定。在庇护所的设置上,湖南省立法规定庇护所应提供心理支持等配套服务,以及必须与其他救助机构单独设立;广东省和内蒙古自治区立法不仅对临时庇护场所的设立、管理、申请、救助作了具体规定,而且提出了鼓励社会资源、民间组织参与到庇护场所的服务中的内容。此外,许多地方法规或草案都明确了将反家暴工作经费纳入财政预算。①

　　值得注意的是,一些地方政府在制度上根据本地区实际情况创新《反

---

① 《〈中华人民共和国反家庭暴力法〉实施四周年监测报告》,2020 年 4 月 29 日,为平网,http://www.equality-beijing.org/newinfo.aspx? id=80。

家暴法》相关措施，从实践数据来看行动十分奏效。在江苏，"社会共治"是该省反家暴条例最大亮点。《江苏省反家庭暴力条例》规定反家暴工作遵循预防为主，教育、矫治与惩处相结合的原则，实行社会共治，并明确规定了政府及相关单位的职责。截至 2021 年 11 月 20 日，江苏法院共计受理申请人身安全保护令案 1907 件，签发人身安全保护令 1356 份，签发率达 71%，切实履行了制止施暴者的暴力行为、保护受害人的司法职责。① 深圳则建立了多部门联动处置工作机制，明确建立智慧化调处平台干预处置家庭暴力，纵向深化区、街道、社区三级反家暴阵地建设。《深圳市宝安区家庭暴力预防救助和应急处置八条措施》明确实行家庭暴力强制报告制度，网格员、楼栋长也被纳入强制报告主体范围内。截至 2020 年 5 月，在不到两年的时间里，宝安区 5000 多名网格员通过日常巡查发现 701 宗家暴线索。公安机关发放 683 份告诫书，人民法院签发 62 份人身安全保护令。②

（五）我国的反家暴法律体系不断健全和完善

《反家暴法》生效后，其实施过程中出现的问题及其解决为完善其他相关部门法中对反家暴内容的规定提供了实践经验，进而健全和完善了整个反家暴法律体系。具体体现在以下几个方面。

首先，《民法典》在第 1042 条第 3 款中就规定了"禁止家庭暴力"的内容，表明了国家对于家庭暴力持坚决打击的态度。之后出台的《最高人民法院关于适用〈中华人民共和国民法典〉婚姻家庭编的解释（一）》进一步更新了我国防治家庭暴力工作的理念，其在第 1 条规定，持续性、经常性的家庭暴力，可以认定为《民法典》第 1042 条、第 1079 条、第

① 《"社会共治"是江苏反家暴条例最大亮点》，2021 年 12 月 3 日，九派新闻百家号，https：//baijiahao.baidu.com/s? id=1718106999506625868&wfr=spider&for=pc。
② 《第六届中法反家暴研讨会聚焦家庭暴力受虐儿童法律保护，专家指出——强制报告是关键 应着力保护性侵受害人》，2020 年 12 月 9 日，国务院妇女儿童工作委员会网站，http：//www.nwccw.gov.cn/2020-12/09/content_289317.htm。

1091 条所称的"虐待"。这一规定与《〈中华人民共和国婚姻法〉若干问题的解释（一）》相比，删去了原司法解释对家庭暴力的定义，不再强调家庭暴力行为将会"给其家庭成员的身体、精神等方面造成一定伤害后果"，而是重点关注行为的实施及其表现，体现了对家庭暴力零容忍的鲜明价值导向。

其次，《反家暴法》实施过程中，出现了许多现行法律无法发挥理想作用、无法满足社会期待的案件，在妇联组织和社会各界的推动下，我国立法、司法机关和各级政府积极回应反家暴领域中的社会热点问题，积极完善相关法律规定。2019 年以来，新闻曝出多起低龄未成年人恶性家庭暴力案件，由于其不满 14 周岁依法不负刑事责任，成为舆论焦点。对此，《中华人民共和国刑法修正案（十一）》修改了刑法第 17 条关于刑事责任年龄的规定，对已满 12 周岁不满 14 周岁的人，犯故意杀人、故意伤害罪，致人死亡或者以特别残忍手段致人重伤造成严重残疾，情节恶劣，经最高人民检察院核准追诉的，应当负刑事责任。①

最后，目前我国已经完善了诸多反家庭暴力配套法律文件，对《反家暴法》的规定进一步细化，协力助推《反家暴法》的有效适用，其中涉及部门实施细则、多机构合作文件、涉家暴案件审判以及涉家暴案件司法协助等方面。2018 年《妇联组织受理家庭暴力投诉工作规程》制定，对县以上妇联维权机构和信访窗口接待处理群众有关家庭暴力的咨询投诉工作进行规范；2016 年《关于人身安全保护令案件相关程序问题的批复》发布，分别给出了人身安全保护令的费用、担保、案件适用程序和复议的操作指导；而《关于建立家事审判方式和工作机制改革联席会议制度的意见》《最高人民法院关于进一步深化家事审判方式和工作机制改革的意见（试行）》等文件的出台，反映出人民法院不断探索审理家事案件规则、促进构建和谐家庭的努力。

---

① 《反家暴法律体系：新时代人权法治发展重大成就》，2021 年 3 月 9 日，国务院妇女儿童工作委员会网站，http://www.nwccw.gov.cn/2021-03/09/content_ 290898.htm。

二 《反家暴法》实施面临的主要问题与挑战

（一）立法层面：反家暴相关立法需要进一步完善

《反家暴法》对家庭暴力的定义包括身体暴力和精神暴力，但并未明确涵盖性暴力（如婚内强奸）、经济控制（如剥夺经济资源）等国际公认且普遍存在的家庭暴力形式。① 《反家暴法》涵盖了已婚夫妻、同居伴侣和其他家庭成员等保护对象，但并未明确涵盖前任配偶和非同居状态下的亲密伴侣的暴力行为。《反家暴法》对于未直接遭受家庭暴力的家庭成员的保护也需要进一步完善。"旁观者亦是受害者"，但家暴"目睹儿"们间接遭受的损害却无法得到有效救济。有的未成年人在父亲经常殴打、辱骂母亲的家庭环境中长大，身心发展长期处于压抑、紧张、焦虑的高压环境，造成一系列心理健康问题和躯体化症状，或伤害自身，或报复社会，或卷入校园霸凌，可能导致未成年人社会问题的增多。

《反家暴法》对告诫书、人身安全保护令的制度创设，对防治家暴工作非常有意义，但法条规定均相对笼统，可操作性不强，造成执法、司法实践中的很多问题，需要尽快颁布相关司法解释及实施条例，以便将这些笼统的制度规定细致化、规范化、可操作化，以保障制度设计能够被更好地执行落实。②

（二）执法层面：告诫书制度未得到公安机关有力实施

《反家暴法》通过立法将家庭暴力告诫书制度固定化、规范化，不仅在一定程度上解决了不够行政处罚或不宜实施行政处罚的家庭暴力行为得不到

---

① 林建军：《家庭暴力的概念界定及其展开》，《辽宁师范大学学报》（社会科学版）2017 年第 1 期。

② 吕孝权：《处理家庭暴力违法后果的可操作性——以〈反家庭暴力法〉几个要害关节为例》，《妇女研究论丛》2016 年第 1 期。

处理的现实问题，还能够帮助受害人有效地固定证据，极大地便利于后续的司法程序。[①] 然而，在近五年的执法实践中，这一制度却并未得到有效的应用。一方面，有些基层民警仍然存在"家庭暴力属于家庭内部矛盾，处理不好两头得罪"的想法，并不想深度介入家庭暴力问题的解决和预防，对家暴案件的处理比较消极，不仅对情节显著轻微的家暴案件以"调解"为主要处理手段，甚至对达到行政拘留条件的案件，也本着"大事化小，小事化了"的原则，以"拘留对孩子上学、工作有影响"的理由劝解受害人不追究施暴者的法律责任。只要受害人不坚持追责，这类案件一般会被从轻处理，甚至不了了之。另一方面，与告诫书制度配套的法规和实施机制也尚不健全。绝大部分公安机关在机构设置上没有专门的家暴处理部门，没有统一的告诫书格式标准，缺乏针对家暴的信息收集和统计系统。对达到治安案件标准的家暴案件，基层民警的介入与干预程序不够细化和清晰，导致仍有不少地区的公安机关刚刚开始或从未出具过家庭暴力告诫书。

（三）司法层面：人身安全保护令的签发力度有待加大

数据显示，人身安全保护令签发的数量呈现出增长的态势。根据妇联组织的相关监测分析报告，截至 2018 年 12 月底，全国各地各级法院共审查了 5860 件人身安全保护令申请案件，发出 3718 份人身安全保护令，核发率为 63%。[②] 根据最高人民法院的统计，全国法院自 2016 年至 2020 年的 5 年时间，发出 7918 份人身安全保护令。[③] 根据 2022 年 3 月 8 日第十三届全国人民代表大会第五次会议上所作的《最高人民法院工作报告》，2021 年，全国

---

① 《反家庭暴力法》第 20 条：人民法院审理涉及家庭暴力的案件，可以根据公安机关出警记录、告诫书、伤情鉴定意见等证据，认定家庭暴力事实。

② 《最高法：适当减轻受害方对家庭暴力的举证责任》，2019 年 3 月 12 日，腾讯网，https：// xw. qq. com/amphtml/20190312A0QMIW00。

③ 《最高法：全国法院 5 年发出 7918 份人身安全保护令》，2021 年 3 月 9 日，光明网，https：// m. gmw. cn/baijia/2021-03/09/1302154259. html。

法院发出的人身安全保护令的数量为 3356 份。① 但在法律实务中，人身安全保护令制度面临申请难、核发难、追责难等一系列问题。首先，申请人承担过重的举证责任。家庭暴力的实施多在比较封闭的场所，具有一定的隐秘性。而受害人往往也缺乏证据收集意识，特别是在遭受暴力的危急情形下也无法直接取证。绝大多数受害人遭受暴力后既不敢报警也不就医，也很少向外人或者当地基层组织求助，更不用说对伤情作司法鉴定。而了解情况的家庭成员、亲戚、朋友、邻居等多本着袒护施暴者或者多一事不如少一事的心态，不愿出庭做证。那些能够提供证据的受害人，证据以公安机关出具的相关资料、就医资料及照片为主，类型单一。在民事诉讼法"谁主张谁举证"的一般证据规则下，受害人不能提供有效的证据，成为大部分人身安全保护令无法核发的原因。其次，部分法官对人身安全保护令设置过高的核发门槛。《反家暴法》规定，人身安全保护令申请有两种情形，一是遭受家庭暴力，二是有面临家庭暴力的现实危险。但从已经核发的人身安全保护令的情形来看，均为已经遭受家庭暴力，甚至多为数次遭受家庭暴力的案件。法院对"面临家庭暴力的现实危险"也基于已有家暴的严重程度来判断。② 从已经核发及驳回的人身安全保护令裁定中可见，审判员对人身安全保护令的核发要求普遍较高，与人身安全保护令制度的立法初衷不符，不利于保护受暴者的权益。③ 最后，人身安全保护令的执行部门难以联动，操作流程不规范。《反家暴法》明确人身安全保护令由人民法院执行，公安机关以及居委会、村委会等应当协助执行，但对于如何协助执行并没有具体规定。因此，人身安全保护令在执行层面的可操作性不强，从而导致对违反人身安全保护令的施暴者追责困难。④

---

① 《最高人民法院工作报告》，2022 年 3 月 8 日，最高人民法院网，https：//www．court．gov．cn/zixun-xiangqing-349601．html。

② 季凤建：《刍议人身安全保护令的执行》，《人民司法（应用）》2016 年第 10 期。

③ 参见张海、陈爱武《她们的人身安全保护令缘何被法院裁定驳回——基于裁定书的扎根理论研究》，《河北法学》2021 年第 4 期。

④ 蒋月：《我国反家庭暴力法适用效果评析——以 2016—2018 年人民法院民事判决书为样本》，《中华女子学院学报》2019 年第 3 期。

（四）社会工作层面：庇护制度并未得到有效激活

从 1995 年开始，我国就陆续设立了受暴妇女庇护所，[①] 由开始的企业设立慢慢过渡到妇联牵头、挂靠民政设立的形式。《反家暴法》正式设立了针对家暴受害人的庇护制度。但与家暴发生率和家暴受害人的庇护潜在需求相比，目前庇护机构的入住率和可利用性都远远不足。

2021 年 2 月 5～12 日，社会组织北京市东城区源众家庭与社区发展服务中心与新媒体女性组织和反家暴一线工作人员共同设计并进行了针对大众为期一周的《反家暴法》实施情况的网络调查。此项调查的内容包括三项，即对反家暴内容的认知、对反家暴责任部门工作满意度及建议、对《反家暴法》公众宣传教育工作满意度。经过新媒体平台的传播，此项调查累计转发量约 2300 次，收到有效反馈 14716 份，共有男性 536 人，女性 14100 人，性少数群体参与者 80 人，分别占参与者总数的 3.64%、95.83% 和 0.54%。其中，来自中国大陆的问卷反馈 11412 份，香港特别行政区 42 份，澳门特别行政区 3 份，台湾地区 6 份；另有坐标海外的参与者共 250 人。[②]

对湖南长沙、湘乡和河北邱县反家暴执行情况的调研显示，邱县及湘乡各有一例向庇护机构求助，长沙市所辖的浏阳市受暴妇女庇护工作是比较突出的，在《反家暴法》实施后的一年时间里庇护所接待受暴妇女庇护共计 18 人次，也不是一个很高的数字。上海市 2009 年成立了上海反家暴庇护救助中心，宽敞整洁的房间里却鲜见有受害人入住。根据法律规定的紧急庇护制度，全国设立了 2000 余家家暴庇护所，但在 2015 年仅为受害人提供庇护服务 149 人次，原因是庇护所入住条件苛刻，限制很多。

现有庇护的不足主要体现在以下几方面。第一，我国的大部分庇护场所

[①] 《谁来救助妇儿圣殿》，《解放日报》1996 年 4 月 17 日，第 5 版。

[②] 鉴于问卷开放时间为 2 月 5～12 日，为响应中央疫情防控政策和号召，许多网友选择就地过年，此地域分布数据不一定能够代表各省、自治区、直辖市常住人口对当地《反家暴法》落实、宣传工作的认知度和满意度。

是依托救助管理站设立的，大多仅能提供食宿方面的保障。救助站也缺乏专业的人员配置和专业能力，服务比较单一。而家暴受害人也非常需要心理疏导、法律、就业等延伸的服务，救助站往往爱莫能助，不能从根本上解决受暴者的问题。救助站的现实条件难以满足需求，也降低了人们寻求救助站帮助的意愿。第二，家暴受害人面临的困境是多重的，需求也是多样的。要想最大限度帮助受害人走出暴力困境，需要专业的法律咨询、心理疏导、技能培训等服务。而这一系列的服务，仅仅依靠妇联、社区居委会的工作人员很难做到，需要专业的服务团队。目前来看，我国的庇护场所并没有配备专业的工作人员，大多数是没有经过专业培训的民政单位、社区的工作人员来兼任，总体缺乏法律、心理等方面专业的服务能力。另外，大多数庇护场所也没有制定相应的工作流程和机制，工作缺乏相应的标准。第三，庇护时间短、门槛高。一般庇护所都设有庇护期限，如"为受害者的心理咨询、法律救助及不超过 7 天吃住全免的临时庇护"，"求助妇女最多能在庇护所住10 天"，"一般庇护时间为 7 天，如遭遇特殊情况，可适当延长"。[1] 家暴问题显然不能通过短短的数天得以解决。设定期限极大地影响受害者寻求庇护的积极性，因为受害者认为 7 天或者 10 天过后仍然可能回家面对家暴问题，就有可能选择不接受庇护。此外，入住庇护所还需要经过严格的审核，需要受害人提供身份证明、被家暴的证明材料、需要庇护的证明等材料申请。有的庇护所还会有户籍要求，辖区内的才能入住，或者附加"无亲朋好友可以投靠的情况""必须先向 110 报警或者向当地妇联组织求助""承担聘请心理专家和律师的费用"等要求。[2] 这无疑会给受暴者造成严重的负担。

（五）受害人层面：选择寻求救济的比例不高

《反家暴法》实施五周年之际，上海共受理 400~440 份人身安全保护令

---

① 卢育兰：《反家庭暴力临时庇护所问题研究》，《安徽广播电视大学学报》2017 年第 1 期。
② 卢育兰：《反家庭暴力临时庇护所问题研究》，《安徽广播电视大学学报》2017 年第 1 期。

申请,[①] 北京能够检索到的人身安全保护令申请为 167 份。[②] 因家庭暴力而提起民事诉讼的案件更是少之又少。以这组数据与"2.7 亿个家庭,约 30%存在不同程度的家庭暴力"[③]"家庭暴力发生率在 29.7%~35.7%"[④] 的数据相比,可以窥见家暴受害人的求助比例并不高。造成这一结果的主要原因包括以下几点。第一,"家暴是家务事"的传统观念。一些人认为,夫妻打架是常事,甚至错误地认为"打是亲,骂是爱""清官难断家务事"。一些受害人也认为"家丑不可外扬",害怕自己被家暴的事实"传出去"后,进一步激化家庭矛盾,影响家庭稳定;还担心通过法律手段解决问题,会"闹得沸沸扬扬",使自己和父母子女承受更多来自外界的压力。这导致一些受害人在遭受家庭暴力后,忍气吞声,不但不敢对"外人"讲,有的连自己的父母亲都不愿告诉。第二,受害人的法律意识不强。许多受害人不清楚《反家暴法》的具体内容和相关程序性规定。一些受害人(及施暴者)错误地认为发生在家庭中的暴力不受民法及刑法的拘束;一些受害人担心一旦让施暴者接受行政处罚,将会"留案底",影响孩子未来的升学和求职,因而苦苦隐忍。即使对法律规定有所认知,一些受害人也对《反家暴法》的有效实施持悲观态度,对司法体系的运作过程有陌生感、恐惧感,从而造成其维权意识较差,不懂、不敢或不愿运用法律武器维护自身权益。第三,受害人面临经济、心理等层面的多重困境。有的受害人没有经济来源或者不具备独立生活能力,即使遭受暴力,仍然不得不在经济和生活上依附于施暴者,而这种依附关系又进一步加剧其与社会的物理和心理隔绝,导致其深陷暴力的循环,难以脱身。有的受害人长期处于暴力环境,在持续或间歇性的心理压力和精神创伤下,焦虑、抑郁情绪严重,身心状况不佳,造成其缺乏向外

① 《反家暴法实施五周年系列检测报告》,https://xw.qq.com/cmsid/20210415A0DLRN00。

② 北京市东城区源众家庭与社区发展服务中心:《北京市涉家暴案件司法大数据分析》,2021年 3 月 1 日,https://mp.weixin.qq.com/s/bEH9w1j3CZwogEmqKxkwlA。

③ 《1995-2005 年:中国性别平等与妇女发展报告》,中国网,http://guoqing.china.com.cn/zhuanti/node_ 6151922.htm。

④ 全国妇联、国家统计局:《第三期妇女社会地位调查主要数据报告》,2011 年 10 月 21 日,中国网,http://www.china.com.cn/zhibo/zhuanti/ch-xinwen/2011-10/21/content_ 23687810.htm。

求助的能量和动力，害怕离开施暴者会带来更大的困扰和风险。有的受害人显示出斯德哥尔摩综合征的倾向，无法客观、理性地评估其与施暴者的关系，对施暴者抱有既憎恨又依恋的矛盾情感。

三 未来完善《反家暴法》的有效措施

（一）通过多种渠道加强对公众家庭暴力知识和《反家暴法》的宣传

通过《反家暴法》的实施，公众对家暴积累了一些常识性的认知，普遍能够识别家暴是违法甚至犯罪行为，但是对家暴行为的类型、家暴的本质、如何应对家暴行为、社会上有哪些有效资源能够提供救助等了解不足，对《反家暴法》中的部分具体规定认识相对模糊，对哪些部门具有反家暴的责任不够了解，对法律所规定的告诫书制度、强制报告制度、人身安全保护令、紧急庇护等处置和救助机制的知晓度还有待提高。

同时，源众家庭与社区发展服务中心网络问卷调查结果显示，各类渠道对《反家暴法》的宣传力度和效果差异很大。网络媒体传播已经超越传统媒体，成为最重要的宣传模式；学校教育、街道与社区宣传、公众场所的公益广告则远未发挥应有作用。鉴于网络日益成为非常重要的信息传播渠道，这增加了那些难以接触网络的群体了解相关信息的难度。这部分人群往往是相对弱势的群体，更容易遭受家庭暴力的伤害。因此，在坚持采取多种渠道加强《反家暴法》宣传的同时，更要注意发挥传统宣传阵地的作用，使更广泛的群体受益。

（二）继续加强反家暴责任部门对《反家暴法》的培训和学习，提高其反家暴的主体意识和专业能力

除了面向公众的《反家暴法》宣传以外，相关责任部门加强自身对《反家暴法》的学习、提高家庭暴力处置的专业能力也非常重要和紧迫。鉴于公众对有关部门处置家暴的及时性、有效性以及对受害人的救助和支持等

方面的热切期待，要着重提高一线人员对《反家暴法》的理解和运用能力，提高他们干预家暴的主动意识和专业性，以便更好地处置家暴事件，更为有效地保护受害人。

（三）保障反家暴经费和人力支持，将反家暴工作经费纳入政务公开的内容

《反家暴法》第4条第3款明确指出："各级人民政府应当对反家庭暴力工作给予必要的经费保障。"现已出台的反家暴地方性法规中也都提及政府财政部门的保障职能，要求各成员单位将反家庭暴力工作经费纳入年度部门预算申报。保障反家暴的经费和人力支持至关重要，同时应当将反家暴工作经费纳入政务公开的内容，让老百姓看到政府为引导全社会对家暴"零容忍"，建立、运营反家暴多机构联动机制，保护受害者的合法权益所做出的努力。

（四）完善涉家暴数据的统计和发布机制，提高信息透明度

我国《反家暴法》第7条第1款明确规定："县级以上人民政府有关部门、司法机关、妇女联合会应当将预防和制止家庭暴力纳入业务培训和统计工作。"目前，最高人民法院对人身安全保护令做过信息统计和发布工作，而其他相关部门如公安机关、妇联等，对于涉家暴案件的数据和处理情况大多没有公开。社会大众对于反家暴相关责任部门是否发布过反家暴数据统计或工作报告的知晓度不高。目前，关于家庭暴力发生情况和处理情况均缺乏官方数据，这既不利于公众对家庭暴力和相关责任部门工作的了解，也不利于反家暴工作的开展。因此，建议相关责任部门完善涉家暴数据的统计和发布机制，形成相关的工作报告，提高信息透明度。

（五）鼓励和支持社会组织开展反家暴工作

调查发现，参与者对受害者庇护中心、家暴受害者救助支持服务、法律咨询与援助的人财物力投入、家暴者的矫治等直接性和支持性服务的需求很

高。反家暴工作不仅需要相关责任部门发挥作用，同时需要鼓励和支持社会组织参与反家暴工作，为家暴受害者、施暴者、目睹家暴的儿童等不同群体提供包括心理援助、法律援助、社工服务、救助服务等全方面的专业服务。

（六）完善和激活庇护制度

目前的庇护制度主要是依托救助站设立庇护场所，但由于距离较远、可供入住时间较短、专业性力量不够，庇护场所的使用率较低。而在调查中发现，社会大众对于庇护的需求非常高。因此，需要完善现有的服务和管理模式，提高现有庇护所的使用率和入住率。同时，鼓励社会组织建立公益性的庇护机构，集中民间力量建立庇护救助一体化的服务模式，满足家暴受害者对于庇护所的需求。

（七）充分发挥新媒体在反家暴宣传工作中的作用，依托互联网探索反家暴工作的新模式

面对互联网流量福利，反家暴责任部门应当思考如何有效利用新媒体开展《反家暴法》的宣传工作，将《反家暴法》带到更广阔的公众视野中去，让更多的人知道《反家暴法》，愿意用、敢于用《反家暴法》维护自身的合法权益。同时，互联网技术的发展也为探索反家暴工作的新模式提供了可能性。用户可以通过手机客户端和 PC 客户端实现一键报警、伤情鉴定、庇护所信息查询、人身安全保护令信息查询等功能，平台还可以向正在遭受家庭暴力的受害者提供心理疏导、法律咨询、在线救助、证据保存等全方位、一站式的公益性服务。因此，各级政府及反家暴责任部门通过互联网加强反家暴宣传的同时，应当积极探索线上服务的新模式，评估建立反家暴综合服务平台系统的可能性。

（八）制定实施细则，进一步完善《反家暴法》

源众家庭与社区发展服务中心的网络问卷，向网友征集《反家暴法》

的完善建议，其中呼声最高的是"扩充家暴定义，包括性暴力、经济控制等"，勾选人数占到了有效填写人数的95.42%。其余的几项，"有效地追究相关部门不作为的责任""完善各类救济制度，让它们进一步发挥作用""扩大保护对象，如明确将同性伴侣、离异夫妻、追求或恋爱对象纳入等"勾选率也均超90%。由此可见，调查参与者对《反家暴法》实施细则的完善非常关注，并在以下几个方面有所期待。

基于源众家庭与社区发展服务中心网络问卷的作答情况，特别是通过问卷开放题收集到的文字性反馈，以及来自社交媒体用户通过转发、评论分享的感触和观点，特别提出以下具体立法建议：（1）扩充家庭暴力的定义，将性暴力、经济控制纳入家庭暴力的具体表现形式，对是否将冷暴力列入家庭暴力进行立法研究；（2）扩大保护对象，明确《反家暴法》第37条"共同生活的人"所包含的具体情形，将离异夫妻、追求或恋爱对象、同性伴侣纳入保护对象的立法研究；（3）完善各项救济制度，全方位建立和完善适合我国国情的家庭暴力法律救济体系；（4）进一步明确相关部门的法律责任和不作为的法律后果。

参考文献

［1］薛宁兰、胥丽：《论家庭暴力防治法中的民事保护令制度》，《中华女子学院学报》2012年第4期。

［2］吕孝权：《处理家庭暴力违法后果的可操作性——以〈反家庭暴力法〉几个要害关节为例》，《妇女研究论丛》2016年第1期。

［3］夏吟兰：《我国反家暴法人身安全保护令评析》，《妇女研究论丛》2016年第1期。

［4］曾建飞、金丛：《人身安全保护令制度若干问题研究》，《人民司法（应用）》2017年第7期。

［5］蒋月：《我国反家庭暴力法适用效果评析——以2016—2018年人民法院民事判决书为样本》，《中华女子学院学报》2019年第3期。

B.11
未成年人保护处分制度的新进展[*]
——以山东省为例

李文军[**]

摘　要：　保护处分制度不同于刑罚和保安处分制度，前者主要是为罪错未成年人提供教育矫治消除人身危险，促使其重新融入社会。国家依法对罪错未成年人进行社会化帮教和必要的强制矫治，可预防其实施违法行为和犯罪行为。我国未成年人司法制度的构建长期停留于成年人司法的例外层面，脱胎于普通刑事司法体系的未成年人司法制度面临诸多困境，包括法律保护处分规定较为分散，分级处遇制度缺乏统一的评判主体和判断标准，以及教育矫治和再犯预防的配套措施不完善。为更好地促进罪错未成年人重新融入社会，有必要制定针对罪错未成年人的保护处分法律，充分激活专门矫治教育措施，进一步完善专门学校建设，提升帮教队伍专业化水平，构建罪错未成年人信息共享平台。

关键词：　罪错未成年人　保护处分　分级处遇　专门学校

一　问题的提出

近年来，我国低龄未成年人实施的恶性犯罪案件频发，主要体现在犯罪

＊　本文为博士后出站留渝科研资助的研究成果。感谢西南政法大学博士研究生陈南在课题调研和实证资料整理方面提供的帮助。

＊＊　李文军，西南政法大学人权研究院讲师，主要研究方向为人权法学、刑事法学、司法制度。

主体低龄化、低学历，作案形式组织化、团伙化，以及作案手段成人化、暴力化。尤其是随着我国城市化进程的不断加快，留守儿童和失学儿童群体的违法犯罪、校园欺凌问题日益突出。留守和失学儿童因无法接受家庭的教育、抚养和关爱，很多人从小就沾染上诸多不良社会习气，容易出现行为偏差和性格扭曲。但对低龄未成年人实施严重危害社会的行为，缺乏一套有效的法律制度来进行干预。因此，这部分有不良行为或严重不良行为的未成年人，很容易走上违法犯罪的道路。① 如何通过完善未成年人保护处分制度，有效实现对未成年人的犯罪预防与教育保护，已经成为我国社会各界颇为关注的问题。自中央政法委、最高人民法院、最高人民检察院、公安部、民政部、团中央等部门提出构建中国特色未成年人保护处分制度以来，各地公安司法机关和相关职能部门采取了多种措施，积极推动这一制度的构建，并取得了一定经验。但由于我国未成年人保护处分制度尚处于探索阶段，没有形成较为成熟、完整的制度体系，以致未成年人保护和处遇工作无法有效展开。并且，我国社会正处于深刻变革的特殊历史时期，未成年人保护处分制度体系面临的一系列问题，已成为影响社会稳定的重要因素。

我国未成年人司法制度的构建长期停留于成年人司法的例外层面，脱胎于普通刑事司法体系的未成年人司法制度面临诸多困境，包括法律保护处分规定较为分散，分级处遇制度缺乏统一的评判主体和判断标准，以及教育矫治和再犯预防的配套措施不完善。② 2019 年 2 月最高人民检察院印发《2018—2022 年检察改革工作规划》，提出"深化涉罪未成年人的教育感化挽救工作，探索建立罪错未成年人临界预防、家庭教育、分级处遇和保护处分制度"。③ 2020 年 12 月 26 日，第十三届全国人民代表大会常务委员会第

---

① 参见张寒玉、王英《留守儿童犯罪预防对策初探》，《青少年犯罪问题》2017 年第 5 期，第 21 页。

② 参见孙谦《中国未成年人司法制度的建构路径》，《政治与法律》2021 年第 6 期，第 3 页。

③ 我国现行少年司法体制下由于少年法院式微和少年警务尚未专业化，而"大检察"少年司法格局已初步形成，所以检察机关在少年司法体系中的话语权逐步增大，这在一定程度上决定了以检察机关主导建立未成年人罪错行为分级干预体系更为适宜。参见毕琳等《未成年人罪错行为分级干预主导部门的构建》，《人民检察》2020 年第 19 期，第 35 页。

二十四次会议通过《刑法修正案（十一）》和新修订的《预防未成年人犯罪法》采取保护、预防和惩治相结合的策略，以全面提升应对未成年人犯罪的治理能力。《刑法修正案（十一）》第 1 条规定，在特定情形下经特别程序，对法定最低刑事责任年龄作个别下调，并规定因不满 16 周岁不予刑事处罚的，在必要的时候依法进行专门矫治教育。《预防未成年人犯罪法》对罪错未成年人的不良行为、严重不良行为、重新犯罪的干预、矫治、预防进行了修订。2020 年 10 月，课题组成员参与了由国家有关部委工作人员和专家组成的团队，在山东省选取济南市、潍坊市等有代表性的地区，针对"进一步完善我国未成年人保护处分制度"开展了调研活动和主题研讨。在此基础上，笔者拟对未成年人保护处分制度的构建情况进行梳理，并针对司法实践中存在的问题提出相应的优化方案。

二 未成年人保护处分制度的构建

保护处分具有不同于刑罚和保安处分的性质，旨在为罪错未成年人提供教育矫治和再犯预防，通过消除人身危险促使其重新回归社会。[1] 保护处分一般应遵循处分优先原则、处分法定原则和处分相称原则，而以执行载体为标准可分为机构性保护处分、非机构性保护处分和中间性保护处分三种基本类型。世界各国对保护处分的类型设计和运用无不以社区性保护处分为原则、以拘禁性保护处分为例外。[2] 国家依法对罪错未成年人进行

---

[1] 参见许福生《刑事政策学》，台北：元照出版有限公司，2017，第 130 页。

[2] 日本的《少年法》将罪错未成年人的替代性保护措施直接称为"保护处分"，但俄罗斯、德国、法国等则多称为"教育处分"。从各国保护处分的适用对象来看，保护处分主要是替代对犯罪少年和触法少年的刑罚，使之免受刑罚的制裁；有的国家还基于预防和保护的思想，将保护处分扩大适用于虞犯少年，这也可以认为是保护处分与刑罚和保安处分的明显区别。我国保护处分的适用对象应以《刑法》和《预防未成年人犯罪法》为依据确定，包括犯罪少年、严重不良行为少年和不良行为少年三种。参见姚建龙《犯罪后的第三种法律后果：保护处分》，《法学论坛》2006 年第 1 期。虞犯行为具备"成年人可为而未成年人不可为""自害性或轻微害他性""犯罪倾向性"三大实质特征。参见姚建龙《未成年人法的困境与出路》，《青年研究》2019 年第 1 期，第 13 页。《预防未成年人犯罪 （转下页注）

社会化帮教和必要的强制性矫治，可有效预防未成年人实施违法犯罪行为。目前，山东省对罪错未成年人保护处分制度构建的探索主要有以下几方面内容。

（一）推行分级处遇构建差异化保护体系

我国法律将未成年人罪错行为区分为不良行为（一般不良行为和严重不良行为）与犯罪行为，对严重不良行为（治安违法行为+触法行为①）和犯罪行为分别在行政和司法两个体系中进行处理。② 山东省检察机关积极推动建立罪错未成年人分级干预体系，根据罪错未成年人的年龄和涉案轻重程度、性质、情节，将未成年人的罪错行为划分为不同层级，采取不同的处理措施，以形成差异化的处理体系。这贯彻了对罪错未成年人宽容而不纵容的刑事政策要求，一定程度上体现了保护处分制度在预防犯罪和教育矫治方面的功能。其中，部分地方检察机关根据《刑法》规定的最低刑事责任年龄，将罪错未成年人的行为划分为涉罪和涉错两个层级，初步构建了以分级处遇为统领的罪错未成年人保护处分体系。例如，济南市人民检察院在实践探索基础上打造了"泉城模式"，制定《济南市人民检察院罪错未成年人分级处遇工作指导意见》，结合罪错未成年人行为严重程度和相关程序机制进行分级干预。根据罪错未成年人的成长环境、生活经历、犯罪成因、行为动机、人格因素，以及在批捕、公诉环节针对涉罪未成年人的特别诉讼程序，对罪错未成年人的类型作了详细划分，包括一般不良行为、治安违法行为、涉罪

（接上页注②）法》第 28 条"不良行为"的类型可归为虞犯行为的范畴，虽暂时无违法犯罪行为，但存在违法犯罪可能的性格和环境，如不服管教、品性恶劣、组织或参与团伙。

① 触法行为是指虽然实施了严重危害社会的行为，但因为没有达到法律规定的刑事责任年龄，而不承担刑事责任的犯罪行为。我国《预防未成年人犯罪法》的适用对象包括有不良行为的未成年人，有严重不良行为的未成年人，以及有犯罪行为的未成年人。其中，不良行为是指未成年人实施的不利于其健康成长的行为；严重不良行为是指未成年人实施的有刑法规定但因不满法定刑事责任年龄而不予刑事处罚的行为，或者有其他严重危害社会的违法行为，二者呈现出"刑事违法性"到"行政违法性"递减的违法程度差别。参见李婕《完善专门矫治教育适用程序》，《检察日报》2021 年 6 月 17 日。

② 参见刘艳红、阮晨欣《新法视角下罪错未成年人司法保护理念的确立与展开》，《云南社会科学》2021 年第 1 期，第 84 页。

但未达刑事责任年龄不予刑事处罚、涉罪情节较轻不予批捕、涉罪情节轻微不予起诉等。

在此分类基础上，区分情形对罪错未成年人采取不同的保护处分措施。根据涉错未成年人行为严重程度划分层级进行干预，包括福利类措施和教育矫治类措施。第一，对有一般不良行为的未成年人采取的措施，主要是监护人接受亲职教育、责令监护人严加管教、提供社会服务、接受心理辅导等。第二，对有治安违法行为的未成年人采取的措施，包括学校帮教告诫、公安机关训诫，以及要求其在观护帮教基地或法治教育基地接受教育矫治。① 根据涉罪未成年人行为严重程度和诉讼程序进行分级保护干预主要是教育矫治和必要的惩戒。第一，对涉罪但未达刑事责任年龄而不予刑事处罚的未成年人采取的措施，包括训诫教育、学习法治课程、提供社会服务、接受观护帮教、监护人接受亲职教育、接受教育矫治等。第二，对犯罪情节较轻不予批捕和不予不起诉（酌定不起诉和附条件不起诉）的涉罪未成年人采取的措施，包括积极促成当事人双方和解，进行帮教、训诫，要求监护人接受亲职教育，必要时联合社区等机构或部门进行跟踪帮教，以及发挥观护帮教基地和社会力量的作用，综合运用心理矫治、团建活动、公益劳动等方式开展矫治教育和再犯预防。第三，对被起诉的已达刑事责任年龄的涉罪未成年人采取的是刑事类措施，包括暂缓批捕、暂缓判决、判处缓刑接受社区矫正、判处徒刑在少管所服刑接受教育矫治。

（二）多方联动构建社会化帮教大格局

山东省人民检察院近年来积极推动司法办案和社会工作有效衔接，不断

---

① 观护帮教基地和法治教育基地矫治性处分属于社区性保护处分措施，矫治强度强于一般干预，自由限制程度弱于收容性处分，是在一定范围和场所内进行的教育和疏导，避免因与社会隔离而对罪错未成年人的成长造成过多负面影响。参见梁曦、张洋《罪错未成年人保护处分制度的构建》，《人民检察》2020 年第 19 期，第 31 页。未成年人观护制度是一种对罪错未成年人采取的非监禁处遇措施。例如，审前调查和保护管束、感化教育、假日生活辅导。参见丁乐《两岸未成年人观护制度的比较与借鉴》，《暨南学报》（哲学社会科学版）2017 年第 5 期，第 39 页。

加强与综治、关工委、共青团、教育等相关部门，以及未成年人保护组织、社工组织、爱心企业等社会力量的合作，积极引入社会组织参与对罪错未成年人的保护，并借助专业化社会力量对罪错未成年人开展社会调查、观护帮教、心理矫正、行为矫正、司法救助等工作。司法实务中，部分检察机关在充分利用网络技术基础上，设计应用软件对罪错未成年人进行帮教，通过线上搭建未成年人专家、司法社工、公益组织、帮教企业等多类平台，为罪错未成年人的人格甄别、分类观护提供便捷高效的基础保障。① 在罪错未成年人保护处分制度的探索过程中，有的检察机关还联合其他专业性机构，对有治安违法行为的涉错未成年人进行引导性教育矫治。对有严重触法行为但不能追究其刑事责任的涉罪未成年人，积极联合公安、学校、监护人等对其开展训诫教育工作，分别采取临界预防、家庭教育、跟踪帮教等一系列保护处分措施对罪错未成年人形成社会化帮教大格局。

在案件办理过程中，检察机关与公安机关和卫健部门建立了协调合作机制，共同构建具备询问、取证、观护、救助等功能的"未成年人一站式办案区"，加强对罪错未成年人的心理评估疏导，全面推广涉罪案件心理评估干预机制，精细化推进罪错未成年人的分级处遇工作，让已经取得心理咨询资格的检察官或聘请心理咨询专家，对涉罪少年进行心理评估和矫正指导。针对监管和惩戒罪错未成年人责任分散、落实不到位问题，检察机关与多部门加强分工协作，推进对罪错未成年人保护的社会网络体系建设和综合监管。例如 2019 年，山东省人民检察院与团省委共同签署《关于构建山东省未成年人检察工作社会支持体系合作框架协议》，在烟台市、东营市展开改革试点工作，检察机关在办案过程中引进社会组织、项目化运作、政府购买服务等，对涉罪未成年人提供社会化帮教服务。济南市人民检察院与市公安局、司法局、团市委、妇联等部门会签了《关于加强未成年被害人综合权益保护的意见》，与市妇联会签了《关于建立共同推动保护妇女儿童权

---

① 参见姚建龙等《未成年人罪错行为保护处分处置制度构建探究》，《青少年犯罪问题》2021年第 3 期，第 105 页。

益工作合作机制》，明确对未成年人进行教育引导并提供综合帮助服务。潍坊市人民检察院与职业院校、爱心企业、义工组织、养老机构等社会力量合作，成立多家未成年人观护帮教基地，如技能培训基地、社会实践基地、爱心护航港、爱心驿站。

（三）积极开展亲职教育工作

犯罪学的研究已经表明，几乎所有实施罪错行为的未成年人背后都存在不良的生活环境、不合格的家庭教育与监护、身心发展的不健全或不成熟等因素，因此他们在一定意义上是家庭监护缺失、社会救助不足、国家亲权不充分的受害者。[①] 家庭对青少年的影响力大于任何具有教学性质教育的影响力，可以认为家庭教育的形塑力是遗传的继续。遗传和教育的影响经常在同一方面起作用，这是因为它们几乎经常来自同一方面，即父母。那些有机体没有遗传的东西将会通过教育传送下去，它们是通过榜样的力量，以一种相同的、无意识的方式传送。[②] 开展亲职教育是为更好地让监护人尤其是父母履行对罪错未成年人的教育、管束责任，司法机关可要求监护人接受一定时间的培训教育，而如果监护人拒绝，司法机关则可对其处以罚款，直到接受为止。[③] 多数有不良行为或实施犯罪行为的罪错未成年人，主要与家庭教育缺失和家庭关系不睦相关，所以需要将针对监护人的亲职教育融入对罪错未成年人的保护处分措施，以改善家庭关系和家庭环境促使问题少年回归正途。

山东省人民检察院根据《2018—2022 年检察改革工作规划》的规定，要求省内检察机关在探索保护处分制度时，结合亲职教育提高监护人的管教能力，对教育理念与方法有偏差的监护人开展亲职教育，以提高监护人的管

[①] 参见俞亮、吕点点《法国罪错未成年人分级处遇制度及其借鉴》，《国家检察官学院学报》2020 年第 2 期，第 157 页。

[②] 参见〔意〕加罗法洛《犯罪学》，耿伟、王新译，中国大百科全书出版社，1996，第 229 ~ 230 页。

[③] 参见徐剑锋、崔倩如《未成年人保护处分的基层实践研究》，《法治研究》2021 年第 5 期，第 144 页。

教能力，多维度改善未成年人生活、学习环境。例如，济南市人民检察院依托山东师范大学的专家团队，联合公安、法院、司法局等单位，对罪错未成年人的监护人进行专门化亲职教育，着力改善涉罪未成年人的家庭环境。潍坊市人民检察院联合当地妇联等部门强化落实家庭监护主体的责任，针对问题家庭设立亲职教育课堂，并对问题监护人进行指导，尤其是家庭教育理念和方式，以缓解罪错未成年人与监护人之间长期存在的家庭矛盾。菏泽市人民检察院联合当地妇联讲师团，积极开展监护人学习活动和相关培训，以多种方式落实亲职教育工作。曹县人民检察院针对罪错未成年人的家庭监护不力问题，一是向罪错未成年人发出《行为告诫令》，指出其行为的违法性和社会危害性；二是向其监护人发出《督促监护令》，指出监护人家庭监管方面的失职问题。结合罪错未成年人的成长经历、性格特点、犯罪原因、生活环境、人际关系、监护教育等情况，有针对性地向监护人提出家庭教育方面的意见。历城区人民检察院针对涉案罪错未成年人的家庭问题，开设亲职教育课堂，联合区妇联签署《关于建立共同推动保护妇女儿童权益工作合作机制》《关于联合开展亲职教育工作的实施意见》，加强对罪错未成年人监护人的亲职教育制度构建，强化落实家庭监护的主体责任。

（四）通过普法推进青少年法治教育工作

2002 年 10 月，教育部、司法部、中央综治办、共青团中央联合发布《关于加强青少年学生法制教育工作的若干意见》，提出要完善兼职法制副校长和法制辅导员制度。2003 年 11 月，教育部等六部委印发《关于规范兼职法制副校长职责和选聘管理工作的意见》，对兼职法制副校长的职责、选聘、管理等工作进一步作出规定。为进一步规范中小学法治副校长聘任与管理，健全学生权益保护机制，促进未成年人健康成长，2021 年 12 月教育部在此前工作的基础上，经商最高人民法院、最高人民检察院、公安部、司法部同意，制定颁布《中小学法治副校长聘任与管理办法》（教育部令第 52号），于 2022 年 5 月 1 日起实施。该办法根据预防未成年人犯罪法等法律规定，全面总结了法治副校长工作的经验与做法，针对实践中的问题，突出将法治副校长纳入中小学治理体系、全面健全未成年人权益保护机制的新要求，系统设计了中小学法治副校长聘任与管理制度。山东省司法厅与教育厅联合印发《关于加强中小学法治副校长配备和管理的意见》，要求全省的中小学设立法治副校长，开设法治课程，推动校园法律文化建设，全面落实针对未成年人的犯罪预防和保护处分工作。[①] 要求推动各级部门落实《关于进一步落实国家机关"谁执法谁普法"普法责任制的意见》，完善公开报备、报告总结、联席会议、考评通报等工作制度，督促指导各级青少年管理部门开展与青少年相关的法律法规进机关、进学校、进农村、进社区、进企业、进单位（"法律六进"活动），全力营造依法保护青少年合法权益的社会氛围。

罪错未成年人的保护处分工作重在"教"和"防"，通过做好法治教育工作和临界预防工作，促使未成年人了解法律、遵规守纪。在中小学的普法工作中，法治副校长的工作包括扩大法律宣传覆盖面和对全体在校学生进行法治宣讲和教育，以落实对未成年人的全面法治教育工作；针对有不良行为和严重不良行为的在校学生开展法治授课，通过推进预防关口前移落实对未成年人的犯罪预防。针对实施犯罪行为但未达刑事责任年龄的未成年人，犯罪情节显著轻微的未成年人，对实施违法行为而被治安处罚的、多次实施校园暴力的未成年人，建立预防约谈训诫制度。教育矫治措施是一种适用于罪错未成年人程度最轻的处遇措施，目的是教育、引导和督促罪错未成年人改正不良行为和严重不良行为。[②] 通过一对一的法治教育，既警示劝诫又教育引导，提高罪错未成年人的遵纪守法意识。例如，诸城市人民检察院与公安局、法院、司法局等单位合作，组成法治教育宣讲团，制定模块式授课内容，轮流开展法治教育讲解。确定重点普法单位，对违法事件多发、不良行

---

① 未成年人司法预防模式包括三个维度的预防：一般预防、临界预防和再犯预防。一般预防是指甄别和确定为犯罪提供机会或促成犯罪产生的环境，防止和消除导致犯罪行为产生的条件。预防方法主要包括环境设计、社区管理和公众教育；预防主体主要是社会公众、社会组织、家庭和学校。参见苑宁宁《论未成年人犯罪三级预防模式的法律建构》，《预防青少年犯罪研究》2021年第2期，第43页。

② 参见俞亮、吕点点《法国罪错未成年人分级处遇制度及其借鉴》，《国家检察官学院学报》2020年第2期，第162页。

为学生较为集中的学校，有针对性地开展法治教育并及时发送检察建议。对幼儿园、中小学等社会关注度较高的地方，联合其他单位通过课堂教学、讲座、主题活动等多种普法形式，开展识别性侵犯罪、预防未成年人犯罪、网络安全等主题教育，提高学生的自护自救和依法维权意识。

（五）构建校园欺凌长效防控机制

全国各地陆续建立校园欺凌防范工作协调机制，明确严格落实校园安全管理制度以构建受欺凌未成年人保护机制。同时，要求通过开展隐患排查、问卷调查和专题培训工作，形成常态化的校园欺凌防范工作体系。山东省教育厅、公安厅等部门联合印发《山东省加强中小学生欺凌综合治理方案》，并于 2019 年 9 月由济南市司法局、检察院、法院等 11 家部门联合制定《关于预防打击侵害未成年人犯罪进一步保护未成年人合法权益的实施意见》。这些文件明确界定了学生欺凌行为，推动构建校园欺凌防治工程，进一步健全校园欺凌防治长效机制。山东省教育厅起草《全省校园欺凌防治措施（征求意见稿）》，要求对校园内有严重不良行为的青少年采取强化教育保护矫治和专门教育规划措施，包括警示提醒、约谈训诫、跟踪帮教等。① 依托青岛大学心理与精神健康研究院共建"山东省校园欺凌防治研究中心"，为罪错未成年人的心理问题提供健康咨询。在司法保护方面，法院处在涉罪未成年人案件办理的司法程序末端，发挥的功能只是对涉罪未成年人进行刑罚上的惩治教育。鉴于此，部分法院在审判外试点探索建立早期校园欺凌防范工作机制。针对校园欺凌问题，提前介入预防欺凌行为的发生，并制定适用于罪错未成年人的处置措施。德州市中级人民法院在职业院校、中学内部设立专门防治校园欺凌的办公机构。当发生校园欺凌事件时，由法官联合相关单位及

---

① 我国现行立法对校园欺凌的责任追究呈现出两极化弊端，应结合我国实际构建中间性处遇的校园欺凌防治体系。执行主体为学校的处遇措施有赔礼道歉、取消资格、限制行动、以文件形式全校通报批评、课余时间进行劳动、限制社交行为；执行主体为教育部门和学校的处遇措施有罚款、隔离学习、暂时开除、永久开除；执行主体为教育部门的处遇措施是送入专门学校。参见任海涛《校园欺凌者及监护人"中间性处罚"法律责任研究》，《教育发展研究》2018 年第 12 期，第 55~59 页。

时对案件进行调查，对有一般不良行为和严重不良行为的学生提出专业处置意见，为受害未成年人提供心理诊治、法治维权、跟踪帮助等服务，确保欺凌事件的当事人能得到及时、妥善处置，实现校园环境的安全有序。

三　未成年人保护处分制度的不足

虽然山东省有关部门对罪错未成年人保护处分的改革试点工作取得了一定成效，但是一些好的做法和措施尚缺乏经验总结，以形成具有可操作性的制度措施。而从事未成年人保护工作的专业队伍不稳定，各部门缺乏协调配合造成信息封闭，往往会延误对罪错未成年人的矫治时机。

（一）尚未形成系统性专门立法

我国对罪错未成年人保护处分制度尚未形成系统性专门立法，仅有的一些具有保护处分性质的规定散见于《刑法》《预防未成年人犯罪法》《治安管理处罚法》《社区矫正法》等法律法规内，包括严加管教、训诫、定期报告、专门教育矫治、送入专门学校等措施。保护处分制度缺乏制度性体系框架和具体规定，现有规定又过于原则化，部分措施缺乏实施细则。例如，虽然《刑法》第 17 条第 5 款规定了责令监护人严加管教措施，但对如何管教、如何监督、如何甄别监护人是否具有管教能力、最终的管教成效如何评价等均无具体的规定，也没有相应的跟踪、回访和报告机制，使得这一矫治措施在实践中容易流于形式。[①] 对尚未达到刑事责任年龄却在客观上实施了犯罪行为的未成年人，以及有严重不良行为的未成年人的保护处遇措施缺乏明确规定。山东省检察机关和相关部门目前对罪错未成年人进行改革试点的保护处分工作，更多依据的是最高人民检察院印发的《2018—2022 年检察改革规划》。因为缺乏明确的法律依据，相关部门无法强制要求罪错未成年人接受保护处分措施，所以只能在其本人及其监护人的积极配合下才能执行。

---

① 参见张颖鸿《论触法未成年人的处遇与管教》，《青年探索》2020 年第 2 期，第 78 页。

（二）处遇方式单一且没有作出适当区分

司法实践中对罪错未成年人的处理，多采用治安处罚这一类行政处罚色彩较浓的措施，通常是由公安机关主导，采取的措施多为治安处罚，而其他部门无法介入对罪错未成年人的教育矫治和犯罪预防。如果未成年人实施了严重危害社会的行为，司法机关仍然按照与成年人一样的方式处理，[①] 没有充分顾及罪错未成年人身心发育不够成熟的特殊性，常出现的问题是惩罚过多而教育矫治不足。

心理学和大脑科学的发展继续显示出青少年和成人之间的重要区别，特别是涉及青少年行为控制的大脑部分在青春期后逐渐成熟，他们相较于成年人在转化能力和可塑性方面更强。[②] 由于受客观条件限制，公安机关很难对不同年龄群体作出适当处遇区分。例如，县级以上人民政府公安机关可责令吸毒成瘾严重的未成年人到强制隔离戒毒所戒毒，但基于吸毒人数、隔离场所、办案资源等多种因素的考虑，公安机关通常会将符合强制隔离戒毒条件的成年吸毒人员和未成年吸毒人员混合收治戒毒。显然，这种不加区分的戒毒管理方式和矫治措施，容易使未成年吸毒人员受到成年吸毒人员的不当影响，更有可能出现交叉感染。

（三）保护处分措施较为原则缺乏可操作性

保护处分可以划分为三大类：机构性保护处分、非机构性保护处分和中间性保护处分。机构性保护处分又称拘禁性保护处分，是指以封闭或半封闭式机构为主要执行载体的保护处分，这种保护处分以剥夺或限制少年的人身自由（以监禁、半监禁）为主要特征。非机构性保护处分又称社区保护处分，是指以开放式社区为执行载体，不以剥夺或限制少年人身自由为主要形式的保护处分。中间性保护处分又称安置辅导处分，是介于前两者之间的保

---

① 参见姚建龙《未成年人法的困境与出路》，《青年研究》2019 年第 1 期，第 3 页。

② 参见〔美〕弗兰克·施马兰格《美国刑事司法》，徐轶超译，中国政法大学出版社，2020，第 521 页。

护处分措施，主要是考虑到机构性保护处分过于严厉，而非机构性保护处分又可能过宽。中间性保护处分是将罪错未成年人安置于适当的福利性社会机构。例如，儿童福利院、流浪儿童救助机构志愿家庭和其他相关社会组织。[①]

我国法律对罪错未成年人保护处分措施的处遇种类、适用条件、适用程序、决定机关等规定并不明确。根据《刑法》第 17 条第 5 款和《预防未成年人犯罪法》第 6 条的规定，专门教育是国民教育体系的组成部分，是对有严重不良行为的未成年人进行教育和矫治的重要保护处分措施，属于剥夺或限制涉罪未成年人人身自由的机构性保护处分措施。但针对不满 16 周岁不予刑事处罚的未成年人的专门矫治教育，法律规定过于原则，对入学对象、入学条件、入学程序、教学方式、学习内容、考核方式等的规定不够完善，实践中出现了以往工读学校面临的难题。部分需要接受教育矫治的罪错未成年人，因监护人不愿意提出、本人不愿意或外地户籍受限，而处于无人监管、无人教育的状态。

（四）专业化人员匮乏难以开展相关工作

罪错未成年人违法犯罪行为处遇与干预机制专门化，需要公检法司等部门设置专门机构和指派专业人员办理涉错涉罪未成年人案件。根据 2020 年最高检发布的《未成年人检察工作白皮书（2014—2019）》，"最高人民检察院要求各地检察机关不断加强未成年人检察专门机构建设，明确提出省、市级检察院和人数较多的基层检察院都要成立独立未成年人检察机构。确因人员数量较少难以成立独立机构的，也要设立专门的检察官办案组或者指定专门的检察官负责。同时，未检检察官办案组实行院内单独管理，对外以未成年人检察工作办公室的名义开展工作，确保工作独立运行"。目前，仅检察机关初步建成了贯穿四级的未成年人检察组织体系。公安机关内部缺乏预

---

① 参见姚建龙《犯罪后的第三种法律后果：保护处分》，《法学论坛》2006 年第 1 期，第 33～39 页。

防未成年人犯罪的专项分工，缺少处理未成年人案件的专门人员，尤其是了解未成年人心理特点和生理特点的警务人员。法院也尚未建成统一的少年法庭，一般刑事案件都是由刑庭统一不公开开庭处理。①

在山东省的调研发现，由于从事未检工作的人员较少，且部分未检人员因机构改革分散到其他办案部门，针对罪错未成年人的教育矫治和干预帮教存在专业人才和办案资源不足问题。一般是检察人员按照处理日常事务性工作要求，无差别地处理罪错未成年人案件。值得注意的是，因对未达法定最低刑事责任年龄少年案件由公安机关处理，所以检察机关的提前介入并无任何法律依据和配套资源支持。接受访谈的相关人员还表示，在罪错未成年人复归社会的过程中，仅依靠公安司法机关和政府部门的专业化人员力量远远不够，还需要有更多专业化社会力量的支持，特别是社工组织、心理辅导机构的专业人员。

（五）信息衔接不畅延误矫治时机

罪错未成年人案件的处理涉及多个部门，包括公安机关、司法机关、社会机构等，但各部门掌握的数据没有实现信息共享，信息通报、联席会议等机制也不够完善，导致承担罪错未成年人保护处分职责的各方主体缺乏有效衔接。② 学校、公检法和教育行政部门是掌握罪错未成年人信息最为全面的单位，但各单位对相关信息的掌握各有侧重。学校、教育行政部门掌握的是有一般不良行为未成年人的信息，公安机关掌握的是有严重不良行为（治安违法行为+触法行为）和有犯罪行为未成年人的信息，法院、检察院掌握的是涉罪未成年人的信息。但遗憾的是，众多职能部门之间尚未建立起信息共享机制和协调机制，形成了各自范围内的信息孤岛，容易延误对罪错未成年人的矫治时机。在山东省的调研发现，公安机关作为办理刑事案件的第一

---

① 参见徐剑锋、崔倩如《未成年人保护处分的基层实践研究》，《法治研究》2021年第5期，第146页。

② 参见梁曦、张洋《罪错未成年人保护处分制度的构建》，《人民检察》2020年第19期，第29页。

道关口，在向检察机关移送案件时已过滤掉罪错未成年人的部分信息，因而检察机关仅能通过走访调查才能掌握相关情况。相应地，被公安机关给予治安处罚的涉错未成年人，以及未达到治安管理处罚年龄规定的涉错未成年人信息，检察机关往往无从知晓也无法进行法律监督，[①] 预防性保护处分制度因存在信息交流壁垒而不能有效落实。

四　未成年人保护处分制度的优化

罪错未成年人接受必要的社会化帮教和强制性教育矫治，是预防其实施违法行为和犯罪行为的重要处遇措施。为更好地促进罪错未成年人重新融入社会，有必要推进未成年人保护处分立法，充分激活专门教育矫治措施，进一步完善专门学校建设，提升帮教队伍专业化水平，构建罪错未成年人信息共享平台。

（一）推进未成年人保护处分立法

虽然我国已经制定《未成年人保护法》和《预防未成年人犯罪法》，但并没有针对罪错未成年人保护处分进行专门立法，许多有关保护处分的规定主要散见于其他部门法。笔者认为，应结合最新相关法律的修订，尽快对罪错未成年人的保护处分进行专门立法，或在原有立法基础上进行大幅修改，以建立完整的少年司法制度。[②] 首先，需要健全保护处分措施种类，细化保护措施的适用对象、适用条件、适用程序、执行载体和执行机制，明确规定

---

① 检察机关可通过监督法律实施，特别是涉未成年人法律来积极承担保护罪错未成年人的职责，监督法律规定的未成年人家庭、学校、教育等相关单位积极履行管教未成年人的职责。参见毕琳等《未成年人罪错行为分级干预主导部门的构建》，《人民检察》2020 年第 19 期，第 35 页。

② 针对当前未成年人立法存在的问题，有学者主张应着重解决保护未成年人责任稀释困境、罪错未成年人保护处分措施缺位、困境儿童国家监护制度不健全三大难题。同时，《预防未成年人犯罪法》宜改造为具有司法性质的少年法典，融合实体法、程序法和组织法，主要内容是对未成年人罪错行为的预防和处置，类似于日本的《少年法》、德国的《少年法院法》。参见姚建龙《未成年人法的困境与出路》，《青年研究》2019 年第 1 期，第 9~13 页。

各职能部门的职责权限和办案流程。尽管我国有一些对罪错未成年人的保护处分措施，但这些矫治类教育措施有的尚未充分激活。公安机关采取的一部分行政处罚措施也存在标准不明确和程序不健全问题。这些保护处分措施有的教育矫治力度不够，有的惩罚力度过重，特别是相关法律和司法解释不加区别地适用于未成年人和成年人，没有考虑到未成年人的心理不成熟、行为易冲动、社会经验不足等因素。保护处分是一种替代刑罚性质的措施，它具有超越刑罚和保安处分的鲜明特点。现代少年刑法区别于普通刑法的典型特色是在传统刑罚之外，创制奉行保护主义为最高价值目标的保护处分措施以替代刑罚，并往往基于预防犯罪和教育保护的需要延伸其适用对象范围。[①]也有学者主张，保护处分属于保安处分，是着眼于行为人所具有的危险性格，为了保持社会治安和改善行为人而施行的一种国家处分。保护处分虽然也具有保护社会的一面，但侧重于对行为人尤其是少年犯的保护。[②] 一般来讲，保护处分措施具有一定的强制性，决定权应归于少年法庭，并按照司法化的特点和程序运作。罪错未成年人接受教育矫治处遇措施的裁定，需要考虑采取何种程序进行甄别，是否符合法律规定的条件，以及应该适用哪种执行机制。

其次，需要进一步细化未成年人的罪错行为并采取分级干预措施。根据我国《刑法》《预防未成年人犯罪法》《社区矫正法》的相关规定，保护处分的适用对象可大致分为一般不良行为少年、严重不良行为少年和犯罪行为少年。有学者指出，为避免过度干预未成年人成长和产生标签效应，以及基于保护处分谦抑性的考虑，应将保护处分适用于犯罪少年和严重不良行为少年，而不适用于一般不良行为少年。[③] 笔者认为，保护处分的执行载体包括

---

① 参见姚建龙《犯罪后的第三种法律后果：保护处分》，《法学论坛》2006 年第 1 期，第 32 页。刑罚与保安处分是犯罪的法律后果，刑罚以责任为前提，并同时以责任填补和犯罪预防为目标；而根据理论界通行的观点，保安处分则排他性地追求犯罪预防的目的，且无须以责任为前提。参见江溯主编《德国判例刑法：总则》，北京大学出版社，2021，第 509 页。

② 参见张明楷《刑法学》，法律出版社，2021，第 818~819 页。

③ 参见姚建龙《犯罪后的第三种法律后果：保护处分》，《法学论坛》2006 年第 1 期，第 41 页。

机构性保护处分、非机构性保护处分和中间性保护处分，对于有一般不良行为的未成年人，为防止其进一步实施治安违法行为、触法行为和犯罪行为，必要时可采取非机构性保护处分方式对其进行引导教育和行为矫治。故此，罪错未成年人的行为可细分为一般不良行为、治安违法行为、触法行为和犯罪行为四个等级，并按照罪错行为的不同等级和严重程度适用不同的强制性教育矫正措施。实际上，犯罪行为还可根据案件情节和程序法规定分为不予批捕、不予起诉和免予刑事处罚三种类型。但是，《社区矫正法》中对涉罪未成年人的监督管理、教育帮扶保护处分，仅适用于对被判处管制、宣告缓刑、假释和暂予监外执行的罪犯。而我国法律对保护处分的适用对象的规定，没有包含"犯罪情节轻微不需要判处刑罚的，可以免予刑事处罚"的涉罪未成年人。所以，有必要推进罪错未成年人保护处分专门立法，以健全保护处分的适用对象、程序条件、执行载体、措施种类。

（二）充分激活专门教育矫治措施

一方面，《刑法修正案（十一）》第 1 条规定不满 16 周岁不予刑事处罚的，在必要时依法进行专门矫治教育，这是一种对低龄未成年人恶性犯罪行为的强制性教育矫治措施。对于实施了不法行为但未达到法定年龄的未成年人，虽不给予刑事处罚但也不能姑息放纵，而应加强教育和看管，乃至进行专门矫治教育。不能因为行为人没有达到法定年龄，就否认其行为的构成要件符合性与违法性。[1] 据此，对实施了恶性犯罪行为的低龄未成年人，既不能一判了之，也不能一放了之，应该适用兼具惩罚和教育属性的教育性制裁措施。这种措施在强度上介于教育措施和刑罚之间，可在一定程度上满足对罪错未成年人惩戒的功能，也可以起到预防再犯的作用。[2] 罪错未成年人需要接受与其犯罪行为恶性程度相当的教育矫治，尤其是已满 12 周岁不满

---

① 参见张明楷《刑法学》，法律出版社，2021，第 820 页。

② 教育性制裁措施在未成年人社会控制机制中具有不可替代的功能，是一种应严格遵循法治界限、正当程序和教育规律的"以教代罚"措施。参见程捷《论未成年人犯罪预防中的教育性制裁》，《中国青年社会科学》2020 年第 5 期，第 126~127 页。

14 周岁未成年人，实施了诸如故意杀人、故意伤害致人死亡、强奸致人死亡、放火致人死亡、投毒致人死亡等严重暴力犯罪行为，而不需要承担刑事责任的情形，需要适用具有强制性和教育性的保护处分措施。

另一方面，根据《预防未成年人犯罪法》第 45 条的规定，专门教育矫治措施的适用程序是"同意+决定"模式，即不满刑事责任年龄不予刑事处罚的未成年人，经专门教育指导委员会评估同意，教育行政部门会同公安机关可以决定对涉罪未成年人进行专门矫治教育。不过，如果行政机关以简单的行政程序剥夺或限制涉罪未成年人的人身自由，则欠缺司法中立性的行政性程序决定，既不符合少年司法普遍遵循的正当程序要求，也无法切实保障专门教育矫治的客观性和公正性。① 在我国，大陆地区的专门教育矫治措施与台湾地区的感化教育措施相同，意指以实施教育为目的之监禁，是针对少年的不法行为或犯罪行为所做的保护处分。这是对接受教育矫治对象将来的危险性行为拘束其身体、限制其自由的处置，以达到教化与治疗的目的，是刑罚的补充制度。法律对专门教育矫治的规定应受比例原则的规范，使保护处分措施的宣告与行为人所为行为的严重性、行为所表现的危险性，以及对于行为人未来行为的期待相当。② 一般认为，行政机关无权决定罪错未成年人是否需要接受专门教育矫治。本质上，专门教育矫治是一种替代刑罚的拘禁性保护处分措施，是通过限制或剥夺涉罪未成年人的人身自由进行的特殊预防和教育改造。世界各国普遍的做法是由专设的少年法庭对这类需要接受保护处分的当事人进行审理和裁判，而行政机关不能自行决定对涉罪未成年人适用强制性教育矫正措施。我国未来可考虑先由法院根据适当程序作出专门教育矫治决定，随后法院向公安机关发出司法建议，公安机关再会同教育行政部门对罪错未成年人进行专门教育矫治。从长远来看，制定或完善针对罪错未成年人的保护处分法律是弥补《刑法》《刑事诉讼法》《预防未成年人犯罪法》等关于专门教育矫治规定分散、衔接不畅、程序不健全等不足

---

① 参见顾泠娟《专门矫治教育的权利保障功能及其运行机制展开》，《预防青少年犯罪研究》2021 年第 3 期，第 69 页。

② 参见黄荣坚《基础刑法学》（上），台北：元照出版有限公司，2012，第 89 页。

的根本之策。① 现在的专门教育矫治措施尚不能完全克服收容教养保护处分措施的缺陷，因此需要制定科学合理的规则充分激活专门教育矫治制度，特别是对相关程序性保障机制进行完善，以避免陷入收容教养制度面临的困境。

（三）进一步完善专门学校建设

专门学校是法律规定对有严重不良行为未成年人的一种特殊教育形式，可以对罪错未成年人进行规范、科学、系统的教育保护，实现提前预防、以教代刑。它既保障罪错未成年人接受义务教育的权利，也有针对性地开展道德教育、法治教育、心理健康教育、劳动教育和职业教育，增强其抵御外部不良环境诱惑和侵蚀的能力。② 虽然新修订的《未成年人保护法》《预防未成年人犯罪法》的有关条款规定了专门学校，全国当前也正在大力推动和开展专门学校的重启和筹建工作，但实践中对于专门学校入学的人员范围、入学条件、就学时间、考核方式等尚处于探索阶段，还需要进一步作出细化规定。山东省针对专门学校的建设制定了指导意见，就移送入学对象范围提出了相关建议，研究制定了对拒不配合移送情形的处理办法。实际上，专门学校的开办面临很多难题，包括公众对专门学校的负面认识、资源不足、师资较差、政策偏差、收生困难、地区发展不平衡等。其中，公众形成负面认识的主要原因是招生程序的强制性和教育手段的单一性、压制性，忽视了教育对象的主体性和参与意识。③ 罪错未成年人入读专门学校，一般需要先经其监护人或原所在学校提出申请，再由专门教育指导委员会和教育行政部门批准。由于烦琐的流程、标签化效应和行政化决定程序，监护人主动申请被监护人入读专门学校的意愿非常低。

---

① 参见李婕《完善专门矫治教育适用程序》，《检察日报》2021 年 6 月 17 日。
② 参见顾泠娟《专门矫治教育的权利保障功能及其运行机制展开》，《预防青少年犯罪研究》2021 年第 3 期，第 69 页。
③ 参见"青少年权益保护与犯罪预防"课题组《中国工读教育研究报告》，《中国青年研究》2007 年第 3 期，第 67~69 页。

专门学校一般仅招收户籍地的罪错未成年人（主要涉及治安违法行为和触法行为），而不招收户籍地以外的罪错未成年人，尽管未成年人的违法或触法行为发生在专门学校所在地，实践中出现了需要接受矫正教育对象与专门学校之间的对接难问题。加之专门学校针对的是有严重不良行为的未成年人，这些问题少年集聚在一起进行教育矫治容易出现交叉感染，出来后会受到歧视、不被社会接纳和认可。正因如此，监护人往往不愿意提出申请，被申请对象也不愿意接受专门学校教育，部分罪错未成年人处于无人监管、无人教育的状态。现实中，专门学校和原来的工读学校一样，存在课程设置不合理、行为矫治专业性不强、专业师资力量薄弱等问题，继而出现生源不足和可持续发展能力较弱问题。① 当前专门学校的建设若不能妥善解决这一系列难题，则对罪错未成年人的收生难、干预难、帮教难、矫治难问题将长期存在。专门学校应与公安司法机关进行密切对接，使各项处遇与管教措施形成轻重衔接的差别化处遇体系，满足各类罪错未成年人心理矫正和行为矫正的需求，② 这是推动专门学校发展的最佳途径。针对有治安违法行为、触法行为的问题少年，需要按照行政区域分级设置封闭和半封闭式的不同类型专门学校。同时，应按照不同矫治对象保护处分的需要加快专门学校建设，并细化规定招生对象、入学程序、教学内容、教学方式、效果评估等具体事项，使罪错未成年人在不脱离正常教育体系的前提下，最大限度接受有效的法治教育、道德教育、心理健康教育和职业教育。

（四）提升帮教队伍专业化水平

实践中，虽然我国对办理未成年人案件的司法改革已经形成"政法一条龙"和"社会一条龙"的本土经验，但尚未建立与未成年人司法有效运行相应配套的社会支持平台，尤其是专业司法人员和社会工作者比较匮乏。

---

① 传统工读学校没有形成科学的教育和矫正方法，办学模式结构单一、培养层次低，往往只关注思想教育，忽视文化课教育和学生能力培养。参见"青少年权益保护与犯罪预防"课题组《中国工读教育研究报告》，《中国青年研究》2007年第3期，第67页。
② 参见张颖鸿《论触法未成年人的处遇与管教》，《青年探索》2020年第2期，第81页。

在此情况下，需要进一步凸显未成年人事务的国家责任立场，强化政府的行政支持和引导，通过引进社会力量参与司法活动为未成年人司法提供支持。① 罪错未成年人的帮教是一项专业性很强的工作，需要相关机构和专业人员密切配合。为使保护处分措施能够得到切实执行，有必要组建少年保护官和青少年社工队伍。

首先，司法层面需要建立符合未成年人身心特点的少年司法机构体系。基于对违法涉罪未成年人教育矫治的重要性和专门性，公安机关、检察院、法院应设置专门机构，指定专人办理罪错未成年人案件，完善监督和考核机制。坚持创新完善未成年人特色司法制度，建立少年司法专业队伍。其次，执法层面需要完善配套措施。罪错未成年人帮教队伍的专业化，不仅涉及公安司法人员的专业化，还涉及多个职能部门人员的专业化。通过淡化惩罚色彩、强化教育属性、完善各部门的配合协作，推动少年警务队伍、少年矫治队伍、少年管教队伍的建设，提高对罪错未成年人教育矫治的专业化水平。再次，法律援助层面应强化律师为罪错少年和未成年被害人提供法律帮助服务的专业化建设。法律援助要形成对未成年加害人和被害人保护的一体化，必须加强多部门的全方位协作，特别是要充分发挥律师的作用。律师对未成年人的作用不同于法官、检察官，他们站在未成年人的角度理解法律，向未成年人解释法律，从而推动对罪错未成年人的犯罪预防和教育矫治，以及提升未成年被害人的自我保护意识。针对此问题，有必要加强对未成年人提供帮助律师的专业化和规范化建设。最后，未成年人的保护涉及教育学、心理学、医学、社会学等多方面的专业知识，应发展以社工为主的社会力量，配合提供相关情况的调查和协助，并与相关机构衔接，确保保护处分措施的有效落实。公安机关、检察院和法院的主要业务是负责案件的侦查、批捕、起诉、监督与裁判。虽然这些部门及其工作人员能够对罪错未成年人开展一定的教育矫治工作，但受到专业知识、人力资源、业务繁忙等因素的影响和限制，罪错未成年人的保护处分亟须依靠外力的支援。目前，检察机关在罪

---

① 参见孙谦《中国未成年人司法制度的建构路径》，《政治与法律》2021年第6期，第6页。

错未成年人的保护处分中占主导地位，但教育矫治工作既需要其他政府部门的配合，更需要社会力量的积极参与和支持，形成完整的未成年人保护处遇制度体系。

（五）构建罪错未成年人信息共享平台

当前，对罪错未成年人的保护主要分散在公安机关、民政部门、检察院、法院、群团组织等部门，但各部门间由于职责分工不明、保护职能分散和缺乏有效协同，对未成年人的保护工作事实上存在责任稀释问题。[1] 公安机关首先掌握有严重不良行为和犯罪行为的未成年人信息，但公安机关与检察院、法院和其他政府部门尚未形成信息共享机制。而对罪错未成年人的保护处分因信息沟通、衔接不畅，相关职能部门缺乏有效对接和监督，往往会延误对罪错未成年人的教育矫治和特殊预防。相关单位有必要共同搭建信息共享平台，推动建立罪错未成年人的信息收集和线索移送机制。这要求各部门在工作中及时收集罪错未成年人的信息，并将相关信息进行汇总。通过定期通报实现罪错未成年人信息的互通共享，及时掌握未进入诉讼程序罪错未成年人的信息。这需要利用互联网技术，开发搭建未成年人保护处分信息数据库，对罪错未成年人的信息进行归集和建档。检察机关自身的检察职权是其成为分级干预体系主导部门的理论基础，其对罪错未成年人案件有先行决议权。相较于法院的审判权、公安机关的侦查权，检察机关的检察权涵盖了对罪错未成年人案件的预审权和处理权，可决定整个案件的走向。[2] 据此，罪错未成年人信息共享平台的建设可由检察院牵头，其他各职能部门予以配合。教育部门、公安机关、法院、司法部门、社区等相关责任主体，应根据职责分工提供相应的案件信息，实现对罪错未成年人信息的可记录、可查询、可交换、可追踪。更具体地说，检察机关应确保各单位之间的信息

---

① 参见李丽华、宋英辉《构建未成年人综合司法保护机制》，《人民检察》2020年第20期，第61页。
② 参见毕琳等《未成年人罪错行为分级干预主导部门的构建》，《人民检察》2020年第19期，第35页。

互通共享，保障相关部门能及时获取尚未进入诉讼程序罪错未成年人的信息，掌握不满法定刑事责任年龄不予刑事处罚和有严重行为偏差未成年人的具体情况，以便及时对罪错未成年人进行跟踪帮教、再犯预防和教育矫治。

综上所述，未成年人群体是社会成员的重要组成部分，是国家珍视的宝贵资源，他们的健康成长关涉到国家的稳定发展和社会的繁荣赓续。我国《刑事诉讼法》中未成年人特别程序的确立，《民法典》中政府监护责任的完善，《未成年人保护法》和《预防未成年人犯罪法》的大幅度修改等，都体现了在保护未成年人工作方面国家治理能力水平的不断提升。[①]我国对罪错未成年人的保护处遇面临的主要问题是没有形成独立的少年司法制度，司法实务中少年司法是普通刑事司法的一部分。未成年人司法制度之所以需要从成年人司法制度中分离出来，是因为未成年人与成年人身心发展成熟度不同，需要进行差别化处理，而分级处遇是保护处分制度进一步规范发展的必然要求。罪错未成年人作为社会中的特殊群体，需要制定融组织法、实体法、程序法为一体的保护处分法对其进行规制。针对罪错未成年人的保护处分立法，既要有审前的观察，又要有审后的保护；既要在裁判时进行调查、评估，又要有裁判后的辅导、矫正；既要有对未成年人的观护，又要有对监护人的亲职教育。[②]国家对罪错未成年人不良心理和越轨行为的干预，需通过普通教育和矫治教育相结合的科学化方式促使其重新融入社会。所以，有必要充分激活专门教育矫治措施，提升司法人员和帮教人员的专业化水平，以及构建记录、查询、交换、追踪罪错未成年人信息的大数据共享平台。

---

① 参见孙谦《中国未成年人司法制度的建构路径》，《政治与法律》2021年第6期，第3页。
② 参见丁乐《两岸未成年人观护制度的比较与借鉴》，《暨南学报》（哲学社会科学版）2017年第5期，第48页。

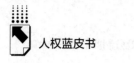

参考文献

［1］孙谦：《中国未成年人司法制度的建构路径》，《政治与法律》2021 年第 6 期。

［2］姚建龙：《犯罪后的第三种法律后果：保护处分》，《法学论坛》2006 年第 1 期。

［3］刘艳红、阮晨欣：《新法视角下罪错未成年人司法保护理念的确立与展开》，《云南社会科学》2021 年第 1 期。

［4］丁乐：《两岸未成年人观护制度的比较与借鉴》，《暨南学报》（哲学社会科学版）2017 年第 5 期。

［5］〔意〕加罗法洛：《犯罪学》，耿伟、王新译，中国大百科全书出版社，1996。

［6］徐剑锋、崔倩如：《未成年人保护处分的基层实践研究》，《法治研究》2021 年第 5 期。

［7］苑宁宁：《论未成年人犯罪三级预防模式的法律建构》，《预防青少年犯罪研究》2021 年第 2 期。

［8］任海涛：《校园欺凌者及监护人"中间性处罚"法律责任研究》，《教育发展研究》2018 年第 12 期。

［9］张明楷：《刑法学》，法律出版社，2021。

［10］黄荣坚：《基础刑法学》（上），台北：元照出版有限公司，2012。

B.12
事实无人抚养儿童的权利保障

卞 辉*

摘　要： 作为社会上容易被忽视的边缘群体，事实无人抚养儿童权利保障存在的问题具有隐蔽性。在了解我国事实无人抚养儿童保护现状的基础上，对我国保障事实无人抚养儿童的相关政策法规进行梳理，可以发现国家从政策制定到制度构建全方位保障事实无人抚养儿童的基本生活保障权、健康权和受教育权等权利。事实无人抚养儿童的权利保障仍然面临诸多困境，应从解决其认定难问题入手，进一步落实监护责任并着力保障其心理健康。

关键词： 事实无人抚养儿童　权利保障　基本生活保障　健康权　受教育权

所谓"事实无人抚养儿童"，是指儿童的父母一方或双方虽在世，但因种种原因不能或不愿实际抚养未成年子女，导致这些儿童实际上处于缺失父母照料的状态。为解决事实无人抚养儿童面临的生活困境，国家在十几年里出台各种政策，并从 2020 年 1 月 1 日起，全面实施事实无人抚养儿童保障制度，这些举措有效推动实践解决事实无人抚养儿童的权利保障问题。

---

* 卞辉，西北大学法学院副教授，博士，主要研究方向为宪法学、人权法学。

一　事实无人抚养儿童的界定及我国
事实无人抚养儿童现状

（一）事实无人抚养儿童的界定

为了充分保障儿童权利，我国根据现实需要，提出"事实无人抚养儿童"这一概念。自2006年后，国务院、民政部、公安部等部门以行政法规、部门规章以及下发通知等形式对"事实无人抚养儿童"进行界定，其中的表述存在差异，但总体的趋势是逐渐扩大"事实无人抚养儿童"的认定范围，保障对象越来越全面，反映出国家对事实无人抚养儿童的认识有一个发展过程，具体情况可见附件表1。

为了解决孤儿生活救助和服务保障问题，2006年3月29日，民政部、中央综治办等15个部门联合发布《关于加强孤儿救助工作的意见》，其中提到"事实上无人抚养的未成年人"，将其与失去父母的未成年人都称为孤儿。在此之前，并没有"事实上无人抚养的未成年人"这一称呼，更没有"事实无人抚养儿童"这一概念，类似情形的儿童一般都纳入孤儿范畴，民间称之为"事实孤儿"。

2010年11月，国务院办公厅发布《关于加强孤儿保障工作的意见》（国办发〔2010〕54号），认定"孤儿是指失去父母、查找不到生父母的未满18周岁的未成年人"；同时，民政部和财政部联合发布《关于发放孤儿基本生活费的通知》（民发〔2010〕161号），其中提到"孤儿保障的对象是失去父母、查找不到生父母的未成年人"。这两个文件对孤儿的认定是一致的，其中都不包含事实无人抚养儿童，从国家政策文件中将事实无人抚养儿童与孤儿区分开来。

2011年9月，民政部社会福利和慈善事业促进司发布《关于开展事实无人抚养儿童数据统计的通知》，这是专门针对"父母没有双亡，但家庭没有能力或没有意愿抚养的儿童"，即事实无人抚养儿童进行的数据统计。这一统计工作的开展，标志着开始从国家层面正式面对事实无人抚养儿童这一群体。

2016 年 6 月 13 日，国务院发布《关于加强困境儿童保障工作的意见》，将"决定执行行政拘留的被处罚人或采取刑事拘留等限制人身自由刑事强制措施的犯罪嫌疑人"的未成年子女和"服刑人员、强制隔离戒毒人员的缺少监护人的未成年子女"纳入"困境儿童"的范围，加强对其的保障，落实对其的监护责任，这些"困境儿童"即属于后来的事实无人抚养儿童范畴。

2019 年 6 月 18 日，民政部等 12 个部门出台《关于进一步加强事实无人抚养儿童保障工作的意见》（民发〔2019〕62 号）（以下简称"民政部等12 部门《意见》"），首次明确界定"事实无人抚养儿童是指父母双方均符合重残、重病、服刑在押、强制隔离戒毒、被执行其他限制人身自由的措施、失联情形之一的儿童；或者父母一方死亡或失踪，另一方符合重残、重病、服刑在押、强制隔离戒毒、被执行其他限制人身自由的措施、失联情形之一的儿童"。2020 年 12 月 24 日，民政部、公安部和财政部联合发布《关于进一步做好事实无人抚养儿童保障有关工作的通知》（民发〔2020〕125号），根据各地工作实际，在民政部等 12 部门《意见》规定情形的基础上扩大事实无人抚养儿童保障对象范围，补充增加了被撤销监护资格、被遣送（驱逐）出境两种情形。事实无人抚养儿童的界定更加全面、准确。

以上文件的陆续颁布，为实践中认定事实无人抚养儿童提供了较为明确的标准，也划定了事实无人抚养儿童的大致范围，事实无人抚养儿童的权利保障也越来越为人们所关注。

2021 年 1 月 13 日，民政部等 10 个部门联合发布《关于做好因突发事件影响造成监护缺失未成年人救助保护工作的意见》，将父母或者其他监护人因"突然发生，造成或者可能造成严重社会危害，需要采取应急处置措施予以应对的自然灾害、事故灾难、公共卫生事件和社会安全事件"的影响，导致"下落不明、接受治疗、被隔离医学观察、被行政拘留或者被依法采取限制人身自由的刑事强制措施等情形，或因参与突发事件应对工作暂时不能履行监护职责的未成年人"，称为"因突发事件影响造成监护缺失未

成年人"。该意见专门针对此类未成年人的救助保护工作作出详细规定，这类未成年人可以看作暂时性事实无人抚养儿童。

此外，《民法典》《未成年人保护法》规定的未成年人被收养、临时监护、长期监护等内容，其对象也涉及事实无人抚养儿童或者暂时性事实无人抚养儿童。

（二）我国事实无人抚养儿童现状

我国事实无人抚养儿童是一个数量庞大且总数呈动态变化的群体。2019年以前，人数基本在50万人以上。2019年民政部等12部门《意见》发布后，在国家层面上确认了作为保障对象的事实无人抚养儿童的范围。在该意见限定的条件下，各省、自治区、直辖市对事实无人抚养儿童的认定更准确，符合条件的事实无人抚养儿童总数大幅下降，保持在20余万人。截至2021年底，我国事实无人抚养儿童总数为28.77万人。近年来，我国事实无人抚养儿童总数变化可见图1，部分省、自治区、直辖市事实无人抚养儿童的人数可见附件表2。

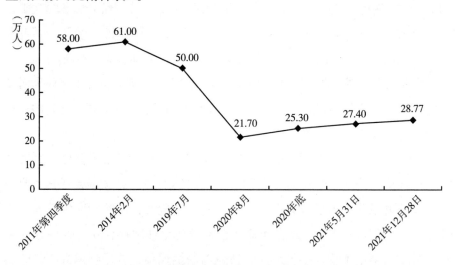

图 1 我国事实无人抚养儿童总数变化

资料来源：图中数据来自民政部网站、新华网以及《南方都市报》等媒体公开报道。

2020 年底，全国已有 25.3 万名事实无人抚养儿童被纳入保障范围。通过全国儿童福利信息系统分析，其中父母一方死亡，另一方符合失联、重残、失踪等情形的儿童 11.42 万人，占比 45.1%；父母双方均重残的儿童 6.93 万人，占比 27.4%；服刑人员子女 2.09 万人，占比 8.3%。还有很多其他组合情形，如父母一方重残、一方失联的儿童 0.77 万人。从区域分布看，广东有 2.8 万事实无人抚养儿童，人数最多；其次为湖南 2.3 万人、安徽 1.9 万人、河南 1.7 万人、贵州 1.6 万人、云南 1.5 万人，上述 6 省数量占全国总数的 46.6%。从受教育程度看，学龄前儿童 2.89 万人，占比 11.4%；小学在读 10.94 万人，占比 43.2%；初中在读 6.14 万人，占比 24.3%；高中、大中专及以上在读 3.29 万人，占比 13.0%，其他情形 1.75 万人，占比为 7.0%。另外，从健康状况看，95.7% 的儿童身体健康。从户籍状况看，85.3% 的儿童为农业户口。①

截至 2021 年 5 月底，全国共有 27.4 万名事实无人抚养儿童被纳入保障范围，平均保障标准为 1206.6 元/（人·月）。通过对全国儿童福利信息系统数据进行分析，其中父母一方死亡，另一方符合失联、重残、重病等情形的儿童 10.94 万人，占比 39.93%；父母双方重残的儿童 7.99 万人，占比 29.16%；服刑人员子女 2.26 万人，占比 8.25%；其他组合情形占比 22.66%。②

二 我国事实无人抚养儿童权利保障状况

我国重视事实无人抚养儿童的权利保障，从政策法律制定到具体权利保障，构建起全方位保障体系。

（一）以完善的政策法律规范事实无人抚养儿童权利保障

1. 国家层面的政策和立法

早在 2006 年 3 月，民政部等 15 个部门联合出台的《关于加强孤儿救助

---

① 民政部于 2021 年 1 月 25 日举行的 2021 年第一季度例行新闻发布会。

② 民政部儿童福利司副司长李婉丽在 2021 年 5 月 31 日最高人民检察院新闻发布会上的介绍。

工作的意见》中就提到"事实上无人抚养的未成年人",将其认定为孤儿,对其相关权利予以保障。2016 年 6 月,国务院发布的《关于加强困境儿童保障工作的意见》中,将事实无人抚养儿童中的"决定执行行政拘留的被处罚人或采取刑事拘留等限制人身自由刑事强制措施的犯罪嫌疑人"的未成年子女和"服刑人员、强制隔离戒毒人员的缺少监护人的未成年子女"作为"困境儿童"予以保障。2019 年 6 月,民政部等 12 个部门出台《关于进一步加强事实无人抚养儿童保障工作的意见》,明确事实无人抚养儿童保障对象,规范认定流程,突出保障重点,强化保障措施。为了确保符合条件的事实无人抚养儿童应保尽保,2020 年,民政部联合公安部、财政部出台《关于进一步做好事实无人抚养儿童保障有关工作的通知》,扩大了保障对象的范围,精准认定失联情形,强化动态管理,做好监护工作。

为进一步加强服刑和戒毒人员未成年子女关怀,民政部和司法部于 2020 年 8 月 4 日印发《关于做好服刑在押和强制隔离戒毒人员事实无人抚养未成年子女关爱保障工作的通知》(民办发〔2020〕24 号),组织开展"关爱服刑和戒毒人员子女,精准保障事实无人抚养儿童"专项行动并建立常态化关爱保障机制。

2020 年 2 月,民政部通知要求各地做好因疫情影响造成监护缺失儿童的救助保护工作;2020 年 3 月,国务院联防联控机制印发《因新冠肺炎疫情影响造成监护缺失儿童救助保护工作方案》;2021 年 1 月 1 日《民法典》的施行,6 月 1 日《未成年人保护法》的施行,从法律层面解决了事实无人抚养儿童等监护缺失儿童的监护照料问题。为切实做好因突发事件影响造成监护缺失未成年人的救助保护工作,2021 年 1 月,民政部等 10 个部门联合出台《关于做好因突发事件影响造成监护缺失未成年人救助保护工作的意见》,以保障这类儿童的合法权益。

2021 年 6 月,民政部印发《关于开展孤儿、事实无人抚养儿童认定申请受理"跨省通办"工作的通知》,明确事实无人抚养儿童认定申请受理"跨省通办"工作自 2021 年 6 月 30 起实施。各地按照异地代收代办方式,统一使用全国儿童福利信息系统受理事实无人抚养儿童认定申请。事实无人抚养儿童认定采取任意地受理申请、户籍地负责审核的形式办理，申请人申请孤儿、事实无人抚养儿童认定，可以向全国范围内任意乡镇人民政府（街道办事处）提出，不受户籍地限制。

2. 地方层面的政策和文件

我国各省、自治区、直辖市都出台了针对事实无人抚养儿童的相关保障政策。在民政部等 12 部门《意见》出台之后，各省、自治区、直辖市相继出台相关实施意见（可见附件表4），一般由省、自治区、直辖市的民政厅（局）联合同级高级人民法院、人民检察院、发展和改革委员会、教育厅、公安厅、司法厅、财政厅、医疗保障局、共青团省委、妇女联合会、残疾人联合会等共同发文，有的省、自治区、直辖市也会联合监狱管理局、政务服务和数字化建设管理局、卫生健康委员会、妇女儿童工作委员会、人力资源和社会保障厅等机构，如北京市由中共北京市委社会工作委员会牵头制定并发文，安徽省由该省人民政府办公厅单独发文。

各省、自治区、直辖市的《关于进一步加强事实无人抚养儿童保障工作的实施意见》一般涉及保障对象、认定流程、保障内容、保障措施等内容，后附"事实无人抚养儿童基本生活补贴申请表"。在 2020 年底民政部联合公安部、财政部印发《关于进一步做好事实无人抚养儿童保障有关工作的通知》之后，2021 年，各省、自治区、直辖市进一步印发本辖区的《关于进一步做好事实无人抚养儿童保障有关工作的通知》，确保符合条件的事实无人抚养儿童应保尽保。2021 年下半年起，一些省、自治区、直辖市民政厅（局）开始制定《关于做好孤儿、事实无人抚养儿童认定申请受理"跨省通办"工作的通知》等文件，以有效服务于事实无人抚养儿童。

各设区的市在自己的权限范围内，就事实无人抚养儿童权利保障制定地方政策，发布相关通知。例如，《关于将事实无人抚养儿童纳入助学工程的通知》《关于事实无人抚养儿童助学实践活动实施方案的通知》《关于提高事实无人抚养儿童基本生活最低养育标准的通知》《关于开展事实无人抚养儿童数据统计的通知》等，这些通知立足于现实，助推国家和省级层面的政策、法律、法规在地方的落实。

从中央到地方，这一系列政策、法律、法规的出台，建立健全了针对事实无人抚养儿童的关爱保护机制，完善了保护和服务体系，全方位、便捷化保障了事实无人抚养儿童的权利。①

（二）多举措保障事实无人抚养儿童的具体权利

要保障事实无人抚养儿童基本生活保障权、健康权、受教育权等具体权利，就必须将符合条件的儿童纳入事实无人抚养儿童的保障范围。2021年2月2日，民政部召开全国事实无人抚养儿童"精细排查、精确认定、精准保障"工作推进（视频）会，部署推动事实无人抚养儿童保障工作。除了根据现实情况扩大保障对象范围外，民政部还出台了"跨省通办"政策，规定事实无人抚养儿童的认定可以提出异地申请，满足了事实无人抚养儿童的监护人、受监护人委托的近亲属及儿童所在村（居）委会异地申请的需求，为他们提供了更加便捷的服务。

民政部办公厅印发的《关于开展孤儿、事实无人抚养儿童认定申请受理"跨省通办"工作的通知》规定自2021年6月30日起，在全国范围内全面实施孤儿、事实无人抚养儿童认定申请受理"跨省通办"工作。政策实施首日，福建省福鼎市贯岭镇与浙江省玉环市芦浦镇就以居住地受理申请、户籍地负责审核的方式，通过"跨省通办"合作为一名儿童办理了事实无人抚养儿童认定申请受理业务，从7月起，该儿童就可以享受户籍所在地民政部门发放的基本生活补贴。这是全国第一例"跨省通办"事实无人抚养儿童认定。此后，全国各地民政部门通过"跨省通办"方式为需要申请认定为事实无人抚养儿童办理了认定事宜，例如，重庆市渝北区民政局与四川省甘孜藏族自治州丹巴县民政局协作（2021年8月）、内蒙古自治区的呼和浩特市民政部门与乌兰察布市民政部门协作（2021年9月）、广东省深圳市民政部门与河南省禹州市民政部门协作（2021年10月）、湖北省宜昌市伍家岗区民政局与四川省南充市蓬安县民政局协作（2021年11月）、北

---

① 我国有关事实无人抚养儿童的政策法律法规具体可见附件表3。

京市房山区民政部门与黑龙江省齐齐哈尔市龙沙区民政局协作（2021 年 12 月）、河北省沧州市民政部门与吉林省长春市宽城区民政局协作（2022 年 1 月），替需要认定的儿童完成相关工作，使其尽早享受到基本生活补贴等事实无人抚养儿童的福利政策。各地纷纷通过"跨省通办"工作的开展解决异地事实无人抚养儿童申请认定问题，自 2021 年 6 月 30 日政策实施以来，截至 2022 年 3 月底，共办理 41 起孤儿、事实无人抚养儿童认定事项。

2021 年 12 月 28 日，民政部召开全国民政工作视频会议，部署 2022 年民政工作重点任务，其中在"要扎实履行儿童福利和未成年人保护工作职责"中，明确提出要持续加强事实无人抚养儿童关爱服务。各省、自治区、直辖市在"十四五"民政事业发展规划中，也专门提到对事实无人抚养儿童的权利保障，完善相关福利制度，健全相关保障机制（可见附件表 5）。

1. 基本生活保障

民政部等 12 部门《意见》明确提出强化事实无人抚养儿童基本生活保障。从全国范围来看，2020 年底，事实无人抚养儿童的保障标准平均每人每月为 1140 元。[①] 我国自 2020 年 1 月 1 日起，将事实无人抚养儿童在国家层面纳入保障范围。2021 年 5 月底，全国事实无人抚养儿童保障标准平均每人每月为 1206.6 元。[②] 截至 2021 年底，全国 28.77 万名事实无人抚养儿童纳入国家保障，集中养育事实无人抚养儿童平均保障标准达每人每月 1686.7 元，社会散居事实无人抚养儿童平均保障标准达每人每月 1252 元。[③] 2021 年 11 月 3 日，国家发展改革委、民政部等部门联合印发《关于进一步健全社会救助和保障标准与物价上涨挂钩联动机制的通知》，首次将事实无人抚养儿童纳入价格临时补贴保障范围，以保障其基本生活。

为保障事实无人抚养儿童的基本生活需要，各地为其发放基本生活补

---

① 2021 年 1 月 25 日民政部举行的新闻发布会上，儿童福利司负责同志就《关于进一步做好事实无人抚养儿童保障有关工作的通知》有关问题答记者问。

② 2021 年 5 月 31 日民政部儿童福利司副司长李婉丽在最高人民检察院新闻发布会上的介绍。

③ 《回望 2021·数说民政：印记 2021》2021 年 12 月 28 日，民政部网站，https://mztt.mca.gov.cn/article/zt_2022gzhy/mzywgzjzs1/202112/20211200038913.shtml。

贴。基本生活补贴"应当根据本地区经济社会发展水平以及儿童关爱保护工作需要，按照与当地孤儿保障标准相衔接的原则确定补贴标准，参照孤儿基本生活费发放办法确定发放方式"。① 基于此，各省、自治区、直辖市分别参照当地散居孤儿基本生活保障标准确定本地事实无人抚养儿童的基本生活补贴标准，集中在福利机构供养的事实无人抚养儿童，按孤儿集中养育标准发放生活补贴。事实无人抚养儿童的基本生活补贴根据本地经济发展状况和人均消费性支出的增长幅度不断提高。各省、自治区、直辖市2021年事实无人抚养儿童基本生活补贴标准可见附件表6。

在省级标准的基础上，各地级市根据各地经济情况确定本市事实无抚养儿童的基本生活补贴标准，大多不低于全省统一标准；各区县根据所属地级市标准，结合本区县经济发展状况和消费水平，确定本区县的标准。例如，2021年湖北省集中供养和社会散居事实无人抚养儿童平均基本生活补贴标准分别为每人每月2129元和1325元，而其省会城市武汉市的标准最高，分别达到每人每月2784元和1740元。再如，根据杭州市民政局公开信息，2021年第四季度，城区机构孤儿养育标准为每人每月2571元，社会散居孤儿基本生活费标准为每人每月2057元；桐庐县机构孤儿养育标准为每人每月1732元，社会散居孤儿基本生活费标准为每人每月1386元；淳安县机构孤儿养育标准为每人每月2005元，社会散居孤儿基本生活费标准为每人每月1604元；建德市机构孤儿养育标准为每人每月2238元，社会散居孤儿基本生活费标准为每人每月1790元。事实无人抚养儿童基本生活补贴标准按照孤儿保障标准执行。

2. 健康权

首先，在医疗康复保障方面，根据民政部等12部门《意见》，国家加强事实无人抚养儿童的医疗康复保障，对符合条件的事实无人抚养儿童按规定实施医疗救助，分类落实资助参保政策。重点加大对生活困难家庭的重病、重残儿童救助力度。加强城乡居民基本医疗保险、大病保

_____

① 《关于进一步加强事实无人抚养儿童保障工作的意见》（民发〔2019〕62号）。

险、医疗救助之间的衔接，实施综合保障，梯次减轻费用负担。符合条件的事实无人抚养儿童可同时享受重度残疾人护理补贴及康复救助等相关政策。

为贯彻落实民政部等12部门《意见》，各地在对事实无人抚养儿童实施医疗救助、落实医疗参保等之外，还适用孤儿医疗康复保障政策。例如，北京市事实无人抚养儿童按照北京市城乡居民基本医疗保险制度和有关医疗康复政策规定，享受参保缴费财政补贴和其他基本医保待遇，同时享受门诊、住院和重大疾病医疗费用再报销等待遇，有关报销比例和相应年度报销金额封顶线随北京市医疗救助政策同步调整。事实无人抚养儿童及年满18周岁后仍在校就读的，纳入北京市"困境儿童医疗康复明天计划手术"资助范围。符合条件的事实无人抚养儿童享受北京市残疾儿童康复和辅助器具服务、残疾人护理补贴保障待遇。① 贵州省针对事实无人抚养儿童面临的医疗康复困难，按规定分类落实参保政策，符合条件的可同时享受重度残疾人护理补贴及康复救助等相关政策。同时，考虑到目前的医疗救助保障范围、保障水平，医疗康复项目、标准还比较有限，对一些重病、重残的孩子，统筹整合城乡居民医保、大病保险、医疗救助、残疾儿童康复救助、慈善援助等政策，家庭、政府、社会、商业保险综合发力，梯次减轻儿童医疗康复负担。② 在黑龙江省，符合条件的事实无人抚养儿童与孤儿同等享受"孤儿医疗康复明天计划"项目救助和医疗救助。2021年6月1日起，哈尔滨市医疗保障局将事实无人抚养儿童纳入了医疗救助对象范围，事实无人抚养儿童享受资助参保、门诊救助、住院救助和重特大疾病救助待遇。在资助参保方面，事实无人抚养儿童参加城乡居民基本医疗保险的个人缴费部分进行全额资助。在门诊救助方面，符合城乡居民基本医疗保险特殊疾病和特殊慢性病门诊治疗的事实无人抚养儿童在基本医疗保险门诊报销后，给予100%医疗救助，特殊慢性病门诊治疗年度救助封顶线为2000元，特

---

① 《关于进一步加强事实无人抚养儿童保障工作的实施意见》（京社委儿福发〔2019〕36号）。

② 《努力让事实无人抚养儿童沐浴阳光雨露》，《中国社会报》2020年5月19日。

殊疾病门诊治疗年度救助封顶线为 6000 元。在住院救助方面，事实无人抚养儿童住院发生的政策范围内个人自付部分费用，在基本医疗保险、大病保险、各类商业保险报销后，给予 70% 医疗救助，年度救助封顶线为 3 万元。在重特大疾病救助方面，对罹患重特大疾病的事实无人抚养儿童，当年启动大病保险的，给予重特大疾病救助。在基本医疗保险、大病保险、各类商业保险报销和住院救助后，给予 80% 医疗救助，年度救助封顶线为 5 万元。① 山西省大同市从 2021 年 1 月开始，将事实无人抚养儿童纳入医疗救助重点救助对象范围，对事实无人抚养儿童参加城乡居民基本医疗保险个人缴费部分由医疗救助资金给予全额资助。② 甘肃省为事实无人抚养儿童购买基本生活、医疗医护等商业综合保险，提供重大疾病、意外身故、意外伤残、疾病身故、住院津贴等保险服务，切实提升事实无人抚养儿童的生活质量。

其次，在心理健康方面，民政部重视事实无人抚养儿童的心理健康。2021 年 1 月，民政部等 10 部门发布《关于做好因突发事件影响造成监护缺失未成年人救助保护工作的意见》（民发〔2021〕5 号），提出要摸清监护缺失未成年人在心理疏导方面的需求，有效对接相应的慈善资源和各类专业社会组织，提高帮扶的针对性和专业水平；社会力量在参与救助帮扶工作中，要充分考虑未成年人身心特点，充分保护未成年人权益，避免信息不当披露对未成年人造成再次心理伤害。2021 年 5 月 31 日，最高人民检察院举行新闻发布会，民政部儿童福利司副司长李婉丽在介绍为推动事实无人抚养儿童保障政策落地见效主要采取的措施时提到，要发动全社会各方力量，加强对事实无人抚养儿童的关心和爱护，为事实无人抚养儿童提供心理咨询、情感抚慰等服务。

各地民政部门也采取各种措施关爱事实无人抚养儿童的心理健康。例

---

① 《6月1日起，孤儿、事实无人抚养儿童纳入医疗救助对象》，2021 年 5 月 25 日，澎湃网，http://www.thepaper.cn/newsDetail_forward_12852419。
② 大同市医疗保障局：《关于将孤儿、事实无人抚养儿童纳入医疗救助重点救助对象范围的通知》，2021 年 3 月 12 日发布。

如，河南省民政厅积极探索开展事实无人抚养儿童心理关爱帮扶，由专业社会组织和社会工作者提供心理咨询、心理疏导、情感抚慰等服务。江西省面向复读儿童开展"学业辅导"和"心理疏导"活动，关心其学习、生活、心理状况，协调部门、平台等资源，与帮扶对象共同研究制订备考计划，免费提供课外功课辅导或在线功课辅导，并加强心理疏导，帮助其在复读中调整到最佳状态。① 江苏省依托儿童"关爱之家"项目的建设和运营，做到所有示范项目都能引进专业社会组织开展事实无人抚养儿童心理咨询，基础条件好的儿童"关爱之家"通过市场化运作，实现了自我造血，对普通儿童有偿、社区儿童低偿、留守困境儿童无偿，提供心理疏导等关爱服务。② 山西省各级民政部门通过加强多部门联动，组建志愿服务队伍，对事实无人抚养儿童进行心理咨询疏导、情感抚慰等多种方式的心理关怀。浙江省长兴县做实"三个项目"，深入做好困境青少年群体心理健康服务工作。一是做实小橘灯儿童成长项目，拓宽关爱渠道。自点亮"小橘灯"以来，主动整合相关力量，进一步深化困境儿童关爱行动。面向散居孤儿、留守儿童、事实无人抚养儿童，以上门开展儿童风险评估、心理服务、家庭监护指导为主，以举办走近自然、走进红色基地等活动为辅，将扶智与扶志有机结合，努力为困境儿童提供长效帮扶，持续开展"导学、陪伴、赋能、互助"四维教育，每年受益儿童有 120 余人。二是做实心理健康服务项目，深化专业服务。该县儿童福利院与长兴深蓝社会工作服务中心成功签约心理健康服务项目。通过购买服务的形式，把孤残儿童的精神需求、心理需求、人格发育纳入保障服务范畴。不断推进机构儿童心理健康辅导服务走向专业化，打通关爱机构儿童"最后一米"。三是做实助学圆梦项目，力行温暖教育。助学圆梦项目是实施精准扶贫、提升"两不愁三保障"水平的重要举措。在做好

---

① 《江西省开展"事实无人抚养儿童助学"实践活动》，2021 年 10 月 8 日，民政部网站，http：//mzzt. mca. gov. cn/article/zt_jd100n/dsxxjy/wqzbss/zxgc/202111/20211100037752. shtml。

② 《江苏省着力推进乡镇级儿童"关爱之家"建设和运营》，2021 年 10 月 4 日，民政部网站，http：//mzzt. mca. gov. cn/article/zt_jd100n/dsxxjy/wqzbss/zxgc/202111/20211100037751. shtml。

兜底保障的基础上，凝聚多方合力，开展"面对面""点对点"等形式多样的助学帮扶行动，缓解困境青少年的经济负担、思想负担，促进孩子们以积极的心态面对未来。①

3. 受教育权

根据民政部等 12 部门《意见》，国家"完善教育资助救助。将事实无人抚养儿童参照孤儿纳入教育资助范围，享受相应的政策待遇。优先纳入国家资助政策体系和教育帮扶体系，落实助学金、减免学费政策。对于残疾事实无人抚养儿童，通过特殊教育学校就读、普通学校就读、儿童福利机构特教班就读、送教上门等多种方式，做好教育安置。将义务教育阶段的事实无人抚养儿童列为享受免住宿费的优先对象，对就读高中阶段（含普通高中及中职学校）的事实无人抚养儿童，根据家庭困难情况开展结对帮扶和慈善救助。完善义务教育控辍保学工作机制，依法完成义务教育。事实无人抚养儿童成年后仍在校就读的，按国家有关规定享受相应政策"。各省、自治区、直辖市结合本地情况也都作了类似规定，并予以进一步落实。

2021 年 5 月，民政部启动组织实施"事实无人抚养儿童助学工程"，以中西部省区贫困地区为重点，面向四川省、云南省、西藏自治区、青海省、甘肃省等省区事实无人抚养儿童开展助学工作。资助对象为西藏及涉藏工作重点省已被认定为事实无人抚养儿童身份、2021 年参加高考并考入普通全日制本科和专科高等院校人员，按照每人 6000 元的标准给予一次性资助。助学金主要用于学费、住宿费、书本费、生活费和学习用品等支出。该助学工程资金由中华少年儿童慈善救助基金会筹集和资助。截至 9 月初，首批 414 名符合条件的事实无人抚养儿童收到了每人 6000 元的助学金；2021 年共为 727 名符合条件的事实无人抚养儿童发放了 436.2 万元助学金；指导其他省份为 5905 名考入各类大中专院校的事实无人抚养儿童发放各类助学金

---

① 《长兴县做实"三个项目"　护航困境青少年心理健康》，2021 年 9 月 10 日，浙江省湖州市民政局网站，http：//mz.huzhou.gov.cn/art/2021/9/10/art_1229207381_58928104.html。

4523 万元。①

民政部和各省、自治区、直辖市民政厅（局）将"事实无人抚养儿童助学工程"作为"我为群众办实事"的重要内容，持续推进该工程，将助学工程拓展到全国符合条件的事实无人抚养儿童。② 例如，山东省全力推进开展事实无人抚养儿童助学工程试点工作，指导各市参照"孤儿助学工程"每人每学年 1 万元的标准对事实无人抚养儿童落实助学金政策。截至 2021 年 9 月，16 市已全部组织开展事实无人抚养儿童助学工程试点工作，共资助事实无人抚养儿童约 750 人，投入慈善、捐赠等各渠道助学资金约 750 万元。河南省对 75 名考入普通全日制本科院校的事实无人抚养儿童按照每人不低于 1 万元的标准进行资助，安阳、南阳、平顶山等市县还扩大了资助范围，对考取大专的 35 名事实无人抚养儿童进行了资助。西藏自治区民政厅将"福彩圆梦·孤儿助学工程"资助对象拓展到事实无人抚养儿童，共有 13 名事实无人抚养儿童享受到每人 1 万元的助学工程资助。广西民政厅统筹安排福彩公益金，对考入全日制本科院校的事实无人抚养儿童给予资助。重庆市将"福彩圆梦·助学成长"项目资助范围从孤儿扩大到事实无人抚养儿童群体。吉林、山西、山东、河南、云南、贵州、陕西和黑龙江黑河、伊春、七台河等地通过使用本级彩票公益金、筹集社会资金等方式组织开展事实无人抚养儿童助学工作。③

三　事实无人抚养儿童权利保障难点

我国事实无人抚养儿童权利保障颇有成效，但是在实践中，仍存在身份认定难、监护责任落实难、心理健康保障难等保障难点。

---

① 李海雁：《回望 2021·"我为群众办实事"实践活动　把每项实事都办到群众的心坎里》，《中国社会报》2022 年 1 月 5 日。
② 2021 年部分省、自治区、直辖市"事实无人抚养儿童助学工程"工作内容可见附件表 7。
③ 民政部儿童福利司：《用心守护　筑梦未来　扎实推进"事实无人抚养儿童助学工程"》，《中国社会报》2021 年 8 月 27 日。

（一）事实无人抚养儿童认定存在难点

事实无人抚养儿童要享受国家的相关权利保障政策，首先就必须被认定为事实无人抚养儿童。在此基础上，才有谈论事实无人抚养儿童权利保障的可能性。当前实践中，事实无人抚养儿童在认定时存在如下一些障碍。

首先，认定条件不易满足，可操作性不强。"事实无人抚养儿童认定困难的主要原因是父母失联难以认定，目前无相关文件对父母失联的主要表现情形进行清晰而细致的界定，基层工作人员对于儿童父母失联也缺乏统一而明确的理解。"① 实践中存在父母一方重残、重病、服刑在押、强制隔离戒毒、被执行其他限制人身自由的措施、失联、被撤销监护资格、被遣送（驱逐）出境情形之一，另一方重组家庭或外出工作无法抚养或没有能力抚养子女的情况，"往往因找到了离异父母或改嫁母亲的个人户籍、居住、工作相关信息就不予认定为失联情形，或因担心追责不敢认定为失联，从而无法将部分监护缺失儿童认定为事实无人抚养儿童"。② 这些儿童实际上处于无人抚养状态，生活困难，却因不属于事实无人抚养儿童，如何救助并不明确。另外，虽然民政部等 12 部门《意见》中明确"重病由各地根据当地大病、地方病等实际情况确定"，但在实践操作上，因对"重病"界定模糊，对何为"重病"也理解不一，给认定带来困难。实践中还存在事实无人抚养儿童认定要件不统一的现象。

其次，根据民政部等 12 部门《意见》，事实无人抚养儿童监护人或受监护人委托的近亲属填写"事实无人抚养儿童基本生活补贴申请表"，向儿童户籍所在地乡镇人民政府（街道办事处）提出申请；情况特殊的，可由儿童所在村（居）民委员会提出申请。事实无人抚养儿童的认定采取主动申请的方式，但由于对政策知晓和理解不足，一些满足条件的情况并未提出

---

① 汤雄、张振华：《事实无人抚养儿童认定的现实障碍及应对》，《中国社会报》2021 年 10 月 13 日。

② 汤雄、张振华：《事实无人抚养儿童认定的现实障碍及应对》，《中国社会报》2021 年 10 月 13 日。

申请。除申请人外，基层负责事实无人抚养儿童相关工作的人员干部由于自身能力限制，对政策理解不到位，将政策从"纸面"落实到"地面"的能力弱、水平低，这些都阻碍着实践中事实无人抚养儿童认定工作的开展。例如，2021年3月，四川省德阳市罗江区一名十四五岁的女孩独自在殡仪馆办理父亲火化相关事宜，且无监护人及其他成年亲属陪同，引起工作人员注意。经了解，该女孩父亲因病去世，母亲已失联10余年，且无身份信息，派出所难以受理。①

最后，由于民政、司法、公安等机关之间信息沟通共享不足，一些事实无人抚养儿童不易被发现。由于在实际认定中"缺乏部门协调机制，并未针对性制定失联认定细化流程。目前民政部门和公安部门并未针对困境儿童父母失联认定工作建立常态化的沟通协调机制，也未出台针对事实无人抚养儿童父母失联认定的细化流程，因此基层派出所在接到报案后，均按照失踪人员标准来进行办理，而公安部门对于失踪人员的认定较为严格，对于困境儿童父母失联办案回执的出具也较为谨慎"。② 例如，安徽省蚌埠市一儿童母亲有智力障碍，生下他后便出走再无音信。该儿童自小与父亲在蚌埠市固镇县敬老院生活。2019年7月其父亲去世后，由于敬老院不具备养育未成年人的条件，就向县民政局提出申请希望将其安置到儿童福利机构。因其母亲下落不明多年，不具备查询条件，导致公安部门难以接警处置查找，无法出具失踪的证明。③ 检察机关有义务和责任对事实无人抚养儿童开展司法救助，而信息沟通的不及时、不顺畅则会在很大程度上阻碍监察机关发挥作用。例如，2021年8月，吉林省松原市长岭县人民检察院在支持起诉的一起民事变更监护权案件时发现事实无人抚养儿童的信息。一名涉罪人员赵某的两名未成年人子女王某、赵某系同母异父的姐妹，二人母亲智力低下，王某生父死亡，

① 《罗江：以为民办实事的初心 温暖事实无人抚养儿童的童心》，2021年4月16日，四川新闻网，http：//dy.newssc.org/system/20210416/003117866.html。

② 汤雄、张振华：《事实无人抚养儿童认定的现实障碍及应对》，《中国社会报》2021年10月13日。

③ 《加强兜底监护保障事实无人抚养儿童权益》，2021年9月13日，蚌埠市民政局网站，https：//www.bengbu.gov.cn/public/22081/49354231.html。

继父（即赵某生父）因涉嫌犯罪正在监狱服刑。2021年8月，二人的外祖母刘某通过起诉获得监护权，但因刘某年事已高，且没有固定经济来源，一家人仅靠微薄的低保金和残疾金维持生活。① 如果不是这起支持起诉案件，检察机关仍无法知晓这两个事实无人抚养儿童，也就无法展开救助。

（二）监护责任落实难

事实无人抚养儿童因种种原因导致缺失父母的实际抚养，因而其监护责任的承担往往比较难落实。事实无人抚养儿童大部分由其祖父母或外祖父母及其他亲属照顾，有的在福利机构生活，有的则独自一人生活。"在由爷爷奶奶抚养的事实孤儿家庭中，孩子们在一定程度上遭遇未来方向、兴趣爱好方面无人引导支持的问题。家庭的变故也会体现在他们和爷爷奶奶辈的关系上，表现在他们的相处模式和交流的内容上，对孩子的性格和选择产生很大的影响。"② 对于缺失父母亲自抚养机会的儿童而言，不论是由爷爷奶奶抚养，还是由福利机构抚养，都不可避免地存在不同程度的性格缺陷问题，尤其是有些跟亲属一起生活的儿童，如果亲属是因为其他目的养育该儿童，而并非真正发自内心地愿意照顾该儿童时，往往很难尽到监护责任。独自一人生活的事实无人抚养儿童，缺乏监护，合法权利无法保障。

监护责任落实难有其产生的实践因素。首先，从监督主体来看，由于祖父母、外祖父母一般年龄较大，与儿童之间存在代沟，影响他们之间的有效交流，从而难以关注儿童的身心健康发展，在其体弱多病的情况下，还易造成监护缺失。其他家庭成员作为监护人时，由于没有血缘关系的支撑，这些家庭成员有时会消极履行监护职责。虽然民政部门或者村（居）委会履行兜底监护职责，但由于民政部门职责范围较为宽泛，村（居）委会处理基层事务较为繁杂，因而对事实无人抚养儿童难以形成有效监护。其次，缺少

---

① 《长岭县人民检察院办理一起事实无人抚养儿童救助案件》，2021年9月11日，澎湃新闻网，https：//www.thepaper.cn/newsDetail_ forward_ 14466756。

② 《紫冬实践｜何以为家：事实无人抚养儿童二三事》，2021年9月1日，搜狐网，https：//www.sohu.com/a/487163316_ 121124350。

对履行监护责任的有效监督和评估。对履行监护责任的监督主要包括法院和检察院的司法监督、民政部门的行政监督和村（居）委会的监督，监督部门的过于分散易导致监督效率低下。由于对未成年人家庭监护状况和监护能力缺乏科学的、可操作的评估机制，因而难以判断是否存在监护人不履行监护责任的情形，导致不能及时发现存在监护困境的儿童，同时造成监护权撤销、监护人重新指定等制度在实践中的应用并不理想。

（三）心理健康保障不足

事实无人抚养儿童的心理健康在其健康权保障中较易出现问题。由于缺乏监护，缺少关爱，事实无人抚养儿童更容易出现自卑、胆怯、焦虑等心理健康问题。"虽然并非所有孩子都有心理问题，但多数处于心理亚健康状态：情感脆弱，安全感缺乏，自信心不足，性格内向甚至孤僻、敏感，极度介意他人看法，缺乏自我认同，存在明显的社交障碍。"调查表明，23.3%的事实无人抚养儿童经常会难以入睡，会做恶梦；37.8%的事实无人抚养儿童会因为受到嘲笑而自卑；32.4%的事实无人抚养儿童会觉得活着没意思。还有的事实无人抚养儿童极其敏感，不愿意将"家丑外扬"，甚至要求近亲属拒绝接受有关部门的救助。[1] 而这些问题通常是由儿童自我认知不足、家庭关注不够、社会偏见等原因造成的。首先，儿童自我认知不足。一方面，受家庭状况影响，这些儿童往往倾向于自我否定；另一方面，他们又会怀疑他人因为自己的家庭状况而歧视自己，于是将自己与外界隔离开来，不愿意与他人交流。其次，家庭关注不够。事实无人抚养儿童所在家庭要么在对儿童心理教育方面有心无力，要么更加关注经济层面的需求而忽略儿童的心理健康发展。最后，社会偏见。传统社会观念所导致的对事实无人抚养儿童的错误认识和区别对待，一直都是影响事实无人抚养儿童心理健康的重要因素。

---

[1] 孙慧娟：《预防事实无人抚养儿童犯罪研究——以民法对未成年人民事权利保护为视角》，《预防青少年犯罪研究》2021 年第 4 期。

四 进一步完善事实无人抚养儿童权利保障的建议

（一）解决事实无人抚养儿童认定难问题

首先，"认定儿童父母失联的实质是认定'失去联系且未履行监护抚养责任 6 个月以上'这一客观事实，不宜按照查找失踪人员的标准认定。明确儿童父母失联的主要表现形式，如与儿童家庭不相往来（不通书信、不打电话、不上门看望儿童等），不给予儿童必要的生活费，未给予关心关爱等不履行监护抚养责任的情形。同时，明确'失联'不等于'失踪'，只要在查明客观情况的基础上，能确认存在'不与儿童家庭联系、不履行监护抚养义务且已满 6 个月'的，原则上即可认定为失联，便于基层实际把握"。① 另外，为解决实践中对"重病"的界定模糊、理解不一问题，四川省内江市人民政府办公室专门印发《内江市城乡基本医疗保险门诊特殊疾病管理办法》，"首次明确了恶性肿瘤、血友病、白血病、艾滋病等 26 种重病类型，为基层办理事实无人抚养儿童审核、审批提供了依据"，② 提高了申请认定的可操作性。针对实践中事实无人抚养儿童认定时间较长、程序烦琐的问题，福建省民政厅秉持儿童利益最大化原则，突出事实无人抚养儿童机制创新，建立个案分析认定机制、群众研究评估认定机制、集体研究认定机制，通过疑难个案分析解答、村（居）干部群众核查评议认定、局务会或局党组会集体研究解决等多种途径，解决事实无人抚养儿童认定中的疑难问题。福建省依托机制创新方式纳入事实无人抚养儿童保障 1236 人。③ 黑

---

① 汤雄、张振华：《事实无人抚养儿童认定的现实障碍及应对》，《中国社会报》2021 年 10 月 13 日。

② 《内江市坚持问题导向 着力破解事实无人抚养儿童审批三大难题》，2020 年 9 月 10 日，内江市人民政府网，https://www.neijiang.gov.cn/zwgk/document/202009/20200910152138-187861-00-000.html。

③ 《福建：坚持儿童利益最大化 创新政策落实机制 打通政策落实"最后一米"》，2021 年 3 月 12 日，东南网百家号，https://baijiahao.baidu.com/s? id = 1694026930 833973895&wfr = spider& for = pc。

龙江省齐齐哈尔市通过政策明确事实无人抚养儿童的范围，制定全市统一标准，定流程、减时限、减要件，提高审核、审批效率，将事实无人抚养儿童认定中的乡镇（街道）审核和县（市）区民政局审批分别压缩在各一个工作日办理完毕，而且可以通过政务服务网全流程在线办理事实无人抚养儿童的认定。[①]

其次，变"人找政策"为"政策找人"。一方面，通过线上线下相结合的方式提高民众对政策的知晓度和理解度；另一方面，工作人员主动走访，核查信息，帮助符合条件者积极申请认定。四川省德阳市罗江区民政局为了确保该区事实无人抚养儿童能够及时享受保障政策，一方面依托各镇儿童督导员和村（社区）儿童主任定期开展走访排查，将走访发现的符合政策保障范围的儿童及时纳入；另一方面利用线上媒体平台，结合政策宣讲进村（社区）活动，加大宣传力度，提高政策知晓率。[②] 江西省高安市"采取'全面入户排查+实时信息比对+主动帮助申请'的办法，由乡镇（街道）儿童督导员和村（居）儿童主任逐村逐户开展摸底排查，对符合事实无人抚养保障条件但未纳入保障的儿童，主动帮助其父母或其他监护人提出申请；结合民政、司法、卫生健康等部门数据对比，及时筛查发现符合条件的儿童，实现由'人找政策'向'政策找人'转变"。[③] "河南省民政厅牢固树立服务型行政执法理念，教育引导民政干部职工将服务意识贯穿到行政执法工作中，实现主动发现、靠前服务，切实增强开展服务型行政执法的行动自觉。充分运用互联网、大数据等现代信息技术手段，推行'互联网+'行政执法模式，开展事实无人抚养儿童的排查、申报工作。发挥各级各部门工作职责，安排专人梳理儿童家庭成员情况，加大政策宣传力度，主动发现符合条件的儿童，协助其进行身份认定，从源头上提高身份

---

① 黑龙江省民政厅：《黑龙江齐齐哈尔市：定流程减时限与要件 高效认定困境儿童》，《社会福利》2021 年第 4 期。

② 《罗江：以为民办实事的初心 温暖事实无人抚养儿童的童心》，2021 年 4 月 16 日，四川新闻网，http://dy.newssc.org/system/20210416/003117866.html。

③ 郑贻：《高安市：关爱守护事实无人抚养儿童》，《江西日报》2021 年 12 月 21 日。

认定的准确率。"① 福建省各级民政部门变被动受理为主动发现。一方面，推广莆田市"网格＋留守（困境）儿童关爱保护"工作模式，建立镇（街）、村（居）网格，实行包干包片，明确儿童督导员、儿童主任主动发现责任，发挥网格精细化与精准化优势，利用网格力量，深入镇（街）、村（居）进行全面摸底排查，及时发现事实无人抚养儿童。另一方面，通过政府购买服务方式引进社会组织，协助民政部门开展入户摸底排查和日常化巡访工作，及时发现报告事实无人抚养儿童。福建全省各地通过社会力量走访排查及时发现认定保障事实无人抚养儿童 586 人。② 为加强事实无人抚养儿童保障政策的宣传，甘肃省民政厅将《关于进一步加强事实无人抚养儿童保障工作的实施意见》全文在《甘肃日报》予以刊登；兰州市民政局统一印制宣传展板 400 多张，发给本县各乡镇、村（社区）张贴悬挂；永登县民政局印制政策明白卡 2000 余份，发放到全县儿童督导员、儿童主任、监护人和儿童手中，还组织召开县、乡两级事实无人抚养儿童政策专题培训会议 25 场次；结合"政策宣讲进村（居）"活动，兰州市民政局将本县城关镇南街社区确定为联系点，先后 2 次开展示范宣讲，全县组织集中宣讲 4 次，各乡镇、村（社区）组织政策宣讲 170 多场次，覆盖对象 1 万余人次，覆盖率达到 85% 以上。③

最后，各职能部门之间加强沟通，实现信息共享，尽早发现并认定事实无人抚养儿童。重庆市开州区民政局"建立信息核查机制，从'群众跑路'到'数据跑路'。加强与残联、公安、司法等部门工作对接，获取重残、服刑在押、强制隔离戒毒、被执行其他限制人身自由、失联、死亡、法院宣告失踪、被撤销监护资格等相关信息，运用大数据进行核查比对，实现信息有

① 田永恒、赵月侠：《河南有效维护事实无人抚养儿童合法权益探索四位一体的关爱服务模式》，《中国社会报》2021 年 6 月 25 日。
② 廖振华、陈世根、连峰：《福建省：立足"四个突出" 力促事实无人抚养儿童保障工作落地》，《社会福利》2021 年第 1 期。
③ 甘肃永登县民政局：《从"三个方面""九项工作"入手 实现事实无人抚养儿童应保尽保》，《社会福利》2021 年第 2 期。

效传递，让数据多跑路、让群众少跑腿"。① 黑龙江省鹤岗市由检察机关监督履职，负责向民政部门移送信息，民政部门排查认定，教育局协助排查，公安机关查证落实，法院便民诉讼，对申请宣告儿童父母失踪、死亡及撤销父母监护权等案件设立绿色通道，及时将法律文书抄送儿童户籍地县级民政部门、乡镇人民政府（街道办事处），实现信息实时共享。② 四川省德阳市罗江区民政局主动与公安、司法、检察院、法院、妇联等部门联动协作，增强保障事实无人抚养儿童的工作合力，落实好事实无人抚养儿童的生活保障、医疗保障、教育保障以及法律援助保障。③ 在押、服刑人员子女的权利保障更需要关注，但也更易被忽视，为此，太原市人民检察院与市民政局、市公安局联合制定《关于落实看守所在押人员事实无人抚养儿童保障工作办法》，三机关互相配合，使符合条件的事实无人抚养儿童应保尽保。例如，2021 年 1 月 28 日，太原市人民检察院在工作中发现两名在押犯罪嫌疑人系夫妻，二人有一名八岁的未成年子女赵某可能是事实无人抚养儿童。检察人员立即与赵某所在社区工作人员取得联系进行核实，发现赵某确系事实无人抚养儿童，现由其从外地赶来年迈且无固定收入的爷爷奶奶照料。落实情况后，市检察院未检部干警又立刻与市民政局进行沟通，充分了解事实无人抚养儿童的认定标准与救助政策，应当由县区一级民政部门办理救助审批手续，于是市检察院将该线索交由小店区院具体办理。小店区院未检干警充分履行检察职能，以儿童利益最大化为原则，对该事实无人抚养儿童赵某及其家庭积极开展多元化救助。④

---

① 《开州区民政局"三项机制"做实事实无人抚养儿童保障工作》，2021 年 12 月 31 日，重庆市开州区民政局官网，http://www.cqkz.gov.cn/kz/fzhggwyh_81047/zwxx/dt/202112/t20211231_10263137.html。

② 《关爱未成年人 | 关爱事实无人抚养儿童 鹤岗市检察机关这样做》，2021 年 12 月 27 日，鹤岗市东山区人民检察院官网，http://www.hgdsq.hljjcy.gov.cn/html/20211227/2853.html。

③ 《罗江：以为民办实事的初心 温暖事实无人抚养儿童的童心》，2021 年 4 月 16 日，四川新闻网，http://dy.newssc.org/system/20210416/003117866.html。

④ 《【我为群众办实事】以为民办实事的初心 温暖事实无人抚养儿童的童心》，2021 年 4 月 7 日，太原市人民检察院官网，http://www.taiyuan.jcy.gov.cn/jcdt/202104/t20210407_3191160.shtml。

（二）落实监护责任

解决了事实无人抚养儿童的申请认定问题，下一步就是要落实对其的监护责任，以使其权利保障落到实处。首先，强化监护人的责任心意识对于落实监护责任、提升监护质量至关重要。对于散居事实无人抚养儿童，可通过与其监护人签订收养安置协议的形式明确监护责任，通过培训指导提升监护人监护意识，提高养育质量。《未成年人保护法》《家庭教育促进法》的实施有利于监护人依法开展家庭教育，提升监护质量。同时，政府、社会、家庭、学校多方合力，为事实无人抚养儿童提供良好成长环境，帮助其树立自信心和保持积极乐观的生活态度。例如，黑龙江省于 2021 年创新开展孤残儿童"认亲助养"活动，并将农村留守儿童、困境儿童也纳入其活动范围，其中也包括事实无人抚养儿童。通过活动向全党员干部、社会组织、爱心人士、志愿者发出倡议，通过为儿童提供多种形式的关爱服务，建立起长效关爱帮扶机制。其次，构建监督、评估机制。例如，四川省广元市利州区将事实无人抚养儿童监护纳入评价管理，进行动态回访评估，综合评估家庭监护能力、监护水平和儿童心理健康状况，建立工作台账，发现问题及时干预、及时报告、及时处置。2021 年回访评估事实无人抚养儿童 45 人，解决个案问题 5 个。① 这种监督、评估具有一定的专业性，也比较耗时，可以采取政府购买服务的方式解决问题。湖南省湘潭市民政局就通过政府购买方式开展湘潭市事实无人抚养儿童排查和监护评估。上海市发布全国首个关于家庭监护能力评估地方标准，在严格遵循"以儿童为中心"的理念基础上，结合上海市家庭监护状况的现状，设计的评估内容包含未成年人及家庭基本情况、未成年人家庭监护质量以及家庭监护能力共 3 个维度，涉及 17 类共 80 个具体的评估指标。通过评估主体、评估内容、评估流程、评估方法以及评估结果使用等多方面的规范，回应与满足未成年人对于家庭监护的多方面需

---

① 《利州区精细保障孤儿和事实无人抚养儿童基本生活》，2022 年 1 月 11 日，广元市人民政府官网，https://www.cngy.gov.cn/artic/show/20220111083440426.html。

求，从而进一步压实家庭监护责任、监督家庭监护职责的履行，促进家庭监护能力的提升，为评估组织方开展家庭监护干预帮扶等提供参考与依据，有助于保障未成年人权益。[1] 最后，以国家监护制度应对解决监护不力问题。《未成年人保护法》构建的国家监护兜底责任，扩大了民政部门临时监护与长期监护的范围，有助于事实无人抚养儿童及时获得有效的监护。

（三）保障心理健康

事实无人抚养儿童要健康成长，一方面要保障其基本生活和教育、医疗，另一方面要关注其心理，使其心理健康发展。监护人对事实无人抚养儿童的关爱是其心理健康发展的关键因素，因而首要的是提升监护人的监护责任意识，提高监护质量。除此之外，可通过政府发挥职能作用、社会力量介入等方式保障事实无人抚养儿童的心理健康发展。江西省高安市利用政府购买服务，有针对性地为事实无人抚养儿童提供心理疏导、精神慰藉、亲情关爱、资源链接、权益维护等服务，做到精准保障。[2] 河南省民政厅通过政府购买服务等方式加强事实无人抚养儿童精神关爱，发挥共青团、妇联等群团组织的社会动员优势，引入专业社会组织和社会工作者，提供心理咨询、心理疏导、情感抚慰等服务。[3] 南通大学江海心悦健康公益中心的志愿者通过走访江苏的部分事实无人抚养儿童，为其进行心理评估、心理疏导，开展多种形式的线上和线下活动，帮助这些孩子积极乐观地生活，助力孩子们的心理健康。武汉市运用大数据核查确保事实无人抚养儿童应保尽保，一个不漏。经济保障是基础，心理关照也要跟上。市民政局儿童福利处负责人说，在"事实孤儿"的成长过程中，专门安排社工服务项目，点对点、一对一、手拉手将事实无人抚养儿童与社工结对，提供陪护助教等关爱服务。各社区

---

① 《上海发布〈成年人家庭监护能力评估指南〉》，2021年6月3日，光明网，https：//m.gmw.cn/2021-06/03/content_1302337196.htm。

② 郑贻：《高安市：关爱守护事实无人抚养儿童》，《江西日报》2021年12月21日。

③ 田永恒、赵月侠：《河南有效维护事实无人抚养儿童合法权益探索四位一体的关爱服务模式》，《中国社会报》2021年6月25日。

（村）儿童福利主任和街道儿童福利督导员定期上门走访，掌握事实无人抚养儿童基本情况，为孩子营造健康阳光的成长环境。①

总之，从 2011 年《关于开展事实无人抚养儿童数据统计的通知》发布之后，事实无人抚养儿童这一群体在国家层面上正式进入人们的视野。当前，国家已经构建起针对事实无人抚养儿童的政策及法律规范体系，从基本生活保障、健康权、受教育权等方面保障事实无人抚养儿童的权利，初步为事实无人抚养儿童搭建起较为坚固的防护网。然而不能忽略的是，我国针对事实无人抚养儿童的保障体系起步较晚，尽管已经加快保护的步伐，但仍然存在一些短期内无法妥善解决的难题和难以突破的困境。在实践中，首先面临的就是对事实无人抚养儿童身份认定这道门槛，还存在监护责任难落实、心理健康保障不足等一系列问题，这些都制约着我国事实无人抚养儿童权益保障的发展。为解决这些问题，不论是国家还是地方，都在积极主动落实相关政策的基础上进行积极创新，以问题为导向，以儿童为中心，力图健全事实无人抚养儿童保障机制，着力编密织牢事实无人抚养儿童的保障网。

参考文献

［1］《中华人民共和国民法典》。

［2］《中华人民共和国未成年人保护法》。

［3］《关于进一步加强事实无人抚养儿童保障工作的意见》（民发〔2019〕62 号）。

［4］《关于进一步做好事实无人抚养儿童保障有关工作的通知》（民发〔2020〕125号）。

［5］《关于做好因突发事件影响造成监护缺失未成年人救助保护工作的意见》（民发〔2021〕5 号）。

［6］《关于开展孤儿、事实无人抚养儿童认定申请受理"跨省通办"工作的通知》（民办发〔2021〕10 号）。

---

① 《我市运用大数据进行动态比对核查确保"事实孤儿"救助应保尽保一个不漏》，《长江日报》2021 年 2 月 2 日。

附件：

表 1　有关事实无人抚养儿童界定的政策文件

序号	发文机关	文件	发文日期	对事实无人抚养儿童界定的规定
1	民政部、中央综治办、最高人民法院、国家发展改革委、教育部、公安部、司法部、财政部、劳动和社会保障部、建设部、农业部、卫生部、国家人口计生委、共青团中央、全国妇联	《关于加强孤儿救助工作的意见》(民发〔2006〕52号)	2006年3月29日	"全国现有失去父母和事实上无人抚养的未成年人"
2	民政部社会福利和慈善事业促进司	《关于开展事实无人抚养儿童数据统计的通知》	2011年9月	"父母没有双亡，但家庭没有能力或没有意愿抚养的儿童"
3	国务院	《关于加强困境儿童保障工作的意见》(国发〔2016〕36号)	2016年6月13日	"对于决定执行行政拘留的被处罚人或采取刑事拘留等限制人身自由刑事强制措施的犯罪嫌疑人，公安机关应当询问其是否有未成年子女需要委托亲属、其他成年人或民政部门设立的儿童福利机构、救助保护机构监护，并协助其联系有关人员或民政部门予以安排。对于服刑人员、强制隔离戒毒人员的缺少监护人的未成年子女，执行机关应当为其委托亲属、其他成年人或民政部门设立的儿童福利机构、救助保护机构监护提供帮助。"

续表

序号	发文机关	文件	发文日期	对事实无人抚养儿童界定的规定
4	民政部、最高人民法院、最高人民检察院、国家发展改革委、教育部、公安部、司法部、财政部、国家医疗保障局、共青团中央、全国妇联、中国残联	《关于进一步加强事实无人抚养儿童保障工作的意见》(民发〔2019〕62号)	2019年6月18日	"事实无人抚养儿童是指父母双方均符合重残、重病、服刑在押、强制隔离戒毒、被执行其他限制人身自由的措施、失联情形之一的儿童;或者父母一方死亡或失踪,另一方符合重残、重病、服刑在押、强制隔离戒毒、被执行其他限制人身自由的措施、失联情形之一的儿童。"
5	民政部、公安部、财政部	《关于进一步做好事实无人抚养儿童保障有关工作的通知》(民发〔2020〕125号)	2020年12月24日	"事实无人抚养儿童是指父母双方均符合重残、重病、服刑在押、强制隔离戒毒、被执行其他限制人身自由的措施、失联、被撤销监护资格、被遣送(驱逐)出境情形之一的儿童;或者父母一方死亡或失踪,另一方符合重残、重病、服刑在押、强制隔离戒毒、被执行其他限制人身自由的措施、失联、被撤销监护资格、被遣送(驱逐)出境情形之一的儿童。"

表2 主要省、自治区、直辖市事实无人抚养儿童人数

单位:人

序号	省、自治区、直辖市	事实无人抚养儿童人数	截止日期
1	北京市	840	2019年8月
2	河北省	9034	2021年
3	山西省	5767	2021年11月
4	内蒙古自治区	3022	2021年
5	辽宁省	2037	2020年

续表

序号	省、自治区、直辖市	事实无人抚养儿童人数	截止日期
6	吉林省	1987	2021 年
7	黑龙江省	1714	2021 年 10 月
8	江苏省	9427	2021 年 8 月
9	安徽省	21000	2021 年
10	福建省	12900	2021 年
11	江西省	21400	2019 年
12	山东省	14000	2020 年
13	河南省	21000	2021 年
14	湖北省	9964	2021 年
15	湖南省	25000	2021 年
16	广东省	28000	2021 年
17	广西壮族自治区	18500	—
18	海南省	19000(含孤儿、困境儿童及农村留守儿童)	2021 年
19	重庆市	3700	2021 年 8 月
20	四川省	10000	2021 年
21	贵州省	10275	2020 年
22	云南省	15000	2020 年
23	西藏自治区	826	2021 年
24	陕西省	5971	2021 年 11 月
25	甘肃省	9885	2021 年
26	青海省	12000(含孤儿、艾滋病病毒感染儿童和其他困境儿童)	2021 年
27	宁夏回族自治区	5973(含孤儿)	2021 年

注：通过官网未能查到上海、新疆、浙江、天津 2021 年 12 月前事实无人抚养儿童人数。

资料来源：表中数据来自 2021 年 12 月《中国社会报》各省、自治区、直辖市民政机构"回望2021"系列报道、民政部网站以及各省、自治区、直辖市民政厅（局）网站等。

表3 有关事实无人抚养儿童的法律法规或文件

序号	发文机关	法律或文件	发文日期
1	民政部、中央综治办、最高人民法院、国家发展改革委、教育部、公安部、司法部、财政部、劳动和社会保障部、建设部、农业部、卫生部、国家人口计生委、共青团中央、全国妇联	《关于加强孤儿救助工作的意见》(民发〔2006〕52号)	2006年3月29日
2	国务院	《关于加强困境儿童保障工作的意见》(国发〔2016〕36号)	2016年6月13日
3	民政部、最高人民法院、最高人民检察院、国家发展改革委、教育部、公安部、司法部、财政部、国家医疗保障局、共青团中央、全国妇联、中国残联	《关于进一步加强事实无人抚养儿童保障工作的意见》(民发〔2019〕62号)	2019年6月18日
4	十三届全国人大三次会议表决通过、第45号主席令予以公布	《中华人民共和国民法典》	2020年5月28日
5	民政部办公厅、司法部办公厅	《关于做好服刑在押和强制隔离戒毒人员事实无人抚养未成年子女关爱保障工作的通知》(民办发〔2020〕24号)	2020年8月5日
6	第十三届全国人大常委会第二十二次会议修订	《中华人民共和国未成年人保护法》	2020年10月17日
7	民政部、公安部、财政部	《关于进一步做好事实无人抚养儿童保障有关工作的通知》(民发〔2020〕125号)	2020年12月24日
8	民政部、国家发展改革委、教育部、公安部、财政部、国家卫生健康委、应急管理部、共青团中央、全国妇联、中国残联	《关于做好因突发事件影响造成监护缺失未成年人救助保护工作的意见》(民发〔2021〕5号)	2021年1月25日
9	民政部办公厅	《关于开展孤儿、事实无人抚养儿童认定申请受理"跨省通办"工作的通知》(民办发〔2021〕10号)	2021年6月24日

**表4　各省、自治区、直辖市出台的关于进一步加强事实无人
抚养儿童保障工作的实施意见**

地区	文件	发文时间
北京市	《关于进一步加强事实无人抚养儿童保障工作的实施意见》（京社委儿福发〔2019〕36号）	2019年11月18日
天津市	《天津市关于进一步加强事实无人抚养儿童保障工作的实施意见》（津民发〔2019〕43号）	2021年3月22日
河北省	《关于进一步加强孤儿和事实无人抚养儿童保障工作的实施意见》（冀民规〔2019〕4号）	2019年
山西省	《关于进一步加强事实无人抚养儿童保障工作的实施意见》（晋民发〔2019〕86号）	2019年10月28日
内蒙古自治区	《内蒙古自治区关于进一步加强事实无人抚养儿童保障工作的实施意见》（内民政发〔2019〕78号）	2019年10月21日
辽宁省	《辽宁省关于进一步加强事实无人抚养儿童保障工作的实施意见》（辽民发〔2019〕66号）	2019年10月12日
吉林省	《关于进一步加强事实无人抚养儿童保障工作的实施意见》（吉民发〔2019〕47号）	2019年11月13日
黑龙江省	《黑龙江省关于进一步加强事实无人抚养儿童保障工作的暂行意见》（黑民发〔2019〕24号）	2019年11月6日
上海市	《关于进一步加强本市困境儿童保障和农村留守儿童关爱服务工作的通知》（沪民规〔2020〕8号）	2020年4月30日
江苏省	《关于进一步加强事实无人抚养儿童保障工作的实施意见》（苏民儿〔2019〕6号）	2019年11月4日
浙江省	《关于进一步加强事实无人抚养儿童保障工作的实施意见》（浙民福〔2019〕121号）	2019年10月31日
安徽省	《安徽省人民政府办公厅关于进一步加强困境儿童保障和农村留守儿童关爱保护工作的意见》（皖政办〔2020〕1号）	2020年1月8日
福建省	《福建省民政厅等12部门关于进一步加强事实无人抚养儿童保障工作的实施意见》（闽民童〔2019〕131号）	2019年9月27日
江西省	《关于进一步加强事实无人抚养儿童保障工作的通知》（赣民发〔2019〕4号）	2019年10月23日
山东省	《关于进一步加强事实无人抚养儿童保障工作的实施意见》（鲁民〔2019〕60号）	2019年11月18日

续表

地区	文件	发文时间
河南省	《关于进一步加强事实无人抚养儿童保障工作的意见》（豫民文〔2019〕174号）	2019年11月28日
湖北省	《湖北省关于进一步加强事实无人抚养儿童保障工作的实施意见》（鄂民政发〔2019〕17号）	2019年10月22日
湖南省	《关于进一步加强事实无人抚养儿童保障工作的实施意见》（湘民发〔2019〕28号）	2019年12月2日
广东省	《关于进一步加强事实无人抚养儿童保障工作的实施意见》（粤民规字〔2019〕10号）	2019年11月30日
广西壮族自治区	《关于进一步加强事实无人抚养儿童保障工作的实施意见》（桂民规〔2019〕5号）	2019年10月25日
海南省	《关于进一步加强事实无人抚养儿童保障工作的实施意见》（琼民发〔2019〕14号）	2019年11月11日
重庆市	《关于进一步加强事实无人抚养儿童保障工作的实施意见》（渝民发〔2019〕18号）	2019年11月18日
四川省	《关于进一步加强事实无人抚养儿童保障工作的实施意见》（川民发〔2019〕99号	2019年10月31日
贵州省	《关于进一步加强事实无人抚养儿童服务保障工作的实施意见》（黔民发〔2019〕26号）	2019年11月11日
云南省	《关于进一步加强事实无人抚养儿童保障工作的实施意见》（云民规〔2019〕2号）	2019年11月7日
西藏自治区	《关于进一步加强事实无人抚养儿童保障工作的实施意见》（藏民发〔2019〕102号）	2019年
陕西省	《关于进一步加强事实无人抚养儿童保障工作的实施意见》（陕民发〔2019〕70号）	2019年10月12日
甘肃省	《关于进一步加强事实无人抚养儿童保障工作的实施意见》（甘民发〔2019〕101号）	2019年10月25日
青海省	《关于进一步加强事实无人抚养儿童保障工作的实施意见》（青民发〔2019〕95号）	2019年11月20日

资料来源：民政部网站和各省、自治区、直辖市民政厅（局）网站等。

表5　各省、自治区、直辖市"十四五"民政事业发展
规划涉及事实无人抚养儿童的内容

地区	规划名称	相关内容
北京市	《北京市"十四五"时期民政事业发展规划》(京民研发〔2021〕165号)	"着力加强孤儿、事实无人抚养儿童等的生活保障,完善补贴标准自然增长机制,探索家庭监护津贴制度,鼓励支持有能力、有条件的个人和组织承担儿童监护抚养社会责任。将医疗保障、教育资助等政策,拓展至所有事实无人抚养儿童。"
天津市	《天津市国民经济和社会发展第十四个五年规划和二〇三五年远景目标纲要》(津政发〔2021〕5号)	"统筹推进社会救助与慈善事业发展。坚持托底线、救急难、可持续的原则,健全分层分类社会救助体系,不断提升社会救助水平。完善最低生活保障制度,建立健全最低生活保障标准动态调整机制。健全残疾人关爱服务体系和设施,完善帮扶残疾人、孤儿等社会福利制度。"
河北省	《河北省民政事业发展"十四五"规划》(冀民〔2021〕75号)	"完善孤儿和事实无人抚养儿童福利制度。规范落实事实无人抚养儿童认定标准和程序。""全国儿童福利信息系统"保障对象信息实现动态管理。持续提高孤儿和事实无人抚养儿童保障水平,拓展保障范围。推进落实孤儿和事实无人抚养儿童保障标准自然增长机制,与经济社会发展水平相匹配、与相关社会福利标准相衔接。孤儿和事实无人抚养儿童成年后,对符合城镇住房保障条件的,及时纳入保障范围。严格规范家庭寄养。优化完善社会散居孤儿、家庭寄养儿童、事实无人抚养儿童家庭走访、家庭培训和监护评估、监护保护制度
山西省	《山西省"十四五"民政事业发展规划》(晋民发〔2021〕45号)	"孤儿和事实无人抚养儿童基本生活保障标准动态调整机制建立。""健全孤儿和事实无人抚养儿童保障机制。规范落实事实无人抚养儿童认定标准和程序。建立孤儿、事实无人抚养儿童基本生活保障标准动态增长机制,确保保障标准与经济社会发展水平相匹配、与相关社会福利标准相衔接。持续提高孤儿和事实无人抚养儿童在医疗、教育、康复、就业等方面的保障水平,拓展保障范围。孤儿和事实无人抚养儿童成年后,对符合城镇住房保障条件的,及时纳入保障范围。严格规范家庭寄养。优化完善社会散居孤儿、家庭寄养儿童、事实无人抚养儿童家庭走访、家庭培训和监护评估、监护保护制度。探索对符合条件的事实无人抚养儿童开展助医助学工作。"

续表

地区	规划名称	相关内容
内蒙古自治区	《内蒙古自治区"十四五"民政事业发展规划》(内政办发〔2021〕58号)	"完善孤儿和事实无人抚养儿童保障机制。建立与自治区经济社会发展相同步、与相关社会福利标准相衔接的孤儿、事实无人抚养儿童基本生活费补助标准以及孤儿、事实无人抚养儿童基本生活保障标准动态调整机制。推动孤儿、事实无人抚养儿童保障实现全覆盖。旗县级民政部门每季度对散居孤儿、事实无人抚养儿童实地探访率达到100%。推动符合条件的事实无人抚养儿童集中养育,严格规范家庭寄养。孤儿和事实无人抚养儿童成年后,对符合城镇住房保障条件的,及时纳入保障范围。""加强儿童福利和儿童保护人才队伍建设,建立常态化培训机制,鼓励引导更多社会工作服务机构为孤儿、事实无人抚养儿童、留守儿童和困境儿童提供专业化服务。"
辽宁省	《辽宁省民政事业发展第十四个五年规划》(辽民发〔2021〕33号)	"完善帮扶孤儿和事实无人抚养儿童福利制度。规范落实事实无人抚养儿童认定标准和程序。健全完善孤儿、事实无人抚养儿童基本生活养育标准自然增长机制,协同有关部门帮助提高孤儿和事实无人抚养儿童在医疗、教育、康复、就业等方面的保障水平,拓展保障范围,确保保障标准与经济社会发展水平相匹配、与相关社会福利标准相衔接。孤儿和事实无人抚养儿童成年后,对符合城镇住房保障条件的,推动纳入保障范围。严格落实家庭寄养工作程序,加强监督管理,持续提高家庭寄养工作规范化和安全养育水平。优化完善社会散居孤儿、家庭寄养儿童、事实无人抚养儿童家庭走访、家庭培训、监护评估和监护保护制度。探索对符合条件的事实无人抚养儿童开展助医助学工作。"
吉林省	《吉林省民政事业发展"十四五"规划》(吉民发〔2021〕39号)	"提高儿童福利保障水平。完善孤儿和事实无人抚养儿童保障制度,落实孤儿和事实无人抚养儿童保障标准动态调整和自然增长机制,不断规范保障程序,切实做到应保尽保。深入开展'孤儿医疗康复明天计划'和'福彩圆梦·孤儿助学工程'项目,加强与医疗资助救助、教育资助救助等相关政策以及社会慈善资助救助项目的衔接,不断提高孤儿和事实无人抚养儿童综合保障水平。"
黑龙江省	《黑龙江省"十四五"民政事业发展规划》(黑民规〔2021〕10号)	"完善帮扶孤儿和事实无人抚养儿童福利制度。规范落实事实无人抚养儿童认定标准和程序。推动建立孤儿和事实无人抚养儿童基本生活保障标准动态调整机制,推进落实孤儿和事实无人抚养儿童保障标准自然增长机制,确保保障标准与经济社会发展水平相匹配、与相关社会福利标准相衔接。持续提高孤儿和事实无人抚养儿童在医疗、教育、康复、就业等方面的保障水平,拓展保障范围。孤儿和事实无人抚养儿童成年后,对符合城镇住房保障条件的,及时纳入保障范围。严格规范家庭寄养。优化完善社会散居孤儿、家庭寄养儿童、事实无人抚养儿童家庭走访、家庭培训和监护评估、监护保护制度。探索对符合条件的事实无人抚养儿童开展助医助学工作。"

续表

地区	规划名称	相关内容
江苏省	《江苏省民政事业发展第十四个五年规划》（苏民发〔2021〕7号）	"做实做细'困境儿童助学'工程,探索对符合条件的事实无人抚养儿童开展助医助学工作。"
浙江省	《浙江省民政事业发展"十四五"规划》（浙发改规划〔2021〕92号）	"……推进孤儿和事实无人抚养儿童认定一证通办、跨省通办,推进收养'一件事'一站式联办、一体化服务。"
安徽省	《安徽省"十四五"民政事业发展规划》	"……孤儿和事实无人抚养儿童全部纳入保障范围,基本实现'动态管理、应保尽保'。……建立孤儿、事实无人抚养儿童基本生活费补助标准自然增长机制,确保保障标准与经济社会发展水平相匹配,与相关社会福利标准相衔接。稳步推进孤儿、事实无人抚养儿童从基本生活保障不断向助学、助医、心理健康指导、就业、安置服务等方面延伸。……为社会散居孤儿、事实无人抚养儿童等困境儿童提供走访评估、心理慰藉、亲情关怀和临时照料等专业服务。"
福建省	《福建省国民经济和社会发展第十四个五年规划和二〇三五年远景目标纲要》（闽政〔2021〕4号）	"加强孤儿、事实无人抚养儿童、流浪乞讨儿童保障和救护。"
江西省	《江西省民政事业发展"十四五"规划》	"建立了事实无人抚养儿童保障政策,……切实保障好农村地区孤儿、事实无人抚养儿童及其他困境儿童等基本生活。严格落实'四个不摘'要求,持续做好定点帮扶工作。完善帮扶孤儿和事实无人抚养儿童福利制度。规范落实事实无人抚养儿童认定标准和程序。推进落实孤儿和事实无人抚养儿童保障标准自然增长机制,推动建立孤儿和事实无人抚养儿童基本生活保障标准动态调整机制,持续提高孤儿和事实无人抚养儿童在医疗、康复、教育、就业、住房等方面的保障水平,拓展保障范围,确保保障标准与经济社会发展水平相匹配、与相关社会福利标准相衔接。严格规范家庭寄养。优化完善社会散居孤儿、家庭寄养儿童、事实无人抚养儿童家庭走访、培训和监护评估、保护制度。探索对符合条件的事实无人抚养儿童开展助医助学工作。"

续表

地区	规划名称	相关内容
山东省	《山东省民政事业"十四五"发展规划》)（鲁民〔2021〕47号）	"适度普惠型儿童福利制度建设加快推进,孤儿、事实无人抚养儿童、重点困境儿童基本生活保障政策全面落实。全省机构养育孤儿、社会散居孤儿、事实无人抚养儿童、重点困境儿童基本生活保障标准分别达到每人每月1774元、1415元、1415元、1054元,较'十二五'末分别提高48%、97%、97%、251%。……深入持续开展农村留守儿童'合力监护·相伴成长'关爱保护专项行动,有效解决留守儿童无人监护、失学辍学、无户籍等问题。"
湖北省	《湖北省民政事业发展"十四五"规划》（鄂民政发〔2021〕44号）	"事实无人抚养儿童保障。全面贯彻落实国家和湖北省关于进一步加强事实无人抚养儿童保障工作的目标要求,建立与经济社会发展水平相适应的、比照孤儿供养保障标准的事实无人抚养儿童基本生活补贴保障制度。健全和完善事实无人抚养儿童评估机制。强化政府兜底保障职责,为事实无人抚养儿童提供基本生活、医疗康复、教育资助和关爱服务等方面的保障。按照'精细排查、精确认定、精准保障'的工作要求,做到应保尽保。"
湖南省	《湖南省"十四五"民政事业发展规划》（湘民发〔2021〕30号）	"……建立特困人员供养、事实无人抚养儿童保障政策,完善临时救助、流浪救助等制度。……建立孤儿和事实无人抚养儿童基本生活保障标准动态增长机制,落实孤儿和事实无人抚养儿童医疗、康复、教育、住房及成年后就业等优惠政策,完善社会散居孤儿、家庭寄养儿童、事实无人抚养儿童家庭走访、家庭培训、监护评估和监护保护制度。探索开展事实无人抚养儿童助医助学。建立困境儿童分类保障制度,规范信息台账管理,实现一人一档、动态管理,积极做好因突发事件影响造成监护缺失儿童及困难家庭的重病、重残儿童生活保障和救助工作。……推动城乡低保、特困供养、孤儿和事实无人抚养儿童保障、残疾人'两项补贴'等救助保障标准水平与全省经济社会发展相适应。"
广东省	《广东省民政事业发展"十四五"规划（2021—2025年）》（粤民发〔2021〕56号）	"率先建立事实无人抚养儿童基本生活保障制度,保障标准涨幅达122%。……'十四五'期间,孤儿和事实无人抚养儿童生活保障标准增长不低于上年度当地居民人均消费性支出增长幅度。……推动建立以'家庭监护为主体、社会监护为补充、国家监护为兜底'的监护制度,研究建立孤儿、事实无人抚养儿童监护确认制度。完善监护评估、监督机制,加强危机干预,推进开展对弃养或失信父母实施失信联合惩戒,进一步完善因突发事件影响造成监护缺失儿童救助保护措施。持续巩固拓展脱贫攻坚成果,健全孤儿、事实无人抚养儿童基本生活最低养育标准自然增长机制,根据全省城镇和农村居民消费性支出增长幅度定期进行调整,确保保障标准与

地区	规划名称	相关内容
		经济社会发展水平相匹配、与相关社会福利标准相衔接,推动事实无人抚养儿童与孤儿享受同等社会福利保障政策,保障率达到100%。社工运用社会工作专业方法,统筹为低保对象、特困人员、残疾人、流浪乞讨人员、农村留守儿童、困境儿童(含孤儿、事实无人抚养儿童等)、农村留守妇女以及空巢、留守、失能、重残、计划生育特殊家庭等特殊困难老年人提供人文关怀、心理疏导、资源链接、能力提升、社会融入等专业服务,不断增强困难群众和特殊群体内生动力和自我发展能力。"
广西壮族自治区	《广西民政事业发展"十四五"规划》	"全区2.6万孤儿和事实无人抚养儿童基本生活得到有效保障。" "完善儿童福利政策制度。建立孤儿和事实无人抚养儿童基本生活保障标准动态调整机制,推进落实孤儿和事实无人抚养儿童保障标准自然增长机制,确保保障标准与经济社会发展水平相匹配、与相关社会福利标准相衔接。持续提高孤儿和事实无人抚养儿童在医疗、康复、教育、就业、住房等方面的保障水平。……探索开展面向社会散居孤儿、事实无人抚养儿童、困难家庭残疾儿童康复项目。持续实施'福彩圆梦·孤儿助学'工程,探索开展事实无人抚养儿童助学项目,鼓励和规范社会力量参与困境儿童教育帮扶。" "完善事实无人抚养儿童、重病重残儿童、流浪儿童等各类困境儿童的专项社会救助政策和关爱服务政策,完善因突发事件影响造成监护缺失儿童救助保护制度措施。"
海南省	《海南省"十四五"民政事业发展规划》	"出台农村留守儿童关爱保护、困境儿童和事实无人抚养儿童保障等儿童福利政策,……开创建立困境儿童和事实无人抚养儿童基本生活补贴制度,……切实保障好农村地区孤儿、事实无人抚养儿童及其他困境儿童等基本生活。……健全社会救助保障制度。全面落实社会救助、社会福利、事实无人抚养儿童保障等政策,对特困人员、孤弃儿童等特殊群体应养尽养,……健全孤儿和事实无人抚养儿童保障机制。推动建立孤儿、事实无人抚养儿童基本生活保障标准动态调整机制,推进落实孤儿、事实无人抚养儿童保障标准自然增长机制,确保保障标准与经济社会发展水平相匹配、与相关社会福利标准相衔接。持续提高孤儿和事实无人抚养儿童在医疗、教育、康复、就业等方面的保障水平,确保补助和保障标准与经济社会发展相匹配、与相关社会福利标准相衔接。推进符合条件的事实无人抚养儿童集中养育。开展孤儿、事实无人抚养儿童认定申请受理'跨省通办'。"

地区	规划名称	相关内容
重庆市	《重庆市民政事业发展"十四五"规划》(渝府办发〔2022〕12号)	"建立事实无人抚养儿童基本生活保障制度,实施'福彩圆梦·助学成长'项目,……健全帮扶残疾人、精神障碍患者、孤儿、事实无人抚养儿童等社会福利制度,……健全孤儿和事实无人抚养儿童保障制度。建立健全孤儿和事实无人抚养儿童基本生活保障标准自然增长机制,确保保障标准与经济社会发展水平相匹配、与相关社会福利标准相衔接,到2025年孤儿和事实无人抚养儿童基本生活保障率保持100%。加强孤儿和事实无人抚养儿童的医疗、教育、康复、就业等保障制度建设,持续提高保障水平。完善孤儿和事实无人抚养儿童助医'明天计划''福彩圆梦·助学工程',实现助医助学全覆盖。健全完善社会散居孤儿、家庭寄养儿童和事实无人抚养儿童家庭走访、家庭培训和监护评估、监护保护制度。严格规范家庭寄养程序,探索实施多种养育模式,切实维护孤儿和事实无人抚养儿童合法权益。……建立事实无人抚养儿童基本生活补助标准自然增长机制,满足孤儿和事实无人抚养儿童基本生活需要;健全医疗康复保障制度,将孤儿和事实无人抚养儿童全部纳入城乡居民合作医疗保险制度覆盖范围,……积极引导法律服务人员为孤儿和事实无人抚养儿童提供法律服务和法律援助。"
四川省	《四川省"十四五"民政事业发展规划》	"做好残疾儿童康复救助、重度残疾人护理补贴、孤儿保障、事实无人抚养儿童保障等制度与社会救助政策的有效衔接。""完善特殊困难儿童保障制度。规范落实事实无人抚养儿童认定标准和程序。建立健全孤儿和事实无人抚养儿童基本生活保障标准动态调整和自然增长机制,持续提高医疗、教育、康复、就业等保障水平,拓展保障范围。孤儿和事实无人抚养儿童成年后,对符合城镇住房保障条件的,及时纳入保障范围。探索对符合条件的事实无人抚养儿童开展助医助学工作。优化完善社会散居孤儿、家庭寄养儿童、事实无人抚养儿童家庭走访、家庭培训和监护评估、监护保护等制度。"
贵州省	《贵州省"十四五"民政事业发展规划》(黔民发〔2021〕10号)	"事实无人抚养儿童按照孤儿基本生活费发放基本生活补贴;……孤儿、事实无人抚养儿童、留守儿童、困境儿童等四类特殊未成年人监测预警、监护保护、救助保障、关爱服务机制全面完善。……研究制定《社会散居孤儿、事实无人抚养儿童服务保障工作指引》《社会散居孤儿、事实无人抚养儿童监护照料状况评估规范》等地方标准,推动儿童福利和未成年人保护工作规范化、高质量开展。""健全孤儿和事实无人抚养儿童基本保障机制。全面落实孤儿和事实无人抚养儿童基本生活保障制度。加强孤儿和事实无人抚养儿童政策与城乡低保、特困、残疾人'两项补贴'等政策的衔接,形成政策合力。探索对符合条件的事实无人抚养儿童开展助医助学。"

地区	规划名称	相关内容
西藏自治区	《西藏自治区国民经济和社会发展第十四个五年规划和二〇三五年远景目标纲要》	"科学调整城乡低保、特困人员救助供养标准和孤残儿童、事实无人抚养儿童基本生活补贴标准，……健全孤儿、困境儿童、事实无人抚养儿童保障体系。"
陕西省	《陕西省国民经济和社会发展第十四个五年规划和二〇三五年远景目标纲要》（陕政发〔2021〕3号）	"建立孤儿、事实无人抚养儿童基本生活费补助标准自然增长机制和价格联动机制。"
甘肃省	《甘肃省"十四五"民政事业发展规划》（甘民发〔2021〕118号）	"（一）完善帮扶孤儿和事实无人抚养儿童福利制度。规范落实事实无人抚养儿童认定标准和程序，推进建立孤儿和事实无人抚养儿童基本生活保障标准动态调整机制，落实孤儿和事实无人抚养儿童保障标准自然增长机制，确保保障标准与经济社会发展水平相匹配、与相关社会福利标准相衔接。持续实施'孤儿医疗康复明天计划''福彩圆梦·孤儿助学工程'，不断提高孤儿和事实无人抚养儿童在医疗、康复、教育、就业等方面的保障水平，不断拓展保障范围。孤儿和事实无人抚养儿童成年后，对符合城镇住房保障条件的，及时纳入保障范围。进一步规范家庭寄养工作程序，持续提升家庭寄养工作规范化水平。完善社会散居孤儿、家庭寄养儿童、事实无人抚养儿童家庭走访、监护评估、家庭培训和监护保护制度。探索开展符合条件的事实无人抚养儿童的助医助学工作。"
青海省	《青海省民政事业发展"十四五"规划（2021—2025年）》（青民发〔2021〕107号）	"提升儿童福利保障水平，完善帮扶孤儿和事实无人抚养儿童福利制度，推动提高孤弃儿童在医疗、康复、教育、就业、住房等方面的保障水平。不断拓展保障范围，确保孤儿和事实无人抚养儿童补助和保障标准与经济社会发展水平相匹配、与相关社会福利标准相衔接，严格规范家庭寄养工作程序，持续提升家庭寄养工作规范化水平。优化完善社会散居孤儿、家庭寄养儿童、事实无人抚养儿童家庭走访、监护评估、家庭培训和监护保护制度，探索对符合条件的事实无人抚养儿童开展助医助学工作。"

表6　2021 年各省、自治区、直辖市事实无人抚养儿童基本生活补贴标准

地区	基本生活补贴标准	备注
北京市	每人每月 2200 元	2022 年 1 月起上调至每人每月 2450 元
天津市	每人每月 2570 元	
河北省	每人每月 1000 元	
山西省	保障机构集中养育的事实无人抚养儿童为每人每月 1500 元;社会散居的事实无人抚养儿童为每人每月 1000 元	
内蒙古自治区		未查询到具体标准
辽宁省		未查询到具体标准,其省会城市沈阳市的标准为每人每月 1305 元
吉林省	每人每月不低于 1100 元	2022 年,达到每人每月不低于 1350 元;2025 年前,每人每月不低于 1500 元
黑龙江省	儿童福利机构养育事实无人抚养儿童的保障标准为每人每月 1750 元;社会散居事实无人抚养儿童保障标准为每人每月 1350 元	
上海市	每人每月 1900 元	
江苏省	机构集中供养的事实无人抚养儿童为每人每月 2623 元;社会散居的事实无人抚养儿童为每人每月 1980 元	自 2021 年 7 月 1 日起提至现在的标准
浙江省	儿童福利机构养育的事实无人抚养儿童为每人每月 2111 元;社会散居的事实无人抚养儿童为每人每月 1689 元	此标准是根据《浙江省人民政府办公厅关于加快推进普惠型儿童福利体系建设的意见》(浙政办发〔2017〕67 号)和 2020 年浙江省城镇常住居民人均生活消费支出水平(36197 元)计算所得
安徽省	福利机构集中供养事实无人抚养儿童每人每月不低于 1000 元;社会散居事实无人抚养儿童每人每月不低于 600 元	
福建省	儿童福利机构集中供养的事实无人抚养儿童为每人每月 1800 元;社会散居事实无人抚养儿童为每人每月 1400 元	
江西省	每人每月不低于 1200 元	
山东省	每人每月 1590 元	

续表

地区	基本生活补贴标准	备注
河南省	集中养育事实无人抚养儿童为每人每月1350元；社会散居事实无人抚养儿童为每人每月950元	
湖北省	集中养育事实无人抚养儿童为每人每月2129元；社会散居事实无人抚养儿童为每人每月1325元	
湖南省	集中供养事实无人抚养儿童为每人每月1350元；社会散居事实无人抚养儿童为每人每月950元	
广东省	2022年起集中供养事实无人抚养儿童最低基本生活保障标准为每人每月1883元；散居事实无人抚养儿童基本生活保障标准为每人每月1227元	2022年、2023年，集中供养事实无人抚养儿童最低基本生活保障标准分别提高至每人每月1949元、每人每月2017元；散居事实无人抚养儿童最低基本生活保障标准分别为每人每月1313元、每人每月1359元
广西壮族自治区	每人每月950元	
海南省	每人每月1350元	
重庆市	集中养育事实无人抚养儿童为每人每月1477元；社会散居事实无人抚养儿童为每人每月1277元	此标准为2021年9月1日起提高后的标准
四川省		未查询到具体标准
贵州省		未查询到2021年的标准。2020年，机构集中养育事实无人抚养儿童的基本生活补贴标准为每人每月1600元；社会散居事实无人抚养儿童的基本生活补贴标准为每人每月1050元
云南省	每人每月1280元	
西藏自治区		未查询到具体标准，其省会城市拉萨市的标准为每人每月1159元
陕西省		未查询到具体标准，其省会城市西安市的标准为每人每月1000元
甘肃省		未查询到具体标准。2020年，集中供养事实无人抚养儿童为每人每月1360元；社会散居事实无人抚养儿童为每人每月1000元

续表

地区	基本生活补贴标准	备注
青海省	集中居住的事实无人抚养儿童为每人每月 1408 元;社会事实无人抚养儿童为每人每月 1008 元	
宁夏回族自治区		2021 年全年下拨 6689.12 万元保障孤儿和事实无人抚养儿童 5973 人
新疆维吾尔自治区	福利机构集中养育事实无人抚养儿童为每人每月不低于 1250 元;社会散居事实无人抚养儿童为每人每月不低于 950 元	

资料来源:数据来自民政部网站以及各省、自治区、直辖市民政部门网站、新闻报道等。

表7 2021 年各省、自治区、直辖市"事实无人抚养儿童助学工程"工作

地区	助学工程工作内容
北京市	1. 北京市民政局、教育委员会、财政局于 2021 年 1 月发布《关于做好事实无人抚养儿童助学工程实施工作的通知》。资助每人每学年 8000 元助学金 2. 截至 2021 年 6 月,已有 110 名符合助学条件的学生被纳入事实无人抚养儿童助学工程保障范围
河北省	1. 充分发挥慈善组织的积极作用,对接河北省青少年发展基金会。基金会根据省民政厅摸底受助人员台账,筹集社会帮扶资金 2. 给予 54 名考入全日制本科院校的事实无人抚养儿童一次性资助
山西省	为符合条件的 120 名事实无人抚养儿童发放每人 5000 元的一次性助学金
内蒙古自治区	推动孤儿助学政策逐步向事实无人抚养儿童拓展,将符合条件的在普通全日制本科学校、普通全日制专科学校等高等院校就读和 2021 年参加高考的事实无人抚养儿童纳入保障范围
辽宁省	优化实施事实无人抚养儿童助学活动
吉林省	落实"福彩圆梦·孤儿助学工程"项目,参照孤儿助学标准对部分事实无人抚养儿童发放助学金,资助对象年龄不做限制,并做好政策衔接,不漏一个孩子,事实无人抚养儿童高中毕业后,继续接受全日制教育的每人每学年资助 1 万元;将未参照孤儿助学标准予以保障的孩子纳入慈善部门的"圆梦大学"项目,每人资助 3000 元

地区	助学工程工作内容
黑龙江省	民政厅于3月23日下发《关于拓展孤儿助学活动的通知》,参照孤儿助学标准对事实无人抚养儿童予以保障。齐齐哈尔市将在2021年下半年新入学和已经在校就读的事实无人抚养儿童作为首批受助对象予以资助;大庆市规定,参照孤儿标准保障的儿童年满18周岁后,由市财政按照标准增加教育补贴;黑河市、伊春市自2021年9月1日起,将事实无人抚养儿童纳入助学工程,标准为每人每年1万元;七台河市民政部门积极与财政部门沟通协调,为事实无人抚养儿童助学申请补助资金2万元
安徽省	10个省级爱心社会组织和企业为全省410名2021年考入全日制本科、专科的事实无人抚养儿童发放助学金;省慈善总会为全省事实无人抚养儿童再捐40万元助学金
江西省	1. 对接慈善机构、组织、爱心企业及爱心人士等方式筹措助学金76.61万元。南昌市、九江市、景德镇市助学金已全部发放到位;丰城市建立事实无人抚养儿童助学金长效保障机制,制定超龄事实无人抚养儿童助学工程实施细则,按照每人每学年1万元的标准为符合条件的事实无人抚养儿童发放助学金;樟树市按照每学年不低于12000元的标准发放事实无人抚养儿童助学金;萍乡市建立了事实无人抚养儿童助学金制度 2. 协助符合条件的孩子们申请学校所在地奖学金、参加勤工俭学
山东省	1. 省民政厅印发《关于开展"事实无人抚养儿童助学工程"试点工作的通知》,16市民政部门全部提交了试点申请,制定了"事实无人抚养儿童助学工程"实施方案 2. 资助标准为每人每学年1万元助学金,资助时限为事实无人抚养儿童在学就读期间 3. 各地通过完善慈善总会系统原有项目、动员爱心企业定向捐赠等形式,加大"事实无人抚养儿童助学工程"资金支持力度。同时,加强与财政等部门沟通协调力度,以编制2022年预算为契机,积极争取助学工程资金列入财政预算
河南省	1. 7月1日,省民政厅印发《关于开展事实无人抚养儿童助学工作的通知》 2. 推动孤儿助学政策逐步向事实无人抚养儿童拓展 3. 省民政厅指导各地积极对接慈善机构、社会组织、爱心企业及爱心人士,发动社会力量,积极筹措助学资金,并鼓励有条件的市县将资助对象扩展至考取大专院校的事实无人抚养儿童。针对部分筹措资金较为困难的市县,协调河南省慈善总会出资50万元提供兜底保障 4. 对全省75名考入普通全日制本科院校的事实无人抚养儿童按照每人不低于1万元的标准进行了资助。河南省慈善总会通过2021年发起的"助力乡村振兴 点亮学子希望"慈善助学项目,对部分2021年考入本科院校的事实无人抚养儿童,按照每人5000元的标准进行了兜底资助。安阳、南阳、平顶山等市县还扩大了资助范围,对考取大专的35名事实无人抚养儿童进行了资助 5. 下一步,将建立事实无人抚养儿童助学长效保障机制,通过开展"1+N"结对帮扶、"一对一"心理疏导、志愿填报指导等活动,不断拓展事实无人抚养儿童助学服务内容

续表

地区	助学工程工作内容
湖北省	对已被认定为事实无人抚养儿童身份、2021年参加高考并考入普通全日制本科和专科高等院校的人员发放助学金,每人每学年1万元
湖南省	通过福彩公益金、慈善助学、社会捐赠等方式,对219名考入高等院校的事实无人抚养儿童资助学费91.13万元。其中最高标准为每人1.95万元,最低标准为每人1000元,多数标准为每人3000~5000元
广东省	民政厅组织开展"事实无人抚养儿童助学实践活动"。汕尾、东莞、中山、江门、阳江、云浮等市制定"助学活动"资助方案,通过课外辅导、助学帮扶等方式惠及事实无人抚养儿童4086人
广西壮族自治区	1. 广西民政系统以"办实事、解难题、送温暖、传党恩"为主题,深入开展"事实无人抚养儿童助学工程""福彩情·学子梦"公益助学行动等系列"我为群众办实事"实践活动。筹措资金100万元,对2021年全区170名考入普通全日制本科学校、专科学校、高等职业学校等高等院校的事实无人抚养儿童进行资助。其中,就读普通全日制本科学校的一次性资助7000元,就读普通全日制专科学校、高等职业学校的一次性资助5000元。爱心企业捐赠10万元,对事实无人抚养儿童等困境学生予以资助 2. 将把事实无人抚养儿童助学帮扶纳入"福彩情·学子梦"公益助学活动范围,建立事实无人抚养儿童助学帮扶长效机制
重庆市	实施"福彩圆梦·助学成长"项目,对2021年考入普通全日制中等职业及以上学校就读中专(中职)、大专(高职)、本科的事实无人抚养儿童,给予每人每学年8000元资助
四川省	1. 积极对接中国儿童少年基金会,对四川省2199名义务教育阶段事实无人抚养儿童实施助学关爱,按照2600元/人的标准进行资助 2. 联合省慈善总会开展"放飞梦想·托起四川希望的明天"四川慈善·福彩帮困助学活动,按照大学生5000元/人、高中生3000元/人的标准对孤儿、事实无人抚养儿童、低保家庭儿童等进行资助
贵州省	推动各地将孤儿助学政策逐步向事实无人抚养儿童拓展;积极通过慈善募捐渠道为助学项目筹集资金。组织对2021年考入普通高校、中(高)等职业学校的事实无人抚养儿童进行摸底,协调相关社会组织参与,根据筹措资金规模,确定助学帮扶地区和对象
云南省	云南省发布《关于开展事实无人抚养儿童助学工作的通知》,资助标准为每人一次性资助2000元。从2021年利用省级彩票公益金开展事实无人抚养儿童助学工作,将孤儿助学政策逐步向事实无人抚养儿童拓展
西藏自治区	2021年,自治区民政厅将"福彩圆梦·孤儿助学工程"资助对象拓展到事实无人抚养儿童,按照每人每学年1万元的标准,为全区符合"福彩圆梦·孤儿助学工程"资助条件的孤儿和事实无人抚养儿童发放"福彩圆梦·孤儿助学工程"资金1016万元,共有13名事实无人抚养儿童享受助学工程资助

地区	助学工程工作内容
陕西省	推动孤儿助学政策逐步向事实无人抚养儿童拓展,进一步扩大保障范围
甘肃省	将符合条件的事实无人抚养儿童纳入助学范围,动员相关社会组织参与,根据筹措资金规模,确定助学地区和助学标准
宁夏回族自治区	"宁夏福彩公益行　圆筑贫困学子梦"助学活动以事实无人抚养儿童为对象,共资助100名国家计划内录取的二本以上困难学子,帮助他们圆筑了大学梦

资料来源：数据来自民政部网站。

B.13
老年宜居环境与老年人权利保障

刘 远[*]

摘　要： 老年宜居环境是健康、积极的老年生活的基本条件，是老年人得以充分享有人权的重要前提。2021 年，中国继续推进老年宜居环境建设，不断完善相关法律规范，为宜居环境建设提供制度性保障；特别关注老年人面临的"数字鸿沟"问题，推进老年数字宜居环境建设的政策创制与实践创新；以特殊困难老人家庭为突破点，有的放矢地开展老年宜居环境建设的示范与推广。需要从完善制度框架、融入世代包容的发展理念和着力支持居家养老环境建设三个方面，优化新时代老年宜居环境建设的行动方案。

关键词： 老年人权利　宜居环境　数字鸿沟　适老化设计

老年宜居环境建设是健康、积极的老年生活的基本条件，是老年人得以充分享有人权的重要前提。2021 年第七次人口普查数据显示，中国大陆 60 岁及以上老年人口数已达 2.64 亿人，占总人口的 18.7%。[①] 人口老龄化是医学进步和社会发展的成就，但日益增长的老年人口也对人权事业的发展尤其是老年人权利保障提出了新要求。2021 年底出台的《"十四五"国家老龄事业发展和养老服务体系规划》将"社会环境更加适老宜居"作为老龄事

---

* 刘远，武汉大学人权研究院研究人员，武汉大学法学院博士研究生，主要研究方向为人权法、老年法。

① 《第七次全国人口普查公报（第五号）》，国家统计局网站，http://www.stats.gov.cn/tjsj/zxfb/202105/t20210510_ 1817181.html，2021 年 12 月 17 日访问。

业的重要发展目标，同时确定全国示范性老年友好型社区建设和促进广大老年人更好地适应并融入智慧社会的两条主线。在此种背景下，梳理中国老年宜居环境建设的最新进展，总结实践经验，对于展现新时代中国人权建设的伟大成就，推动中国老年人权保障事业的发展，具有重要意义。

一　宜居环境建设对老年人权利保障的意义

（一）从适老化到老年宜居

1956 年，城市伦理学家路易斯·芒福德（Lewis Mumford）在《为了老年人：融合而非隔离》中指出，"从来没有哪个时代或者哪种文化环境下的老年人受到过如我们社会这般强烈的排斥……老年人逐渐发现他们的生活变得空虚而毫无意义，并且这种生活将讽刺地变得漫长而煎熬"。[1] 不安全的居住环境、不适老的社会环境，不仅威胁着老年人的生命健康，更会加剧世代间的隔绝，成为代际冲突和年龄歧视的重要影响因素。在此种背景下，2002 年第二次老龄化问题世界大会通过的《马德里老龄问题国际行动计划》明确提出，"住所及其周围环境对老年人尤为重要，这涉及进出方便和安全问题、维持住所的经济负担及住在家中给予老年人重要的精神和心理上的安全感等因素"。[2] 2005 年，世界卫生组织提出"老年友好型城市"理念，在全球范围内掀起建设"老年友好环境"的热潮，并于 2007 年发布《全球老年友好城市建设指南》。该指南以"积极预测和响应老年人的需求"和"优化健康、参与和安全的环境"为宗旨，确立了室外空间、交通设施、居住环境、信息获取等物理层面的设计指标，同时也将增加参与机会、增进社会包容、保障社会服务等制度文化层面的指标纳入其中，对"老年友好"的

---

[1] Lewis Mumford, "For Older People: Not Segregation but Integration", *Architectural Record*, Vol. 119, 1956, pp. 191-194.

[2] 《马德里老龄问题国际行动计划》，联合国网站，https://www.un.org/chinese/esa/ageing/actionplan1.htm，2021 年 12 月 17 日访问。

范畴进行了初步界定。

《全球老年友好城市建设指南》指出，世界各国可以基于本国国情，围绕世界卫生组织所确定的八个核心主题，因地制宜地构建"老年友好"环境的框架体系。"老年宜居"可以理解为"老年友好"在中国政策和理论话语中的转化和表达。周燕珉指出，"老年宜居环境是指适宜包括老年人在内的各年龄人群居住和生活的各种环境，不仅包含空间、设施等硬环境，也包含社会、文化等软环境"。[①] 2016 年，全国老龄办、国家发展改革委等 25 部门联合印发了《关于推进老年宜居环境建设的指导意见》，以回应老年人需求和提高老年生活质量为主旨，包含"全年龄"、"全场域"和"全方位"三个方面的建设要点。

从全年龄的角度来看，实现不同年龄的社会成员共居共融是老年宜居环境建设的重要目标。由于以往家居日常、交通出行、活动场所和信息网络设施建设普遍忽视老年人的身心需要，故而相关行动方略重点关注老年人对于居住环境的要求。随着老年人居住、生活和参与环境的改善，相关政策举措也应当将其他年龄段人口对于环境的需求纳入考量，以满足全年龄段需求为导向，实现全年龄宜居。

从全场域的角度来看，老年宜居环境包含宏观的城市环境、中观层面的社区环境以及微观的生活家居、服务场所和交通设施等多个层次，覆盖老年人生活和参与的所有场景。无论是楼道、浴室、电梯间等生活场景，还是社区中心、政务中心、为老服务设施等公共场景，都要满足"老年宜居"的建设要求。

从全方位的角度来看，老年宜居不仅包含物理和信息的"适老化改造"，更要求构建和发展回应老年人现实需求的服务环境和有利于社会参与和世代融合的社会文化环境。在空间方面，宜居环境建设的要点是安全且无障碍的物理环境和沟通无阻碍的信息环境；服务方面的宜居环境则要求提供可获得、可负担且顺应老年人需求的多层次为老服务；最后，还要在文化层

---

① 周燕珉：《推进老年宜居环境建设不可或缺》，《中国社会工作》2017 年第 20 期。

面弘扬敬老、助老、养老的传统美德，通过有利的支助环境、充分的参与机会来推动观念转变，实现老、中、青世代间的交流互动、合作共进，构建不分年龄、人人共享的社会氛围。

（二）老年宜居环境建设的人权意蕴

从人权的视角来看，老年宜居环境建设对于老年人享有全部人权具有至关重要的意义，是老年人权利保障的重要组成部分。

首先，老年宜居环境建设是保障老年人生命健康权的客观要求。不可否认的是，衰老的生物过程代表着人类个体逐渐走向死亡的命运。组织器官的退行性变化将会带来免疫能力、恢复能力、认知能力和行动能力的减弱，进而导致对于内源性和外源性健康威胁的易损性。[①] 据统计，跌落、交通事故是中国老年人受伤最主要的因素。每年有 1/3 到 1/2 的 65 岁以上老年人遭遇跌倒伤害，因跌倒入院的老年人数约为其他伤害来源入院人数的 5 倍。跌落伤害绝大多数发生在家庭和社区生活的场域。[②] 未能充分考虑老年人生理条件和生活习惯的建筑环境，已经成为此种外源性伤害的直接因素。另外，免疫机能的下降也使罹患疾病的风险随着年龄增长而增高。据统计，截至 2018 年，我国人均健康预期寿命仅为 68.7 岁，老年人平均有 8 年多的时间带病生存，患有一种以上慢性病的比例高达 75%，患病人数接近 1.9 亿，我国老年人慢性病患病率是全年龄段平均水平的 4 倍。[③] 老年人对健康服务的高需求，以及对于健康威胁的易损性特征，要求我们在日常生活中纳入健康检测与管理方案，环境规划与建设中预留相关设备与服务的空间和接口。

其次，老年宜居环境建设是保障老年人社会参与权的必然要求。环境因素往往构成老年人参与社会活动的"无形障碍"。为了降低意外伤害的风

---

① L. P. Fried, C. M. Tangen, J. Walston et al., "Frailty in Older Adults: Evidence for a Phenotype", *The Journals of Gerontology. Series A, Biological Sciences and Medical Sciences*, Vol. 56, No. 3, 2001, pp. 146–157.

② 郭欣、曾光：《我国老年伤害现状及危险因素研究进展》，《中国公共卫生》2006 年第 4 期。

③ 许豪勤：《人口老龄化视域下老年健康服务体系建设——以失能失智老人长期照护体系建设为例》，《唯实》2020 年第 5 期。

险，老年人不得不减少"不必要"的活动或者必须依赖于他人的辅助，从而限制了其参与社会生活的能力和机会，进一步加剧老年人与社会和其他世代人群间的隔绝与对立。针对老年人的身心特征进行设计，消除环境带来的物理障碍历来是我国老年宜居环境建设的重要组成部分，也被列入《老年人居住建筑设计标准》等标准规范。而从更为积极的角度来看，公共空间、公共服务在物理与信息层面的可及性和可负担性，以及用于发展人际关系和参与社会生活的服务、项目和设施，对于老年人更轻松地参与社区社会生活，实现社会参与和社会融合，亦能发挥重要的促进作用。

最后，老年宜居环境建设是促进代际融合、保障老年人免于年龄歧视的重要条件。年龄歧视是针对老年人的侮辱、忽视和暴力侵害行为的重要诱因。年龄歧视的成因有多种解释。有观点认为年龄歧视源于人们对衰老和死亡概念本身的恐惧，也有观点认为工业化时代的年龄分工才是"罪魁祸首"。总体而言，不同世代社会成员间的隔绝、陌生和不了解带来的误解与对立，让老年人被嵌入消极、无能的社会负担角色，已经成为年龄歧视的重要因素。积极老龄观下的老龄化应该是追求实现健康、参与和保障的机会全部最大化的过程，强调老年人同样能够对家庭、社区和整个社会的发展作出积极的贡献。① 因此，老年宜居环境建设不仅要致力于消除行动方面的障碍，还要消除文化、观念方面的阻隔。适老化的设计既要以老年人的需求为导向（elderly-oriented），也要纳入全年龄和全周期的视角，同时满足老、中、青、幼等不同年龄群体的需求，使不同世代的社会成员能够在相同的场域下活动和交流，以增进彼此之间的了解；另外，要创设代际项目，为老年人参与社会活动、实现人生价值创造条件，以在媒体和舆论环境中营造老年人的积极形象，消除年轻世代对衰老与老年人的偏见和误解。

正如全国老龄办副主任吴玉韶在 2016 年《关于推进老年宜居环境建设的指导意见》新闻发布会上所指出的，"安全、便利、舒适的老年宜居环境

---

① 世界卫生组织编《积极老龄化政策框架》，中国老龄协会译，华龄出版社，2003。

建设是'标配'不是'高配'"。① 老年宜居环境并非"福利"或者"优待"，而是每个老年人应当充分享有的权利。从生命历程的角度来看，每个人都将不可避免地步入老年期，所以"老年宜居社会"实际上也是"全民宜居社会"。宜居环境的基本要义在于能够满足人类个体物质和精神需求，为个人谋求自身发展和实现自身价值提供包容性的空间，而这正是人权保障的核心要义。老龄化是不可避免的时代浪潮，老年宜居环境建设有助于化解代际矛盾，为代际共融创造有利的社会环境；有助于老年社会成员充分发展自身潜力，实现人生价值，为老龄时代的社会发展作出自身的贡献。宜居环境建设关涉老年人的安全、健康、出行、文化生活与人格尊严，是老年人理应享有的重要权利。通过老年宜居环境和老年友好环境建设，构筑每个老年人都能追求权利和实现权利的良好社会环境，是中国老年人权利保障实践的重要组成部分。

二 中国老年宜居环境建设的新进展

早在 2008 年，全国老龄办便吸纳"老年友好城市"建设理念，结合我国社会发展的现实需要，提出在全国范围内开展老年宜居环境建设试点的倡议。2009 年，全国 13 个城区开展老年宜居社区和老年友好城市（城区）试点工作。经过十多年的发展，中国老年宜居环境建设从"无"到"有"、由"点"到"面"，取得了显著成绩。2020 年底，国家卫健委、全国老龄办印发《关于开展示范性全国老年友好型社区创建工作的通知》，标志着正式开始在全国范围内推广老年宜居环境建设。2021 年，各级政府抓紧推进老年宜居环境建设，推出了"一揽子"方案，以数字宜居环境和特殊困难老人家庭适老化改造为着力点，充分调动社会各方力量参与，致力于为老年人权利保障构建有利的社会环境。

---

① 《全国老龄办：老年宜居环境建设是"标配"不是"高配"》，中国政府网，http://www.gov.cn/xinwen/2016-10/12/content_ 5118067. htm，2021 年 12 月 20 日访问。

（一）老年宜居环境建设的制度性保障

2012 年修订的《老年人权益保障法》增设了"宜居环境"章节，规定"国家采取措施，推进宜居环境建设，为老年人提供安全、便利和舒适的环境"，以及"国家推动老年宜居社区建设，引导、支持老年宜居住宅的开发，推动和扶持老年人家庭无障碍设施的改造，为老年人创造无障碍居住环境"，老年群体享有"安全、便利、舒适和无障碍"宜居环境的权利得到国家法律确认。除《老年人权益保障法》外，《公共图书馆法》《公共文化服务保障法》《防震减灾法》《残疾人保障法》《乡村振兴促进法》等 5 部法律明确公共设施设计与建设要关注老年人群体的特点与需求，推行无障碍建设。国务院及各部门围绕相关主题发布行政法规、部门规章共计 59 部。[①]其中，2016 年发布的《关于推进老年宜居环境建设的指导意见》，为老年宜居环境建设指明了发展方向。该指导意见阐明了中国老年宜居环境的内涵与体系。其既包含实体层面的建设要求，也包含社会文化层面的发展方针，基本涵盖了"住、行、医、养"等各方面的生活需求。此外，从 1999 年《老年人建筑设计规范》起算，我国已经围绕相关主题发布了 13 部行业标准和建设规范，对老年人生活、居住和日常活动的各类建筑空间设计所应遵守的经济技术指标作出规定。[②]各省、自治区、直辖市《老年人权益保障条例》（或《老年人权益保障法实施办法》）《养老服务条例》等地方性法规均已将"老年友好型社会"和"老年人宜居环境"建设列为权益保障的重点内容。老年宜居社区和老年友好城市（城区）试点省份、城市也纷纷总结试

---

① 数据来源于"北大法宝"法律法规信息库，以"适老""老年宜居"为关键词进行全文检索，并剔除重复和误收集文件后得出。

② 这些行业标准包括《老年人居住建筑设计标准》（2003）、《住宅建筑规范》（2005）、《城镇老年人设施规划规范》（2007）、《城市公共设施规划规范》（2008）、《老年养护院建设标准》（2010）、《社区老年人日间照料中心建设标准》（2010）、《无障碍设计规范》（2012）、《建筑设计防火规范》（2014）、《老年人照料设施建筑设计标准》（2018）、《城市居住区规划设计标准》（2018）、《民用建筑设计统一标准》（2019）、《健康小镇评价标准》（2020）、《健康建筑评价标准》（2020）。

点经验，以不同形式发布相关地方标准或制定评估体系，推广宜居环境建设的具体实施方案。如上海市经过长期的试点与探索后，在 2013 年发布《老年友好城市建设导则》和《老年宜居社区建设细则》，开始在全市范围内推广老年宜居社区建设，取得了显著成就。

2020 年到 2021 年，中国加快与老年宜居环境相关政策的制定进程，由国务院及其各部门发布的相关政策文件数量超越历年总和。2020 年 7 月，国务院办公厅印发《关于全面推进城镇老旧小区改造工作的指导意见》，将"养老设施"和"适老设施"作为小区配套设施和市政基础设施改造的重点目标，并初步确立了"十四五"期间老旧小区改造工作的方针。2020 年 7 月 10 日，民政部、国家发展改革委等 9 部委印发《关于加快实施老年人居家适老化改造工程的指导意见》，以"对纳入分散供养特困人员和建档立卡贫困人口范围的高龄、失能、残疾老年人"等特殊困难老年人家庭为突破口部署工作，并提出"有条件的地方可将改造对象范围扩大到城乡低保对象中的高龄、失能、残疾老年人家庭"。此外，《绿色社区创建行动方案》《关于开展城市居住社区建设补短板行动的意见》《关于推动物业服务企业发展居家社区养老服务的意见》等政策文件亦明确提及要按照适老化设计要求推进相关工作进程，不断提升居住环境、社区环境和公共服务环境的适老化水平。2020 年 11 月，国务院办公厅发布《关于切实解决老年人运用智能技术困难的实施方案》，首次就解决老年人"数字鸿沟"问题作出全局部署。随后，商务部、工业和信息化部、民政部、文化和旅游部等职能部门分别就各个领域内老年人运用数字技术时所面临的实际困难，制定对策方案，发布配套文件，着力提升智能技术领域的适老化水平。

2021 年，中国在全国范围内深入推进示范性老年友好型社区建设工作。国家卫健委发布《全国示范性老年友好型社区评分细则（试行）》，为老年友好型社区试点工作提供了方向指引。该细则以"安全"、"参与"与"融合"为主要价值目标，容纳物理环境、服务环境和文化环境等多个场景，既彰显平等和参与的价值理念，又凸显孝亲敬老和重视家庭生活的传统美德和良好风尚。其评分指标涵盖安全的居住环境、便捷的出行条件、可及

的社会服务以及有助于老年人实现各方面社会参与和代际融合的整体社会氛围等各个方面。各地方政府根据中央统一部署,结合前期试点经验,制定、发布老年宜居环境建设方面的规范性文件。比如,武汉市政府于 2021 年 4 月发布的《关于加快推进养老服务高质量发展的实施意见》,彰显"全方位"和"全场域"的宜居环境建设要旨,对未来 5 年武汉市老年宜居环境建设进行综合规划。该实施意见不仅致力于采取措施强化服务供给能力以实现"增量"发展,更强调要推动医养服务深度融合,实现不同等级、类型的养老服务从机构到家庭的全面覆盖;推动服务环境和物理环境的协同建设,创设信息化、适老化的服务环境。

综合来看,2020 年到 2021 年新发布的关涉老年宜居环境建设的政策性文件,不仅包含住宅、机构和社区环境适老化改造等物理层面的建设项目,还重点关注智能技术应用等信息层面的"新"问题,实现了宜居环境建设的多维度整合。从特殊困难老年人居家环境改造和示范性老年友好型社区开始着手的行动方针,发扬以重点难点打开工作局面、以地区试点推动全面战略的社会建设经验,为后续的老年宜居环境建设奠定了政策框架,积累了宝贵经验。

(二)老年数字宜居环境的政策与实践

21 世纪既是老龄化的时代,也是信息化的时代。信息技术、智能科技、数字技术领域的新突破、新发展层出不穷,其应用成果渗透进金融、医疗、交通等日常生活的各个方面。可以说,能够使用移动应用已经在某种程度上成为数字时代所必需的生活技能。但与之相对的是,老年群体在接触、使用新技术过程中面临巨大的"数字鸿沟"。第 49 次《中国互联网络发展状况统计报告》显示,截至 2021 年 12 月,我国 60 岁及以上网民数量达 1. 19 亿,互联网普及率达 43. 2%。[①] 老年群体在共享信息化发展成果的同时,也

---

① 第 49 次《中国互联网络发展状况统计报告》,中国互联网络信息中心,http://www.cnnic. cn/gywm/xwzx/rdxw/20172017_ 7086/202202/t20220225_ 71724. htm,2022 年 3 月 20 日访问。

面临"入网不适网"的风险。智能技术应用和推广的过程中忽视了老年人的生活习惯、身心特征和实际需求，限制了老年人通过新技术获取信息、参与社会生活的能力。更有甚者，不法分子假借推广新产品、新服务的名义，利用老年人渴望参与社会的特点和"数字鸿沟"带来的信息差，侵害老年人的人身财产权利。[①] 老年人由于缺少相关领域的知识积累，难以及时发现自己被侵权的事实，更遑论有效主张和维护自己的合法权益。

如何跨越横亘在老年人群与信息时代间的"数字鸿沟"，成为新时代推动老年宜居环境建设的关键难题。国务院办公厅于 2020 年 11 月 24 日印发《关于切实解决老年人运用智能技术困难的实施方案》，聚焦突发事件、出行、就医、消费、文体活动、事务办理以及智能化产品和服务应用等七个高频场景，集中部署老年人"数字鸿沟"问题的长效应对机制。2020 年 12 月底，国家发展改革委联合 23 个部门召开月度案例通报会议，与会部门对老年人运用智能技术困难的 25 个最新案例进行讨论，根据各自职能部署行动方案。截至 2021 年 6 月，民政部、教育部、工业和信息化部、文化和旅游部等 13 个部门提出相关领域的具体实施方案和工作任务清单。2020 年到 2021 年，中国政府主导的"智能适老化"工作可谓步稳蹄疾。

从实践效果来看，工业和信息化部于 2020 年 12 月 24 日发布《互联网应用适老化及无障碍改造专项行动方案》，决定在全国范围内组织开展为期一年的互联网应用适老化及无障碍改造专项行动。首批行动将挑选在新闻资讯、交通出行、金融服务、社交通信等重点服务领域具有重要影响力的 115 个公共服务类网站和 43 个手机 App，针对不同群体的特殊需求进行适老化及无障碍改造。2021 年，工业和信息化部发布了《互联网网站适老化通用设计规范》和《移动互联网应用（App）适老化通用设计规范》。2022 年 1 月，工业和信息化部就专项行动成果召开新闻发布会。信息通信管理局局长赵志国表示：

---

① 腾讯研究院于 2018 年发布的《中老年人上网状况及风险网络调查报告》显示，过半数的老年人群曾遭受过虚假谣言和虚假广告的困扰，1/3 的老年人经历过网络诈骗和收到过色情低俗信息。参见腾讯研究院《中老年人上网状况及风险网络调查报告》，腾讯云社区，https：//cloud. tencent. com/developer/news/371872，2021 年 12 月 20 日访问。

"与老年人生活密切相关的首批 217 家网站和 App 完成了适老化改造,并通过了评测,为老年人提供更周全、更贴心、更直接的便利化服务。"① 围绕老年群体的需求对旗下应用进行适老化改造,推出"老年版""易用版""大字版",老年人与数字时代新生活的"硬件"阻隔已经被逐步打通。

消除"数字鸿沟"只是中国老年数字宜居环境建设的一个侧面。事实上,智能技术、数字技术在改善老年生活,帮助老年人参与社会、融入社会方面大有可为。2021 年 9 月发布的《国家人权行动计划(2021—2025年)》首次提出要"智慧推进"人权事业的发展,要求利用数字技术拓展所有人自由全面发展的空间。2019 年,中央网信办、民政部将杭州市、武汉市和合肥市确定为全国首批人工智能养老社会实验改革试点城市。2020年 7 月,武汉市民政局等 8 部门联合发布《武汉市人工智能养老社会实验工作实施方案》,明确将首先在江汉区、武昌区的 200 户老年人家庭以及 5 家养老机构,基于居家、社区、机构养老的不同场景,开展人工智能辅助养老的专项实验。人工智能技术、物联网、5G 通信的新技术广泛地应用于健康预警、家居生活、行动辅助、远程诊疗等生活场景,极大地降低了老年人在日常生活中的各种风险,提高了老年人交流沟通和户外活动的能力。调查显示,人工智能产品的应用对于提升养老服务质量有着显著的正向效应,取得了良好的效果。② 2021 年,武汉市智能化、数字化养老服务试点进一步推进。根据 2021 年《关于加快推进养老服务高质量发展的实施意见》,武汉市将于 2022 年建成 4 家"人工智能养老机构"、20 个"人工智能养老社区"、2000 张以上"智能家庭照护床位"。③ 利用大数据、人工智能等新技术成果提高老年生活质量,将成为新时期保障老年人权利的重要举措。

---

① 《工信部公布适老化和无障碍改造合格名单,微信通过首批适老化及无障碍水平评测》,中国日报中文网,https://caijing.chinadaily.com.cn/a/202201/25/WS61ef8839a3107be497a03c66.html,2022 年 3 月 20 日访问。

② 何妮、霍聪聪、徐功铖、平昊征、张腾宇、李增勇:《人工智能应用对养老服务质量的影响——基于杭州、合肥、武汉三地调查的实证分析》,《社会保障研究》2021 年第 5 期。

③ 《到 2022 年至少新增 7 家养老中心 武汉打造"15 分钟养老服务圈"》,《湖北日报》2021年 4 月 9 日。

（三）以"困中之困"为靶向的推进策略

老年人是一个高度内部分化的人群。不同的生命历程决定了老年人的需求是多样化且多层次的，而他们在生活中所遇到的实际困难也存在巨大的差异。老年宜居环境建设必须充分考虑不同境遇下老年人对于居住环境需求的差异性，对"困中之困"群体给予重点关注。基于此种认识，中国在全面推广老年宜居环境建设时首先聚焦残障老年人、失独老年人、留守老人、贫困老人等特殊困难老人家庭，从他们最为紧迫和现实的需要着手，以点破面，以最快的速度破解最关键群体的权利困境。

2020年7月，民政部等9部委联合印发《关于加快实施老年人居家适老化改造工程的指导意见》，提出要"继续实施特殊困难老年人家庭适老化改造，有条件的地方可将改造对象范围扩大到城乡低保对象中的高龄、失能、残疾老年人家庭等"。2021年11月，《中共中央、国务院关于加强新时代老龄工作的意见》印发，要求"将无障碍环境建设和适老化改造纳入城市更新、城镇老旧小区改造、农村危房改造、农村人居环境整治提升统筹推进，让老年人参与社会活动更加安全方便"；"鼓励有条件的地方对经济困难的失能、残疾、高龄等老年人家庭，实施无障碍和适老化改造、配备生活辅助器具、安装紧急救援设施、开展定期探访"。2020年12月，国家卫健委、国家中医药局发布了《关于开展医养结合机构服务质量提升行动的通知》，特别要求"强化对失能、部分失能特困老年人的兜底保障，完善经济困难高龄失能老年人补贴制度和独居留守老年人探访关爱制度，逐步实现老有所养"。

在中央政策的指引下，各级政府结合辖区实际情况，制定具体实施方案。以武汉市为例，武汉市发布的《武汉市老年人居家适老化改造实施方案》明确2021年底完成不少于2000户特殊困难老年人家庭居家适老化改造的任务目标。同时，省委、省政府将"万户特殊困难老年人居家适老化改造"纳入"十大惠民、四项关爱"重点实事项目。武汉市政府通过对财政补贴、线上申请、上门服务的综合施策方针，让老年人消除顾虑，在足不出

户的情况下完成改造工作。从效果来看，适老化改造项目覆盖地面环境、门窗通道、卧室环境、厨卫环境以及辅助用具等涉及家庭生活的各个方面，根据老年人的家庭环境和现实需求实现基础项目和可选项目的合理搭配，力求提高适老化改造的个性化和智能化水平。

在国家的大力支持下，特殊困难老年人的居家条件适老化升级工作进展迅速。截至 2020 年底，我国已经完成 75.7 万老年残疾人家庭的无障碍改造，并为近 360 万老年人提供公租房保障。[①] 众多特殊困难老年人的需求得到了及时的回应，权利得到切实保障，为接下来宜居环境建设的全面推广提供了范例、积累了经验。

三　老年宜居环境建设的未来展望

"十四五"期间，随着中国老龄化程度逐步加深，老年宜居环境建设所面临的问题将更为复杂。应当遵循《国家积极应对人口老龄化中长期规划》《国家人权行动计划（2021—2025 年）》《"十四五"国家老龄事业发展和养老服务体系规划》，从完善制度框架、融入世代包容理念和支持居家养老三个方面着手，实现建设理念和行动方略的优化升级。

（一）完善宜居环境建设制度框架

2019 年，中共中央、国务院印发的《国家积极应对人口老龄化中长期规划》就明确指出，要"强化应对人口老龄化的法治环境，保障老年人合法权益"。《"十四五"国家老龄事业发展和养老服务体系规划》同样要求"健全老年人权益保障机制，加强老龄法治建设，加大普法宣传教育力度"。老年宜居环境建设，不仅要着眼于物理空间、服务体系和文化氛围，更要构建符合老龄社会发展要求和运行逻辑的法律制度和法治机制，实现制度层面的"适老化升级"需要。

---

① 国家卫生健康委员会：《2020 年度国家老龄事业发展公报》。

　　首先，推进老年宜居环境立法工作，制定长远发展规划。以适老化改造、数字权利保护、为老社会服务、老龄产业等关键领域为重心，推动相关法律规范的立、改、废工作。特别是在适老化改造方面，虽然目前已有《无障碍环境建设条例》就相关事项作出规定，但无障碍不等于适老化，应当通过制定专门行政法规进一步阐明老年宜居和适老化的建设理念和总体要求，明确不同部门和社会系统的分工责任，提高政策和行动的协同性和配套性，形成政策合力。其次，地方人大、政府制定配套法规，及时填补规范漏洞，回应紧迫现实需求。为老服务、生活辅具、宜老家居等老龄产业的发展不仅为营造宜居环境提供了强大的动力，也有助于提高为老服务的灵活性，满足老年群体的多层次需求。然而，由于市场机制不健全，虚假宣传、欺诈、非法集资等现象时有发生，威胁着老年人权利，产生极为恶劣的社会影响。应当抓紧完善为老服务、适老化改造相关行业的行业标准，建立以老年人为中心的监督、评估和争端解决机制，保障服务接受者和服务提供者的合法权益，引导行业健康发展。最后，总结现有试点经验，研究制定综合性支持性政策，统筹城乡、区域老年宜居环境建设，以惠及所有老年人。

　　总体而言，构建适应老龄化时代发展要求的涉老法治体系，以法治方式推动社会整体环境的适老化升级，既能为构建老年友好型社会、积极应对人口老龄化提供坚实的制度保障，也是推动国家治理体系和治理能力现代化必不可少的环节。

（二）融入世代包容的发展理念

　　老年友好型社会，不仅包括适宜老年人居住、生活和参与的设施环境和服务体系，还包括"敬老、养老、助老社会风尚"和"代际和谐文化"。老年宜居环境建设政策与实践要纳入代际视角，不仅要关注老年人身心条件，营造安全、友好、无障碍的空间环境，满足老年人对于安全、健康和生活服务的需求，更要有意识地支持老年人参与社区生活和志愿活动，促进社区内不同世代居民的交流与互动，帮助老年人创造和实现其独特价值，以消除针对老年群体的刻板印象，树立参与者与贡献者的积极老年形象。

比如，居家社区养老场景下的老年宜居环境建设行动要特别关注隔代家庭、多代家庭中家庭成员代际互动，通过组织培训、搭建信息平台等方式，支持家庭成员获取不同世代独特身心体验和生活需求的关键信息，鼓励家庭内部文化、知识与技能的传承与反哺，发挥我国优秀家庭文化和隔代照护传统的力量。就公共场景而言，要在环境营造中凸显全生命周期的文化意象，利用社区展示板、公共图书馆、公众号等多种信息渠道，展示不同生命阶段独特的体验和价值；在组织相关活动时凸显老年人作为价值创造者而非单纯的服务接受者的角色，塑造积极平等的公民身份；社区环境建设应尽可能寻找老、中、青、幼等不同年龄群体在兴趣和需求方面的共同点，在此基础上创设公共空间，提供相互服务和学习的场所和机会，创造不同世代的共同生命体验。

（三）着力支持居家养老环境建设

有学者指出，每个人都会受到老龄化的冲击，只是这种影响的时间、程度和形式存在差异。[①] 家庭是连接不同生命阶段的重要纽带，是老年人生活、居住以及与其他世代交往、合作与互动的主要场所。老年宜居环境建设应当进一步以居家养老为着力点，探究和查明居家养老中的结构性难题，通过法治机制和法治方式调集政府、市场和社会组织的力量，发挥合力优势，予以重点攻克。

强化居家养老环境建设的法律与政策方案，主要体现在以下方面。第一，进一步落实家庭成员支持性政策，通过提供资金补贴、税费减免、带薪假期、替代服务和技能培训等政策强化家庭成员履行赡养、照护义务的认同感和执行力。第二，探索制定家庭代际纠纷调查处理方案，根据赡养、照护和遗产等争议的家事属性制定特别纠纷解决机制和柔性解决方案，在维护家庭关系稳定的情况下切实保障老年人的合法权益。第三，完善社区养老服务协调政策，以政策工具引导、激励社会组织和市场主体支持家庭养老，发展

---

① 党俊武：《老龄社会的革命——人类的风险和前景》，人民出版社，2015，第375页。

日间照料、喘息服务和互助养老等新型养老方案，以最大限度地利用社会照护资源，提升治理效能。第四，制定居家环境适老化改造的推广方案，总结特殊困难老人家庭适老化改造建设经验，不失时机地出台普惠性的适老化改造政策，使所有老年人都能享受安全便利的居家生活环境。

参考文献

［1］ 吴玉韶、李新阳：《中国老龄政策二十年：回顾与启示》，《老龄科学研究》2021 年第 9 期。

［2］ 李志宏：《积极应对人口老龄化中国特色道路的基本内涵和总体布局》，《老龄科学研究》2020 年第 8 期。

［3］ 杜鹏、谢立黎、王煜霏：《中国共产党老龄工作的思想与政策演变——百年历程的回顾与思考》，《人口与经济》2021 年第 5 期。

［4］ 周燕珉、林婧怡：《我国养老社区的发展现状与规划原则探析》，《城市规划》2012 年第 1 期。

［5］ 周燕珉、秦岭：《老龄化背景下城市新旧住宅的适老化转型》，《时代建筑》2016 年第 6 期。

B.14
残疾人权利司法保护的新路径*
——以实现无障碍为视角

丁 鹏**

摘 要： 随着相关法律制度的完善，无障碍环境建设已经成为残疾人平
等获得司法保护、救济各项权利、享有公平正义的关键路径。
法院进一步完善了自身的无障碍与程序便利，有效救济了个案
中的残疾人权利；检察院积极强化公益诉讼，协调促进了无障
碍环境建设；司法行政机关依照新的法律标准，不断加强法律
援助服务中的无障碍服务；残联与司法机关密切合作，努力确
保司法全过程的无障碍服务与便利支持。在“十四五”时期，
国家无障碍环境建设在立法以及司法改革等方面的进展，将进
一步增进对残疾人权利的平等保护，确保每个残疾人在所有案
件中都感受到公平正义。

关键词： 司法保护 无障碍 程序便利 公益诉讼 法律援助

残疾人权利的司法保护，依据《残疾人权利公约》第 13 条和国内相关
法律，主要是指确保残疾人在与其他人平等的基础上，以各种角色参与司
法，寻求和获得救济，实现公平正义。残疾人权利司法保护要做到全过程无

---

* 基金项目：2021 年度中国残联课题“新阶段残疾人权益保障研究：以获得司法保护为路径”
（21&ZZ008）。
** 丁鹏，武汉大学法学院博士研究生，武汉大学人权研究院研究人员，主要研究方向为人权
法、残障法、特定群体平等保护。

障碍，既包括残疾人有渠道知晓自己的权利，获得可负担的法律服务，有资格进入正式或非正式的司法程序，又包括在司法各阶段享有无障碍服务和便利支持。① 为此，国家承担相应的人权义务，不仅要确保司法体系尊重和不歧视残疾人，还要采取积极行动，建设无障碍环境，提供各项便利以及其他支持性的公共服务，确保残疾人平等实现司法正义。②

一 残疾人权利司法保护中的无障碍制度框架

在司法全过程中为残疾人提供无障碍与程序便利，贯穿从普法到立案、审查起诉、法院审理、证人或受害人出庭、做出裁判以及判决执行的全部环节。③ 其中需要从物理设施、信息交流等方面确保无障碍，并提供程序便利与合理调整，以确保残疾人平等参与。中国现行法律体系主要从以下几个方面规定了残疾人在司法全过程获得平等保护（见表1）。一是在程序上，通过诉讼法确认残疾人平等参与诉讼或受审的资格，并且专门规定了对残疾人的法律援助，以确保诉讼中的两造平衡和公正审判。二是在实体上，通过《民法典》《行政处罚法》《刑法》《治安管理处罚法》等明确残疾人在作为原告、相对人、被告人或受害人的情况下，如何确定相应的法律上的权利义务及责任。三是在无障碍环境建设方面，强调通过外部支持，消除残疾人在司法中面临的物理环境、信息交流等方面的障碍。

---

① 联合国开发计划署：《残障人士获得司法保护权利的国际原则和准则》，2020 年 8 月，联合国人权高专办，https：//www.ohchr.org/Documents/Issues/Disability/SR_ Disability/GoodPractices/Access-to-Justice-CH.pdf；另可参见张万洪、丁鹏《中国残障人平等获得司法保护研究报告》，2016 年 11 月，联合国开发计划署，https：//www.cn.undp.org/content/china/zh/home/library/democratic_ governance/equal-access-to-justice-for-persons-with-disabilities-in-china.html。

② 丁鹏：《残障者平等实现司法正义：法律框架与案例评述》，张万洪主编《残障权利研究》第 2 卷第 1 期，社会科学文献出版社，2015。

③ 张万洪：《用法治推进无障碍环境建设》，《光明日报》2021 年 12 月 18 日，第 7 版。

表1 残疾人权利司法保护的法律规范体系

法律	全国人大常委会制定或修订 · 2021年《法律援助法》第45条,关于法律援助的无障碍 · 2008年《残疾人保障法》第60条,关于起诉、法律援助和司法救助 · 2018年《刑事诉讼法》第35条,关于盲聋哑和精障人的指定辩护;第174条认罪认罚中的盲聋哑人和精障人 · 2022年《民事诉讼法》第60、194~197条,关于诉讼行为能力、民事行为能力 · 2021年《民法典》第21~24条,延用之前关于民事行为能力的规定 · 2017年《行政诉讼法》第30条,关于诉讼行为能力 · 2017年《仲裁法》第17条,关于民事行为能力导致的仲裁协议无效 · 2008年《劳动争议调解仲裁法》第25条,关于民事行为能力及代理;2021年《行政处罚法》第31条,关于精神病人、智力残疾人可以从轻或者减轻行政处罚 · 2020年《刑法》第18、19条,关于盲人、聋哑人和精神病人可以从轻、减轻或者免除处罚;第234、260、262条,关于侵害残疾人人身权利的犯罪 · 2012年《治安管理处罚法》第40、43、44条,侵害残疾人作为加重情节 · 2015年《反家庭暴力法》第5、19条,关于特殊保护和法律援助 · 2022年《无障碍环境建设法》(起草讨论中)
行政法规	2003年国务院《法律援助条例》第10、12条,关于法律援助范围和指定辩护;2012年国务院《无障碍环境建设条例》
地方性法规	地方省市人大制定的关于法律援助、无障碍环境建设的条例
部门规章、地方政府规章	· 2013年最高人民法院、最高人民检察院、公安部、司法部《关于刑事诉讼法律援助工作的规定》 · 2014~2019年,最高人民法院、最高人民检察院、司法部、中国残联关于司法便民、公共法律服务、法律援助值班律师、维护残疾人权益、司法救助等方面的意见。《关于全面推进人民法院诉讼服务中心建设的指导意见》 · 2019年《湖北省无障碍环境建设管理办法》《宁夏回族自治区无障碍环境建设管理办法》等 · 2019年最高人民法院《关于建设一站式多元解纷机制 一站式诉讼服务中心的意见》第15条关于无障碍 · 2021年最高人民法院《人民法院诉讼规则》第2条关于便民利民原则 · 2021年最高人民检察院《人民检察院办理认罪认罚案件听取意见同步录音录像规定》《人民检察院办理认罪认罚案件开展量刑建议工作的指导意见》"对依法不需要签署具结书的案件"的规定 · 2022年3月,最高人民法院、最高人民检察院、公安部、司法部、中国残联共同发布《关于深入学习贯彻习近平法治思想 切实加强残疾人司法保护的意见》要求"不断完善司法为民服务体系,切实将无障碍服务贯穿诉讼全流程"

资料来源:笔者从全国人大网站和相关政府部门网站检索而得。

"无障碍设施建设问题，是一个国家和社会文明的标志"，① 国家和社会应该高度重视。中国的无障碍立法已经初步形成体系，包括《残疾人保障法》《无障碍环境建设条例》以及地方实施办法和相关国家标准。截至 2022年 2 月底，有 10 多部法律法规、10 多个部委规章、30 多个国家标准直接规定了无障碍环境建设相关内容。② 此外，2022 年生效施行的《法律援助法》第 45 条规定了公共法律服务中的无障碍。《国家人权行动计划（2021—2025 年）》《"十四五"残疾人保障和发展规划》《无障碍环境建设"十四五"实施方案》等文件也为无障碍与残疾人权利司法保护的新发展设定了框架。在地方立法层面，截至 2020 年底，全国共制定发布了 674 个省、地、县级无障碍环境建设与管理法规、政府令和规范性文件；1753 个地市、县系统开展了无障碍环境建设。③ 2021 年，北京、上海、深圳等多个大型城市制定或修订了无障碍环境建设规范，体现出人权治理创新的特色。

这些无障碍领域的制度规范，为促进残疾人平等参与社会以及诉诸司法、救济权利提供了重要依据。2021 年，全国法院、检察院在促进无障碍与残疾人权利司法保护方面取得了重要进展，司法行政部门、残联和其他部门也发挥着越来越积极的作用。

二 法院促进残疾人权利司法保护

第二期《国家人权行动计划（2012—2015 年）》就已经明确将人民获得公正审判的权利作为人权重要内容，加深了社会各界对诉权的人权性质的理解。④人民法院作为残疾人诉诸司法救济确保各项平等权利的兜底环节，其本身在

① 张晓松、朱基钗：《坚守人民情怀，走好新时代的长征路》，《人民日报》2020 年 9 月 21日，第 1 版。
② 张万洪：《平等享有人权，融合共创精彩——中国人权发展道路上的残疾人权益保障》，《光明日报》2022 年 3 月 4 日，第 2 版；截至 2021 年底的统计另可参见张万洪《以无障碍为抓手，为残疾人提供更强有力的法律保障》，《人民法院报》2021 年 11 月 11 日，第 5 版。
③ 中国残疾人联合会：《2020 年残疾人事业发展统计公报》，2021 年 4 月 9 日，中国残联网站，https://www.cdpf.org.cn/zwgk/zccx/tjgb/d4baf2be2102461e96259fdf13852841.htm。
④ 吴英姿：《论诉权的人权属性——以历史演进为视角》，《中国社会科学》2015 年第 6 期。

无障碍与程序便利方面的进步，对于残疾人权利司法保护意义重大。此外，人民法院提供个案救济、发布典型案例，通过司法渠道在广泛领域促进全社会更加注意到无障碍议题，尊重和保障残疾人的平等权利。

（一）法院系统完善无障碍与程序便利

依据《残疾人权利公约》和前述国内法律体系，法院应采取积极措施完善相应设施设备和诉讼服务规则，为残疾人平等参与诉讼提供无障碍与程序便利支持。这是一项系统工程。2018 年，一项小样本研究对 30 个法院的无障碍环境建设进行了评估，结果表明，这些法院在无障碍坡道、电梯、洗手间、停车位以及轮椅席位等方面，尚面临不足。[①] 此外，2020 年新冠肺炎疫情期间，一些地方法院遇到了新技术适用过程中的无障碍问题，包括视障者参加网上开庭难以通过面部识别登录系统，也无法在线浏览庭审中的图片资料。确保残疾人在与其他人平等的基础上获得司法保护，既需要法律部门改造旧的设施环境，强化数字化工作模式中的技术支持，也需要其探索对庭审工作制度乃至证据规则的合理调整。[②]

在此背景下，2021 年最高人民法院发布《人民法院在线诉讼规则》，其第 4 个原则为便民利民原则，要求对未成年人、老年人、残疾人士等特殊群体加强诉讼引导，提供相应司法便利。无障碍建设新标准、便民利民的新要求进入了司法改革的总体规划。近年来，各地法院采取一系列促进无障碍与程序便利的举措，取得以下成效。[③]

---

① 徐艳霞：《中国法院无障碍环境建设之困境与完善路径——基于 30 个样本的实证分析》，张万洪主编《残障权利研究》第 5 卷第 1 期，社会科学文献出版社，2019。

② 张万洪：《以无障碍为抓手，为残疾人提供更强有力的法律保障》，《人民法院报》2021 年 11 月 11 日，第 5 版。

③ 关于云南法院系统的无障碍建设，可参见王晓娟《残疾人平等获得司法保护的实践进展》，《人民法院报》2021 年 11 月 11 日，第 5 版；关于浙江，参见柴鑫《保障残疾人平等获得司法保护的浙江实践》，《人民法院报》2021 年 11 月 11 日，第 5 版；关于西安，参见姚建军《让残疾人感受司法的温度和力量》，《人民法院报》2021 年 11 月 25 日，第 5 版；关于贵州，参见韩德洋《依法保护残疾人的公民权利和人格尊严》，《人民法院报》2021 年 11 月 25 日，第 5 版；关于上海，参见郭伟清《落实对残疾人法律援助 推动司法改革成果共享》，《人民法院报》2021 年 11 月 25 日，第 5 版。

　　首先，在完善物理环境无障碍建设方面，浙江、贵州、上海、陕西等地法院采取的措施有：建设无障碍的出入通道和使用环境，包括无障碍停车位、坡道盲道电梯、盲文标识、法庭和休息室中的无障碍席位、无障碍洗手间等。完善从立案、送达到开庭、执行等环节的无障碍支持，设立服务专线，提供便利支持，包括安检中的便利、提供辅具等。

　　其次，在提升诉讼服务制度的无障碍及程序便利方面，各地法院在立案、案件审判和执行全过程考虑到残疾人的实际需求，通过个案中的程序便利与合理调整来保障残疾人切实有效参与司法程序，充分表达意思，主张权利，平等获得司法保护。例如云南、海南、浙江等地法院完善一站式多元纠纷解决和诉讼服务体系，简化优化办案流程，确保司法信息和服务对于残疾人而言更加方便可及。上海法院辅导残疾人使用手机端设备参与在线诉讼，聘请手语翻译参与审判，确保无障碍交流；并在先予执行、判决执行、司法救助等环节重点考虑残疾人的需求。西安等地的智慧法院建设也考虑到残疾人的无障碍需求，让残疾人在与其他人平等的基础上享受到技术进步带来的好处，包括降低诉讼成本，提升权利救济效果。

　　在确保诉讼制度对于残疾人"可接近""可通达"方面，尤其值得称赞的是，上海法院审慎审查残疾人代理人的代理权限，尊重残障（特别是心智、精神障碍）当事人的自主决定和真实意愿。这涉及对《残疾人权利公约》第 12 条规定的残疾人平等"法律能力"的深刻理解运用，使其成为残疾人权利司法保护的坚实基础。

　　再次，在促进多元纠纷解决方面，法院实现了非正式司法制度对正式司法保护的有效补充作用。各地法院的良好经验表明，为残疾人化解纠纷、维权解困，不仅要在"法庭上"确保残疾人参与司法、两造平衡、法官准确适用法律，还要在"法庭外"考虑到残疾人群体的现实生活困难，通过跨部门协调的司法救济实现可持续的权利保障。例如，对于残疾人婚姻家庭案件，法院通常会联系本地残联、妇联以及社区工作人员协同调处；在残疾人教育劳动权利领域的争议，则会联系残联、卫健、教育行政、人社等部门协同处理。这类由法院主导的多元纠纷解决机制，可以利用多个部门的资源，

为残疾人提供有效帮助和救济，在诉前或诉外化解矛盾，避免久拖不决，及时解困纾难。① 这些跨部门协调和多元纠纷解决渠道成为化解残疾人诉累、促进司法为民的重要举措。

最后，在通过司法保护实现司法赋能方面，前述浙江、上海、陕西、云南、贵州等地法院的实践，还体现出一种先进的司法理念。各地法院坚持司法便民、司法为民，确保残疾人通过平等参与司法，有效救济权利，实现权利保障与个人发展的良性循环。法院注意运用上门调解、就地服务等举措为残障当事人和家庭解决实际困难。② 这是残疾人通过司法兜底、平等实现各项权利保障的精义所在；其超出了一般的司法救济，进入法律赋能层面。经由司法保护及赋能，残疾人法定的权利转化为实有的权利，尤其是提升了实现各项权利的可行能力，有助于残疾人充分参与社会生活，实现个人的自由全面发展。这种由司法便民及无障碍升华为司法为民、司法赋能的模式，体现出中国式人权道路和社会主义司法体系的优越性。

（二）通过司法促进其他领域的无障碍与合理便利

残疾人实现"平等、参与、融合"，根基在于全社会认可人的多样性与平等尊严，认可残疾人作为人权主体的丰富个性及其切实享有各项权利所需要的外部支持。其中，人民法院和相关部门单位、社会组织合力为残疾人提供平等司法保护，构成了最后兜底也最坚定有力的支持。③ 2016 年，最高人民法院曾发布保障残疾人权益的典型案例，从不同角度说明法院如何切实维护残疾人权益，并为鼓励和支持残疾人积极参与社会生活营造了平等公正氛围。2021 年 12 月 2 日，国际残疾人日前夕，最高人民法院再次发布残疾人权益保护十大典型案例，包括银行服务中的沟通无障碍、落

---

① 姚建军：《让残疾人感受司法的温度和力量》，《人民法院报》2021 年 11 月 25 日，第 5 版。
② 韩德洋：《依法保护残疾人的公民权利和人格尊严》，《人民法院报》2021 年 11 月 25 日，第 5 版。
③ 丁鹏：《依法促进对残疾人权利的平等保护》，《人民法院报》2021 年 11 月 18 日，第 5 版。

实乘车优惠便利交通无障碍、确保相邻通行无障碍、要求辅具服务全过程无障碍等内容；并指出各级法院和残联在新时期应通过典型案例和示范合作更好推动残疾人无障碍设施建设和便民诉讼，保障残疾人平等参与社会经济生活。①

法院在行政诉讼中促进合理便利作为无障碍的重要补充，发挥着不可替代的作用。例如在肢体障碍者乔某申请中考合理便利、起诉教育局并胜诉的案例中，法院认为，由于评估程序的缺失，被告作出的复核意见以及第三人作出的审查决定，在程序方面有明显瑕疵，事实依据方面亦有不足，足以影响涉案决定的合法性。至于原告要求的延长考试时间、提供电子工具答题以及专人协助画图等请求是否符合《残疾人教育条例》以及相关规定的合理便利内容，由于缺少对原告个人身心能力的综合评估意见，法院对此不作实质审查。② 法院判定教育局程序违法，因其没有基于个案考虑对申请人进行综合评估。这个良好实践符合《残疾人权利公约》关于无障碍与合理便利的规定。

法院探索确立的这些典型案例，构成了公共法律教育的关键内容，有助于在更广泛的社会层面形成关于无障碍与合理便利的先进认识。各个公共部门都应当承担积极义务，及时采取措施，依照国家标准改善无障碍环境，并在当下为有需求的服务对象提供合理便利支持。③ 新的地方立法如 2021 年《北京市无障碍环境建设条例》将"通用设计、合理便利"确定为无障碍环境建设的基本原则。其中的"通用"原则强化了对所有社会成员的平等保护，"合理便利"则强调通过临时的协商及调整为有需求者提供个性化服务和实质保障。这些新的立法进展为各地法院通过司法促进无障碍与合理便利提供了更多有力支撑。

---

① 最高人民法院：《残疾人权益保护十大典型案例发布会》，2021 年 12 月 2 日，最高人民法院网站，http://www.court.gov.cn/zixun-xiangqing-334481.html；具体案例另可参见《人民法院报》2021 年 12 月 3 日，第 3 版。

② 何利权等：《脑瘫考生申请多项便利未获批起诉教育局，法院：应有更多关怀》，2019 年 2 月 28 日，澎湃新闻网，https://www.thepaper.cn/newsDetail_forward_3052582。

③ 张万洪：《用法治推进无障碍环境建设》，《光明日报》2021 年 12 月 18 日，第 7 版。

三　检察机关促进残疾人权利司法保护

人民检察机关构成了中国司法体系的关键一环，在通过司法促进残疾人权利保护过程中发挥着重要作用。近年来，各地检察院在民事行政监督领域，通过公益诉讼促进无障碍环境建设，积累了丰富经验；在普通刑事案件的侦查监督、认罪认罚程序中，确保残疾人平等享有诉权和无障碍参与刑事司法，取得了积极成果。

（一）通过公益诉讼促进无障碍

检察机关提起公益诉讼是中国人权司法保障制度的特色之一；通过公益诉讼促进对残疾人权利的司法保护，已经成为第四期《国家人权行动计划（2021—2025 年）》的重要内容。该行动计划在"获得公正审判的权利"部分明确要完善公益诉讼法律制度，促进人权保障；还在"特定群体权益保障"部分，直接提到了借助修订《妇女权益保障法》契机，由检察机关积极探索开展妇女权利领域公益诉讼。同时考虑到，第三期《国家人权行动计划（2016—2020 年）》明确提到对残疾人的法律援助和司法救助，第四期则是在妇女、老年人、儿童领域明确提到了司法保护。这当然不是漏掉了残障领域，认为残疾人权利的司法救济不再重要，而是意味着在上一阶段已经建立的残疾人司法保护制度要继续发展，与对其他群体的司法保护一起，形成一个新的完善的体系。这一理解也呼应了第四期行动计划第二章中关于获得公正审判权利的要求——让残疾人在每一个司法案件中感受到公平正义。①

在此背景下，最高人民检察院在全国推动无障碍公益诉讼，构成了无障碍与残疾人权利司法保护的另一个重要支柱。多个省级人大在关于加强公益诉讼的专项决定中，明确了要探索开展保障残疾人等特定群体

---

① 丁鹏：《依法促进对残疾人权利的平等保护》，《人民法院报》2021 年 11 月 18 日，第 5 版。

权益的公益诉讼。2019 年至 2021 年 3 月，全国检察机关共立案办理无障碍环境建设公益诉讼案件 803 件，其中行政公益诉讼案件 801 件，民事公益诉讼案件 2 件；发出诉前检察建议 643 件，诉前磋商结案 29 件。① 这些工作在地方上取得了扎实成效。例如，浙江省检察机关通过立案办理和检察建议的形式，② 有力推动了公共交通、社区生活、文化旅游等重点场所和区域的无障碍环境建设。再比如，2021 年北京无障碍环境建设检察公益诉讼专项活动共排查无障碍设施点位 2000 余处，督促相关部门改造、完善无障碍设施 400 余处。③ 通过基层探索和试点推广的方式，浙江、广东、北京、江苏、福建等地检察机关持续推进无障碍环境建设工作转化为实际效能。④

此外，2021 年 5 月 14 日，最高人民检察院与中国残疾人联合会共同举办"有爱无碍，检察公益诉讼助推无障碍环境建设"新闻发布会，发布了无障碍环境建设检察公益诉讼典型案例。这批案例主要涉及《无障碍环境建设条例》规定的信息交流、交通运输、文化旅游、商业金融、养老服务等领域。其中一起交通无障碍案例，在当地职能部门和全国残障社群中都产生了深远影响。2021 年 1 月，残疾公益人士陈××因人行道无障碍设施破损，从电动轮椅摔落受伤后死亡。深圳市宝安区检察院及时介入调查，发现问题，向全区 14 家相关职能部门制发诉前检察建议，督促其开展无障碍设施的排查、整改工作。随后，深圳在全市范围内开展了"无障碍出行设施专项检察监督"工作。⑤

① 《最高检举行"有爱无碍　检察公益诉讼助推无障碍环境建设"新闻发布会》，2021 年 5 月 14 日，最高人民检察院网站，https://www.spp.gov.cn/spp/yzwaxwfbh/xwfbh.shtml。
② 许梅等：《全省公益诉讼检察工作情况报告白皮书发布》，《浙江法制报》2021 年 8 月 19 日，第 2 版。
③ 《检察公益诉讼助力"有爱无碍"，公开听证现场体验整改实效》，2021 年 12 月 21 日，最高人民检察院网站，https://www.spp.gov.cn/spp/zdgz/202112/t20211221_539277.shtml。
④ 吕世明：《以检察公益诉讼推进无障碍环境建设》，《人民论坛》2021 年第 13 期。
⑤ 《最高检发布无障碍环境建设公益诉讼典型案例》，2021 年 5 月 14 日，最高人民检察院网站，https://www.spp.gov.cn/spp/xwfbh/wsfbh/202105/t20210514_518136.shtml。

（二）完善认罪认罚程序中的平等保护

2021 年，人民检察院进一步完善认罪认罚程序中的相关工作制度，为残疾人无障碍参与刑事司法提供了更有力的保障。2018 年《刑事诉讼法》修正案正式确立了认罪认罚制度，本次修法和相关司法解释在残疾人司法保护方面主要是限定了盲聋哑人和精神病人签署认罪认罚具结书和适用速裁、简易程序。① 依照我国法律，经过司法判决，精神病人可能被认定为限制民事行为能力人，或许无法独立表达自己的认罪认罚意思。但是，成年的盲人、聋人，依照《民法典》均属于完全民事行为能力人，可以独立表示认罪认罚以及参与速裁或简易程序。依照前文已经论述的残疾人"平等获得司法保护"的要求，刑事司法相关部门同样应在认罪认罚程序中提供无障碍及程序便利支持，例如朗读、手语翻译等，以确保盲人、聋人在与其他人平等的基础上行使诉讼权利，享有重大司法利益包括迅速审判等。②

2021 年 12 月 2 日，最高人民检察院发布《人民检察院办理认罪认罚案件听取意见同步录音录像规定》，该规定第 2 条第 3 款要求：对依法不需要签署具结书的案件，应当对能够反映量刑建议形成的环节同步录音录像。最高人民检察院同月发布的《人民检察院办理认罪认罚案件开展量刑建议工作的指导意见》第 27 条相应指出，有《刑事诉讼法》第 174 条第 2 款不需要签署具结书情形的，不影响对其提出从宽量刑建议。审查酌定量刑情节，依照该指导意见第 8 条，应结合犯罪嫌疑人包括盲人、聋人的家庭状况、成长环境、心理健康、个人品格等因素。

---

① 2018 年修正后的《刑事诉讼法》第 174 条第 2 款规定，犯罪嫌疑人是盲聋哑人和尚未完全丧失辨认或者控制自己行为能力的精神病人的不需要签署认罪认罚具结书。与此相关，第 223 条规定，被告人是盲聋哑人和尚未完全丧失辨认或者控制自己行为能力的精神病人的，不适用速裁程序；第 215 条还排除了这 2 类案件适用简易程序。2019 年《关于适用认罪认罚从宽制度的指导意见》第 31 条指出，犯罪嫌疑人是尚未完全丧失辨认或者控制自己行为能力的精神病人，不需要签署认罪认罚具结书，但不影响认罪认罚从宽制度的适用。
② 丁鹏、张万洪：《残疾人权利保障的新进展》，樊崇义、施汉生主编《中国法律援助制度发展报告 No. 1》，社会科学文献出版社，2019。

落实这些最新要求，首先应当深入贯彻各部门已有的在检察、审判等司法工作中维护残疾人权益的标准；[①] 其次应当考虑最新的《法律援助法》中的相关规定，[②] 对于"不需要"签署认罪认罚具结书的盲人、聋人或精神病人，仍应确保值班律师帮助，通过无障碍交流——特别是盲人的口头表示和聋人的手语表示参与速裁程序，并由录音录像确认其认罪认罚的真实性，记录其个人身心的脆弱性或可宽宥事由，进而获得从宽量刑的考虑。

四 在公共法律服务中促进残疾人权利司法保护

2019 年中共中央办公厅、国务院办公厅发布《关于加快推进公共法律服务体系建设的意见》，将推动制定法律援助法作为推进公共法律服务制度建设的重点规划内容。法律援助是确保残疾人有渠道了解并通过专业协助而主张自己的权利、平等获得司法保护的另一个关键支柱。2021 年起草制定《法律援助法》的过程，有力推动了社会各界对人权司法保护和残障平等支持这一交叉议题的认识。随着相关专门规章的制定、典型个案的发布，中国残联和其他部门在提升无障碍环境建设、加强残疾人权利司法保护方面的作用也进一步明确。

（一）法律援助法扩大人权司法保护范围并提升无障碍要求

国家制定法律援助法，是为了"更好地维护公民合法权益、维护法律正确实施、维护社会公平正义"。[③] 2020～2021 年，全国人大在起草制定

---

① 2015 年最高人民检察院、中国残疾人联合会《关于在检察工作中切实维护残疾人合法权益的意见》第 7 条要求："对于盲、聋、哑犯罪嫌疑人，人民检察院应当采取适宜方式进行权利告知，确保其准确理解相关规定。"2018 年最高人民法院、中国残疾人联合会《关于在审判执行工作中切实维护残疾人合法权益的意见》第 22 条进一步明确："残疾人联合会应当积极配合人民法院联系、聘请辅助人员为残疾当事人提供手语、盲文等诉讼辅助服务，方便残疾人参加诉讼活动。"

② 第 30 条规定，值班律师应当依法为没有辩护人的犯罪嫌疑人、被告人提供法律咨询、程序选择建议、申请变更强制措施、对案件处理提出意见等法律帮助。第 45 条规定法律援助机构应当根据实际情况提供无障碍设施设备和服务。

③ 栗战书：《在第十三届全国人民代表大会常务委员会第三十次会议上的讲话》，《全国人民代表大会常务委员会公报》2021 年第 6 号，第 1113 页。

《法律援助法》过程中，明确将法律援助覆盖面的扩展与人权司法保护联系起来。例如，有全国人大常委会委员和相关部门提出，法律援助应当与刑事案件律师辩护全覆盖试点工作相结合，加大人权司法保障力度。法律援助法草案据此在第 25 条增加规定："其他适用普通程序审理的案件，被告人没有委托辩护人的，人民法院根据实际情况，可以通知法律援助机构指派律师担任辩护人。"①

与此呼应，《法律援助法（草案三次审议稿）》在修订时，进一步扩大了平等司法保护的范围，完善了对可能被限制行为能力的精神或心智障碍者的法律援助。草案第 31 条规定，在一定情形下，当事人因经济困难没有委托代理人的，可以申请法律援助。有全国人大常委会委员提出，认定公民无民事行为能力或者限制民事行为能力，关系公民重大权益，建议在可以申请法律援助的情形中增加这项内容。立法采纳了这一意见。② 在地方相关立法层面，上海新发布的法律援助经济困难和事项范围动态标准将残疾人依法申请再审也纳入法律援助范围。这些举措进一步加大了对残疾人权利司法保障的力度。

法律援助法在起草中逐步完善，通过纳入无障碍服务的明确要求，将人权司法保护原则贯彻到对残疾人等特定群体的特别支持与平等适用。草案提请初次审议时有 61 条，经过修改完善增至 71 条。③ 在初次审议的草案中并未提到对残疾人的无障碍支持，仅提到了对无固定生活来源的残疾人免于审查经济困难状况（草案第 34 条）。④ 经过广泛征求建议，《法律援助法（草

---

① 《全国人民代表大会宪法和法律委员会关于〈中华人民共和国法律援助法（草案）〉审议结果的报告》第 4 点，《全国人民代表大会常务委员会公报》2021 年第 6 号，第 1160 页。

② 《全国人民代表大会宪法和法律委员会关于〈中华人民共和国法律援助法（草案三次审议稿）〉修改意见的报告》第 3 点，《全国人民代表大会常务委员会公报》2021 年第 6 号，第 1162 页。

③ 蒲晓磊：《为群众获得优质高效法律援助服务提供法治保障》，2021 年 8 月 23 日，全国人大网站，http://www.npc.gov.cn/npc/c30834/202108/d341c5974fbc407291d02a50a727f0b5.shtml。

④ 第一次审议稿可见 https://npcobserver.com/wp-content/uploads/2020/11/Legal-Aid-Law-Draft.pdf。

案二次审议稿）》第 22 条（由原草案第 19 条顺延）第 2 款增加规定，法律援助机构为残疾人、老年人提供法律援助服务的，应当根据实际情况采取无障碍等便捷的方式。① 最终定稿时，该新增规定升格为单独的第 45 条，其第 1 款明确"法律援助机构为老年人、残疾人提供法律援助服务的，应当根据实际情况提供无障碍设施设备和服务"。

（二）残联和其他部门的重要协同作用得到认可与强调

2019 年《关于加快推进公共法律服务体系建设的意见》强调建立统筹协调机制，鼓励、引导社会力量参与公共法律服务。中国残疾人联合会及其地方组织以其独特的群团组织优势，在国家人权事业中扮演着理念倡导者、权益维护者等角色。② 2021 年相关立法和司法工作，强化了残联组织在推动无障碍环境建设、协调促进公共法律服务、维护残疾人权益方面的重要作用。

首先，法律援助法在起草制定中强化了对残联作用的认可。《法律援助法（草案二次审议稿）》第 65 条规定，工会、共产主义青年团、妇联等群团组织开展法律援助工作，参照适用本法的相关规定。有全国人大常委会委员建议增加"残疾人联合会"，立法采纳了这一意见。③ 在地方立法层面，2021 年《上海市无障碍环境建设与管理办法》专门强调了残疾人、老年人社会组织可以反映社群需求，提出完善无障碍环境的意见建议，并开展社会监督。

其次，残联与法院、检察院的合作被确立为无障碍与人权司法保护的典范。例如 2021 年最高人民法院发布的残疾人权益十大典型案例中，有一起心智障碍者反家暴案例，正是残联积极介入代为申请人身保护令，与法院一

---

① 《法律援助法（草案二次审议稿）征求意见》，2021 年 6 月 25 日，澎湃新闻网，https：// www. thepaper. cn/newsDetail_ forward_ 13300171。

② 江传曾：《新中国成立以来残联组织在残疾人事业中的历史作用》，《北京联合大学学报》2019 年第 3 期。

③ 《全国人民代表大会宪法和法律委员会关于〈中华人民共和国法律援助法（草案）〉审议结果的报告》第 6 点，《全国人民代表大会常务委员会公报》2021 年第 6 号，第 1161 页。

起落实《关于在审判执行工作中切实维护残疾人合法权益的意见》，才消除了程序障碍，实现了对残障当事人的平等司法保护。此外，江苏省镇江市润州区法院与当地残疾人联合会密切沟通，积极开展司法助残工作，得到最高人民法院推广。上海某法院主动与市残联取得联系，后者接受建议并为一起涉及残障当事人的申诉案件指派了律师。① 西安等地法院在多元化纠纷解决中加强同残联、妇联、卫健、劳动保障等部门以及残疾人所在单位、社区的沟通，协同促进对残疾人权利的司法保护。

最后，残联与检察院在无障碍公益诉讼领域的合作也取得了新进展。例如，浙江发布 2021 年公益诉讼检察工作情况报告白皮书，称检察机关与残联等群团组织的公益协作是一大亮点。地方残联与检察机关以 2022 年杭州举办亚残运会为契机，在线索移送、办案协作、宣传联动等方面加强协作，共同推进无障碍环境建设。② 此外，辽宁省检察院与省残联在 2021 年 11 月联合印发《关于在残疾人权益保障公益诉讼中加强协作配合的意见》，指出双方要在无障碍环境等新领域加强联动，包括商请残联组织出具专家意见，对办案工作予以协助。③

在 2021 年，法院、检察院等部门更加重视无障碍环境建设工作，促进了对残疾人权利的平等司法保护。法院完善自身的无障碍与程序便利条件，并在个案中救济残疾人的相关权利；检察院强化公益诉讼，协调促进无障碍环境建设。公共法律服务中的无障碍支持也得到增强。司法行政机关依照新的法律标准完善法律援助服务中的无障碍，残联与司法机关密切合作，确保司法全过程的无障碍服务与便利支持。

---

① 郭伟清：《落实对残疾人法律援助　推动司法改革成果共享》，《人民法院报》2021 年 11 月 25 日，第 5 版。

② 许梅等：《全省公益诉讼检察工作情况报告白皮书发布》，《浙江法制报》2021 年 8 月 19 日，第 2 版。

③ 辽宁残联：《关于印发〈关于在残疾人权益保障公益诉讼中加强协作配合的意见〉的通知》，2021 年 12 月 26 日，无障碍智库（微信公众号），https：//mp.weixin.qq.com/s/xve64oQtD0SfkLWYgQ1K7Q。

推进无障碍环境建设，落实对残疾人权利的司法保护，可以让整个社会受益。为此有必要按照 2022 年 3 月最高人民法院、最高人民检察院、公安部、司法部、中国残联共同发布的《关于深入学习贯彻习近平法治思想切实加强残疾人司法保护的意见》，"不断完善司法为民服务体系，切实将无障碍服务贯穿诉讼全流程"。这包括进一步检视和落实司法全过程的无障碍、程序便利与合理调整，尤其在司法程序的入口、转介和衔接处确保无障碍，协调各部门合力促进设施设备、信息交流及服务中的无障碍支持，并经由个案救济、公益诉讼、程序调整、公共服务（包括法律援助、手语翻译等）的完善来综合提升残疾人权利平等获得司法保护的水平。

此外，无障碍环境建设立法已经列入全国人大常委会 2022 年度立法工作计划。残疾人权利的研究者、倡导者、决策者还需要密切关注无障碍环境建设法的起草制定实施过程，将其纳入司法改革大局以及科技发展新格局，继续探索和发挥无障碍环境建设对于残疾人权利平等保护的关键作用。

参考文献

[1] 刘小楠主编《反歧视法讲义：文本与案例》，中国政法大学出版社，2021。

[2]〔南非〕桑德拉·弗里德曼：《反歧视法》，杨雅云译，中国法制出版社，2019。

[3] 张万洪主编《残障权利研究》第 9 辑，社会科学文献出版社，2021。

[4] Eilionoir Flynn, *Disabled Justice? Access to Justice and the UN Convention on the Rights of Persons with Disabilities*, Ashgate, 2015.

[5] Ilias Bantekas, Michael Staien, and Dimitris Anasatiou ed., *The UN Convention on the Rights of Persons with Disabilities*: *A Commentary*, Oxford University Press, 2018.

·（五）大数据与人权保障·

B.15
公民信息安全保障的进展与成果

王　磊*

摘　要： 第49次《中国互联网络发展状况统计报告》显示，截至2021年底，我国网民规模达10.32亿，公民信息数量日益庞大并占据重要位置，对人权发展起着至关重要的作用。2021年《数据安全法》《个人信息保护法》的公布为公民信息提供了强有力的制度保障，公民信息安全保障取得了多方面的进展。本文从公民信息安全保障法律框架、查处App侵害公民信息安全行为、政务数据共享开放安全工作、公民网络安全感满意度、社会特定群体信息安全保障等几方面总结了2021年公民信息安全保障的进展与成果。在看到进展的同时，也总结出了保障公民信息安全面临的挑战，并提出了思考与建议，从完善重点领域立法公民信息安全保障法律及配套制度、加强个人信息保护宣传教育、健全政府治理机制、推动政务数据安全体系建设、多元主体协作配合打击信息违法违规行为、对于App进行社会特殊群体适应性优化等方面提出建议，以期为更好地保障公民信息安全提供思路。

关键词： 公民信息　侵害公民信息安全　公民满意度　特定群体信息安全保障

＊ 王磊，北京理工大学智能科技法律研究中心研究员，研究方向为个人信息保护、数据治理。

近年来，中国在完善个人信息保护和数据安全立法、查处打击侵害公民信息安全行为、推进政务数据共享开放安全、提高公民个人信息安全保障意识方面持续发力，取得了显著的工作成效。中国共产党十九届五中全会通过《中共中央关于制定国民经济和社会发展第十四个五年规划和二〇三五年远景目标的建议》（以下简称《"十四五"规划建议》），明确提出"保障国家数据安全，加强个人信息保护"的要求，① 新冠肺炎疫情的发生及其后续防控工作也对公民信息安全保障提出了许多新挑战和新考验。2021 年关于数据安全和个人信息保护的专项立法公布实施，从多个角度回应了公民信息安全方面的挑战。

个人信息权是公民的基本民事权利，我国《民法典》将个人信息纳入了人格权的范畴。公民个人信息中蕴含着隐私权、人格权等多项基本权利，因而使得个人信息具备人权的属性。《国家人权行动计划（2021—2025年）》在第二章"公民权利和政治权利"中，明确列举了个人信息权益，要求"加强个人信息保护，完善有关法律制度、监管执法和宣传，切实维护网络和数据安全"。② 可见，个人信息权益作为公民基本权利的地位得到了肯定，同时也明确了个人信息保护是人权发展的重要一环。维护公民信息安全是保护人权的重要内容，对人权发展起着至关重要的作用。

一 中国公民信息安全保障的发展

2021 年开始施行的《民法典》总则编在"民事权利"一章明确规定，中国公民的个人信息受法律保护。③ 公民信息安全事关公民切身人格权益的维护，也与数字社会新生态健康发展息息相关，是保证数字经济发展惠及社

---

① 《中共中央关于制定国民经济和社会发展第十四个五年规划和二〇三五年远景目标的建议》，新华每日电讯，http://www.xinhuanet.com//mrdx/2020 - 11/04/c_ 139489949.htm，2021 年 12 月 19 日访问。

② 中华人民共和国国务院新闻办公室：《国家人权行动计划（2021—2025 年）》，2021 年 9 月。

③ 《中华人民共和国民法典》第 111 条。

会大众的必要举措。近两年，中国对公民信息安全的保障主要从完善相关立法、查处 App 侵害公民信息安全行为、推进政务数据共享开放安全、提高公民个人信息安全保障意识等方面入手，政府、行业协会与企业、社会组织等均开展了大量工作，形成多方参与、多管齐下、多措并举的公民信息安全保障新局面。

（一）公民信息安全保障法律框架雏形初现

近两年，中国互联网法治进程持续加快，涉及保护公民信息和数据安全的关键立法相继公布或生效。2021 年 1 月 1 日，《民法典》开始施行。2021年 6 月 10 日，全国人大常委会通过《数据安全法》，自 2021 年 9 月 1 日起施行。2021 年 8 月 20 日，十三届全国人大常委会第三十次会议表决通过《个人信息保护法》，自 2021 年 11 月 1 日起施行。其中，《民法典》通过"人格权编"单设一章的形式，对自然人隐私权与个人信息保护的内容进行规定。《民法典》与《个人信息保护法》分别从民事权益角度、行政监管角度明确了公民个人信息保护的规则。《数据安全法》规范数据处理活动，要求不得损害个人、组织的合法权益。

第一，个人信息的定义得到明确，隐私与个人信息得到区分。《民法典》的个人信息判断标准与《网络安全法》基本一致，但在具体列举中增加了电子邮箱和行踪信息，并在疫情防控背景下，明确公民健康信息同样受到法律保护。《个人信息保护法》明确个人信息是指与"已识别"或"可识别"的自然人有关的各种信息。①《民法典》的"总则编"和"人格权编"均对隐私权和个人信息进行了区分。隐私包括私人生活、私人秘密两方面，而个人信息更强调对自然人身份的识别性，两者存在"私密信息"这一交叉领域。

第二，个人信息保护制度与个人信息处理规则得到确立。《民法典》赋予自然人知情、查阅复制、请求更正、删除等权益，《个人信息保护法》则

---

① 《中华人民共和国民法典》第 1034 条 第 2 款；《中华人民共和国个人信息保护法》第 4 条。

明确自然人享有知情权、决定权、限制处理权、查阅复制权、补充更正权、删除权等权利。两部法律均以收集、存储、使用、加工、传输、提供、公开等个人信息处理活动的全生命周期为基础，规定了以知情同意为核心的信息处理原则。

第三，有关特定群体的公民信息保护制度建设取得新进展。对于儿童信息保护，2020 年 10 月 17 日发布的《未成年人保护法》（2020 年修订）增加了"保护未成年人隐私权和个人信息"的内容，《个人信息保护法》将未满 14 周岁的未成年人的个人信息列为敏感个人信息，并要求个人信息处理者对此制定专门的个人信息处理规则；对于老年人、残疾人等特殊群体的信息安全保障，工信部于 2020 年 12 月印发了《互联网应用适老化及无障碍改造专项行动方案》，推动充分兼顾老年人、残疾人需求的信息化社会建设。《数据安全法》中规定，提供智能化公共服务，应当充分考虑老年人、残疾人的需求，避免对老年人、残疾人的日常生活造成障碍。

（二）大力查处 App 侵害公民信息行为

近两年，为保障公民个人信息安全，监管执法机构积极主动作为，严厉查处侵害公民信息安全的行为。数据显示，移动应用程序（App）总量持续下降。截至 2021 年 12 月末，中国国内市场上监测移动 App 数量为 252 万款，[①] 业务覆盖衣食住行等各领域。2020 年 7 月，国家互联网信息办公室（以下简称"国家网信办"）、工业和信息化部（以下简称"工信部"）、公安部、国家市场监督管理总局（以下简称"国家市场监管总局"）四部门启动 2020 年 App 违法违规收集使用个人信息治理工作。2019 年 12 月至 2021 年 12 月，App 专项治理工作组已针对 3 批次共 177 款 App 进行了通报；工信部已连续通报了多批共 1562 款侵害用户权益的 App，提出了整改及进一步严厉处置的要求（见表1）。

---

① 工信部：《2021 年我国移动应用程序（App）发展情况》，2022 年 2 月。

表1 2019年12月至2021年12月App专项治理通告与工信部通报

日期	监管部门	治理行动
2019年12月14日	公安部	公安机关开展App违法采集个人信息集中整治，下架整改100款违法违规App
2019年12月20日	App专项治理工作组	关于61款App存在收集使用个人信息问题的通告
2020年1月3日	工信部	关于下架第一批侵害用户权益App名单的通报：41款
2020年5月14日	工信部	关于侵害用户权益行为的App通报（2020年第一批）：16款
2020年5月16日	公安部	公安网安部门发布违法收集公民个人信息十大案例
2020年7月5日	工信部	关于侵害用户权益行为的App通报（2020年第二批）：15款
2020年7月24日	工信部	关于侵害用户权益行为的App通报（2020年第三批）：58款
2020年8月31日	工信部	关于侵害用户权益行为的App通报（2020年第四批）：101款
2020年9月17日	App专项治理工作组	关于81款App存在个人信息收集使用问题的通告
2020年10月27日	工信部	关于侵害用户权益行为的App通报（2020年第五批）：131款
2020年11月17日	App专项治理工作组	关于35款App存在个人信息收集使用问题的通告
2020年12月3日	工信部	关于侵害用户权益行为的App通报（2020年第六批）：60款
2020年12月21日	工信部	关于侵害用户权益行为的App通报（2020年第七批）：63款
2021年1月23日	工信部	关于侵害用户权益行为的App通报（2021年第一批）：157款
2021年2月5日	工信部	关于违规调用麦克风、通讯录、相册等权限侵害用户权益行为的App通报（2021年第二批）：26款
2021年3月13日	工信部	关于侵害用户权益行为的App通报（2021年第三批）：136款
2021年4月25日	工信部	关于侵害用户权益行为的App通报（2021年第四批）：93款
2021年6月9日	工信部	关于侵害用户权益行为的App通报（2021年第五批）：83款
2021年7月25日	工信部	关于侵害用户权益行为的App通报（2021年第六批）：71款
2021年7月28日	工信部	关于App开屏弹窗信息骚扰用户问题"回头看"的通报（2021年第七批）：14款
2021年8月19日	工信部	关于App违规调用通讯录、位置信息以及开屏弹窗骚扰用户等问题"回头看"的通报（2021年第八批）：43款
2021年8月29日	工信部	关于侵害用户权益行为的App通报（2021年第九批）：210款
2021年9月24日	工信部	关于侵害用户权益行为的App通报（2021年第十批）：206款
2021年11月3日	工信部	关于App超范围索取权限、过度收集用户个人信息等问题"回头看"的通报（2021年第十一批）：38款

资料来源：工信部网站。

（三）政务数据共享开放安全工作推进

出于社会治理及公共管理的需要，政府机关掌握有大量公民数据信息。保障公民信息安全要求政府提高自身数据安全水平，并推动政务数据共享开放。公布的《数据安全法》明确提出"建立健全数据安全管理制度，落实数据安全保护责任，保障政务数据安全"。《个人信息保护法》规定："法律对各级人民政府及其有关部门组织实施的统计、档案管理活动中的个人信息处理有规定的，适用其规定。"《国家电子政务标准体系建设指南》（以下简称《指南》）正式出台后，各省市也逐步按照《指南》明确的政务数据管理标准的数据安全建设重点开展政务数据公开工作。据不完全统计，2020年，共有16个省和地市出台了17项关于政务数据、公共数据安全共享开放的地方性法规、规章。2021年，共有7个省及地市出台相应的地方性法规、规章（见表2）。

表2 2020年、2021年发布或实施的有关政务数据、
公共数据管理的地方性法规、规章

地区	发布时间/实施时间	法规、规章名称
浙江省	2020.6.12发布/2020.8.1实施	《浙江省公共数据开放与安全管理暂行办法》
贵州省	2020.9.25发布/2020.12.1实施	《贵州省政府数据共享开放条例》
辽宁省	2019.11.26发布/2020.1.1实施	《辽宁省政务数据资源共享管理办法》
山西省	2019.11.28发布/2020.1.1实施	《山西省政务数据资产管理试行办法》
山东省	2019.12.25发布/2020.2.1实施	《山东省电子政务和政务数据管理办法》
安徽省	2020.12.30发布/2021.3.1实施	《安徽省政务数据资源管理办法》
浙江省无锡市	2020.2.26发布/2020.5.1实施	《无锡市公共数据管理办法》
广东省中山市	2020.5.15发布/2020.6.15实施	《中山市政务数据管理办法》
天津市	2020.7.21发布/2020.8.1实施	《天津市公共数据资源开放管理暂行办法》
山东省青岛市	2020.9.11发布/2020.10.1实施	《青岛市公共数据开放管理办法》
辽宁省沈阳市	2020.8.14发布/2020.10.1实施	《沈阳市政务数据资源共享开放条例》
甘肃省陇南市	2020.9.3发布/2020.9.3实施	《陇南市政府数据资源共享管理办法》
重庆市	2020.9.18发布/2020.9.18实施	《重庆市公共数据开放管理暂行办法》
浙江省宁波市	2020.9.25发布/2020.12.1实施	《宁波市公共数据安全管理暂行规定》

续表

地区	发布时间/实施时间	法规、规章名称
山东省济南市	2020.9.30 发布/2020.11.1 实施	《济南市公共数据管理办法》
贵州省贵阳市	2020.12.23 发布/2021.2.1 实施	《贵阳市政府数据共享开放实施办法》(2020 年修改) 《贵阳市政府数据资源管理办法》(2020 年修改)
北京市	2021.1.28 发布/2021.3.1 实施	《北京市公共数据管理办法》
湖北省武汉市	2021.9.13 发布/2022.11.15 实施	《武汉市公共数据资源管理办法》
海南省	2021.9.15 发布/2021.9.15 实施	《海南省公共数据产品开发利用暂行管理办法》
江苏省扬州市	2021.10.8 发布/2021.11.1 实施	《扬州市公共数据管理办法》
山东省东营市	2021.11.21 发布/2021.11.21 实施	《东营市公共数据管理办法》
江苏省	2021.12.28 发布/2022.2.1 实施	《江苏省公共数据管理办法》
山东省潍坊市	2021.12.29 发布/2022.2.1 实施	《潍坊市公共数据管理办法》

资料来源：各省、地市人大或人民政府网站。

此外，数字政府服务以人为本，治理能力建设取得初步成效。根据 2021 年网民网络安全感满意度调查报告，社保、医疗、交通、教育领域政府网上服务应用渗透率接近或超过六成。网民对"一网通"的建议和期望主要是：统一标准和操作规范、数据共享、统计采集、同步办理、多证合一等。71.29% 的网民认为政府网上服务便利或非常便利，超过 3/4 的网民（77.51%）认为政府网上服务比较安全或非常安全。公民对政府提升治理能力的信息化工程（如"智能交通""平安社区""智慧城市"等）成效表示满意的占 54.03%，与 2020 年相比上升 3.79 个百分点。[①]

（四）公民网络安全感满意度有所上升

公民自身的信息安全意识是保障公民信息安全的基础。2020 年网民网络安全感满意度指数为 70.254（满分 100），属于中等偏上的水平，反映了

[①] 雷玄：《全国网民网络安全感满意度调查报告：11 个发现和 6 大结论》，中国质量万里行网站，http://www.315online.com/info/408996.html，2022 年 2 月 13 日访问。

网民网络安全感满意度有所提升，也存在一定的上升空间。和 2019 年比较，满意度指数上升了 1.126。调查显示，中国网民对于个人信息保护和数据安全保护的关注度分别高达 82.63% 和 64.96%。62.13% 的网民对于个人信息保护满意度在一般及以上，其中认为非常好的评价较 2019 年提升 1.42 个百分点。①

公民的网络安全意识同样有所提升。没有做过不安全网络行为的网民占 28.21%，同比比例上升。而且除了在公共场所登录 Wi-Fi 以外，其他不安全行为的比例都有所下降。但个别不安全行为没有得到改善，仍有 46.39% 的网民曾在公共场所登录 Wi-Fi，41.73% 的网民注册网络账号时使用手机号、身份证号等。②

同时，网民网络安全维权意识提高。遇到网络安全问题时，34.46% 的网民选择向互联网服务提供者投诉，33.12% 的网民选择自救或向朋友求助，32.96% 的网民选择不再使用该服务（见图 1）。和 2019 年数据相比，选择投诉和积极维权的比例上升，显示网民的维权意识有所提高。③

2021 年，网民网络安全感满意度指数为 73.422，属于中等偏上的水平，相较于 2020 年，网民网络安全感满意度有较大幅度提升。2021 年，法治社会建设、执法检查、等级保护、企业自律、政府服务便利性等领域治理效果比较明显，网民的满意度评价有较大幅度提升；网民网络安全感、网络购物权益保护、政府服务安全性等领域的满意度得分较高，与 2020 年满意度持平；反诈新措施和新服务成为热点。"国家反诈中心"App 知名度在线上反诈服务平台中位列第一名；和 2020 年相比，网民对个人信息保护状况的评价满意度也有了较大幅度提升，正面评价提升了 7.11%，负面评价下降了 11.24%。④

---

① 公安部网络安全保卫局：《2020 年全国网民网络安全感满意度调查统计报告》，2020 年 9 月。
② 公安部网络安全保卫局：《2020 年全国网民网络安全感满意度调查统计报告》，2020 年 9 月。
③ 公安部网络安全保卫局：《2020 年全国网民网络安全感满意度调查统计报告》，2020 年 9 月。
④ 《2021 年全国网民网络安全感满意度调查总报告》，人民政协网，http://www.rmzxb.com.cn/c/2021-12-07/3000054.shtml，2022 年 2 月 11 日访问。

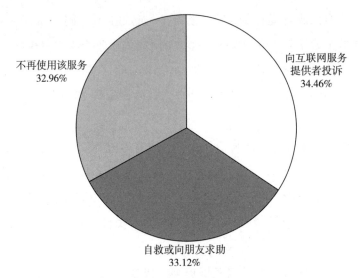

图 1　网民维权途径

资料来源：《2020 年全国网民网络安全感满意度调查统计报告》。

（五）社会特定群体信息安全保障取得进展

对于未成年人、老年人及残疾人等社会特定群体的权利保障是人权保障的重要部分。2020 年 12 月 24 日，工信部印发《互联网应用适老化及无障碍改造专项行动方案》，着力解决老年人、残疾人等特定群体在使用互联网等智能技术时遇到的困难，推动充分兼顾老年人、残疾人需求的信息化社会建设。①

根据共青团中央所做的调查，2020 年，中国未成年网民达到 1.83 亿人，互联网普及率达 94.9%。其中大多数未成年网民具有网络权益维护意识，74.1%的未成年网民知道可以通过互联网对侵害自身的不法行为进行权益维护或举报（见图 2）。②

---

①　《工业和信息化部关于印发〈互联网应用适老化及无障碍改造专项行动方案〉的通知》，中国政府网，http://www.gov.cn/zhengce/zhengceku/2020－12/26/content_5573472.htm，2021 年 12 月 20 日访问。

②　共青团中央维护青少年权益部：《2020 年全国未成年人互联网使用情况研究报告》，2021 年 7 月。

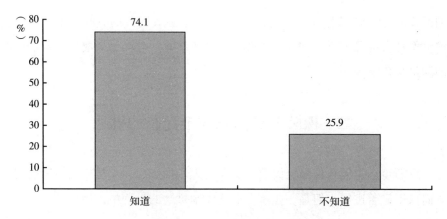

图 2   未成年网民网络权益维护认知情况

资料来源：《2020 年全国未成年人互联网使用情况研究报告》。

为满足老年人及残疾人等特定群体的信息生活需求，工信部推动开展的 App 适老化及无障碍化改造方案针对不同人群设置了如下不同要求：第一，针对老年人，鼓励更多企业推出更多具有大字体、大图标、高对比度文字等功能特点的产品；第二，针对视力障碍人士，推动网站和手机 App 与读屏软件做好兼容，推动企业设计研发智能导盲技术和功能；第三，针对听力障碍人士，鼓励互联网产品内容信息加配字幕，提高与助听器等设备的兼容性；第四，针对肢体障碍人士，引导网站和手机 App 支持自定义手势，简化交互操作。[1] 2021 年 9 月 29 日国务院办公厅发布的《全国一体化政务服务平台移动端建设指南》提到，要优化政务服务平台移动端界面交互、内容朗读、操作提示、语音辅助等功能，积极为老年人提供大字版、语音版、简洁版移动政务服务应用，推出相关应用的"关怀模式""长辈模式"。

为提升未成年人网络权益保护水平，相关政策陆续出台。国务院于 2021 年 9 月印发《中国儿童发展纲要（2021—2030 年）》，要求加强未成年人网络保护，落实政府、企业、学校、家庭、社会保护责任。此外，国家新闻出版署发布《关于进一步严格管理　切实防止未成年人沉迷网络游戏

---

① 工信部：《互联网应用适老化及无障碍改造专项行动方案》，2020 年 12 月。

的通知》，严格限制企业向未成年人提供网络游戏服务的时间。下一步，仍需汇聚社会各界力量，加强科学普及和宣传教育，共同为未成年人营造良好的网络文化氛围。①

二　保障公民信息安全面临的挑战

近两年，中国在保障公民信息安全的工作推进与相关法律法规制度建设方面取得显著进展。但是，在落实上述体制机制的过程中，仍存在以下几个方面的挑战。

（一）个人信息安全保障法律框架仍存在完善空间

中国网民对于加强网络安全立法十分关注，对于不同内容的关注度也有所不同。其中，排在第一位与第二位的即个人信息保护（关注度82.63%）、数据安全保护（关注度68.80%），反映了中国公民对于信息安全保障立法的重视。另外，排在第三位的是未成年人上网保护（关注度64.96%），排在第四位的是移动网络平台责任（关注度60.60%），排在第五位的是网络安全标准化建设（关注度59.11%）。这些均反映了中国公民对于网络安全与信息保护相关立法的期盼（见图3）。

2021年全国网民网络安全感满意度调查显示，公民对个人信息保护效果持正面评价（认为较好和非常好）的占37.52%，比2020年提升了7.11个百分点，持负面评价（认为不太好或非常不好）的占26.62%，比2020年下降了11.24个百分点，总体上正面评价比较多，比负面评价高10.9个百分点。参与调查的公众网民认为目前数据安全保护方面存在的问题较多，反映出网民对数据市场秩序、数据规范、数据应用等方面的问题比较担忧。②

---

① 中国互联网络信息中心（CNNIC）：第49次《中国互联网络发展状况统计报告》，2022年2月。
② 雷玄：《全国网民网络安全感满意度调查报告：11个发现和6大结论》，中国质量万里行网站，http://www.315online.com/info/408996.html，2022年2月13日访问。

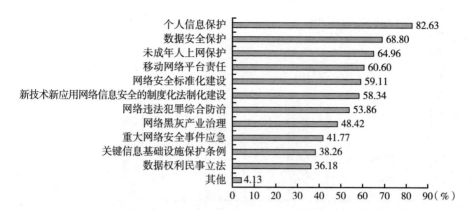

图3 公众对亟待加强网络安全立法的领域关注度

资料来源：《2020 年全国网民网络安全感满意度调查统计报告》。

中国在公民信息安全保障领域的法律法规体系已初步构建完成。但中国信息安全法治建设仍存在法律法规过于原则化、配套制度不完善、重点领域立法滞后等问题，需进一步细化、深化，为公民信息安全提供更加完善的法律法规体系保障。

此外，在疫情背景下，仅 2020 年中国裁判文书网便产出了 3003 篇关于侵害公民个人信息安全的裁判文书，但涉及健康信息的判决仅有 9 篇。《民法典》《个人信息保护法》对健康信息的规定都过于概括，尚待进一步细化和具体化。①

（二）公民满意度仍不够高，执法力度有待加大

2020 年，虽然中国网民对网络安全满意度有所上升，但对个人信息保护状况的评价总体一般：认为较好或非常好的占 30.41%，认为一般的占 31.72%，认为不太好或非常不好的占 37.87%。差评比好评稍多，相差 7.46 个百分点（见图4）。②

---

① 田野、张宇轩：《〈民法典〉时代的个人健康信息保护》，《北京航空航天大学学报》（社会科学版）2021 年第 6 期。

② 公安部网络安全保卫局：《2020 年全国网民网络安全感满意度调查统计报告》，2020 年 9 月。

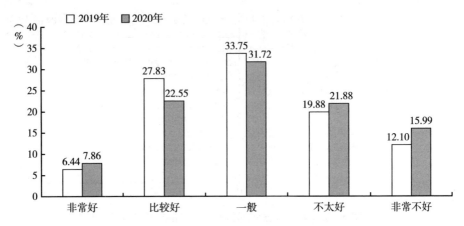

图4 2019年、2020年网民对网络个人信息保护的评价

资料来源：2019年、2020年全国网民网络安全感满意度调查统计报告。

网民认为个人信息保护做得不好的应用领域有社交应用（选择率66.99%）、电子商务（选择率52.73%）、网络媒体（选择率49.45%）、生活服务（选择率43.65%）、数字娱乐（选择率42.65%）（见图5）。该结果显示和网民日常生活密切相关领域的网络应用在个人信息保护方面仍存在较多问题。[①] 2021年的调查报告显示，网民个人信息保护意识普遍增强，认为个人信息保护做得不好的应用领域有社交应用、电子商务、网络媒体、生活服务、数字娱乐等。调查显示，网民感觉和日常生活密切相关领域的网络应用在个人信息保护方面仍存在较多问题，但和2020年相比，各选项的选择率均有所下降。[②]

网民遇到个人信息被泄露或被滥用最多的是推销电话（选择率84.44%），第二位是推销短信（选择率83.20%），第三位是垃圾邮件（选择率77.37%），第四位是陌生人加好友（选择率65.08%），第五位是服务协议（选择率50.46%），说明网民受到个人信息被泄露和滥用的

[①] 公安部网络安全保卫局：《2020年全国网民网络安全感满意度调查统计报告》，2020年9月。

[②] 雷玄：《全国网民网络安全感满意度调查报告：11个发现和6大结论》，中国质量万里行网站，http://www.315online.com/info/408996.html，2022年2月13日访问。

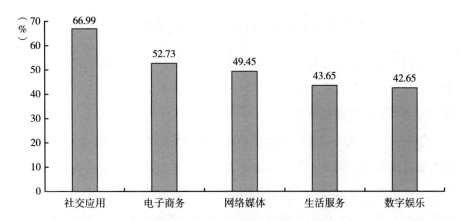

图 5　公众网民认为个人信息保护做得不好的应用领域

资料来源：《2020 年全国网民网络安全感满意度调查统计报告》。

情况较严重。①

　　疫情防控过程中，出现了多起患者隐私遭泄露的情况。如 2020 年 2 月 2 日，宁波公布北仑区新增一例新冠肺炎病例，该患者及其亲属的个人信息也在社交媒体上被泄露。同年 2 月，山西省晋城市平某某在执行疫情防控工作期间，私自将包含有新冠肺炎确诊人员信息的图片发至微信家庭群内，最终造成传播。11 月 9 日，上海一确诊病例的同事将其流调信息传开。12 月 8 日，成都一名 20 岁确诊患者赵某的姓名、身份证号、详细家庭住址等信息在网络上被公开。当事人因此遭受大量电话、短信骚扰。②

　　相关行业与企业的信息安全合规工作仍有提升空间。有关执法监管部门对于违法违规侵害公民信息安全行为的执法打击力度在当前基础之上，仍需继续加大。

---

① 公安部网络安全保卫局：《2020 年全国网民网络安全感满意度调查统计报告》，2020 年 9 月。

② 戴轩：《今年来多名新冠患者隐私遭泄露，患者隐私应如何保护?》，新京报网站，https：//www.bjnews.com.cn/detail/160748920815671.html，2021 年 12 月 19 日访问。

（三）政务数据安全保障工作需继续深化落实

中国在政务数据处理方面，仍存在以下问题：一是政务数据权责难以界定；二是发展进程存在差异；三是整齐数据融合不足；四是安全防护有待加强；五是人才队伍面临缺口。

随着中国各地政府向社会公众开放共享的步伐加快，政务数据的共享开放也面临诸多安全挑战：第一，政务数据规模化汇聚，容易成为攻击目标；第二，共享开放环节复杂，数据流动潜藏风险；第三，新兴技术快速发展，催生多种攻击手段；第四，各行业标准不同，数据存储加工缺乏覆盖性防护；第五，数据开放扩大访问范围，相关部门存在评估盲区。[①]

另外，45.95%的中国网民认为政府网上服务存在最多的安全问题是个人信息泄露，排在第二、三位的安全问题分别是运营机构人员管理（36.69%）、运维服务安全保障（34.66%）（见图6）。[②] 2021年调查报告显示，对于数字政府和智慧城市中新技术的应用存在的问题，55.81%的从业人员认为是"过度强调数字化技术，忽略特定群体对传统服务的需要"，

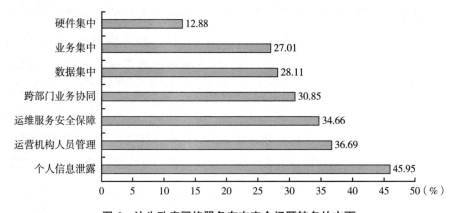

图6 认为政府网络服务存在安全问题较多的方面

资料来源：《2020年全国网民网络安全感满意度调查统计报告》。

[①] 中国信息通信研究院安全研究所：《政务数据共享开放安全研究报告》，2021年1月。

[②] 公安部网络安全保卫局：《2020年全国网民网络安全感满意度调查统计报告》，2020年9月。

41.30%的从业人员认为是"技术不成熟，不实用"，40.43%的从业人员认为是"配套服务没有跟上"，30.25%的从业人员认为是"核心技术和关键产品自主可控"。[①]

（四）特定群体信息安全保障仍存在不足之处

2020年，社会公众对未成年人网络权益保护状况的满意度总体仍有待提升，大部分评价为不满意或非常不满意、一般。认为满意的占26.85%，认为一般的占34.45%，认为不满意或非常不满意的占38.70%（见图7）。

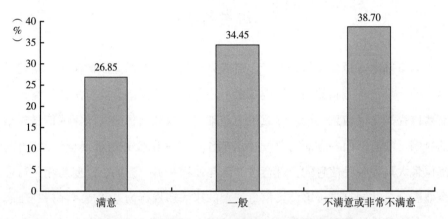

图7 公众对未成年人网络权益保护状况满意度评价

资料来源：《2020年全国未成年人互联网使用情况研究报告》。

在"适老化及无障碍改造"工作落实之前，我国公共服务类网站及移动互联网应用（App）无障碍化普及率较低，适老化水平有待提升，多数存在界面交互复杂、操作不友好等问题，使得老年人不敢用、不会用、不能用；普遍存在图片缺乏文本描述、验证码操作困难、相关功能与设备不兼容等问题，使得残疾人等群体在使用互联网过程中遇到多种障碍，面临"数字鸿沟"。[②]

[①] 雷玄：《全国网民网络安全感满意度调查报告：11个发现和6大结论》，中国质量万里行网站，http://www.315online.com/info/408996.html，2022年2月13日访问。

[②] 工信部：《互联网应用适老化及无障碍改造专项行动方案》，2020年12月。

2021 年的统计显示，非常不满意网络安全的网民在高龄人群中的比例明显增加，显示老年人群年纪越大越感到不安，也说明老年人有特殊的需求和问题需要解决。青少年群体虽然满意度的评价较高，但安全意识比较薄弱。在"数字鸿沟"和城乡差异方面，调查显示，乡村地区存在基础设施不完善、公共服务不足、应用能力低下等障碍；网民对乡村振兴的最大期望是发展农村经济，提高农民生活水平；乡村振兴的困难主要是人才缺乏、人口老龄化、专业能力不足等。①

三　思考与建议

为更好地保障公民信息安全，需要完善公民信息保障法律制度，搭建可落实的、平衡各方利益的、有效威慑不法行为的公民信息安全法律制度，还需要以提高全民信息安全保障意识为基础，形成社会各界共同保障信息安全的氛围。政府部门一方面需要发挥示范作用，深化政务信息安全保障工作，确保最大规模公民信息的合理合法处理与使用；另一方面，需要与相关行业企业配合，共同打击侵害公民信息安全的违法违规行为，并持续保持高压态势。各方面措施需要互相带动、共同推进，以实现公民信息安全保障工作的不断进步。

（一）进一步完善公民信息安全保障法律制度框架

《"十四五"规划建议》中提出，要"坚持法治国家、法治政府、法治社会一体建设，完善以宪法为核心的中国特色社会主义法律体系，加强重点领域、新兴领域、涉外领域立法，提高依法行政水平"。② 2020 年 12 月，中

---

① 雷玄：《全国网民网络安全感满意度调查报告：11 个发现和 6 大结论》，中国质量万里行网站，http://www.315online.com/info/408996.html，2022 年 2 月 13 日访问。
② 《中共中央关于制定国民经济和社会发展第十四个五年规划和二〇三五年远景目标的建议》，新华每日电讯，http://www.xinhuanet.com//mrdx/2020-11/04/c_139489949.htm，2021 年 12 月 19 日访问。

共中央印发的《法治社会建设实施纲要（2020—2025 年）》指出，要"建立建全网络综合治理体系"。① 中国公民信息安全相关法律框架可在以下方面进一步细化和深化，以提供坚实的法律保障基础。

第一，在政务数据保障方面，在《数据安全法》基础上，数据共享开放、交易流通、数据安全方面的法规需继续细化，数据交易平台和机制需要继续探索建立，有关行业管理规范、标准需继续研究完善。在国家电子政务标准体系基础上，可完善数据分类分级、安全管控、安全技术等具体研制方向，加快重点标准研制，规范政务数据安全体系、政务数据源头质量和各环节安全技术等具体要求，争取实现同一标准采集数据、同一源头提供数据、同一系统共享数据，确保跨机构、跨领域政务数据共享开放、融合应用的安全可靠。在政府治理层面即做好公民信息数据安全保障工作。

第二，通过完善配套制度加快重点立法落地。在继续推动《数据安全法》《个人信息保护法》出台落实的基础上，需要通过完善配套制度规定、修订重要立法和精细化立法适用等方式来推动互联网法治水平整体提升。包括采取对关键信息基础设施安全保护、数据跨境流动、数据分级分类、数据泄露通知、网络安全审查等重要制度的配套体系建设。加上对于个案的析理并由司法机关确定指导性案例和典型案例，以解决我国信息安全法律体系多为顶层原则性立法、清晰性不足的问题。

第三，处理好产业发展与信息安全立法之间的利益平衡关系。立法是针对发展成熟产业所存在的问题进行规制的手段。当前我国数据共享、数据交易等产业仍处于萌芽阶段，尽管得到国家和地方政府的大力支持，但在平台性质、责任承担、行业标准等问题上仍需进一步探索以达成共识。如果在这一发展阶段直接采用强制性、禁止性规范加以规制，可能会压制企业创新发展。为此，在规范数据流通交易行业中的公民信息安全保障问题过程中，可通过出台规范性文件、行业标准等方式，灵活引导相关产业健康发展。

---

① 《中共中央印发〈法治社会建设实施纲要（2020—2025 年）〉》，中国政府网，http：//www.gov.cn/zhengce/2020-12/07/content_ 5567791.htm，2021 年 12 月 19 日访问。

（二）加强宣传教育，提高公民信息保护意识

《个人信息保护法》规定"加强个人信息保护宣传教育"。① 在形成全社会的信息安全保障共识过程中，宣传教育并提高公民信息安全保护意识是基础性的工作。在疫情防控背景下，社会公众对于健康信息和个人行程轨迹等个人隐私信息的敏感度较高，可在此基础上加强公民自身的个人信息权利意识和信息安全保障意识。

从加快推进相关领域立法的角度来看，适当进行信息安全案例宣传、开展信息权益公民教育是凝结社会共识，并进一步推动权力机关进行信息安全保障立法的必要前提。从法律法规落实的角度而言，若社会公众缺乏信息保障相关意识，对于信息权益缺乏认识，即使已经建立起完善的信息安全保障法律体系，公民仍会对侵害信息安全的行为无动于衷。这将放任有关违法违规行为，并使公民在没有意识到的情况下丧失自己本应享有的部分信息权益，不利于社会整体利益的合理分配。

（三）深化政务数据安全保障，推进共享开放

为在政府管理层面做好公民信息数据安全保障工作，实现数字社会安全治理，除完善有关法律法规、标准体系外，需做好以下工作。

一是健全管理机制，形成监管闭环。政务数据共享开放涉及部门多、应用范围广，在管理机制方面，应进一步明确政务数据提供、使用、管理、监管等各方的职责权限。同步围绕政务数据生命周期，制定符合监管要求和标准规范的检查方案。评估安全风险，将各部门政务数据工作成效纳入政府绩效考核体系。建立公共数据安全运营协同机制，形成监督管理闭环。

二是关注数据核心，提升技术能力。政务数据安全应以数据为核心，加强数据安全关键技术研究和试点应用，结合大数据综合试验区、电子政务综合试点、公共信息资源开放试点等试点工作，将政务数据纳入其中，针对性

---

① 《中华人民共和国个人信息保护法》第 11 条。

挖掘和防范数据生命周期各环节安全风险，全面提升政务数据安防能力。

三是提高部门认识，吸收复合型人才。为做到上述工作，需吸收复合型管理人才和专业技术人才，破除数据壁垒，促进政务数据高效科学开展安全共享。为此，需要与高校、科研机构、高新技术企业联合开展人才培养计划，打造一支专业人才队伍。

（四）社会各主体合作打击信息违法违规行为

《个人信息保护法》规定："推动形成政府、企业、相关社会组织、公众共同参与个人信息保护的良好环境。"[①] 公民信息安全保护需要各界主体通力协作、共同配合，从不同层面发挥各自基础作用，共同实现公民信息的安全保障。为此，需要各主体做好以下工作。

一是政府部门积极主动履行公民信息保护和监督管理职责，发挥公权力主导作用，并创新技术监管手段措施，协同整合有关执法力量，加大对侵害公民信息安全行为的打击力度，持续保持高压态势。在疫情背景下，需做好构建数字抗疫应用开发的信息保障规则、加强个人信息"匿名化"和"脱敏化"处理实效等工作。[②]

二是充分发挥社会舆论监督和督促作用。在社会形成保障公民信息安全保障意识的基础之上，充分调动和鼓励社会公众发挥舆论监督的灵活性、及时性、规模性优势，畅通相关举报、投诉渠道，在互联网信息服务投诉平台和中国互联网协会网络不良与垃圾信息举报受理中心两大投诉渠道的基础之上，推动社会举报、投诉工作标准化、规范化。

三是不断提升企业合规水平，发挥行业自律作用。互联网企业是除政府以外最主要的公民个人信息收集、处理者，因此需承担相应的公民信息安全保障义务。《个人信息保护法》通过专章明确了个人信息处理者的义务，为企业主体依法履行用户个人信息保障义务提供了规范。相关行业协会与组织

---

① 《中华人民共和国个人信息保护法》第 11 条。
② 唐林垚：《常态化数字抗疫时代的个人信息保护》，《中国政法大学学报》2021 年第 4 期。

可发挥行业引领作用，制定相应配套行业标准、规范，帮助企业提高信息安全保障合规水平，促进行业健康持续发展。具有"守门人"地位的大型互联网平台需要更加积极主动承担更多的用户信息保护责任。

（五）App 适应改造，保护特定群体信息安全

对于未成年人、残疾人及老年人等社会特定群体，政府及社会各界要承担更多责任以帮助他们保障信息安全，实现自己的权益。

对于未成年人隐私信息保护工作，首先需要对迅速普及的新兴互联网设备可能存在的隐私安全及内容低俗违法、广告营销等问题加大针对性监管力度；其次是完善青少年网络防沉迷机制并制定统一标准；最后需要支持开发适合未成年人使用的专门应用，在采取更高标准保护未成年人权益的基础上为其提供互联网服务。

对于老年人及残疾人等群体的信息安全保障，结合工信部部署，第一需要开展互联网主要行业网站与常用移动互联网（App）的适老化及无障碍改造工作；第二需要开展适老化及无障碍改造水平评测并纳入"企业信用评价"；第三需要授予信息无障碍标识及开展公示工作，以方便相关重点受益群体的下载使用。①

参考文献

［1］高富平：《论个人信息处理中的个人权益保护——"个保法"立法定位》，《学术月刊》2021 年第 2 期。

［2］张涛：《政府数据开放中个人信息保护的范式转变》，《现代法学》2022 年第 1 期。

［3］王利明：《敏感个人信息保护的基本问题——以〈民法典〉和〈个人信息保护法〉的解释为背景》，《当代法学》2022 年第 1 期。

［4］田野、张宇轩：《〈民法典〉时代的个人健康信息保护》，《北京航空航天大学

---

① 工信部：《互联网应用适老化及无障碍改造专项行动方案》，2020 年 12 月。

学报》（社会科学版）2021 年第 6 期。

［5］ 张新宝：《论个人信息权益的构造》，《中外法学》2021 年第 5 期。

［6］ 汪全胜、宋琳璘：《我国未成年人网络安全风险及其防范措施的完善》，《法学杂志》2021 年第 4 期。

［7］ 唐林垚：《常态化数字抗疫时代的个人信息保护》，《中国政法大学学报》2021年第 4 期。

［8］ 张新宝：《互联网生态"守门人"个人信息保护特别义务设置研究》，《比较法研究》2021 年第 3 期。

［9］ 张梦蝶：《论行政监管在个人信息保护中的功能转型》，《法学研究》2021 年第3 期。

［10］ 崔俊杰：《个人信息安全标准化进路的反思》，《法学》2020 年第 7 期。

［11］ 中国信息通信研究院安全研究所：《政务数据共享开放安全研究报告》，2021年 1 月。

［12］ 工信部：《互联网应用适老化及无障碍改造专项行动方案》，2020 年 12 月。

［13］ 公安部网络安全保卫局：《2020 年全国网民网络安全感满意度调查统计报告》，2020 年 9 月。

B.16

"数字鸿沟"下的老年人信息权利保障

周 伟 淦 琳*

摘 要： 互联网、大数据、人工智能等信息技术的快速发展，深刻改变着社会生产生活方式。"数字鸿沟"大量出现，对社会治理提出新的挑战。中国政府高度重视社会发展中的公平正义，切实解决社会不同群体特别是老年人在面对"数字鸿沟"时的权利受损问题，不断推动老年人在出行、就医、文娱、消费、办事等日常生活中享受智能化服务带来的便利，让老年人群体共享信息化发展成果，为世界其他国家和地区跨越"数字鸿沟"提供一个可借鉴的样本。

关键词： 数字鸿沟 信息权利 数字权利 适老化

2021 年是实施"十四五"规划开局之年，也是奔向人民平等参与、平等发展权利得到充分保障、人民生活更加美好的 2035 年远景目标新起点的关键之年。党中央明确将应对人口老龄化问题纳入国家战略，老年人数字困境问题首次被写入政府工作报告。中国政府正围绕制度规制的法治指引、智能技术适老化、"银发经济"红利共享、法律权利保障四个方面精准发力，坚持传统服务与现代化服务并行，帮助老年人群体跨越"数字鸿沟"，共享社会发展带来的美好成果。

---

* 周伟，西南政法大学博士生导师、四川大学法学院教授，主要研究方向为宪法、人权法；淦琳，西南政法大学人权学院博士研究生，主要研究方向为人权法。

一 2021年消除老年人"数字鸿沟"的新成就

2021年政府工作报告提出:"完善传统服务保障措施,为老年人等群体提供更周全更贴心的服务。推进智能化服务要适应老年人、残疾人需求,并做到不让智能工具给他们日常生活造成障碍。"2021年发布的第七次全国人口普查最新数据显示,中国老龄人口超过2.64亿人,占比18.70%,今后5年60岁及以上老年人将以每年约1000万人的速度增长,预计"十四五"时期这一数字突破3亿,我国将从轻度老龄化进入中度老龄化阶段(见图1)。

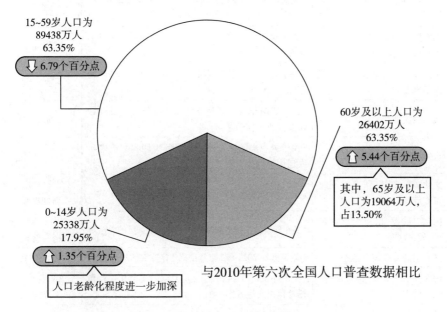

15~59岁人口为
89438万人
63.35%

⬇6.79个百分点

60岁及以上人口为
26402万人
63.35%

⬆5.44个百分点

其中,65岁及以上
人口为19064万人,
占13.50%

0~14岁人口为
25338万人
17.95%

⬆1.35个百分点

人口老龄化程度进一步加深

与2010年第六次全国人口普查数据相比

图1 第七次全国人口普查年龄分布

资料来源:中国政府网第七次全国人口普查主要数据。

(一)完善制度规则的法治指引

2021年,国务院及其部门发布政策文件(见表1),坚持传统服务与智能创新相结合,开展适老化改造,切实解决老年人运用智能技术困难。

表1　2021年国务院及国务院部门文件

发布单位	规范性文件	主题分类
国务院	《关于印发全民科学素质行动规划纲要（2021—2035年）的通知》	科技、教育
国务院	《关于印发"十四五"残疾人保障和发展规划的通知》	民政、扶贫
国务院	《关于落实〈政府工作报告〉重点工作分工的意见》	综合政务
国务院办公厅	《关于印发"十四五"全民医疗保障规划的通知》	卫生
国务院办公厅	《关于促进养老托育服务健康发展的意见》	民政
国家发展改革委	《关于印发社会领域相关专项中央预算内投资专项管理办法的通知》	国民经济管理
审计署	《关于提升社会保障审计监督效能的指导意见》	审计
中央审计委员会办公室、审计署	《关于印发〈"十四五"国家审计工作发展规划〉的通知》	审计
国家医保局、财政部、国家税务总局	《关于做好2021年城乡居民基本医疗保障工作的通知》	财政、金融
工业和信息化部、民政部、国家卫健委	《关于印发〈智慧健康养老产业发展行动计划（2021—2025年）〉的通知》	工业、交通
交通运输部办公厅	《关于组织开展公路服务区无障碍环境建设问题排查整改工作的通知》	工业、交通
人力资源和社会保障部	《关于进一步优化人社公共服务　切实解决老年人运用智能技术困难实施方案的通知》	科技、教育
文化和旅游部、国家发展改革委等	《关于推动公共文化服务高质量发展的意见》	文化、广电、新闻出版
国家卫健委、国家发展改革委、教育部等	《关于印发加快推进康复医疗工作发展意见的通知》	卫生、体育/医药管理
国家卫健委全国老龄办	《关于做好2021年"智慧助老"有关工作的通知》	卫生、体育
国家发展改革委、民政部、国家卫健委	《关于印发〈"十四五"积极应对人口老龄化工程和托育建设实施方案〉的通知》	人口与计划生育、妇女儿童
国家发展改革委办公厅、民政部办公厅等	《关于建立积极应对人口老龄化重点联系城市机制的通知》	人口与计划生育、妇女儿童
民政部、国家开发银行	《关于"十四五"期间利用开发性金融支持养老服务体系建设的通知》	民政/社会福利
民政部办公厅、财政部办公厅	《关于组织实施2021年居家和社区基本养老服务提升行动项目的通知》	民政/社会福利
民政部	《关于印发〈"十四五"社会组织发展规划〉的通知》	民政/社团管理

资料来源：中国政府网国务院政策文件库。

在 2021 年国务院及其各部门发布的政策文件中，要求积极推进智能化服务适应老年人需求，并做到不让智能工具给老年人日常生活造成障碍。一是在财政领域，要求发挥中央预算内投资作用，积极应对人口老龄化挑战，为消除老年人信息权利障碍提供坚实物质基础。二是在医保领域，要求坚持传统服务方式与智能服务方式创新并行，提高线上服务适老化水平，优化线下服务模式，保障老年人等特殊人群顺畅便捷办理医保业务。三是在工业、交通领域，要求推动智能产品适老化设计，开展互联网应用适老化及无障碍改造，提升老年人智能技术运用能力。四是在教育领域，要求聚焦老年人运用智能技术、融入智慧社会的需求和困难，依托老年大学（学校、学习点）、老年科技大学、社区科普大学、养老服务机构等，普及智能技术知识和技能，提升老年人信息获取、识别和使用能力，有效预防和应对网络谣言、电信诈骗。五是在文化、卫生、民政、审计等社会领域，分别出台老年人信息权利保障相应的制度规范，充分凸显中国特有的政府主导优势，发挥明确的行政法治指引作用。

这些中央层面文件一方面要求通过传统服务方式为老年人提供兜底服务保障，另一方面要求促进智能技术在老年人中的普及应用，并要求在 2021 年底前完成各项社会保障的服务优化和整改任务，2022 年底前建成相应的长效机制，从而提升老年人获取公共服务权利的均等化、普惠化、便捷化水平。

（二）提升智能技术适老化行动

在 2021 年抗击新冠肺炎疫情过程中，不同于 2020 年大规模"居家封城"，而是采取了分级防控措施，社会民众可扫码乘坐公交地铁、进商城开展生产生活，这使老年人数字权利保障问题进一步凸显。为此，中国政府通过一系列行动，一方面引导老年人主动接触互联网，一方面又尊重老年人不上网的选择，切实帮助老年人跨越"数字鸿沟"。在政府推进下，老年人无健康码出行难、不会操作就医难等问题得到缓解，健康码适老化相关功能已覆盖全国至少 3000 万老年群体，[①] 多个 App、网站宣布聚焦涉及老年人出

---

① 蒲晓磊：《帮助老年人跨越"数字鸿沟"》，《法治日报》2022 年 2 月 8 日，第 7 版。

行、就医、消费、办事等 7 类高频事项和服务场景，主动进行适老化升级（见表 2、表 3）。① 2021 年，共有 227 家网站和 App 完成改造，推出了字体放大、语音引导、"一键直连人工客服"等多种具有特色的功能，② 智能手机"一键呼入""爱心通道"等服务已落实，短信验证行程功能已实现，③解决了老年人看不懂、学不会、用不好的问题。

表 2　适老化及无障碍改造的基本原则和具体内容

基本原则	具体内容
以人为本的人机交互	应做到界面元素的简约化、服务形式的差异化、信息内容的扁平化、功能标识的统一化和操作流程的一致性，并符合《信息技术互联网内容无障碍可访问性技术要求与测试方法》等国家标准
提供多种的操作方式	计算机网站至少提供全程键盘和特大鼠标这两种操作方式，移动网站应增加快速定位、语音阅读等规范性的适老化智能手势。在兼容性方面，网页应为各类辅助技术和语音识别等人工智能技术的访问操作规范相应的服务功能与对应的标识信息
实现多样的推送形式	在网页提供特大字体、背景色高对比、文字放大和语音阅读服务等辅助阅读的同时，应提供简约界面版本和信息影像化的人工智能推送形式，以支持老年人感知网页内容、获取服务
形成有效的服务闭环	提供适老化服务的计算机和移动网站，应在用户的操作系统桌面上，提供直接进入适老化服务快捷方式或客户端，以形成有效的适老化及无障碍服务的闭环

资料来源：中国政府网。

表 3　首批适老化无障碍改造 App 名单

类型	App 名称
新闻资讯	腾讯新闻、新浪新闻、今日头条
社交通信	社交类：微信、QQ 电信类：电信、移动、联通网上营业厅

---

① 《2021 年中老年群体触网行为研究报告》，2021 年 7 月 8 日，艾媒网，https：//www.iimedia.cn/c400/79550.html。

② 《工业和信息化呈现较好发展态势　信息通信业高质量发展取得新进展》，《人民邮电报》2022 年 3 月 1 日，第 1 版。

③ 《如何解决老年人应用智能技术困难问题？如何推进信息无障碍建设？工业和信息化部介绍有关情况》，2021 年 12 月 13 日，工业和信息化部网站，https：//www.miit.gov.cn/gzcy/zbft/art/2021/art_ abdb5afb6b0b4372bf31992bdcec4ed7.html。

续表

类型	App 名称
生活购物	购物:淘宝、京东、拼多多、闲鱼 美食外卖类:饿了么、美团 住房:链家、贝壳 娱乐:抖音、火山小视频、喜马拉雅听书、爱奇艺、优酷、全民K歌 搜索引擎:百度、搜狗
金融服务	支付类:微信支付、支付宝 银行类:中国工商银行、中国农业银行、中国建设银行、中国银行、中国交通银行
旅游出行	地图类:百度地图、高德地图、腾讯地图 网约车类:滴滴出行 服务类:铁路12306、携程旅行
医疗健康	寻医问诊类:114健康、好大夫在线、微医 医药类:京东到家、叮当快药

资料来源:中国政府网。

2021年,各地方政府出台落实细则,相关企事业单位、公共场所完善服务政策、优化服务措施推动适老化服务,保障老年人数字权利已成为全社会的必答题(见表4)。

表4　各地区采取行动帮助老年人解决运用智能技术困难

地区	采取行动	新闻网址
北京	绿色通道、"一键叫车"……北京多举措助老年人跨越"数字鸿沟"	http://fgw.beijing.gov.cn/gzdt/fgzs/mtbdx/bzwlxw/202109/t20210902_2482495.htm
天津	积极推进适老化政务服务　助力老年人跨越"数字鸿沟"	http://www.tj.gov.cn/sy/zwdt/bmdt/202111/t20211111_5699997.html
河北	河北省政府新闻办"2020年度信息通信行业和互联网发展情况"新闻发布会文字实录	http://info.hebei.gov.cn/eportal/ui?pageId=6806152&articleKey=6965684&columnId=6807806
辽宁	省公安厅6项新举措便利老年人办理出入境证件	http://www.ln.gov.cn/ywdt/tjdt/202103/t20210301_4090677.html
上海	推进"数字伙伴计划"助老年人跨越"数字鸿沟"	http://service.shanghai.gov.cn/SHVideo/newvideoshow.aspx?id=BF0D213093219611

续表

地区	采取行动	新闻网址
江苏	发布任务清单解决老年群体运用智能技术困难"50条"助老人跨越"数字鸿沟"	http://www.jiangsu.gov.cn/art/2021/1/23/art_60096_9652610.html
浙江	加快推进"一网通办",服务好特殊群体——消除"数字鸿沟"的浙江解法	http://www.zj.gov.cn/art/2021/8/31/art_1229417725_59127922.html
福建	多方出招 助老人迈过"数字鸿沟"	http://www.fujian.gov.cn/zwgk/ztzl/flwzwfw/fjxx/202103/t20210304_5543768.html
山东	服务先行、创新破题 山东大数据助力老年人跨"鸿沟"享"红利"	http://fgw.shandong.gov.cn/art/2021/8/20/art_207185_10319386.html
广东	推进"适老化"项目解决老年群众"急难愁盼"问题	http://www.gd.gov.cn/gdywdt/zwzt/qhxzc/bsskxj/content/post_3586187.html
海南	"五抓五促"解民忧惠民生	https://www.hainan.gov.cn/hainan/tingju/202106/886f2199aa884d8c93e826a3960e6750.shtml
山西	为老年人填平"数字鸿沟",山西这样做	http://www.jcgov.gov.cn/jdhy/sxzcjd/202103/t20210325_1370747.shtml
吉林	对省十三届人大四次会议第1088号代表建议的答复	http://xxgk.jl.gov.cn/zcbm/fgw/xxgkmlqy/202109/t20210907_8209446.html
黑龙江	省营商环境建设监督局着力解决老年人运用智能技术困难	https://www.hlj.gov.cn/n200/2021/0422/c42-11016813.html
河南	破解智能化生活"老来难" 跨越"数字鸿沟"共享"数字红利"	https://www.henan.gov.cn/2021/01-11/2075612.html
安徽	宣城市"五心"服务助力老年人跨越"数字鸿沟"	https://www.ah.gov.cn/zwyw/ztzl/ssyfsqgc/gzdt/gzdt/553976191.html
江西	线上线下相结合!九江多举措保障居家老年人基本需要	http://www.jiangxi.gov.cn/art/2021/2/20/art_399_3194997.html
湖北	多举措助力老年人跨越"数字鸿沟"	http://www.hubei.gov.cn/hbfb/bmdt/202102/t20210227_3366133.shtml
湖南	帮老年人迈过"数字鸿沟"	http://www.hunan.gov.cn/hnszf/hnyw/zwdt/202104/t20210423_16479947.html
内蒙古	多措并举帮助老年人跨越"数字鸿沟"	https://www.nmg.gov.cn/zwyw/gzdt/bmdt/202103/t20210308_1063272.html
广西	多措并举助力老年人迈过"数字鸿沟"	http://www.gxzf.gov.cn/zt/jd/wjyhms/gzdt/t107951 16.shtml

续表

地区	采取行动	新闻网址
重庆	76 项措施解决老年人智能技术运用困难	http://www.cq.gov.cn/ywdt/jrzq/202105/t20210511_9264067.html
四川	推进公共服务适老化改造提升带老年人跨越"数字鸿沟"	http://www.sc.gov.cn/10462/10464/10797/2021/2/10/f09cac20c23e4e649a7ffcc90c467825.shtml
贵州	多措并举破解老年人运用智能技术难题	https://www.guizhou.gov.cn/home/gzyw/202109/t20210913_70145489.html
云南	跨越"数字鸿沟"融入"智慧生活" 我省多措并举为老年人提供便利服务	http://www.yn.gov.cn/bsfw/fwxx/202102/t20210216_217180.html
西藏	《西藏自治区关于切实解决老年人运用智能技术困难实施方案（2021—2022 年）》	http://xab.xizang.gov.cn/xxgk/202109/t20210906_259138.html
陕西	省政府专题会议研究推进解决老年人运用智能技术困难工作	http://www.shaanxi.gov.cn/xw/ld/202103/t20210314_2156334.html
甘肃	《关于印发〈甘肃省提供便利化服务切实解决老年人运用智能技术困难工作方案〉的通知》	http://fzgg.gansu.gov.cn/fzgg/c106093/202106/7f5b1a08a179401a882860a139956dd2.shtml
青海	坚持以人民为中心，创新"信康码"登记举措，解决老年人"数字鸿沟"	http://fgw.qinghai.gov.cn/xwzx/fgxx/202012/t20201224_76181.html
宁夏	我区制定方案助老人跨越"数字鸿沟"	http://www.nx.gov.cn/zwxx_11337/zcjd/mtjd/202103/t20210324_2636288.html
新疆	多方发力,助老年人拥抱数字生活	http://wjw.xinjiang.gov.cn/hfpc/zhgl5/202101/fd5c1b5b794c4b038584d974e05757e4.shtml
新疆生产建设兵团	聚焦《关于切实解决老年人运用智能技术困难的行动计划》	http://www.xjbt.gov.cn/c/2021-06-24/8038142.shtml?COLLCC=1015222168&

资料来源：各地人民政府网站。

疫情期间，老人日常生活不因健康码受阻。2021 年，部分城市开通了至少 5 种方式帮助没有智能手机的老年人获取健康码，包括子女代持、他人代查、刷身份证、刷市民卡、离线码等方式。① 北京健康宝"老幼健康码助

---

① 陈斯：《看"数字鸿沟"变"数字红利"2021 交答卷》，《江苏经济报》2022 年 1 月 5 日，第 A4 版。

查询"可实现体温测量、来访登记、健康状态查询"三合一";上海则推出"随申码"离线服务（离线码），专门服务于 60 周岁及以上的老年人。数据显示，能够完成出示健康码/行程卡的老年网民占比达 69.7%[①]，老年人日常生活不再为"码"所困。

完善传统服务"兜底"。医疗方面，各地医疗机构提供一定比例的现场号源，保留缴费、打印检验报告等传统人工窗口，配备专门工作人员满足老年人就医需求。金融机构方面，银行保险机构主动优化网点布局，增设"爱心服务通道"、爱心专座、应急药箱、老年人专用卫生间、无障碍通道等。政务服务方面，各地政务服务大厅正视老年用户的需求，尊重老年人使用习惯，不盲目追求无纸化、电子支付，让老年人感受到政务服务的温暖。

在矛盾特别突出的交通出行上，滴滴出行、嘀嗒出行、高德打车、曹操出行、T3 出行、申程出行、首汽约车增设"一键叫车"功能，鼓励提供电召服务，对老年人订单优先派车。来自交通运输部的数据显示，各主要网约车平台公司已经在将近 300 个城市开通了"一键叫车"功能，累计为 690 多万老年人乘客提供服务 2000 余万单，各主要平台公司均在 App 首页显示"一键叫车"的功能入口，目前已有 102 个地级以上城市开通95128 约车服务电话。[②] T3 出行数据显示，"一键叫车"功能已累计护航老人出行近 100 万次。60~70 岁年龄段占 58%，71~80 岁及 80 岁以上老年人分别占 28%、14%。[③]

（三）加强"银发经济"的参与共享

中国政府积极应对人口老龄化，大力发展数字经济产业，在经济发展中推动老年人信息权利的实现，用"银发经济"成果切实消除"数字鸿沟"，

① 中国互联网络信息中心：第 49 次《中国互联网络发展状况统计报告》，2022。
② 刘志强：《支撑发展更有力 百姓出行更便利》，《人民日报》2021 年 12 月 25 日，第 2 版。
③ 《173 家网站和 App 完成适老化升级 帮老年人跨越数字鸿沟》，2021 年 12 月 15 日，搜狐新闻网站，https://www.sohu.com/a/508282717_114988？g=0。

取得显著成效。老年人逐步习惯网购生活品、休闲产品、健康产品,线上消费高倍数增长。截至 2021 年 12 月,我国 60 岁及以上老年网民规模达 1.19 亿,占网民整体的比例达 11.5%,60 岁及以上老年人口互联网普及率达 43.2%,① 接近半数的老年人已经加入信息化、数字化的大潮中,老年人信息权利得到进一步落实和改善。

消费方式上,老年人运用数字支付能力越来越强。来自 QuestMobile 研究院的《2021 银发经济洞察报告》显示,近七成老年人通过线上进行支付,千元以上消费能力的老年人同比增长 1.9%。② 特别是在旅游消费上,60%以上的受访老年出游用户每年出行 3 次以上,且越来越多的老年人能够独立完成在线预订。在旅行预订用户中,60 岁及以上的老年群体达到 1632 万。③

基本生活上,老年人最关注生活品、健康和休闲信息。京东消费及产业发展研究院发布的《银发经济崛起——2021 老年用户线上消费报告》称,2021 年前三个季度,老年人网购的米面粮油、纸品湿巾成交额同比增长超过 10 倍。老年人利用互联网关注健康信息程度紧随其后,齿科消费增 8 倍、健康体检消费增 2 倍。老年人园艺生活成交额同比增长超过 3 倍,花卉绿植、文玩收藏成交额同比增长超过 50%。④

品质生活上,老年人对利用短视频拍摄等网上社交感兴趣,特别喜欢使用短视频获取资讯、生活、娱乐等信息。短视频 App 类型中,老年人偏好新闻热点、历史文化、军事等内容(见图 2)。《2021 银发经济洞察报告》显示,老年人群的短视频使用率超过八成。⑤

---

① 中国互联网络信息中心:第 49 次《中国互联网络发展状况统计报告》,2022。
② 《2021 银发经济洞察报告》,2021 年 12 月 7 日,QuestMobile 研究院新媒体账号,https://www.tmtpost.com/5924907.html。
③ 中国互联网络信息中心:第 48 次《中国互联网络发展状况统计报告》,2021。
④ 《银发经济崛起——老年休闲消费需求高,旅游消费增长超 10 倍》,2021 年 10 月 14 日,搜狐新闻,https://www.sohu.com/a/495085679_343070?scm=1005.1002.0.0.0?_f%3Dindex_businessfocus_1_0。
⑤ 《Mob 研究院:2021 年银发经济洞察报告》,腾讯新闻,https://new.qq.com/omn/20210627/20210627A09CNN00.html,2022 年 3 月 23 日访问。

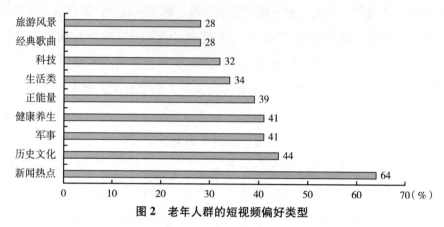

图2　老年人群的短视频偏好类型

资料来源：QuestMobile 研究院。

（四）改进法律权利保障措施

地方立法针对性更强。2022 年实施的《山东省老年教育条例》第 26 条第 2 款规定，"老年教育机构应当开展老年人运用智能技术教育培训，将智能技术应用纳入教学内容，提高老年人融入智慧社会的能力"。①《江苏省老年人权益保障条例》作出修改，增加一条作为第 40 条："地方各级人民政府应当采取措施，推动兼顾老年人需要的智慧社会建设，帮助老年人解决运用智能技术困难，保障老年人基本服务需要。"②《广州市养老服务条例》第 63 条特别规定，"不得强制老年人使用智能手机、网络预约等智能技术，在各类老年人日常生活场景中保留老年人熟悉的传统服务方式"。③《厦门经济特区老年人权益保障规定》第 47、48 条分别强调不断提升智能化服务水平和保留人工服务。④

互联网巡查执法力度更大。明确互联网适老化标准，出台《互联网网

---

① 《山东省老年教育条例》，中国法律检索系统网站，https：//law. pkulaw. com/。
② 《江苏省老年人权益保障条例》，中国法律检索系统网站，https：//law. pkulaw. com/。
③ 《广州市养老服务条例》，中国法律检索系统网站，https：//law. pkulaw. com/。
④ 《厦门经济特区老年人权益保障规定》，中国法律检索系统网站，https：//law. pkulaw. com/。

站适老化通用设计规范》《移动互联网应用（App）适老化通用设计规范》《互联网应用适老化及无障碍水平评测体系》，互联网企业改造结果纳入信用评价体系。严格开展行政监管，2021 年全国工信部门累计技术抽检互联网应用程序 12 批次，通报 1549 款违规 App，下架 514 款拒不整改的 App。① 其中诱导老年人下载、违规收集老年人信息的多款 App 被下架，涉事企业主体受到调查处理。② 严查个人信息泄露源头，2020 年 10 月以来，全国公安机关累计查处金融机构和通信企业内部人员 1000 余名。③ 大力净化上网安全环境，2021 年 6 月至 11 月间电信网络诈骗发案数连续 6 个月同比下降，④ 老年人上网更加放心。

企业守法责任落实更好。抖音开展中老年内容专项治理行动，严厉打击恶意骗互动等各类违规内容，强化涉老内容审核标准，提升潜在风险私信预警响应等级，处罚超过 1.3 万个对老年人存在误导行为的账号，努力为老年用户打造安全的内容环境。⑤ 企业发挥社会责任。各地电信企业在线下举办手机课堂等 1.3 万余场活动，部分互联网企业进老年社区、老年大学，为老年人提供常用 App 应用辅导，"手把手"教老年人使用智能技术。⑥ 浙江、重庆、河南、安徽等多地金融、餐饮、通信企业保留优化传统线下服务模式，优化简化老年人技术服务方式，切实解决老年人日常生活困难。

二 消除"数字鸿沟"影响老年人权利面临的挑战

老年人数字权利发展的不平衡不充分，仍是消除老年人"数字鸿沟"

---

① 齐旭：《工信部解读 2021 年工业和信息化热点》，《中国电子报》2022 年 1 月 21 日，第 2 版。
② 布轩：《工信部严厉查处"App 违规收集老年人个人信息"等违规行为》，《人民邮电报》2021 年 3 月 19 日，第 1 版。
③ 《全国电信网络诈骗犯罪发案连续 3 个月同比下降》，《人民法院报》2021 年 10 月 13 日，第 5 版。
④ 袁猛：《破获案件 37 万余起 发案数持续下降》，《人民公安报》2022 年 1 月 1 日，第 2 版。
⑤ 月白：《银发族玩转抖音短视频，争做艺术生活"弄潮儿"》，《中国艺术报》2021 年 12 月 8 日，第 5 版。
⑥ 《老年人学习智能手机 线上线下全面开课》，《北京青年报》2021 年 9 月 8 日，第 B3 版。

的最大挑战。尽管 60 岁及以上老年群体的网络普及率超过四成，但相较于全国总体网络普及率的 73%[1]仍有较大差距。全社会实现更高水平的老年人权利保障，还有很长的路要走，需要做出长期努力。

（一）信息基础设施平等保障的权利还有待加强

老年人"数字鸿沟"第一道沟即"接入沟"，主要表现为老年人和年轻人在电脑和网络可及性[2]及性能上的差距，主要取决于信息基础设施（包括电脑、手机、网络等）状况、经济实力和政府决策等。[3] 其中信息化基础设施资源的平等享有，是老年人信息权利实现的重要前提。总体来说，东部地区信息化基础设施强于西部地区：在经济实力上，广东、江苏数字产业规模超过 1.5 万亿元，占 GDP 的比重超过 15%，[4] 远超西部地区；在数据算力上，"北上广深"等东部一线城市 IDC（互联网数据中心）供不应求，但西北、西南等非核心地区上架率仅有 30%~40%;[5] 在电话数量上，截至 2021 年 12 月，全国共有移动电话 164282.5 万户，其中东部地区 71298.0 万户，西部地区 43301.9 万户[6]（见表 5）；在流量使用上，2021 年 1~12 月，东部和西部地区移动互联网接入流量分别为 947 亿 GB、655 亿 GB[7]（见图 3）。由此，可以合理推断东部地区老年人信息权利享有程度整体高于西部地区。值得注意的是，受城乡发展差异的影响，农村偏远地区与其他地区的信息化基础设施建设差距更大。我国农村地区互联网普及率仅为 57.6%，低于城

---

① 中国互联网络信息中心：第 49 次《中国互联网络发展状况统计报告》，2022。
② 当聚焦于差异的内容时，"数字鸿沟"可区分为"是否可及""是否能用""用到何种程度"三个层次。"是否可及"大致相当于美国学者阿特维尔所谓的"第一道鸿沟"。参见 P. Attewell, "The First and Second Digital Divides," *Sociology of Education*, Vol. 74, No. 3, 2001。
③ 黄晨熹：《老年数字鸿沟的现状、挑战及对策》，《人民论坛》2020 年第 29 期。
④ 中国信息通信研究院：《中国数字经济发展白皮书》，2021。
⑤ 中金公司：《东数西算号角吹响 运营商编织算力网络》，2022。
⑥ 《2021 年 12 月电话用户分省情况》，2022 年 1 月 25 日，工业和信息化部网站，https://www.miit.gov.cn/gxsj/tjfx/txy/art/2022/art_733049b393dd423ea5fb7d31b40fab5f.html。
⑦ 《2021 年通信业统计公报》，2022 年 1 月 25 日，工业和信息化部网站，https://www.miit.gov.cn/gxsj/tjfx/txy/art/2022/art_e8b64ba8f29d4ce18a1003c4f4d88234.html。

镇地区互联网普及率 23.7 个百分点,[①] 进一步加剧了老年人信息化基础设施资源享有的不平等问题。

表5 2021 年 12 月全国电话总量

单位:万户

地域	固定电话用户	移动电话用户
全国	18070.1	164282.5
东部	8547.5	71298.0
中部	2969.5	37981.4
西部	5292.1	43301.9
东北	1261.0	11701.2

资料来源:工业和信息化部运行监测协调局。

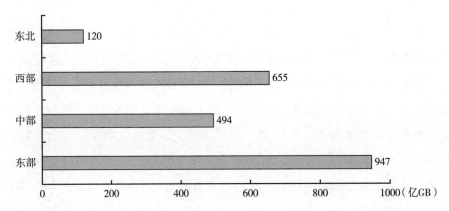

图3 2021 年 1~12 月东、中、西部和东北地区移动互联网接入流量

资料来源:工业和信息化部运行监测协调局。

(二)获得尊严的权利实现任重道远

受微观个体的技能、受教育程度、收入水平、年龄、周围环境等因素影响,老年人在熟练掌握数字技能、流畅使用智能设备和灵活获取在

---

① "我国非网民有 3.82 亿,其中农村地区非网民占比为 54.9%,高于全国农村人口比例 19.9 个百分点。"中国互联网络信息中心:第 49 次《中国互联网络发展状况统计报告》,2022。

线服务等方面存在障碍。数字时代，电子设备的生命周期受摩尔定律①制约不断缩短，老年人接受新技能的能力滞后于技术创新与应用迭代，难以及时融入数字生活，往往被认为是数字技术下的慢行者。从年龄来看，60 岁及以上群体是非网民的主要群体，② 因不会在线支付、无法现场完成人脸识别、耽误排队等遭到周围人埋怨。同时，老年人生理机能衰退导致其操作智能终端存在困难。因没有上网机会，大量老年人并不具备浏览记录、网络足迹等算法身份要素，各类大数据算法模型自然将老年人需求排除，反过来这加剧了互联网企业的数字服务与产品设计对老年人声音的忽略。

（三）家庭成员关心和帮助的缺失

不同于国外老人在专业机构学习数字生活方式，家庭是中国老人最传统的学习场所。《老年人权益保障法》第 13 条、第 18 条明确规定，家庭成员应当尊重、关心和照料老年人，应当关心老年人的精神需求，不得忽视、冷落老年人。但子女往往因为各种原因，缺乏与年老父母的交流，更缺乏对年老父母的信息技术教授。2021 年，中国人民大学老年人数字适应力研究团队联合支付宝发布的《老年人数字适应力报告》指出，使用手机上网的老人中，有近七成的老年人认为是"自己学会的"。反复学习是每个老人学习手机上网的必经阶段。受访老人表示"年龄大了之后就是记性不好，学了一遍就忘，总是记不住"，因此多数老人在学习上网时长期停滞在反复期。③ 支付宝老年人专线客服表示，老年人对客服工作人员说得最多的一句话是

---

① 摩尔定律是指当价格不变时，集成电路上可容纳的晶体管数目约每隔 18 个月便会增加一倍，性能也将提升一倍。该理论由美国电子工程师摩尔于 1965 年最早发布，目前依然有效。

② "截至 2021 年 12 月，我国 60 岁及以上非网民群体占非网民总体的比例为 39.4%，较全国 60 岁及以上人口比例高出 20 个百分点"，"老年网民使用电视及各类电脑设备上网的比例不足 20%，使用智能家居和可穿戴设备上网的比例不足 10%。"中国互联网络信息中心：第 49 次《中国互联网络发展状况统计报告》，2022。

③ 《〈老年人数字适应力报告〉：8 成老年人集五福为"过年图个热闹"》，2021 年 2 月 8 日，中国青年网，http：//finance.youth.cn/finance_ djgj/202102/t20210208_ 12701844.htm。

"我的孩子要有你那么耐心就好了"。技术层面能够提供关怀老年人的解决方案,但子女的耐心和陪伴永远是老年人最需要的。

(四)老年人数字权利合理使用的新挑战

得益于我国在互联网普及上的巨大努力,老年人接受互联网数字化生存程度不断提升,"数字鸿沟"的问题开始从接入机会差异转向使用差异。① 老年群体在互联网生活上处于机遇和风险并存的处境。一方面,互联网的普及以及 App 适老化改造,使许多老年人会熟练地使用智能设备,满足其日益增长的内心精神需求。2021 年《支付宝春节报告》显示,60 岁及以上老年人发红包增长了 210%,收红包增长了近 430%。② 8 月,中国人民大学人口与发展研究中心和抖音联合发布《中老年人短视频使用情况调查报告》,报告指出抖音等短视频应用,为当代老年人获取知识、社交娱乐、展示自我提供了新工具。③ 另一方面,互联网的普及以及 App 适老化改造也为老年人沉迷于网络提供了便利条件。《2021 智慧助老模式观察报告》显示,60 岁及以上受访者中,过半受访老年人(54.92%)平均每天用手机 App 时长在 3~5 个小时,近八成受访老年人平均每天用手机 App 超过 3 小时。④ 老年人对网络过分依赖,除对自身健康产生负面影响外,还容易受骗遭受财产损失。2022 年 1 月,360 发布的《2021 年中国手机安全状况报告》显示,"60 后"及以上人群,在受骗人群中的占比为 2%⑤,虽然体量较小,但对于电信网络反诈骗知识了解较少,容易落入虚假投资等骗局,"60 后"人均损失超过 3 万元(见图 4)。

---

① 门泽宽:《接入、深入、融入:试论后疫情时代老年群体的数字化生存》,《新媒体研究》2021 年第 15 期。
② 《新春消费数据来了!》,2021 年 2 月 17 日,澎湃新闻网,https://www.thepaper.cn/news Detail_ forward_ 11357929。
③ 《中老年人短视频使用报告:抖音是老年人社会参与新工具》,2021 年 8 月 27 日,中国新闻网,https://www.chinanews.com.cn/business/2021/08-27/9552727.shtml。
④ 《老年人的数字生活需求是什么?〈2021 智慧助老模式观察报告〉发布》,2021 年 12 月 23 日,中国青年网,https://s.cyol.com/articles/2021-12/23/content_ DjvmOBH2.html? gid=Z7rojG1y。
⑤ 《2021 年中国手机安全状况报告》,2022。

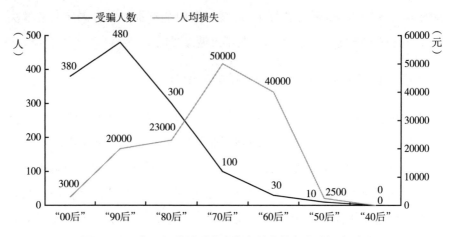

图4　2021年手机诈骗受害者各年龄人数与人均损失对比

资料来源：《2021年中国手机安全状况报告》。

三　思考与建议

目前，我国老年人人权事业还难以完全适应人口老龄化快速发展的客观需要，面对老年人"数字鸿沟"挑战，需要从夯实老年人平等参与社会发展的权利、消除对老年人数字权利的漠视和偏见、落实老年人受家庭成员照顾的权利、拓展和深化老年人数字权利的法治保障等方面入手，积极高效实现老年人对平等权、发展权以及对美好数字生活权的新期待。

（一）进一步夯实老年人平等参与社会发展的权利

筑牢老年人平等参与、平等发展数字权利的实现条件，补齐适老化公共产品短板，才能实现社会发展成果共享最大化。首先，要尊重和保护老年人保持传统生活方式的权利。继续坚持扩大和保留传统人工服务供给，办事办证中不得以任何理由拒绝现金支付。优化老年人出行、就医、购物等高频场景办事流程，提供无扫码方式，通过后台方式实现防疫信息认证，让老年人办事不再尴尬。其次，促进和提升老年人享受智能生活方式的权利。其一，政府应提升城乡老年社会保障水平。合理设立专项资金，完善老年社会救助体系和老年监护制度，确保城乡老人基本生活和医疗、卫生、养老无忧。其二，促进互联网产业在东西部均衡发展。配套出台发展老年人互联网产业政策，切实推进互联网提速降费和电信服务设施普及工作，重点加强西部地区养老服务机构、老年活动中心等互联网基础设施建设，使智能服务能够顺利接入每个社区和乡村。[①] 其三，开展老年人科技教育服务，充分发挥各地社区、公益组织、老年大学作用，丰富老年人群晚年生活。加强对农村老年教育资源的投入，采取进院坝、进田间等多种方式提升农村老年人群素质。

（二）进一步消除对老年人数字权利的漠视和偏见

深入推进互联网应用适老化及无障碍改造。充分发挥企业市场作用，推动智能技术适老场景与新兴业态融合发展，积极发展智慧养老、智慧看病、智慧居家等产业，强化适老化产品的设计、操作、售后标准，推出产品特色使用说明，增强老年人使用智能产品、服务的意愿和能力，引导老年人安全、正确运用新技术。充分发挥基层群众自治组织、社会公益团体、志愿者作用，开展专人帮扶"一对一"活动，推行"老年人培训老年人"模式，鼓励老人开展社区智能交往，促使老人消除"怵网"心理、孤单心理，树立跨越"数字鸿沟"融入数字生活的信心。营造全社会帮助老人的宽容氛围，对老年人给予足够的耐心与尊重。在公共场所设计对老年人友好的智能辅助设备，并安排义工或工作人员引导老年人使用。对于因缺乏数字设备以及因对设备的应用能力不足而操作迟缓的老年人，在其使用过程中积极提供协助和引导，打造一个"有温度""人性化"的数字化社会。

（三）进一步落实老年人受家庭成员照顾的权利

家庭是年轻一代给予年长一代数字反哺的核心场域。[②] 家庭作为中国社会传统的优势资源，在数字化浪潮中依然是老年人群最愿意信赖和依靠的场

---

① 汤资岚：《数字时代社会"智"理适老化趋向》，《行政与法》2021年第11期。
② 周裕琼、丁海琼：《中国家庭三代数字反哺现状及影响因素研究》，《国际新闻界》2020年第3期。

所，子女耐心的帮助和良好的推荐评价会激发老年人足够的安全感和从众心理，从而有足够动力去学习使用智能产品，以获得家庭成员的认可。家庭成员通过直接引导学习的方式，帮助老年人融入互联网环境，解决老年人信息获取不足、操作技能缺乏等问题。中国老年人在帮助子女料理家务的过程中，会与子女在特定的环境下形成长期的互动，而在这种长期互动的过程中，子女会有意或无意地使用互联网和社会网络，给老年人做示范，即扮演直接或间接"引路人"的角色。① 通过这种反哺，家庭恰好充当了信息化技术传播的弹性中介，可以有效消除老年人群体"觉得很不好意思""给别人添麻烦"等心理，提高老年人适应信息化社会的能力。老年人掌握移动互联网技术之后能够迅速扩大自身的社交和资源获取范围，提高生活质量，共享技术带来的便利。

（四）进一步拓展和深化老年人数字权利的法治保障

随着老年人数字权利的完善，对老年人数字权利的保护不能再限于信息传播的前端，而应立足于规制信息的中端使用，在场景化、个体化的差异导向中再向前推进，引导老年人合理追求更高层次精神需求。要以法治方式引导老年人平等参与、平等发展数字权利，增强保障的规范性和稳定性。第一，在国家层面推动老年人数字权利保障立法工作，推动数字支付、权益保护、网络监管、适老化改造等相关法规章程的修订工作，基于实际需要补充增加反歧视、数字救济、数字教育等条款，更新完善社会福利、养老服务、老人优待等配套立法，② 尽快通过反电信网络诈骗法草案③。第二，各地方人大制定配套法规制度，推广复制广州禁止强制老年人使用智能手机等立法

---

① 王晶、何祎金：《老年公共服务数字化趋势及政府干预策略》，《华南师范大学学报》（社会科学版）2021 年第 5 期。

② 王张华、张平平：《老年群体数字贫困治理：政府责任与实现策略》，《人口与社会》2022 年第 1 期。

③ "第十三届全国人大常委会第三十一次会议对反电信网络诈骗法草案进行了审议，并将该草案予以公布征求意见。"金泽刚：《反电信网络诈骗法将带来什么变化》，《光明日报》2021 年 11 月 3 日，第 10 版。

经验，支持、鼓励、促进老龄事业规范健康发展。第三，因地制宜做好法律执行和政策落实工作，加强《老年人权益保障法》等普法宣传工作，将老年人智能技术教育切实纳入执法检查，提升社会对老年人数字权利重视程度。第四，强化执法监督保障，及时查处侵害老年人数字权利行为。以《数据安全法》《个人信息保护法》的出台实施为契机，各级信息产业、医疗卫生、民政、商业、金融、交通、文化等行业主管部门要加强沟通协调，会同公安司法机关大力惩治侵害公民个人信息行为，坚决遏制电信网络诈骗高发态势，为保障老年人权利提供安全屏障。

参考文献

［1］匡亚林：《老年群体数字融入障碍：影响要素、用户画像及政策回应》，《华中科技大学学报》（社会科学版）2022 年第 1 期。

［2］杜鹏、韩文婷：《互联网与老年生活：挑战与机遇》，《人口研究》2021 年第 3 期。

［3］张家平、程名望、龚小梅：《中国城乡数字鸿沟特征及影响因素研究》，《统计与信息论坛》2021 年第 12 期。

［4］汪振军、牛梦哲：《数字化社会中的银发困境与人文关怀》，《青年记者》2021 年第 10 期。

［5］徐芳、马丽：《国外数字鸿沟研究综述》，《情报学报》2020 年第 11 期。

· （六）人权立法与国际合作·

B.17
2021年国家人权立法分析报告[*]

班文战[**]

摘　要： 2021年，全国人大常委会注重加强重点领域、新兴领域、涉外领域立法工作，在政治制度、经济体制、乡村振兴、生态文明、科技进步与创新、文化事业和产业、教育体系、民生保障、公共卫生、国家安全、公共安全、风险防范、国防和军队现代化以及香港宪制秩序等多个领域开展了大量立法活动，国务院也在若干相关领域采取了一系列立法措施，与人权保障直接相关的约30部法律文件得以通过、修订、修改或废止，人权的立法保障得到显著加强。

关键词： 人权立法　反有组织犯罪　法律援助法　行政处罚法

2021年是我国实施"十四五"规划和2035年远景目标的开局之年。一年中，全国人大常委会遵循习近平法治思想和中共中央建设法治国家、法治政府、法治社会的精神，围绕"完善以宪法为核心的中国特色社会主义法律体系，为全面建设社会主义现代化国家提供法治保障"的工作要点，[①] 按

---

[*] 本文是中国人权研究会资助的2014年度"人权的立法保障研究"课题项目的阶段性成果。

[**] 班文战，中国政法大学人权研究院教授、副院长，人权法学专业硕士研究生导师，主要研究方向为国际人权法、人权国内保障和人权教育。

[①] 参见《全国人大常委会2021年度工作要点》第二部分，全国人大常委会办公厅《中华人民共和国全国人民代表大会常务委员会公报》（以下简称《全国人大常委会公报》）2021年第四号，2021年5月15日出版，第912~913页。

照第十三届全国人大常委会五年立法规划的相关要求①和全国人大常委会
2021年度立法工作计划的具体安排,② 注重加强重点领域、新兴领域、涉外
领域立法工作,在政治制度、经济体制、乡村振兴、生态文明、科技进步与
创新、文化事业和产业、教育体系、民生保障、公共卫生、国家安全、公共
安全、风险防范、国防和军队现代化以及香港宪制秩序等多个领域开展了大
量立法活动,进一步加强了中国的人权立法保障。与此同时,国务院的行政
立法工作也对尊重和保障人权产生了积极影响。本报告将简要梳理我国2021
年人权相关立法的基本情况,并重点说明若干重要立法活动对人权的影响。

一 2021年人权相关立法的基本情况

(一)全国人大常委会人权相关立法的基本情况

2021年,全国人大常委会先后制定17部法律,修订7部法律,修改19
部法律,废止2部法律和1部条例,通过7项有关法律问题的决定,③ 审议
3部法律草案、7部法律修订草案、5部法律修正草案和1项有关法律问题
的决定草案。在全国人大常委会制定的法律中,《反有组织犯罪法》和《法
律援助法》明确规定了尊重和保障人权的工作原则,这两部法律与《监察
官法》《反外国制裁法》《乡村振兴促进法》《家庭教育促进法》《噪声污染
防治法》《数据安全法》《个人信息保护法》《医师法》《军人地位和权益保
障法》《海警法》均有尊重、保护或保障公民合法权益的具体规定。在全国
人大常委会修订或修改的法律中,修订后的《行政处罚法》《海上交通安全

---

① 参见《十三届全国人大常委会立法规划》,《全国人大常委会公报》2020年第五号,2020
年9月15日出版,第679~681页。

② 参见《全国人大常委会2021年度立法工作计划》第二部分,《全国人大常委会公报》2021
年第四号,2021年5月15日出版,第920~922页。

③ 除有关法律问题的决定外,全国人大常委会2021年还通过了《关于授权国务院在部分地区开
展房地产税改革试点工作的决定》和《关于召开第十三届全国人民代表大会第五次会议的决
定》,修订了《关于加强中央预算审查监督的决定》和《关于加强经济工作监督的决定》。

法》《动物防疫法》《科学技术进步法》和修改后的《全国人民代表大会组织法》《人口与计划生育法》《教育法》《安全生产法》《工会法》也在不同程度上充实了有助于尊重和保障人权的内容（见表1）①。在全国人大常委会审议的法律（修订）草案中，《农产品质量安全法（修订草案）》《职业教育法（修订草案）》《妇女权益保障法（修订草案）》《突发事件应对法（修订草案）》与人权均有直接而紧密的联系。②

---

① 除表1中列举的与人权直接相关的法律外，全国人大常委会2021年制定、修订、修改和废止的其他法律文件包括：《反食品浪费法》（4月29日通过并开始施行）、《海南自由贸易港法》（6月10日通过并开始施行）、《印花税法》（6月10日通过，2022年7月1日起施行）、《陆地国界法》（10月23日通过，2022年1月1日起施行）、《湿地保护法》（12月24日通过，2022年6月1日起施行）、《中华人民共和国香港特别行政区基本法附件一 香港特别行政区行政长官的产生办法》和《中华人民共和国香港特别行政区基本法附件二 香港特别行政区立法会的产生办法和表决程序》（3月30日修订，次日起施行）、《军事设施保护法》（6月10日修订，8月1日起施行）、《全国人民代表大会议事规则》（3月11日决定修改，次日起施行）、《道路交通安全法》《消防法》《进出口商品检验法》《广告法》《草原法》《民用航空法》《海关法》《食品安全法》（4月29日决定修改并开始施行）、《中国人民解放军选举全国人民代表大会和县级以上地方各级人民代表大会代表的办法》（4月29日决定修改，次日起施行）、《审计法》（10月23日决定修改，2022年1月1日起施行）、《民事诉讼法》（12月24日决定修改，2022年1月1日起施行）、《种子法》（12月24日决定修改，2022年3月1日起施行）、《执业医师法》（2022年3月1日起废止）、《环境噪声污染防治法》（2022年6月5日起废止）、《印花税暂行条例》（2022年7月1日起废止）、《关于设立北京金融法院的决定》（1月22日通过，次日起施行）、《关于完善香港特别行政区选举制度的决定》（3月11日通过并开始施行）、《关于授权国务院在自由贸易试验区暂时调整适用有关法律规定的决定》（4月29日通过，7月1日起施行）、《关于授权上海市人民代表大会及其常务委员会制定浦东新区法规的决定》（6月10日通过并开始施行）、《关于授权最高人民法院组织开展四级法院审级职能定位改革试点工作的决定》（8月20日通过并开始施行）、《关于授权国务院在营商环境创新试点城市暂时调整适用〈中华人民共和国计量法〉有关规定的决定》（10月23日通过并开始施行）、《关于深化国防动员体制改革期间暂时调整适用相关法律规定的决定》（10月23日通过，次日起施行）。

② 全国人大常委会2021年审议的其他草案包括《反电信网络诈骗法（草案）》《黑土地保护法（草案）》《黄河保护法（草案）》《畜牧法（修订草案）》《体育法（修订草案）》《公司法（修订草案）》《地方各级人民代表大会和地方各级人民政府组织法（修正草案）》《全国人民代表大会常务委员会议事规则（修正草案）》《反垄断法（修正草案）》《中华人民共和国香港特别行政区选举第十四届全国人民代表大会代表的办法（草案）》《中华人民共和国澳门特别行政区选举第十四届全国人民代表大会代表的办法（草案）》《第十三届全国人民代表大会第五次会议关于第十四届全国人民代表大会代表名额和选举问题的决定（草案）》。

表1　2021年全国人大常委会制定、修订或修改的与人权直接相关的法律

法律名称(简称)	立法形式	制定/修订/修正时间	开始实施时间
《海警法》	制定	2021.1.22	2021.2.1
《乡村振兴促进法》	制定	2021.4.29	2021.6.1
《反外国制裁法》	制定	2021.6.10	2021.6.10
《军人地位和权益保障法》	制定	2021.6.10	2021.8.1
《数据安全法》	制定	2021.6.10	2021.9.1
《个人信息保护法》	制定	2021.8.20	2021.11.1
《法律援助法》	制定	2021.8.20	2022.1.1
《监察官法》	制定	2021.8.20	2022.1.1
《医师法》	制定	2021.8.20	2022.3.1
《家庭教育促进法》	制定	2021.10.23	2022.1.1
《反有组织犯罪法》	制定	2021.12.24	2022.5.1
《噪声污染防治法》	制定	2021.12.24	2022.6.5
《动物防疫法》	修订	2021.1.22	2021.5.1
《行政处罚法》	修订	2021.1.22	2021.7.15
《海上交通安全法》	修订	2021.4.29	2021.9.1
《科学技术进步法》	修订	2021.12.24	2022.1.1
《全国人民代表大会组织法》	修改	2021.3.11	2021.3.12
《教育法》	修改	2021.4.29	2021.4.30
《安全生产法》	修改	2021.6.10	2021.9.1
《人口与计划生育法》	修改	2021.8.20	2021.8.20
《工会法》	修改	2021.12.24	2022.1.1

资料来源：根据《全国人大常委会公报》(2021年第二号至第七号、2022年第一号)和全国人大网站发布的文件分析整理。

（二）国务院人权相关立法的基本情况

2021年，国务院先后制定4部条例和1项实施办法，修订5部条例，废止7部条例和1项管理办法，通过并提请全国人大常委会审议2部法律草案、3部法律的修订草案、14部法律的修正草案和5项关于法律问题的决定的草案。其中，《建设工程抗震管理条例》和《地下水管理条例》的制定、《粮食流通管理条例》《土地管理法实施条例》《民办教育促进法实施条例》的修订以及《计划生育技术服务管理条例》《流动人口计划生育工作条例》

《社会抚养费征收管理办法》的废止均在不同程度上有助于对特定人权的尊重和保障（见表2）①。此外，国务院提请全国人大常委会审议的《教育法（修正草案）》《人口与计划生育法（修正草案）》《安全生产法（修正草案）》有效促进了这3部关涉公民特定权利的法律的修改，提请全国人大常委会审议的《职业教育法（修订草案）》《农产品质量安全法（修订草案）》《突发事件应对法（修订草案）》也为这3部与人权直接相关的法律的修订奠定了重要基础。②

表2　2021年国务院制定、修订或废止的与人权直接相关的行政法规

法律文件简称	立法形式	制定/修订/废止时间	公布时间	开始实施时间
《建设工程抗震管理条例》	制定	2021.5.12	2021.7.19	2021.9.1
《地下水管理条例》	制定	2021.9.15	2021.10.21	2021.12.1
《粮食流通管理条例》	修订	2021.2.15	2021.2.15	2021.4.15
《民办教育促进法实施条例》	修订	2021.4.7	2021.4.7	2021.9.1
《土地管理法实施条例》	修订	2021.7.2	2021.7.2	2021.9.1

---

① 除表2中列举的与人权直接相关的行政法规外，国务院2021年制定、修订、修改和废除的其他行政法规包括：《市场主体登记管理条例》（4月14日通过，7月27日发布，2022年3月1日起施行）、《关键信息基础设施安全保护条例》（4月27日通过，7月30日发布，9月1日起施行）、《证券期货行政执法当事人承诺制度实施办法》（9月8日通过，10月26日发布，2022年1月1日起施行）、《生猪屠宰管理条例》（6月25日修订并发布，8月1日起施行）、《烟草专卖法实施条例》（11月10日修订、发布并开始施行）以及《公司登记管理条例》《企业法人登记管理条例》《合伙企业登记管理办法》《农民专业合作社登记管理条例》《企业法人法定代表人登记管理规定》（2022年3月1日起废止）。需要说明的是，国务院于2021年1~2月发布的《医疗保障基金使用监督管理条例》、《排污许可管理条例》、《防范和处置非法集资条例》、《行政事业性国有资产管理条例》和《医疗器械监督管理条例》（修订）均系国务院于2020年12月通过，故未被统计在国务院2021年的立法活动之内。

② 国务院2021年通过并提请全国人大常委会审议的其他法律或决定的草案包括《印花税法（草案）》《黄河保护法（草案）》《反垄断法（修正草案）》《审计法（修正草案）》《〈道路交通安全法〉等9部法律的修正案（草案）》《关于修改完善香港特别行政区选举制度和有关建议的报告》《关于授权国务院在自由贸易试验区暂时调整适用有关法律规定的决定（草案）》《关于授权上海市人民代表大会及其常务委员会制定浦东新区法规的决定（草案）》《关于授权国务院在营商环境创新试点城市暂时调整适用〈中华人民共和国计量法〉有关规定的决定（草案）》和《关于深化国防动员体制改革期间暂时调整适用相关法律规定的决定（草案）》。

续表

法律文件简称	立法形式	制定/修订/废止时间	公布时间	开始实施时间
《计划生育技术服务管理条例》	废止	2021.9.9	2021.9.9	—
《流动人口计划生育工作条例》	废止	2021.9.9	2021.9.9	—
《社会抚养费征收管理办法》	废止	2021.9.9	2021.9.9	—

资料来源：根据《国务院公报》（2021 年第 5 号至第 35 号）、《全国人大常委会公报》（2021 年第二号至第七号、2022 年第一号）和国务院网站公布的文件分析整理。

二 制定《反有组织犯罪法》，加强
人权的刑事法律保障

（一）《反有组织犯罪法》制定的背景和经过

有组织犯罪包括组织、领导和参加黑社会性质的组织（以下简称"黑社会组织"）犯罪，境外黑社会组织成员入境发展黑社会组织犯罪，国家机关工作人员包庇黑社会组织或纵容黑社会组织实施违法犯罪活动的犯罪以及黑社会组织和恶势力组织（以下合称"黑恶势力组织"）实施的犯罪（包括境外黑社会组织在我国境内实施的犯罪和在境外对我国国家和公民实施的犯罪）等多种犯罪情形。[①] 其中，黑恶势力组织实施的犯罪具有鲜明的组织性、经常性、暴力（或胁迫）性、区域（或行业）性和严重性等特征，尤其是黑社会组织具有一定经济实力，可能受到国家机关工作人员的包庇或纵容，甚至受到境外黑社会组织的控制和支持，这类犯罪与其他几类有组织犯罪对国家、社会、组织和个人的合法权益均可造成极大侵害。

为依法防治黑恶势力组织的成立和活动，1997 年《刑法》第 294 条规定了组织、领导和参加黑社会组织，境外黑社会组织成员入境发展黑社会组织以及国家机关工作人员包庇或纵容黑社会组织的罪名和刑罚。随着黑恶势力的滋长蔓延和扫黑除恶行动的深入开展，中央和地方党政机关发布了大量

---

① 参见《刑法》第 294 条和《反有组织犯罪法》第 2 条。

法律文件和政策文件，不断细化和强化防治有组织犯罪的相关规定。为适应新时期扫黑除恶工作的机制化和常态化要求，提升扫黑除恶工作的法治化、规范化和专业化水平，解决法律规定不明确、不集中、不系统和不完备以及法律适用不统一、依法惩治不精准等问题，有效预防和惩治有组织犯罪，更好地维护国家安全、社会秩序、经济秩序以及组织和公民的合法权益，全国人大常委会于 2019 年 12 月决定制定专门的反有组织犯罪法，于 2020 年 12 月至 2021 年 12 月先后三次审议反有组织犯罪法草案，并于 2021 年 12 月 24 日通过《反有组织犯罪法》。① 按照《反有组织犯罪法》第 77 条的规定，该法自 2022 年 5 月 1 日开始施行。

（二）《反有组织犯罪法》有关尊重和保障人权的规定

作为预防和惩治有组织犯罪的专门法律，《反有组织犯罪法》明确了有组织犯罪的概念，系统规定了预防和惩治有组织犯罪的指导思想、基本原则、责任主体、工作职责、防治措施、国际合作、保障机制以及有关各方的权利、义务和法律责任，为有效遏制和打击黑恶势力组织及其违法犯罪活动奠定了坚实的法律基础。由于黑恶势力组织通常采用杀人、伤害、绑架、拘禁、抢劫、抢夺、毁坏财产、聚众斗殴和其他暴力手段，或者利用威胁手段，或者使用滋扰、纠缠、哄闹、聚众造势和其他"软暴力"手段多次实施违法犯罪活动，以获取经济利益，欺压、残害群众，破坏、扰乱或影响经济、社会（生活）秩序，② 或者控制、操纵、伤害组织成员，对黑恶势力组织

---

① 关于《反有组织犯罪法（草案）》的起草和审议情况，参见李宁《关于〈中华人民共和国反有组织犯罪法（草案）〉的说明》，2020 年 12 月 22 日；《全国人民代表大会宪法和法律委员会关于〈中华人民共和国反有组织犯罪法（草案）〉修改情况的汇报》，2021 年 8 月 17 日；《全国人民代表大会宪法和法律委员会关于〈中华人民共和国反有组织犯罪法（草案）〉审议结果的报告》，2021 年 12 月 20 日；《全国人民代表大会宪法和法律委员会关于〈中华人民共和国反有组织犯罪法（草案三次审议稿）〉修改意见的报告》，2021 年 12 月 24 日。

② 根据《反有组织犯罪法》第 2 条和第 23 条的规定，黑社会组织与恶势力组织具有"以暴力、威胁或者其他手段""多次实施违法犯罪活动""为非作恶，欺压群众""影响正常社会秩序、经济秩序"的共同特征，其不同之处在于前者具有更稳定的组织形式、获取经济利益的目标、一定的经济实力、在一定区域或行业内的非法控制或重大影响及对经济和社会秩序的更严重的危害。

及其违法犯罪活动的预防和惩治显然有助于保障受其影响的所有个人的生命权、人身自由权、人身安全权、财产权、人格尊严权、免受奴役或强迫劳动权、私生活权、表达自由权、结社自由权、选举权、被选举权、工作权、适当生活水准权、健康权、受教育权、文化生活权和其他各项相关权利。与此同时，对黑恶势力组织及其违法犯罪活动的认定、预防和惩治直接关涉组织成员、犯罪嫌疑人、被告人和相关利害关系人的权益，还可能给办案人员、证人及其近亲属带来危险，也需要为这些人员的合法权益提供充分的法律保障。

有鉴于此，《反有组织犯罪法》不仅明确了"保护公民和组织的合法权益"的立法宗旨，① 确立了"尊重和保障人权，维护公民和组织的合法权益"的工作原则，② 而且规定了一系列有助于人权的尊重和保障的措施。

首先，该法明确了国家机关、政府部门、基层群众性自治组织、企事业单位、社会组织、学校、新闻媒体及其他单位和个人关于预防和治理有组织犯罪的职责、权利和义务，③ 规定了国家机关办理有组织犯罪案件、认定和处置涉案财产以及处理国家工作人员涉有组织犯罪的措施，④ 强化了有组织犯罪的法律责任，⑤ 有助于保障受有组织犯罪影响的个人和组织的合法权益。

其次，该法规定了对符合条件的有组织犯罪的嫌疑人、被告人的从宽处理和分案处理措施、对符合条件的实施有组织犯罪的人员的人身保护措施及对刑满释放的有组织犯罪的罪犯的安置帮教措施，⑥ 明确了对涉案财产采取紧急措施、查封、扣押、冻结和处置的法定条件和程序，⑦ 要求将对有组织犯罪的嫌疑人或被告人的异地羁押措施通知被羁押者的家属和辩护人，⑧ 允许对处理涉案财产不服的利害关系人提出异议、申诉或者控告，⑨ 有助于保

---

① 参见《反有组织犯罪法》第1条。
② 参见《反有组织犯罪法》第5条。
③ 参见《反有组织犯罪法》第6~7、9~21条。
④ 参见《反有组织犯罪法》第22~36、38~40、42~48、50~52条。
⑤ 参见《反有组织犯罪法》第66~75条。
⑥ 分别参见《反有组织犯罪法》第22条第3款、第32~33条，第63条和第18条第2款。
⑦ 参见《反有组织犯罪法》第27条第4款和第41条。
⑧ 参见《反有组织犯罪法》第30条。
⑨ 参见《反有组织犯罪法》第49条。

障有组织犯罪的嫌疑人、被告人、犯罪人员以及这些人员的家属和相关利害关系人的合法权益。

再次，该法禁止对从事反有组织犯罪工作的执法、司法工作人员实施打击报复和诬告陷害，① 规定了对办理有组织犯罪案件的执法、司法工作人员以及举报、控告和制止有组织犯罪活动或者在有组织犯罪案件中做证的人员及其近亲属的人身保护措施，② 有助于保障从事反有组织犯罪的工作人员及其近亲属的合法权益。

最后，该法要求及时返还被害人的合法财产，③ 有助于对被害人财产权的保护。

三 制定《法律援助法》，加强人权的社会法保障

（一）《法律援助法》制定的背景和经过

法律援助是有关机构、团体、组织和个人为经济困难的公民和特定情况的案件当事人无偿提供的法律咨询、代理、辩护和其他形式的法律服务，是国家公共服务体系的组成部分，④ 也是当事人享受法律平等保护、接受公正审判、寻求并获得有效救济、维护其他各项合法权益的重要保障。根据有关联合国人权公约⑤、其他普遍性国际人权文件⑥和许多国家国内法的规定，个人有权在必要时申请并获得法律援助，也有权为他人提供法律援助，国家

---

① 参见《反有组织犯罪法》第 53 条。
② 参见《反有组织犯罪法》第 61、62、64 条。
③ 参见《反有组织犯罪法》第 41 条第 1 款。
④ 《法律援助法》第 2 条把法律援助界定为国家建立的无偿法律服务"制度"和"公共法律服务体系的组成部分"，其他绝大多数条款则均从"工作"或"服务"的角度对法律援助问题加以规定。
⑤ 参见《公民及政治权利国际公约》第 14 条和《儿童权利公约》第 37、40 条。
⑥ 参见《关于个人、群体和社会机构在促进和保护普遍公认的人权和基本自由方面的权利和义务宣言》第 9 条以及《关于律师作用的基本原则》《保护所有遭受任何形式拘留或监禁的人的原则》《囚犯待遇最低限度标准规则》《关于保护面对死刑的人的权利的保障措施》《为罪行和滥用权力行为受害者取得公理的基本原则宣言》的相关条款。

则有义务为此提供必要和充分的保障。

中华人民共和国成立后，1954 年、1978 年和 1982 年颁布的 3 部宪法均确认了公民的辩护权，[①] 1979 年《刑事诉讼法》、1989 年《行政诉讼法》和 1991 年《民事诉讼法》分别规定了刑事案件被告人的辩护权和其他诉讼权利、行政诉讼当事人的辩论权以及民事诉讼当事人的辩论权和平等的诉讼权利，[②] 2012 年《刑事诉讼法》修正案进一步扩大了享有辩护权和其他诉讼权利的主体范围。[③] 在此基础上，1996 年、2012 年和 2018 年的《刑事诉讼法》修正案先后增加和扩充了刑事诉讼中的法律援助条款，[④] 1996 年通过和 2007 年修订的《律师法》原则性地规定了与法律援助相关的权利、义务和责任，[⑤] 1992 年《妇女权益保障法》（2005 年修正）、2008 年《残疾人保障法》、2012 年《老年人权益保障法》、2006 年和 2020 年《未成年人保护法》分别对妇女、残疾人、老年人和未成年人的法律援助问题作了原则规定，[⑥] 2003 年《法律援助条例》第一次对法律援助的范围、申请、审查、实施以及有关各方的职责、义务和法律责任等问题做了比较系统的规定。

上述法律法规在保障经济困难的公民获得法律援助、维护公民的诉讼权利和其他合法权益方面发挥了重要作用，但其形式不够集中，内容不够统一

---

① 参见 1954 年《宪法》第 76 条；1978 年《宪法》第 41 条；1982 年《宪法》第 125 条（2018 年修正后的第 130 条）。

② 1979 年《刑事诉讼法》和 1991 年《民事诉讼法》还分别规定了法院（在刑事诉讼中还有检察院和公安机关）保障当事人辩护权和其他诉讼权利的义务。参见 1979 年《刑事诉讼法》第 8、10、27 条；1989 年《行政诉讼法》第 9 条；1991 年《民事诉讼法》第 8、10 条。

③ 除被告人外，还包括犯罪嫌疑人和其他诉讼参与人。参见 2012 年修正的《刑事诉讼法》第 14 条。

④ 参见《刑事诉讼法》（1996 年修正）第 34 条；《刑事诉讼法》（2012 年修正）第 34 条；《刑事诉讼法》（2018 年修正）第 35、36 条。

⑤ 前者以专章形式规定了公民可以获得法律援助的情形和律师的法律援助义务，后者规定了律师和律师事务所的法律援助义务及其拒绝履行义务的法律责任。参见 1996 年《律师法》第 41~43 条；2007 年《律师法》第 42 条、第 47 条第 2 款第 5 项和第 50 条第 2 款第 6 项。

⑥ 参见 1992 年《妇女权益保障法》（2005 年修正）第 52 条；2008 年《残疾人保障法》第 60 条；2012 年《老年人权益保障法》第 56 条；2006 年《未成年人保护法》第 51 条；2020 年《未成年人保护法》第 104、111 条。

和全面，保障对象、主体、职责和措施不够广泛，专门性法规的地位不够权威，以致据此开展的法律援助工作的主体和标准不一，范围和形式各异，质量和效果也参差不齐。为适应新时期日益增长的法律援助需求，健全法律援助制度，推进法律援助工作，更好地保障公民合法权益、促进法律正确实施、维护社会公平正义，第十三届全国人大常委会先后于 2018 年和 2019 年把制定法律援助法列入常委会五年任期内的立法规划和 2020 年度立法工作计划，于 2021 年 1 月至 8 月先后三次审议法律援助法草案，并于 2021 年 8 月 20 日通过《法律援助法》。① 按照《法律援助法》第 71 条的规定，该法自 2022 年 1 月 1 日开始施行。

（二）《法律援助法》有关尊重和保障人权的规定

作为规范和促进法律援助工作的专门法律，《法律援助法》对法律援助的性质、原则、机构、人员、形式、范围、程序、实施、保障、监督以及有关各方的职责、权利、义务和法律责任等问题做了全面、系统的规定。与原有的相关法律规范相比，该法的形式较含有法律援助条款的其他法律更集中，其地位较专门性的法律援助条例更权威，其立法目的、指导思想和工作原则更明确，其确认的法律援助的权利、义务和责任的主体、范围和内容更广泛，其规定的实施、便利和保障法律援助的措施和程序更为丰富和具体，其尊重和保障人权的色彩和因素也更加明显和突出。

从人权的角度来看，《法律援助法》主要有以下五个方面的重大进展。

第一，该法明确了"保障公民和有关当事人的合法权益，保障法律正确实施，维护社会公平正义"的立法目的，② 确立了"坚持中国共产党领

---

① 关于《法律援助法（草案）》的起草和审议情况，参见张苏军《关于〈中华人民共和国法律援助法（草案）〉的说明》，2021 年 1 月 20 日；《全国人民代表大会宪法和法律委员会关于〈中华人民共和国法律援助法（草案）〉修改情况的汇报》，2021 年 6 月 7 日；《全国人民代表大会宪法和法律委员会关于〈中华人民共和国法律援助法（草案）〉审议结果的报告》，2021 年 8 月 17 日；《全国人民代表大会宪法和法律委员会关于〈中华人民共和国法律援助法（草案三次审议稿）〉修改意见的报告》，2021 年 8 月 19 日。
② 参见《法律援助法》第 1 条。

导，坚持以人民为中心，尊重和保障人权，遵循公开、公平、公正的原则，实行国家保障与社会参与相结合"的指导思想和基本原则，① 为发展法律援助事业、开展法律援助工作、维护个人诉讼权利和其他合法权益提供了方向和路线的保障。

第二，该法明确了法律援助作为国家法律制度和公共法律服务体系的组成部分的地位和性质，② 规定了国家、政府、公检法机关等办案机关、政府行政司法部门、监管部门和法律援助机构等官方主体发展法律援助事业、健全法律援助机制以及鼓励、支持、指导、监督、保障法律援助工作的基本职责，③ 同时规定了律师协会、律师事务所、基层法律服务所、律师、基层法律服务工作者、法律援助志愿者、群团组织、企事业单位、社会组织、新闻媒体、个人等其他社会成员参与或支持法律援助事业、开展法律援助工作、提供法律援助服务的基本责任、义务或权利，④ 为发展法律援助事业、开展法律援助工作、维护个人诉讼权利和其他合法权益提供了机制、物质等方面的保障。

第三，该法确认了当事人依法申请法律援助的权利、犯罪嫌疑人和被告人约见值班律师的权利以及法律援助申请人或受援人关于法律援助服务的知情、异议、控告、申请行政复议和提起行政诉讼的权利，⑤ 规定了主动申请法律援助的主体、情形、条件、途径、程序⑥和无须主动申请便应当获得法律援助的情形，⑦ 从权利主体和权利内容的角度为申请和接受法律援助服务、维护个人诉讼权利和其他合法权益提供了实质性和程序性的保障。

第四，该法明确了法律援助的范围，⑧ 确立了律师事务所、基层法律服务所、律师、基层法律服务工作者依法提供法律援助、尊重和维护受援人合

① 参见《法律援助法》第3条。
② 参见《法律援助法》第2条。
③ 参见《法律援助法》第4~6、8~15、17~18、51~54、56~59条。
④ 参见《法律援助法》第7~17、68条。
⑤ 参见《法律援助法》第23、35、37、49、55条。
⑥ 参见《法律援助法》第24条，第25条第2款，第29、31~33、38、40~42条。
⑦ 参见《法律援助法》第25条第1款、第28条。
⑧ 参见《法律援助法》第22条。

法权益的义务以及违反义务的法律责任，① 规定了公检法机关等办案机关、监管场所、法律援助机构保障、便利或实施法律援助的具体职责、措施和程序，以及公检法机关等国家机关、法律援助机构及其工作人员尊重和维护受援人合法权益的义务和违反义务的法律责任，② 从权利客体和义务主体的角度为申请和接受法律援助服务、维护个人诉讼权利和其他合法权益提供了实质性和程序性的保障。

第五，特别值得一提的是，《法律援助法》凸显了保障处于不利境地的权利主体和维护社会公平正义的特色。在确保由于经济困难或其他原因没有委托辩护人或代理人的有关个人获得法律援助服务的基础上，该法规定了主动提供法律援助服务、免除经济困难的条件、审核经济困难状况的程序以及提供无障碍设施或服务等情形，为未成年人，残疾人，不能完全辨认自己行为的成年人，可能被判处无期徒刑或死刑的人，申请法律援助的死刑复核案件被告人，缺席审判案件的被告人，强制医疗案件的被申请人或者被告人，为维护英烈人格权益的英烈近亲属，因见义勇为行为主张相关民事权益的人，因再审改判无罪请求国家赔偿的人，因遭受虐待、遗弃或者家庭暴力而主张相关权益的受害人，无固定生活来源的人，社会救助对象，司法救助对象，优抚对象，申请支付劳动报酬或者请求工伤事故人身损害赔偿的进城务工人员，老年人以及法律法规规定的其他人员申请和接受法律援助、维护其诉讼权利和其他合法权益规定了特别保护措施。③

四　修订《行政处罚法》，加强人权的行政法保障

（一）《行政处罚法》修订的背景和经过

行政处罚是行政机关依法对违反行政管理秩序的公民、法人或者其他组

---

① 参见《法律援助法》第 16、19~21、46、62~63、67 条。
② 参见《法律援助法》第 21、23、25~28、30、35~37、39、43~45、61、66~67 条。
③ 参见《法律援助法》第 25~26、28、32、42、45 条。

织，以减损权益或者增加义务的方式予以惩戒的行为，[1] 是行政机关实施行政管理、贯彻执行法律、维护社会秩序和公共利益、保护个人和组织合法权益的重要手段，也是国家法律责任制度的重要组成部分。[2] 作为国家行政机关实施行政管理的强制措施，行政处罚既可以通过依法惩戒公民、法人或组织的行政违法行为，保障法律贯彻执行，维护社会秩序和公共利益，保护公民、法人和组织合法权益，也可能因惩戒不当而侵害公民、法人和组织的合法权益。

改革开放开始后的二十余年里，大量全国性和地方性的法律文件先后作出行政处罚的规定，出现了行政处罚基础不一、实践各异、效果不齐的状况。1996 年 3 月 17 日，第八届全国人民代表大会第四次会议通过《行政处罚法》（1996 年《行政处罚法》）[3]，以专门性法律的形式明确了设定和实施行政处罚应当遵循的原则，规定了行政处罚的种类、设定、实施机关、管辖、适用、决定、执行和法律责任，确认了行政处罚相对人的陈述权、申辩权、要求听证权、申请行政复议权、提起行政诉讼权和损害求偿权，为行政机关依法行政、更好地发挥行政处罚的积极作用奠定了统一的法律基础。该法颁行以后，行政处罚的相关规范、制度和实践不断发展，但一些问题依然存在，甚至更加明显。为适应全面依法治国，建设法治国家、法治政府和法治社会，推进国家治理体系和治理能力现代化的时代要求，完善现行行政执法体制，有效解决行政处罚实践中存在的问题，第十三届全国人大常委会先后于 2018 年和 2019 年把修改《行政处罚法》列入常委会五年任期内的立法规划和 2020 年度立法工作计划，于 2020 年 6 月至 2021 年 1 月先后三次审议《行政处罚法》修订草案，并于 2021 年 1 月 22 日通过修订后的《行政

---

[1] 2021 年《行政处罚法》第 2 条。

[2] 参见曹志《关于〈中华人民共和国行政处罚法（草案）〉的说明》，1996 年 3 月 12 日。

[3] 该法于 1996 年 10 月 1 日起施行，根据 2009 年 8 月 27 日第十一届全国人大常委会第十次会议《关于修改部分法律的决定》和 2017 年 9 月 1 日第十二届全国人大常委会第二十九次会议《关于修改〈中华人民共和国法官法〉等八部法律的决定》先后做了个别文字和条款的修改。

处罚法》（2021 年《行政处罚法》）。^① 按照 2021 年《行政处罚法》第 86 条的规定，该法自 2021 年 7 月 15 日开始施行。

（二）修订《行政处罚法》对尊重和保障人权的积极影响

从形式上看，2021 年《行政处罚法》在保持 1996 年《行政处罚法》基本框架不变的基础上，由原来的 64 条增至 86 条。从内容上看，2021 年《行政处罚法》延续了 1996 年《行政处罚法》的立法目的以及设定和实施行政处罚的基本原则，继续确认了行政处罚相对人的权利，但对 1996 年《行政处罚法》关于设定和实施行政处罚的具体规则做了全面修改和完善。第一，关于行政处罚的含义和《行政处罚法》的适用对象，该法明确了行政处罚的定义，^② 从行为主体的角度扩大了该法的适用对象。^③ 第二，关于行政处罚的种类，该法取消了 1996 年《行政处罚法》规定的限制或者吊销执照的处罚种类，增加了通报批评、降低资质等级、限制开展生产经营活动、责令关闭、限制从业等处罚种类。^④ 第三，关于行政处罚的设定，该法取消了 1996 年《行政处罚法》关于国务院授权直属机构设定行政处罚的规定，增加了关于行政法规和地方性法规补充设定行政处罚的权限和条件，还要求对行政处罚的设定和实施情况进行定期评估。^⑤ 第四，关于行政处罚的实施机关和权限，该法新增了国家在城市管理、市场监管、生态环境、文化市场、交通运输、应急管理、农业等领域的相对集中行政处罚权，确认了公

---

① 关于《行政处罚法》修订的背景和经过，参见许安标《关于〈中华人民共和国行政处罚法（修订草案）〉的说明》，2020 年 6 月 28 日；《全国人民代表大会宪法和法律委员会关于〈中华人民共和国行政处罚法（修订草案）〉修改情况的汇报》，2020 年 10 月 13 日；《全国人民代表大会宪法和法律委员会关于〈中华人民共和国行政处罚法（修订草案）〉审议结果的报告》，2021 年 1 月 20 日；《全国人民代表大会宪法和法律委员会关于〈中华人民共和国行政处罚法（修订草案三次审议稿）〉修改意见的报告》，2021 年 1 月 22 日。

② 参见 2021 年《行政处罚法》第 2 条。

③ 根据 2021 年《行政处罚法》第 84 条的规定，除法律另有规定外，该法适用于外国人、无国籍人和外国组织在中国领域内实施的应予行政处罚的违法行为。

④ 参见 2021 年《行政处罚法》第 9 条；1996 年《行政处罚法》第 8 条。

⑤ 参见 2021 年《行政处罚法》第 11~13、15 条；1996 年《行政处罚法》第 10~11、13 条。

安机关之外的"法律规定的其他机关"限制人身自由的行政处罚权，充实了委托实施行政处罚的条件和程序。① 第五，关于行政处罚的管辖，该法增加了乡镇人民政府、街道办事处行使行政处罚权的条件以及行政机关协助处罚的情形，充实了关于行政机关管辖争议的解决和行政机关与司法机关案件移交的规定。② 第六，关于行政处罚的适用，该法增加了关于行政处罚裁量基准、适用法律和没收非法所得的规定，补充了因"实施主体不具有行政主体资格"导致处罚无效的情形，提高了因"违反法定程序"导致处罚无效的条件，延长了对涉及公民生命健康安全、金融安全且有危害后果的违法行为的处罚时效，充实和修改了关于罚款以及从轻、减轻或不予处罚的规定。③ 第七，关于行政处罚的决定，该法细化和完善了行政处罚决定的简易程序、普通程序（1996 年《行政处罚法》中称为"一般程序"）和听证程序，增加了立案程序、作出决定的期限以及利用电子技术监控设备收集、固定违法事实的条件，充实了证据的种类和采纳规则、回避规则、法制审核程序和听证程序，确立了处罚信息公示、处罚全程记录存档和突发事件下从重从快处罚的规则，补充了决定送达的途径和方式，进一步明确了当事人的陈述权、申辩权和要求听证权，新增了当事人的知情权、申请回避、要求执法人员出示执法证件的权利，明确规定了行政机关和执法人员尊重和保护当事人合法权益的义务。④ 第八，关于行政处罚的执行，该法充实了缴纳罚款的期限、方式和强制执行方式，允许因申请行政复议或行政诉讼而暂缓执行限制人身自由的行政处罚，禁止将处罚款项与处罚决定机关及其工作人员的考评挂钩，要求县级以上政府定期组织开展行政执法评议和考核，明确规定

---

① 参见 2021 年《行政处罚法》第 18、20~21 条；1996 年《行政处罚法》第 16、18~19 条。

② 参见 2021 年《行政处罚法》第 24~27 条；1996 年《行政处罚法》第 21~22 条。

③ 参见 2021 年《行政处罚法》第 28~38 条；1996 年《行政处罚法》第 3 条第 2 款和第 23~29 条。

④ 参见 2021 年《行政处罚法》第 39、41~55、57~58、60~65 条；1996 年《行政处罚法》第 30~43 条。

行政处罚接受社会监督。① 第九，关于行政处罚的法律责任，该法充实和强化了行政机关和执法人员违法实施行政处罚以及不依法履行行政处罚职责的法律责任。②

2021 年《行政处罚法》对于人权的尊重和保障具有十分广泛和重要的影响。一方面，由于我国的行政管理秩序涵盖国民经济、文化教育、科学技术、医药卫生、资源环境、社会保障、社会治理和其他多个领域，直接关涉个人的生命、安全、财产、健康、工作、教育、社会保障、生活水准、参与文化生活和其他多方面的合法权益，该法通过健全和完善行政处罚机制，显然有助于行政机关更加有效地履行行政处罚职能，从而更充分地保障法律执行、维护社会秩序、保护个人的各项合法权益。另一方面，由于行政处罚直接导致相对人人身、财产、工作和其他相关权益的减损或相关义务的增加，该法通过健全和完善行政处罚机制，显然也有助于强化对行政处罚的规范、保障和监督，从而更充分地尊重和保障行政处罚相对人的合法权益。值得一提的是，2021 年《行政处罚法》为适应中央、地方和基层行政执法的需要，允许行政法规和地方性法规在特定情况下补充设定行政处罚，且允许乡镇政府和街道办事处在特定情况下代行县级政府部门的行政处罚权，③ 在一定程度上扩大了行政处罚的设定依据和管辖主体。尽管该法对这两类情形规定了原则性的实质条件和程序条件，但上述规定的实际效果（包括对人权的影响）还有待实践的检验。

五　其他立法活动对人权的影响

全国人大常委会和国务院 2021 年的其他数十项立法活动对人权的尊重和保障也有不同范围和不同程度的影响。从有关法律法规的内容来看，我国2021 年其他立法活动对人权的影响可大致归纳为以下三个方面。

---

① 参见 2021 年《行政处罚法》第 67~70、72~75 条；1996 年《行政处罚法》第 44~49、51、53~54 条。

② 参见 2021 年《行政处罚法》第 76~83 条；1996 年《行政处罚法》第 55~62 条。

③ 参见 2021 年《行政处罚法》第 11 条第 3 款、第 12 条第 3 款、第 12 条。

（一）确立有助于广泛尊重和保障人权的立法目的、规则和机制

全国人大常委会 2021 年制定的《反外国制裁法》《数据安全法》《海警法》均确立了保护个人和组织合法权益的立法目的[①]以及尊重和保障个人和组织合法权益的原则、规制和机制。根据《反外国制裁法》的规定，国务院有关部门可以对直接或者间接参与制定、决定、实施针对我国公民和组织的歧视性限制措施的个人、组织采取相应的反制措施。[②] 根据《数据安全法》的规定，国家具有保护个人、组织与数据有关的权益的职责，数据处理者负有尊重个人、组织合法权益的义务，并应承担损害个人、组织合法权益的法律责任。[③] 根据《海警法》的规定，人民武装警察部队海警部队（即海警机构）统一履行海上维权执法职责，预防、制止和惩治海上违法犯罪活动，尊重和依法保障公民、法人和其他组织对海警机构执法工作的知情权、参与权和监督权；海警机构及其工作人员负有尊重犯罪嫌疑人以及其他个人和组织合法权益的义务，且应承担相应的违法责任。[④] 这三部法律保护的对象都不限于特定个人和特定权利，因此均有助于广泛保护受到外国制裁、非法数据处理和海上违法犯罪活动影响的个人的多项合法权益。

与上述三部法律相似，2021 年修改后的《全国人民代表大会组织法》确立了"保证人民当家作主"的立法目的，重申了《宪法》确认的全国人大及其常委会的地位和职权，明确了全国人大及其常委会行使职权的指导思想，突出了全国人大"由民主选举产生，对人民负责，受人民监督"以及全国人大及其常委会"倾听人民的意见和建议，体现人民意志，保障人民权益"的原则，健全了全国人大及其常委会的组织和工作制度，为全国人

[①] 三部法律规定的权利主体的范围不尽相同，分别为"我国公民、组织""个人、组织""公民、法人和其他组织"。参见《反外国制裁法》第1条；《数据安全法》第1条；《海警法》第1条。

[②] 参见《反外国制裁法》第3~10条。

[③] 参见《数据安全法》第7~8、51~52条。

[④] 参见《海警法》第3、5、12、66~68、74~75条。

大及其常委会依照宪法和法律规定行使职权、充分尊重和保障人权提供了更有力的组织保障和制度保障。

（二）确立有助于尊重和保障特定主体人权的规则和机制

2021 年，全国人大常委会制定了 3 部以特定权利主体命名的法律，分别作出了有助于尊重和保障不同权利主体的人权的规定。其中，《军人地位和权益保障法》作为一部专门的权益保障法，确立了"保障军人地位和合法权益"的立法目的,① 广泛确认了军人②和军人家属③享有的多项合法权益④，规定了国家、政府、军队和其他社会成员尊重、保障军人和军人家属合法权益的职责、权利、义务、机制以及有关方面的违法责任；《医师法》作为专门规定医师⑤这类特定专业医务人员的执业资格和执业规则的法律，确立了"保障医师合法权益"的立法目的,⑥ 确认了医师的人格尊严权、人身安全权、结社权和在执业活动中享有的各项权利,⑦ 规定了国家、政府、

---

① 参见《军人地位和权益保障法》第 1 条。
② 根据《军人地位和权益保障法》第 2 条和第 69 条的规定，该法所称"军人"是指"在中国人民解放军服现役的军官、军士、义务兵等人员"，但该法也适用于"中国人民武装警察部队服现役的警官、警士和义务兵等人员"。
③ 根据《军人地位和权益保障法》第 68 条第 1 款的规定，该法所称"军人家属"是指"军人的配偶、父母（扶养人）、未成年子女、不能独立生活的成年子女"。
④ 主要包括:（1）军人享有的政治权利、知情权、参与权、建议权、监督权、休息休假权、受教育权、申诉权、控告权、精神损害求偿权、政治和人格平等、名誉和荣誉、工资待遇、住房待遇、免费医疗和疾病预防、疗养、康复待遇、保险待遇、培训、婚姻特别保护、家属落户、户籍管理和相关权益、死亡抚恤、残疾抚恤、公共服务、法律援助或司法救助等方面的合法权益；（2）军人家属享有的随军或随迁落户、户籍管理和相关权益；（3）军人家属以及烈士、因公牺牲军人和病故军人的遗属享有的住房、就医、就业、教育、集中供养、短期疗养、公共服务、法律援助或司法协助等方面的合法权益；（4）烈士遗属享受的烈士褒扬金、抚恤金和其他待遇，以及因公牺牲军人或病故军人的家属享受的抚恤金和其他待遇。该法还对女军人的合法权益保护、退役军人的安置和优待保障、残疾军人的生活保障以及困难军人家庭的救助帮扶问题作了专门规定。参见《军人地位和权益保障法》第 16~17、32~61、65 条。
⑤ 根据《医师法》第 2 条的规定，该法所称"医师"是指"依法取得医师资格，经注册在医疗卫生机构中执业的专业医务人员，包括执业医师和执业助理医师"。
⑥ 参见《医师法》第 1 条。
⑦ 参见《医师法》第 3 条第 2 款、第 7 条第 1 款和第 22 条。

政府部门、医疗卫生机构、行业协会保障和维护医师合法权益的职责和措施，明确了干扰医师正常工作、生活或者侵犯医师人格尊严、人身安全的行为的法律责任；① 《监察官法》作为专门规定监察官②这类特定国家工作人员的监督管理、职责履行和权益保障的法律，确立了"维护监察官合法权益"的立法目的，③ 确认了监察官享有的人身、财产和住所安全权，申诉或控告权，获得履职所需的职权、工作条件、职业保障和福利待遇权，以及《公务员法》等法律规定的其他权利，④ 并专章规定了监察官的职业保障措施。⑤ 值得一提的是，《监察官法》在保障监察官合法权益的同时，为监察官确立了"保障当事人合法权益"的履职原则，规定了"依法保障监察对象及有关人员的合法权益"的义务以及侵犯被调查人或者涉案人员合法权益的法律责任，⑥ 为监察对象及有关人员的合法权益提供了原则性的保障。

全国人大常委会2021年制定、修订和修改的其他4部法律也加强了对特定权利主体合法权益的保障。其中，新制定的《乡村振兴促进法》把"坚持农民主体地位，充分尊重农民意愿，保障农民民主权利和其他合法权益，……维护农民根本利益"作为乡村振兴的重要原则，⑦ 系统规定了国家促进有助于保障农民合法权益的乡村产业发展、文化繁荣、生态保护、组织建设、城乡融合方面的职责、措施和机制；新制定的《家庭教育促进法》明确要求尊重未成年人身心发展规律和个体差异，尊重未成年人人格尊严，保护未成年人隐私权和个人信息，保障未成年人合法权益，特别要求未成年人的父母或者其他监护人在实施家庭教育时尊重未成年人参与相关家庭事务

---

① 参见《医师法》第7条第2款、第38~40、44、49~52、60条。
② 根据《监察官法》第3条的规定，"监察官"包括：（1）各级监察委员会的主任、副主任、委员；（2）各级监察委员会机关中的监察人员；（3）各级监察委员会派驻或者派出到中国共产党机关、国家机关、法律法规授权或者委托管理公共事务的组织和单位以及所管辖的行政区域等的监察机构中的监察人员、监察专员；（4）其他依法行使监察权的监察机构中的监察人员。
③ 参见《监察官法》第1条。
④ 参见《监察官法》第11条。
⑤ 参见《监察官法》第55~65条。
⑥ 参见《监察官法》第5条、第10条第4项、第52条第1款第7项。
⑦ 参见《乡村振兴促进法》第4条第2项。

和发表意见的权利，禁止未成年人的父母或者其他监护人因性别、身体状况、智力等歧视未成年人或者对未成年人实施家庭暴力;① 修订后的《海上交通安全法》明确了国家保障船员的劳动安全和职业健康、维护船员合法权益的职责，确认了海上遇险人员获得生命救助的权利以及其他与海上交通活动有关的单位和个人获得航海保障和海上救助的权利，增加了保障船员、其他在船人员和海上遇险人员合法权益的措施，健全了海上交通事故调查处理和海上交通安全监督管理的机制，充实了违反海上安全规定的法律责任;② 修改后的《人口与计划生育法》要求加强婴幼儿照护服务，保障妇女就业合法权益，为因生育影响就业的妇女提供就业服务，充实对特定情形下的夫妻和老年人的帮扶保障，追究有虐待婴幼儿行为的托育机构的直接责任人员的法律责任。③

（三）确立有助于尊重和保障特定种类人权的规则和机制

全国人大常委会 2021 年制定的《个人信息保护法》是一部专门保护个人信息④权益的法律。该法围绕个人信息处理⑤和保护领域存在的突出问题，在总结国内外相关法律法规及其实施经验的基础上，确立了"保护个人信息权益"的立法目的,⑥ 明确了自然人的个人信息受法律保护且不得侵害的法律地位、个人信息处理的一般原则、国家保护个人信息权益的基本职责以及组织和个人尊重个人信息合法权益的义务,⑦ 用 6 个专章分别规定了个人

---

① 参见《家庭教育促进法》第 5、17、23 条。
② 参见 2021 年《海上交通安全法》第 6~7、14~16、38~42、57~60、66~78、81~116 条。
③ 参见《全国人民代表大会常务委员会关于修改〈中华人民共和国人口与计划生育法〉的决定》，2021 年 8 月 20 日，第 2、6、11、17 项。
④ 《个人信息保护法》第 4 条第 1 款规定："个人信息是以电子或者其他方式记录的与已识别或者可识别的自然人有关的各种信息，不包括匿名化处理后的信息。"
⑤ 《个人信息保护法》第 4 条第 2 款规定："个人信息的处理包括个人信息的收集、存储、使用、加工、传输、提供、公开、删除等。"
⑥ 参见《个人信息保护法》第 1 条。
⑦ 参见《个人信息保护法》第 2、5~12 条。

在个人信息处理中享有的一系列权利①、个人信息处理者②和国家机关处理个人信息的规则、个人信息处理者跨境提供个人信息的规则、个人信息处理者的义务、政府部门保护个人信息的职责，以及有关方面违法处理个人信息、不履行个人信息保护义务、损害个人信息权益的法律责任，为个人信息合法权益提供了比较系统的保障。

除了《个人信息保护法》这部保障特定权利的专门法律外，全国人大常委会和国务院2021年制定、修订或修改的十余部法律法规也在不同程度上加强了对若干特定种类的人权的保障。

其一，在生命权和人身安全权保障方面，修改后的《安全生产法》增加了"生命至上，把保护人民生命安全摆在首位"的安全生产工作方针，充实和强化了政府、政府部门、生产经营单位及其负责人关于安全生产的职责、义务和法律责任；③ 新制定的《建设工程抗震管理条例》明确了保障人民生命的立法目的，系统规定了在中国境内从事建设工程抗震相关活动的原则、规则、保障措施、监督管理和违法责任。④

其二，在健康权保障方面，新制定的《噪声污染防治法》确立了"防治噪声污染，保障公众健康，保护和改善生活环境"的立法目的，⑤ 确认了组织和个人获取声环境信息、参与和监督噪声污染防治的权利，⑥ 规定了噪声污染防治的主体、原则、标准、规划、措施、权利义务、监督管理和法律责任；新制定的《医师法》确立了"保护人民健康"的立法目的，规定了医师救治患者和执行疫情防控等公共卫生措施的义务、履行职责时应当遵守

---

① 主要包括知情权、决定权、查询权、更正权、删除权，参见《个人信息保护法》第44~50条。
② 根据《个人信息保护法》第73条第1项的规定，"个人信息处理者"是指"在个人信息处理活动中自主决定处理目的、处理方式的组织、个人"。
③ 参见《全国人民代表大会常务委员会关于修改〈中华人民共和国安全生产法〉的决定》，2021年6月10日。
④ 参见《建设工程抗震管理条例》第1~48条。
⑤ 参见《噪声污染防治法》第1条。
⑥ 参见《噪声污染防治法》第9条。

的规则和违反义务的法律责任;[①] 修订后的《动物防疫法》扩展了原法保护人体健康的立法目的,[②] 进一步明确了动物防疫工作的对象、方针以及国家、政府、政府部门、单位、组织、机构和个人的相关职责和义务,[③] 全面充实、细化、健全了动物防疫的规则和机制,强化了动物防疫工作的监督管理、保障措施和法律责任;修订后的《科学技术进步法》明确禁止危害人体健康的科学技术研究开发和应用活动。[④] 此外,新制定的《地下水管理条例》专门规定了防治地下水污染的立法目的和措施,[⑤] 修订后的《粮食流通管理条例》充实了关于用于食用用途销售的粮食和粮食食品安全的规定,[⑥] 对健康权也有一定保障作用。

其三,在受教育权保障方面,修改后的《教育法》充实了教育事业的指导思想以及教育的目的和原则,增加了顶替他人取得入学资格的法律责任和对受害人的补救措施。[⑦] 新制定的《民办教育促进法实施条例》完善了民办学校的设立、组织、活动、管理、监督、支持、奖励等方面的规范,[⑧] 加强了对民办学校的教职工和受教育者的合法权益的保障,[⑨] 对公民受教育权的实现也有一定积极影响。

其四,在其他特定权利的保障方面,修改后的《工会法》扩大了有权参加和组织工会的"劳动者"的范围,[⑩] 充实了工会维护劳动者合法权益的

---

① 参见《医师法》第 1、23~33、55~56 条。

② 2021 年《动物防疫法》第 1 条规定的相关立法目的为"预防、控制、净化、消灭动物疫病,……防控人畜共患传染病,保障公共卫生安全和人体健康";2007 年《动物防疫法》第 1 条规定的相关立法目的为"预防、控制和扑灭动物疫病,……保护人体健康,维护公共卫生安全"。

③ 参见 2021 年《动物防疫法》第 3~14 条;2007 年《动物防疫法》第 3~11 条。

④ 参见《科学技术进步法》第 107 条第 1 款、第 112 条第 1 款。

⑤ 参见 2021 年《地下水管理条例》第 1~2、4~6、39~45 条。

⑥ 参见 2021 年《粮食流通管理条例》第 15、18、47~48 条。

⑦ 参见《全国人民代表大会常务委员会关于修改〈中华人民共和国教育法〉的决定》,2021 年 4 月 29 日,第 1、3~5 项。

⑧ 参见 2021 年《民办教育促进法实施条例》第 3~29、31、47~52、54~55、57~61 条。

⑨ 参见 2021 年《民办教育促进法实施条例》第 12、34、36~37、62~63 条。

⑩ 除原来规定的中国境内"企业、事业单位、机关"中以工资收入为主要生活来源的劳动者外,还增加了"社会组织"中的领导者。

职责，增加了社会组织支持工会依法开展工作的义务，① 加强了对参加和组织工会这种特定形式的结社权的保障；新制定的《数据安全法》要求国家保护个人、组织与数据有关的权益，鼓励数据依法合理有效利用，保障数据依法有序自由流动，② 确立了国家保障数据相关权益的基本职责；新制定的《建设工程抗震管理条例》明确了保障财产安全的立法目的，系统规定了建设工程抗震管理的原则和规则；③ 修订后的《土地管理法实施条例》充实了关于土地征收和宅基地管理的规定，④ 加强了财产权的保障。

其五，值得一提的是，全国人大常委会 2021 年决定删除《人口与计划生育法》关于以"避孕"方式实行计划生育、缴纳社会抚养费、进行假医学鉴定、出具假计划生育证明以及伪造、变造、买卖计划生育证明的相关条款，⑤ 国务院随之决定废止旨在落实上述规定的《计划生育技术服务管理条例》《流动人口计划生育工作条例》《社会抚养费征收管理办法》。这些立法措施尽管没有提及个人的具体权益，但在客观上都有助于促进对生育权、健康权、财产权以及与之相关的生命权、人身自由权、人格尊严权、隐私权、工作权、适当生活水准权、受教育权、平等权等多项特定种类的人权的尊重和保障。

---

① 参见《全国人民代表大会常务委员会关于修改〈中华人民共和国工会法〉的决定》，2021年 12 月 24 日，第 2、4~7、9~10 项。

② 参见《数据安全法》第 7 条。

③ 参见《建设工程抗震管理条例》第 1~48 条。

④ 参见 2021 年《土地管理法实施条例》第 26~36 条。

⑤ 参见《全国人民代表大会常务委员会关于修改〈中华人民共和国人口与计划生育法〉的决定》，2021 年 8 月 20 日，第 18~19 项。

B.18
2021年中国的国际人权合作与交流

罗艳华*

摘　要： 2021年中国的国际人权合作与交流主要分为政府和民间两个
层面，均取得了明显进展。由于继续受到新冠肺炎疫情的影
响，政府层面的国际人权合作与交流，除了延续常规的多边
与双边合作与交流之外，线上的交流与合作也成为疫情之下
的重要方式。民间层面的国际合作与交流主要表现为中国社
会组织对国际人权活动的积极参与。2021年中国社会组织表
现非常活跃，主办和参与了丰富多彩的线上线下国际交流活
动。与此同时，2021年中国面临的国际人权挑战是非常严峻
的，对此，中国采取了多方面的应对措施，取得了良好的
效果。

关键词： 国际人权合作　国际人权交流　人权社会组织

2021年，由于新冠肺炎疫情持续，中国政府在国际人权合作与交流方
面除延续常规的多边和双边合作之外，线上的交流与合作继续成为疫情之下
的重要方式。民间层面在国际人权合作与交流中表现得非常活跃，取得了良
好的效果。这一年，中国在国际人权交往中也面临着严峻的挑战，采取了多
方面的积极应对措施。

---

* 罗艳华，法学博士，北京大学国际关系学院教授，主要研究方向为人权与国际关系、国际关
系史、非传统安全等。

一 政府层面的国际人权合作与交流

2021年，中国进行的政府层面的国际人权合作与交流，内容丰富，成果丰硕。

（一）多边人权合作与交流

多边人权合作与交流仍然是2021年中国开展国际人权合作的重要内容。除了常规的多边人权合作框架外，中国主要通过召开多边论坛的形式进行国际交流。

1. 中国就人权、民主问题举办多边论坛

（1）举办"2021·南南人权论坛"

12月8日，"2021·南南人权论坛"在北京举行。本届论坛主题为"人民至上与全球人权治理"，由国务院新闻办公室和外交部共同主办。100多个国家和国际组织的高级官员、专家学者、驻华使节等近400人以线上线下方式参加了论坛。习近平主席向"2021·南南人权论坛"致贺信。中共中央政治局委员、中宣部部长黄坤明出席开幕式，宣读了习近平主席给论坛的贺信并发表了主旨演讲。习近平主席在给"2021·南南人权论坛"的贺信中指出："人权是人类文明进步的标志。呵护人的生命、价值和尊严，实现人人享有人权，是人类社会的共同追求。坚持人民至上，把人民对美好生活的向往作为奋斗目标，是时代赋予世界各国的责任。""中国共产党始终是尊重和保障人权的政党。中国坚持以人民为中心，把人民利益放在首位，以发展促进人权，推进全过程人民民主，促进人的自由全面发展，成功走出一条符合时代潮流的人权发展道路，推动中国人权事业取得了显著成就，14亿多中国人民在人权保障上的获得感、幸福感、安全感不断增强。人权实践是多样的。世界各国人民应该也能够自主选择适合本国国情的人权发展道路。中国愿同广大发展中国家一道，弘扬全人类共同价值，践行真正的多边主义，为促进国际人权事业健康发展贡献智慧和力量。"[1] 与会代表围绕构

---

[1] 《习近平向2021·南南人权论坛致贺信》，《人民日报》2021年12月9日，第1版。

建人类卫生健康共同体、减贫和发展权、全球人权治理等发展中国家关注的人权议题进行了深入探讨交流并取得广泛共识。

（2）举办"民主：全人类共同价值"国际论坛

12月4日，"民主：全人类共同价值"国际论坛开幕，该论坛由中共中央宣传部、国务院新闻办公室主办，中国社会科学院、中央广播电视总台、中国外文局承办，于12月4日至5日、9日至10日、14日至15日分三个阶段在北京举行。

12月4日至5日举行的第一阶段会议主题是"民主是全人类共同价值"，来自70余个国家和地区的前政要、政府部门代表、国际组织的重要代表、智库专家学者以及媒体代表等，通过线上线下相结合的方式展开了对话。① 12月9日至10日举行的第二阶段会议主题是"民主与国家治理"。来自50多个国家和地区、近10个国际组织的100多位前政要、国际组织重要代表、专家学者以及媒体代表等以线上线下相结合的方式进行了研讨。② 12月14日，"民主：全人类共同价值"国际论坛第三阶段会议在京举行。来自多国的政要学者和国际组织代表，通过线上线下相结合的方式，围绕第三阶段主题"民主的多样性"展开了深入对话。12月15日，在"民主：全人类共同价值"国际论坛的闭幕式上，12家中方智库和30家外方智库共同成立了民主研究全球智库网络，并发布了《民主研究全球智库网络北京倡议》。该倡议指出，"追求和平和发展是世界人民的共同愿望，应该得到充分尊重。高质量的民主治理应该促进和平与发展，而不是制造混乱和分裂"，呼吁"坚守和捍卫民主全人类共同价值，尊重文明形态和民主形式多样性，坚持用实践效果和人民感受衡量民主，反对借民主之名制造对抗和分裂"。③

---

① 《全过程人民民主是中国民主的伟大创造——"民主：全人类共同价值"国际论坛第一阶段会议综述》，新华网，http：//www.news.cn/politics/2021-12/06/c_ 1128136068.htm。
② 《尊重多样形态 反对借民主之名挑动分裂对抗——"民主：全人类共同价值"国际论坛第二阶段会议综述》，新华网，http：//www.news.cn/2021-12/11/c_ 1128154806.htm。
③ 《"民主：全人类共同价值"国际论坛在京闭幕》，中国社会科学网，https：//view.inews.qq.com/a/20211217A036GL00。

2. 中国与联合国人权理事会的合作与交流

中国与联合国人权理事会及其下属机构保持着建设性的合作关系。中国于 2020 年第五次成功当选联合国人权理事会成员，2021 年开始第五任期（2021~2023 年）。作为联合国人权理事会的现任成员，中国认真履行自己的义务，积极参加人权理事会的各项工作和历次会议。

（1）中国积极参加联合国人权理事会的普遍定期审议工作

2021 年，中国参与了对密克罗尼西亚联邦、黎巴嫩、毛里塔尼亚、澳大利亚、尼泊尔、阿曼、奥地利、缅甸、卢旺达、格鲁吉亚、利比里亚、安道尔、巴拿马、保加利亚、马尔代夫、马拉维、蒙古、克罗地亚、牙买加、美国、纳米比亚、尼日尔、爱沙尼亚、莫桑比克、巴拉圭、比利时、丹麦、索马里、帕劳、塞舌尔、拉脱维亚、塞拉利昂、所罗门群岛、苏里南、萨摩亚、巴布亚新几内亚、坦桑尼亚、特立尼达和多巴哥、安提瓜和巴布达、爱尔兰、泰国等国的普遍定期审议工作。①

（2）中国提交的多项决议草案在联合国人权理事会获得通过

3 月 23 日，联合国人权理事会第 46 届会议通过了中国提交的"在人权领域促进合作共赢"决议。决议呼吁各国坚持多边主义，在人权领域开展建设性对话与合作，加强技术援助和能力建设，促进合作共赢，共同构建人类命运共同体。决议还主张积极开展国际合作，有效应对新冠肺炎疫情，确保发展中国家能够获得负担得起的疫苗。②

7 月 12 日，联合国人权理事会第 47 届会议通过了中国提交的"发展对享有所有人权的贡献"决议。决议重申发展对享有所有人权具有重要贡献，发展的目标是增进所有人的福祉，各国应满足人民对美好生活的向往；欢迎各国在推动可持续发展、消除贫困等方面付出的巨大努力和取得的重大成就；呼吁各国实现以人民为中心的发展，实现发展属于人民，发展依靠人

---

① 参见中华人民共和国常驻联合国日内瓦办事处和瑞士其他国际组织代表团网站相关内容，http://www.china-un.ch/dbtxwx/index_5.htm。
② 《联合国人权理事会通过中国提交的"在人权领域促进合作共赢"决议》，中国政府网，http://www.gov.cn/xinwen/2021-03/24/content_5595233.htm。

民，发展成果由人民共享；呼吁各国促进可持续发展，以更好地享有人权，并促进发展机会的平等享有。①

10月8日，联合国人权理事会第48届会议通过了中国提交的"殖民主义遗留问题对享有人权的负面影响"的决议。决议指出，"各种形式的殖民主义遗留问题，包括经济剥削、国家内部和国家间不平等、系统性种族主义、侵犯土著人权利、当代形式奴役、破坏文化遗产等，均对人权造成负面影响，强调消除任何形式殖民主义和解决殖民主义遗留问题对人权负面影响的重要性"。②

（3）中国在联合国人权理事会代表其他观点相近国家发言，表达共同立场

2021年，中国在联合国人权理事会多次代表其他观点相近国家发言，涉及的议题非常广泛，这些议题包括种族主义问题、社会保障问题、民主与人权问题、全球疫苗公平分配问题、在人权领域促进国际公平正义、关于殖民主义遗毒对人权的影响、民主公平国际秩序问题、"践行多边主义、促进和保护人权"、"实现持久和平、促进和保护人权"、重视减贫工作、关于促进平等和弱势群体保障问题、重申不干涉内政原则、"以人民为中心，应对新冠肺炎疫情"等。③

例如，3月10日，中国常驻联合国日内瓦代表陈旭大使代表100多个国家在人权理事会第46届会议议题三一般性辩论的共同发言，指出"要坚持以人民为中心，加强团结，强化多边合作，充分尊重人权，促进性别平等，采取多层面、协调、包容和创新的全球应对措施。一是切实保障生命权

---

① 《联合国人权理事会第47届会议通过中国提交的"发展对享有所有人权的贡献"决议》，中国新闻网百家号，https：//baijiahao.baidu.com/s？id = 1705129306197261206&wfr = spider&for = pc。

② 《联合国人权理事会通过关于殖民主义遗留问题的决议》，中华人民共和国常驻联合国日内瓦办事处和瑞士其他国际组织代表团，http：//www.china-un.ch/dbtxwx/202110/t20211009_9592801.htm。

③ 参见中华人民共和国常驻联合国日内瓦办事处和瑞士其他国际组织代表团网站相关内容，http：//www.china-un.ch/dbtxwx/index_5.htm。

和健康权，深化疫情防控国际合作，加强信息共享和联防联控，特别是要加强疫苗研发、生产、分配合作，让疫苗真正成为各国特别是发展中国家人民用得上、用得起的公共产品。二是推动可持续发展，加大减贫力度，以消除一切形式贫困，提高人民生活水平，充分保障粮食权、教育权、住房权和体面工作权等各项人权。推进国际发展合作，让各国人民共享发展机遇和成果。三是加强社会保障体系，向弱势和被边缘化群体提供必要社会服务，帮助其克服疫情不利影响。加大力度打击种族主义、种族歧视、仇外心理和相关不容忍行为，打击污名化、仇恨言论和暴力，建设平等、包容的社会。推动国际合作、多边主义和团结协作，是全世界有效应对新冠肺炎疫情等全球性挑战的唯一途径，我们呼吁各国加强团结，携手应对全球性挑战，共同推动发展繁荣"。①

9月16日，中国常驻联合国日内瓦代表陈旭大使在人权理事会第48届会议代表50多国作共同发言，呼吁坚持以人民为中心，落实发展权。陈旭指出，"发展权是一项普遍和不可剥夺的权利。当前全球范围内发展权的落实远未达到预期水平。新冠肺炎疫情对各国尤其是发展中国家的经济社会发展和民生造成严重冲击，进一步加剧不平等，给发展权的落实带来新的挑战。各方应坚持以人民为中心的发展，满足人民对美好生活的向往。要坚持发展优先，不断加大减贫力度，努力消除不平等，保障民生，让发展成果更多、更公平地惠及所有人民。要尊重各国自主选择的发展道路，在平等相待、互利合作中实现共同繁荣。要坚持开放包容，加强国际发展合作，消除发展鸿沟，实现各国共同发展。要强化创新意识，坚持绿色发展，为全球可持续发展提供有力支撑。……国际社会应为发展中国家发展提供必要支持，保障发展中国家正当发展权益，加速落实2030年可持续发展议程。人权理事会、人权高专办等联合国人权机构应将发展权作为优先工作，切实取得应

---

① 《陈旭大使代表100多个国家在人权理事会第46届会议议题三一般性辩论的共同发言》，中华人民共和国常驻联合国日内瓦办事处和瑞士其他国际组织代表团网站，http://www.china-un.ch/dbtxwx/202103/t20210310_ 9899791. htm。

有进展"。①

（4）积极参加联合国人权理事会的重要会议

2月26日，联合国人权理事会第46届会议举行"减贫在促进和保护人权中的作用"会议，中国国家乡村振兴局综合司司长苏国霞应邀作主旨发言，介绍了中国的脱贫攻坚成就和经验。本次会议是根据中国倡议并由联合国人权理事会2020年通过的"在人权领域促进合作共赢"决议举办，旨在交流在减贫促进人权方面的良好做法和经验，推动国际社会加强人权技术合作。②

（5）在联合国人权理事会明确表达中国的立场

2月22日，国务委员兼外长王毅在北京以视频方式出席了联合国人权理事会第46届会议高级别会议，提出中国促进保护人权的四点主张：一是坚持以人民为中心的人权理念；二是坚持人权普遍性与各国实际相结合；三是坚持系统推进各类人权；四是坚持国际人权对话与合作。③

6月21日，中国代表团在人权理事会第47届会议上指出，新冠肺炎疫情进一步暴露多边人权机制对经济、社会、文化权利和发展权投入严重不足。为实现疫情后更好的复苏，各方应加大对经济、社会、文化权利和发展权的关注和投入，重视社会保障体系建设，加大对弱势群体的保护，消除不平等。④

10月4日，中国常驻联合国日内瓦代表陈旭大使在人权理事会第48届会议发言，宣介"全球发展倡议"，呼吁构建全球发展命运共同体。习近平

---

① 《陈旭大使代表50多国在人权理事会呼吁坚持以人民为中心，落实发展权》，中华人民共和国常驻联合国日内瓦办事处和瑞士其他国际组织代表团网站，http：//www.china-un.ch/dbtxwx/202109/t20210917_ 9899810. htm。

② 《中国官员在联合国人权理事会介绍脱贫攻坚成就和经验》，新华社百家号，https：//baijiahao. baidu. com/s？id=1692805625053111498&wfr=spider&for=pc。

③ 《王毅出席联合国人权理事会第46届会议高级别会议》，新华社百家号，https：//baijiahao. baidu. com/s？id=1692419211938715007&wfr=spider&for=pc。

④ 《中国代表团在人权理事会第47届会议就各国新冠肺炎疫情应对问题与人权高专互动对话时的发言》，中华人民共和国常驻联合国日内瓦办事处和瑞士其他国际组织代表团网站，http：//geneva. china-mission. gov. cn/dbdt/202106/t20210622_ 9110946. htm。

主席在 2021 年联大一般性辩论中提出了"全球发展倡议",呼吁国际社会加快落实 2030 年可持续发展议程,推动实现更加强劲、绿色、健康的全球发展,构建全球发展命运共同体。陈旭表示,中方愿与各方共同推动这一倡议,助力国际发展事业不断向前迈进,造福各国人民。①

3. 中国与联合国人权高专办的合作与交流

2021 年,中国与联合国人权高专办进行了多次互动交流,其中包括就斯里兰卡人权状况报告和白俄罗斯人权状况报告进行互动对话、就新冠肺炎疫情应对问题进行对话,以及就人权高专的系统性种族主义报告进行对话等。

2 月 25 日,中国就人权高专关于斯里兰卡人权状况报告进行互动对话时指出,"对人权高专办向本届会议提交的涉斯里兰卡报告具有明显倾向性表示关切,对高专办未采用斯里兰卡政府权威信息表示遗憾。高专办报告提出所谓'预防性介入'概念、提议实施定向制裁等内容明显干涉斯内政,超出人权高专办职权。我们希望人权理事会、人权高专办恪守公正、客观、非选择性、非政治化等原则,尊重各国主权和政治独立,尊重各国为促进和保护人权所作努力,倡导建设性对话与合作,摒弃干涉各国内政和政治施压作法"。② 同日,就人权高专关于白俄罗斯的人权状况报告进行互动对话时指出:"中方遗憾地注意到人权高专办关于白俄罗斯的报告采用大量未经证实的信息,对白俄罗斯进行没有根据的指责,所提建议干涉白俄罗斯内政,不利于白俄罗斯政局稳定和社会安宁。我们呼吁本理事会和人权高专办恪守公正、客观、非选择性、非政治化等原则,尊重白俄罗斯主权和政治独立,摒弃干涉白俄罗斯内政和政治施压作法。"③

---

① 《中国代表在人权理事会宣介"全球发展倡议"》,中华人民共和国常驻联合国日内瓦办事处和瑞士其他国际组织代表团网站,http://www.china-un.ch/dbtxwx/202110/t20211005_9592792.htm。
② 《陈旭大使在人权理事会第 46 届会议就人权高专关于斯里兰卡报告互动对话时的发言》,中华人民共和国常驻联合国日内瓦办事处和瑞士其他国际组织代表团网站,http://www.china-un.ch/dbtxwx/202103/t20210301_9899784.htm。
③ 《陈旭大使在人权理事会第 46 届会议就人权高专白俄罗斯人权状况报告加强互动对话时的发言》,中华人民共和国常驻联合国日内瓦办事处和瑞士其他国际组织代表团网站,http://www.china-un.ch/dbtxwx/202103/t20210301_9899783.htm。

6月21日，陈旭大使代表一组国家在人权理事会第47届会议就各国新冠肺炎疫情应对问题与人权高专互动对话时作共同发言指出："我们支持联合国关于全球公平分配疫苗的呼吁，敦促所有国家本着国际团结合作精神，将承诺转化为实际行动，支持广大发展中国家及时获取新冠疫苗，提高疫苗和其他卫生产品在发展中国家包括最不发达国家的可及性、可负担性和生产量，拯救生命，尽快战胜疫情。从这一点出发，我们呼吁成员国和其他有关方加大疫苗产能，支持发展中国家获得疫苗本地生产能力，支持关于新冠肺炎疫苗知识产权豁免的呼吁。我们也呼吁有能力的国家积极参与国际发展合作，帮助发展中国家实现可持续发展，有效化解疫情影响。"①

7月12日，陈旭大使代表一组国家在人权理事会第47届会议就人权高专系统性种族主义报告对话时的共同发言，指出"我们对少数群体特别是非洲人和非洲人后裔、亚洲人和亚洲人后裔长期受到系统性种族主义、种族歧视和仇恨犯罪危害表示严重关切。我们支持多边人权机构采取行动，标本兼治解决系统性种族主义和结构性种族歧视，清除奴隶制、跨大西洋奴隶贸易、殖民主义和贩卖劳工的历史遗毒。我们欢迎人权高专在此方面向本届会议提交的报告。我们尤其关切新冠肺炎疫情期间，一些政治和公众人物发表种族主义言论，煽动暴力、种族歧视、仇外心理和伊斯兰恐惧症，导致针对非洲人和非洲人后裔、亚洲人和亚洲人后裔，特别是妇女、儿童的歧视和仇恨犯罪急剧增多。我们呼吁加大努力打击针对亚洲人和亚洲人后裔的种族歧视和仇恨犯罪，敦促政治和公众人物停止发表种族主义言论，充分保障亚洲人和亚洲人后裔权利。我们呼吁多边人权机构密切关注上述问题，并考虑采取适当行动"。②

---

① 《陈旭大使代表一组国家在人权理事会第47届会议就各国新冠肺炎疫情应对问题与人权高专互动对话时的共同发言》，中华人民共和国常驻联合国日内瓦办事处和瑞士其他国际组织代表团网站，http：//www.china-un.ch/dbtxwx/202106/t20210621_ 9110579.htm。

② 《陈旭大使代表一组国家在人权理事会第47届会议就人权高专系统性种族主义报告对话时的共同发言》，中华人民共和国常驻联合国日内瓦办事处和瑞士其他国际组织代表团网站，http：//www.china-un.ch/dbtxwx/202107/t20210712_ 9110677.htm。

4. 中国与联合国人权特别机制的合作与交流

2021 年，中国与联合国人权特别机制进行了经常性的对话和交流，先后与发展权专家机制、单边强制措施对人权负面影响专家机制、民主公平国际秩序问题独立专家、委内瑞拉问题事实调查团、厄立特里亚人权状况特别报告员等进行了互动对话，表达了自己的立场。①

9 月 16 日，陈旭大使代表 50 余国在人权理事会第 48 届会议与发展权专家机制对话时作共同发言，赞赏发展权专家机制为落实发展权所做的工作，指出"我们呼吁人权理事会、人权高专办等联合国人权机构将发展权作为优先工作，推动联合国系统发展权主流化。我们支持发展权专家机制继续积极开展工作，在全球范围内为推动发展权有效落实发挥更大作用"。②

同日，陈旭大使在人权理事会第 48 届会议与单边强制措施对人权负面影响问题特别报告员对话时的发言，指出"中方欢迎单边强制措施对人权负面影响问题特别报告员提交的报告，赞赏特别报告员一直秉持客观、公正、专业态度开展工作，为被制裁国家和人民发声。中方呼吁人权高专办为特别报告员正常履职提供必要资源，包括安排由联合国常规预算支持的专门助手。我们敦促美国等国采取合作态度，同特别报告员进行建设性对话与合作。……呼吁国际社会对单边强制措施予以坚决抵制，呼吁有关国家立即取消单边强制措施，以实际行动维护国际社会团结合作"。③

5. 中国与国际人权条约机制的合作与交流

（1）中国提交履约报告并接受国际人权条约机构的审议

2021 年 3 月 12 日，中国接受联合国经济、社会及文化权利委员会第 68

---

① 参见中华人民共和国常驻联合国日内瓦办事处和瑞士其他国际组织代表团网站相关内容，代表团新闻，http：//www.china-un.ch/dbtxwx/index_ 5.htm。
② 《陈旭大使代表 50 余国在人权理事会第 48 届会议与发展权专家机制对话时的共同发言》，中华人民共和国常驻联合国日内瓦办事处和瑞士其他国际组织代表团网站，http：//www.china-un.ch/dbtxwx/202109/t20210917_ 9899812.htm。
③ 《陈旭大使在人权理事会第 48 届会议与单边强制措施对人权负面影响问题特别报告员对话时的发言》，中华人民共和国常驻联合国日内瓦办事处和瑞士其他国际组织代表团网站，http：//www.china-un.ch/dbtxwx/202109/t20210917_ 9899811.htm。

届会议对第三次履约报告的审议，会议提出了与中国第三次定期报告相关的问题清单。① 2021 年 5 月 5 日，中国接受了联合国消除对妇女歧视委员会第 80 届会议对妇女一切形式的歧视公约第九次履约报告的审议，会议提出了第九次定期审议相关的问题清单。②

（2）中国鼓励并推荐国内专家到国际人权条约机构任职

2021 年，柳华文连任了联合国禁止酷刑委员会委员，沈永祥和夏杰分别履新，在联合国经济、社会及文化委员会与联合国消除对妇女歧视委员会担任委员职务（见表 1）。

表 1   2021 年中国专家在国际人权条约机构的任职情况

姓名	任职的联合国人权条约机构	担任职务	本届任期到期时间	现任职是否为连任
沈永祥	经济、社会及文化权利委员会	委员	2024.12.31	否
李燕端（女）	消除种族歧视委员会	主席	2024.1.19	是
夏杰（女）	消除对妇女歧视委员会	委员	2024.12.31	否
柳华文	禁止酷刑委员会	委员	2025.12.31	是

资料来源：笔者根据联合国相关机构的材料整理而成，参见 Membership of the Committee on Economic, Social and Cultural Rights, http://www.ohchr.org/EN/HRBodies/CESCR/Pages/Membership.aspx; Membership of the Committee on the Elimination of Racial Discrimination, http://www.ohchr.org/EN/HRBodies/CERD/Pages/Membership.aspx; Membership of the Committee on the Elimination of Discrimination against Women, http://www.ohchr.org/EN/HRBodies/CEDAW/Pages/Membership.aspx; Membership of the Committee against Torture, http://www.ohchr.org/EN/HRBodies/CAT/Pages/Membership.aspx。

（二）双边人权对话与磋商

2021 年 4 月 19 日和 21 日，中国外交部人权事务特别代表李笑梅分别同埃及外交部负责人权事务的副部长助理瓦伊勒·阿提亚、白俄罗斯外交部多边外交总局局长韦利奇科以视频方式举行了人权事务磋商，就国际人权形

---

① 联合国文件名：E/C.12/CHN/Q/3，联合国人权条约机构，https://tbinternet.ohchr.org/_layouts/15/TreatyBodyExternal/countries.aspx? CountryCode=CHN&Lang=ZH。
② 联合国文件名：CEDAW/C/CHN/Q/9，联合国人权条约机构，https://tbinternet.ohchr.org/_layouts/15/TreatyBodyExternal/countries.aspx? CountryCode=CHN&Lang=ZH。

势、多边人权合作等问题交换了意见。①

2021 年 9 月 10 日，中国外交部国际司司长杨涛和匈牙利外交与对外经济部国际司司长图尔贝克共同主持中匈人权对话。双方就各自人权观和人权成就、多边人权领域合作、人权理事会工作重点、特别机制、移民权利、少数群体权利、疫情中保护人权等问题深入交换了看法。②

2021 年 9 月 11 日，中国外交部国际司司长杨涛与意大利驻华大使方澜意就人权问题进行了专门交流。③

二 中国社会组织对国际人权交流的积极参与

2021 年，中国社会组织在国际人权交流方面表现活跃，主办和参与了丰富多彩的国际人权交流活动。

1. 积极参加联合国人权理事会会议并主办人权边会

2021 年，联合国人权理事会召开了第 46 届会议、第 47 届会议和第 48 届会议，中国社会组织积极参加了这些会议并在会议期间主办了多次边会（见表 2）。

表 2　2021 年中国社会组织在联合国人权理事会会议期间主办人权边会情况

会议名称	时间、地点	主办方	会议内容	备注
"新疆的劳动就业与人权保障"云上边会	3 月 3 日，广州	由中国人权研究会、中国常驻联合国日内瓦办事处和瑞士其他国际组织代表团共同主办，暨南大学传播与边疆治理研究院、暨南大学新闻与传播学院承办	与会专家重点交流了新疆保障各族群众劳动就业权利的情况，并分享了新疆帮助各族群众就业致富、不断完善人权发展理念的实践经验	联合国人权理事会第 46 届会议期间

① 《中国同埃及、白俄罗斯举行人权事务磋商》，外交部网站，https：//www.fmprc.gov.cn/ web/wjdt_ 674879/sjxw_ 674887/202104/t20210423_ 9177200. shtml。

② 《中国同匈牙利举行人权对话》，外交部网站，https：//www.fmprc.gov.cn/web/wjdt_ 674879/sjxw_ 674887/202109/t20210910_ 9710761. shtml。

③ 《外交部国际司司长杨涛同意大利驻华大使方澜意举行人权问题专门交流》，外交部网站，https：//www.fmprc.gov.cn/web/wjdt_ 674879/sjxw_ 674887/202109/t20210911_ 9710764. shtml。

续表

会议名称	时间、地点	主办方	会议内容	备注
"多边主义与人权发展:中国与'一带一路'国家的人权合作与成就"云上边会	3月5日,长春	由中国人权研究会、中国常驻联合国日内瓦办事处和瑞士其他国际组织代表团主办,吉林大学法学院、吉林大学人权研究中心和吉林大学理论法学研究中心承办	20余位国内外学者就中国积极推动"一带一路"倡议和全球团结抗疫、保障人权等议题进行了深入研讨	联合国人权理事会第46届会议期间
"西藏脱贫攻坚和文化保护"云上边会	3月9日,北京	由中国人权研究会、中国常驻联合国日内瓦办事处和瑞士其他国际组织代表团、中国西藏文化保护与发展协会、中国藏学研究中心共同主办,中国藏学研究中心承办	来自境内外有关减贫和文化保护领域的专家学者参加了会议,其中8名专家学者作了主旨发言,重点研讨了中国政府在西藏开展脱贫攻坚和进行文化保护的实践经验,5名专家学者对主旨发言进行了评议	联合国人权理事会第46届会议期间
"南南减贫合作与人权保障"云上边会	3月17日,长沙	由中国人权研究会、中国常驻联合国日内瓦办事处和瑞士其他国际组织代表团主办,中南大学人权研究中心、武汉大学国际法治研究院、北京理工大学科技与人权研究中心和荷兰阿姆斯特丹自由大学跨文化人权研究中心联合承办	来自中国、德国、荷兰、埃及、南非、津巴布韦等国家近20位专家学者采取线上与线下相结合形式参加了会议。与会者交流了不同文化视角下减贫行动的理念和实践,探讨了发展中国家间通过达成国际合作来消除贫困、保障人权的路径	联合国人权理事会第46届会议期间
"疫情下的经社文权利保护"视频边会	6月25日,北京	中国扶贫基金会主办	来自中国、老挝、巴基斯坦、埃塞俄比亚、尼泊尔和乌干达6国相关民间组织代表及专家学者围绕"疫情下经济、社会、文化权利保护的挑战与应对"和"疫情下经济、社会、文化权利保护的最佳实践"等议题展开深入研讨	联合国人权理事会第47届会议期间
"大变局下民间力量对发展权的贡献"主题视频边会	6月28日,北京	中国民间组织国际交流促进会	与会者主要包括来自中国、巴基斯坦、印度、保加利亚、斯里兰卡、哈萨克斯坦等国的专家学者和社会组织负责人	联合国人权理事会第47届会议期间

续表

会议名称	时间、地点	主办方	会议内容	备注
"网络正义与构建人类命运共同体:美国网络监听和网络霸权对世界共同利益的危害"主题视频边会	7月9日,北京	中国人权研究会主办,北京理工大学科技与人权研究中心承办	国内外法律和网络安全专家就国际携手应对美国网络监听霸权主义等问题进行了研讨,主要聚焦美国网络监控和网络霸权的危害,呼吁实现网络正义,构建网络空间命运共同体	联合国人权理事会第47届会议期间
"少数民族权利保障与国际人权事业"的云上边会	7月9日,北京	中国人权发展基金会、中华民族团结进步协会举办	中外相关领域的专家学者和社会组织代表围绕"少数民族权利保障的中国实践""新冠肺炎疫情下少数族群的权利保障"等议题进行了研讨	联合国人权理事会第47届会议期间
"以发展促人权——民间组织的实践"的云上边会	7月9日,北京	国际交流促进会主办	与会者主要包括来自中国、柬埔寨、缅甸、蒙古等国的专家学者和民间组织负责人	联合国人权理事会第47届会议期间
"保护妇女权益,推动高质量发展"边会	7月14日,北京	由北京市民间组织国际交流促进会、北京市妇联、北京国际和平文化基金会共同主办	来自美国、荷兰、毛里求斯、尼泊尔、希腊、斯里兰卡等国家和地区的妇女组织代表参加了会议。与会者分享了案例,呼吁保护妇女权益,推进性别平等和妇女赋权	联合国人权理事会第47届会议期间
"新疆:讲述真相,拒绝抹黑"主题边会	9月24日,北京	由中国民间组织国际交流促进会和巴基斯坦伊斯兰堡冲突解决研究所共同主办	来自中国、巴基斯坦、英国等国相关领域的专家学者介绍了新疆发展的真实情况,揭露了少数西方国家污蔑抹黑新疆的行径	联合国人权理事会第48届会议期间
"科技发展与人权保障"云上边会	9月26日,北京	由中国人权研究会主办,中国政法大学人权研究院承办	来自国内外高校和科研机构的专家学者围绕"科技发展对人权保护的促进与挑战""数字时代的人权保障""人工智能和大数据法律规制"等主题展开研讨	联合国人权理事会第48届会议期间

续表

会议名称	时间、地点	主办方	会议内容	备注
"公正合理国际秩序与人权保障"云上边会	9月28日，北京	由中国人权发展基金会、中华民族团结进步协会共同主办	来自中国、英国、日本、委内瑞拉等国的专家学者和社会组织负责人围绕"全球人权治理面临的新挑战""践行多边主义促进国际人权合作"等议题展开研讨	联合国人权理事会第48届会议期间
"中国第四期国家人权行动计划：回应与举措"云上边会	9月29日，天津	由中国人权研究会主办、南开大学人权研究中心承办	来自中国、法国、埃及、斯里兰卡、老挝和朝鲜等国的50余位专家学者围绕国家人权行动计划回应了哪些新的人权需求，制定了哪些具体的任务目标和措施，以及计划实施的前景和可能产生的结果等问题进行了深入研讨	联合国人权理事会第48届会议期间

资料来源：《联合国人权理事会第46届会议"新疆的劳动就业与人权保障"云上边会举行》，中国人权网，http：//www.humanrights.cn/html/2021/6_ 0304/57451.html；《联合国人权理事会第46届会议云上聚焦中国与"一带一路"国家的人权合作与成就》，中国人权网，http：//www.humanrights.cn/html/2021/6_ 0306/57492.html；《联合国人权理事会第46届会议"西藏脱贫攻坚和文化保护"云上边会举行》，中国新闻网，https：//www.chinanews.com.cn/gn/2021/03－10/9429261.shtml；《中外学者共议人权保障下国际减贫合作新路径》，中国新闻网，https：//www.chinanews.com.cn/gn/2021/03-17/9434582.shtml；《"疫情下的经社文权利保护"视频边会举行》，《人民日报》2021年6月28日，第3版；《联合国人权理事会第47届会议"大变局下民间力量对发展权的贡献"云上边会举行》，中国新闻网百家号，https：//baijiahao.baidu.com/s？id＝1703988359378911709&wfr＝spider&for＝pc；《"网络正义与构建人类命运共同体"云上边会举行》，人民网，http：//world.people.com.cn/gb/n1/2021/0712/c1002-32154660.html；《中外专家"云上"研讨少数民族权利保障》，《人民日报》2021年7月12日，第3版；《"以发展促人权——民间组织的实践"云上边会举行》，《人民日报》2021年7月13日，第3版；《联合国人权理事会第47届会议"保护妇女权益，推动高质量发展"边会在京举行》，中国政府网，http：//www.gov.cn/xinwen/2021-07/16/content_ 5625361.htm；《联合国人权理事会第48届会议"新疆：讲述真相，拒绝抹黑"云上边会举行》，中国新闻网百家号，https：//baijiahao.baidu.com/s？id＝1711973781277067866&wfr＝spider&for＝pc；《联合国人权理事会第48届会议"科技发展与人权保障"云上边会举行》，中国人权网，http：//www.humanrights.cn/html/2021/6_ 0928/61371.html；《"公正合理国际秩序与人权保障"边会举行》，《人民日报》2021年9月30日，第17版；《中外专家共话中国第四期国家人权行动计划》，《人民日报》2021年10月4日，第3版。

2. 主办内容丰富的国际视频研讨会

受疫情影响，2021年中国社会组织以线上和线下相结合的方式主办了多次内容丰富的国际视频研讨会（见表3）。其中有些研讨会是云上边会的另一种表现形式。

表3 2021年中国社会组织主办国际视频研讨会情况

会议名称	时间、地点	主办方	会议内容
"中国共产党与中国人权事业发展进步"国际研讨会	4月8日，长春	由中国人权研究会、吉林省委宣传部共同主办，吉林大学人权研究中心、吉林大学法学院、吉林大学理论法学研究中心承办	来自美国、英国、法国、德国、荷兰、奥地利、埃及等20多个国家和国际组织的专家学者、机构负责人、媒体人士、在华留学生和中国有关部门、研究机构、社会组织的代表100余人，以线上线下相结合的方式参加会议。与会代表围绕"新时代中国共产党的人权学说""中国共产党的人权理念""全面建成小康社会的人权面向""中国共产党关于人民生活权利的思想和实践""减贫与人权的关系""马克思主义人权理论及其中国化""中国共产党对环境权保障的逻辑进路"等议题进行了深入研讨
"纪念西藏和平解放70周年"国际学术研讨会	5月19日，北京	由中国人权研究会、中国西藏文化保护与发展协会、中国藏学研究中心主办	会议议题主要包括铸牢中华民族共同体意识、推进藏传佛教中国化、和平解放前后的国际局势和党中央战略决策、西藏研究新格局等
"西藏和平解放70年人权事业进步与发展"国际研讨会	5月26日，重庆	中国人权研究会主办，西南政法大学人权研究院承办	来自中国、俄罗斯、孟加拉国、埃塞俄比亚、巴基斯坦、尼泊尔等国家的30余名涉藏问题专家学者，通过线上线下的方式参加会议。议题包括"西藏的经济社会发展与人权保障""依法治藏与人权保障""西藏的文化发展与人权保障""西藏的长足发展与长治久安"等
"2021·中欧人权研讨会"	6月8日，意大利罗马与中国重庆	由中国人权研究会和意大利《世界中国》杂志社共同主办，西南政法大学人权研究院与重庆市亦格社会发展促进中心承办	研讨会主题为"新冠肺炎疫情与生命健康权保障"，会议以线上线下相结合的方式在罗马和重庆两个主会场同时举行，来自世界卫生组织、联合国人权高专办等国际组织的代表和来自法国、德国、意大利、葡萄牙、西班牙、希腊、俄罗斯等近20个欧洲国家的政要、人权领域专家学者以及商界、法律界、媒体界人士180余人参加了会议。研讨会期间举行了五场平行会议，与会者围绕新冠肺炎疫情给当代生命健康权保障带来的挑战与各国应对、公共卫生危机中生命健康权保障的国家责任等主题分别展开讨论

续表

会议名称	时间、地点	主办方	会议内容
"法律发展与残障权利"国际视频研讨会	6月29日，武汉	中国人权研究会主办，武汉大学人权研究院等机构承办	来自联合国亚太经济社会委员会、挪威奥斯陆城市大学、澳门科技大学、中国残联研究室、北京市晓更助残基金会的残障研究者和实务工作者，国内多所人权研究机构、法学院校的师生，以及多个残障社会组织的实务工作者，通过线上或线下方式参与了本次会议。本次会议在多个线上平台开放了参与渠道，各平台共有100多人在线参与了会议
"人权与国际团结"视频研讨会	7月2日，西安	中国人权研究会主办，西北政法大学人权研究中心承办	来自吉林大学、华东师范大学、武汉大学、西南政法大学、北京大学等多所高校的专家学者参与了线上讨论
"工商业与人权：新理念、新实践"国际研讨会	9月15日，武汉	中国人权研究会主办，武汉大学人权研究院、武汉大学国际法治研究院联合承办	来自国内外高校、行业协会、基金会的专家学者和业内人士近200人以线上线下相结合的方式参加会议，会议议题主要包括"国家人权行动计划中的工商业与人权""海外中资企业促进可持续发展的良好实践""构建尊重和促进人权的国际供应链"等
"美国侵犯阿富汗人权问题"国际研讨会	9月25日，重庆	中国人权研究会、中国常驻联合国日内瓦代表团主办，西南政法大学人权研究院承办	来自中国、法国、尼泊尔、荷兰、日本、巴基斯坦等国的40余名专家学者、媒体代表、外交官参加会议，会议的三个分议题是"美国在阿富汗军事任务中的侵犯人权行为""美国撤军导致的人道主义危机""美国导致的阿富汗难民危机"
第4届"反恐、去极端化与人权保障"国际研讨会	10月13日，广州	由中国人权研究会、广东省人民政府新闻办公室共同主办，暨南大学承办	会议的主题是"'后真相'时代的反恐国际合作与权利保障"，来自中国、英国、美国、瑞典、意大利、巴基斯坦、塞尔维亚、伊朗、以色列、菲律宾、印度尼西亚、马来西亚等近30个国家的官员、专家学者以及非政府组织代表等通过线上与线下相结合的方式参加会议。除会议主论坛外，还举行了"反恐、去极端化与权利保障""反恐、去极端化与媒体责任""反恐、去极端化问题研究"等三场分论坛
"脱贫和可持续发展知识和优秀实践分享南南合作研讨会"	10月21日，北京	由中国社会科学院、联合国南南合作办公室共同举办	研讨会聚焦"在世界各地消除一切形式的贫困"主题，以线上线下相结合的方式召开。与会中外专家学者围绕中国的减贫经验、加强减贫国际合作等议题进行了深入探讨。会间，中国社会科学院与联合国南南合作办公室签署了谅解备忘录，确立正式合作伙伴关系。由中国社会科学院作为主席单位的"脱贫和可持续发展"智库网络也在会上成立，成员包括来自12个国家和地区的21家国内外智库

续表

会议名称	时间、地点	主办方	会议内容
"民主多样性:各国制度与实践"国际研讨会	11月24日,长沙	中国人权研究会指导,中南大学人权研究中心、中南大学法学院主办	来自中国、德国、土耳其、阿根廷、意大利、南非等国的20余位学者围绕"各国民主制度与实践比较研究""多元民主和谐共存之道"两个议题进行研讨,通过考察不同国家的民主制度与实践经验,深入探讨了民主多样性问题

资料来源:《"中国共产党与中国人权事业发展进步"国际研讨会召开》,国防部网站,http://www.mod.gov.cn/topnews/2021-04/09/content_4882855.htm;《纪念西藏和平解放70周年国际学术研讨会举行》,《人民日报》2021年5月20日,第14版;《西藏人权事业取得全方位进步和历史性成就》,《人民日报》2021年5月27日,第7版;《2021·中欧人权研讨会举行 蒋建国发表致辞》,中国网,http://www.china.com.cn/zhibo/content_77556204.htm;《中外专家视频研讨"法律发展与残障权利"》,中国人权网,http://www.humanrights.cn/html/2021/6_0630/60099.html;《专家"云上"研讨人权与国际团结》,新华社百家号,https://baijiahao.baidu.com/s?id=1704175680723351170&wfr=spider&for=pc;《中外专家研讨"工商业与人权:新理念、新实践"》,《人民日报》2021年9月17日,第3版;《联合国人权理事会第48届会议"美国侵犯阿富汗人权问题"国际研讨会举行》,中国人权网,http://www.humanrights.cn/html/2021/6_0927/61351.html;《第四届"反恐、去极端化与人权保障"国际研讨会线上线下同步举行》,国际在线百家号,https://baijiahao.baidu.com/s?id=1713510817747388722&wfr=spider&for=pc;《"脱贫和可持续发展知识和优秀实践分享南南合作研讨会"举行——推动南南合作实现更大发展》,《经济日报》百家号,https://baijiahao.baidu.com/s?id=1714360122728517632&wfr=spider&for=pc;《"社会主义民主的特点是人民的直接作用"》,中国人权网,http://www.humanrights.cn/html/2021/6_1126/62008.html。

3. 中国社会组织参加的其他国际人权交流活动

（1）通过提交书面发言和视频发言方式在联合国人权理事会发声

3月初,在联合国人权理事会第46届会议开幕之际,中国人权研究会提交了5份书面发言,深入介绍了中国抗疫中的人权保障、西藏精准扶贫措施与脱贫成就、藏传佛教活佛转世管理的历史与现实等情况,有力驳斥了西方在涉疆问题上的无理指责。①

6月21日至7月14日,联合国人权理事会第47届会议在瑞士日内瓦举行,中国人权研究会以提交书面发言和专家视频发言方式远程参会,就涉

---

① 《中国人权研究会向联合国人权理事会提交书面发言驳斥西方无理指责》,中国人权网,http://www.humanrights.cn/html/2021/6_0303/57435.html。

疆、涉藏有关问题和美国政府在新冠肺炎疫情期间的政策等问题表达了自己的观点。中国人权研究会的专家学者还与适足住房权问题特别报告员、消除对麻风病人及其家庭成员歧视问题特别报告员进行了互动对话，介绍了中国的住房保障情况和对麻风病人的救治及权利保障情况。①

10月，在联合国人权理事会第48届会议上，中国人权研究会的多名专家作了视频发言，就多方面的人权问题表达了自己的观点。②

（2）中国社会组织参加联合国人权理事会的重要会议并作主题发言

2021年9月7日至8日，联合国人权理事会第14届少数群体论坛亚太区域论坛以视频会议形式举行。本届论坛由联合国少数群体问题特别报告员组织召开，以"预防冲突和保护少数群体的权益"为主题，联合国开发计划署亚太局、联合国人权事务高级专员办事处官员，联合国少数群体问题特别报告员以及来自中国、英国、马来西亚、菲律宾等国家的政府代表和专家学者参加了会议。中国人权研究会的3名专家学者参加了此次会议并就中国少数民族治理经验、少数民族妇女权益保护以及边疆地区发展等议题进行了主题发言。③

11月16日至17日，联合国人权理事会第3届"人权、民主与法治论坛"在瑞士日内瓦召开，联合国开发计划署、联合国人权事务高级专员办事处官员和来自多个国家的政府代表与专家学者参加了会议。来自中国人权研究会等单位的人权领域专家学者以视频形式远程参会，就"司法与人权保障"等议题进行了主题发言。④

12月2日至3日，联合国人权理事会第14届少数群体问题论坛在瑞士日内瓦以线上线下相结合的方式举行。本次论坛的主题是"预防冲突和保

① 《中国人权研究会在联合国人权理事会第47次会议发声》，中国人权网，http：//www.humanrights.cn/html/2021/6_ 0715/60311.html。

② 详情可参见中国人权网，http：//www.humanrights.cn/html/rqyjh/6/index.html。

③ 《中国人权研究会专家：保障少数民族权利，推动人权事业发展》，中国人权网，http：//www.humanrights.cn/html/2021/6_ 0910/61152.html。

④ 《中国人权领域专家：保障司法公正公平，推动人权事业发展》，中国人权网，http：//www.humanrights.cn/html/2021/6_ 1119/61937.html。

护少数群体人权"，来自中国人权研究会等的专家学者在线参加会议，就"走向持久和平：更好地保护少数群体权利以预防冲突的积极举措"等议题进行了视频发言。①

三 中国在人权问题上面临的主要挑战与应对措施

新冠肺炎疫情暴发以来，西方国家对中国的人权攻击有所增加。2021年，以美国为首的少数西方国家以"人权"为由对中国进行的无端指责变本加厉。联合国人权高专办和某些人权特别机制也发表了一些错误言论。对此，中国采取了一系列应对措施，不仅有力地驳斥了各种不实之词，还对西方国家存在的严重践踏人权的劣迹进行了深刻系统的揭露。

1. 在国内采取的应对措施

（1）中方发言人驳斥西方不实之词

如前所述，美国等少数西方国家在2021年对中国持续进行人权攻击和抹黑，对此，中方发言人进行了坚决驳斥。例如，针对1月19日美方以蓬佩奥国务卿名义发表的涉疆声明，中国驻美使馆发言人发表声明表示，中方对此强烈不满和坚决反对。发言人指出："所谓涉疆问题根本不是什么民族、宗教、人权问题，而是反暴恐、反分裂、去极端化问题。……尊重和保障人权是中国的宪法原则。中国新疆的反恐怖主义和去极端化斗争，是国际社会反恐怖斗争的重要组成部分，完全符合联合国打击恐怖主义、维护基本人权的宗旨和原则。实践证明，这些措施符合新疆实际，取得了显著成效，极端主义得到有效遏制，社会治安状况明显好转，最大限度保障了各族人民群众的生存权、发展权等基本权利。所谓'种族灭绝'纯属无稽之谈，是污蔑抹黑中国的又一闹剧。"② 5月12日，中国常驻联合国代表团发言人就美国、英

① 《中国专家在联合国人权理事会少数群体问题论坛上分享保障少数群体权利经验》，中国人权网，http://www.humanrights.cn/html/2021/6_ 1206/62104. html。

② 《美方以蓬佩奥国务卿名义发表所谓涉疆声明，中使馆驳斥》，人民资讯百家号，https://baijiahao. baidu. com/s? id=1689374149974506847&wfr=spider&for=pc。

国、德国伙同个别国家和非政府组织举办所谓中国新疆人权状况边会表示强烈谴责和坚决反对。发言人指出，"这场边会充斥着谎言和虚假信息，是美国等少数国家的又一次拙劣表演，进一步暴露了他们以疆制华、搞乱中国的政治图谋，遭到了广大会员国的坚决抵制，是一场彻头彻尾的政治闹剧"。①8月4日，国务委员兼外长王毅在第11届东亚峰会外长会上围绕东亚合作发言后，针对美国、日本等个别国家提出的涉华问题，当场要求第二次发言，予以严厉驳斥。②12月23日，美方将所谓"维吾尔强迫劳动预防法案"签署成法。外交部发言人就此发表谈话指出，"该案罔顾事实真相，恶意诋毁中国新疆人权状况，严重违反国际法和国际关系基本准则，粗暴干涉中国内政，中方对此表示强烈愤慨、坚决反对。所谓新疆地区存在'强迫劳动'和'种族灭绝'，完全是反华势力炮制的恶毒谎言。新疆经济发展和社会安定举世公认，各族人民安居乐业有目共睹。美方反复借涉疆问题造谣生事，实质是打着人权的幌子搞政治操弄和经济霸凌，企图破坏新疆繁荣稳定、遏制中国发展"。③

（2）新疆举行新闻发布会说明情况

针对一些西方国家的无端指责，新疆维吾尔自治区政府主动召开新闻发布会向中外媒体介绍新疆的真实情况。截止到12月25日，新疆维吾尔自治区政府2021年共召开新闻发布会65场，其中23场是在中国外交部召开的。在这些新闻发布会上，不仅有地方领导和学者回答中外记者的提问，也有来自新疆的普通民众现身说法，他们用亲身经历介绍真实的新疆职业技能教育培训工作、新疆劳动和就业保障等问题，有力驳斥了西方反华势力所谓"集中营"和"强迫劳动"等谎言。2021年12月25日，新疆维吾尔自治区第65场涉疆问题新闻发布会在北京举行。新疆维吾尔自治区人民政府新闻发言人

① 《美英德举办所谓"涉疆人权"视频会　中方批其表演拙劣》，海外网百家号，http：//baijiahao. baidu. com/s? id=1699718926835734402&wfr=spider&for=pc。
② 《东亚峰会外长会上美日提出涉华问题，王毅当场要求第二次发言》，界面新闻百家号，https：//baijiahao. baidu. com/s? id=1707207742770772201&wfr=spider&for=pc。
③ 《外交部发言人就美方签署所谓"维吾尔强迫劳动预防法案"发表谈话》，新华社百家号，https：//baijiahao. baidu. com/s? id=1719998953789760570&wfr=spider&for=pc。

指出所谓"维吾尔强迫劳动预防法"严重歪曲了新疆劳动状况实际,严重违背了国际法和国际关系基本准则,严重践踏了人类社会的共同价值。①

(3) 通过官方文件向世界介绍中国人权成就并揭露美国对人权的严重践踏

中国通过发表白皮书或官方报告,向世界介绍中国的客观情况并揭露美国的人权、民主劣迹。

9月26日,国务院新闻办公室发表《新疆的人口发展》白皮书。白皮书强调,"新疆人口的发展是经济社会发展的必然结果,是工业化、现代化的必然结果,是过去任何一个历史时期无法比拟的,也是任何尊重事实的人士都不会否认的"。② 境外反华势力编造所谓新疆"种族灭绝"的欺世谎言,企图蒙蔽国际社会,误导国际舆论,阻遏中国发展进步,这种用心险恶的图谋注定不会得逞。12月4日,国务院新闻办公室发表《中国的民主》白皮书。白皮书指出,"中国的民主是人民民主,人民当家作主是中国民主的本质和核心"。"全过程人民民主,实现了过程民主和成果民主、程序民主和实质民主、直接民主和间接民主、人民民主和国家意志相统一,是全链条、全方位、全覆盖的民主,是最广泛、最真实、最管用的社会主义民主。"③ 12月20日,国务院新闻办公室发表《"一国两制"下香港的民主发展》白皮书,全面回顾了香港特别行政区民主的产生和发展历程,进一步阐明中央政府对香港特别行政区民主发展的原则立场。④

为了揭露美国人权和民主的种种劣迹,3月24日,国务院新闻办公室发表《2020年美国侵犯人权报告》,对美国侵犯人权的状况进行了揭露。报告全文约1.5万字,分为序言、疫情严重失控酿成人间悲剧、美式民主失序

① 《新疆维吾尔自治区第65场涉疆问题新闻发布会实录》,环球网百家号,https://baijiahao.baidu.com/s? id=1720092418132285327&wfr=spider&for=pc。
② 《国务院新闻办发表〈新疆的人口发展〉白皮书》,中国政府网,http://www.gov.cn/xinwen/2021-09/26/content_5639381.htm。
③ 《国务院新闻办发表〈中国的民主〉白皮书》,中国政府网,http://www.gov.cn/xinwen/2021-12/04/content_5655818.htm。
④ 《国务院新闻办发表〈"一国两制"下香港的民主发展〉白皮书》,中国政府网,http://www.gov.cn/xinwen/2021-12/20/content_5662050.htm。

引发政治乱象、种族歧视恶化少数族裔处境、社会持续动荡威胁公众安全、贫富日益分化加剧社会不公、践踏国际规则造成人道灾难等几个部分。12月5日，中国外交部发表《美国民主情况》报告。报告全文约1.5万字，除序言和结束语外，包括"何为民主""美国民主的异化及三重弊害"两部分。通过列举事实、数据和各国相关机构、人士及专家观点，梳理美国民主制度的弊端，分析了美国国内民主实践的乱象和对外输出民主的危害。①

（4）组织驻华使节及外交官到新疆实地考察

3月30日至4月2日，上海合作组织秘书长弗拉基米尔·诺罗夫和21国驻华使节及外交官一行实地访问了新疆乌鲁木齐、喀什和阿克苏等地。参访团一行参观了新疆的反恐和去极端化斗争主题展，先后走访了乌鲁木齐白大寺、喀什艾提尕尔清真寺，参观了乌鲁木齐国际大巴扎和喀什古城景区，他们还走进群众家中，和南疆少数民族农民进行直接交流。② 他们认为，新疆的反恐和去极端化工作效果显著，各族人民基本权利得到了充分保障和尊重，当地呈现出的社会稳定和人民安居乐业良好局面，是回应负面涉疆言论的最好例证。③

（5）针对欧美国家单边制裁采取反制措施

3月，欧盟宣布对4名中国官员和1个实体实施单边制裁，中方指出欧方此举罔顾事实、颠倒黑白、粗暴干涉中国内政，公然违反国际法和国际关系基本准则，严重损害中欧关系。中方对此表示坚决反对和强烈谴责，决定对欧方严重损害中方主权和利益、恶意传播谎言和虚假信息的10名人员和4个实体实施制裁，包括：欧洲议会议员彼蒂科菲尔、盖勒、格鲁克斯曼、库楚克、莱克斯曼，荷兰议会议员舍尔茨玛，比利时议会议员科格拉蒂，立陶宛

---

① 《外交部发布〈美国民主情况〉报告》，中国新闻网百家号，https：//baijiahao.baidu.com/s？id＝1718281680913966833&wfr＝spider&for＝pc。

② 《上合组织秘书长和多国驻华使节及外交官参访新疆：实地探访回应涉疆谣言 点赞反恐和去极端化成就》，中国青年网百家号，https：//baijiahao.baidu.com/s？id＝1696059343207857480&wfr＝spider&for＝pc。

③ 《上合组织秘书长和多国驻华使节及外交官参访新疆》，光明网，https：//m.gmw.cn/baijia/2021-04/03/34738347.html。

议会议员萨卡利埃内，德国学者郑国恩（Adrian Zenz），瑞典学者叶必扬，欧盟理事会政治与安全委员会，欧洲议会人权分委会，德国墨卡托中国研究中心，丹麦民主联盟基金会。相关人员及其家属被禁止入境中国内地及香港、澳门特别行政区，他们及其关联企业、机构也已被限制同中国进行往来。①

针对美方依据美国内法，借口所谓新疆人权问题对 4 名中方官员进行非法制裁，外交部发言人赵立坚 12 月 21 日表示："有关行径严重干涉中国内政，严重违反国际关系基本准则，严重损害中美关系。中方对此坚决反对、强烈谴责。针对美方上述错误行径，中方决定依据反外国制裁法进行对等反制。从即日起，对美国国际宗教自由委员会主席马恩扎、副主席特克尔、委员巴尔加娃、委员卡尔实施相应反制。措施包括禁止上述人员入境中国（包括内地和香港、澳门），冻结其在华财产，禁止中国公民和机构同其交易。"②

（6）中国社会组织发文揭露美国

3 月 23 日，暨南大学传播与边疆治理研究院发布了《"强迫劳动"还是"追求美好生活"？——新疆工人内地务工情况调查》研究报告，报告通过翔实的第一手调查资料，有力驳斥了澳大利亚战略政策研究所研究员、德国学者郑国恩等西方反华势力早前抹黑中国新疆的谎言。③

4 月 9 日，中国人权研究会发表《美国对外侵略战争造成严重人道主义灾难》一文，揭露了美国打着"人道主义干涉"旗号对外动武的恶劣行径，指出这些战争不仅夺去了大量军人的生命，更造成了极为严重的平民伤亡和财产损失，导致严重的人道主义灾难。④

6 月 16 日，西南政法大学人权研究院发布《新疆棉花不容抹黑——新

---

① 《紧随欧盟，英国宣布制裁中国 4 名官员》，观察者网百家号，https：//baijiahao.baidu.com/s？id=1694982243331815772&wfr=spider&for=pc。

② 《美国因新疆问题宣布制裁 4 名中方官员　赵立坚：中方决定进行对等反制》，光明网，https：//m.gmw.cn/baijia/2021-12/21/1302730601.html。

③ 《出疆务工是"强迫劳动"？暨大调查报告拆穿西方谎言》，《南方都市报》2021 年 3 月 28 日。

④ 《中国人权研究会：美国对外侵略战争造成严重人道主义灾难》，《人民日报》百家号，https：//baijiahao.baidu.com/s？id=1696531800617062415&wfr=spider&for=pc。

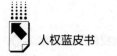

疆棉花生产是否存在"强迫劳动"的调研报告》，指出："西方关于新疆棉花采摘的指责严重缺乏事实依据，新疆棉花生产过程每一个环节都不存在'强迫劳动'迹象。相比其他职业，棉花采摘的高收入对南疆民众而言，是一个极具吸引力的岗位。尤其是在机械化采摘大量增加的情况下，棉花采摘岗位变得越来越稀缺抢手。西方国家对新疆采棉工作的恶意解读，是不符合逻辑的，是对中国新疆缺乏真实了解的妄言。"①

12 月 23 日，中国人权研究会发布《美式民主的局限与弊病》研究报告，指出"民主是人类不断解放自身、追求自由的产物。几千年以来，世界各国、各民族不懈探索，由此形成各具特征的民主实践，共同丰富着人类政治文明和民主谱系。民主的表现形态不尽一致，民主的实现路径并非定于一尊。虽然美国竭力标榜其民主模式的种种优势，但美式民主已经暴露出其多重局限与弊病，绝非现代民主政治的理想方案"。②

12 月 27 日，中国人权研究会发布《美国人权政治化行径毁损人权善治根基》研究报告，揭示了美国将人权政治化的三种形态和对全球人权善治的危害。③

2. 在国外采取的应对措施

除了在国内采取一系列应对措施，中国在国外也针对人权挑战采取了一些重要措施进行应对。

（1）驻外使领馆主动召开视频宣介会和交流会

2 月 3 日，中国常驻日内瓦代表团和新疆维吾尔自治区政府共同举办"新疆是个好地方"视频宣介会，包括近 20 位大使在内的 50 多个国家驻日

---

① 《西南政法大学人权研究院发布〈新疆棉花不容抹黑——新疆棉花生产是否存在"强迫劳动"的调研报告〉》，央视新闻网，http://news.cctv.com/2021/06/16/ARTIQZdslff1YE4uv4R7Z3uE210616.shtml。

② 《中国人权研究会研究报告：美式民主的局限与弊病》，新华社客户端，https://xhpfmapi.xinhuaxmt.com/vh512/share/10480864? channel=weixin。

③ 《中国人权研究会发布研究报告 揭露美国人权政治化行径及危害》，中国新闻网，https://www.chinanews.com/chinanews/content.jsp? id = 9638556&classify = zw&language = chs。

内瓦外交官、联合国人权高专办官员、人权理事会特别机制专家等嘉宾通过视频"云游"新疆，感受新疆社会稳定、经济繁荣、各族人民安居乐业的大好局面。视频会上播放了反映新疆自然风光、发展成就、人民幸福生活的一系列视频短片。5月6日，中国驻美国大使馆与新疆维吾尔自治区政府共同举办了"新疆是个好地方"视频会。维吾尔族妇女代表、教培中心结业学员、清真寺伊玛目、外出务工人员等结合亲身经历在线讲述了新疆的真实面貌。6月2日，中国常驻日内瓦代表团和新疆维吾尔自治区政府共同举办"中国新疆脱贫攻坚与乡村振兴"国际交流会，通过视频连线的方式，向国际社会介绍中国新疆的减贫事业所取得的成就。6月30日，中国驻埃及大使馆与新疆维吾尔自治区政府举办了"新疆是个好地方"视频交流会，埃及政府官员、媒体人士、智库学者等50余人在线参加了交流会，并与新疆官员、民众进行交流互动。7月7日，中国常驻日内瓦代表团和新疆维吾尔自治区政府共同举办了"新疆是个好地方——民族团结一家亲"视频交流会。俄罗斯、沙特、巴基斯坦、古巴、白俄罗斯、泰国、伊朗、伊拉克、阿尔及利亚、孟加拉国、喀麦隆等30余国常驻日内瓦代表和高级外交官、联合国人权高专办官员、媒体记者等参加了交流会。9月8日，中国常驻日内瓦代表团和新疆维吾尔自治区政府共同举办面向各国常驻日内瓦代表团的视频交流会，介绍西方国家无理单边制裁侵犯新疆各族人民人权情况。俄罗斯、白俄罗斯、巴基斯坦、沙特阿拉伯、埃及、肯尼亚、赞比亚、巴西、墨西哥等30余国常驻代表和高级外交官、联合国人权高专办官员、特别机制专家、媒体记者等60余人与会。朝鲜、白俄罗斯、老挝、委内瑞拉、津巴布韦、伊朗、玻利维亚等国常驻代表或副代表发言，赞赏中国新疆在促进经济社会发展、消除贫困、促进和保护人权方面取得的成就，谴责美国等西方国家对中国实施单边强制措施、干涉中国内政、遏制中国发展的卑劣行径。①

---

① 《新疆群众代表和多国使节共同谴责西方国家单边制裁行径》，中华人民共和国常驻联合国日内瓦办事处和瑞士其他国际组织代表团网站，http://www.china-un.ch/dbtxwx/202109/t20210909_9899803.htm。

此外，7月1日，中国常驻联合国日内瓦代表团在联合国人权理事会第47届会议期间还举办了"由乱转治，由治及兴：香港国安法实施一周年"主题视频边会，介绍了《中华人民共和国香港特别行政区维护国家安全法》实施一周年的情况。俄罗斯、白俄罗斯、朝鲜、老挝、斯里兰卡、埃塞俄比亚、喀麦隆、墨西哥等30余国常驻代表和外交官、联合国人权高专办官员、媒体记者等参加了会议。①

（2）在联合国会议上对西方的反击

中国代表在联合国会议上多次反驳西方国家对中国的诋毁并敦促这些国家解决其国内的人权问题。

2月24日，中国常驻日内瓦代表陈旭在联合国人权理事会第46届会议高级别会议答辩环节发言指出，"在此次高级别会议期间，英国、欧盟、德国、美国、加拿大等滥用人权理事会平台，对中国进行无端指责，干涉中国内政，中方表示强烈反对和坚决拒绝。……有关国家罔顾事实，编造和散布关于新疆、西藏、香港等的谎言，对中国进行恶意诬蔑。这种违背公理和良知的作法，已引起中国人民的强烈愤慨。这些国家幻想以此抹黑中国形象，破坏中国稳定，阻遏中国发展进程，他们的图谋绝不可能得逞。他们的所作所为，充分暴露了人权不过是他们进行政治操弄的工具"。②

3月19日，人权理事会第46届会议举行《德班宣言和行动纲领》议题一般性辩论。中国常驻联合国日内瓦办事处和瑞士其他国际组织代表陈旭大使发言，敦促美国、英国等切实解决严重种族主义和种族歧视等问题，指出"美国应切实解决种族主义、种族歧视、警察暴力等问题，禁止传播种族主义和种族歧视言论，严厉打击针对非洲裔、亚裔美国人和穆斯林的歧视和仇恨暴力行为，切实保障少数族裔权利，并致力于国际反种族主义事业，推动

① 《"由乱转治，由治及兴：香港国安法实施一周年"主题视频边会在日内瓦举行》，人民网百家号，https://baijiahao.baidu.com/s? id=1704165666325790797&wfr=spider&for=pc。

② 《陈旭大使在人权理事会第46届会议高级别会议答辩环节的发言》，中华人民共和国常驻联合国日内瓦办事处和瑞士其他国际组织代表团网站，http://www.china-un.ch/dbtxwx/202102/t20210225_9899782.htm。

全面有效落实《德班宣言和行动纲领》"。"英国、澳大利亚、加拿大和有关欧盟国家同样应采取措施，解决自身严重的种族主义、种族歧视和仇外暴力问题。"①

6月30日，联合国人权理事会第47届会议与法外处决问题特别报告员举行了对话。中国常驻联合国日内瓦代表团蒋端公使代表俄罗斯、白俄罗斯、朝鲜、斯里兰卡、伊朗、叙利亚、委内瑞拉、玻利维亚等国作共同发言，对英国人权状况深表关切，指出"英国长期存在系统性严重种族主义和种族歧视、仇恨言论、仇外心理和相关暴力行为，这些歧视行为是英国殖民主义和奴隶贸易历史的遗毒。特别机制专家已表示关切，但英国政府任命的委员会却试图否认事实。一些英国军人在海外军事行动中滥杀平民，至今逍遥法外，英国企图通过立法帮助其逃避惩罚。英国移民拘留中心条件恶劣，严重侵犯移民权利。英国出于政治目的，散布虚假信息，以人权为借口干涉别国内政，挑起对抗，我们对英国政治化行为对国际人权事业的危害深表担忧"。② 共同发言敦促英国政府正视自身存在的人权问题，立即停止各种侵犯人权行为，解决种族歧视和仇恨犯罪的根源性问题，对海外军人杀戮平民等罪行进行全面、公正调查，将责任人绳之以法，并向受害者提供救济。

7月12日，蒋端公使在人权理事会第47届会议就人权高专系统性种族主义报告对话时发言指出，"我们也对近年来美国、英国、加拿大、澳大利亚和欧盟国家针对亚洲人和亚洲人后裔的歧视和仇恨犯罪急剧增多深表关切，有关政客和媒体的煽动言论难辞其咎"。③

---

① 《中国代表在人权理事会敦促美国、英国等切实解决严重种族主义和种族歧视等问题》，中华人民共和国常驻联合国日内瓦办事处和瑞士其他国际组织代表团网站，http://www.china-un.ch/dbtxwx/202103/t20210320_9110340.htm。

② 《中国代表一组国家在人权理事会做共同发言敦促英国正视自身人权问题，停止各种侵犯人权行为》，中华人民共和国常驻联合国日内瓦办事处和瑞士其他国际组织代表团网站，http://geneva.china-mission.gov.cn/dbdt/202107/t20210701_9111137.htm。

③ 《蒋端公使在人权理事会第47届会议就人权高专系统性种族主义报告对话时的发言》，中华人民共和国常驻联合国日内瓦办事处和瑞士其他国际组织代表团网站，http://geneva.china-mission.gov.cn/dbdt/202107/t20210712_9111258.htm。

9月13日，中国代表团在人权理事会第48届会议对德国外长发言的答辩稿指出，"中方对德国外长滥用人权理事会平台，基于虚假信息无端指责中国、蓄意挑起对抗的做法表示坚决反对、完全拒绝。……当前，中国新疆社会安宁稳定、经济繁荣发展、人民安居乐业，所谓中国'拘押维吾尔族'完全是恶意诬蔑。高专访华是友好访问，如果有国家企图推动高专对中国新疆进行有罪推定式的所谓'调查'，那他们是打错了算盘。香港是中国不可分离的一部分，香港事务纯属中国内政，不容任何外部势力干涉。香港国安法实施以来，香港民众的各项合法权利和自由在安全环境中得到更好行使，只有反华乱港分子再也不可能有勾结外国势力、危害国家安全的'自由'。我们正告有关国家立即停止借涉疆、涉港问题进行政治操弄，干涉中国内政，遏制中国发展。如果这些国家继续编造谎言，企图把人权作为实现政治图谋的工具，必将遭到国际社会的共同唾弃和反对"。①

9月14日，联合国人权理事会第48届会议与人权高专举行对话会，中国常驻日内瓦代表团蒋端公使代表一组国家作共同发言，指出美国及其盟友军事干涉侵犯阿富汗人民人权，敦促这些国家为其在阿富汗的所作所为负责。共同发言表示，"美国等国军人在阿富汗杀害平民、实施酷刑等侵犯人权罪行应受到全面、公正的调查，肇事者必须被绳之以法，受害者有权获得司法公正和赔偿。这些国家应该为自己过去20年的所作所为负责，兑现对阿富汗和平重建的承诺，不能在阿富汗制造巨大灾难后一走了之，将帮助阿富汗重建的责任推给国际社会"。② 共同发言呼吁人权高专持续关注这些国家军事干涉对阿富汗人民人权的严重负面影响，并追究其军人杀害阿富汗平民等罪行的责任。

---

① 《中国代表团在人权理事会第48届会议对德国外长发言的答辩稿》，中华人民共和国常驻联合国日内瓦办事处和瑞士其他国际组织代表团网站，http：//geneva. china-mission. gov. cn/dbdt/202109/t20210914_ 9899857. htm。

② 《中国代表一组国家在人权理事会做共同发言指出美国及其盟友军事干涉侵犯阿富汗人民人权》，中华人民共和国常驻联合国日内瓦办事处和瑞士其他国际组织代表团网站，http：//geneva. china-mission. gov. cn/dbdt/202109/t20210915_ 9899860. htm。

（3）在国际人权舞台上获得其他国家声援

第一，其他主持正义的国家为中国发声，支持中国的人权理念和人权实践。

3月12日，在人权理事会第46届会议上，古巴代表64个国家作共同发言，赞赏中国政府坚持以人民为中心的理念，推动中国人权事业取得成就，重申新疆是中国不可分割的一部分，敦促有关方面恪守《联合国宪章》宗旨和原则，停止利用涉疆问题干涉中国内政，停止出于政治动机对中国进行无理指责，停止任何借口人权问题遏制发展中国家发展的行径。这一共同发言和白俄罗斯代表71国所作涉港共同发言，充分反映了国际社会大多数成员的正义立场，反映了他们反对将人权问题政治化的共同心声。[1]

第二，在联合国与其他国家共同举办多场人权问题视频会议，揭露西方国家国内存在的人权问题。

7月2日，在联合国人权理事会第47届会议期间，中国常驻联合国日内瓦代表团与委内瑞拉、白俄罗斯、朝鲜、伊朗、叙利亚常驻团联合举办"美国移民拘留中心侵犯人权问题"视频边会。俄罗斯、古巴、墨西哥、肯尼亚、布隆迪、法国、荷兰、丹麦等30余国常驻团官员、人权高专办官员、特别机制助手、非政府组织代表、媒体记者等50余人与会。与会嘉宾从不同角度介绍了美国移民拘留中心侵犯人权情况。[2]

7月9日，在联合国人权理事会第47届会议期间，中国与白俄罗斯、俄罗斯、委内瑞拉在日内瓦共同举办"西方人权：缺乏国际监督和应对"主题视频边会，揭露西方国家人权问题及其人权政策虚伪性。出席边会的白俄罗斯、俄罗斯、委内瑞拉、伊朗、朝鲜、斯里兰卡等国使节发言表示，西方国家存在严重侵犯人权行为，移民、原住民、少数族裔等群体的权利受到

① 《陈旭大使就64国在人权理事会发表支持中国的涉疆共同发言向中外媒体吹风》，中华人民共和国常驻联合国日内瓦办事处和瑞士其他国际组织代表团网站，http://www.china-un.ch/dbtxwx/202103/t20210313_9899794.htm。

② 《中国联合观点相近国家在日内瓦共同举办"美国移民拘留中心侵犯人权问题"视频边会》，央视新闻百家号，https://baijiahao.baidu.com/s? id = 1704210121761228111&wfr = spider&for = pc。

侵犯，多边人权机构长期处于西方人权话语体系控制之下，对西方人权问题视而不见，纵容助长了西方国家对发展中国家指手画脚的傲慢心态。来自中国、白俄罗斯、俄罗斯、意大利等国学术机构、民间团体的代表向与会者详细介绍了美国、英国、法国、德国、加拿大等国种族主义、警察暴力、歧视移民、屠杀原住民等侵犯人权罪行。①

9月27日，在联合国人权理事会第48届会议期间，中国、白俄罗斯、朝鲜和委内瑞拉常驻团在日内瓦共同举办"美国、加拿大、澳大利亚侵犯土著人权利"主题视频边会，多个国家常驻团、非政府组织代表和媒体记者等40余人与会。加拿大、澳大利亚土著人代表和中国学者在会上揭露三国对土著人犯下的严重罪行，敦促三国采取切实举措改善土著人人权状况。来自瑞士、西班牙、法国、德国、意大利、哥伦比亚、委内瑞拉、古巴、巴西、墨西哥、加拿大、澳大利亚、美国等10余国观众在社交媒体上观看了此次主题视频边会。②

11月18日，中国常驻日内瓦代表团、俄罗斯常驻日内瓦代表团共同举办"民主与人权：共同追求，多彩实践"线上研讨会。60余国常驻代表和高级外交官、非政府组织代表、学者和媒体记者等130余人参加。与会代表围绕民主与人权等问题展开热烈讨论。③

四　结语

综上所述，2021年中国进行的国际人权合作与交流在政府和民间两个

---

① 《中俄等国在联合国人权理事会合办西方国家人权问题主题边会》，中国新闻网百家号，https：//baijiahao. baidu. com/s？id＝1704882951784176587&wfr＝spider&for＝pc。
② 《中国和多国在人权理事会期间共同举办"美国、加拿大、澳大利亚侵犯土著人权利"主题视频边会》，中华人民共和国常驻联合国日内瓦办事处和瑞士其他国际组织代表团网站，http：//www. china-un. ch/dbdt/202109/t20210928_ 9592647. htm。
③ 《中俄在日内瓦共同举办民主与人权问题研讨会》，中华人民共和国常驻联合国日内瓦办事处和瑞士其他国际组织代表团网站，http：//www. china-un. ch/dbtxwx/202111/t20211119_ 10450235. htm。

层面均取得了明显进展。由于继续受到新冠肺炎疫情的影响，政府层面的国际人权合作与交流，除了延续常规的多边与双边合作与交流方式之外，线上的交流与合作也成为疫情之下的重要方式。多边人权合作与交流仍然是2021年中国开展国际人权合作的主要内容。中国与联合国人权理事会、人权高专办、人权特别机制和国际条约机制的合作都得到了稳步推进。除了这些常规的多边人权合作框架，中国主要通过召开"2021·南南人权论坛"和"民主：全人类共同价值"国际论坛等多边论坛的形式进行国际交流。在民间层面，国际合作与交流主要表现为中国社会组织对国际人权活动的积极参与。这一年中国社会组织表现非常活跃，主办和参与了丰富多彩的线上线下国际交流活动。这些活动主要包括积极参加联合国人权理事会会议并主办议题多样的人权边会和国际视频研讨会，中国社会组织的代表在联合国人权理事会会议上作主题发言、视频发言和提交书面发言等。与此同时，2021年中国面临的国际人权挑战是非常严峻的，中国为应对人权挑战所采取的措施包括国内和国外两个方面。在国内采取的措施主要包括中方发言人驳斥西方不实之词、新疆举行新闻发布会说明情况、通过官方文件向世界介绍中国并揭露美国、组织驻华使节及外交官到新疆实地考察、采取针对性措施对欧美国家进行反制裁、中国社会组织发文揭露美国等。在国外采取的应对措施主要包括驻外使领馆主动召开视频宣介会和交流会、在联合国会议上反击西方、在国际人权舞台上借助其他国家的支持等。这些措施均取得了良好的效果。

参考文献

[1] 中共中央党史和文献研究院编《习近平关于尊重和保障人权论述摘编》，中央文献出版社，2021。

[2] 中华人民共和国国务院新闻办公室：《中国共产党尊重和保障人权的伟大实践》，人民出版社，2021。

[3] 中华人民共和国国务院新闻办公室：《新疆各民族平等权利的保障》，人民出版

社，2021。

［4］中华人民共和国国务院新闻办公室：《新疆的人口发展》，人民出版社，2021。

［5］中华人民共和国外交部：《美国民主情况》，人民网，http：//m. people. cn/n4/0/2021/1206/c58-15333025_ 2. html。

［6］中华人民共和国国务院新闻办公室：《中国的民主》，人民出版社，2021。

B.19
中国开展新冠疫苗国际合作及其对构建
人类卫生健康共同体的贡献

刘锐一 *

摘　要： 新冠肺炎疫情发生以来，中国持续加强新冠疫苗研发和生产国际合作。中国坚持确保疫苗在发展中国家的可及性和可负担性，使疫苗成为全球公共产品；通过合作研发、联合生产、援助与捐赠、搭建合作平台等多种方式，深化了疫苗国际合作，使中国疫苗获得了全球认可，提高了发展中国家的疫苗普及率，提升了受援国的疫苗自给能力，并惠及相关区域国家。中国参与推动国际疫苗合作的努力彰显了人民至上、生命至上的价值取向，提振了全球团结抗疫的信心和凝聚力，促进了全球卫生治理体系的完善。

关键词： 新冠疫苗　国际合作　人类卫生健康共同体

一　中国开展新冠疫苗国际合作是构建
人类卫生健康共同体的生动实践

新冠肺炎疫情是第二次世界大战以来人类遭遇的最严重的全球性公共卫生突发事件，[①] 也是近百年来人类生命健康面临的最严重的重大传染病威胁

---

* 刘锐一，中共广西区委党校应急管理培训部讲师，主要研究方向为宪法学、立法学、人权法学、应急法治。
① 习近平：《团结合作战胜疫情　共同构建人类卫生健康共同体》，《中国信息安全》2020年5月15日，第4版。

之一。截至 2022 年 3 月 23 日，全球新冠肺炎确诊病例已经超过 4.7 亿人，死亡人数超过 600 万人。① 新冠肺炎疫情大流行是全球面临的共同挑战，需要世界各国共同努力，团结协作，共同抗疫。

正是在这一背景下，习近平总书记创造性地提出了构建人类卫生健康共同体的理念。2020 年 3 月，习近平主席就新冠肺炎疫情致电法国总理马克龙，首次提出打造人类卫生健康共同体。此后，习近平主席在国际场合多次提到这一倡议，并对构建人类卫生健康共同体的重大意义进行了深刻阐述，得到了国际社会的广泛认同。

人类卫生健康共同体倡议凸显了"人民至上"的公共卫生治理观、"互利共赢"的合作观、"实践导向"的发展观；坚持在实践中打破旧观念，构建新型公共卫生治理观；改革旧体制，充分发挥世界卫生组织效能；添加新动能，不断完善全球卫生治理体系，② 为有效应对重大公共卫生事件、促进全球抗疫合作提供价值遵循和行动指南。

新冠疫苗作为应对疫情的重要工具，是抑制新冠肺炎疫情在全球蔓延并最终战胜疫情的关键，只有实现新冠疫苗的全球性普及，全球抗疫才有可能最终取得成功。然而，由于国别、政治、种族等原因，新冠疫苗的分配出现极不公平的情况。2021 年初，全球 49 个高收入国家的疫苗接种量达 3900 万剂，而世界上最贫穷的国家仅接种了 25 剂。③ 到 2021 年 11 月，全球接种总量已经达 69 亿剂，完全接种人数约占世界总人口的 1/3，但低收入国家获得的疫苗总量仅占不到 0.5%。非洲大陆 13 亿人口中，只有 7.5% 的人完全接种疫苗。④ 世界卫生组织总干事谭德塞 2022 年 1 月表示，根据目前的

---

① 截至北京时间 2021 年 3 月 23 日 0 时 27 分，全球新冠肺炎确诊病例共 470839745 例；死亡病例共 6092933 例。参见世界卫生组织网站，https：//covid19.who.int/，访问时间 2022 年 3 月 23 日。

② 管仕廷、周世杰：《构建人类卫生健康共同体的多重意蕴与实现途径》，《决策与信息》2021 年第 7 期。

③ 《全球疫苗分配不公 谭德塞急了：富国不能这么干》，2021 年 1 月 21 日，人民网，http：//world.people.com.cn/n1/2021/0121/c1002-32007377.html。

④ 《全球新冠死亡累计超 500 万例 低收入国家难获疫苗成抗疫瓶颈》，2021 年 11 月 3 日，新华网，http：//www.news.cn/politics/2021-11/03/c_ 1128025570.htm。

疫苗接种速度推算，到 2022 年 7 月，仍将有 109 个国家无法实现为 70% 的人口完全接种的目标。① 与此同时，一些富裕国家却因大量囤积疫苗而造成浪费。以美国为例，根据美国疾控中心数据，仅 2021 年 3 月至 9 月，美国就浪费了至少 1510 万剂疫苗。② 疫苗分配不公也加大了病毒变种的风险。世界卫生组织指出，非洲等疫苗接种率较低的地区存在病毒新变种的可能性。2021 年 10 月，无国界医生组织发布过类似的警告，"如果某一国家疫苗接种率始终很低，新变种毒株将更有可能出现"。③

自新冠肺炎疫情发生以来，中国一直致力于促进新冠疫苗在全球的公平分配。在新冠疫苗研发过程中，中国一贯对研发国际合作持开放态度，通过与国际组织开展合作、主导建立合作机构、与他国共同组织Ⅲ期临床试验等多种形式加速推进新冠疫苗的研发。在全球面临新冠肺炎疫情这场大考时，中国通过援助、出口、合作生产等多种方式，扩大了发展中国家获得新冠疫苗的渠道，以实际行动推动构建人类卫生健康共同体。中国在开展新冠疫苗国际合作方面积极作为，以身作则，体现了负责任大国的责任和担当，是构建人类卫生健康共同体的生动实践。

二 中国开展新冠疫苗国际合作的实践与成就

（一）中国开展新冠疫苗国际合作的实践

1. 疫苗研发合作

中国在新冠疫苗的研发中扮演了重要角色。中国是最早进行新冠疫苗研发的国家。2020 年 4 月 12 日，即新冠病毒被检测出后的 98 天，国药集团中国生物武汉生物制品研究所就率先研制出新型冠状病毒灭活疫苗（Vero 细

---

① 《中国疫苗在全球范围内发挥重要作用》，《人民日报》2022 年 1 月 8 日，第 3 版。
② 《外交部：望有关国家履行承诺，向发展中国家提供更多安全有效的疫苗》，《人民日报》2021 年 12 月 28 日，第 3 版。
③ "COVID - 19 Vaccine Redistribution to Save Lives Now", Access Campaign, https：//msfaccess. org/covid-19-vaccine-redistribution-save-lives-now.

胞），该疫苗获得全球首个新冠灭活疫苗临床试验批件。① 同时，中国政府调动国内科研机构及相关企业资源，灭活疫苗、重组蛋白、减毒流感病毒载体、腺病毒载体、核酸5条技术路线同时推进，确保了疫苗研发的成功及有效率。

在新冠疫苗研发过程中，中国一贯对研发国际合作持开放态度，通过与国际组织开展合作、主导建立合作机构、与他国共同组织Ⅲ期临床试验等多种形式加速推进新冠疫苗的研发。

首先，同世界卫生组织（WHO）、流行病防范创新联盟（CEPI）、全球疫苗免疫联盟（GAVI）等国际组织开展科研合作。中国积极与流行病防范创新联盟展开全方位合作。CEPI成立于2017年，旨在推动国际疫苗开发合作以阻止大规模疫病的流行。新冠肺炎疫情暴发后，CEPI与世界卫生组织合作，推动建立全球伙伴关系，以使新冠疫苗尽快进入临床试验。中国是最早与CEPI建立新冠疫苗合作关系的国家之一。2020年4月，CEPI上海办公室投入运营。同年7月，CEPI为中国公司的疫苗试验提供了600多万美元的资助。12月，科技部与CEPI签署合作谅解备忘录，建立联合科学委员会，加强了包括疫苗研发在内的国际科技合作与交流。

其次，主导建立新冠疫苗国际合作研发机构。2021年5月28日，中国在北京建立金砖国家疫苗研发中心，该中心将在推进金砖国家加强新冠疫苗研发试验、合作建厂、授权生产、标准互认方面发挥重要作用。②

再次，与他国联合开展新冠疫苗Ⅲ期试验。科兴在巴西、阿联酋、智利等国开展Ⅲ期疫苗研究实验；深圳康泰生物同马来西亚永大集团正式签署了疫苗Ⅲ期临床试验协议，并在哥伦比亚、巴基斯坦、菲律宾、智利等多国开展Ⅲ期临床试验。新冠疫苗Ⅲ期试验加快了所在国的疫苗开发速度。新冠疫苗Ⅲ期试验也促使试验地的民众更早接种新冠疫苗，有

---

① 《首个被世卫组织列入"紧急使用清单"的疫苗：国药新冠疫苗》，中国科协企业创新服务中心，https：//www.scei.org.cn/images/zhuanti/dqxdfh/zq32.html。

② 《携手推动新冠疫苗公平可及》，《人民日报》2021年11月1日，第17版。

效保护了当地人的生命健康。阿联酋、智利等国在接种率上全球领先。在巴西，由中国科兴和布坦坦研究所合作的"S计划"选择内陆小城塞拉纳作为第一个试点城市，为该市成年人接种科兴克尔来福疫苗。该计划覆盖人数为27150人，占该市总人口的97.9%。该计划使当地新增新冠肺炎病例下降80%，住院人数下降86%，新增死亡病例下降95%。[①] 该计划不仅有效保护了当地民众的生命健康，也为疫苗的有效性提供了科学证据。2021年6月1日，克尔来福疫苗正式加入WHO的紧急使用清单，其研究的成功将惠及更多国家。截至2021年11月初，中国已与超过20个国家的相关机构合作开展Ⅲ期临床试验，并向有疫苗合作需求的国家提供相应技术支持。[②]

最后，推动新冠疫苗技术及信息共享。2020年1月12日，中国政府向世界卫生组织共享新冠病毒基因组序列。2020年1月22日，中国上线全球首个新冠病毒资源信息库。2020年1月24日，由中科院微生物研究所主办的新型冠状病毒国家科技资源服务系统正式启动。2020年2月和3月，国家微生物科学数据中心先后建立全球冠状病毒组学数据共享与分析系统及新冠病毒科研文献共享平台，分享病毒研究成果。中国推动新冠病毒相关信息及技术共享的努力有利于全球更好地认识新冠病毒并为抗击疫情做充分的准备。

2. 疫苗生产合作

在对外进行疫苗援助的同时，中国政府支持本国企业通过技术转让、合作生产等方式与发展中国家进行疫苗生产合作。通过跨境建厂，中国制造商生产的疫苗原液可以更加方便地进行本地无菌灌装和包装，不仅有利于提高生产效率、节约生产成本，也有利于提高所在国的疫苗自主生产能力。截至2021年11月12日，中国疫苗企业已经在19个国家启动合作生产，阿联酋、

---

① 《为全球战胜疫情注入信心和动力——中国采取行动促进疫苗在发展中国家的可及性和可担负性》，《人民日报》2021年6月16日，第3版。
② 《携手推动新冠疫苗公平可及》，《人民日报》2021年11月1日，第17版。

埃及、印度尼西亚、巴西成为所在地区首先拥有新冠疫苗生产能力的国家。[1] 截至2022年6月，中国通过技术转让、合作生产与20多个国家展开疫苗国际合作，年产能达10亿剂。[2] 中国在与发展中国家联合生产新冠疫苗的同时，加强其科研人员的培训，使其接触到先进的科技和理念，促进了其硬件和疫苗行业的全方位升级。[3] 中国厂商与发展中国家的生产合作有力提升了当地的疫苗自给率和自主生产能力。中国企业与部分国家联合生产新冠疫苗情况见表1。

表1　中国企业与部分国家联合生产新冠疫苗及成效

合作国家	合作方式	合作成效
埃及	联合生产	2021年7月，首批科兴新冠疫苗在埃及下线
巴西	联合生产	2020年12月投产，到2021年7月已交付了超过5000万剂疫苗，占巴西疫苗接种总量的43.4%
匈牙利	联合生产	2021年9月10日，匈牙利外交与对外经济部和中国国药集团中国生物在布达佩斯签署谅解备忘录，双方同意最晚不超过10个月在匈牙利建立生产疫苗的设施
阿塞拜疆 塞尔维亚 摩洛哥	提供半成品	陆续投产新冠疫苗灌装车间
马来西亚	提供半成品	2021年1月12日，科兴与马来西亚发马公司签署协议，向发马公司提供1400万剂新冠疫苗半成品，并在马来西亚本土完成疫苗的最终生产
阿尔及利亚	联合生产	中阿合作项目于2021年9月底投产，年产量近1亿剂，不仅满足阿国本国需求，还能出口至其他非洲国家
乌兹别克斯坦	联合生产	投产新冠重组蛋白疫苗生产线，可年产1亿剂
塞尔维亚	联合生产	塞尔维亚疫苗工厂将于2022年4月投产，年产能约3000万剂，将满足塞尔维亚及周边国家需求

---

[1] 《兼济天下的大国担当——中国向国际社会提供超18亿剂新冠疫苗》，2021年12月2日，中国政府网，http://www.gov.cn/xinwen/2021-12/02/content_5655458.htm。

[2] 《中国疫苗持续助力全球抗疫合作》，《人民日报》2022年6月10日，第3版。

[3] 《人民日报：中国新冠疫苗企业拓展海外联合生产》，2021年8月25日，阳泉市工业和信息化局官网，http://gxj.yq.gov.cn/mtsj/202108/t20210825_1205236.html。

续表

合作国家	合作方式	合作成效
智利	联合研发、联合生产	科兴公司在智利投资建造一个疫苗研发中心和一家疫苗工厂
墨西哥	提供半成品	2021 年 3 月，首批中国康希诺生物公司的新冠疫苗完成灌装，截至 2021 年 10 月底，已经生产大约 500 万剂新冠疫苗，全部用于墨西哥市场，并有望向其他拉美国家出口

资料来源：根据《人民日报》相关报道文章整理。

3. 疫苗援助与捐赠

当一些国家奉行疫苗民族主义政策，优先将疫苗用于满足国内需求时，中国则以实际行动促进全球疫苗的公平分配。2020 年 5 月，习近平主席代表中国政府在第 73 届世界卫生大会承诺中国疫苗将作为全球公共产品，以提升疫苗在发展中国家的可及性和可负担性。中国于 2020 年 10 月加入"新冠疫苗实施计划"；在国内批准疫苗附条件上市后，中国即开始对外提供疫苗，并于 2021 年 2 月 1 日发出了第一批援助疫苗。截至 2022 年 1 月初，中国已经通过"新冠疫苗实施计划"向 49 个国家和地区交付了 1.8 亿剂中国国药和科兴疫苗，占该计划交付疫苗总量的20%。[1]

4. 搭建新冠疫苗国际合作平台

疫情发生以来，中国通过多边会议，推动新冠疫苗国际合作。一是发起"一带一路"疫苗合作伙伴关系倡议，呼吁加强疫苗援助、出口、联合生产等合作。[2] 2021 年 7 月，举办新冠疫苗合作企业对话会，探讨新冠疫苗的需求、供应、采购和共同生产问题。[3] 二是举办新冠疫苗国际合作论坛推动疫苗国际合作。2021 年 8 月，中国同 22 国共同发表《新冠疫苗合作国际论坛联合声明》，呼吁支持企业和利益相关方参与新冠疫苗国际合作，增加疫

---

① 《中国疫苗在全球范围内发挥重要作用》，《人民日报》2022 年 1 月 8 日，第 3 版。
② 《携手推动新冠疫苗公平可及》，《人民日报》2021 年 11 月 1 日，第 17 版。
③ 《携手推动新冠疫苗公平可及》，《人民日报》2021 年 11 月 1 日，第 17 版。

产量，提升本地生产能力。① 三是成立金砖国家疫苗研发中国中心，促进金砖五国在疫苗联合研发和试验、合作建厂、授权生产、标准互认等方面深化交流合作。② 四是加强同周边国家的疫苗合作。包括开展"中国—东盟疫苗之友"合作，打造区域疫苗生产和分配中心；打造同中亚的全方位疫苗伙伴关系。中国在国际场合推动疫苗国际合作的倡议和主张见表2。

表 2 中国在国际场合推动疫苗国际合作的倡议和主张

时间	场合	主张
2020-05-18	第 73 届世界卫生大会	承诺将疫苗作为全球公共产品
2020-11-20	亚太经合组织第二十七次领导人非正式会议	支持亚太经合组织加强公共卫生、中小微企业等领域政策交流能力建设 提出远程医疗建议
2020-11-27	第 17 届中国—东盟博览会和中国—东盟商务与投资大会	同东盟国家加强疫苗研发、生产、使用合作 为东盟抗疫基金提供资金支持 共同建立疫苗物资储备
2021-01-25	世界经济论坛"达沃斯议程"对话会	分享疫情防控经验 向疫情应对能力薄弱国家和地区提供力所能及的帮助
2021-02-09	中国—东欧国家领导人峰会	表达同东欧国家开展疫苗合作意愿 继续努力推进疫苗公平分配
2021-04-20	博鳌亚洲论坛 2021 年年会	承诺 2021 年全年向全球提供 20 亿剂新冠疫苗 向"新冠疫苗实施计划"捐赠 1 亿美元，用于向发展中国家分配疫苗
2021-05-18	全球健康峰会	呼吁摒弃"疫苗民族主义" 宣布中国支持全球团结抗疫的五项举措
2021-06-23	"一带一路"亚太区域国际合作高级别会议	发起"一带一路"疫苗合作倡议 同倡议国达成了总量 7.75 亿剂疫苗和原液的合作共识
2021-07-29	新冠疫苗合作企业对话会	与参会企业共同探讨新冠疫苗的生产和供应问题
2021-08-05	新冠疫苗合作国际论坛	同 22 国共同发表联合声明，呼吁支持企业和利益相关方参加疫苗国际合作，增加疫苗产量

① 《新冠疫苗合作国际论坛联合声明》，2021 年 8 月 6 日，中国政府网，http://big5. www. gov. cn/gate/big5/www. gov. cn/xinwen/2021-08/06/content_ 5629771. htm。
② 《金砖国家疫苗研发中心启动》，《人民日报》2022 年 3 月 23 日，第 3 版。

续表

时间	场合	主张
2021-10-01	第76届联合国大会第三委员会一般性辩论	呼吁加强团结,促进疫苗公平,共同构建人类卫生健康共同体
2021-11-29	第8届中非合作论坛部长级会议	支持疫苗知识产权豁免;承诺再向非方提供10亿剂新冠疫苗

(二)中国开展新冠疫苗国际合作取得的成就

1. 研发的疫苗安全有效可及,提振全球抗疫信心

2021年5~6月,中国国药疫苗和科兴疫苗先后获得世界卫生组织的紧急使用认证,标志着中国疫苗的安全性、有效性和可及性获得了世界认可。中国疫苗的有效性也得到了研究数据的证实。世界卫生组织的数据显示,在参与试验的所有年龄组中,国药疫苗对出现症状患者和住院患者的有效率被评估为79%;科兴疫苗总体预防效率为51%,预防重症有效率达100%。[①] 2021年9月以来,美国、英国、法国等西方国家相继认可入境游客的疫苗接种清单,承认了世卫组织所批准的疫苗,其中就包括中国国药和科兴疫苗。

2. 全面履行承诺,援助捐赠双管齐下

中国坚持新冠疫苗全球公共卫生产品的定位。截至2022年6月,中国共向全球160多个国家和国际组织提供超过22亿剂新冠疫苗。[②] 中国疫苗成为发展中国家疫苗的主要来源。中国疫苗超九成流向发展中国家,是许多发展中国家获得的首批疫苗。[③] 2021年底,中国在向"新冠疫苗实施计划"捐赠1亿美元基础上,再向发展中国家无偿捐赠1亿剂疫苗。[④] 在2021年11月29日举办的中非合作论坛第8届部长级会议上,习近平总书记宣布中国将再向非洲提供10亿剂新冠疫苗,其中6亿剂为无偿援助,4亿剂以中

---

① 《中国科兴新冠疫苗获世卫组织紧急使用认证》,《人民日报》2021年6月3日,第15版。
② 《中国疫苗持续助力全球抗疫合作》,《人民日报》2022年6月10日,第3版。
③ 《携手推进新冠疫苗公平可及》,《人民日报》2021年11月1日,第17版。
④ 《中国疫苗,给非洲带来希望》,《人民日报》2022年1月6日,第6版。

方企业与有关非洲国家联合生产等方式提供。①

3. 产能持续提升，促进疫苗公平分配

中国不仅拥有疫苗援助的意愿，也具备援助的能力。根据国务院联防联控机制科研攻关组公布的数据，中国新冠疫苗的全年产能达 50 亿剂，2021年年产量超过 31 亿剂。② 中国企业已经同 19 个国家展开新冠疫苗生产合作，有力提升了合作国乃至相关区域的疫苗自给能力。随着疫苗产能的提升，中国将在促进疫苗在全球公平分配和使用方面发挥更大作用。

可及性也是中国疫苗的一大特点。英国《自然》杂志曾刊文表示，"对许多国家来说，中国疫苗是唯一可及的疫苗"。③ 与西方疫苗相比，中国的灭活疫苗更适合大规模量产，且成本更低，在可及性及可负担性方面有更好的表现。上述特点使中国疫苗非常适合中低收入国家使用。

4. 展现大国担当，助推多国疫苗自给

在促进发展中国家疫苗自给自足方面，中国通过合作建厂、技术转让等方式，促进疫苗生产的本地化。中国同巴基斯坦、阿联酋等多国的疫苗生产合作，不仅满足了这些国家新冠疫苗自给自足的需求，也有效增强了这些国家所在地区的疫苗生产和分发能力，对消除疫苗鸿沟作出了重要贡献。

三　中国开展新冠疫苗国际合作对构建
人类卫生健康共同体的贡献

（一）彰显了人民至上、生命至上的价值取向

疫情发生以来，中国坚持把保护人民群众生命健康作为疫情防控最基本

---

① 《习近平出席中非合作论坛第八届部长级会议开幕式并发表主旨演讲》，《光明日报》2021年 11 月 30 日，第 1 版。

② 《我国新冠疫苗今年产量或超 30 亿剂》，2021 年 4 月 22 日，人民网，http：//health.people.com.cn/n1/2021/0422/c14739-32084617.html。

③ 《中国疫苗，给非洲带来希望》，《人民日报》2022 年 1 月 6 日，第 6 版。

的人权，把感染率和病亡率降到最低。在国际上，积极倡导构建人类卫生健康共同体，开展大规模全球人道主义援助，为全球抗疫贡献了智慧和力量。中国政府将保护和挽救生命视作政府首要责任，尽最大努力保障人民群众生命安全和身体健康，采取最严格措施限制疫情的蔓延，体现了维护人民群众生命健康权的坚定决心。在联合国人权理事会第 47 届会议上，中国代表 63 个国家共同发言，呼吁促进全球新冠疫苗的公平分配，提高新冠疫苗在发展中国家的可及性、可负担性。

（二）以身作则提振了全球团结抗疫的信心和凝聚力

自首款新冠疫苗问世以来，中国不断深化新冠疫苗国际合作，为构建人类卫生健康共同体作出重大贡献。在新冠疫苗公平分配为全球抗疫带来严峻挑战时，中国以促使新冠疫苗成为全球公共产品为目标，与国际社会加强了新冠疫苗的研发、生产、分配合作，有力促进了发展中国家疫苗自给。中国的疫苗国际合作与援助提升了发展中国家的疫苗自给能力，提振了全球战胜疫情的信心，推动了世界各国尤其是发展中国家共同协作、团结抗疫。中国以身作则，开展新冠疫苗国际合作的努力为全球团结抗疫树立了典范，坚定了人们对建设人类卫生健康共同体的信心。

（三）以实际行动促进了全球卫生治理体系的完善

完备的全球公共卫生治理体系对构建人类卫生健康共同体具有不可替代的意义。中国推进疫苗国际合作的努力为推进全球公共卫生治理体系作出了重要贡献。其一，中国推进疫苗国际合作的一系列努力，包括疫苗的研发、生产、分配，有力促进了新冠疫苗在全球尤其是在发展中国家的可及性，为全球公共卫生治理体系的优化提供了有力支撑。其二，中国推进疫苗国际合作形成了一系列全球公共卫生治理的合作平台和合作模式，为全球公共卫生治理的进一步完善提供了有力示范。其三，中国作为联合国及世界卫生组织的成员国，以身作则，展现大国担当，有力地支持了联合国及世界卫生组织在全球卫生治理中的作用，维护了其权威。其四，中国开展疫苗国际合作深

化了疫苗研发、生产、分配的国际合作机制，有力提升了全球疫苗的供应能力和发展中国家新冠疫苗的自给能力。其五，中国参与疫苗国际合作促进了新冠疫苗研究开发的多边合作，整体提升了全球公共卫生治理水平，为打造人类卫生健康共同体作出了积极贡献。

参考文献

［1］习近平：《携手共建人类卫生健康共同体——在全球健康峰会上的讲话》，《中华人民共和国国务院公报》2021 年第 15 期。

［2］《共同构建人类卫生健康共同体》，《人民日报》2020 年 6 月 7 日，第 1 版。

［3］陈娜、陈明富：《习近平构建人类卫生健康共同体倡议的内涵、逻辑与意义》，《桂海论丛》2020 年第 4 期。

［4］于中鑫：《习近平关于人类卫生健康共同体重要论述：提出依据、主要内容及价值意蕴》，《邓小平研究》2021 年第 2 期。

［5］刘姝：《人类卫生健康共同体：认同意蕴、治理限度和中国推进》，《社会科学战线》2021 年第 10 期。

［6］方世南、张云婷：《以人类共同价值构建人类卫生健康共同体》，《福建师范大学学报》（哲学社会科学版）2021 年第 5 期。

［7］《为共建人类卫生健康共同体贡献中国力量》，《新华每日电讯》2021 年 5 月 22 日，第 2 版。

［8］《推动构建人类卫生健康共同体的中国贡献》，《解放军报》2021 年 4 月 14 日，第 4 版。

调研报告和个案研究

Research Report and Case Study

B.20

从稳定脱贫到持续增收

——新疆阿克陶县塔尔乡农牧民生计调查

肖建飞*

摘　要： 为考察脱贫攻坚与后续帮扶工作给高原山区农牧民生产生活、生计结构带来的变化，选定新疆阿克陶县塔尔乡为调研点。以参与式观察、深度访谈为主要方法，辅以统计分析，调查发现，因地处帕米尔高原边沿，耕地稀少、草场贫瘠，塔尔乡山区传统农牧业发展饱和，移民搬迁是必要之举。通过实施"五通"工程、生态建设、定居兴牧、就业安置以及教育扶贫等措施，至2020年底塔尔乡脱贫攻坚工作已实现预期目标。稳定脱贫与持续增收相衔接，需要新产业支持。塔尔乡山区拥有独特的自然地理与历史文化资源，有望将生态脆弱区的地理劣势转变为文化富集区的产业优势，为此需将财政投入用于本地优势资源开发，帮扶工作重心转向农牧民内生动力培养，有效协

---

* 肖建飞，江苏大学法学院教授，主要研究方向为"三农"法律研究。

调乡域发展与区域发展。

关键词: 稳定脱贫　持续增收　帕米尔高原塔尔乡　农牧民生计

在我国,贫困治理是国家总体意志的体现。以举国体制消除绝对贫困,此系中国特色社会主义的制度优势所在。"脱贫摘帽不是终点,而是新生活、新奋斗的起点。"立足本地资源,地方政府有效引领与本地村民积极参与相结合,发展新产业新业态是构建可持续减贫机制、推进乡村振兴行动的起点。

以帕米尔高原为代表,"三区三州"既是2015~2020年脱贫攻坚的主战场,也是当下乡村振兴的重点区域。本报告以新疆维吾尔自治区克孜勒苏柯尔克孜自治州(简称克州)阿克陶县塔尔塔吉克民族乡(简称塔尔乡)为调查点,考察脱贫攻坚与后续帮扶工作给塔吉克农牧民生产生活、生计结构带来的变化。2018~2021年,笔者五次前往塔尔乡实地调研,与村民朝夕相处时间超过一个月,通过参与式观察,笔者掌握了高原农牧业生产的大量经验知识;其间与基层政府工作人员进行多次深度访谈,了解了本乡扶贫减贫、生态保护、旅游发展工作的开展情况。选择塔尔乡展开调研,原因如下。第一,塔尔乡因地处帕米尔生态脆弱区,人(塔吉克农牧民)地(高寒山区)业(农牧兼作)不协调始终是区域贫困的首要原因。以该乡为调研点,能更好地透视生态脆弱区自然环境对稳定脱贫与持续增收的深层制约关系。第二,自1999年以来塔尔乡经历了两波移民搬迁,21世纪以来便开始实施生态建设工程、教育扶贫措施,2015~2019年第二波易地搬迁期间同时启动了定居兴牧工程与就业安置工作。以该乡为调研点,能更为完整地反映脱贫攻坚工作给农牧民生计带来的变化。第三,塔尔乡位于帕米尔高原东北端、叶尔羌河的东西两支流交汇处、塔吉克文化大区边沿、塔莎古道中间位置,历史上这里便是高原游牧与绿洲农耕的交界过渡地带,有着独特的自然地理与人文历史资源,具有发展乡村旅游的诸多有利条件。以该乡为调研点，能为思考如何将生态脆弱区的地理劣势转变为文化富集区的产业优势提供经验素材、政策参考，乃至规划决策启发。第四，通过塔尔乡个案，考察少数民族乡村基础设施与公共服务的持续改善，多举措、多渠道加强少数民族青壮年就业工作的逐步落实、少数民族社会保障权和受教育权等社会权利的充分保障，从而为新疆少数民族生存发展权利保护事业的进步发展提供翔实案例。

一　塔尔乡的自然地理与社会人文情况

帕米尔是天山、昆仑山、兴都库什山、喀喇昆仑山、喜马拉雅山五大山脉交汇形成的巨大山结，面积约 10 万平方千米，平均海拔在 4500 米以上。我国境内的东帕米尔以塔什库尔干县（简称塔县）为主体，扩及阿克陶、莎车、叶城三县南部。山系构成了帕米尔的骨架，河流沿岸则是高原的生命富集区，也是人文景观的聚集区，两者塑造了塔吉克人文化的"根性"。长久以来，帕米尔的自然地理决定着人文地理。

（一）东帕米尔高原的山势、河流、土壤、草情

就人类生存而言，帕米尔自然环境恶劣。"高原高寒干旱半干旱气候"概括出这里诸多的自然特征，地形因素对气候产生决定性影响。高原大致可分为冷暖两季，冬季寒冷，夏季短促，全年干旱少雨，光能充足，热量欠缺。高原9%的面积为冰川覆盖，71%以上为裸露山地，天然草场约占17%，河谷耕地和人工草场仅占3%。

高原众多雪山冰川孕育出条条水脉，汇成叶尔羌河的东西两大支流，东支为叶尔羌河主脉，西支则是塔什库尔干河，西支沿岸是东帕米尔人口集中带。叶尔羌河的两大支脉都水流湍急，只在河湾处水流放缓，泥沙逐渐沉淀形成土壤。少量耕地都分布于海拔 2500~3200 米的河谷地带，耕地狭窄贫瘠，且水土流失严重。海拔 3500~5000 米的高山草场为高寒荒漠草场，草情不佳，载畜量偏低。在叶尔羌河上游的生态体系中，最大的变动因素是河

流自然力。1999 年夏叶尔羌河发生特大洪灾，为彻底解决千年水患，2001
年 2 月国务院批准《塔里木河流域近期综合治理规划》，并启动一系列水利
工程建设。

塔尔乡位于帕米尔高原东北端，旧的乡政府所在地巴格村距阿克陶县城
约 420 公里，距喀什市约 450 公里。1999 年洪灾前全乡总面积 1003 平方公
里，河谷农区平均海拔 2600 米，高山牧场均超过 3000 米。塔尔乡原下辖 5
个行政村，分布在塔什库尔干河南北两岸，从最西侧的阿勒玛勒克村到最东
侧的库祖村距离长达 50 公里。

1999 年 8 月特大洪灾期间，塔尔乡处于洪灾核心区，全乡 300 多所
房屋、1000 余亩耕地被毁。此后，414 户共 2402 人被集中安置在阿克陶
县城东北处（距县城中心约 20 公里）。自此塔尔有了双重含义，"老塔
尔"即山上五个行政村（简称"山上塔尔"，也称"塔尔牧区"），此地
为塔尔塔吉克人的世居之地；"新塔尔"即山下三个行政村（简称"山
下塔尔"，也称"塔尔农区"），此地为塔尔塔吉克人在平原绿洲开辟的
新家园。

2015 年脱贫攻坚工作启动之初，全乡有 1326 户 5254 人，其中贫困户
883 户 3765 人，占全乡总户数的 66.6%、总人数的 71.7%。经历了 2015～
2019 年的易地搬迁，山上塔尔有 83 户 292 人搬迁到阿克陶县城西南的昆仑
佳苑（距县城中心约 7 公里），252 户 1109 人搬迁到阿克陶县城东南的丝路
佳苑（距县城中心约 15 公里）（昆仑佳苑与丝路佳苑简称"散居塔尔"）。
至 2020 年末，所有贫困户均已实现摘帽脱贫。

至 2021 年末，未列入搬迁范围仍在山上塔尔居住生活的有 487 户 1878
人，在山下塔尔居住生活的有 501 户 2121 人，散居在昆仑佳苑、丝路佳苑
的有 335 户 1401 人，全乡合计有 1323 户 5400 人（见表 1）。全乡有耕地
8166.6 亩，核桃园 3038 亩，果园 1359.7 亩；草原 44.38 万亩，牲畜 14488
头/只，包括大牲畜（牛、牦牛）3453 头，小牲畜（绵羊、山羊）
11035 只。

表 1　2021 年末塔尔乡基本情况

	所辖村庄(社区)	户数人口	生计来源	扶贫项目	脱贫时间
山上塔尔	阿勒马勒克村、巴格艾格孜村、巴格村、别勒迪尔村、库祖村	487 户 1878 人	农牧兼业工资收入旅游收入	就业安置、种植畜牧、异地务工、旅游项目	2020 年底
山下塔尔	霍西阿巴提村、塔尔阿巴提村、阿克库木村	501 户 2121 人	种养兼业工资收入	就业安置、异地务工、种植养殖	2018 年底
散居塔尔	昆仑佳苑、丝路佳苑	335 户 1401 人	种养兼业工资收入	就业安置、异地务工、种植养殖	2020 年底

（二）塔尔塔吉克人传统的生计方式与社会结构

高原自然资源决定了塔吉克人难以仅仅依赖河谷农业或者高山牧业谋生，于是便形成了半农半牧、农牧兼业的生计模式。这一生计模式的核心在于家庭多个劳动力在农区与牧区合理配置，以便完成农牧业生产。

农牧兼业、脆弱生计的技术-经济类型对塔吉克人的伦理道德、行为规范和社会习俗产生了深远影响，具体表现为：第一，族内通婚、亲缘盘错；第二，离婚率低、婚姻稳定；第三，家长制家庭、分工合作密切；第四，邻里互助、社会和睦。[①] 塔吉克人的家庭、家族与村落兼具生产合作、生活互助、情感交流、消费分享，乃至社会教育与保险等多项功能。正因为生存环境艰苦，才养成了塔吉克人互帮互助的品质。同时，面对有限的耕地与草场资源，人口增加又给资源环境带来压力。

与整个高原东帕米尔的地形、地貌、气候等自然条件大体一致，但塔尔乡又有其独特之处。东帕米尔地势由东南侧的喀喇昆仑山脉向西北侧的昆仑山脉西段倾斜，而昆仑山脉自西北向东南延伸，高度有所降低，高原地势倾斜的最低点就是叶尔羌河东西两支流的交汇地。塔尔乡山区

---

① 杨圣敏：《环境与家族：塔吉克人文化的特点》，《广西民族学院学报》（哲学社会科学版）2005 年第 1 期，第 3~5 页。

就处于这一倾斜带，河谷地带适合草木生长，与河并行的塔莎古道自古便是进出高原的交通线。在不适宜生存的东帕米尔，塔尔乡算是较为适宜生存的地方。

二 脱贫攻坚有效保障农牧民生计

以塔尔乡为典型，维持帕米尔高原农牧民生计的资源已达到饱和，本地的人力、财力、物力不足，无力建设基础设施、兴办公共事业。正因如此，政府主导下的脱贫攻坚成为帮助农牧民消除绝对贫困、延缓相对贫困、持续改善民生的"首要"推动力。

（一）"五通"实现高原村庄内外连通

帕米尔的地理环境对交通状况形成实质性制约。20 世纪 80 年代前，马、毛驴、骆驼是塔尔农牧民主要的交通工具。马蹄所至之处也是高原男人行走的边界。村民的出发地是塔尔，目的地或是塔什库尔干县城或是阿克陶县城。买买提叔叔讲述自己年轻时的出行经历，"骑马去塔什库尔干走两天。去塔县容易，中间借宿在班迪尔乡（现在下板地水库附近）。骑马去阿克陶县城就远了，要走五天。第一天骑马到恰尔隆（昆仑山脉北坡列列山峰的打结之地），住牧民家；第二天到希里瓦尔（昆仑山北坡中山区的一个牧村），住牧民家；第三天到克孜勒陶（昆仑山前山戈壁地带），那儿有招待所；第四天到英吉沙（历史上的南疆八城之一），住招待所；第五天到阿克陶县城，每天走 60 多公里"。[1]

艾力校长的回忆更精确。1986 年前，塔尔村民外出最常选择的路线是北线——塔尔—恰尔隆—阿克塔拉牧场—克孜勒苏—阿克陶镇。从塔尔到恰尔隆的牧道约 60 公里，从恰尔隆到阿克陶镇约 180 公里，全程约 240

---

① 受访人：买买提，男，老年，塔吉克农牧民，年轻时兼任村医，访谈日期：2020 年 9 月 13 日。遵循学术伦理，本文所有受访者均为化名，以下不再注明。

公里，骑马 4~5 天方才到达。塔尔与恰尔隆之间的物资运输依赖马匹、毛驴、骆驼。1987 年途经塔尔修通了一条砂石道路——塔莎公路。1987~2015 年，村民最常选择的路线是东线——塔尔—库斯拉甫—喀群—英吉沙—阿克陶镇，全程约 300 公里，凌晨出发入夜到达。2015 年，喀喇昆仑公路改扩建项目一期工程完工两年后，塔什库尔干镇到库科西鲁格乡的路况明显改善。2015 年以后，塔尔人最常选择的路线是西线——塔尔—库科西鲁格—曲曼—柯克亚—布伦口—奥依塔克—阿克陶镇，全程约 420 公里，可实现朝发夕至。①

2019 年前，山上塔尔不通公交车。塔尔人出行多是自行联系本地私家车，一个座位车费 100~120 元。在克州运管局驻别勒迪尔村工作队的帮助下，2019 年开通了阿克陶县城至山上塔尔的班车。420 公里 9~10 小时的车程，只需支付 85 元的车费，村民的出行成本明显降低。

困扰塔尔人的基础设施与公共服务有两方面，一个是路，另一个就是电。1993~1999 年设在巴格村的一座微型水电站负责为全乡提供电力，1999 年夏洪灾后该水电站弃用。1999~2015 年，山区大部分农牧民使用太阳能发电，发电量有限，无法使用冰箱、洗衣机等家用电器。部分村民共同出资建了几座微型水电站，但水电站只能在每年 4~10 月运转。直到 2016 年，南疆电网的电才输送到塔尔乡。

2001 年，塔尔乡接通了无线广播网；同年，中国电信在塔尔乡铺设铜缆，村民开始使用固定电话；2005 年，中国移动在塔尔乡设立信号塔，2018 年村民开始普遍使用宽带。移动网络不仅便利了山上山下三地塔尔人的相互交流，还使部分村民成为抖音用户并成为网红，其间一些村民开始做起微商。

历代塔尔人的生活饮用水都取自家门前的塔什库尔干河，冬春河水清澈，村民取水后直接烧茶做饭；夏秋河水浑浊，沉淀后再利用。2019 年，

---

① 受访人：艾力，男，老年，塔吉克族教师，曾任塔尔乡巴格小学校长，访谈日期：2020 年 1 月 25 日。

政府投资 5000 余万元兴建自来水入户管网，山上塔尔所有的家庭都接通了自来水，取饮河水的一页历史自此翻过。

（二）易地搬迁与安居工程改善居住条件

1999 年夏，叶尔羌河洪灾导致的塔尔移民搬迁，属于因自然灾害造成的生态移民。这一批移民安置与生计保障措施包括分配耕地、房屋或宅基地、园地等农业生产生活资料，以"有土安置"、农业开发建设为核心。

2015~2019 年，阿克陶县政府对搬至昆仑佳苑、丝路佳苑的农牧民按照家庭人口数分配住房，4 人以上家庭可分得 80 平方米的住房，3 人家庭 60 平方米，2 人家庭 50 平方米，1 人家庭 25 平方米。搬迁点配备学校、幼儿园、社区医院与商业区，明显改善了农牧民的居住生活环境。艾尔肯大叔说："刚知道要搬迁，我心里没底儿，搬下来以后非常满足。山下好，有暖气，政府政策好！"①

山上塔尔村民的原住房于不同年代建造，建材、结构和风格差异较大，没有烹饪、洗浴等设施。原住房最大的问题是安全性差，不具备抗震能力，笔者看到数家保留的百年古民居均为土石结构。在部分农牧民搬迁的同时，利用政府的资助（建档立卡贫困户每户 60000 元、非贫困户 50000 元），留在山上塔尔的村民也建起了定居兴牧房，内设厨房、卫生间，安装有煤气灶、油烟机、洁具和热水器等生活设施。

山区农牧民家原住房附近一般有圈舍，以石块和黏土为建材。脱贫攻坚期间，在县乡两级政府的组织下，山区 187 户拆除了旧圈舍，用水泥砖块建起 30 平方米以上的新圈舍，每户获得补助 10000 元，2020 年年中新圈舍已投入使用。全乡共有 347 户享受了厕所、床铺、厨房、庭院改造项目补贴。此外，政府先后出资 100 余万元用于整治提升塔尔乡人居环境（见表 2）。

---

① 受访人：艾尔肯大叔，老年，塔吉克族农牧民，访谈日期：2020 年 1 月 19 日。

表 2　塔尔乡富民安居工程投入

改善方式	山上塔尔		山下塔尔		全乡	
	户数(户)	工程投入(万元)	户数(户)	工程投入(万元)	户数(户)	总计(万元)
安居房	357	2062.55	462	2332.60	819	4395.15
暖棚圈舍	187	187.00	388	310.80	575	497.80
改厕、改厨、改炕、庭院改造项目	223	19.78	124	7.63	347	27.41
农村环境整治	487	93.20	501	7.60	988	100.80

（三）就业安置稳步增加农牧民工资收入

2015 年脱贫攻坚工作启动以来，在全国范围内，移民搬迁工程同工业化、城镇化发展有机结合，以转移就业、发展产业扶持贫困群体，实现脱贫致富和生态保护的双重目的。至 2021 年末，塔尔乡有 1074 人实现了就近就地务工。除就近就地务工以外，塔尔乡就业安置的另一项重要措施是安排农牧民从事护边员（796 人）、护林员（85 人）、护草员（80 人）工作（见表 3），后两类工作是生态建设工程的配套措施。

生态移民、安置就业兼有贫困治理、民生保障与环境治理的多重功能。护边员、护林员、护草员岗位本身就肯定了农牧民的本地身份和其自身知识经验的价值，这一群体是参与国家安全建设与生态环境保护的积极行动者。农牧民在从事护边、护林、护草工作的同时，还可以兼顾农牧业生产，从而有助于他们构建起更为稳定的生计结构。2015~2021 年，塔尔乡人均收入从3689.85 元增长到 8417.85 元，年均增幅达到 21.4%。

表 3　塔尔乡就业安置情况

岗位	月工资(元)	山上塔尔(人)	山下塔尔(人)	散居塔尔(人)	总计(人)
护边员	2600	286	227	283	796
护林员	800	38	15	32	85
护草员	800	28	0	52	80
其他公益性岗位	1000	73	137	—	210

注：散居在昆仑佳苑、丝路佳苑的塔尔人在所在社区从事其他公益性岗位，不在统计范围内。

艾合买提一家便受益于这一新的多元生计模式。户主艾合买提与妻子育有三个子女，长女上大学，次女、长子读高中。这一家有2.5亩耕地、50亩天然草场、3亩人工草场，15只羊、2头牛、3头牦牛。2020年全家生产经营收入超过50000元，其中艾合买提从事护边员工作的年工资是31200元，妻子在村小学从事厨师工作的年工资是12000元，工资收入（43200元）在家庭总收入中占比超过80%，这源于地方政府提供的工作机会。[①]

（四）教育扶贫显著提升本乡人力资源

"十三五"期间，南疆22个深度贫困县（市）开展了教育扶贫专项行动，自2017年起实现15年免费义务教育全覆盖，阿克陶县是受益县（市）之一。塔尔乡的教育扶贫工作需向前追溯：自1993年开始，山上塔尔的巴格小学改为寄宿制学校；自2007年开始，初中的学生转移到山下平原的寄宿制中学就读；2008年，山上塔尔建成4所幼儿园，实现了所有幼童就近入园；自2018年开始，山区4~6年级的学生转移到山下平原中心小学就读。至2021年底，塔尔乡有入园儿童166人，小学生422人，初中生190人，高中生175人，大学生209人，上述1162名农牧民子女均是教育扶贫政策的受益人。

因15年义务教育费用基本由国家财政承担，故在农牧民家庭支出中，高等教育支出所占比例上升最快。新疆本地高校学费一般在4000元左右，住宿费不超过1000元，大部分学生每学期生活费约5000元，合计一年生均教育支出约15000元。所有贫困大学生都可申请到3000元的"雨露计划"助学金，即便如此，12000元的教育支出对于农牧民家庭来说也是不小的数目，但全乡没有学生因为家庭无力支付学费而辍学。相当程度上是因为本地形成了高等教育支出的二元承担结构：部分支出由家庭承担，亲友也予以资助；同时，国家财政设立教育扶贫专项资助，地方政府也设立了升学奖励基金，明显减轻了农牧民家庭的经济负担。

---

① 受访人1：艾合买提，男，中年，塔吉克农牧民兼任护边员；受访人2：艾合买提之妻，女，中年，塔吉克农牧民兼任小学厨师。访谈日期：2020年9月15日、2021年12月12日。

寒暑假期间，曾在新疆大学攻读硕士学位的古丽会到新塔尔的霍西阿巴提小学支教，给在校生辅导汉语。该校学生不足100人，实行小班授课。古丽对霍西阿巴提小学的教学质量深以为傲，2020年该校被评为阿克陶县优秀小学。在她看来，塔尔塔吉克人受教育程度整体较高。"五年前阿克陶县受过研究生教育的有13人，其中塔尔塔吉克族有6人。"古丽也因学习成绩优异，于2021年秋季入职喀什大学，成为政法学院的教师。[①]

艾萨介绍，"塔尔乡每年上大学本科的孩子有十来个，最少也有七八个。取得硕士学位的有十几个，有的正在读"。关于塔尔乡年轻人受教育水平显著提升的原因，艾萨的解释是，"我们和平原接触得早，跟各种文化接触得比较多，80年代塔莎公路通车，塔尔下山的人越来越多了"。[②]

20年前塔尔人的行走空间依性别、年龄、职业身份不同而存在明显差异：年长者的行走空间大于年幼者，男人的行走空间大于女人，政府工作人员、商人、工匠的行走空间大于普通农牧民。21世纪以来，打破这种行走空间差异规律的首要因素便是教育。年轻人带着一纸大学录取通知书就到了自己父辈没有去过的北疆和外省。

三 发展旅游带动农牧民持续增收

地理学家单之蔷将地理之美分为两大范畴：一类是崇高（或称壮美），一类是优美。优美的体验主要源自爱与喜欢，崇高则包含惊叹和崇敬。[③] 帕米尔高原有身披雪袍、头戴白冠的群峰，贯通山谷的浩荡长风，锐刺肌肤的冰川融水，一簇一簇的参天柽柳，山脚下有如"文明遗珠"[④] 的村落。高原

---

① 受访人：古丽，女，青年，塔吉克族硕士研究生毕业，访谈日期：2020年1月19日、2021年7月20日。近年来，南疆地方政府从内地招聘了大量本科生、硕士研究生，仅在塔尔乡政府就有2名工作人员具有硕士研究生学历，阿克陶县硕士研究生人数与塔吉克研究生占比都发生了明显变化。
② 受访人：艾萨，男，老年，塔吉克族退休公务员，访谈日期：2020年9月15日。
③ 单之蔷：《徒步的魅力》，《中国国家地理》2016年第10期，第22~33页。
④ 刘湘晨：《新疆文化的深度解读》，新疆文化出版社，2016，第293页。

村庄兼有物质与非物质文化遗产，两者融合依存，同属一个文化与审美的基因。①

（一）塔尔发展乡村旅游的区域资源优势

从喀什平原或叶尔羌平原步步升高至帕米尔高原，天高地阔、山河壮美，自然景观的巨大反差带来强大的冲击力与震撼力，外来者一经进入便为之惊叹。但自然地理不等于社会文化空间，人的活动使空间富有意义。塔吉克人品行的温厚纯良、诚实笃信、古道热肠，也给众多到访者留下深刻印象。

3月、4月是塔尔的花期。塔尔的杏树种类极多，花期始于3月20日主河道日照相对充足的地带。各个河湾村落是不规则的三角形、梯形小绿洲，杏花是这些不规则地貌的水粉、烟粉镶边。玫红色的桃花在4月10日前后盛开。4月中旬苹果花如期绽放，有红有白，此季梨花也一片莹白。河谷小绿洲外围是冰蓝色的塔什库尔干河，绿洲内是水粉、烟粉、玫红、莹白的花树，黄绿相间的柳丝，树下则是油绿的麦田。沿河果园、人工草场多用石墙围起，石墙外是条条水渠，浇灌毗邻的麦田。石墙、水渠、麦田、果园依山傍水、相互嵌合，是人们世代辛劳营建、勉力维系的结果，这些堪称帕米尔的农业遗产。

从塔什库尔干镇取道塔莎公路到莎车，塔尔是重要经停点，多家旅行社将此地作为最佳赏花地。从东中部城市远道而来的旅游者引领着消费潮流，文化消费需求旺盛，这一群体看的是十里不同风、百里不同俗。由此可知，乡村建设、乡村振兴需要"在地化知识"，其蕴含于乡村生活的自然、人文、环境中。②

（二）国家为改善基础设施持续加大投入

塔尔一线绿洲紧紧依傍在塔什库尔干河两岸，山回水转，水脉流向哪

① 冯骥才：《漩涡里：1990—2013 我的文化遗产保护史》，人民文学出版社，2018，第305~306页。

② 温铁军：《告别百年激进：温铁军演讲录 2004—2014》，东方出版社，2016，第557~560、596页。

里，绿洲就延伸到哪里。自然地理因素是村落人文景观的基础条件，但当下塔尔的生存与发展却越来越多地取决于行政因素。正是2015~2020年国家打赢扶贫攻坚战、新疆全境旅游发展，才会有塔尔山区的巨大变化：若只有脱贫攻坚，没有全境旅游，塔尔乡山区农牧民将全部搬迁到山下，塔尔山区将人去房空、田园荒芜；若只有全境旅游，而无脱贫攻坚，无论是新疆区级财政，还是地州、县级财政均无力进行旅游开发。

尽管我国旅游产业发展已进入大众消费时代，但塔尔之行仍属高端旅游消费。旅游旺季时，从上海往返喀什的机票约5000元，喀什—塔县三日游选择大巴车跟团出行，费用约1000元。但旅游大巴车无法前往塔尔，游客只能选择包租越野车，喀喇昆仑公路—塔莎公路—吐和公路环线全程六日游，个人包车需要支付15000~25000元。即便合伙租车，支出也约5000元。故前往塔尔的游客多属于经济条件较好的阶层，且学历层次也普遍较高。

2020年，新疆维吾尔自治区党委和政府将塔莎古道确定为新疆四条精品旅行路线之一。这条路线成为"黄金线路"的前提是进一步改善通行条件。2021年，塔莎公路被纳入国道219西延项目路段。高原基础设施建设成本极高，国家计划投资184亿元用于塔莎公路二期拓展工程。项目完工后，游客前往塔尔的旅游支出将大幅度降低。

（三）本地政府发展乡村旅游的设计规划

脱贫攻坚工作启动以来，阿克陶县政府、塔尔乡政府在吸纳民意、保护群众利益方面做了大量实质性工作。乡政府鼓励农牧民开办民宿，并积极申请乡村旅游发展项目补助。2019年，10家牧家乐获得了资助（户均20000元），政府为其提供了音响、消毒柜、桌椅、菜谱等物质帮助。2018年4月，50名妇女被派到阿克陶镇学习厨艺，2019年7月，阿克陶县劳动与社会保障局派厨师来塔尔现场指导食品制作。2020年春，在新疆文旅厅专项资助的基础上，州县两级政府配套出资，给开办民宿的家庭每个床位补贴500元用于购置被褥等，共补贴床位180个。2020年7月，塔尔乡为42户

民宿经营者申请到补助资金125万元。至2021年末，塔尔乡有民宿79家，其中贫困户61家，先后得到政府资助的有52家，累计获得资助154万元。上述措施明显改善了民宿的居住环境、提升了服务质量。

受疫情影响，2020年春游客稀少。但乡政府充分利用这一时段完成了大量旅游发展准备工作，包括做古树、古建的文字介绍与制作标识牌；明确要求村民新建房舍与周围环境相协调，不得随意拆旧房、院落、圈舍，以保护古村落的完整性。2021年初，乡政府出资50万元把农牧民的住房免费粉刷成暗黄色，与昆仑山体颜色接近。乡政府提出建议性收费标准，民宿住宿费为每晚100元、（不加餐）日常三餐50元，民宿经营者普遍采纳上述收费标准。近三年来，塔尔乡没有发生因游客不满民宿服务的投诉事件。

2020年，自治区政府计划投资6000万元，在塔尔建设旅游基础设施，包括停车场、杏花岛、游客接待中心、玉石巴扎、吊桥等项目。第一批资金已经到位4000余万元，主要用于兴建游客接待中心、停车场、旅游厕所、商铺等，游客中心主体建筑面积约4500平方米。

尽管昆仑杏花节、玄奘东归之路、拜火教遗址、云中草原、百年民居都是宝贵的历史文化资源，但历数一个个景点设计不等于完整可行的旅游规划。当下乡、县、州三级政府正致力于从自然地理与历史文化的双重角度塑造塔尔的旅游形象，明确塔尔在沙塔古道、南疆旅游环线中的定位，挖掘塔尔的旅游资源，将特色景点、特色文化融入旅游项目开发，继而谋划全域旅游方案，打造吃、住、行、游、购、娱一体化的旅游发展格局（见图1）。

（四）参与旅游经营优化农牧民生计结构

生计活动镶嵌于特定自然环境与社会文化框架之中，生计不仅是个人行为选择，也是群体构建过程，体现着个体适应—群体构建的互动关系。近年来，塔尔农牧民的住房、教育、医疗条件得到了实质性改善，加之就业安置、最低生活保障金等扶贫措施的启动，整体上明显改善了农牧民的生计状

图1　塔尔乡山区的旅行线路与主要景点

况，家庭收入持续增加。

自2019年以来，村民生计结构的突出变化是旅游业经营收入的增加与占比的提高。2019年塔尔旅游收入约100万元；2020年春因受疫情影响，塔尔基本没有接待游客；2021年3月末至4月初游客数量激增，仅春季游客便达到17025人，塔尔山区全年旅游收入累计达到667.9万元。

山上塔尔民宿经营成功者之一是住在开勒古孜的村民别克。他自2010年开始经营民宿，2017年开始组织乡村旅游经营合作。他手边有一本登记册，23户村民被编了号码，每户一页，附有各家照片，供游客们自行选择。这些合作家庭的户主大部分是护边员（16户），部分家庭妇女从事种植养殖业。开勒古孜原有住户约30户，现在约20户。未搬迁的家庭基本都加入了民宿经营合作。① 吸纳23户家庭加入，与村民们（多有亲属关系）共同受益，这是传统乡村互助与现代乡村旅游产业发展的有效结合。

---

① 受访人：别克，男，中年，塔吉克农牧民兼营民宿，访谈日期：2020年3月30日、2020年9月14日、2021年7月20日。

四 互嵌发展型乡域民生建设实践

脱贫攻坚与后续帮扶都服务于改善民生这一更持久的主题。为此，塔尔乡、阿克陶县、克州三级政府做出了积极有益的探索，可称为"互嵌发展模式"。民生建设成效初显的同时，也存在亟待思考解决的问题。

（一）减贫帮扶资源投向本地优势资源开发

脱贫攻坚战是有着极强实效性的国家战略与政治任务，实践中存在国家规划时限与社会适应时效的张力。脱贫攻坚启动以来，塔尔农牧民的主要收入来源是护边员、护林员、护草员等岗位工资收入，高度依赖国家财政。其间，无论是留在山上的农牧民，还是搬迁到山下的移民，都面临生计转型、社会关系重建、社会融入等问题。

自 2019 年以来，塔尔扶贫减贫工作力图实现国家财政投资使用与本地优势资源开发的相互嵌合，政府打造平台引导鼓励村民参与旅游经营。基于生产、生活、生态合一理念与农业、文化、旅游、运输四种业态交织互融的发展理念，以政府扶持促进乡村产业发展，塔尔乡有望改写贫困地区深陷"贫困陷阱"难以自拔这一发展经济学的消极结论，将高原资源生态脆弱区的地理劣势转变为历史文化富集区的产业优势。

（二）从物质帮助转向农牧民内生动力培养

贫困治理是一项长期事业，保障式扶贫措施更易于落实并取得成效，开发式扶贫成效却远不如前者，同时绝对贫困治理难度要明显低于相对贫困，这在塔尔的扶贫工作中亦有体现。脱贫攻坚工作中，政府投入了大量资源用于改善基础设施与公共服务，在有效解决农牧民住房、医疗、教育、就业问题的同时，也实现了山区与外界的互通互联。2018 年以来，山区自然资源与区位优劣评价发生变化，位于深山处人迹罕至的高原村庄被众多游客与踏访者视为"世外桃源"。游客数量增加与美誉度提升，也给政府投资旅游产业、村民参与旅游经营增加了信心。

在持续减贫工作中，大量财政资源投向进一步改善交通条件、兴建旅游服务设施，为发展乡村旅游打下硬件基础。政府帮扶的重心已从给农牧民提供物质帮助转向提升其生计能力，旅游产业也从最初村民的自发自为转变为政府的大力扶持，而村民的充分参与也促进了乡村旅游的内生性发展。

（三）乡域发展规划与区域发展规划相协调

贫困、欠发达地区资源相近，故脱贫减贫的困难与障碍也大体相似。地方政府做项目决策时，因基础信息同质性较强，可能导致项目类同。仅以杏花为例，喀什平原的英吉沙县、阿克陶县都有大量杏树，而在帕米尔高原河谷地带的马尔洋、库克西鲁格、大同、塔尔等都以杏花为名片吸引游客。2022年以来，帕米尔景区公众号推出视频《早春的帕米尔高原杏花等你来赏》，将塔尔乡作为"杏花之路"（旅游路线）的终点；部分文旅企业（例如致力于推介南疆文化的"斑马江湖"）也制作图文《寻春帕米尔高原，探秘隐世杏花源》，推介塔尔的杏花；新疆文旅局公众号"新疆是个好地方"推出图文《什么是岁月静好？帕米尔高原的杏花村会告诉你》，杏花图片拍摄地多取自塔尔乡；尽管人力资源与资金技术条件有限，但自2022年春节以来塔尔乡公众号"昆仑大峡谷杏花村"持续更新文章、资讯，并且与帕米尔景区、文旅企业积极沟通、寻求合作。

塔尔旅游发展需要塔莎公路，乃至南疆环线的畅通，同时也需要南疆各地政府相互合作提携。再以杏花为例，三四月间从平原绿洲至帕米尔谷地，杏花徐徐铺展。千里杏花之路从喀什平原一直绵延到奥依塔克（属阿克陶县），在奥依塔克至班迪尔乡（属塔县）间有200余公里的间断；而后杏花又现，杏花之路与塔什库尔干河相伴，一直延伸到塔尔乡；此后杏花之路顺叶尔羌河自高原而下，再度与平原杏花相遇。千里寻花之路，一半行程杏花掩映，一半行程雪峰陈列，全程沿河而行。杏花之路本身就是包容递推依存的典范，也是最好的环线推荐项目。

帕米尔高度和厚度并存、分量和力量兼具。从叶尔羌支流上游到干流下游，从高原牧场到平原绿洲，塔尔乡山区恰好处于这一地理单元的中间位置，这里农耕与游牧相互支撑、互为条件、互为结构，自然地理和民风民俗的魅力延续至今。

通过发展乡村旅游，实现脱贫致富、保护并宣传塔吉克文化，地方政府与村民的目标高度一致。乡村旅游被政府高度肯定，也被村民寄予厚望。但就当下情况看，乡村旅游发展项目还未全面开展。脱贫攻坚刚刚完成，乡村建设与产业振兴方才起步。

参考文献

［1］杨圣敏：《环境与家族：塔吉克人文化的特点》，《广西民族学院学报》（哲学社会科学版）2005 年第 1 期。

［2］刘湘晨：《众山的拴马桩：帕米尔的另一种讲述》，新疆青少年出版社，2014。

［3］单之蔷：《徒步的魅力》，《中国国家地理》2016 年第 10 期。

［4］刘湘晨：《新疆文化的深度解读》，新疆文化出版社，2016。

［5］冯骥才：《漩涡里：1990—2013 我的文化遗产保护史》，人民文学出版社，2018。

［6］温铁军：《告别百年激进：温铁军演讲录 2004—2014》，东方出版社，2016。

发展中的中国企业人权政策与声明

梁晓晖*

摘　要： 企业人权政策是企业落实尊重人权责任的基本方针。联合国
《工商企业与人权：实施联合国"保护、尊重和补救"框架指导
原则》为企业制定人权政策确立了内容要件和形式要件，据此
可以将企业人权政策区分为狭义的人权政策和广义的人权政策。
近年来，越来越多的中国企业开始制定和发布狭义的企业人权
政策，人权政策的质量不断提高，人权政策在企业内外部的影
响也持续扩大。同时，中国企业的人权政策在数量、质量和影
响力各个维度上仍有很大的改进空间。中国企业人权政策发展
的动因，除了企业的使命、价值观或文化等内在驱动力因素之
外，主要是政策上的推动力和商业上的拉动力综合驱动。因此，
本报告建议中国政府出台更多更有力的国家政策鼓励和引导中
国企业以人权政策为基础在国内外履行尊重人权的责任，同时，
建议更多中国企业学习已经制定了人权政策的中国企业的经验，
研究制定符合自身现状和发展战略的人权政策。

关键词： 人权政策　工商业与人权　工商企业与人权指导原则　中国企业

2011 年 6 月，联合国人权理事会批准通过了《工商企业与人权：实施
联合国"保护、尊重和补救"框架指导原则》（以下简称《指导原则》），

---

* 梁晓晖，中国纺织信息中心副总经济师、中国纺织工业联合会社会责任办公室首席研究员，
法学博士，研究方向为企业社会责任、可持续发展、工商业与人权及国际人权法。

使之成为迄今为止唯一基于普遍性的国家意志的处理工商业人权影响的国际文件。[①] 作为"企业尊重人权责任"的首要实施要求,《指导原则》要求,"作为内置其尊重人权的责任的基础,工商企业应通过一项政策声明,表示承诺履行这一责任"。[②] 这首次在国际文件中提出了企业制定人权政策的要求,并且指明该政策对于企业履行尊重人权的责任具有根本的重要性。

2021 年 9 月,国务院新闻办公室发布的《国家人权行动计划(2021—2025 年)》首次提出,"促进工商业在对外经贸合作、投资中,遵循《联合国工商业与人权指导原则》,实施人权尽责,履行尊重和促进人权的社会责任",同时也提出,"鼓励企事业单位建立常设性的人权培训制度……形成尊重和保障人权的企事业文化"。这些要求也意味着,对于遵循《指导原则》履行尊重人权责任和构建尊重人权的企业文化的中国企业而言,制定和发布企业人权政策也已经成为我国政府的政策导向。

一　企业人权政策的意义、内容和形式要件

在企业管理学上,企业政策(policy,或译"方针")是指导企业行为的总则,它决定着企业建立战略目标、选择战略方案和实施战略方案的框架结构,"企业方针……反映企业宗旨的基本要求;企业方针是企业一切行动的准则,也是协调企业中各单位各部门之间的关系和信息沟通的主要依据"。[③] 为企业各类管理领域制定普遍性国际标准的国际标准化组织对"企业方针"的定义则更为直接明了——"由最高管理者正式表述的组织的意图和方向(intentions and direction)",[④] 而这也是国际标准化组织制定的各

---

① 参见联合国文件,A/HRC/17/31(2011)。
② 联合国《指导原则》,原则 16。
③ 徐盛华、林业霖:《现代企业管理学》(第 3 版),清华大学出版社,2016,第 11 页。
④ 参见 ISO/IEC Directives, Part 1, Annex SL Appendix 2, 2021 年 5 月第 17 版, https://isotc. iso. org/livelink/livelink/fetch/- 8921878/8921901/16347356/16347818/2021 - 05 _ Annex_ SL_ Appendix_ 2. pdf? nodeid = 21826538&vernum = -2, 第 6 页。

类管理体系所通用的定义模板。① 由此可见，对于成熟、规范而系统化的企业管理而言，企业政策不仅必要而且重要：它既是企业作为一个组织对其存在宗旨的公开表达（意图），也是企业作为一个社会行为者自我宣示的行为准则（方向）。正因如此，所有管理体系都要求企业制定相关的政策或方针，而根据管理体系所针对的不同事项，企业可能制定各类政策或方针，包括质量方针、健康安全方针、环境方针以及职业健康安全方针等。②

《指导原则》在方法论上要求企业管理人权风险，并因此要求企业将人权尽责"包括在更广阔的企业风险管理制度中"，③ 这意味着企业需要将人权与质量、环境和健康安全一样，作为管理体系的对象或纳入管理体系之中，而这也是《指导原则》提出企业制定人权政策声明的管理学基础，"通过人权政策是企业满足尊重人权责任的人权尽责管理的先决条件"。④ 这种在管理学上的重要性，也使人权政策与"人权尽责"和"人权补救"一起成为企业落实尊重人权责任的行动三要素。⑤

---

① 例如，《质量管理体系 基础和术语》（GB/T 19000—2016/ISO 9000：2015），3.5.8，国家质量监督检验检疫总局、国家标准化管理委员会，2016 年 12 月 30 日发布；《环境管理体系要求及使用指南》（GB/T 24001-2016—2016/ISO 14001：2015），3.1.3（"由最高管理者就环境绩效正式表述的组织的意图和方向"），国家质量监督检验检疫总局、国家标准化管理委员会，2016 年 10 月 13 日发布；《合规管理体系指南》（GB/T 35770—2017/ISO 19600：2014），2.8，国家质量监督检验检疫总局、国家标准化管理委员会，2017 年 12 月 29 日发布；以及《职业健康安全管理体系要求及使用指南》（GB/T 45001—2020/ISO 45001：2018），3.14、3.15，国家市场监督管理总局、国家标准化管理委员会，2020 年 3 月 6 日发布。
② 例如《环境管理体系要求及使用指南》第 5 章 "领导作用"下的"5.2 环境方针"条要求"最高管理者应在界定的环境管理体系范围内建立、实施并保持环境方针"；以及《职业健康安全管理体系要求及使用指南》的"5.2 职业健康安全方针"条也要求"最高管理者应建立、实施并保持职业健康安全方针"。
③ 《指导原则》，原则 13，原则 17 的评论。
④ *A Guide for Business*：*How to Develop a Human Rights Policy*（2nd Edition, 2015），United Nations Human Rights Office of the High Commissioner, https：//www.ohchr.org/Documents/Publications/DevelopHumanRightsPolicy_ en.pdf, p. 3.
⑤ 联合国《指导原则》，原则 15。

（一）企业人权政策的意义

从人权风险管理的具体环节来看，企业制定人权政策会在多个层面产生积极意义，包括为将尊重人权的责任嵌入所有业务职能提供基础；回应利益相关方在人权议题上的期望；发现政策差距并提醒企业注意新的风险领域；与利益相关方建立信任并处理其关切；触发内部人权学习、管理能力和领导能力；以及展示良好的企业实践；等等。[①] 因此，《指导原则》提出制定人权政策的要求，也是从管理观念和机制上为企业的人权责任确立定位，即人权政策声明不仅构成企业宗旨的基本内涵，也是指导企业可能产生人权影响的经营活动的行为指针，其根本目的在于"公开阐明其责任、承诺和预期"。[②] 实际上，企业管理学也认为，企业在制定各项方针时，应当着重关注"关于企业劳动用工的各项基本要求……和公民基本权利的各项规定"。[③]

（二）企业人权政策的内容

关于企业人权政策的内容，《指导原则》提出了两项最低要求，一是该政策须"表示承诺履行这一（尊重人权的）责任"，二是须规定"企业对和与其业务、产品或服务直接关联的人员、商业伙伴其他方的人权预期"，[④] 也即对自身责任的承诺和对相关方的预期。

就企业自身承诺而言，企业人权政策至少应明确两个内容，即提出企业"尊重的责任"（responsibility to respect），并须说明企业对"人权"的认知。"尊重的责任"之所以是人权政策的一个最低承诺内容，不仅在于它界定了

---

① *A Guide for Business：How to Develop a Human Rights Policy* （2nd Edition，2015），United Nations Human Rights Office of the High Commissioner，https：//www.ohchr.org/Documents/Publications/DevelopHumanRightsPolicy_ en.pdf，p.8.

② 联合国《指导原则》，原则16的评论。

③ 徐盛华、林业霖：《现代企业管理学》（第3版），清华大学出版社，2016，第11页。

④ 联合国《指导原则》，原则16（c）。

企业管理人权风险的基本方法——人权尽责（human rights due diligence），即为了确认、防止和缓解企业对人权的负面影响，企业须"评估实际和可能的人权影响，综合评估结果并采取行动"，① 而且如果企业提出更高水平的人权承诺，如"支持、促进或实现人权"，都应以尊重人权为前提。② 对于"人权"的认知，《指导原则》提出，这意指"国际公认的人权"，且"在最低限度上"包括"国际人权宪章以及关于国际劳工组织《工作中基本原则和权利宣言》中所载明各项基本权利的原则阐明的那些权利"。③ 因此，"在最低限度上"，一个内容上完整的企业人权政策应该使用"人权"一语且引述这些文件表明企业对"人权"的完整理解。④

由于企业履行尊重人权责任的行动会不可避免地涉及企业与其他相关方的关系，因此，企业人权政策在做出自身责任的承诺之外，还需要提出对有关人员、商业伙伴和其他各方的人权预期。这里的"人员"，并非指作为人权享有者的个人（如员工、消费者和社区居民等），而是代表企业行为的个人，例如管理者和员工。企业对他们的"人权预期"则是根据企业人权政策在业务、产品或服务关系中协助企业落实尊重人权的责任。⑤ 同样的"人权预期"

---

① 联合国《指导原则》，原则17。
② 例如，力拓集团在"人权政策"中声明："力拓尊重（respect）并支持（support）我们的员工、我们生活的社区以及受我们业务影响的人的尊严、福祉和人权。"详见网页内部可下载的人权政策 PDF 文件，https：//www. riotinto. com/sustainability/human-rights；3M 则声明"3M 公司致力于在全球所有 3M 业务中维护（uphold）人权和工作场所的权利"，详见 https：//multimedia. 3m. com/mws/media/10297050/human-rights-policy. pdf。
③ 联合国《指导原则》，原则12。
④ *A Guide for Business*：*How to Develop a Human Rights Policy*（2nd Edition, 2015），United Nations Human Rights Office of the High Commissioner, https：//www. ohchr. org/Documents/Publications/DevelopHumanRightsPolicy_ en. pdf, p. 18。
⑤ 例如，雪佛龙在人权政策中明确指出"雪佛龙公司的所有员工都必须遵守这一政策"，详见 https：//www. chevron. com/-/media/chevron/sustainability/documents/AboutOurHumanRights Policy. pdf；苹果在人权政策中声明："我们要求员工每年接受有关苹果商业行为政策的培训，该政策反映了我们对尊重人权和以道德、诚实的方式开展业务并遵守适用法律和法规的承诺。"详见 https：//s2. q4cdn. com/470004039/files/doc_ downloads/gov_ docs/Apple-Human-Rights-Policy. pdf。

也适用于企业的商业伙伴和其他相关方，例如运营地的政府和社会组织等。①

此外，虽然《指导原则》没有明确提出，但企业人权政策在逻辑上还应当包括其他两项基本内容，即政策的适用范围和政策的实施机制。② 就适用范围而言，虽然经常可能不言自明，但在有些情况下，尤其是存在集团公司和分公司/子公司的情况下，明示适用范围会避免可能的误解，③ 因此一些企业会在政策中明示相关政策的适用范围。④ 就实施机制而言，政策的制定、批准、监督和报告权限，以及人权尽责过程的详细说明，是现有企业人权政策的常见内容。⑤

---

① 众多企业会在独立人权政策或另外的供应商准则中提及对商业伙伴的人权要求，例如 Amerisource Bergen 在人权政策中提及："我们希望我们的供应商也能保持一个安全和健康的工作环境，包括但不限于保护工人免受不必要的危险和过度体力劳动的影响。"详见 https://s27.q4cdn.com/189772748/files/doc_downloads/2020/10/AmerisourceBergen-Human-Rights-Policy.pdf；道达尔在人权政策中声明："我们希望我们的供应商和承包商遵守与我们同等的标准，特别是对他们的员工，并不断努力，使他们自己的供应商和分包商也尊重这些原则。"详见 https://totalenergies.com/sites/g/files/nytnzq121/files/atoms/files/human_rights_internal_guide_va.pdf。

② 联合国全球契约和联合国人权高专办在 *A Guide for Business：How to Develop a Human Rights Policy* 中就将这两项内容列为人权政策的"基本要素"（fundamental elements）。参见 *A Guide for Business：How to Develop a Human Rights Policy* (2nd Edition, 2015), United Nations Human Rights Office of the High Commissioner, https://www.ohchr.org/Documents/Publications/Develop HumanRightsPolicy_en.pdf, p. 20。

③ 例如，华为（英国）公司的网站上刊有以英文发布的"Huawei's Commitment to Human Rights 2020"，这一看似人权政策声明的文件全文使用"Huawei"指代发布主体，但由于没有说明该政策声明的适用范围，容易使人误认为这是整个华为公司的政策，但在华为中文网站（即华为总部网站）上，则检索不到任何类似的中文或英文人权承诺，参见 https://www.huawei.com/uk/declarations/huawei%20human%20rights%20commitment。

④ 例如，Verizon 在人权政策声明开篇便指出："本声明适用于 Verizon 通信公司及其子公司（'Verizon'）。"详见 https://www.verizon.com/about/our-company/company-policies/human-rights-statement；立立公司在人权政策中表明："尊重的责任适用于立立公司及其子公司的所有管理者和员工。"详见 https://www.hitachi.com/sustainability/policy/pdf/human_rights_policy.pdf。

⑤ 例如，乐购在人权政策中详述了政策制定和监督方法以及尽责管理流程，详见 https://www.tescoplc.com/sustainability/documents/policies/our-approach-to-human-rights/；强生在人权政策中声明："采购部、人力资源部、法务部和全球临床开发运营部的领导负责界定和实施我们的人权管理框架。我们的人权实践的实施是由我们的企业治理委员会（EGC）监督的。EGC 是一个跨职能的团队，由代表我们三个业务部门和全球企业职能部门的高级领导人组成，他们对环境、社会和治理问题有一定的认识。在 EGC 的定期会议上，上述职能部门领导人会提供有关人权的最新情况，并在必要时向强生执行委员会、董事会和董事会委员会提供。"详见 https://www.jnj.com/about-jnj/policies-and-positions/our-position-on-human-rights。

（三）企业人权政策的形式要求

相对于内容要件的高度概括性，《指导原则》对企业人权政策的形式要件提出了四项非常具体的要求。[1]

首先，企业人权政策声明应得到工商企业最高管理者的批准。由于企业政策是最高管理者的意图表达和方向确证，因此，无论政策由什么部门或层级实际起草和制定，唯有最高管理层的批准才能赋予其在企业内部的最高权威。这里的"最高管理者"在管理理论上指"在最高层指挥和控制组织的一个人或一组人"，他们"在组织内有授权和提供资源的权力"，[2] 也就是企业的董事会、总经理或首席执行官层级的管理者。

其次，企业人权政策声明应吸收相关的内部和/或外部专门知识。由于人权政策涉及国际人权规则与企业业务的比对和对接，而前者作为一套专门的知识体系，企业可能缺乏相关的人力和知识资源，因此需要确保政策声明充分吸收相关的专门知识。根据《指导原则》，政策声明吸收相关专门知识的水平取决于工商企业业务的复杂性，而专门知识可依靠各种来源，包括可信的在线或书面来源，以及与公认专家的磋商。[3] 例如，在实践中，一些企业会特别说明其人权政策的制定得到了专门人权机构的支持。[4]

---

[1] 联合国《指导原则》，原则16。

[2] 例如，参见各类管理体系国家标准和国际标准中的定义，包括：《质量管理体系基础和术语》（GB/T 19000—2016/ISO 9000：2015），3.1.1（有关人员的术语之"最高管理者"），国家质量监督检验检疫总局、国家标准化管理委员会，2016年12月30日发布；《环境管理体系要求及使用指南》（GB/T 24001-2016—2016/ISO 14001：2015），3.1.5，国家质量监督检验检疫总局、国家标准化管理委员会，2016年10月13日发布；以及《职业健康安全管理体系要求及使用指南》（GB/T 45001—2020/ISO 45001：2018），3.12，国家市场监督管理总局、国家标准化管理委员会，2020年3月6日发布。

[3] 联合国《指导原则》原则16的评论。

[4] 例如，乐购声明其尽责管理流程是与50多个内外部利益相关者协商制定的，包括供应商、多方利益相关者机构（如道德贸易倡议）、工会、民间社会团体（如 Unseen 和 Oxfam）以及政府机构，详见 https://www.tescoplc.com/sustainability/documents/policies/our-approach-to-human-rights/；联合利华的人权政策中提及："我们相信，通过外部倡议和伙伴关系，例如与其他行业、非政府组织、工会、供应商和其他商业伙伴合作，往往是应对共同挑战的最佳方式。"详见 https://www.unilever.com/Images/unilever-human-rights-policy-statement_tcm244-422954_en.pdf。

再次，企业人权政策声明应予以公布并传达给内部和外部所有个人、商业伙伴和其他有关方。人权政策应被尽可能多的利益相关方所获知，因此企业在面向不特定相关方公布政策的同时，还应主动将其专门传达给与企业保持合同关系的实体，与其业务或运营直接相关的特定相关方，如员工、投资者、商业合作伙伴或社区人群等。同时，在有巨大人权风险的业务中，应传达给可能受影响的利益相关方。在实践中，企业一般会在网站公布人权政策，也会在处理相关方关系的文件或制度（如员工手册或履行特定职能人员的培训安排）中援引或传达这一政策。①

最后，企业人权政策应体现在能够将该政策嵌入整个企业所需的业务政策和程序中。这提出了企业内部"政策协调"或"政策一致性"的问题，也即企业需要确保其人权政策与管理其更广泛的商业活动和关系的政策和程序之间保持一致。根据《指导原则》，人权政策声明应内置并贯穿从企业最高层到其各项职能的所有层面和环节，"否则可能难以保证其行动意识到或关注人权"。②

（四）企业人权政策的分类

按照上述内容要件与形式要件是否完全和完整，可以对企业的人权政策做出狭义和广义的划分。一个明确承诺企业自身尊重包括国际人权宪章以及关于国际劳工组织《工作中基本原则和权利宣言》中所载明各项基本权利（"最低限度上国际公认的人权"），同时提出对有关代表企业行为的个人（管理者和员工）、商业伙伴和其他各方也须尊重人权的预期，明确了适用

---

① 例如，必和必拓在人权政策文件中声明："我们与民间社会、社区和投资者就与我们业务有关的问题进行接触和回应，并在互动中努力实现透明。我们与利益相关者进行定期接触，听取、了解、预防和减轻我们的活动对人权的不利影响。"详见 https：//www.bhp.com/-/media/documents/ourapproach/operatingwithintegrity/taxandtransparency/191202_human-rights-policy-statement_2019.pdf？la＝en；英美资源集团在人权政策文件中提及："英美资源集团将向内部和外部利益相关者传达本政策及其要求，包括在认为必要的情况下，就人权相关问题进行通常认识上的提高和专项培训。"详见 https：//www.angloamerican.com/-/media/Files/A/Anglo-American-Group/PLC/sustainability/approach-and-policies/social/hr-policy-document-english.pdf。

② 联合国《指导原则》原则16的评论。

范围和尽责管理的实施方法，且得到企业最高管理者的批准，吸收了相关的内部和/或外部专门知识，还公布并传达给内部和外部所有个人、商业伙伴和其他有关方，并嵌入整个企业所需的业务政策和程序中的政策，是一个狭义的、最完整和最严格意义上的企业人权政策。而某些隐含了或相对淡化了某些非核心内容要件或形式要件（如适用范围、尽责管理措施或吸收利用内外部专门知识等）的企业人权政策，仍可划归为狭义的、完整和严格意义上的人权政策。从实践上来看，满足这诸多要求的狭义人权政策一般都体现为一个单行文本，也即一个独立的政策文件，且一般命名为"人权政策"、"人权方针"、"人权声明"或"人权政策声明"。

与之相对，缺失或不符合上述一个或多个内容要件或形式要件的人权政策，尽管可能仍冠以"人权政策/声明"之名，但并非完整和严格意义上的企业人权政策，而只能划归为广义上的人权政策。例如，一些临时性的或未广泛传达，或未经最高管理者批准，或仅针对部分人权的政策声明，都属于不完整和非严格意义上的广义人权政策。

二 中国企业人权政策的发展现状

（一）人权政策数量逐渐增加

虽然到目前为止，一些中国企业主和管理者仍然认为人权是一个公法领域的议题，不会也不愿将其与企业运营的影响联系起来，一些与人权相关性较高的企业实践也只是更具有象征意义，而不会深入到企业政策和管理层面，但实际上，人权对于很多企业而言，也并非一个陌生的议题或概念。根据有关研究，20 世纪 90 年代初，中国东南沿海的纺织服装、鞋帽玩具等行业的中小企业就开始接受和应对"人权验厂"，中国制造业企业也是在这个历史条件下开始了解和履行自身的"人权责任"。[1]

---

[1] 梁晓晖：《工商业与人权：中国政策理念的转变与业界实践的互动研究》，《国际法研究》2018 年第 6 期，第 13 页。

2011 年,《指导原则》在联合国人权理事会获得批准,中国的企业社会责任运动已经进入了成熟发展时期,企业的人权影响和人权责任在企业社会责任机制和语境下得到越来越多企业的深刻认知和主动接受,企业对自身人权责任的承诺也渐趋公开化和普及化。

鉴于本项研究的时间范围要求(2020~2021 年度),笔者随机检索了超过 1200 份 2021 年中国各行业、各种所有制形式的企业公开发布的社会责任报告、可持续发展报告或 ESG 报告,发现所有报告中都存在某种形式、某种程度的尊重部分或全部人权的政策性声明、承诺或主张。总体来看,这些报告在论及诸如员工、消费者或者社区人群等相关议题时,都会以声明、承诺或主张类的措辞说明企业尊重和保护这些个人和人群的权利的理念、战略或文化,而且有些时候,此类声明由最高管理者在报告中做出。例如,中国移动在其 2020 年可持续发展报告中谈及“践行海外责任”时即做出“促进当地发展:我们严格遵守业务运营地各项法律法规与国际公约,保障海外员工合法权益;尊重当地风俗习惯,畅通员工意见反馈通道,营造包容多元的工作环境;以完善的基础设施、优质的通信服务,为当地金融、商业、教育、交通及卫生健康等领域的发展提供有力支持”的声明。① 再比如,上海石化董事长在该公司 2020 年社会责任报告的致辞中声明,该公司“坚持‘人民至上’理念,尊重员工主体地位,保障员工切身利益,企业凝聚力显著提升;保障投资者权益”等。② 腾讯公司则在其报告的“保护数据权利”章节声明,“腾讯坚决保护用户数据隐私,将隐私保护融入产品设计的隐私保护原则,以安全、自主、合规、透明为隐私保护目标”。③ 而《华为投资控股有限公司 2020 年可持续发展报告》则有非常全面和详细的关于企业对

---

① 《贡献数智新力量——2020 中国移动有限公司可持续发展报告》,第 40 页,http://www. 10086. cn/download/csrreport/cmcc_ 2020_ csr_ report_ full_ cn. pdf。

② 《中国石化上海石油化工股份有限公司 2020 企业社会责任报告》,第 2 页,http://spc. sinopec. com/spc/csr/responsibility_ report/Documents/20210324/doc_ 20210324_ 79342446 2868. pdf。

③ 《腾讯社会责任报告(2020)》,第 45 页,https://static. www. tencent. com/uploads/2021/ 10/26/2e29750b827f03d6cc6cde3ba2b69bf0. pdf。

人权的理解和人权尽责与风险管理的说明（见文本框 1）。① 当然，由于这些声明基本上都会在至少两个界定企业人权政策的要件上存在缺陷，包括涵盖的权利范围、最高管理层的批准，加上这些报告内容的临时性和此类声明的不稳定性，因此，此类声明应被归为不完整和非严格意义上的广义人权政策。例如，此类声明最常见的场景是报告中有关员工权利的内容，而实际上，虽然绝大多数报告都在结构上包括一个由董事长或总经理签署的"高管致辞"，但此类声明一般都偏重宏观战略和理念表述，鲜有（上海石化董事长那样）直接和明确的尊重人权（甚或部分权利）的承诺。

尊重和保障人权

华为遵从所有适用的国际和国家法律、政策，开发符合国际标准和认证的产品和服务，尊重和维护《世界人权宣言》所倡导的基本人权，我们致力让我们的商业活动不会对人权造成负面影响。华为自 2004 年起就成为"联合国全球契约"成员。同时，华为认同《联合国工商企业与人权指导原则》、国际劳工组织发布的相关人权规范等。

华为认为通信是每个人的基本权利，我们致力通过技术创新建设更好的网络联接，为全球数十亿人带来便捷和可负担的信息通信服务，联接和宽带的普及可以创造新的工作机会，促进发展、减少贫困，改善人对环境的影响，以及为抗灾救灾、挽救生命提供必需的通信保障。

关键领域

华为在已有的可持续发展组织基础上，增强了可能对人权产生影响的关键领域管理，负责管理、监督业务活动和供应链中可能的人权负面影响。

· 确保技术用于增加人类福祉。技术应当被用于增强人类、社会和环境的福祉，华为反对通过滥用技术而对人权造成负面影响。我们在产品的设计、开发和使用过程

---

① 《华为投资控股有限公司 2020 年可持续发展报告》，第 111 页，https：//www-file.huawei.com/-/media/corp2020/pdf/sustainability/sustainability-report-2020-cn.pdf。

中审慎评估新技术对社会带来的长期和潜在影响，尽可能确保产品和服务符合其商业用途。星新技术被广泛应用可能带来未知风险，华为拓展了现有流程和治理体系，我们也期待供应商、合作伙伴、用户与我们共同努力，管控技术发展带来的负面影响。

·保护隐私。华为一直充分重视隐私保护并郑重对待相应的责任，遵从全球适用的隐私法律，包括欧盟《通用数据保护条例》，华为在公司治理和个人数据处理生命周期的每个环节，嵌入了隐私保护要求；根据"在设计中构建安全和隐私"和"默认保护"原则，华为在产品和服务发布前进行隐私影响评估，尤其涉及敏感个人数据和用途时；华为还将个人数据保护的要求拓展到对应的供应商。华为已经有473位隐私从业者通过国际隐私专家协会认证，人数位于全球企业前列。

·保障劳工权利。华为尊重员工的权利，在招聘、录用和离职等各环节，都有详细的、公平的管理规范；华为致力于成为提供平等机会的雇主，在招聘、晋升、薪酬方面，不因种族、宗教、性别、性取向、国籍、年龄、残疾等原因歧视任何人；我们禁止强迫或变相强迫劳动，禁止使用童工。

·维护负责任的供应链。我们与供应链合作，遵从客户对我们在可持续发展上的要求并接受审计，也要求供应商尊重员工权利，遵守环境保护、健康与安全、隐私、反商业贿赂等相关的法律要求，确保其可持续发展体系符合行业标准。我们对新供应商有全面的认证流程，对既有供应商每年进行审核，根据可持续发展表现，现场审核结果和对改进情况进行考核。

尊重和保障人权是华为长期关注和重视的领域，我们在亲人适用的法律、法规和标准的基础上，积极与国际组织、政府、行业机构沟通，推进新技术应用中需要关注的人权标准和规范，特别是当技术可能被广泛使用时。同时，华为也会持续优化并完善相关管理机制，及时发展、管理和消减人权方面的漏洞和影响。

文本框 1　华为的广义人权政策声明

资料来源：《华为投资控股有限公司 2020 年可持续发展报告》，https://www-file. huawei.com/-/media/corp2020/pdf/sustainability/sustainability-report-2020-cn. pdf。

就狭义的企业人权政策而言，至迟在 2016 年，笔者就观察到由中国企业联想集团发布的相对完整和严格意义上的人权政策（见文本框 2）。[①] 2020年和 2021 年是中国企业发布狭义的单行人权政策较多的时期——也很有可能是过去十年来此类人权政策发布最密集的时期。笔者以"人权政策""人权方针""人权声明""人权政策声明"等主题词及其英文翻译所做的文献检索显示，在这两个年度至少 12 家大陆企业发布了狭义的单行企业人权政策。这些企业分布于多个行业，但多数属于相关行业的头部企业且多数企业都有较大比例的海外业务。此外，需要指出的是，台湾地区和香港地区企业在制定和发布狭义人权政策方面起步更早，且具有此类政策的企业数量众多，[②] 但同样，这些企业仍然以规模较大且海外布局广泛的企业为主。

因此，总体而言，自 2011 年以来，中国企业人权政策的数量在持续增加，且在近两年呈现了增速加快的趋势。

人权政策

生效日期：2016 年 5 月 16 日

联想支持普遍人权，包括联合国《世界人权宣言》中确定的人权，并承诺将这些权利扩展到我们的员工以及我们供应链中直接或间接雇用的其他人。本政策适用于联想的全球运营和我们的供应链。联想的每个机构都必须支持此政策。联想将遵守以下承诺：

·根据联合国《世界人权宣言》和《联合国全球契约十项原则》开展业务，并将这些要求扩展到与联想开展业务的所有供应商。

·在整个价值链中实施尽责管理，以识别风险并避免参与侵犯人权行为

---

① Lenovo, Human Rights Policy, https：//www.lenovo.com/us/en/social_ responsibility/human_ rights_ policy/.

② 例如，台湾地区企业玉山金控在 2016 年 5 月公布了其初版的"人权承诺"，并在 2020 年 6 月和 2021 年 7 月公布了两个修订版，其最新版本载于 https：//www.esunfhc.com/_ /media/ deef6cb2303b47e4b075ca94a7982092. pdf？la＝zh-tw；而香港的信和集团则在 2020 年公布了其初版的"人权政策"，载于 https：//www.sino.com/sc/sustainability/policies－and－governance/human-rights-policy/。

· 提供申诉机制、调查指控并将已知的侵犯人权案件上报给高级领导层。

· 整合培训和问责制，以在整个企业和供应链中尊重人权。

· 让内部和外部利益相关者参与应对共同挑战，并通过持续改进推进人权实践。

· 在我们开展业务的每个国家/地区以合法和合乎道德的方式经营。

所有公司战略、实践和指导方针以及供应商都必须支持这一对人权的承诺。有关可能侵犯人权的关切必须报告给联想管理层，他们须立即采取纠正措施。

杨元庆　首席执行官

文本框 2　联想集团人权政策

资料来源：笔者据英文原文翻译，参见 https：//www. lenovo. com/us/en/social_ responsibility/ human_ rights_ policy/。

（二）人权政策质量总体较高

鉴于广义人权政策在定义上就是一种低水平且质量参差不齐的人权政策，难以进行标准化的比对与评价，因此本部分及之下的讨论将聚焦于2020 年和 2021 年大陆地区企业发布狭义的，也即更严格意义上单行的人权政策。就这些严格意义上的企业人权政策而言，它们对上文《指导原则》中所确立的主要内容和形式要件的符合性较好，因而总体质量较高。

首先，高度体现企业的人权意识和人权责任承诺。通过最高管理层制定和发布人权政策，中国企业体现了对人权崇高性的高度认知以及尊重和促进人权的庄严承诺。[①] 作为中国互联网行业的首个严格意义上的人权政策，百

[①] 例如，洛阳栾川钼业集团股份有限公司在《洛阳栾川钼业集团股份有限公司人权政策（2020）》中说明，该政策由集团董事长签署生效，载于 https：//www. cmoc. com/uploadfile/2020/0227/ 20200227041857327. pdf；而华测检测认证集团股份有限公司的《企业人权政策》则声明，"本政策声明得到董事会和管理层的全力支持，由华测检测认证集团股份有限公司总裁授权"，载于 https：//www. cti-cert. com/new/7764. html。

度的人权政策开篇即指出"尊重人权是百度的核心价值观",① 依图科技则声明,"我们确保每一位员工和个体受到保护和尊重"。② 以对人权重要性的充分意识为基础,企业进而承诺尊重人权的责任,例如"我们有责任对社会产生积极影响,尊重所有个人的权利,包括员工、供应商、社区成员和其他可能受到我们业务经营影响的人"。③ 此外,值得一提的是,一些企业还认为尊重人权也是企业的发展机遇,进而声明,"尊重人权有助于我们保持竞争力,并与利益相关方建立良好关系",④ 或者"唯有尊重并保护人权方能保持基业长青"(见文本框3)。⑤ 也即,"不论是对于业务而言还是从道德出发,确保集团的运营和价值链,遵守人权规范都是十分重要的"。⑥

复兴集团人权声明

复兴集团("我们")坚信唯有尊重并保护人权方能保持基业长青,并致力于在全球范围内推动人权事业的发展。我们期望员工、合作伙伴、供应商、客户和政府在内的利益相关方与我们共同促进人权保护,推动解决人权问题。

我们尽最大努力积极识别、降低和预防企业和价值链中的人权风险,并尽力针对各类人权问题建立管理机制,积极了解利益相关方对人权问题的关注及期望。

文本框3　复星集团人权声明

资料来源:https://www.fosun.com/Upload/File/202104/20210414150034_ 3287.pdf。

---

① 《百度人权制度》,载于 https://esg.baidu.com/article/Baidu's_ Human_ Rights_ Policy。

② 《依图科技人权声明》,载于 https://www.yitutech.com/cn/content/%E4%BA%BA%E6% 9D%83%E5%A3%B0%E6%98%8E。

③ 参见《洛阳栾川钼业集团股份有限公司人权政策(2020)》。

④ 参见《洛阳栾川钼业集团股份有限公司人权政策(2020)》。

⑤ 《复星集团人权声明》,载于 https://www.fosun.com/Upload/File/202104/20210414150034_ 3287.pdf。

⑥ 《龙湖集团人权政策》,载于 https://www.longfor.com/social/47/97865。

其次，人权政策中的承诺以国际人权标准为基础和依据。中国企业在其政策中对"人权"的理解和承诺普遍援用了联合国体系确立国际人权原则和规则的国际人权文件。除了《指导原则》之外，最常被援用的国际人权标准包括《世界人权宣言》《联合国全球契约十项原则》《联合国可持续发展目标》，以及国际劳工组织制定的《工作中基本原则和权利宣言》。其他被援用的联合国人权文件还包括《经济、社会及文化权利国际公约》《公民权利和政治权利国际公约》，以及《消除对妇女一切形式歧视公约》《消除一切形式种族歧视国际公约》《儿童权利公约》《残疾人权利公约》等国际公约。① 也有企业在政策中一般性地提及遵守国际公认的劳工标准以及其他适用的国际公约，② 或"国际劳工组织核心劳工标准"。③ 此外，也有企业根据自身业务的需要援用了非联合国体系制定的"软性"人权标准，如洛阳栾川钼业集团的人权政策中还援用了《安全和人权自愿原则》以及《经济合作与发展组织关于来自受冲突影响和高风险区域的矿石的负责任供应链尽职调查指南》。④ 与此同时，多数企业还承诺遵守中国和运营地国家有关保护人权的法律法规，形成了从原则到规则、从国际到国内的政策依据层级体系（见文本框4）。⑤

远洋集团人权政策

远洋集团塑造以"责任""共享""健康"为核心的文化理念，形成勇于担当、同舟共济、行稳致远的文化格局。我们与各利益相关方

---

① 参见《复星集团人权声明》。
② 《世贸集团人权政策》，载于 https：//www.shimaogroup.com/smlist/view.php？aid＝2578。
③ 《广东领益智造股份有限公司人权政策》，载于 https：//www.lingyiitech.com/fazhan.html。
④ 参见《洛阳栾川钼业集团股份有限公司人权政策（2020）》。
⑤ 远洋集团的《远洋集团人权政策》作出了制定人权政策的依据体系的模范表述，"本政策参考《世界人权宣言》《联合国工商企业及人权指导原则》及《联合国可持续发展目标》所提及原则制定，我们承诺将遵守履行《国际人权宪章》所规定的国际公认人权，以及国家相关法律法规所阐述的内容"，载于 https：//www.sinooceangroup.com/zh-cn/downloads/Society/06_%E8%BF%9C%E6%B4%8B%E9%9B%86%E5%9B%A2%E4%BA%BA%E6%9D%83%E6%94%BF%E7%AD%96.pdf。

密切合作，秉承让员工、客户、投资者、供应商等合伙伙伴的人权受到充分尊重和保护的原则，以可持续地开展业务。本政策参考《世界人权宣言》《联合国工商企业及人权指导原则》及《联合国可持续发展目标》所提及原则制定，我们承诺将遵守履行《国际人权宪章》所规定的国际公认人权，以及国家相关法律法规所阐述的内容。

文本框 4　远洋集团人权政策

资料来源：https：//www.sinooceangroup.com/zh-cn/downloads/Society/06_%E8%BF%9C%E6%B4%8B%E9%9B%86%E5%9B%A2%E4%BA%BA%E6%9D%83%E6%94%BF%E7%AD%96.pdf。

再次，人权政策比较细致和体系化地识别并声明了企业具体的人权责任。虽然仍有相当一部分企业将人权责任局限地理解为企业针对员工的责任，但越来越多的企业已经能在人权政策中体现出对自身人权影响的更全面识别和对人权责任的更完整认知和承诺。例如，龙光集团从议题角度出发，列明其人权责任涉及平等机会、多元化及包容性、劳工常规、供应商与合作伙伴、健康与安全等领域；① 而百度则以权利所有者为主线，列明了其对员工、供应商及合作伙伴、用户和社区的人权责任。② 就具体权利而言，除了全谱系的劳工权利之外，中国企业的人权政策已经广泛涉及非歧视（包括性别平等）、原住民权利、用户言论自由、隐私权甚至环境人权等。尤其是多数人权政策都声明，企业的人权责任及于其供应商和供应链，并就此对供应商提出了类似的要求（见文本框5）。③ 这都表明，中国企业对其人权责任的认知正不断深化和完善。

---

① 《龙光集团人权政策》，载于 http：//www.loganestate.com/s/policy.php。

② 百度，《百度人权制度》。

③ 例如，华测检测认证集团股份有限公司的《企业人权政策》声明，"我们致力于在公司相关联的业务、供应链中建立人权意识和知识，同时致力于提升各级管理层和供应商有效识别和应对人权问题的能力"；《益海嘉里金龙鱼粮油食品股份有限公司人权政策》声明，"本政策是公开性声明，适用于公司及其子公司的全体员工，也适用于与公司有业务关系的所有外部各方，包括客户、供应商、承包商和其他利益相关者"；《广东领益智造股份有限公司人权政策》规定，"公司要求供应商遵守人权政策，在供应商年度审核中对其人权保护的表现进行考核"。

企业人权政策

简介

人才是华测检测认证集团股份有限公司（以下简称"华测检测"或"公司"）最大的财富，是华测检测基业长青的坚强保障，对人才的尊重和对员工的关怀本质上是对人性和人权的尊重。公司希望通过此政策，清晰向全体员工、各级运营体系乃至全社会传达公司在处理员工人权议题时的行动指引。同时，公司将对人权的关切逐步延伸至商业合作伙伴。

承诺

·我们尊重《世界人权宣言》所规定的国际公认人权，尊重《联合国全球契约十项原则》所列原则，尊重《国际劳工组织关于工作中基本原则和权利宣言》所规定的国际劳工组织认可的核心劳工标准。

·我们尊重所有人的权利和尊严，遵守业务开展所在国（地区）所有适用法律，有序开展业务，并严格控制可能引发人权分割问题的相关风险。

文本框 5　CTI 华测检测企业人权政策

资料来源：https://www.cti-cert.com/new/7764.html。

最后，人权政策普遍建立了有效的实施机制和管理措施。作为指导企业落实人权责任的基本文件，这些企业的人权政策没有止于对人权的声明和责任的承诺，而是建立了严谨和全面的实施机制。在这方面，多数企业都提出了某种形式的人权尽责管理机制，包括"评估人权影响和风险领域，包括国家评估和利益相关方咨询"（见文本框 6），[1] "因风险和影响管理流程所开展的人权尽职调查以及申诉和投诉管理，借此判别对当地社区中的个人和受我们活动影响的工人权利的潜在影响"，[2] "尽最大努力积极识别、降低和预防企业和价值链中的人权风险，并尽力针对各类人权问题建立管理机制，积极了解利益相关方对人权问题的关注及期望"，[3] 以及"我们通过人权尽

---

[1]　参见《洛阳栾川钼业集团股份有限公司人权政策（2020）》。

[2]　华测检测，《企业人权政策》。

[3]　复星集团，《复星集团人权声明》。

责识别、防止和减缓企业和价值链中的人权风险。同时，对于已识别出的由企业活动导致的负面人权影响，我们致力于提供或参与公平和公正的补救措施"。① 此外，这些企业还在人权政策中提出了支持政策实施的其他措施，包括培训与指导、② 投诉和举报、③ 问责④以及内外部报告与信息披露等。⑤ 另外，就政策本身而言，多数企业还提出了就政策进行评审和更新的机制，例如，龙湖集团的政策声明"公司会适时或最少每三年一次检讨此人权政策"，而益海嘉里金龙鱼粮油食品股份有限公司的政策则规定"公司定期根据自身业务发展、行业通用惯例及良好标准对本准则进行审视和更新"。⑥

第五章　责任

可登录洛阳钼业网站对本政策进行内部和外部沟通。我们认为，积极主动的沟通有助于我们对自己的行动负责，以履行其尊重人权的责任。

我们的法律合规部每年会监测和审核本政策，持续改进我们在人权方面的表现，制定进度衡量指标，追踪我们在识别和处理人权风险方面

---

① 百度，《百度人权制度》。
② 例如，浙江华友钴业股份有限公司的《劳工实践和人权政策》规定，"社会责任办公室、人力资源部共同负责本政策的解释、培训、指导、监督"，载于 https://www.huayou.com/social1.html？introId=53。
③ 例如，华测检测的《企业人权政策》声明，"我们致力于培养员工和供应商的人权意识和知识，并鼓励他们举报任何问题而不接受处罚"；依图科技的《依图科技人权声明》则指出，"我们每位同事都有反映或举报违反人权、道德、法律相关人和事件的权益，并且我们禁止对善意举报潜在或实际违反道德或法律的员工进行任何形式的报复"。
④ 洛阳栾川钼业，其《人权政策》的"第五章：责任"中规定，"我们的法律合规部每年会监测和审核本政策，持续改进我们在人权方面的表现，制定进度衡量指标，追踪我们在识别和处理人权风险方面所采取行动的效果"。
⑤ 例如，龙光集团的《人权政策》承诺，"我们每年会在公司的可持续发展报告中，就本人权政策作出汇报"；百度的《百度人权制度》声明，"ESG 工作组将定期向 ESG 委员会报告该领域的工作进展"；而华测检测的《企业人权政策》则声明，"我们致力于通过以下公开透明的途径报告我们的人权承诺和业绩：公司年度报告以及可持续发展报告"。
⑥ 益海嘉里金龙鱼粮油食品股份有限公司《人权政策》，载于 https：//yihaikerry.net.cn/admin/upload/files/20211216155928 4006.pdf。

所采取行动的效果。

如对本政策有任何异议或怀疑存在任何违反行为，请与洛阳钼业法律合规部联系或通过我们网站 www.cmoc.com 上的举报渠道进行报告。

文本框 6　洛阳栾川钼业人权政策

资料来源：https：//www.cmoc.com/uploadfile/2020/0227/20200227041857327.pdf。

（三）人权政策的影响持续扩大

如前所述，企业人权政策并非一纸声明，而是对企业可能产生人权影响的经营活动的方向和行动指引。中国企业制定的人权政策正在多个维度上对企业的战略、经营、文化和沟通产生积极的影响。例如，百度在 2020 年底发布其人权政策后，随即将其引入致力于改进企业投资绩效的 ESG 管理体系。该公司在 2021 年 8 月发布的《百度公司环境、社会与管治（ESG）制度》中声明，"本 ESG 制度统领公司的其他相关准则和制度，并与之形成互补。这些准则和制度包括企业行为准则、人权制度"，并且"本 ESG 制度同时旨在确保公司的 ESG 管理及其绩效满足我们所在的资本市场对公司环境、社会与治理表现日益提高的要求和期望"。[1] 同时，百度的人权政策也被作为供应商及供应链管理的重要依据，该公司 2021 年发布的《百度供应商可持续发展及社会责任制度》要求其供应商"尊重人权和劳动者权利，业务运营及产品和服务应考虑对消费者、员工和社区人员的不利影响"。[2] 再比如，华友钴业已将其《劳工实践与人权政策》纳入面向不特定利益相关方的申诉机制，成为利益相关方提出申诉的依据之一，以"鼓励利益相关方

---

① 《百度公司环境、社会与管治（ESG）制度》，载于 http：//esg.baidu.com/Uploads/File/2021/04/01/u60659c6a88d48.pdf。

② 《百度供应商可持续发展及社会责任制度》，载于 https：//esg.baidu.com/article/Baidu_Sustainable_Development_and_Social_Responsibility_Rules_for_Suppliers。

认真负责地对公司的社会责任管理尤其是供应链尽责管理提出意见或建议"。① 而世茂集团的人权政策则被纳入公司后期发布的《世茂集团可持续发展政策总纲》，成为公司可持续发展政策的一部分。②

此外，人权政策也成为各个企业在对外沟通中的重要内容。例如，龙湖集团和龙光集团在其 2021 年发布的 2020 年可持续发展报告或 ESG 报告中，都通报了其制定人权政策的情况，③ 而复星国际有限公司则在其《环境、社会及管治报告 2020》中系统说明了企业如何将人权政策和人权要求应用于责任投资、可持续供应链和"幸福职场"建设等方面（见文本框 7）。④

本集团与各国际倡议组织共同推动责任投资市场的发展。2014 年 8 月，本公司加入 UNGC，致力于可持续发展的全球承诺。

本集团成员企业 H&A 为加强对责任投资的贡献，加入了联合国责任投资原则组织。H&A 亦是欧洲社会投资论坛的成员。H&A 在其责任投资的各个环节纳入 ESG 因素的考量，建立各类责任投资决策流程，并组建了专业的责任投资管治及人才团队。H&A 承诺在投资时排除侵犯人权、参与武器生产或交易、加速气候变化、使用具有社会争议的技术或参与风险性活动的企业。

文本框 7　复星国际有限公司《环境、社会及管治报告 2020》

资料来源：https：//www.fosun.com/Upload/File/202105/20210517142014_ 9339. pdf。

---

① 《华友钴业股份有限公司申诉机制》，载于 https：//www. huayou. com/shensu. html。
② 《世茂集团可持续发展政策总纲》要求"公司在进行业务关系往来中遵守并尊重国家关于人权的准则及法律，并遵守与承包商、供应商和商业伙伴相同的人权标准"，载于 https：//www. shimaogroup. com/smimg/soft/211224/1-211224114926. pdf。
③ 参见《龙湖 2020 可持续发展报告》第 22 页，https：//www. longfor. com/upload/file/2021-05-31/68b92468-0938-4924-a56b-e35715308945. pdf；《龙光集团 2020 环境、社会及管治报告》第 30 页，http：//media. loganproperty. com/20210423 1144374 82530786_ sc. pdf。
④ 参见复星国际有限公司《环境、社会及管治报告 2020》第 104~105、113、127 页，https：//www. fosun. com/Upload/File/202105/20210517142014_ 9339. pdf。

（四）人权政策仍有较大改进空间

虽然越来越多的企业开始推出自己的人权政策，且这些政策的质量也在不断提高，但中国企业的人权政策在数量、质量和企业内外的影响力上仍然有待持续改进和提升。首先，拥有狭义的、严格意义上的企业人权政策的企业数量仍然在中国庞大的企业群体中占比极低，尚未形成规模影响、行业性影响或全链条上的影响。其次，对于中国企业而言，人权本身以及人权政策仍然属于新生事物，企业对相关领域知识的学习和意识的培养仍属不足，因而尚无法充分利用人权政策及相关实施机制。在这个方面，一个简单的例子就是，在2020~2021年出台的中国企业的人权政策中，也暴露出一些企业人权认知的不足或错漏：数家企业在政策中将《世界人权宣言》写作《联合国人权宣言》，或将"国际人权宪章"写为"国际人权法案"。最后，到目前为止，无论企业自身还是外界相关方，仍然没有对这些人权政策的实施效果及时进行系统的衡量和评价，因而这些政策对企业治理和管理以及对企业利益相关方产生了怎样的效用和反馈尚不得而知，这也为未来推进企业人权政策的实效化提出了方向。

三　中国企业人权政策的动因分析与政策建议

制定和发布企业人权政策，至少在形式上都体现为企业的主动行动：公开承诺尊重人权的责任。除了企业"尊重人权"的愿景、使命、价值观或文化等内在驱动力因素之外，也是诸多外部驱动力与企业内因综合作用的结果。这些外部驱动力可以大致划分为政策上的推动力和商业上的拉动力。

（一）政策推动力

随着人权理念在中国社会的深入和普及，尤其是工商企业对各类人权的影响不断增强，中国政府在"人权"的政策定义和实际应用方面已经完成了"支柱二"政策转型，也即人权"已经超越了国家与个人关系的领域，以及实在法的规范准则范畴，发展成为统御和评判包括企业及其他私法主体在内的社会行为者的价值原则"。① 2011 年 6 月，中国在联合国人权理事会与其他国家一起批准《指导原则》则固化和强化了这一政策转型，并在国家人权行动计划、海外投资、国际贸易和国际治理等领域通过一系列的政策文件定义和倡导企业的人权责任。② 这种政策转变进而促进了中国业界在认识和履行人权责任方面更加积极的制度化行动，包括自 2016 年起，中国企业开始发布企业人权政策。

2019 年以来，中国政府继续加强企业人权责任的政策引导，包括在其参与的有关国际治理的高级别声明和有关国际贸易的政策导向上，都继续主张并倡导强化企业的人权责任。2019 年 4 月，中国与 40 个国家和国际组织在《第二届"一带一路"国际合作高峰论坛圆桌峰会联合公报》中宣示，"我们呼吁'一带一路'合作的所有市场参与方履行企业社会责任，遵守联合国全球契约"。③ 2020 年 11 月，习近平主席在亚太经合组织工商领导人对话会上的主旨演讲中鼓励企业界，"希望大家做社会责任的践行者，……关注和帮扶弱势群体，为全球发展注入更多正能量"。④ 在 2021 年 10 月《G20领导人罗马宣言》中，中国与其他国家一起申明，"我们将采取以人为本的政策方法来促进社会对话并确保更广泛的社会正义、安全和健康的工作条件，以及人人享有体面工作"。⑤ 2021 年 9 月，中国正式提出申请加入《全面与进步跨太平洋伙伴关系协定》（CPTPP）这一包含严格而高标准的人权和劳

---

① 梁晓晖：《工商业与人权：中国政策理念的转变与业界实践的互动研究》，《国际法研究》2018 年第 6 期，第 6 页。

② 关于 2018 年年中之前相关领域的政策，可参见梁晓晖《工商业与人权：中国政策理念的转变与业界实践的互动研究》，《国际法研究》2018 年第 6 期，第 8~12 页。

③ 《第二届"一带一路"国际合作高峰论坛圆桌峰会联合公报》，中国政府网，http：//www. gov. cn/xinwen/2019-04/27/content_ 5386929. htm。

④ 《习近平在亚太经合组织工商领导人对话会上的主旨演讲》，中国政府网，http：//www. gov. cn/xinwen/2020-11/19/content_ 5562545. htm。

⑤ G20 Rome Leaders' Declaration，第 35 段，https：//www. ilo. org/wcmsp5/groups/public/---dgreports/---dcomm/documents/meetingdocument/wcms_ 826035. pdf。

工权利保护等要求的贸易体系。① 这些政策持续催化并高度鼓励着中国企业顺应政策导向，致力于提升企业的人权责任意识和行动绩效，包括制定和发布企业人权政策。

（二）商业拉动力

对于融入全球经济的中国企业而言，从更加现实的外部因素来看，当下企业制定和发布人权政策，还有一个非常重要的动机：满足市场和商业关系的期待或要求，包括因应不断强化的国际市场对企业人权影响的政策要求、法律监管与合规风险。② 例如，当下已有超过 30 个国家制定了国家工商业与人权行动计划，其中多数发达国家都表达了对在本国经营、投资的企业和/或与本国企业建立商业关系的企业尊重人权、制定政策的期待。③ 再比如，包括德国《企业供应链尽责义务法》在内的欧美发达国家近年兴起的供应链人权尽责立法所要求的企业人权尽责义务一般均包括发布人权政策，且企业的人权政策须涵盖风险的识别、防范风险的战略、供应商人权准则等。④ 作为满足自身人权尽责国内法律义务的合规措施，与中国企业建立了商业合作关系的欧美企业也会要求中国合作伙伴企业采取必要的人权尽责行动，包括制定企业的人权政策。

从资本市场来看，近年来，以标准普尔（S&P DJSI）、富时指数

① 《中国正式提出申请加入 CPTPP》，人民网，http：//politics. people. com. cn/n1/2021/0916/c1001-32229428. html。
② 参见 Robert McCorquodale，Lise Smit，Stuart Neely & Robin Brooks，"Human Rights Due Diligence in Law and Practice：Good Practices and Challenges for Business Enterprises"，*Business and Human Rights Journal*，No. 2，2017，pp. 195-224。
③ 例如：（1）"在磋商期间，各方指出，应鼓励和/或要求公司报告其人权政策和取得的成果"，见荷兰《国家工商业与人权计划》第 28 页；（2）"国家期待企业建立人权政策"，见意大利《国家工商业与人权计划》第 9 页。以上文件均可见于联合国人权事务高级专员办事处官网，https：//ohchr. org/EN/Issues/Business/Pages/NationalActionPlans. aspx。
④ 关于德国的人权尽责立法，参见 "Act on Corporate Due Diligence Obligations in Supply Chains of July 16 2021"，德国联邦劳动和事务部网站，https：//www. bmas. de/SharedDocs/Downloads/DE/Internationales/act-corporate-due-diligence-obligations-supply-chains. pdf；jsessionid=0D9BC41E46381837615396927FEB422C. delivery2-master？__blob=publicationFile&v=3。

（FTSE4Good）为代表的资本市场企业环境、社会和治理（ESG）绩效评级与指数系统，均在其根部指标中纳入或强化了人权要求，[①] 由于此类评级与指数表现会影响投资者对企业股票价值的评估与投资决策，也因此成为企业改进其人权绩效包括制定和发布人权政策的重要推动力。许多银行在政策中提及尊重《可持续投资原则》恰好证明了投资者的政策对企业政策制定的作用力。对于其他投资者而言，可持续发展内容翔实的企业也可能更有吸引力，因为预期风险较低，且信息披露减少了信息不对称所带来的问题。[②]

同时，市场上消费者的期待与诉求也是企业制定人权政策的重要外驱力。在一个欧洲地区有关企业尽责管理驱动力的调查中，来自企业和行业组织的受访者普遍认为声誉、投资者的要求、消费者的要求是企业进行人权尽责管理的驱动力。[③] 各种研究也表明，越来越多的消费者愿意为具有社会责任属性的公司提供的产品和服务付费。[④] 这种消费者的价值偏好都可能通过中国企业的全球业务关系传递给中国企业，进而促进中国企业的人权行动。

（三）政策建议

人权政策是企业尊重人权责任的核心要素。从企业管理与企业社会影响

[①] 例如，标准普尔 2021 年更新的"2021 企业可持续性评估方法论更新"（2021 CSA Methodology Updates）中，在"人权"类标准下作出了变化，"'承诺'问题被扩展为包括企业承诺的内容"，参见 https：//portal. csa. spglobal. com/survey/documents/CSA_ 2021_ Methodology_ Updates_ Overview. pdf，第 6 页；而在其 2021 年版本的"媒体与利益相关方分析——指南手册"（Media & Stakeholder Analysis-Methodology Guidebook）的"评估方法"部分，则提出"标准普尔全球 ESG 研究期望人权政策也适用于公司的供应商"，参见 https：//portal. csa. spglobal. com/survey/documents/MSA_ Methodology_ Guidebook. pdf，第 8 页。

[②] 参见 European Commission，"Study on Due Diligence Requirements through the Supply Chain"，final report，January 2020，https：//op. europa. eu/en/publication – detail/-/publication/8ba0a8fd – 4c83-11ea-b8b7-01aa75ed71a1/language-en，p. 451。

[③] 参见 European Commission，"Study on Due Diligence Requirements through the Supply Chain"，final report，January 2020，https：//op. europa. eu/en/publication – detail/-/publication/8ba0a8fd – 4c83-11ea-b8b7-01aa75ed71a1/language-en，p. 16。

[④] Zhang Dongyong, Stephen Morse & Uma Kambhampati，"Drivers for Corporate Social Responsibility"，November 2017，https：//www. researchgate. net/publication/336324512_ Drivers_ for_ Corpora te_ Social_ Responsibility.

的综合角度来看,人权政策不仅构成企业宗旨的基本内涵,也是指导企业管理好可能产生人权影响的经营活动的基本方针。虽然《指导原则》为企业的人权政策确立了内容要件和形式要件,但企业人权政策即便在《指导原则》通过十年以后,对国内和国际企业而言仍然都属于新鲜事物。在中国,制定人权政策的企业实践仍然不够普遍,狭义的、完整和严格意义上的企业人权政策在 2016 年之后才开始出现,但也在 2020~2021 年度出现了较快的增长。在这一时期,中国企业的人权政策数量在快速增长的同时,人权政策的质量呈现较快提高的态势,人权政策在企业内外部的影响也持续扩大——虽然中国企业的人权政策在数量、质量和影响力各个维度上仍有很大的改进空间。

国家政策的推动是企业正视和积极履行尊重人权的责任,包括制定企业人权政策的最重要推动力。中国政府在过去十年里,已经顺利完成了推进企业人权责任的"支柱二"政策转型,这对于在国内外防止人权风险由企业责任向国家责任的演变具有至关重要的意义。未来,中国企业更好地管理人权风险和履行人权责任,包括更多企业制定和发布企业人权政策,还有待更多更有力的国家政策的持续推动。中国政府可以考虑适时制定《工商业与人权国家行动计划》,鼓励中国企业发展以人权政策为基础的人权尽责管理体系,或者引导相关行业组织出台支持中国企业履行人权责任的行业准则和标准。尤其是,中国政府须在海外投资中国企业的监管中强化人权要求,使得全球各地的中资企业在有效预防和应对人权相关经营风险的同时,更好地服务于民心相通的"一带一路"和人类命运共同体的建设。

对于中国企业而言,一个单行的、公开发布的、完整和严格意义上的企业人权政策不仅是企业人权意识的最好表达,也是企业管理人权相关风险,给员工、社区、消费者和其他所有与企业有关的人权享有者创造人权共享价值的起点和基点。中国企业还需要认识到,随着《指导原则》等有关企业人权责任的国际标准的普遍化和"硬法"化,以及随着越来越多国际市场经由《工商业与人权国家行动计划》或人权尽责立法对本国和与之建立商业关系的国外企业提出人权要求和预期,企业人权政策也可能逐渐发展成为一种合规体现、商业标配和竞争优势。因此，建议更多中国企业学习已经制定了企业人权政策的中国企业的经验，研究制定符合自身现状和发展战略的人权政策，进而建立起完善和有效的履行尊重人权责任的企业管理体系。

参考文献

［1］ *A Guide for Business：How to Develop a Human Rights Policy*（2nd Edition，2015）.

［2］ Robert McCorquodale, Lise Smit, Stuart Neely & Robin Brooks, "Human Rights Due Diligence in Law and Practice：Good Practices and Challenges for Business Enterprises", *Business and Human Rights Journal*, Vol. 2, No. 2, 2017.

［3］ Kendyl Salcito, Chris Wielga & Burton H. Singer, "Corporate Human Rights Commitments and the Psychology of Business Acceptance of Human Rights Duties：A Multi-Industry Analysis", *The International Journal of Human Rights*, Vol. 19, No. 6, 2015.

［4］ John Ruggie, "The Social Construction of the UN Guiding Principles on Business and Human Rights", in Surya Deva & David Birchall, eds., *Research Handbook on Business and Human Rights*, Cheltenham & Northampton：Edward Elgar Publishing, 2020.

［5］ Adeline Michoud, "Can Soft Words Lead to Strong Deeds? A Comparative Analysis of Corporate Human Rights Commitments' Enforcement", *Seattle Journal for Social Justice*, Vol. 18, No. 2, 2020.

B.22
中国负责任矿产供应链实践进展
——对中国五矿化工进出口商会人权尽责管理的调研报告

唐颖侠　孙立会*

摘　要：　矿产资源行业是人权高风险行业之一。随着"走出去"战略和
"一带一路"倡议的纵深发展，中国企业在矿产供应链中面临越
来越多的环境风险和人权风险。中国五矿化工进出口商会通过制
定行业规范，引导企业实施人权尽责管理，积极参与国际人权规
则制定，编制中国海外矿业投资风险简报，为中国企业防范人权
风险做出努力，为构建适合中国企业的负责任矿产供应链体系作
出贡献，得到国内外社会高度关注和积极评价。在实践中落实
《工商企业与人权：实施联合国"保护、尊重和补救"框架指导
原则》，需要中国政府、企业、行业组织和学术界四方的合力
共进。

关键词：　矿产供应链　人权尽责管理　中国五矿化工进出口商会

一　问题的提出

（一）中国企业在矿产供应链中面临的人权风险

矿产资源行业属于资本密集型产业，投资周期长，专业化程度高。矿产

---

* 唐颖侠，南开大学人权研究中心（国家人权教育与培训基地）副主任、南开大学法学院副教
授，研究方向为国际人权法、气候变化法；孙立会，中国五矿化工进出口商会发展部主任、
责任钴倡议（RCI）发起人/理事长、资深矿业专家，研究方向为工商业与人权。

资源投资与合作的可持续发展，既需要安全、稳定、透明和可预期的政治、经济和社会环境，也会对经济、社会和环境产生一系列深远的影响。[①] 2013年，习近平主席提出了"一带一路"倡议（BRI），秉承"创新、协调、绿色、开放、共享"五大发展理念和国家关于加快建设绿色矿山、支持战略新兴产业等战略、政策。矿业企业一方面迎来了转型升级和发展机遇，另一方面也要求在发展过程中，特别是在国际化过程中，注重生态文明、规避地区运营风险、强化与社区合作共赢等，不断提升可持续发展能力。2021年，中国与参与共建"一带一路"的144个国家进行投资与合作，金额约595亿美元。其中，矿产是中国的第二大投资部门。[②] 同时，中国企业也面临矿产供应链中巨大的人权冲突风险。

自然资源的开采和交易可以带来收入，实现发展和繁荣，并且能够在中央政府与地方政府、企业与合作社、社区与居民乃至供应链上形成互利关系。但是在一些国家或地区，尤其是在"受冲突影响和高风险区域"[③]，自然资源的开采和交易有可能加剧严重的暴力冲突和人权侵犯。例如，在某些国家，钻石、木材、矿产等自然资源的开采和交易加剧了内战和暴力冲突，而被称作"冲突矿产"的矿产（锡、钽、钨和金）则因其助长了持续的冲突而备受关注。与此同时，其他一些矿产资源，例如铜、钴、镍、铝、铅、锌、稀土、云母等，由于其开采和冶炼过程中对生态环境、生物多样性、气候变化、社区生计、劳工权利以及工人健康与安全等造成了明显的不利影响，也备受关注。过去十多年来，国际社会一直致力于打破工商业与侵犯人

---

① 中国五矿化工进出口商会：《中国对外矿业投资社会责任指引（2017）》，第5页。

② Christoph Nedopil, "China Belt and Road Initiative（BRI）Investment Report 2021", Green Finance & Development Center, FISF Fudan University, Shanghai, January 2022, p. 11.

③ 目前"受冲突影响和高风险区域"并没有一个确定的定义，经济合作与发展组织提供了此类区域的一些特征：经识别存在武装冲突、大面积暴力活动风险的地区，包括犯罪网络引发的暴行，或其他使人民广泛遭受严重伤害的风险的地区。武装冲突的形式多种多样，如国际冲突或非国际冲突，可能涉及两个或两个以上国家，可能由解放战争、叛乱、内战构成。高风险地区指的是那些爆发冲突、发生大范围或严重侵权行为风险很高的地区。这类地区的特点往往是局势不稳，或存在政治压迫、制度缺陷、不安全因素、民用基础设施崩溃、广泛暴力活动、违反国际国内法律等。

权、助长冲突及其他重大不利影响之间的联系。从联合国制裁决议到"金伯利进程",从美欧立法到经合组织(OECD)尽职调查指南,包括制定了旨在打破矿产与武装冲突、人权侵犯、环境污染等之间联系的标准、倡议、规则等。①

2013年至2020年,与中国海外企业行为有关的负面社会、环境和人权影响的指控多达679起,主要发生在亚洲、非洲和拉美地区。② 根据《负责任采矿指数报告2020》③ 的评估,中国的两家矿业公司得分最低。出现这种情况的主要原因是评估方难以收集到有效的信息,实际上也说明中国企业在信息披露或影响评估方面存在不充分的问题。在引发法律诉讼和诉诸申诉机制的指控中,近2/5涉及矿业公司。④ 这表明该行业与环境、社会和人权问题相关的法律风险较高,公司有必要通过有效的业务层面的申诉机制有效处理投诉和缓解风险。

对外矿业投资所处环境对于中国企业来说较为陌生及复杂,矿产资源的不可再生性直接导致矿业会涉及一系列的利益相关冲突,会产生一系列的供应链、环境、社区问题,严重影响企业在当地的运营,可能会导致供应瘫痪、环境污染、社会冲突等一系列运营风险。良好的社会责任管理体系及内外沟通机制将会为企业在运营中监控并规避各类环境、社会类问题,并为企业营造积极、稳定的运营环境,获得在运营所在地更长远的发展可能。⑤

(二)研究方法

本报告在写作过程中采用了个案研究、实地调查和文献分析等研究

---

① 中国五矿化工进出口商会:《中国矿产供应链尽责管理指南(2.0)》,2021,第5页。
② 企业责任资源中心:《负责任地"走出去":中国全球投资的社会、环境和人权影响》,第3页,https://media.bhrrc.org/media/documents/SC_China_Briefing_Aug_2021_.pdf。
③ 《负责任采矿指数报告》每两年对主要的矿业公司在经济、环境、社会和治理(EESG)方面的政策与实践进行一次评估。参见负责任采矿指数网站,https://2020.responsibleminingindex.org/zh。
④ 企业责任资源中心:《负责任地"走出去":中国全球投资的社会、环境和人权影响》,第27页,https://media.bhrrc.org/media/documents/SC_China_Briefing_Aug_2021_.pdf。
⑤ 中国五矿化工进出口商会:《中国矿业投资社会责任实施细则》,2021,第4页。

方法。

第一，个案研究方法。本报告选取了中国五矿化工进出口商会（以下简称"商会"）在人权尽责管理方面的实践进行研究，主要考虑两个方面的因素。其一，商会在行业中具有良好的代表性。商会成立于 1988 年 9 月 1 日，是由在中华人民共和国境内依法注册、登记的，从事金属矿产及制品、非金属矿产及制品、五金制品、建材制品、石油及制品、化工原料及制品以及上述领域上下游产业链等相关经济活动的单位自愿组成的全国性、行业性的非营利性社会组织。五矿化工进出口业务是我国外贸进出口业务的重要组成部分，本行业每年进出口额约占全国进出口总额的 30%，其中进口额占比约为 40%，出口额占比约为 20%。五矿商会会员集中了本行业经营规模最大的企业和大批中小企业，具有较强的行业代表性。① 其二，多年来，商会开展了丰富的人权尽责管理实践，为中国工商业与人权发展作出了重要的贡献。例如，开展共建"一带一路"国家投资合作研究工作，为提升企业开展风险防范提供预警信息；探索"走出去"企业负责任工商业行为治理与绩效评价，研究开发相关标准、工具，为企业提供培训和咨询建议；带领企业开展国际供应链治理路径探索，推动建立包容、可持续和负责任的供应链；研究行业社会责任的激励和约束机制；负责商会相关外事活动及国外机构的联络工作。

第二，实地调查法。通过考察和访问商会，并通过在线方式向相关企业进行访谈佐证，获得直接的、生动的感性认识和真实可靠的第一手资料。

第三，文献分析法。本报告在遵循《工商企业与人权：实施联合国"保护、尊重和补救"框架指导原则》（以下简称《联合国工商企业与人权指导原则》）、《联合国全球契约十项原则》等国际文件的基础上，对商会所编写的《中国对外矿业投资社会责任指引（2017）》《中国矿业投资社会责任实施细则》《中国矿业投资社会责任评估工具》《中国矿产供应链尽责管理指南（2.0）》《钴冶炼厂供应链尽责管理指南》等行业规范和经合组

---

① 参见中国五矿化工进出口商会网站关于商会的介绍，http://www.cccmc.org.cn/shjs/shjj/。

织制定的《负责任商业行为尽责管理指南》（2018年版）和《关于来自受冲突影响和高风险区域的矿石的负责任供应链尽职调查指南》（第三版）等规则进行了比较研究，同时参考了《负责任采矿指数报告》《负责任地"走出去"：中国全球投资的社会、环境和人权影响》等非政府组织编写的报告中的部分数据资料。

二　助力中国矿产供应链企业人权尽责管理

中国五矿化工进出口商会在制定和发布行业标准、指导企业实施人权尽责管理、参与"工商业与人权"国际治理合作、编制中国海外矿业投资风险简报方面作出了积极的贡献。

（一）制定和发布行业标准

商会在中英、中德、中国和经合组织等政府间或多边合作开展的可持续发展合作框架下，先后与经合组织、德国国际合作机构（GIZ）等国际组织合作，编制了《中国对外矿业投资社会责任指引》《中国矿产供应链尽责管理指南》《钴冶炼厂供应链尽责管理标准》等系列行业标准，得到联合国、经合组织、世界银行、世界经济论坛、欧盟、国际矿业与金属理事会等国际机构的高度认可。《中国对外矿业投资社会责任指引》是中国第一个融入《联合国工商企业与人权指导原则》要求的行业标准，《中国矿产供应链尽责管理指南》是首个发展中国家制定的矿产供应链标准，《钴冶炼厂供应链尽责管理标准》成为全球新能源电池原料唯一公认的行业标准。

1.《中国对外矿业投资社会责任指引》是中国第一个融入《联合国工商企业与人权指导原则》要求的行业标准

2014年，在中德政府签署的"中德贸易和可持续发展行为规范项目"框架下，商会与德国国际合作机构合作，编制并发布了《中国对外矿业投资社会责任指引》（以下简称《指引》），明确提出"确保在采矿项目的整个生命周期中，所有经营活动遵循《联合国工商企业与人权指导原则》"。

《指引》每三年审核并更新一次，目前已更新至 2021 年版。在此基础上，2021 年开发完成了《中国矿业投资社会责任实施手册》（以下简称《实施手册》），详细阐述定义、评估指标、行动要点、实施期和实践案例等，以解释和说明《指引》中的要求。开发了《中国矿业投资社会责任评估工具》，把各项议题的要求进一步分解和细化，转化为可操作、可测量的实用评估工具，一方面可以指导企业自我评测、识别差距；另一方面可以通过不同议题得分表现同行业基准或最佳实践进行对标，驱动企业持续提升社会责任绩效。

《指引》及《实施手册》都参考了《联合国工商企业与人权指导原则》《联合国全球契约十项原则》等全球性倡议、国际矿业领域被广泛认可的规则和倡议，还参考了 ISO 26000《社会责任指南》的原则和核心主题及国际社会与环境标签联盟（ISEAL）的标准制定流程，充分听取了各利益相关方的意见和建议。

《指引》基于风险的视角，致力于指导中国对外矿业投资与合作企业明确社会责任的优先议题，建立社会责任管理体系，开展尽责管理，公开社会责任信息，持续提升投资与合作活动在经济、社会和环境方面的综合绩效。《指引》在"人权"章节明确提出：企业负有尊重人权的责任，应积极采取措施，避免本身的活动造成或加剧负面人权影响，同时预防或缓解经由其业务关系而与产品或服务直接关联的负面人权影响，并消除已经产生的上述影响。其中第一节提出，确保在采矿项目的整个生命周期中，所有经营活动遵循《联合国工商企业与人权指导原则》。建议企业通过以下三个途径尊重人权：制定和执行符合尊重人权责任的政策承诺；制定人权尽责程序，包括建立必要的申诉机制，识别、预防、减轻对人权的负面影响；建立救济机制，对受到负面影响者进行有效的救济。

2.《中国矿产供应链尽责管理指南》创新提出六步管理法以驱动供应链风险治理的标本兼治

在《经合组织与中国合作中期愿景及 2015 年至 2016 年行动计划》框架下，2015 年商会与经合组织合作编制了第一版《中国负责任矿产供应链尽

责管理指南》（以下简称《指南》），旨在帮助采掘和/或使用矿产资源及其产品，以及在任何一个环节参与矿产供应链的企业识别、防范和缓解风险，避免直接或间接造成严重的人权侵犯、冲突、环境破坏、损害商业道德等不利影响的发生。随着行业实践发展以及国际形势的变化，商会意识到有必要对指南进行修订。① 《中国矿产供应链尽责管理指南（2.0）》于 2021 年底修订完成。

第二版指南的名称精练为《中国矿产供应链尽责管理指南》，在结构和内容上均发生了较大变化。《指南》借鉴经合组织《负责任商业行为尽责管理指南》，增加了尽责管理的十项特征，目的是向企业传达尽责管理的持续性、改进性、灵活性、相称性和联合性，告诫企业隐藏风险、转嫁风险、转移风险都不是负责任的行为。近几年，除了被称为"冲突矿产"的钨、锡、钽和金外，其他一些矿产资源，例如铜、钴、镍、铝、铅、锌、稀土、云母等，由于其开采和冶炼过程中对生态环境、生物多样性、气候变化、社区生计、劳工权利以及工人健康与安全等造成了明显的不利影响，也备受关注。但行业中陆续出台的众多标准框架缺乏一致性，有的聚焦于特定矿产，有的侧重部分议题，还有的仅专注某些地理区域，加之上游企业在标准编制过程中的参与度低、话语权弱，因此供应链上不同环节、不同国别/区域的企业、综合金属经营及共/伴生矿产企业面临多头审核、重复审核以及标准适用性差等问题，导致上游企业被动接受、疲于应对，也造成了资源浪费和效率低下。为此，第二版指南将众多矿产社会责任要求和利益相关方期望进行了分析和整合，细化了对企业尽责管理的要求，融汇在修订版标准中，从标准和机制上解决了企业面临的多头管理问题。修订版指南还参考了《联合国工商企业与人权指导原则》第三部分，在借鉴经合组织指南"五步法"基础上创新提出六步法。第六步"实时提供条件或开展合作开展补救"，强调采矿源头的风险缓解、规范化治理及可持续生计理念，从而使尽责管理的过程更加完整，改善供应链风险治理一直存在的重视供应链审核而轻视风险源头

---

① 中国五矿化工进出口商会：《中国矿产供应链尽责管理指南（2.0）》，2021，第 4 页。

治理的问题，致力于实现风险的"标本兼治"。《指南》修订后的内容还强化了对企业内部管理能力的要求，例如建议企业要制订审核计划、成立内审小组、委任审核组长、定期进行内审以发现问题点、制定整改行动等，细化了对设立跨部门委员会的要求。

此外，《指南》修订过程充分考虑近几年国际供应链尽责管理趋势，深入总结上下游企业实践经验，参考了欧盟《冲突矿产法规》（2017/821）、美国《多德弗兰克法案》（1502节）的相关要求、伦敦金属交易所（LME）《负责任采购政策》，并吸收了其他相关标准、规则和倡议的核心内容，致力于推动标准之间的一致性与协调性。《指南》还完善了一类风险（与"受冲突影响和高风险区域"相关的风险），增加了二类风险（与社会、环境和经济相关的风险）的相关内容，帮助企业更加全面地识别和管控供应链环境类风险。

《中国矿产供应链尽责管理指南》是首个由发展中国家牵头制定的矿产供应链尽责管理标准，充分倾听上下游企业和各利益相关方意见，成为中国海内外众多矿产供应链上下游企业制定供应链政策、管控供应链风险的有力工具。

3. 责任钴业倡议引领新能源供应链国际规则主导权为中国参与全球资源治理开拓新范式

全球应对气候变化驱动能源转型，从而带动了新能源电池产业超高速发展。然而，关键原材料（钴、锂、镍等）供应链的脆弱性是新能源电池行业可持续发展的最大障碍，美国、欧盟、英国、日本、加拿大和澳大利亚等纷纷制定关键原材料战略，以加强供应链的稳定性。我国钴矿资源97%以上依赖进口，且大部分来自刚果（金）。然而，刚果（金）20%以上钴矿由小规模开采和手工开采，童工、安全、安保、腐败等问题被国际社会高度关注和诟病，给中国钴矿开采与冶炼企业的原料来源带来严重影响。

为了帮助供应链企业应对此类社会和环境风险，2016年商会率先行动，联合经合组织共同发起"责任钴业倡议"（RCI），制订了三大工作目标和具体行动计划，呼吁采用系统、包容和可持续的方法解决供应链风险，钴供应

链上下游主要企业积极加入倡议。牵头开展了一系列工作，例如风险研究、制定标准、开展培训、规则谈判、申诉磋商、社区发展、危机解决、顾问服务等。

RCI 以保障关键原材料钴的安全和稳定供应为切入点，帮助企业开展基于风险的尽责管理，几年来持续深耕。在工作实践中，RCI 发现供应链上下游企业、中西方机构乃至同刚果（金）相关机构等各方对于如何从根源上治理供应链风险、什么是"负责任采购"并未达成共识，甚至某些国际品牌商干脆采取简单粗暴的"甩锅推责"的做法确保自己的供应链"干净"，通过各个击破、拉黑威胁等手段把治理义务强行推卸给上游企业，究其原因是没有一致认可的供应链尽责管理标准。2018 年 RCI 果断行动，组织专家开始制定《钴冶炼厂供应链尽责管理标准》，后经多家企业测试，并在全球范围征询意见后，于 2021 年正式对外发布，通过全球伙伴网络进行传播和推介，现已经成为全球钴供应链唯一且被普遍采信的国际性标准，填补了行业空白。

RCI 打造刚果（金）手采矿示范项目与社区生计发展项目，积极研究将示范项目的经验推广到当地更多的手采矿区，聘请专业机构协助开发《钴手采矿 ESG 管理框架》，在全球范围广泛征询政府、企业、非政府组织等的意见，收到各类意见和建议 1000 多条，在分类整理后将合理、中肯的意见融入标准。该标准的编制工作持续了两年多，于 2021 年末基本达成共识，目前已经进入最后的审定阶段。

《钴冶炼厂供应链尽责管理标准》《钴手采矿 ESG 管理框架》的编制意义重大。首先，供应链上下游企业达成共识、联合行动，编制的《钴冶炼厂供应链尽责管理标准》成为全球新能源电池供应链唯一且被普遍采信的国际性标准，是中国发起的首个全球性、行业价值链倡议。其次，改变了行业风险治理无据可依的窘境，行业凝聚力明显提升，赢得国际规则主动权，维护新能源产业链安全、稳定。最后，摸索出同欧美日韩等跨国公司的协调与合作策略，为中国企业参与国际供应链治理做出积极尝试。

（二）指导企业实施人权尽责管理

近年来，采矿业的规范化治理、矿产供应链的尽责管理受到国际社会越来越广泛的关注，面临来自各利益相关方的监督、评议与质询。作为本土行业组织，商会急企业之所急，深入调查需求，提供专业服务，增强企业应对人权风险的管控能力，引导企业实施人权尽责管理。

1. 指导企业基于中国标准将相关要求融入政策和管理

根据规则要求，企业从冲突地区或高风险地区采购矿产资源，需要建立完备的供应链政策和管理体系。商会组建专门团队，为相关企业提供技术支持和业务指导，先后指导浙江华友钴业、南京寒锐钴业、腾远钴业、广州佳纳、格林美、厦钨新能源、振华新材料、宁德时代、中航锂电、孚能科技、华为、天齐锂业、金川新材料等一大批新能源供应链上下游企业使用《中国矿产供应链尽责管理指南》和/或《钴冶炼厂供应链尽责管理标准》制定公司政策和体系，开展供应链风险治理。

2. 支持成员企业在刚果（金）采矿源头开展规范化治理和社区救济行动

为了帮助小规模开采和手工开采开展规范化治理，RCI 支持会员企业浙江华友钴业、南京寒锐钴业等在刚果（金）选取典型手采矿区打造规范化示范项目，具体工作内容包括：将社区和矿区混杂的村庄搬迁、为新建社区提供各类基础设施、在社区周边建立学校、为学校提供教程、为学生提供午餐、采矿区设立围墙规范管理、对采矿提出安全要求、为工人提供必要的防护设备、规范交易市场、提供干净的水和淋浴设备、对该矿区的钴矿实施标签追溯管理、聘请专业的安保公司维护治安、组建独立监督团队开展日常监督等一系列举措。通过上述工作，打造刚果（金）手采矿示范项目与社区生计发展项目，以便更好地监测和改善手采矿的工作条件，健全童工救济机制，促进手采矿区的规范化治理，并助力改善当地社区生计状况。

3. 搭建行业层面非司法性质纠纷解决平台

近年来，中国众多海外投资企业持续受到国外非政府组织、媒体和社区组织的抨击和投诉，造成极大负面影响，但往往仅凭企业自身的申诉机制和

自身资源无法得到妥善解决。商会和RCI建立了庞大的国际伙伴关系网络，充分发挥行业组织的非营利性、国际化和公正性优势，为中国企业同外部相关方搭建非司法性质纠纷解决平台，开展对话、沟通、协调、磋商。先后为中国黄金集团、华友钴业、腾远钴业、南京寒锐、云南锡业、紫金矿业等一大批企业提供利益相关方沟通、纠纷解决、申诉处理和舆情管控服务，助力企业完善风险治理措施，取得了良好的效果。经过多年实践，商会和RCI已经积累了丰富的磋商经验，2021年启动了"中国矿产行业申诉和磋商机制"项目，将行业层面非司法性质的申诉和磋商机制程序化、标准化和制度化。

4.为企业应对矿产供应链中的人权风险提供专业化培训

商会充分发挥专业优势，紧贴行业发展形势，开发系列培训课程，推出"负责任商业行为大讲堂"。提供"请出来"、"走出去"和"走进去"三种类型的专业培训，在国际形势重大变局背景下，专业化的培训能有效帮助政府和企业决策者提升应对风险的意识和能力，为行业培养国际化、专业化管理人才作出积极贡献。

第一，"请出来"培训。受中宣部、商务部、工信部、自然资源部以及相关行业组织等邀请，先后为政府官员、企业、行业组织等提供专业化培训，主题包括联合国工商企业与人权指导原则、在复杂环境中应对安全与安保风险、生态保护规则、供应链尽责管理、利益相关方沟通、社区关系和多元化生计、同非政府组织合作、全生命周期风险治理、数据跨境传输合规风险、采矿业气候变化等，得到业内极高评价。

第二，"走出去"培训。多次组织国内外权威专家，先后赴刚果（金）、赞比亚、南非、坦桑尼亚、喀麦隆、缅甸、越南、泰国、柬埔寨等国家，邀请我国驻外使领馆官员、中资商协会及企业参加集中培训，现场为企业答疑解惑。

第三，"走进去"培训。基于企业的个性化需求，先后多次走进云南锡业、万宝矿产、紫金矿业、腾远钴业、华友钴业、厦门钨业、宁德时代、孚能科技等企业开展培训。还先后走进清华大学、北京大学、中国人民大学、北京师范大学、对外经济贸易大学等，为在校师生开展讲座。

（三）参与"工商业与人权"国际治理合作

1. 工作成果被写入联合国官方文件

在 2021 年 7 月 21 日召开的第 47 届联合国大会上，联合国人权理事会发布《〈联合国工商企业与人权指导原则〉十周年盘点报告》[①]，对《联合国工商企业与人权指导原则》过去十年的成效与挑战作了细致深入的总结和回顾。该报告由联合国工商企业与人权工作组用时近一年完成，报告有两处肯定了中国实践，其中第 29 段积极赞扬了商会将人权尽责管理列入行业标准，并鼓励企业实施人权尽责管理。

2. 参与"联合国工商业与人权论坛"

商会多次参加"联合国工商业与人权论坛"，代表中国业界澄清国际社会对中国企业的误解和偏见，讲述中国负责任故事，提出中国见解，反映中国诉求，获得了高度关注和普遍肯定。作为外交部跨国公司与人权法律文书谈判顾问，多次参加联合国法律文书谈判，参与外交部组织的中外工商业与人权对话。

3. 组织召开"工商业与人权迈向全球实施的下一个十年中国区研讨会"

2021 年 1 月 14 日，商会联合中国纺织工业联合会共同主办了"工商业与人权：迈向全球实施的下一个十年中国区研讨会"，作为"工商业与人权：迈向全球实施的下一个十年"（UNGPs10＋）项目全球进程的一部分，邀请了联合国"UNGPs10+项目"的主要负责专家分享过去十年来在全球和地区层面落实《联合国工商企业与人权指导原则》的实践及经验，并说明未来十年"UNGPs10+项目"的规划和目标，以促进中国各界对这一国际议程的深入了解和积极参与。同时，研讨会充分展示中国各方的理念和实践，向"UNGPs10+项目"反馈中国各界对未来十年在落实《联合国工商企业与人权指导原则》方面的期望和立场。参会嘉宾来自中国政府部门、学术界、企业届和行业组织，大家一致认为全球疫情和经济低迷给各国政

---

① A/HRC/47/39, https://www.ohchr.org/EN/Issues/Business/Pages/UNGPsBizHRsnext10-inputs.aspx.

府和企业不降低人权标准带来前所未有的考验，无论是发达经济体还是发展中经济体，都迫切需要为所有人提供更好的保障，在维持经济运行的同时，走可持续的、以人为本的道路比以往任何时候都更为重要。负责任的商业行为是克服这些挑战的关键。《联合国工商企业与人权指导原则》是该领域全球公认的标准，所有企业都有责任在其自身业务及价值链方面尊重人权，包括采取具体措施，防止、减轻和解决在其运营和价值链中对人权的不利影响。

4. 牵头组建"中国在非企业社会责任联盟"

为落实习近平总书记 2018 年在中非合作论坛北京峰会上的承诺，在相关政府部门的指导下，积极筹建"中国在非企业社会责任联盟"，组织了国内近 70 家行业组织、银行机构、企业总部等作为联盟发起单位。在 2021 年 9 月 26 日"中非经贸博览会"开幕式上，举办了"中国在非企业社会责任联盟"揭牌仪式，国家领导人、有关政府部门领导等出席见证。联盟的宗旨是促进非洲经济、社会和环境协调发展以及民生改善，深化中非共建"一带一路"合作，助力构建中非休戚与共的命运共同体、合作共赢的利益共同体。联盟将打造中国在非履行社会责任的沟通交流平台、行动促进平台、能力提升平台和传播推广平台。联盟会员已覆盖非洲 50 个国家、1700 个在非主要企业和商协会。该联盟是中国政府首次提出建立的区域性社会责任联盟，覆盖国家之广、参与企业之多前所未有，为树立中国负责任大国形象、深化中非共建"一带一路"合作、助力构建中非命运共同体提供了有力的支撑。

（四）编制中国海外矿业投资风险简讯

商会建立了广泛的国际伙伴关系合作网络，收集、整理、翻译国际社会关于中国海外投资的报道、报告和评论等舆情信息，编辑完成多期《中国海外矿产投资风险观察》简讯。简讯及时、准确、有效梳理并传达海外对中国海外投资的舆情和风险，改变企业获取信息的碎片化和孤岛式问题，为决策部门开展风险预警提供重要参考。

三 建议与展望

中国在矿产供应链人权尽责的实践中取得了丰硕的成绩，但仍存在一些问题。主要表现为两个方面：第一，虽然商会已经制定了完备的行业标准，但是中国相关企业对标准的认知程度还不足；第二，行业组织所制定的标准为自愿性标准，没有得到政府政策的系统性支持，企业缺乏执行动力。2021年发布的第四期《国家人权行动计划（2021—2025 年）》中明确规定，"促进工商业在对外经贸合作、投资中，遵循《联合国工商企业与人权指导原则》，实施人权尽责，履行尊重和促进人权的社会责任。建设性参与联合国工商业与人权条约谈判进程"。《联合国工商企业与人权指导原则》被全面纳入中国的国家人权政策之中，在国内外产生积极的反响。在实践中落实《联合国工商企业与人权指导原则》，需要中国政府、行业组织、企业和学术界四方的合力共进，具体建议如下。

（一）政府层面

对于中国政府而言，应高度重视和正确认识国际矿产供应链中的人权风险，改进全面风险管理政策，加强海外投资的事中事后监管，对重点项目开展社会和环境影响评估，在进出口贸易环节把好合规关，注重国际发展合作的"软性"支持等。

1. 积极参与国际规则磋商，重视标准在战略性矿产规则话语权中的作用

政府应积极组织和参与联合国、经合组织以及区域多双边协定关于工商业与人权的对话、磋商与谈判进程，重视标准（尤其自愿性标准）在争夺战略性矿产经贸规则话语权中的作用。在对外投资与贸易政策中，不但要重视采矿业与气候变化和生物多样性等环境问题，也要以《国家人权行动计划（2021—2025 年）》为契机，重视工商业与人权问题，主动规范我国企业经营行为，展示中国负责任态度和大国形象。

2. 对海外重大矿产投资项目定期开展社会和环境影响评估

在治理薄弱、矿产资源丰富且我国矿业投资项目较多的国家驻外使馆经商处设立工商业与人权专岗，重点跟踪我国重点海外矿产项目的重大社会风险和环境影响，定期开展影响评估，引导企业规范化治理，融入本地社会，防范由此引发的投资合作风险。在政府不断弱化前置性审批后，应将我国海外矿业投资项目的社会和环境影响监测与评估作为加强事中和事后监管的有力措施，助力高质量"一带一路"合作。

3. 在进出口矿产贸易管制中融入供应链尽责治理政策

在稳定外贸规模和贸易便利化基础上，重点关注战略性矿产供应链各环节的安全性、合规性和可持续性问题，深入研究供应链的瓶颈点和技术性贸易壁垒。基于《国家人权行动计划（2021—2025年）》相关部署，主动对标国际公认的规则和区域协定要求，适当将工商业与人权内容融入贸易资格条件，从进出口环节帮助企业把好合规关，持续提高企业规范化治理能力。

4. 借助国际发展合作资金的杠杆作用参与国际人权治理合作

深入研究欧美日等开展的对外发展合作的成功经验，借助联合国及中英、中德已经建立的政府间可持续发展合作机制，优先选择我国海外矿业投资相对集中且有重大利益的国家启动工商业与人权相关"软性"的可持续发展合作项目。发挥杠杆作用，聚合中资矿业企业的社区发展资金，采取多利益相关方参与方法开展合作共治，对标联合国2030年可持续发展目标，传播正面影响。

（二）行业组织层面

行业组织应对矿产供应链上下游企业加强人权培训，增强矿产供应链企业应对人权风险的能力。帮助企业识别和防范潜在风险，规范矿业投资和运营行为，提高社会责任意识和管理水平，提升企业国际竞争力和声誉。

1. 深入研究矿业行业自愿性可持续标准的实施机制

要加强同政府部门、学术界、企业的沟通与交流，促进各方充分认识自愿性可持续标准在规范行为、促进合作和国际竞争中的作用，加强同行业组织间横向互动和经验分享，联合参与国际合作，深入研究自愿性可持续标准的落地措施和实施机制，不断加大中国标准的国际互认和影响力。

2. 充分发挥行业层面非司法性质申诉和调节机制作用

行业组织具有非官方、非营利性质优势，可在国际投资与贸易合作中发挥桥梁和纽带作用，借鉴经合组织国家联络点（NCP）职能，将中国五矿化工进出口商会开展的申诉调节机制进行复制、推广和强化，主动收集外界对我国企业的意见、期望和诉求，搭建企业与外界进行调节、斡旋、磋商和对话的平台。

（三）企业层面

对于矿产企业而言，应制定和实施强有力的企业人权政策并提升透明度和信息披露水平，参与矿产投资与合作的企业应开展供应链尽责管理，建立内部管控体系，来识别、评估和管理其供应链中所存在的风险。

1. 将工商业与人权纳入企业战略和全面风险管理

高度重视工商业与人权风险给企业经营和决策带来的破坏性影响，将此议题融入企业战略和日常管理，建立完备的风险管理体系。改变传统供应商管理模式，加强供应链上下游协作，强化供应链尽责管理意识，补齐能力短板。

2. 加强企业间协调行动并优先采信中国自有标准

要想将产能优势转化为竞争优势，进而拥有一定规则话语权，需要发挥龙头企业的带头作用，促进同行企业和供应链上下游企业抱团取暖、达成共识、联合行动，增强全局意识和大局意识，主动参与规则谈判，加强对重要商业数据的保护，不碰红线、不越底线，优先在实践层面采纳中国自有标准，争取国际人权规则话语权。

（四）学术界层面

1. 对工商业与人权领域开展系统性和前瞻性研究

学术界要把工商业与人权作为重要的研究领域，在国家社科基金、研究专项等支持下，全面梳理各类型规则出台背景、主要议题、实施战略和我方

观点等，持续跟踪各国相关立法进展，深入研究自愿性可持续标准可能产生的技术性壁垒，从经济、社会、政治、外交、文化和价值观等各层面开展前瞻性研究，提出适合我国国情和企业特点的基础理论与治理框架。

2. 培养一批具备国际视野和实践经验的国际化、复合型人才

考虑到工商业与人权工作的复杂度和跨专业特点，国内各机构在认识、做法和能力方面参差不齐，极度缺乏国际化人才。要充分利用高等院校的教育资源和合作网络，不拘一格吸引跨领域、跨专业、跨行业的权威专家、资深学者和企业领袖组成导师团，创新开发系统性课程体系，融入本科、研究生、MBA 课程，打造负责任商业行为大师班。通过系统性培训，培养一批拥有国际背景、专业知识、实践经验丰富的复合型人才。

参考文献

［1］梁晓晖：《工商业与人权：从法律规制到合作治理》，北京大学出版社，2019。

［2］唐颖侠：《强制性人权尽责立法的考量因素与类型化研究》，《人权研究》2022年第 1 期。

［3］ M. Monnheimer, *Due Diligence Obligations in International Human Rights Law*, Cambridge：Cambridge University Press，2021.

［4］ L. Smit, C. Bright, I. Pietropaoli, J. Hughes-Jennett & P. Hood, "Business Views on Mandatory Human Rights Due Diligence Regulation：A Comparative Analysis of Two Recent Studies", *Business and Human Rights Journal*, Vol. 5, No. 2, 2020, pp. 261–269.

［5］ B. Mateus de Albuquerque, "Human Rights Due Diligence in International Law：Where Do We Go from Here?", in P. Pinto de Albuquerque, K. Wojtyczek, eds., *Judicial Power in a Globalized World*, Cham：Springer Press，2019.

附　　录
Appendices

B.23
中国人权大事记·2021

1月

1日　《中华人民共和国民法典》正式施行。

4日　江西省浮梁县人民法院环境资源法庭依法公开审理了公益诉讼起诉人浮梁县人民检察院与被告浙江海蓝化工集团有限公司环境污染民事公益诉讼一案并当庭宣判。这是全国首例适用《民法典》污染环境惩罚性赔偿条款的案件。

6日　最高人民法院印发《关于完善人民法院专业法官会议工作机制的指导意见》，《指导意见》全面规定了专业法官会议的组织形式、人员组成、讨论范围、召开程序、议事规则、衔接机制、配套保障等，有利于各级人民法院专业法官会议规范运行。

---

[*]　于一，南开大学法学院硕士研究生，研究方向为国际法、人权法。

6 日 中央政法委等六部门联合印发《关于加强退役军人司法救助工作的意见》，《意见》共 17 条，涵盖退役军人司法救助的范围、机制、原则、申请条件、效果评估等方面内容，旨在加大司法过程中对困难退役军人的救助工作力度，有效维护退役军人合法权益，促进社会和谐稳定。

8 日 国家发展改革委等部门联合发布《关于做好 2021 年春运工作和加强春运疫情防控的意见》，要求统筹做好疫情防控和春运保障。

10 日 国务院新闻办公室发布《新时代的中国国际发展合作》白皮书。白皮书全文约 26000 字，除前言、结束语外，共包括八个部分，分别为人类命运共同体理念引领新时代中国国际发展合作、新时代中国国际发展合作取得新进展、助力共建"一带一路"国际合作、推动落实联合国 2030 年可持续发展议程、携手应对全球人道主义挑战、支持发展中国家增强自主发展能力、加强国际交流与三方合作、中国国际发展合作展望。

10 日 中共中央印发了《法治中国建设规划（2020—2025 年）》。《规划》指出，建设法治中国应当实现法律规范科学完备统一，执法司法公正高效权威，权力运行受到有效制约监督，人民合法权益得到充分尊重保障，法治信仰普遍确立，法治国家、法治政府、法治社会全面建成。

15 日 人社部等部门印发《关于做好严寒天气下劳动者权益维护有关工作的通知》，《通知》提出，要协调劳动关系三方即各级人社部门、工会、企业协会和工商联，要坚持人民至上、生命至上，有针对性指导督促企业加强严寒天气下对劳动者的保护，落实劳动者权益保障措施，切实保障劳动者生命安全和身体健康。

19 日 最高人民法院印发《关于深入推进社会主义核心价值观融入裁判文书释法说理的指导意见》。《意见》规定了法官运用社会主义核心价值观释法说理的基本原则、基本要求、主要方法、重点案件、范围情形、配套机制等，突出"法官在法律框架内运用社会主义核心价值观释法说理"这一基本定位。

20 日 教育部印发《防范中小学生欺凌专项治理行动工作方案》，要求各地教育部门和学校要全面排查欺凌事件，及时消除隐患，依法依规严肃处置，建立健全学生欺凌报告制度。

20 日　最高人民法院发布《关于加强新时代未成年人审判工作的意见》，对涉及未成年人案件的受案范围作出统一、明确的规定，将与未成年人权益保护和犯罪预防关系密切的涉及未成年人的刑事、民事及行政诉讼案件纳入少年法庭受案范围，更有针对性地保护未成年人合法权益。

21 日　国务院印发《关于进一步做好困难群众基本生活保障有关工作的通知》，提出要保障市场供应充足和价格平稳，全面落实粮食安全省长责任制和"菜篮子"市长负责制，做好重要商品的保供稳价工作。《通知》强调，要加强困难群众基本生活保障，及时足额发放低保、特困供养等救助金。

24 日　国务院公布《排污许可管理条例》，主要规定了排污许可证申请与审批、排污单位的主体责任、排污许可的法律监督等内容，自 2021 年 3 月 1 日起施行。

25 日　国家主席习近平在北京以视频方式出席世界经济论坛"达沃斯议程"对话会并发表特别致辞。习近平主席强调，世界上的问题错综复杂，解决问题的出路是维护和践行多边主义，推动构建人类命运共同体。我们要坚持开放包容，不搞封闭排他。我们要坚持以国际法则为基础，不搞唯我独尊。我们要坚持协商合作，不搞冲突对抗。我们要坚持与时俱进，不搞故步自封。

27 日　国务院农民工工作领导小组和根治拖欠农民工工资工作领导小组全体会议在北京召开。国务院副总理、领导小组组长胡春华主持会议并讲话。他强调，要认真贯彻落实习近平总书记重要指示批示精神，毫不松懈抓好农民工就业创业和保障工资支付工作，切实加强权益维护和服务保障，更好服务于经济社会发展大局。

2月

3 日　农业农村部公布《农村土地经营权流转管理办法》，《办法》明

确要求建立工商企业等社会资本通过流转取得土地经营权的资格审查、项目审核和风险防范制度。强化了耕地保护和促进粮食生产的内容。《办法》自2021年3月1日起施行。

4日 最高人民法院发布《关于适用〈中华人民共和国刑事诉讼法〉的解释》。该司法解释增加"认罪认罚案件的审理""速裁程序""缺席审判程序"三章，增加107条，作了实质修改的条文超过200条。自2021年3月1日起施行。

5日 最高人民检察院对外发布首批保障律师执业权利典型案例。

8日 教育部等五部委联合印发了《关于大力加强中小学线上教育教学资源建设与应用的意见》，提出了加强国家、省、市、县、校级平台体系建设等举措。

21日 中央一号文件发布。文件题为《中共中央国务院关于全面推进乡村振兴加快农业农村现代化的意见》，确定把乡村建设摆在社会主义现代化建设的重要位置，全面推进乡村产业、人才、文化、生态、组织振兴，充分发挥农业产品供给、生态屏障、文化传承等功能，走中国特色社会主义乡村振兴道路，加快农业农村现代化，加快形成工农互促、城乡互补、协调发展、共同繁荣的新型工农城乡关系，促进农业高质高效、乡村宜居宜业、农民富裕富足。

22日 国务院发布《关于加快建立健全绿色低碳循环发展经济体系的指导意见》。《意见》涵盖健全绿色低碳循环发展的生产体系、健全绿色低碳循环发展的流通体系、健全绿色低碳循环发展的消费体系、加快基础设施绿色升级、构建市场导向的绿色技术创新体系、完善法律法规政策体系等六大体系，并明确了85项重点任务和牵头单位。这是我国首次从全局高度对建立健全绿色低碳循环发展的经济体系作出顶层设计和总体部署。

23日 中共中央办公厅、国务院办公厅印发《关于加快推进乡村人才振兴的意见》，《意见》从加快培养农业生产经营人才，加快培养农村二、三产业发展人才，加快培养乡村公共服务人才，加快培养乡村治理人才，加快培养农业农村科技人才，充分发挥各类主体在乡村人才培养中的作用，建立健全乡村人才振兴体制机制，加强组织领导，强化政策保障等方面作出具体部署。

24 日 最高人民法院首次发布老年人权益保护十大典型案例，涉及老年人财产权和人身权益的保护。

25 日 全国脱贫攻坚总结表彰大会在北京人民大会堂隆重举行。中共中央总书记、国家主席、中央军委主席习近平向"全国脱贫攻坚楷模"荣誉称号获得者等颁奖并发表重要讲话。习近平强调，经过全党全国各族人民共同努力，在迎来中国共产党成立 100 周年的重要时刻，我国脱贫攻坚战取得了全面胜利，现行标准下 9899 万农村贫困人口全部脱贫，832 个贫困县全部摘帽，12.8 万个贫困村全部出列，区域性整体贫困得到解决，完成了消除绝对贫困的艰巨任务，创造了又一个彪炳史册的人间奇迹。

25 日 中共中央、国务院印发《国家综合立体交通网规划纲要》，《纲要》提出要加强无障碍设施建设，完善无障碍装备设备，提高特殊人群出行便利程度和服务水平。健全老年人交通运输服务体系，满足老龄化社会交通需求。

3月

1 日 全国首部个人破产法规《深圳经济特区个人破产条例》在深圳正式施行。同日，全国首家个人破产事务管理机构，即深圳市破产事务管理署成立。

2 日 全国春季农业生产工作电视电话会议在北京召开。国务院总理李克强作出重要批示强调，要抓好春季田管和春耕备耕，落实粮食安全党政同责，稳定生猪生产，做好重大动物疫病和病虫害防控，全力保障国家粮食安全和重要农副产品有效供给。

2 日 2021 年"女童保护"全国两会代表委员座谈会在北京召开。会上，最高人民检察院第九检察厅与"女童保护"团队签署合作备忘录。双方将在儿童防性侵、普法教育、被害人救助、心理疏导、合适成年人到场等

领域深入合作，逐步完善合作联动机制，共同推动未成年人保护科学化、专业化、规范化发展。

9日 联合国人权理事会第46届会议"西藏脱贫攻坚和文化保护"云上边会举行。会议由中国人权研究会、中国常驻联合国日内瓦办事处和瑞士其他国际组织代表团、中国西藏文化保护与发展协会、中国藏学研究中心共同主办，中国藏学研究中心承办，来自境内外有关减贫和文化保护领域的专家学者参加研讨。与会8名专家学者作主旨发言，重点研讨交流了中国政府在西藏大力开展脱贫攻坚、倾力保护和发展文化的实践经验，5名专家学者对主旨发言作评议。

11日 浙江省杭州市余杭区人民检察院诉国内某知名短视频公司侵犯儿童个人信息民事公益诉讼案办结。这是《民法典》实施及《未成年人保护法》修订后，检察机关针对"未成年人网络保护"提起的民事公益诉讼全国第一案。

12日 国家网信办等部门联合发布《常见类型移动互联网应用程序必要个人信息范围规定》，明确了地图导航、网络约车、即时通信、网络购物等39类常见类型移动应用程序必要个人信息范围，要求App不得因为用户不同意提供非必要个人信息而拒绝用户使用其基本功能服务。

17日 联合国人权理事会第46届会议云上边会"南南减贫合作与人权保障"召开。来自中国、德国等国家的近20位专家学者围绕中国减贫经验、南南减贫合作和人权保障等问题展开深入研讨。

23日 联合国人权理事会第46届会议通过中国提交的"在人权领域促进合作共赢"决议。决议呼吁各国坚持多边主义，在人权领域开展建设性对话与合作，加强技术援助和能力建设，促进合作共赢，共同构建人类命运共同体。决议还主张积极开展国际合作，有效应对新冠肺炎疫情，确保发展中国家能够获得负担得起的疫苗。

23日 暨南大学传播与边疆治理研究院发布《"强迫劳动"还是"追求美好生活"——新疆工人内地务工情况调查》研究报告，通过对广东5家使用新疆少数民族工人的企业开展调查发现，新疆少数民族群众在内地企业务工的任何一个环节都不存在澳大利亚战略政策研究所报告中所提出的"再教育"、"强迫劳动"和"监视"等问题。

24日 国务院新闻办公室发表《2020年美国侵犯人权报告》,对美国侵犯人权的状况进行揭露。报告分为序言、疫情严重失控酿成人间悲剧、美式民主失序引发政治乱象、种族歧视恶化少数族裔处境、社会持续动荡威胁公众安全、贫富日益分化加剧社会不公、践踏国际规则造成人道灾难,全文约1.5万字。

25日 最高人民法院发布《关于审理国家赔偿案件确定精神损害赔偿责任适用法律若干问题的解释》,《解释》共14个条文,分为五部分,即精神损害赔偿请求的申请与受理、致人精神损害、造成严重后果的认定标准,责任方式的适用规则,精神损害抚慰金的标准与支付,以及其他条款。

30日 国家发展改革委等21个部门发布《国家基本公共服务标准》(2021年版),从幼有所育、学有所教、劳有所得、病有所医、老有所养、住有所居、弱有所扶、优军服务保障以及文体服务保障等9个方面明确了国家基本公共服务具体保障范围和质量要求。

4月

6日 国务院新闻办公室发表《人类减贫的中国实践》白皮书。白皮书分为前言、正文、结束语、附录,共3万余字。正文分为"中国共产党的庄严承诺""新时代脱贫攻坚取得全面胜利""实施精准扶贫方略""为人类减贫探索新的路径""携手共建没有贫困共同发展的人类命运共同体"五个部分。

8日 "中国共产党与中国人权事业发展进步"国际研讨会在吉林长春召开。会议由中国人权研究会、吉林省委宣传部共同主办,吉林大学人权研究中心、吉林大学法学院、吉林大学理论法学研究中心承办。来自美国、英国等20多个国家和国际组织的专家学者、机构负责人、媒体人士、在华留学生和中国有关部门、研究机构、社会组织的代表100余人,以线上线下相

结合的方式参加会议。与会代表围绕新时代中国共产党的人权学说、中国共产党的人权理念、全面建成小康社会的人权面向、中国共产党关于人民生活权利的思想和实践、减贫与人权的关系、马克思主义人权理论及其中国化、中国共产党对环境权保障的逻辑进路等议题展开深入研讨。

9 日 中国人权研究会发表《美国对外侵略战争造成严重人道主义灾难》一文，揭露了美国打着"人道主义干涉"旗号对外动武的恶劣行径，深刻指出这些战争不仅夺去了大量军人的生命，更造成了极为严重的平民伤亡和财产损失，导致严重的人道主义灾难。

13 日 中共中央总书记、国家主席、中央军委主席习近平对职业教育工作作出重要指示强调，要坚持党的领导，坚持正确办学方向，坚持立德树人，优化职业教育类型定位，深化产教融合、校企合作，深入推进育人方式、办学模式、管理体制、保障机制改革，稳步发展职业本科教育，建设一批高水平职业院校和专业，推动职普融通，增强职业教育适应性，加快构建现代职业教育体系，培养更多高素质技术技能人才、能工巧匠、大国工匠。

14 日 住房和城乡建设部等部门联合印发《关于做好农村低收入群体等重点对象住房安全保障工作的实施意见》，《意见》指出，"十四五"期间，按照"安全为本、因地制宜、农户主体、提升质量"的原则，实施农村危房改造和地震高烈度设防地区农房抗震改造，逐步建立健全农村低收入群体住房安全保障长效机制，实现巩固拓展脱贫攻坚成果同乡村振兴有效衔接。

21 日 四川、重庆、云南、贵州、西藏签署政务服务"跨省通办"合作协议，西南五省区市计划 2021 年公布首批"跨省通办"事项清单，目前已初步梳理出 148 项，涉及户籍证明、电子监控违法处理、基本养老保险关系转移等。

22 日 国务院办公厅发布《关于建立健全职工基本医疗保险门诊共济保障机制的指导意见》。《意见》提出建立职工医保普通门诊统筹，逐步将门诊里多发病、常见病纳入医保统筹基金报销范围。加强慢性病、特殊疾病的门诊保障，将费用高、治疗周期长的疾病门诊费用也逐步纳入门诊保障范围。

22 日 国家主席习近平在北京以视频方式出席领导人气候峰会，并发表题为《共同构建人与自然生命共同体》的重要讲话。习近平主席以"六个坚持"全面系统阐释人与自然生命共同体理念，为加强全球环境治理提出中国方案，指明应对环境挑战、打造清洁美丽世界的合作之道。

28日 国务院办公厅印发《中国反对拐卖人口行动计划（2021—2030年）》。《行动计划》提出，要坚持和完善集预防、打击、救助、安置、康复于一体的反拐工作长效机制，健全反拐工作协调、配合、保障机制，推进法治反拐、协同反拐、科技反拐、全民反拐的工作模式，不断提高反拐工作法治化、协同化、科技化、社会化水平。《行动计划》提出六个方面的具体措施。

5月

7日 教育部等四部门印发《关于实现巩固拓展教育脱贫攻坚成果同乡村振兴有效衔接的意见》，对进一步巩固拓展教育脱贫攻坚成果，有效衔接乡村振兴战略，接续推动脱贫地区发展和乡村全面振兴作出要求。

11日 国务院新闻办公室就第七次全国人口普查主要数据结果举行发布会，国务院第七次全国人口普查领导小组副组长、国家统计局局长宁吉喆在发布会上表示，2020年，全国人口达到14.1亿人，约占全球总人口的18%，我国仍然是世界第一人口大国。

12日 国务院总理李克强主持召开国务院常务会议，决定将部分减负稳岗扩就业政策期限延长到2021年底，确定进一步支持灵活就业的措施。一是研究制定灵活就业人员参加城乡居民基本养老保险的兜底措施。二是开展平台灵活就业人员职业伤害保障试点，合理界定平台企业责任，探索用工企业购买商业保险、保险公司适当让利、政府加大支持的机制。三是抓紧清理和取消不符合上位法或不合理的收费罚款规定，为灵活就业创造好的环境。

16日 第31次全国助残日。本次助残日主题为"巩固残疾人脱贫成果，提高残疾人生活质量"。中国残联等部门当日共同举办助残日主题活动——首届残疾人就业服务展暨人才交流会，联合近百家企业和机构，为残疾人就业提供支持，以辐射带动更多残疾人就业、创业、增收。

19 日　由中国人权研究会、中国西藏文化保护与发展协会、中国藏学研究中心主办的"纪念西藏和平解放 70 周年国际学术研讨会"在中国藏学研究中心举行。与会人员围绕铸牢中华民族共同体意识、推进藏传佛教中国化、和平解放前后的国际局势和党中央战略决策、西藏研究新格局等议题进行了交流研讨。

20 日　最高人民法院下发通知，公布自 2021 年 20 日起作出的国家赔偿决定涉及侵犯公民人身自由权的赔偿金标准为每日 373.10 元。

26 日　"西藏和平解放 70 年人权事业进步与发展"国际研讨会在重庆举行。此次研讨会分为"西藏的经济社会发展与人权保障""依法治藏与人权保障""西藏的文化发展与人权保障""西藏的长足发展与长治久安"等议题。来自中国、俄罗斯、孟加拉国、埃塞俄比亚、巴基斯坦、尼泊尔等国的专家学者，通过线上线下相结合的方式展开研讨。

26 日　世界环境司法大会在云南省昆明市开幕，主题为"发挥司法作用　促进生态文明：共建地球生命共同体"。大会由最高人民法院和联合国环境规划署联合举办。国家主席习近平向世界环境司法大会致贺信。习近平指出，中国坚持创新、协调、绿色、开放、共享的新发展理念，全面加强生态环境保护工作，积极参与全球生态文明建设合作。中国持续深化环境司法改革创新，积累了生态环境司法保护的有益经验。中国愿同世界各国、国际组织携手合作，共同推进全球生态环境治理。

27 日　国家医保局、财政部、国家税务总局印发《关于做好 2021 年城乡居民基本医疗保障工作的通知》，明确 2021 年继续提高居民医保筹资标准。根据《通知》，2021 年居民医保人均财政补助标准新增 30 元，达到每人每年不低于 580 元；同步提高个人缴费标准 40 元，达到每人每年 320 元。加强基本医保、大病保险和医疗救助三重保障制度衔接，充分发挥综合保障功能。抓好高血压糖尿病"两病"门诊用药保障政策落实，健全重特大疾病医疗保险和救助制度。

31 日　国务院新闻办公室举行《国家人权行动计划（2016—2020年）》实施情况吹风会。该行动计划是我国自 2009 年以来制定实施的第三期国家人权行动计划，也是首个与国民经济和社会发展五年规划相衔接的行动计划。国务院新闻办公室人权事务局宣传处处长李晓军介绍，过去五年，在以习近平同志为核心的党中央坚强领导下，中央和地方各部门、各单位和社会各界通力合作，行动计划得到全面实施，主要目标和任务如期实现，几十项指标提前或超额完成，中国人民的获得感、幸福感、安全感显著增强。

31 日 中共中央政治局召开会议，审议《关于优化生育政策促进人口长期均衡发展的决定》并指出，为进一步优化生育政策，实施一对夫妻可以生育三个子女政策及配套支持措施。

6月

1 日 "2021 中国儿童发展论坛"在北京举办，本次论坛以"筑百年辉煌 育时代新人"为主题，回顾儿童事业发展取得的成就。具体围绕"十四五"时期的儿童发展战略、党的百年儿童工作历程回顾、脱贫攻坚和儿童发展实践与经验、家庭建设与儿童发展等议题展开了深入讨论。

1 日 教育部颁布《未成年人学校保护规定》，要求学校建立健全教职工与学生的交往行为准则、学生宿舍安全管理规定、视频监控管理规定等制度，建立系统的预防报告、处置性侵害、性骚扰的工作机制。同时，明确禁止教职工和校内人员 6 项行为，比如禁止与学生发生恋爱关系和性关系，禁止触摸和故意触碰学生身体特定部位等猥亵行为等。这是教育部第一次就未成年人保护制定专门规章。该规定自 2021 年 9 月 1 日起施行。

8 日 由中国人权研究会和意大利《世界中国》杂志社共同主办的"2021·中欧人权研讨会"，以线上线下相结合的方式在罗马和重庆两个主会场同时举行，来自中国、意大利、西班牙、荷兰、葡萄牙、希腊、世卫组织、联合国人权高专办、联合国经社文权利委员会等国家和国际组织的 170 多位官员和专家学者出席。与会嘉宾围绕疫情背景下保障人类生命健康权、推动国际抗疫合作等人权领域重要议题进行了交流。

10 日 中共中央、国务院《关于支持浙江高质量发展建设共同富裕示

范区的意见》发布。《意见》明确，到 2025 年，浙江省推动高质量发展建设"共同富裕示范区"取得明显实质性进展。人均地区生产总值达到中等发达经济体水平，基本公共服务实现均等化；城乡区域发展差距、城乡居民收入和生活水平差距持续缩小，低收入群体增收能力和社会福利水平明显提升，以中等收入群体为主体的橄榄型社会结构基本形成。到 2035 年，浙江省高质量发展取得更大成就，基本实现共同富裕。

10 日　十三届全国人大常委会第二十九次会议表决通过《中华人民共和国数据安全法》《中华人民共和国反外国制裁法》《中华人民共和国军人地位和权益保障法》等法律。

17 日　科技部等部门联合印发《关于支持女性科技人才在科技创新中发挥更大作用的若干措施》，从培养造就高层次女性科技人才、大力支持女性科技人才创新创业、完善女性科技人才评价激励机制、支持孕哺期女性科技人才科研工作、加强女性后备科技人才培养、加强女性科技人才基础工作6 个方面提出 16 项具体措施。

24 日　国务院新闻办公室发表《中国共产党尊重和保障人权的伟大实践》白皮书。白皮书全面介绍中国共产党推进中国人权事业发展的历程、理念和成就。白皮书除前言和结束语外，共分七个部分：为人民解放和幸福而奋斗、尊重和保障人权的执政方略、筑牢人民当家作主的根本制度、促进各项人权全面发展、依法保障公民基本权利、推进世界人权事业发展、丰富发展了人权文明多样性。

25 日　国务院印发《全民科学素质行动规划纲要（2021—2035 年）》，《纲要》提出"突出科学精神引领、坚持协同推进、深化供给侧改革、扩大开放合作"的原则。到 2025 年，我国公民具备科学素质的比例要超过15%；到 2035 年，我国公民具备科学素质的比例要达到 25%。《纲要》由前言，指导思想、原则和目标，提升行动，重点工程和组织实施 5 部分组成。

29 日　由中国人权研究会主办、武汉大学人权研究院等机构承办的"法律发展与残疾人权利"国际视频研讨会召开，本次活动属于联合国人权理事会第 47 届会议云上边会之一，线下会场设在武汉大学。来自联合国亚太经济社会委员会、挪威奥斯陆城市大学、澳门科技大学、中国残联研究室等机构的残障研究者及实务工作者等 100 余人，围绕"促进亚太地区残疾人权利的法律发展""残疾人平等与非歧视权利的司法保护""中国残疾人保障法实施 30 年的成就分析"等话题，展开交流研讨。

30 日　人力资源和社会保障部宣布印发《人力资源和社会保障事业发展"十四五"规划》，部署了就业、社会保障、工资收入分配等六方面重点任务和重大举措，提出 19 项量化指标，其中要求社保待遇水平稳步提高，基本养老保险参保率达到 95%。

7月

2 日　国务院办公厅印发《关于加快发展保障性租赁住房的意见》，《意见》提出了明确对象标准、引导多方参与、坚持供需匹配、严格监督管理、落实地方责任五项基础制度。《意见》明确，保障性租赁住房主要解决符合条件的新市民、青年人等群体的住房困难问题，以建筑面积不超过 70 平方米的小户型为主，租金低于同地段同品质市场租赁住房租金。

2 日　由中国人权研究会主办、西北政法大学人权研究中心承办的"人权与国际团结"视频研讨会召开。本次活动属于联合国人权理事会第 47 届会议云上边会之一，线下会场设在西北政法大学。来自多所高校的专家学者参与了线上讨论。多位与会专家指出，中国在推动人权和国际合作方面取得了重要成就。

7 日　国务院常务会议部署进一步推动医保服务高效便民；确定加强新就业形态劳动者权益保障的若干政策措施（包括以出行、外卖、即时配送等行业为重点开展灵活就业人员职业伤害保障试点，要求企业不得制定损害劳动者安全健康的考核指标等）；决定加大金融对实体经济的支持，推出支持碳减排的措施。

9 日　在联合国人权理事会第 47 届会议期间，中国人权研究会举办

"网络正义与构建人类命运共同体：美国网络监听和网络霸权对世界共同利益的危害"主题视频边会，国内外法律和网络安全专家深入讨论了美国网络监控和网络霸权的危害，呼吁网络正义，构建网络空间命运共同体。中国人权发展基金会、中华民族团结进步协会举办主题为"少数民族权利保障与国际人权事业"的云上边会，中外相关领域的社会组织代表和专家学者围绕"少数民族权利保障的中国实践""新冠肺炎疫情下少数族群的权利保障"等议题展开深入研讨。

12 日 联合国人权理事会第 47 届会议通过中国提交的"发展对享有所有人权的贡献"决议。决议重申发展对享有所有人权具有重要贡献，发展的目标是增进所有人的福祉，各国应满足人民对美好生活的向往；欢迎各国在推动可持续发展、消除贫困等方面付出的巨大努力和取得的重大成就；呼吁各国实现以人民为中心的发展，实现发展属于人民，发展依靠人民，发展成果由人民共享；呼吁各国促进可持续发展，以更好地享有人权，并促进发展机会的平等享有。

12 日 国家卫健委发布《关于做好 2021 年基本公共卫生服务项目工作的通知》，明确 2021 年人均基本公共卫生服务经费补助标准为 79 元。其中，2021 年新增 5 元统筹用于基本公共卫生服务和基层医疗卫生机构疫情防控工作。

14 日 国务院新闻办公室发表《新疆各民族平等权利的保障》白皮书。白皮书介绍，70 多年来，中国共产党和中国政府始终坚持"以人民为中心"的人权理念，始终把生存权、发展权作为首要的基本人权，把人权的普遍性原则与中国实际相结合，不断丰富和发展治疆方略，坚持依法治疆、团结稳疆、文化润疆、富民兴疆、长期建疆，新疆人权事业不断得到新的发展和进步。

14 日 联合国人权理事会第 47 届会议在日内瓦召开期间，"保护妇女权益，推动高质量发展"边会在北京举办，呼吁推进性别平等和妇女赋权。各国专家学者、国际组织代表分享案例，为妇女权益发声，携手推进性别平等和妇女赋权。该主题边会由北京市民间组织国际交流促进会联合北京市妇联、北京国际和平文化基金会共同主办。来自美国等国家和地区的妇女组织代表参加了会议。北京市有关妇女组织代表围绕家庭、就业、教育、法治等议题，展示了我国在促进妇女权益保护、建设和谐社会方面取得的成就。

16 日　人社部等八部门共同印发《关于维护新就业形态劳动者劳动保障权益的指导意见》，聚焦新就业形态劳动者权益保障面临的突出问题，提出要健全公平就业、劳动报酬、休息、劳动安全、社会保险制度，强化职业伤害保障，完善劳动者诉求表达机制。针对各类新就业形态劳动者享受劳动保障公共服务方面的痛点难点问题，提出了优化就业服务和社会保险经办、加强职业培训、完善工作生活服务保障等措施。

20 日　全国妇联同上海合作组织睦邻友好合作委员会、上海合作组织秘书处共同在北京举办上海合作组织妇女教育与减贫论坛。国家主席习近平夫人、联合国教科文组织促进女童和妇女教育特使彭丽媛应邀发表视频致辞。与会各方围绕妇女教育、扶贫减贫与全面发展分享经验、交流信息，一致表示将秉持"上海精神"，进一步深化妇女交流与合作，采取务实措施帮助妇女持续减贫，为深化上合组织人民心灵相通、促进上合组织妇女发展进步、增进上合组织妇女儿童福祉作出更大的贡献。

21 日　教育部发布《关于实施学前儿童普通话教育"童语同音"计划的通知》，聚焦民族地区、农村地区，进一步加大国家通用语言文字推广力度，抓住幼儿时期的语言学习关键期，着力加强学前儿童普通话教育。

21 日　国务院印发《"十四五"残疾人保障和发展规划》。《规划》提出以下重点任务：一是完善残疾人社会保障制度；二是帮扶城乡残疾人就业创业；三是健全残疾人关爱服务体系；四是保障残疾人平等权利。

22 日　第六次全国残疾人事业工作会议在北京举行，会议介绍了"十三五"时期残疾人事业发展情况和"十四五"时期残疾人保障和发展的主要工作安排。

28 日　最高人民法院发布《关于审理使用人脸识别技术处理个人信息相关民事案件适用法律若干问题的规定》，《规定》从侵权责任、合同规则以及诉讼程序等方面规定了 16 个条文。该规定自 2021 年 8 月 1 日起施行。

8月

3 日　国务院印发《全民健身计划（2021—2025 年）》，《计划》就促进全民健身更高水平发展、更好满足人民群众的健身和健康需求，提出 5 年目标和 8 个方面的主要任务。

9 日　全球首份揭露美国抗疫真相的智库报告《"美国第一"？！美国抗疫真相》发布暨研讨会在北京举行。报告有中、英、法、西班牙语四个语种，由中国人民大学重阳金融研究院（人大重阳）联合太和智库和海国图智研究院推出。报告以"为党争不为生命""反科学反常识""制度失灵使疫情难控""疫情加剧社会撕裂""肆意破坏全球抗疫"五章内容，驳斥了彭博社关于"美国抗疫全球第一"排名的荒谬性。

10 日　国家医保局会同财政部发布《关于建立医疗保障待遇清单制度的意见》，将以全面建成权责清晰、保障适度、可持续的多层次医疗保障体系为目标，逐步建立健全医疗保障待遇清单制度，公平适度保障人民群众基本医疗保障权益。医疗保障待遇清单包含基本制度、基本政策以及医保基金支付的项目和标准、不予支付的范围。

12 日　国务院新闻办公室发表《全面建成小康社会：中国人权事业发展的光辉篇章》白皮书，系统回顾了我国全面建成小康社会的光辉历程，深入阐释了中国共产党百年来争取人权、尊重人权、保障人权、促进人权的理论和实践，深刻指出了提高中国人权文明水平、丰富发展人类文明多样性的深远意义。

17 日　人力资源和社会保障部等部门联合制定《工程建设领域农民工工资保证金规定》。根据《规定》，发生欠薪时，由人社部门依法作出责令限期清偿或先行清偿的行政处理决定。施工总承包单位到期拒不履行的，属地人社部门可向银行出具《农民工工资保证金支付通知书》，由银行从工资保证金账户中将相应数额的款项直接支付给被欠薪农民工。

20 日　十三届全国人大常委会第三十次会议表决通过《中华人民共和

国法律援助法》、《中华人民共和国个人信息保护法》、《中华人民共和国监察官法》、《中华人民共和国医师法》以及修改后的《中华人民共和国人口与计划生育法》等法律。

25 日 李克强主持召开国务院常务会议，部署全面推动长江经济带发展的财税支持措施，审议通过《中国妇女发展纲要（2021—2030 年）》和《中国儿童发展纲要（2021—2030 年）》。

30 日 国家新闻出版署发布《关于进一步严格管理切实防止未成年人沉迷网络游戏的通知》，《通知》进一步限制向未成年人提供网络游戏服务的时段时长，要求所有网络游戏用户必须使用真实有效身份信息进行游戏账号注册和登录，网络游戏企业不得以任何形式（含游客体验模式）向未实名注册和登录的用户提供游戏服务，要求加强对防沉迷措施落实情况的监督检查等。

9月

9 日 在国务院新闻办公室举行的发布会上，水利部部长李国英表示，"十三五"期间，困扰众多农民祖祖辈辈的吃水难问题历史性地得到解决。水利部提出，下一步将不断提升农村饮水标准，由农村饮水安全转变成农村供水保障。据李国英介绍，"十三五"期间，2.7 亿农村人口供水保障水平得以提升，1710 万建档立卡贫困人口饮水安全问题全面解决，1095 万人告别了高氟水、苦咸水。全国农村集中供水率和自来水普及率分别从 82% 和76% 提高到 88% 和 83%。

14 日 国务院新闻办公室就《国家人权行动计划（2021—2025 年）》主要内容举行吹风会。

23 日 习近平总书记在第四个"中国农民丰收节"到来之际，向全国广大农民和工作在"三农"战线上的同志们致以节日祝贺和诚挚慰问，强调坚持农业农村优先发展，加快农业农村现代化，让广大农民生活芝麻开花节节高。

26 日 国务院新闻办公室发表《新疆的人口发展》白皮书。

26 日 国务院新闻办公室就"保障残疾人权益 共享幸福美好生活"有关情况举行发布会，邀请中国残联副主席、副理事长程凯和教育部、民政部、人力资源和社会保障部、住房和城乡建设部有关负责人聚焦残疾人权益保障热点问题进行介绍，并回答记者提问。

27 日 《中国儿童发展纲要（2021—2030 年）》正式公布，其中新增"儿童与安全"领域，并将"推广使用儿童安全座椅、安全头盔，儿童出行安全得到有效保障"作为该领域的主要目标之一。

28 日 国务院新闻办公室发表《中国的全面小康》白皮书。

29 日 "中国人权事业发展"新闻茶座在中国记协举行。西南政法大学人权研究院执行院长张永和、南开大学人权研究中心主任常健、中央党校国际战略研究院教授李云龙、西南政法大学人权研究院副院长赵树坤与中外记者进行了交流。

10月

11 日 全国妇联在京召开推进工作会并举办中国儿基会建会 40 周年成就展。全国人大常委会副委员长、全国妇联主席沈跃跃出席，强调要坚守初心使命，积极响应倡议，行动起来，汇聚爱心善举，为党育人、为国育才，助力更多女童实现人生梦想。

14 日 国家卫健委在官网公布了《母婴安全行动提升计划（2021—2025 年）》。

15 日 国家主席习近平夫人、联合国教科文组织促进女童和妇女教育特使彭丽媛在北京应邀以视频方式出席 2021 年联合国教科文组织女童和妇女教育奖颁奖仪式并致辞。

19 日 十三届全国人大常委会第三十一次会议审议了全国人大社会建设委员会关于提请审议体育法修订草案的议案。体育法中拟新增"保证体育课时不被占用""在校不少于一小时体育锻炼"等条款，以确保学生在校有充足的体育锻炼时间。此外，草案还修改了"体育考试"条款，以提升体育在学校教育中的地位，以此实现增强学生体质的目的。

23日 中国人大网发布消息：全国人民代表大会常务委员会批准《关于为盲人、视力障碍者或其他印刷品阅读障碍者获得已出版作品提供便利的马拉喀什条约》。有关部门正进一步根据我国实际情况制定相关细则，让条约真正落地，给我国的盲人和视障人士带来实实在在的福利。

27日 国务院新闻办公室发布《中国应对气候变化的政策与行动》白皮书。白皮书从中国应对气候变化新理念、实施积极应对气候变化国家战略、中国应对气候变化发生历史性变化、共建公平合理合作共赢的全球气候治理体系等方面，详细介绍了中国应对气候变化的进展，全面分享了中国应对气候变化的实践和经验。

11月

1日 《中华人民共和国个人信息保护法》正式实施。个人信息安全将得到全方位保护。筑牢信息使用的安全边界，需要监管体系、企业责任与用户意识等层面的共同推进。

4日 交通运输部会同公安部、人社部、全国总工会等十六部门印发了《关于加强货车司机权益保障工作的意见》，切实改善货车司机生产经营环境，保障货车司机合法权益。

4日 《工程建设领域农民工工资保证金规定》正式实施，成为解决建设领域欠薪问题的一项重要兜底保障措施。

7日 "新时代残疾人蓝皮书高质量发展研讨会"在南京以线上线下相结合的方式举办。南京特殊教育师范学院党委常委、副院长姜玉泉在致辞中表示，残疾人蓝皮书获批以来，已经连续出版三册，综合运用统计学科数据与方法，概括分析了我国残疾人事业发展的总体状况，首次提出中国残疾人事业发展指数、平衡发展指数，重点关注无障碍环境建设、融合教育发展等专题，在学界和社会都产生了较为广泛的影响，今后要更加深入研究残疾人

事业发展中的重大理论和实践问题，及时总结残疾人蓝皮书发展历程和经验教训，不断提升残疾人蓝皮书撰写质量。

19日 国务院办公厅印发《关于健全重特大疾病医疗保险和救助制度的意见》，聚焦减轻重大疾病患者医疗费用负担，着眼于统一规范制度，健全相应保障机制，对增强医疗保障制度托底性功能作出安排部署。

21日 最高人民检察院检察长张军代表最高检向全国人大常委会会议报告了人民检察院办理控告申诉案件工作情况。报告指出，近年来，检察机关采取务实举措，把以人民为中心落实在每一个案件办理中，有效化解信访矛盾纠纷，有力维护司法公正，促进社会治理。报告显示，2021年1~8月，全国检察机关共接收群众信访65.6万件，较2019年同期下降4.2%；其中，重复信访20.7万件，占信访总量的31.6%，减少2.5个百分点。

23日 国家卫健委等十五部门联合印发《母乳喂养促进行动计划（2021—2025年）》。计划提出，到2025年，母婴家庭母乳喂养核心知识知晓率达到70%以上，公共场所母婴设施配置率达到80%以上。

24日 《中共中央 国务院关于加强新时代老龄工作的意见》发布。《意见》将满足老年人需求和解决人口老龄化问题相结合，从健全养老服务体系、完善老年人健康支撑体系、促进老年人社会参与、着力构建老年友好型社会、积极培育银发经济等方面提出要求及一揽子举措。

26日 全国妇联权益部发布《家庭暴力受害人证据收集指引》，对"证明发生过家庭暴力事实的证据"及"证明面临家庭暴力现实危险的证据"等作了详细的说明，用于帮助受害人树立证据意识，依法维护自己的合法权益。

12月

1日 2021年12月1日是第三十四个世界艾滋病日。中共中央政治局常委、国务院总理李克强对艾滋病防治工作作出重要批示。批示指出，在各地区、相关部门和全社会共同努力下，我国艾滋病防治工作取得积极成效。

要坚持以习近平新时代中国特色社会主义思想为指导，认真贯彻党中央、国务院决策部署，坚持生命至上，进一步加强艾滋病防治工作系统谋划。

3日　由中国人权发展基金会、德国弗里德里希·艾伯特基金会共同主办的"2021·中德人权发展论坛"通过视频方式举行。来自中德两国的专家学者围绕"绿色低碳发展与环境权益保障"主题进行研讨交流。

4日　《中国的民主》白皮书发布。白皮书明确提出，人民当家作主，具体地、现实地体现在党治国理政的政策措施上，具体地、现实地体现在党和国家机关各个方面各个层级工作上，具体地、现实地体现在实现人民对美好生活向往的工作上。民主的阳光照耀中华大地，中国人民享有广泛充分、真实具体、有效管用的民主。

6日　中国人民大学重阳金融研究院发布《十问美国民主》研究报告。报告列举大量事实、数据和各国相关机构、人士及专家观点，从美国制度实践、国家治理、社会现状、人权自由、国际影响等十个方面，提出十个有关美国民主的问题。

6日　最高检与公安部联合印发《关于健全完善侦查监督与协作配合机制的意见》，其中明确：坚持惩罚犯罪与保障人权并重，"协同构建以证据为核心的刑事指控体系"。

7日　新华社国家高端智库向全球全媒发布中英文智库报告《全人类共同价值的追求与探索——民主自由人权的中国实践》及纪录片，深度解读中国共产党高举人民民主旗帜、实现人民当家作主，中国人民成为国家、社会和自己命运的主人的伟大成就，深刻阐释中国人民始终不渝追求全人类共同价值的历史逻辑、实践逻辑和理论逻辑。

8日　"2021·南南人权论坛"在北京召开，来自100多个国家和国际组织的高级官员、专家学者、驻华使节等近400人，以线上线下相结合的方式围绕"人民至上与全球人权治理"这一主题积极贡献思想智慧、交流有益经验、探讨合作途径、展望未来愿景，论坛取得丰硕成果。习近平主席向论坛致贺信，深刻阐明了人权对人类文明进步的重要意义，阐明了中国的人权观和尊重保障人权的生动实践，体现了中国愿意同广大发展中国家一道，

携手促进国际人权事业健康发展的真诚愿望，赢得了与会嘉宾的热烈反响和国际社会的广泛认同。

8 日 中国儿童中心与社会科学文献出版社共同发布《儿童蓝皮书：中国儿童发展报告（2021）》。报告指出，中国儿童健康水平持续提升，健康管理政策推动作用明显。

15 日 "民主：全人类共同价值"国际论坛在北京闭幕。论坛由中共中央宣传部、国务院新闻办公室主办，中国社科院、中央广电总台、中国外文局承办，共分 3 个阶段举行。来自 120 多个国家和地区、20 多个国际组织的 500 余名嘉宾，通过线上线下相结合的方式围绕"民主是全人类共同价值""民主与国家治理""民主的多样性"等议题，碰撞思想火花，共同探讨民主真谛，共商民主互鉴之道。论坛取得丰硕成果。

20 日 民事诉讼法修正草案二次审议稿提请十三届全国人大常委会第三十二次会议审议。草案二次审议稿拟增加规定"经当事人同意，民事诉讼活动可以通过信息网络平台在线进行"，以尊重和保障当事人对在线诉讼的选择权。

20~24 日 十三届全国人大常委会第三十二次会议在京举行，此次会议审议通过了噪声污染防治法、反有组织犯罪法、新修订的科学技术进步法等多部法律。

21 日 最高人民法院对外发布《关于进一步完善执行权制约机制 加强执行监督的意见》，全方位加强对执行权的监督制约，把执行权关进"制度铁笼"和"数据铁笼"，确保高效公正规范善意文明执行。

国家统计局对外公布《中国妇女发展纲要（2011—2020 年）》和《中国儿童发展纲要（2011—2020 年）》的终期统计监测报告。报告显示，两份纲要的主要目标均如期实现，妇女儿童权益得到进一步保障，获得感显著增强。

23 日 十三届全国人大常委会第三十二次会议分组审议了妇女权益保障法修订草案。与会人员认为，《妇女权益保障法》施行近 30 年来，为保障妇女权益发挥了重要作用。但随着我国社会的发展，妇女权益保障又出现一些新情况、新问题。修订草案积极回应社会关切，针对当前妇女权益保障的突出问题提出许多有力措施，非常及时必要。同时，围绕消除就业性别歧视、呵护妇女身心健康、保护妇女财产权益等热点问题，与会人员展开热议。

23 日 最高检检察委员会委员、第六检察厅厅长冯小光介绍近年来检察机关加强民事支持起诉工作情况时指出，近年来，全国各级检察机关坚持以人民为中心，把民事支持起诉与服务党和国家工作大局、加强民生司法保障等紧密结合起来，为特殊群体起诉和维护自身合法权益提供有力帮助。

25 日 新疆维吾尔自治区人民政府在北京举行第六十五场涉疆问题新闻发布会。来自新疆维吾尔自治区的政府代表、有关专家学者和部分群众用事实真相证明，所谓新疆"强迫劳动"问题完全是西方反华势力制造的谎言，西方反华势力企图借此剥夺新疆各族群众通过劳动和就业追求美好生活的权利，遏制新疆稳定发展。

28 日 中国社会科学院中国边疆研究所、新疆智库办公室主办的"2021 年新疆智库论坛暨人权问题学术研讨会"在京举行。与会专家深入分析了美国社会对穆斯林群体的歧视及其种族主义本质，表示这充分证明我国的治疆方略推动着新疆人权事业不断发展和进步。

28 日 《习近平关于尊重和保障人权论述摘编》读者见面会在北京举行，中宣部、中央党史和文献研究院作为本书的编辑出版单位，与来自各领域的中外读者见面，畅谈读书体会，交流学习心得。

B.24
2021年制定、修订、修正或废止的与人权直接相关的法律和行政法规（数据库）

中国政法大学人权研究院　班文战　编辑

Abstract

This is the twelfth blue book on the development of China's human rights cause, focusing on analyzing the latest progress of China's human rights cause in 2021.

The General Report analyzes and summarizes the 100 year history of the CPC's development and growth in the process of respecting and protecting human rights. It points out that the CPC was born to strive for the universal human rights of the Chinese people, matured in striving for the universal human rights of the Chinese people, developed in exploring the socialist system to protect the universal human rights of the people, prospered and grew in respect and protection of the human rights of the people, and became stronger in generally improving the level of human rights protection of the Chinese people.

In the column of "the Right to Subsistence and the Right to Development", the report "Poverty Alleviation Has Created a Miracle of Human Rights that Has Been Recorded in History" summarizes the historical process and achievements of China's poverty alleviation, analyzes its significance for improving the level of human rights protection, and studies the challenges and Countermeasures after poverty alleviation. The report "The Construction of Zhejiang 'Co-Prosperity Demonstration Area' Promotes the Realization of the Equal Right to Development" summarizes the measures and achievements of the construction of the Zhejiang "Co-Prosperity Demonstration Area", analyzes its role in promoting the equal right to development and the challenges it faces, and puts forward countermeasures and suggestions.

In the column of "Economic, Social and Cultural Rights", the report " 'Basic Medical and Health and Health Promotion Law' and the New Development of Public Health Rights Guarantee" summarizes the achievements of

the systematization of public health rights in the new era, analyzes the important significance of the Basic Medical and Health Promotion Law and the new progress and future development trend of the protection of public health rights. The report "The New Developments in Rural Old-age Security" analyzes the progress and problems of China's rural old-age security, and puts forward suggestions for optimization.

In the column of "Civil and Political Rights", the report "Protection of Democratic Rights in the General Election of County and Township People's Congress in 2021" summarizes the specific measures to guarantee democratic rights in the general election of County and Township People's Congress, analyzes the problems existing in this round of general election, and puts forward suggestions for improvement. The report "The Non-governmental River and Lake Leader System Guarantees Environmental Participation Rights—Take Wuhan City as an Example" summarizes the development, operation mechanism and implementation effect of the system of non-governmental river and lake leaders in Wuhan and analyzes its reference significance. The report "The New Progress in the Protection of Property Rights since the Promulgation of the Civil Code" analyzes the new progress in the protection of property rights since the promulgation of the Civil Code from the aspects of equal protection of property rights, enrichment of the scope and content of property rights, and diversification of the forms of exercise and realization of property rights. The report "Building 'Safe China' in the New Era and the Right to Be Safe" summarizes the objectives and specific measures of the construction of a "Safe China", analyzes the challenges faced, and put forward suggestions to deal with them. The report "The Five-Year Review of China's Anti-Domestic Violence Law: Achievements and Challenges" analyzes the achievements and problems faced by the implementation of the law, and puts forward suggestions for improvement.

In the column of "Rights of Specific Groups", the report "The New Development on the Protective Treatment System for Juveniles: A Case Study in Shandong Province" summarizes the construction of the protective treatment system for juveniles, analyzes the existing shortcomings, and puts forward suggestions for optimization. The report "Protection of the Rights of de Facto Unsupported Children" analyzes the current situation of de facto unsupported children and the difficulties of protection, and puts forward some suggestions for improvement. The report "Livable Environment and the Human Rights for Older Persons" analyzes and summarizes the progress of the construction of the livable environment for the elderly in China, and looks forward to the future development trend. The report "A New Paths of the Judicial Protection of Disability Rights—From the Perspective of Realizing Accessibility" focuses on the barrier free institutional framework in the judicial protection of the rights of persons with disabilities, and analyzes the practice of promoting judicial protection of the rights of persons with disabilities in courts, procuratorial organs and public legal services.

In the column "Big Data and Human Rights Protection", the report "Progress and Results in Citizen Information Security Assurance" summarizes the progress of Chinese citizens' information security, analyzes the challenges faced by citizens' information security, and puts forward countermeasures. The report "Protection of Information Rights of the Elderly under the 'Digital Divide'" summarizes the achievements made by China in eliminating the "digital divide" of the elderly in 2021, analyzes the challenges faced, and puts forward countermeasures.

In the column "Human Rights Legislation and International Cooperation", "Analysis Report on China's Human Rights Related Legislation in 2021" analyzes the basic situation of China's human rights legislation in 2021, and specifically analyzes the formulation or revision of the Anti-Organized Crime Law, the Legal Aid Law and the Administrative Punishment Law. The report "China's International Cooperation and Exchange Concerning Human Rights in 2021" summarizes the participation of the Chinese government and social organizations in international human rights exchanges and cooperation, analyzes the problems faced and puts forward countermeasures. The report "China's International Cooperation of Developing and Distributing COVID - 19 Vaccine and Its Contribution for Building a Global Community of Health for All" summarizes the practice and achievements of China's international cooperation on COVID - 19 vaccine and analyzes its contribution to building a human health community.

In the part of "Research Report and Case Study", The report "From Steady Poverty Alleviation to Sustainable Income Increase, Livelihood Research of

Farmers and Herdsmen in Taer Village, Aketao County, Xinjiang" analyzes the guarantee of poverty alleviation on the livelihood of farmers and herdsmen, the driving role of tourism development on the sustainable income increase of farmers and herdsmen, and summarizes the practice of "embedded development" rural people's livelihood construction. The report "The Evolving Human Rights Policy and Statement of Chinese Enterprises" analyzes the development status and motivation of the human rights policy of Chinese enterprises, and puts forward policy suggestions for improvement. The report "Progress in the Practice of Responsible Mineral Supply Chain of China—A Survey Report on the Human Rights Due Diligence of CCCMC" makes a specific analysis on human rights due diligence management of China's mineral supply chain enterprises, and makes a prospect and suggestions on the future development trend.

The two appendices are Chronicle of Human Rights in China in 2021, and the laws and regulations directly related to human rights and enacted, amended or modified in 2021.

The above reports make a specific summary of the progress of China's human rights cause in 2021, analyzed the existing problems, and put forward suggestions for improvement.

Contents

I General Report

Abstract： The hundred-year history of the Communist Party of China has proved that the Communist Party of China is a political party fighting for the universal human rights of the Chinese people. It was born to strive for the universal human rights of the Chinese people, grew stronger in striving for the universal human rights of the Chinese people, matured in exploring the protection of people's human rights under the socialist system, flourished and strengthened in respecting and protecting human rights, and became even greater in improving the protection level of people's human rights. In the hundred-years of human rights struggle, the Communist Party of China has made historic contributions to the ideological understanding, theoretical construction, road exploration and international exchanges of human rights.

Keywords： The Communist Party of China；Human Rights；Human Rights Idea；Human Rights Development Path；Development of China's Human Rights Cause

II Special Reports

B . 2 Poverty Alleviation Has Created a Miracle of Human Rights
that Has Been Recorded in History   *Li Yunlong* / 038

Abstract: Poverty alleviation is a major political decision made by the Party
Central Committee. Poverty alleviation has greatly improved the infrastructure and
the industrial development in poor areas, changed the production and living
conditions of the poor population, solved the poverty problem of nearly 100
million rural poor people, and eliminated regional overall poverty. The fight
against poverty has effectively improved the living conditions of the poor, greatly
raised the living standards of the poor, comprehensively promoted the protection
of the human rights of the rural poor, and promoted China's human rights cause
to a new historical stage.

Keywords: Poverty Alleviation; Protection of the Human Rights; Rural
Poverty Alleviation

B . 3 The Construction of Zhejiang 'Co-Prosperity Demonstration
Area' Promotes the Realization of the Equal Right to
Development   *He Miao* / 058

Abstract: The concept of co-prosperity is a Chinese innovation for Marx and
Engels' thought, which greatly highlights the superiority of the socialist system. The
main body, the content, the requirements and realization methods of the
construction of co-prosperity demonstration area are consistent with the equal right
to development. Various measures are taken to promote the realization of the equal
right to development in Zhejiang co-prosperity demonstration area. However, there
are still some obstacles in practice. It necessary to promote scientific and technology

innovation, adhere to the people-centered thought and follow the rule of law. This would generate internal growth momentum, stimulate multi-participation, avoid and defuse all kinds of risks. This could provide provincial-level experiences for other areas in China. The Chinese model and wisdom of guaranteeing the equal right to development can be demonstrated for abroad.

Keywords: Co-Prosperity Demonstration Area; the Equal Right to Development; Proportional Equality

B.4 "Basic Medical and Health and Health Promotion Law" and the New Development of Public Health Rights Guarantee

Zhao Shukun, Pang Xinyan / 083

Abstract: The promulgation and implementation of the law of the People's Republic of China on Basic Medical and Health and Health Promotion has provided a basic legal basis for the protection of public health rights. At the practical level, the government's increasing investment in public health funding has achieved remarkable results in the prevention and control of major public health emergencies. It will be a new direction of efforts to improve the intertwined public health legal system, improve the emergency response mechanism and early warning mechanism for public health emergencies, and implement the concept of health into all policies.

Keywords: "Basic Medical and Health and Health Promotion Law"; Legal System; Emergency Mechanism; Health Concept

B.5 The New Developments in Rural Old-age Security

Meng Qingtao, Wang Dongna / 099

Abstract: In 2021, China incorporated Rural Old-age Security into the key

work scope of the Rural Revitalization Strategy. The modernization of rural Old-age Service took a new step and the level of public services for the aging population significantly improved. Rural Old-age Security made substantial progress in many aspects, including improving the payment level of basic old-age insurance benefits for urban and rural residents, building a multi-level Old-age Service System, and improving the social environment for old-age care. Nevertheless, the difficulty of China's active response to the aging population lies in the rural areas. We still need to strengthen the ability of endowment insurance to reveal the bottom, resolve women's endowment crisis, optimize living environment and accelerate digital inclusion from four aspects: implementing the pension insurance treatment adjustment mechanism, institutional empowerment, optimizing resource allocation and aging products, so as to realize that the elderly in rural areas can rely on, support and enjoy the old.

Keywords: Rural Old-age Security; Endowment Insurance; Old-age Service; Social Environment

B.6　Protection of Democratic Rights in the General Election of County and Township People's Congresses in 2021

Liu Ming / 114

Abstract: People being masters of the country is the essence and core of Chinese democracy. As an important part of whole-process people's democracy, democratic election is not only an important way for Chinese citizens to realize their democratic rights according to law, but also an important way to ensure that the people are the masters of the country. From 2021 to the first half of 2022, China has entered a new round of the period for the election of the representative of the People's Congress of the county and township. All localities have orderly promoted the general election of county and Township People's congresses, actively deployed in voter registration, the protection of citizens' right to know and the protection of the voting right of the floating population, and effectively protected citizens' democratic rights in terms of their right to vote and stand for election.

Keywords: Democratic Rights; Whole-Process People's Democracy; General Election of Deputies to County and Township People's Congresses

B.7 The Non-governmental River and Lake Leader System Guarantees Environmental Participation Right

—*Take Wuhan City as an Example*   *Xu Jinjin* / 130

Abstract: Environmental rights are important human rights. Environmental Participation Right is an important part of Environmental rights. The Non-governmental River and Lake Leader System provides an important platform for the public to participate in lake protection and is an important system for protecting river and lake resources. As a "city of hundreds of lakes", Wuhan has actively explored the establishment of a non-governmental river and lake leader system. The system consists of five mechanisms including collection mechanism, training mechanism, rewarding mechanism, assessment mechanism, and communication mechanism. And Wuhan has formed a good pattern for lake governance, which is led by the government, maintained by social organizations, and supported by citizens. By raising public awareness of lake protection, enhancing public lake protection capabilities, and guiding the public to conduct patrolling activities on lakes and rivers, the public is indeed allowed to participate in lake protection. The Environmental participation right is guaranteed.

Keywords: Non-governmental River and Lake Leader System; Public Participation; Environmental Participation Right

人权蓝皮书

Abstract: The Civil Code affirms the equal protection of property rights for various subjects of different natures, such as the state, collectives, and private individuals, expands the scope of the object of property rights, and enriches the content of property rights such as farmland management rights, residence rights, and data and virtual property. The realization of property rights is more diverse, rural land management rights can be transferred externally in the form of lease, mortgage, etc. Restrictions on property rights such as owner maintenance funds, mortgages, natural resources, etc. have been relaxed, and the use efficiency has been improved. All localities actively promote the property right registration system, improve property ownership, and strengthen the protection of intellectual property rights and private enterprises to form a comprehensive and effective property rights protection mechanism.

Keywords: Property Rights; Civil Code; Equal Protection of Property Rights

Abstract: "Safe China" is born from the real needs of the Chinese people, and provides a perspective of Chinese practice for the development of human rights theory. In recent years, the project of "Safe China" has achieved remarkable results in the construction of legal system, prevention of major risks, fighting crime, regulating cyberspace, and combating and rooting out organized crime. At the same time, profound adjustments and changes in domestic and international patterns and situations have also made China face a series of new challenges. The Communist Party of China and the Chinese government must adhere to a holistic view of national security, handle development and security issues in a coordinated way, actively adapt to the new expectations of the people, so as to build a safe China from a higher starting point and at a higher level, and protect the people's right to security.

Keywords: Safe China; Right to Be Safe; Holistic View of National Security; Development and Security

Abstract: The Anti-domestic Violence Law of China, entered into force on March 1ˢᵗ 2016, is the first NPC law combating domestic violence in China. It is an historical achievement for gender equality. In the past five years, the Anti-domestic Violence Law have been widely practiced. The Anti-domestic Violence Law has contributed to raising awareness of the general public and deterring domestic violence, protected the legitimate rights and interests of victims. In particular, four remedial mechanisms established by the Anti-domestic Violence Law, including the compulsory reporting, warning notice, shelter and protection order, have provided a comprehensive protection framework for victims of domestic violence. Despite the achievements, challenges remain. Greater efforts should be made to further advocate for anti-domestic violence across China to reach more population in a wider geographical scope and more resources should be devoted to better implement the Anti-domestic Violence Law.

Keywords: Domestic Violence; Gender Equality; Women's Rights; Remedies System

B.11   The New Development on the Protective Treatment System

for Juveniles: A Case Study in Shandong Province

Li Wenjun / 199

Abstract: The protection treatment system is different from the punishment and security treatment system, the former is mainly to provide education for juvenile delinquents to eliminate personal danger, promote their reintegration into the society. The state provides socialized assistance and education and necessary compulsory correction to juvenile delinquents in accordance with the law, which can prevent them from committing illegal and criminal acts. The construction of juvenile justice system in our country has long stayed on the exception level of adult justice. Juvenile justice system, which was born out of ordinary criminal justice system, faces many difficulties, including the provisions on legal protection and punishment are scattered, and the hierarchical punishment system lacks a unified judgment subject, judgment standards, as well as educational corrections and recidivism prevention supporting measures are not perfect. In order to better promote the reintegration of delinquent minors into society, it is necessary to enact laws on the protection and punishment of juvenile delinquents, fully activate special correction education measures, further improve the construction of special schools, enhance the professional level of the help and education team, and build information sharing platform for juvenile delinquents.

Keywords: Juvenile Delinquent; Protective Treatment; Classification Treatment; Special Training School

B.12   Protection of the Rights of de Facto Unsupported Children

Bian Hui / 223

Abstract: De facto unsupported children are more likely to be ignored. The problems in their rights protection are more hidden. Starting from the current situation of de facto unsupported children in China, we can further understand the relevant policies and laws on their rights protection. Our country has taken many measures to protect their rights to basic living security, health and education. In view of the difficulties in their rights protection, we should solve the problem of identifying children who are not supported in fact, implementation of guardianship responsibility, and Guarantee of mental health.

Keywords: De Facto Unsupported Children; Protection of Rights; Basic Living Security; Right to Health; Right to Education

B. 13 Livable Environment and the Human Rights for Older Persons   *Liu Yuan* / 268

Abstract: The livable environment is the basic condition for a healthy and active life and important premise for older persons to fully enjoy all human rights. In 2021, China has continued to promote the construction of livable environment for older persons. China has improved the relevant laws and regulations to ensure institutional guarantee. And a series of policies were created and many practical innovation was made to crossing the "Digital Gap". The older persons with special difficulties and their families were paid much attention to demonstrate and promote the models. The report believes that the action plan for the construction of livable environment for older persons in the new era can be optimized from three aspects: further improving the institutional framework, integrating the concept of inter-generational inclusion and supporting the construction of a home environment for older persons.

Keywords: Human Rights for Older Persons; Livable Environment; Digital Gap; Elderly-Oriented Design

B . 14　A New Paths of the Judicial Protection of Disability Rights

　　—From the Perspective of Realizing Accessibility　　*Ding Peng* / 284

Abstract: The construction of accessible environment, as enacted in relevant new laws and institutions, has become a key path for persons with disabilities to equally claim judicial protection, remedy rights and realize justice. The court system has improved its accessibility and procedural accommodation, provided effective remedies to disability rights in diverse cases; the procuratorate system has enhanced public interest litigation to promote environmental accessibility through concerted efforts; the department of justice has strengthened the legal aid service with compliance to new barrier-free criteria; and the disabled persons' federations have worked closely with the legal organs to ensure accessible supports and advocate on equal protection in all the stages of access to justice. In the 14th Five-Year Plan Period, the new legislation on accessible environment and further judicial reform shall keep advancing the equal protection of disability rights and ensuring justice for all persons with disabilities in each case.

　　Keywords: Judicial Protection; Accessibility; Procedural Accommodation; Public Interest Litigation; Legal Aid

B . 15　Progress and Results in Citizen Information Security

　　　　Assurance　　　　　　　　　　　　　　　　*Wang Lei* / 300

　　Abstract: According to the 49th statistical report on the development of China's Internet, by the end of 2021, the number of Internet users in China had reached 1. 032 billion, and the amount of citizen information was growing and occupying an important position, which played a vital role in the development of human rights. The promulgation of the data security law and the personal informa-tion protection law in 2021 has provided a strong institutional guarantee for citizens' information, and citizens' information security has made progress in many aspects. This paper summarizes the progress and achievements of citizen information security in 2021 from the aspects of legal framework of citizen information security assurance, investigation and punishment of App infringement on citizen information security, open work of government data sharing, citizens' satisfaction with network security, information security of social vulnerable groups and so on. While seeing the progress, it also summarizes the challenges faced by the protection of citizens' information security, and puts forward thinking and suggestions based on the above challenges. From perfecting the legislation on citizen information security assurance laws and supporting systems in key areas, strengthening publicity and education on personal information protection, improving government governance mechanisms, promoting the construction of government data security systems, cooperating with multiple subjects to combat information violations, and adapting apps to special social groups Suggestions on optimization and other aspects are put forward in order to provide ideas for better protection of citizen information security.

Keywords: Citizen Information; Infringement of Citizen Information Security; Citizen Satisfaction; Information Security Assurance for Vulnerable Groups

B.16　Protection of Information Rights of the Elderly under
　　　　 the "Digital Divide"　　　　　　 *Zhou Wei, Gan Lin* / 322

Abstract: The rapid development of information technology such as the internet, big data and artificial intelligence and so on profoundly changed the style of production and living in our society. "Digital Divide" occurred in an enormous number, challenging social governance differently. The Chinese government takes the fairness and justices in the development of society seriously. It is practically trying to solve the problems for different groups, especially the problem of rights invasion when old people face the "Digital Divide", keeping promoting old people to enjoy the convenience that brought by intelligent service in their daily life in transportation, medical treatment, entertainment, consumption and affair

handling and so on. Let old people to enjoy the achievements of the informatization development and offer a relible reference of crossing the "Digital Divide" for other countries on earth.

Keywords: Digital Divide; Information Rights; Digital Rights; Suitable for Old People

B. 17　Analysis Report on China's Human Rights Related
Legislation in 2021　　　　　　　　　　*Ban Wenzhan* / 342

Abstract: In 2021, the NPC Standing Committee attached importance to strengthen its legislative work in a series of key, newly emerging and foreign-related areas. It undertook hosts of legislative activities concerning political and economic system, rural revitalization, ecological civilization, scientific progress and innovation, cultural undertakings and industries, educational systems, livelihood safeguards, public health, state and public safety, risks prevention, modernization of national defence and armed forces and the constitutional order in HKSAR. Meanwhile, the State Council also undertook a series of legislative activities in relevant areas. As a result, nearly 30 laws and regulations related to human rights were adopted, modified or nullified, and the legislative protection of human rights was obviously strengthened.

Keywords: Human Rights Related Legislation; Anti-organized Crime Law; Legal Aid Law; Administrative Penalties Law

B. 18　China's International Cooperation and Exchanges
Concerning Human Rights in 2021　　　　*Luo Yanhua* / 366

Abstract: China's international cooperation and exchanges are mainly divided into governmental and non-governmental levels in 2021, and made great progress in both levels. At the governmental level, as we continue to be affected by the COVID−19 pandemic, with the continuation of regular multilateral and bilateral cooperation, online exchange and cooperation have become an important way to deal with the epidemic. At the non-governmental level, international cooperation and exchanges are mainly reflected in the active participation of Chinese human rights organizations in international human rights activities. During 2021, Chinese human rights organizations have been actively conducted and participated in rich and colorful international human rights activities in online and offline forms. Meanwhile, the international human rights challenge facing China in 2021 is also very severe, to which China has adopted a multi-faceted response and achieved good results.

Keywords: International Human Rights Cooperation; International Human Rights Exchange; Human Rights Organizations

B. 19   China's International Cooperation of Developing and

Distributing COVID−19 Vaccine and Its Contribution

for Building a Global Community of Health for All

Liu Ruiyi / 399

Abstract: China's international cooperation on COVID − 19 vaccines is a vivid practice of a community of common health for mankind. China insists on ensuring the accessibility and affordability of vaccines in developing countries, making vaccines a global public good; it has deepened international cooperation on vaccines through various means, such as cooperative R&D, joint production, aid and donation, and building cooperation platforms, so that Chinese vaccines have gained global recognition, increasing the vaccine penetration rate in developing countries, enhancing the vaccine self-sufficiency of recipient countries, and benefiting countries in relevant regions. China's participation in promoting international cooperation on vaccines demonstrates the value of people first and life first in the human health community, boosts the confidence and cohesion of global

solidarity against epidemics, and promotes the improvement of the global health governance system.

Keywords: COVID-19 Vaccine; International Cooperation; Global Community of Health for All

Ⅲ Research Report and Case Study

B.20 From Steady Poverty Alleviation to Sustainable Income

Increase, Livelihood Research of Farmers and Herdsmen

in Taer Village, Aketao County, Xinjiang *Xiao Jianfei* / 411

Abstract: Taer Village, Aketao County in Xinjiang is chosen as the field research site, in order to review the changes brought to the livelihood of farmers and herdsmen in plateau mountainous area by the poverty alleviation efforts and follow-up assistance. The research is carried out mainly by participatory observation and indepth interview, supplemented with statistical analysis, which reveals that relocation is a necessity because Taer is on the edge of the Pamirs and its arable land is scarce and grassland is infertile, and traditional agriculture and animal husbandry is saturated. Through the implementation of the " five links " project, ecological construction, resettlement, employment and poverty alleviation through education and other measures, by the end of 2020, the goal of poverty alleviation in Taer Village has been achieved. New industries are needed to support steady poverty alleviation and sustainable income increase. It's quite prospective to transform the disadvantage of ecologically fragile geography into advantage of the culture-enriched industry because the mountainous area of Taer village has unique natural geographical and historical cultural resources. Therefore, the financial investment should be used for the development of local advantageous resources, and the focus of the poverty alleviation should be shifted to the cultivation of the endogenous power of farmers and herdsmen, so as to effectively coordinate the development of rural area and regional development.

Abstract: A corporate human rights policy is the basic guide for an enterprise to implement its responsibility to respect human rights. The United Nations Guiding Principles on Business and Human Rights establishes the content and form requirements for companies to formulate human rights policies, according to which enterprise human rights policies can be divided into narrow human rights policies and broad human rights policies. In recent years, more and more Chinese companies have begun to formulate and publish corporate human rights policies in a narrower sense. Meanwhile, the quality of human rights policies has continued to improve, and the impact of human rights policies on the inside and outside of companies has continued to expand, although there is still a lot of room for improvement in all dimensions including quantity, quality and impacts. In addition to internal driving factors such as corporate mission, values or culture, the development of Chinese corporate human rights policies is mainly driven by a combination of state policy and commercial push. Therefore, this study recommends that the Chinese government introduce more powerful national policies to encourage and guide Chinese enterprises to fulfill their responsibility to respect human rights at home and abroad based on human rights policies. At the same time, it is recommended that more Chinese enterprises learn from Chinese enterprises that have formulated human rights policies and formulate human rights policies in line with their own current situation and development strategies.

Keywords: Human Rights Policy; Business and Human Rights; Guiding Principleson Business and Human Rights; Chinese Enterprises

人权蓝皮书

B . 22 Progress in the Practice of Responsible Mineral Supply
Chain of China
—*A Survey Report on the Human Rights Due Diligence*
of CCCMC   *Tang Yingxia , Sun Lihui* / 456

Abstract: Mineral resources industry are one of the high-risk industries for human rights. With the deepening development of the "going global" strategy and the "Belt and Road" initiative, Chinese enterprises face more and more environmental risks and human rights risks in the mineral supply chain. The CCCMC has, by developing industry standards, guided enterprises to conduct due diligence management of human rights, actively participated in the development of international human rights rules, made efforts to prevent human rights risks for Chinese enterprises, contributed to the building of a responsible mineral supply chain system suitable for Chinese enterprises, compiling risk brief of China's overseas mining investment, and has been highly concerned and positively evaluated by the public at home and abroad. The implementation of the UN Guiding Principles on Business and Human Rights in practice requires the concerted efforts of the Chinese government, enterprises, industry organizations and academia.

Keywords: Responsible Mineral Supply Chain; Human Rights Due Diligence; CCCMC

权威报告·连续出版·独家资源

皮书数据库
ANNUAL REPORT(YEARBOOK)
DATABASE

分析解读当下中国发展变迁的高端智库平台

所获荣誉

- 2020年，入选全国新闻出版深度融合发展创新案例
- 2019年，入选国家新闻出版署数字出版精品遴选推荐计划
- 2016年，入选"十三五"国家重点电子出版物出版规划骨干工程
- 2013年，荣获"中国出版政府奖·网络出版物奖"提名奖
- 连续多年荣获中国数字出版博览会"数字出版·优秀品牌"奖

皮书数据库

"社科数托邦"
微信公众号

成为会员

登录网址www.pishu.com.cn访问皮书数据库网站或下载皮书数据库APP，通过手机号码验证或邮箱验证即可成为皮书数据库会员。

会员福利

- 已注册用户购书后可免费获赠100元皮书数据库充值卡。刮开充值卡涂层获取充值密码，登录并进入"会员中心"—"在线充值"—"充值卡充值"，充值成功即可购买和查看数据库内容。
- 会员福利最终解释权归社会科学文献出版社所有。

数据库服务热线：400-008-6695
数据库服务QQ：2475522410
数据库服务邮箱：database@ssap.cn
图书销售热线：010-59367070/7028
图书服务QQ：1265056568
图书服务邮箱：duzhe@ssap.cn

社会科学文献出版社 皮书系列
SOCIAL SCIENCES ACADEMIC PRESS (CHINA)

卡号：192664987817
密码：

S 基本子库
UB DATABASE

中国社会发展数据库（下设 12 个专题子库）

紧扣人口、政治、外交、法律、教育、医疗卫生、资源环境等 12 个社会发展领域的前沿和热点，全面整合专业著作、智库报告、学术资讯、调研数据等类型资源，帮助用户追踪中国社会发展动态、研究社会发展战略与政策、了解社会热点问题、分析社会发展趋势。

中国经济发展数据库（下设 12 专题子库）

内容涵盖宏观经济、产业经济、工业经济、农业经济、财政金融、房地产经济、城市经济、商业贸易等 12 个重点经济领域，为把握经济运行态势、洞察经济发展规律、研判经济发展趋势、进行经济调控决策提供参考和依据。

中国行业发展数据库（下设 17 个专题子库）

以中国国民经济行业分类为依据，覆盖金融业、旅游业、交通运输业、能源矿产业、制造业等 100 多个行业，跟踪分析国民经济相关行业市场运行状况和政策导向，汇集行业发展前沿资讯，为投资、从业及各种经济决策提供理论支撑和实践指导。

中国区域发展数据库（下设 4 个专题子库）

对中国特定区域内的经济、社会、文化等领域现状与发展情况进行深度分析和预测，涉及省级行政区、城市群、城市、农村等不同维度，研究层级至县及县以下行政区，为学者研究地方经济社会宏观态势、经验模式、发展案例提供支撑，为地方政府决策提供参考。

中国文化传媒数据库（下设 18 个专题子库）

内容覆盖文化产业、新闻传播、电影娱乐、文学艺术、群众文化、图书情报等 18 个重点研究领域，聚焦文化传媒领域发展前沿、热点话题、行业实践，服务用户的教学科研、文化投资、企业规划等需要。

世界经济与国际关系数据库（下设 6 个专题子库）

整合世界经济、国际政治、世界文化与科技、全球性问题、国际组织与国际法、区域研究 6 大领域研究成果，对世界经济形势、国际形势进行连续性深度分析，对年度热点问题进行专题解读，为研判全球发展趋势提供事实和数据支持。

法律声明

"皮书系列"（含蓝皮书、绿皮书、黄皮书）之品牌由社会科学文献出版社最早使用并持续至今，现已被中国图书行业所熟知。"皮书系列"的相关商标已在国家商标管理部门商标局注册，包括但不限于LOGO（　）、皮书、Pishu、经济蓝皮书、社会蓝皮书等。"皮书系列"图书的注册商标专用权及封面设计、版式设计的著作权均为社会科学文献出版社所有。未经社会科学文献出版社书面授权许可，任何使用与"皮书系列"图书注册商标、封面设计、版式设计相同或者近似的文字、图形或其组合的行为均系侵权行为。

经作者授权，本书的专有出版权及信息网络传播权等为社会科学文献出版社享有。未经社会科学文献出版社书面授权许可，任何就本书内容的复制、发行或以数字形式进行网络传播的行为均系侵权行为。

社会科学文献出版社将通过法律途径追究上述侵权行为的法律责任，维护自身合法权益。

欢迎社会各界人士对侵犯社会科学文献出版社上述权利的侵权行为进行举报。电话：010-59367121，电子邮箱：fawubu@ssap.cn。

社会科学文献出版社